コンメンタール
出入国管理及び難民認定法 2012

児玉晃一・関聡介・難波満　編

現代人文社

はしがき

　刑事訴訟法学者の故・平野龍一博士は、1985年の論文で、「日本の刑事訴訟はかなり絶望的である」という有名な言葉を残しました。それに倣って言えば、日本の入管関係訴訟は全く絶望的である、という状況が長年続いています。

　難民不認定処分取消訴訟に限れば、1997（平成9）年10月29日に名古屋地裁で初めて難民該当性についての国側の判断を覆した判決が出て以来、勝訴例も珍しくなくなりましたが、退去強制令書発付処分や在留期間更新、在留資格変更などを巡る裁判で、外国人が勝訴する例は非常に少ないのが実態です。

　原告代理人となった弁護士たちは、当事者救済のため、国内法の解釈としてもさまざまな理論構成を行ったり、国際人権法に活路を見出そうとしたり、手続的統制を取り入れようとしたり、さまざまな試みをしました。しかし、裁判所の判断は、旧来どおり、国側の主張に沿うものがほとんどで、良い結果を勝ち取ることは非常に困難でした。当事者にじかに接している代理人弁護士や支援者は、救済すべき当事者が救済できないことに大変な危機感を覚えています。

　私たちは、裁判所が国の主張をそのまま認めてしまうような、絶望的な状況となっていることの主な要因のひとつは、入管・難民法の体系的な解説書がほとんどなく、あるのは、入国管理局OBである坂中英徳氏と齋藤利男氏が執筆した『逐条解説 出入国管理及び難民認定法』と、ほぼこれに沿う内容の『注解・判例 出入国管理 外国人登録 実務六法』（現在は「出入国管理法令研究会」名義だが、かつては「法務省入国管理局（監修）」名で出版されていた）のみだったことにあると考えました。

　故平野龍一博士によって、「かなり絶望的」と評された刑事訴訟は、それでも、大学で学ぶ機会は必ずあり、司法試験の科目にもなっています。実務修習でも必ず体験しますし、リベラルなものからそうとまでは言えないものまでさまざまな立場からの書籍も多数あります。

　他方、大学で入管・難民法の講義を設けているところはまず存在せず、司法試験の科目にもありません。司法研修所でも選択科目以外で取り扱うことはなく、実務修習でも触れる機会は滅多にありません。ほとんどの裁判官にとって、入管・難民法は未知の分野なのです。そのため、いざ訴訟で法解釈に争いがある場合には、前記の両文献を頼るしかありません。参考とするべき体系的な文献が入国管理局側の立場で書かれたものしか存在しないのですから、いくら筋の通った内容であろうと、一介の弁護士が主張したものが独自の見解と見なされがちであったのは、ある意味必然とも言えました。これが「全く絶望的」という現状を生み出しているのです。

このような事態を打破するべく、1999年春、入管実務や訴訟に携わる数名の弁護士が、憲法や国際人権規約、難民条約などを重視した、あるべき入管・難民法の解釈論を展開したコンメンタールを作ろうというプロジェクトを開始しました。その後、このたびの出版まで13年近くを費やし、執筆者の数は総勢15名になりました。この間の法改正は15回。干支で一回り以上の時間がかかってしまいましたが、外国人の人権を救済するために入管実務に携わる実務家、支援者の皆さんにお役に立てる本ができたのではないかと、執筆者一同自負しているところです。ぜひ、訴訟や入国管理局の手続でご活用ください。入国管理局による理不尽な主張を裁判所がそのまま受け入れ、当然救われるべき外国人が救われないことの多い、全くもって絶望的な状況が、本書によって少しでも改善されれば、執筆者一同、これに勝る喜びはありません。

　なお、入管・難民法とこれに関連する政令・省令、告示・通達・内部要領などは、頻繁に改正されています。本書においては、2012年7月9日施行の改正内容までを可能な限り取り入れましたが、実際の事件処理等に当たっては常に最新の情報を入手していただくようお願いいたします。

　本書は、多くの方々のご協力により発刊にこぎつけることができました。総論に目を通していただき、行政法学者の立場から貴重なご意見をくださった中村義幸明治大学教授。第7章の2で引用した海外文献についてチェックをしてくださった難民支援協会の石川えりさん。索引を利用者の立場から見てご意見をくださった宮内博史弁護士。そして、裁判例をご提供くださった担当弁護士の方々。みなさまには心からお礼を申し上げます。また、本書企画段階から出版に至るまで、執筆者、編集者を叱咤激励し続けてくださった現代人文社編集者の西村吉世江さんにも心から感謝をいたします。西村さんがいなければこの本はできなかった。ありがとうございました。

2012年6月

執筆者を代表して
編集代表　児玉晃一・関聡介・難波満

目次

はしがき　2

総論

行政裁量論　18
マクリーン事件上告審判決の分析と批判　32

逐条解説

第1章　総則

第1条（目的） ……………………………………………………………… 42
第2条（定義） ……………………………………………………………… 45
第2条の2（在留資格及び在留期間） …………………………………… 52

第2章　入国及び上陸

第1節　外国人の入国

第3条（外国人の入国） …………………………………………………… 61

第2節　外国人の上陸

第4条　削除 ………………………………………………………………… 67
第5条（上陸の拒否） ……………………………………………………… 68
第5条の2（上陸の拒否の特例） ………………………………………… 79

第3章　上陸の手続

第1節　上陸のための審査

第6条（上陸の申請） ·· 84
第7条（入国審査官の審査） ·· 89
第7条の2（在留資格認定証明書） ··· 95
第8条（船舶等への乗込） ··· 99
第9条（上陸許可の証印） ·· 100

第2節　口頭審理及び異議の申出

第10条（口頭審理） ·· 103
第11条（異議の申出） ··· 110
第12条（法務大臣の裁決の特例） ·· 112

第3節　仮上陸等

第13条（仮上陸の許可） ··· 115
第13条の2（退去命令を受けた者がとどまることができる場所） ······ 118

第4節　上陸の特例

第14条（寄港地上陸の許可） ··· 121
第15条（通過上陸の許可） ·· 124
第16条（乗員上陸の許可） ·· 127
第17条（緊急上陸の許可） ·· 133
第18条（遭難による上陸の許可） ··· 135
第18条の2（一時庇護のための上陸の許可） ······························ 137

第4章　在留及び出国

第1節　在留

第1款　在留中の活動

第19条（活動の範囲） ··· 145
第19条の2（就労資格証明書） ··· 149

第2款　中長期の在留

第19条の3（中長期在留者） ·· 150

第19条の4（在留カードの記載事項等） 153
第19条の5（在留カードの有効期間） 158
第19条の6（新規上陸に伴う在留カードの交付） 160
第19条の7（新規上陸後の住居地届出） 161
第19条の8（在留資格変更等に伴う住居地届出） 163
第19条の9（住居地の変更届出） 165
第19条の10（住居地以外の記載事項の変更届出） 166
第19条の11（在留カードの有効期間の更新） 168
第19条の12（紛失等による在留カードの再交付） 170
第19条の13（汚損等による在留カードの再交付） 171
第19条の14（在留カードの失効） 172
第19条の15（在留カードの返納） 174
第19条の16（所属機関等に関する届出） 176
第19条の17（所属機関による届出） 179
第19条の18（中長期在留者に関する情報の継続的な把握） 181
第19条の19（事実の調査） 184

第2節　在留資格の変更及び取消し等

第20条（在留資格の変更） 185
第20条の2（技能実習の在留資格の変更の特則） 203
第21条（在留期間の更新） 204
第22条（永住許可） 210
第22条の2（在留資格の取得） 221
第22条の3 225
第22条の4（在留資格の取消し） 226
第22条の5（在留資格の取消しの手続における配慮） 242

第3節　在留の条件

第23条（旅券等の携帯及び提示） 243
第24条（退去強制） 246
第24条の2 262
第24条の3（出国命令） 263

第4節　出国

第25条（出国の手続） 266

第25条の2（出国確認の留保） 268
第26条（再入国の許可） 272
第26条の2（みなし再入国許可） 277

第5章　退去強制の手続

第1節　違反調査

第27条（違反調査） 281
第28条（違反調査について必要な取調べ及び報告の要求） 283
第29条（容疑者の出頭要求及び取調） 287
第30条（証人の出頭要求） 291
第31条（臨検、捜索及び押収） 292
第32条（必要な処分） 297
第33条（証票の携帯） 298
第34条（捜索又は押収の立会） 299
第35条（時刻の制限） 301
第36条（出入禁止） 303
第37条（押収の手続） 304
第38条（調書の作成） 307

第2節　収容

第39条（収容） 308
第40条（収容令書の方式） 317
第41条（収容の期間及び場所並びに留置の嘱託） 318
第42条（収容の手続） 321
第43条（要急事件） 322
第44条（容疑者の引渡） 324

第3節　審査、口頭審理及び異議の申出

第45条（入国審査官の審査） 324
第46条（容疑者の立証責任） 330
第47条（審査後の手続） 333
第48条（口頭審理） 336
第49条（異議の申出） 340
第50条（法務大臣の裁決の特例） 345

第4節　退去強制令書の執行

- 第51条（退去強制令書の方式） …… 358
- 第52条（退去強制令書の執行） …… 360
- 第53条（送還先） …… 369

第5節　仮放免

- 第54条（仮放免） …… 374
- 第55条（仮放免の取消） …… 380

第5章の2　出国命令

- 第55条の2（出国命令に係る審査） …… 384
- 第55条の3（出国命令） …… 385
- 第55条の4（出国命令書の方式） …… 387
- 第55条の5（出国期限の延長） …… 387
- 第55条の6（出国命令の取消し） …… 388

第6章　船舶等の長及び運送業者の責任

- 第56条（協力の義務） …… 389
- 第56条の2（旅券等の確認義務） …… 390
- 第57条（報告の義務） …… 391
- 第58条（上陸防止の義務） …… 393
- 第59条（送還の義務） …… 394

第6章の2　事実の調査

- 第59条の2（事実の調査） …… 399

第7章　日本人の出国及び帰国

- 第60条（日本人の出国） …… 402
- 第61条（日本人の帰国） …… 404

第7章の2　難民の認定等

第61条の2（難民の認定）··413
第61条の2の2（在留資格に係る許可）··457
第61条の2の3···463
第61条の2の4（仮滞在の許可）···465
第61条の2の5（仮滞在の許可の取消し）··474
第61条の2の6（退去強制手続との関係）··476
第61条の2の7（難民の認定の取消し）··479
第61条の2の8（難民の認定を受けた者の在留資格の取消し）·······················481
第61条の2の9（異議申立て）···483
第61条の2の10（難民審査参与員）··490
第61条の2の11（難民に関する永住許可の特則）··491
第61条の2の12（難民旅行証明書）··492
第61条の2の13（退去強制令書の発付に伴う難民認定証明書等の返納）······496
第61条の2の14（事実の調査）···498

第8章　補則

第61条の3（入国審査官）···505
第61条の3の2（入国警備官）···507
第61条の4（武器の携帯及び使用）··508
第61条の5（制服及び証票）···510
第61条の6（収容場）··511
第61条の7（被収容者の処遇）···511
第61条の7の2（入国者収容所等視察委員会）··513
第61条の7の3（組織等）··518
第61条の7の4（委員会に対する情報の提供及び委員の視察等）··················520
第61条の7の5（委員会の意見等の公表）··522
第61条の7の6（出国待機施設の視察等）··523
第61条の8（関係行政機関の協力）··523
第61条の8の2（住民票の記載等に係る通知）··524
第61条の9（情報提供）··525
第61条の9の2（送達）··528
第61条の9の3（本人の出頭義務と代理人による届出等）······························531

第61条の10（出入国管理基本計画） ... 534
第61条の11 ... 535
第62条（通報） ... 536
第63条（刑事手続との関係） ... 537
第64条（身柄の引渡） ... 540
第65条（刑事訴訟法の特例） ... 542
第66条（報償金） ... 544
第67条（手数料） ... 545
第67条の2 ... 546
第68条 ... 547
第68条の2（事務の区分） ... 547
第69条（政令等への委任） ... 548
第69条の2（権限の委任） ... 549
第69条の3（経過措置） ... 553

第9章　罰則

第70条 ... 555
第70条の2 ... 560
第71条 ... 564
第71条の2 ... 564
第71条の3 ... 566
第72条 ... 567
第73条 ... 569
第73条の2 ... 570
第73条の3 ... 573
第73条の4 ... 574
第73条の5 ... 575
第73条の6 ... 575
第74条 ... 576
第74条の2 ... 578
第74条の3 ... 579
第74条の4 ... 580
第74条の5 ... 580
第74条の6 ... 581

第74条の6の2 582
第74条の6の3 583
第74条の7 583
第74条の8 584
第75条 584
第75条の2 585
第75条の3 586
第76条 586
第76条の2（両罰規定） 587
第77条（過料） 587
第77条の2 588
第78条（没収） 588

法別表

法別表第1の1

外交　597／公用　597／教授　598／芸術　599／宗教　600／報道　601

法別表第1の2

投資・経営　603／法律・会計業務　604／医療　605／研究　605／教育　606／技術　606／人文知識・国際業務　607／企業内転勤　608／興行　608／技能　609／技能実習　610

法別表第1の3

文化活動　612／短期滞在　614

法別表第1の4

留学　617／研修　617／家族滞在　619

法別表第1の5

特定活動　620

法別表第2

永住者　625／日本人の配偶者等　625／永住者の配偶者等　628／定住者　628

別表によらない在留：特別永住　632

関係法令

出入国管理及び難民認定法施行令 638
出入国管理及び難民認定法施行規則 640
被収容者処遇規則 688
出入国管理及び難民認定法第7条第1項第2号の基準を定める省令（基準省令）............... 694
出入国管理及び難民認定法第7条第1項第2号の規定に基づき
同法別表第2の定住者の項の下欄に掲げる地位を定める件（定住者告示）................... 714
日本国との平和条約に基づき日本の国籍を離脱した者等の
出入国管理に関する特例法（入管特例法）.. 715
日本国との平和条約に基づき日本の国籍を離脱した者等の
出入国管理に関する特例法施行令 721
日本国との平和条約に基づき日本の国籍を離脱した者等の
出入国管理に関する特例法施行規則 722
難民の地位に関する条約（難民条約）... 727
難民の地位に関する議定書 735

入管・難民法条文索引　738
付録CD収録裁判例一覧　748

略称一覧

【法令】

入管・難民法、法	出入国管理及び難民認定法
令	出入国管理及び難民認定法施行令
規則	出入国管理及び難民認定法施行規則
特例法	日本国との平和条約に基づき日本の国籍を離脱した者等の出入国管理に関する特例法
外登法	外国人登録法
行訴法	行政事件訴訟法
行手法	行政手続法
行服法	行政不服審査法
刑訴法	刑事訴訟法
民訴法	民事訴訟法
住基法	住民基本台帳法
国賠法	国家賠償法
基準省令	出入国管理及び難民認定法第7条第1項第2号の基準を定める省令
定住者告示	出入国管理及び難民認定法第7条第1項第2号の規定に基づき同法別表第2の定住者の項の下欄に掲げる地位を定める件
入在要領	法務省入国管理局「入国・在留審査要領」（内部規定）
仮放免要領	法務省入国管理局「仮放免取扱要領」（内部規定）
難民認定要領	法務省入国管理局「難民認定事務取扱要領」（内部規定）

【条約】

難民条約	難民の地位に関する条約
難民議定書	難民の地位に関する議定書
拷問等禁止条約	拷問及び他の残虐な、非人道的な又は品位を傷つける取扱い又は刑罰に関する条約
自由権規約	市民的及び政治的権利に関する国際規約
社会権規約	経済的、社会的及び文化的権利に関する国際規約
人種差別撤廃条約	あらゆる形態の人種差別撤廃に関する国際条約
子どもの権利条約	児童の権利に関する条約
女性差別撤廃条約	女子に対するあらゆる形態の差別の撤廃に関する条約
強制失踪条約	強制失踪からのすべての者の保護に関する国際条約

【書籍】

入管六法	出入国管理法令研究会編『注解・判例 出入国管理 外国人登録 実務六法』（日本加除出版、各年）
逐条解説	坂中英徳・齋藤利男『出入国管理及び難民認定法 逐条解説〔改訂第3版〕』（日本加除出版、2007年）
山田ほか	山田利行・中川潤一・木川和広・中本次昭・本針和幸『新しい入管法—2009年改正の解説』（有斐閣、2010年）
藤山・村田編	藤山雅行・村田斉志編『行政争訟〔改訂版〕（新・裁判実務体系25）』（青林書院、2012年）
ハサウェイ	J. C. Hathaway, The Law of Refugee Status (Toronto: Butterworths, 1991)（日本語版：ジェームズ・C・ハサウェイ〔平野裕二・鈴木雅子訳〕『難民の地位に関する法』〔現代人文社、2008年〕）

【判例掲載誌・ウェブサイト】

刑集	最高裁判所刑事判例集
民集	最高裁判所民事判例集

高刑速	高等裁判所刑事判決速報集
東高刑時報	東京高等裁判所判決時報(刑事)
行裁例集	行政事件裁判例集
判時	判例時報
判タ	判例タイムズ
重判	重要判例解説(判例タイムズ臨時増刊)
訟月	訟務月報
LEX/DB	TKC判例データベース
LLI/DB	判例秘書

【その他】

UNHCR	国連難民高等弁務官事務所
UNHCRハンドブック	Office of the United Nations High Commissioner for Refugees (UNHCR), Handbook on Procedures and Criteria for Determining Refugee Status under the 1951 Convention and the 1967 Protocol relating to the Status of Refugees, HCR/1P/4/Eng/Rev.2 Reedited, Geneva, (edited January 1992) (1979)(日本語版:UNHCR駐日事務所『難民認定基準ハンドブック―難民の地位の認定の基準及び手続に関する手引き〔改訂版第3版〕』〔2008年〕)
UNHCR結論	Executive Committee (ExCom) Conclusions on International Protection (日本語版:UNHCR執行委員会「難民の国際的保護に関する結論」)
UNHCR1条解釈	「1951年難民の地位に関する条約第1条の解釈」(http://www.unhcr.or.jp/protect/pdf/apr2001_intart1_j.pdf) 2001年4月
日弁連意見書①	日本弁護士連合会「難民認定手続の改善に向けての意見書」2002年11月22日
日弁連意見書②	日本弁護士連合会「法務省入国管理局ウェブサイトの情報提供制度に対する意見書」2005年3月17日
日弁連意見書③	日本弁護士連合会「外国人の出入国・在留管理を強化する新しい体制の構築に対する意見書」2005年12月15日
日弁連意見書④	日本弁護士連合会「新しい難民認定手続に関する意見書」2006年10月17日
日弁連意見書⑤	「新たな在留管理制度の構築及び外国人台帳制度の整備に対する意見書」2009年2月19日
日弁連会長声明①	日本弁護士連合会「入管法『改正』法案の徹底した審議を求める会長声明」2006年5月15日
日弁連会長声明②	「出入国管理及び難民認定法並びに住民基本台帳法の改正法の成立に際しての会長声明」2009年7月8日

出入国管理及び難民認定法（昭和26年10月4日政令第319号）改正経過一覧

公布	法令番号	主な変更内容	施行
1952(昭27).4.28	法律第126号	ポツダム命令による改正	1952.4.28
1952(昭27).7.31	法律第268号	行政機構改革による改正	1952.8.1
1953(昭28).8.15	法律第214号	らい予防法制定に伴う改正	1953.8.15
1954(昭29).4.22	法律第71号	あへん法制定に伴う改正	1954.5.1
1954(昭29).6.8	法律第163号	警察法施行に伴う改正	1954.7.1
1954(昭29).6.9	法律第164号	防衛庁設置法制定に伴う改正	1954.7.1
1955(昭30).7.12	法律第66号	被収容者以外の者による保証書の許可	1955.7.12
1958(昭33).3.10	法律第6号	銃砲刀剣類等所持取締法制定に伴う改正	1958.4.1
1958(昭33).3.25	法律第17号	婦人補導院法制定に伴う改正	1958.4.1
1958(昭33).5.15	法律第154号	法務省設置法改正に伴う改正	1958.5.15
1962(昭37).5.16	法律第140号	行政事件訴訟法施行に伴う改正	1962.10.1
1962(昭37).9.15	法律第161号	行政不服審査法施行に伴う改正	1962.10.1
1965(昭40).4.15	法律第47号	銃砲刀剣類等所持取締法改正に伴う改正	1965.7.15
1971(昭46).12.31	法律第130号	沖縄復帰に伴う改正	1972.5.15
1980(昭55).11.19	法律第85号	行政管理庁設置法改正に伴う改正	1981.4.1
1981(昭56).6.12	法律第85号	在留期間更新・在留資格変更の許可に係る手続の変更、保証金・罰金などの引上げ等	1982.1.1
1981(昭56).6.12	法律第86号	難民条約等への加入に伴う改正（題名の変更含む）	1982.1.1
1982(昭57).8.10	法律第75号	外国人登録法改正に伴う改正	1982.10.1
1983(昭58).12.2	法律第78号	改正国家行政組織法施行に伴う改正	1984.7.1
1985(昭60).12.21	法律第97号	一般職の職員の給与に関する法律改正に伴う改正	1985.12.21 1986.1.1 1986.6.1
1987(昭62).9.26	法律第98号	精神衛生法改正に伴う改正	1988.7.1
1989(平元).1.17	法律第2号	後天性免疫不全症候群の予防に関する法律施行に伴う改正	1989.2.17
1989(平元).12.15	法律第79号	在留資格の法別表形式による整備等	1990.6.1
1990(平2).6.19	法律第33号	麻薬取締法改正に伴う改正	1990.8.25
1991(平3).5.10	法律第71号	入管特例法制定に伴う改正	1991.11.1
1991(平3).10.5	法律第94号	国際的な協力の下に規制薬物に係る不正行為を助長する行為等の防止を図るための麻薬及び向精神薬取締法等の特例等に関する法律制定に伴う改正	1992.7.1
1995(平7).5.19	法律第94号	精神保健法改正に伴う改正	1995.7.1
1996(平8).3.31	法律第28号	らい予防法廃止に伴う改正	1996.4.1
1997(平9).5.1	法律第42号	罰則の強化、ほう助罪の追加等	1997.5.11
1998(平10).5.8	法律第57号	旅券の定義の修正等	1998.6.8

日付	法律番号	改正内容	施行日
1998(平10).6.12	法律第101号	学校教育法改正に伴う改正	1999.4.1
1998(平10).10.2	法律第114号	感染症の予防及び感染症の患者に対する医療に関する法律制定に伴う改正	1999.4.1
1999(平11).7.16	法律第87号	地方分権の推進を図るための関係法律の整備等に関する法律制定に伴う改正	2000.4.1
1999(平11).8.18	法律第134号	外国人登録法改正に伴う改正	2000.4.1
1999(平11).8.18	法律第135号	不法在留罪の新設、被退去強制者の上陸拒否期間の伸長等	2000.2.18
1999(平11).12.22	法律第160号	中央省庁等改革関係法施行法制定に伴う改正	2001.1.6
2001(平13).11.30	法律第136号	事実の調査に係る規定の新設、上陸拒否・退去強制事由の追加(フーリガン等)、法務大臣の権限委任規定の新設等	2002.4.1
2003(平15).6.4	法律第65号	特殊開錠用具の所持の禁止等に関する法律制定に伴う改正	2003.9.1
2004(平16).6.2	法律第73号	精神障害者に対する退去強制事由の修正	2004.8.2
		出国命令の新設	2004.12.2
		難民認定手続の整備(60日要件の廃止、仮滞在の新設、難民審査参与員の新設等)	2005.5.16
2005(平17).5.25	法律第50号	刑事施設及び受刑者の処遇等に関する法律制定に伴う改正	2006.5.24
2005(平17).6.22	法律第66号	刑法改正に伴う改正	2005.7.12 2005.12.10 2005.12.22
2006(平18).5.24	法律第43号	外務大臣、警察庁長官等からの意見の聴取の新設	2006.6.13
		「特定活動」の定義の修正	2006.11.24
		船舶等の長からの報告の義務化	2007.2.1
		電磁的方式による個人識別情報提供の義務化	2007.11.20
2006(平18).6.8	法律第58号	刑事施設及び受刑者の処遇等に関する法律改正に伴う改正	2007.6.1
2006(平18).6.21	法律第80号	学校教育法改正に伴う改正	2007.4.1
2007(平19).7.6	法律第108号	国家公務員法改正に伴う改正	2009.4.1
2008(平20).5.2	法律第30号	感染症の予防及び感染症の患者に対する医療に関する法律改正に伴う改正	2010.5.12
2009(平21).7.15	法律第79号	拷問等禁止条約・強制失踪条約によるノン・ルフールマン規定の明文化	2009.7.15 2010.12.23
		乗員上陸の際の乗員手帳等の携帯・提示義務化	2010.1.1
		研修・技能実習制度の見直し、「留学」「就学」の一本化、入国者収容所等視察委員会の設置、退去強制事由への不法就労助長行為の追加等	2010.7.1
		新たな在留管理制度の導入(在留カード・特別永住者証明書の交付等)	2012.7.9

総論

行政裁量論

1 行政裁量を論ずる意義

　入管・難民法は、本邦に入国し又は本邦から出国するすべての人の出入国管理と、難民の認定について定めた法律である（法1条）。この出入国管理と難民認定に当たって、その主体（行政庁）たる法務大臣等には、多くの場面で裁量権の行使が認められている。いわゆる「行政裁量」である。

　例えば、入管・難民法第4章の規定の中には在留期間の更新（法21条）、再入国の許可（法26条）等に関して「法務大臣は……許可することができる」という文言が多々認められるが、この「できる」という文言は、まさに法務大臣等（権限委任につき、法69条の2、規則61条の2参照）の裁量権行使を認める意味と解されている。

　また、2001年改正法により新設された法69条の2、規則61条の2により、これら法務大臣の裁量権行使は、一定の範囲で地方入国管理局長に委任され得ることとなった（以下、同規定に基づいて権限委任された地方入国管理局長と法務大臣とをあわせて、本章では「法務大臣等」という）。

　さて、行政裁量を論じる意味は、法務大臣等が入管・難民法によって与えられた裁量権に基づいて行った処分に問題があり、そのために処分対象者が看過し難い不利益を被った場合の救済の可否に顕著に現れる。すなわち、そのような違法又は不当な行政処分を受けた人は、当該処分の効果が終局的に否定されない限り救済されないのであるが、そのためには、行政庁自らが処分を撤回又は取り消すか、裁判所の判決により処分を取り消してもらうしかない。もっとも、行政庁が自ら処分を撤回ないし取り消すことは例外的である（ただし、入管実務上は、"再審"の事例は少なくない）から、結局は、当該処分は違法であるとして訴訟提起し、司法の判断による救済を仰ぐことになる。しかし、裁判所が行政庁の処分を取り消すことができるのは、当該処分が「裁量権の範囲をこえ又はその濫用があつた場合」に限られている（行訴法30条）。したがって、裁判において議論の焦点とされるのも、「当該行政裁量に裁量権の範囲の逸脱又は濫用が認められるか否か」という点に集約されることになる。そうすると、その前提として「裁量権の範囲」とは具体的にどの程度まで認められているのか、裏返せば、行政裁量の範囲を統制するもの（以下、「統制ルール」という）は何か、という問題に、常に行き着くのである。

　前述のとおり、入管・難民法はさまざまな形で法務大臣等の裁量権を認めている。そこで、個々の条文を解説する前提として、かかる法務大臣等の裁量権の範囲につき、行政裁量権に対する統制ルールを通じて明らかにしたい。

2　入管行政裁量に対する統制ルール

　入管行政に限らず一般的な行政裁量に対する統制ルールとしては、そもそも行政裁量が立法により授権される（「法律による行政」の原理）という意味での「立法的統制」、行政が定めた内部基準や上級庁による監督などの「行政内部的統制」、裁判所による事後的審査としての「司法的統制」とがある。さらに、入管行政独自に認められる統制ルールとしては、出入国管理基本計画（法61条の10、11）による統制がある。

⑴　立法的統制

　まず「法律による行政」の原理の下では、行政権は常に法律（授権法）に従って行使されることが原則となる。

　入管行政について言えば、その授権法は入管・難民法である。よって入管行政は、入管・難民法の一義的な法律記載事項に反してはならないことはもちろん、一義的な記載事項が存在しない場合（法務大臣等の判断に「相当性」などの不確定概念が介在する場合）であっても、法1条の「本邦に入国し、又は本邦から出国するすべての人の出入国の公正な管理を図る」という趣旨・目的に反してはならない。

　なお、一般に立法的統制を論じる際には、直接の授権法による統制を指すことが多い。しかし、本書では、この立法的統制の中には憲法や国際法も含まれていることを強調したい。

　すなわち、入管・難民法を含む国内規範の中で最も上位にある最高法規は憲法であり（憲法98条1項）、いかなる法律も憲法に反してはならないことは言うまでもない。この意味で、入管行政は憲法による統制も受けることになる。入管・難民法の適用場面で行政を統制する憲法規定としては、例えば、平等原則（14条）、居住・移転の自由（22条）、裁判を受ける権利（32条）等、自由権的基本権を定める各規定が挙げられる。

　さらに、国内法の最高法規である憲法は、その98条2項において「日本国が締結した条約及び確立された国際法規は、これを誠実に遵守することを必要とする」と定め、行政に対していわゆる「国際法規遵守義務」を課している。この規定は、条約の国内的効力を明らかにしたものである。そして、条約の形式的効力は、一般に憲法よりも下位にあるとされながらも、法律よりも上位にあると解されている。入管・難民法の適用場面で行政を統制する国際法としては、社会権規約、自由権規約、人種差別撤廃条約、女性差別撤廃条約、子どもの権利条約、難民条約、拷問等禁止条約などが挙げられる。

　以上のとおり、行政裁量に対しては、単に直接の授権法に反してはならないという統制以外にも、授権法よりも上位にある国際法、さらにその上位にある憲法

に反してはならないという強い統制も働くことに留意しなければならない。

　特に、参政権を有しない外国人の権利は、参政権を有する日本人の権利よりも、立法及び行政による保障が不十分になる可能性を否定し得ず、その分、国内立法よりも上位にある国際法の適用によってその権利を保障すべき必要性は、一層重視されなければならない。

　そこで、行政に対する立法的統制を図式化すれば以下のようになる。

　　　　　　　　憲法＞国際法＞法律＞行政

(2)　行政内部的統制

　しかし、行政権発動のすべての場面を網羅するような法律を規定すること自体不可能であるから、行政は、法律による授権の範囲内で、自ら内部基準を定めることができる。一方、いったん内部基準を定めた以上、当該内部基準に基づき行政権を発動すべきことになる。

　入管・難民法について言えば、「出入国管理及び難民認定法施行規則」「出入国管理及び難民認定法第7条第1項第2号の基準を定める省令」をはじめとする省令や、「出入国管理及び難民認定法第7条第1項第2号の規定に基づき同法別表第1の5の表の下欄（ニに係る部分に限る。）に掲げる活動を定める件」「出入国管理及び難民認定法第7条第1項第2号の規定に基づき同法別表第2の定住者の項の下欄に掲げる地位を定める件」などの告示のように、外部に明示されている行政基準があり、さらにそのほかにも内部通達など、外部に明示されていない内部基準がある。加えて、個別実務についての「回答」「決裁」も、先例として、後の同様の事案に対して事実上の基準となるものと言えよう。

　また、上級庁による監督や行政監察に基づく統制も、行政内部的統制に当たる。

(3)　出入国管理基本計画による統制

　さらに、入管行政のみに対する独自の統制ルールとしては、法61条の10、11に定められている出入国管理基本計画による統制がある。出入国管理基本計画とは、出入国管理政策の基本方針であり、法務大臣によって策定されるものである。法61条の10によれば、法務大臣は、この基本計画の策定に当たっては、あらかじめ関係行政機関の長と協議しなければならず（同条3項）、さらに、策定後は遅滞なくその概要を公表すべき義務を負う（同条4項）。計画内容の変更についても同様である（同条5項）。これは、近年の我が国と諸外国との人的交流の拡大に伴い、外国人の受入れのあり方如何は国民生活や日本社会のさまざまな分野、さらに国際関係にも多大な影響を与えるものであるとの観点に基づき、法務大臣に対して、どのような外国人を受け入れるかについて関係行政機関とも十分に協議し、かつ、国民の意見を広く求めた上で出入国管理政策の基本方針を策定し、その基本方

針に基づき具体的な施策を実施する体制を確立し、もって適正な外国人の出入国管理の実現を図るという趣旨に基づき、1989年改正法で新設された規定である(逐条解説826頁)。

出入国管理基本計画については、法的拘束力がないとの説が裁判例、学説において有力である。法形式として、省令や告示よりも下位に位置付けられると解するのであろう。しかし、法61条の10は、法務大臣に対して、①策定に際し、あらかじめ関係行政機関の長と協議すべき義務、②策定後も、遅滞なくその概要を公表すべき義務を課し、さらに法61条の11は、③自ら策定した出入国管理基本計画に基づいて、外国人の出入国を公正に管理するよう努める義務を課している。特定の行政処分が出入国管理基本計画に違反する場合、ひいては法61条の10及び11に違反することになると解すべきであり、上記各義務に照らして考えると、同計画自体にも法的拘束力を認められる場合があろう。すなわち、計画の内容が個別の行政処分の適否を判断し得るほど具体性のある場合、例えば日本人と婚姻する等の血縁関係のあるときは在留特別許可をすると出入国管理基本計画に規定しているような場合は、法務大臣等の裁量を拘束する趣旨、すなわち、法的拘束力を認めるべきである。

⑷　司法的統制

国際法的統制、立法的統制、行政的統制、さらに出入国管理基本計画による統制は、行政裁量に基づく処分がなされる前に適用される「事前の」統制ルールである。一方、原則として、すでになされた行政裁量に基づく処分を「事後的に」是正するための統制が司法的統制である。1で述べたとおり、すでになされた行政処分を取り消すためには、行政庁自らが当該処分を撤回ないし取り消すか、裁判所の決定により取り消してもらうしかない。したがって、司法的統制は、恣意的な行政処分に対して、極めて重要な役割を果たす統制ルールである。しかしこの司法的統制は、行政権の行使に対しては抑制的に行使されるべきであるという立場もあり、その範囲については古くから判例・学説上、さまざまな見解が対立してきた。

(a)　伝統的モデル

「法律による行政」の原理の下では、行政処分は常に立法に基づいてなされることが原則となる。この原則を貫けば、行政処分が立法に反した場合には、常に司法統制の対象となるべきである。しかし一方、社会の複雑化に応じて行政処分の発動場面も複雑専門化し、立法権によるきめ細かな統制を及ぼすことが事実上困難となっていった。そこで、19世紀後半よりドイツやオーストリアで台頭したのが「行政裁判所は、行政庁の自由裁量を審理しえず」との考え方、すなわち「裁量不審理原則」である(田村悦一『自由裁量とその限界』〔有斐閣、1967年〕)。

しかし、行政裁量といえども、裁量を授権した根拠法に違反することはできないはずである。また、平等原則や比例原則に反する行政権行使も許されないはずである。行政裁量に対しては一切司法の判断が及ばないとすれば、「裁量」の名の下に行政権の暴走を許す結果になる。

　そこで、行政裁量に対しても一定限度で司法統制を及ぼすべきであるという「裁量権限界論」が展開されるに至る。まず台頭したのは、行政行為の概念を、法律に一義的な要件が存在する「羈束行為」と、法律に一義的な要件が存在しない「裁量行為」とに分類する考え方である。そして「羈束行為」の場合は、行政権の行使が法律の一義的な要件に反しているか否かを裁判所が判断することは容易であるから、司法統制は及ぶとされた。一方、後者の「裁量行為」は、さらに「法規裁量行為」と「自由裁量行為」に分類され、「法規裁量行為」は、法規の趣旨・目的に反する限り司法統制が及び、「自由裁量行為」は、行政権限行使に踰越・濫用が認められない限り司法の統制は及ばないものとされた。また、「羈束行為」と「裁量行為」の区別基準については、いわゆる「文言説」「性質説」とが対立していた（田中二郎「行政裁判所の権限より観たる自由裁量問題」同『行政争訟の法理』〔有斐閣、1954年〕）。

　しかし、この「裁量権限界論」は、我が国の行訴法30条に「裁量権の範囲をこえ又はその濫用があつた場合」には、裁判所は行政庁の処分を取り消すことができるという規定を定める形で決着した（田村悦一「行政裁量の司法審査」杉村敏正編『行政救済法1』〔有斐閣、1990年〕）。すなわち、この条項によれば、自由裁量行為であっても、裁量権の踰越と濫用があれば司法審査が及び、違法と判断されることになり、ここで自由裁量行為か羈束行為かといった区別論は大きな意味を持たなくなったのである。

　その結果、今日では、行政行為を画一的に分類し、もって裁量の範囲を決するのではなく、むしろ各行政行為ごとに具体的に解釈する方向に移っている。

(b)　現代的モデル——本書の立場

　まず、行政権限発動の要件や効果が、法律上、一義的に確定できる場合とそうでない場合を区別する必要がある。

ア　行政権限発動の要件や効果が、法律上一義的に確定できる場合

　この場合には、行政行為にそもそも裁量の入り込む余地はなく、もって、それが「羈束行為」になることは明らかであるから、「行政庁の裁量処分」について定めた行訴法30条の適用場面でもない。よって、一義的な法律の要件に反した行政行為については、完全に司法による統制が及ぶことになる。

イ　行政権限発動の要件や効果が、法律上一義的に確定できない場合

　問題は、行政権限発動の要件や効果が、法律上一義的に確定できない場合で

ある。こと入管・難民法について言えば、「その他法務大臣が特別に上陸を許可すべき事情があると認めるとき」（法12条1項3号）、「在留資格の変更を適当と認めるに足りる相当の理由があるとき」（法20条3項）、「その者の永住が日本国の利益に合すると認めたとき」（法22条2項）、「相当と認めるとき」（法26条1項）、「その他法務大臣が特別に在留を許可すべき事情があると認めるとき」（法50条1項4号）など、法律の文言だけからはその具体的内容を判断し得ない、いわゆる「不確定概念」といわれる文言が多々認められる。かような文言によって行政権発動のための要件や効果が規定されている場合、その文言に該当するか否かの判断は法務大臣の裁量に委ねられていることになるのである。

　しかし、かような場合、常に法務大臣等に広範な裁量権を認めること、すなわち司法的統制が及ぶ範囲を一概に狭く捉えることは、被処分者の地位を不安定にするとともに、恣意的な処分を許容することになり妥当ではない。殊に入管・難民法には、不確定概念が多数存在しているため、なおさら慎重に検討する必要がある。

　そこで考えるに、不確定概念が介在する場合の行政処分は、いくつかの段階を経て最終的処分まで至るものである以上、各段階ごとに裁量権の範囲を検討するべきである。

　すなわち、行政処分の要件に不確定概念が介在しており、そのため、処分権者としても、法律を単純に当てはめれば結論が出るわけではないような場面では、通常、かかる不確定概念をより具体化するために、行政庁自身が、何らかの一般的基準（省令、告示、内部通達、回答、決裁等）を定立しており、この基準を適用する形で具体的処分がなされていく。したがって、行政裁量の範囲についても、ⓐ一般的基準定立とⓑ具体的行政処分に分けた上で、それぞれの場面で、司法的統制が及ぶ範囲を判断するという方法が、最も丁寧であり、かつ実態に即した考え方であろう。

ⓐ　一般的基準定立に対する司法統制

　法律上、行政権発動の要件や効果が一義的に確定できない場面では、立法が行政庁に対し、省令や告示、その他内部通達などの一般的基準を定立する権限を授権しているとみることができる（行政立法）。これに関連し、伝統的な解釈においては、告示や通達はそれらの形式から行政立法から除かれ、単なる内部基準であって法規性なしと捉える。しかしながら、その見解は、その結論において司法判断を回避し、不当な行政処分を放置することになり、結論の妥当性を損ねている。行政処分の一般的基準を定立する告示や通達等は、行政裁量を拘束する趣旨であり、行政立法であることを率直に認めるべきである。そもそも、一般的に行政権発動すべての場面を網羅するような法律を規定すること自体不可能であり、より

詳細な基準の定立を行政権の裁量に基づき行うこと自体には、謙抑的な範囲にとどまる限りにおいて一定の合理性は認められる。

しかし、謙抑的な範囲において定立行為自体が許容されるとしても、その内容が自由に定められるわけではない。すなわち、行政が定立した基準は、確立された経験則等に照らして合理的であり、専門技術的な見地からも裁量的判断に問題がないことを証明することが要請されるはずである（日本行政学会編『日本の行政裁量―構造と機能』〔ぎょうせい、1984年〕参照）。そして、この内部基準に対する司法統制を及ぼす方法としては、すでに述べた事前規制に反していないかどうかを審査する方法によることになろう。

ⓑ　具体的行政処分に対する司法統制

行政の具体的処分を段階的に見ていくと、次のようになる。

事実認定→要件への当てはめ→処分の選択→処分行為

これら1つ1つの場面ごとに行政裁量の範囲を検討すれば以下の結論が導かれる。

(i)　事実認定

まず、事実認定とは、特定の事実の存否の問題であるから原則として政策的判断の及ぶ余地はなく、よって裁量の余地はないはずである。すなわち、行政において事実誤認を犯した場合には、その事実誤認につき裁量云々を持ち出す余地はなく、誤認した事実に基づく当該行政処分は、その根拠を欠くものとして司法により違法と判断されなければならない。

(ii)　要件への当てはめ

次に、認定した事実に間違いがないとしても、その事実が法の定める要件に当てはまるかどうかの判断に裁量があるか否かが問題となる。この点、要件が一義的な文言であれば、当てはめにも裁量の余地はない。他方、要件が「合理性」「相当性」といった一義的でない不確定概念であって、それ以上の具体的な内部基準もないような場合には、認定した事実が「合理性」や「相当性」といった要件に当てはまるか否かの判断に際し、一定の裁量が働くことはやむを得ない。とはいえ、行政による当該当てはめが、授権法や憲法、国際法の趣旨に反する場合や、平等原則や比例原則に反する場合は、「裁量権の濫用・逸脱がある」として、当該当てはめは違法と判断されるべきことになる。

(iii)　処分の選択

まず「処分するか否かの選択」については、裁量の余地はない。事実認定により法の要件を充たしたと判断された場合、被処分者によって処分が発動されたりされなかったりしたのでは明らかに比例原則、平等原則に反するからである。

一方、法が規定する行政処分の内容が、「適切な措置をとることができる」などといった不確定概念で規定されている場合、又は、複数の行政処分が用意されている場合には、「処分内容の選択」について、一定の裁量が働くことはやむを得ない。しかし、それが殊に不利益処分の場合には、被処分者により懲罰的な意味で重い処分を選択するなどの恣意的判断の余地があるので、当該処分を選択したことが平等原則や比例原則、授権法や憲法、国際法の趣旨に反しないか否かについて、裁判所は厳正に審査すべきこととなる。

(ⅳ)　処分行為

　処分行為とは、例えば、処分内容を被処分者に通知するための通知書の作成等、外部への表示行為のことである。これはまさに手続の問題であり、司法的統制になじむものであるから、行政裁量の余地はないと言うべきである。

(ⅴ)　まとめ

　以上をまとめると、行政処分を行うにあたり裁量の余地が認められるのは、①行政処分発動のための要件に「相当性」等の不確定概念が含まれている場合における当該要件に対する事実認定の当てはめ行為、及び、②行政権発動の効果が「適切な措置」等の不確定概念により規定されている場合又は複数の処分が用意されている場合における処分を選択する行為、のいずれかに限られる。それ以外の行政行為はすべて覊束行為である。

(c)　入管行政に対する司法統制

　以上を、裁判上も頻繁に問題になる在留資格制度に照らして検討する。すなわち、在留資格の取得・変更、在留期間の更新という場面において、司法はどの程度積極的に、行政庁の処分の適否を判断できるのかという問題である。

ア　一般的基準定立（行政立法）の場面に対する司法統制

　在留資格については、法別表において、各在留資格と、それに対応して認められる活動内容（法別表第1の1ないし5）若しくは対応する身分又は地位（法別表第2）が記載されている。この法別表自体は、入管・難民法の一部であり、立法府が定める法規範であるが、さらに行政庁が内部的に定める基準として、法別表第1の2、4及び5に掲げる在留資格の活動内容についての「出入国管理及び難民認定法第7条第1項第2号の基準を定める省令」（以下、「基準省令」という）や、さらに、「研究」「留学」「技能実習」「特定活動」「定住者」等の在留資格についてその活動内容をより具体化するための告示がある。また、こうした省令や告示のほかにも、行政庁はさまざまな内部通達により基準を定立し、これを前提に各在留資格付与について判断している。

　そもそもすべての個別ケースをカバーできるほど網羅的な法律を規定することは事実上不可能である以上、ある程度細かい基準について、その定立を行政庁

が担うこと自体、やむを得ないことではある。しかし、その場合、行政庁が定める基準は、行政の公平性・信頼性を担保するため、常に合理的な内容を備えていなければならず、具体的には、授権法である入管・難民法の趣旨、国際法、憲法及び行政立法（出入国管理基本計画や省令等のうち行政処分の一般的基準を定めるものを含む）に反する内容を定めることは違法である。したがって、行政庁が定める省令、告示、その他内部基準の内容について、司法はこれらの違法性を判断し、統制すべき役割を担っている。

イ　具体的処分行為における入管行政の裁量

　在留資格の付与・変更、在留期間の更新等といった具体的処分行為に伴う行政裁量も、やはり、事実認定→要件への当てはめ→処分の選択→処分行為といった段階ごとに検討されるべきである。

　この点、「事実認定」「処分行為」については、これらの行為に行政裁量の余地がない、すなわち羈束行為であることは前述((b)イ⑥(i)(iv))のとおりであり、完全に司法的統制が及ぶことになる。また、在留資格に関する処分の場合、在留期間の選択等を除いては、基本的には、行政処分の効果が不確定概念で規定されていることも、複数の処分が用意されていることもないので、そのような場合には「処分の選択」は常に「処分するか否かの選択」に帰結し、そこにも行政裁量の余地はない。よって、ここでは、残る「要件への当てはめ」のみに焦点を当てて検討する。

　現在、裁判例の主流及び入管実務上、在留資格が認められるための要件は、「在留資格該当性」と「相当性」の2つであると解されている。「在留資格該当性」とは、法別表第1に掲げる在留資格の場合は、下欄に定められた「本邦において行うことができる活動」を主な活動として予定していること、また法別表第2に掲げる在留資格の場合は、やはり下欄に定められた「本邦において有する身分又は地位」を有することである。「相当性」とは、当該外国人の在留資格を認めることが相当か否かである。

　前者の「在留資格該当性」については、事実の有無であるから、その判断に当たって裁量の働く余地はない。したがって、在留資格該当性を巡る争いは、裁量権の濫用・逸脱が認められるか否かではなく、法別表下欄の文言についての解釈についての争い（形式的に捉えるか実質的に捉えるか等）、すなわち在留資格該当性の要件の理解の仕方の違いに帰結するものであることに留意しなければならない。一方、後者の「相当性」については、幅のある不確定概念であり、その判断に当たって法務大臣等の裁量の余地が一定程度働くことはやむを得ない。ただし、相当性判断に係る裁量の幅は狭く解されるべきであろう。実際の入管実務を見ても、在留資格の審査に当たっては、「在留資格該当性」に関する資料の審査がその要点であり、例外的に、「相当性」につき疑問がある場合のみ「相当性」に関する資

料を収集して判断している。これは、「在留資格該当性」には、それが認められれば、原則として「相当性」も認められるという意味での推定機能があるからである。この意味で、相当性判断に当たって入管行政に認められる裁量の幅は狭いのである。

さらに、法別表第2に掲げられる「永住者」「日本人の配偶者等」「永住者の配偶者等」「定住者」といった、身分関係に基づいて定められた在留資格については、相当性の判断についての法務大臣等の裁量の幅はより一層狭く解され、広範な司法的統制が及ぶと考えるべきである。なぜならば、これらの在留資格は、本邦との土地的・人的つながりを重視して付与されるものであって、土地的つながりがあるにもかかわらず相当性を否定されれば、その生活基盤に対し重大な影響を及ぼすことになるし、人的つながりがあるにもかかわらず相当性を否定されることは、家族が一緒に生活する権利（家族結合権）という人権規約上の人権（自由権規約23条）を否定する結果を招くからである。

(d)　入管行政に対する司法的統制に関する判例の考え方

入管行政に対する裁判所の立場は、一般的には抑制的・消極的である。すなわち、入管行政の場面における法務大臣等の裁量判断が違法となるのは、「その判断が全く事実の基礎を欠き又は社会通念上著しく妥当性を欠くことが明らかである場合」に限られるとされてきたのである（マクリーン事件の最大判昭53・10・4。次章参照）。

しかし、このように事実の基礎を「全く」欠く、とか「著しく」妥当性を欠くことが「明らか」などといった要件まで必要となると、これを充たすのは極めて稀なケースのみであり、ほとんどの行政裁量は違法ではないと判断されることになる。これでは行政権に司法が包括的・白紙委任を与えているも同然である（亘理格「行政裁量権概念の再検討―J・C・ヴェネズィア『自由裁量論』を手がかりに」新正幸・早坂禧子・赤坂正浩編『公法の思想と制度―菅野喜八郎先生古稀記念論文集』〔信山社出版、1999年〕）。果たして、ここまで司法が抑制的であってよいのだろうか。そもそも、前述したとおり、入管行政に対しても事前統制（立法的統制、行政内部的統制、出入国管理基本計画による統制）によるコントロールが及ぶこと自体争いはない。にもかかわらず、これら事前統制に反する処分が行われた場合にあってさえも、事後統制（司法的統制）によるコントロールが及ぶ可能性が極めて低いというのは、いかにも不均衡と言わざるを得ない。処罰規定のない刑法を作っても犯罪は防止できないのと同じことで、効果的な事後規制がなければ、事前規制自体が「絵に描いた餅」になってしまう。また、そもそも行政に一定の裁量を与えることの目的は、社会の複雑化に鑑み、多様な場面に対して網羅的に事前規制を働かせることが事実上不可能であるという点、及び、むしろ専門的な場面ではその判断を行政に委ねた方が

迅速かつ適正な結果を得られるという点にある。とすれば、事前規制に反した行政処分がされた場合や、専門性の名の下に恣意的な処分をしているような場面は、そもそも行政に裁量を与えたことの目的に反する結果を招いているのであるから、かかる場面では積極的に司法が介入すべきであり、そのこと自体、行政に裁量を与えた上記趣旨と何ら抵触しないどころかこれに沿うものである。さらに、繰り返しになるが、参政権のない外国人の権利は、立法や行政による保障が薄弱になりやすく、しかもそれが是正されにくいという側面を持つ。したがって、少数者にとって「人権の最後の砦」であるはずの司法が、中立・公正な立場において少数者である外国人の人権を救済していくことは、通常の場面よりも強く期待されるところなのである。

したがって、判例の「その判断が全く事実の基礎を欠き又は社会通念上著しく妥当性を欠くことが明らかである場合」という基準では、司法的統制としてはあまりにも不十分と言わざるを得ない。

この点については、泉徳治元最高裁判事も、マクリーン事件最高裁判決の枠組みを再考すべきであるとして、「①出入国管理関係処分に関する裁量の審査についても、裁量権統制の諸法理を踏まえた個別審査をおろそかにしてはならず、②個別審査の際に、同基準が掲げる『事実に対する評価が明白に合理性を欠くかどうか』、『社会通念に照らし著しく妥当性を欠くことが明らかであるかどうか』についての評価をするに当たり、憲法や条約等の趣旨を判断基準として取り入れることを忘れるべきではなく、③マクリーン判決後に発効した難民の地位に関する条約、市民的及び政治的権利に関する国際規約……、児童の権利に関する条約……等により、マクリーン基準の中身が今日では実質的に変容していることに留意すべきである」と述べているところである（泉徳治「マクリーン事件最高裁判決の枠組みの再考」自由と正義62巻2号20頁）。

以上のように考えてくると、結局、行政裁量に対してはさまざまな形で統制が働き、一定の裁量が認められる範囲は極めて限定的であるから、その意味では、行政裁量を「自由裁量」若しくは「広範な裁量」と表現することは適切とは言えない。

3 行政解釈の問題点

一方、行政解釈は、入管行政に関して法務大臣等の判断は、すべてその広範な（ないしは自由）裁量に服するものと解釈し、行政庁に対する事実上の白紙・包括的委任を要求している。

その根拠は、①国際慣習法上、外国人の出入国に対して国家は広範な裁量権を有するものとされており、②したがって、憲法上も、外国人は日本国への入国及び在留の権利を有しないと解されることに加え、③出入国管理に係る判断には、

その時々の国内の政治・経済・社会等の諸事情、外交政策、当該外国人の本国との外交関係等諸般の事情を総合的・専門的に考慮する必要がある、という点にあると、国側は訴訟の場で繰り返し主張してきた。

　しかし、国際慣習法上、合法であることと、国内法秩序に違反するか否かは全く別のレベルの議論であって、万一、国際慣習法上合法であるとしても、それを理由として国内法秩序に違反しないと言うことはできない。また、国家裁量とは、立法裁量、司法裁量、行政裁量の3つを包含する概念であって、国家裁量が広範であるからといって法務大臣等の裁量も広範であると結び付けることには論理的な飛躍がある。

　さらに、総合考慮等の必要性についてであるが、これは旧法下、すなわち法務大臣から地方入国管理局長への裁量権限委任を定めた法69条の2が新設される以前であればともかくとして、法69条の2が定められた現行法下においては、およそ当てはまらない議論と言わざるを得ない。そもそも旧法下においても、年々増加する入管・難民法上の各申請に対応すべく、内部通達により「専決」案件とされたケースについては、地方入国管理局長限りで判断することが許容されていた。そして少なくとも、かかる「専決」案件では、当該外国人と日本社会との血縁的・地縁的なつながりや、当該外国人の素行の善良性などを基礎に、時代ごとに概ね画一的な判断を下していた。法69条の2の新設は、このような実務に法律を合致させたものと評価できる。

　この法69条の2新設以前に、法務大臣名でなされた処分につき裁量権逸脱・濫用等の主張が出されると、行政側は、上記のような実務を無視し、「すべて法務大臣が判断している」という非現実的な建前論に基づいて、「法務大臣において、多面的専門的知識と政治的配慮を駆使して判断するのだから、その裁量は広範になって然るべき」との論拠に依っていた。ところが、法69条の2の新設によって法律上も正式に裁量権行使の主体となった地方入国管理局長は、法務省の内局の1つである入国管理局の地方支分部局として全国に8つある地方入国管理局のうちの1つの局の長に過ぎない。地方入国管理局長は法務大臣と異なり、閣議に出席するわけでもなければ、内閣の一員として国会に対して責任を負うわけでもない。したがって、地方入国管理局長は、当該局の管轄地域における外国人の在留状況や、過去の裁量処分に関する取扱いについて通暁していても、その時々の国内の政治・経済・社会等の諸事情、外交政策、当該外国人の本国との外交関係等の諸般の事情を総合的に考慮する特別な能力もなければ、「政治的配慮」をすべき資格もない。

　法69条の2新設後には、今度は、行政側は、訴訟等の場面において、「地方入国管理局長といえども、そもそも広範な裁量権限を有する法務大臣から委任を受

けている以上は、当然に委任者である法務大臣と同じく広範な裁量権限を行使できる」旨主張した。しかし、前述のとおり、これまで行政側は、法務大臣の裁量が広範である旨主張する根拠として、「国内の政治・経済・社会等の諸事情、外交政策その他を総合的に考慮する能力を有し、かつ、政治的配慮をすべき立場にある」という法務大臣固有の特殊な地位・立場を論拠としていたのである。このような法務大臣固有の特殊な地位・立場に基づく処分権限が、かかる地位・立場を有しない他の者にも同様に帰属し得ると考えることは、極めて不合理である。さらに言えば、行政側の上記主張は、「法務大臣の裁量権限が広範である」との結論を出発点としているのであるが、法務大臣が、閣議に出席するわけでもなく内閣の一員として国会に責任を持つわけでもない地方入国管理局長に委任可能な権限を行使していたに過ぎないと考えると、かかる出発点自体、やはり是認し得ないものと言うほかない。

　もちろん、現行法下においても地方入国管理局長に委任されない、すなわち、法務大臣が裁量判断を下す場面は存在するが、そのような場面に限定して行政解釈の前記論理を捉えても、当該論理は、入管・難民法が行政に対して一定の行政裁量権を授権したことの理由にはなっても、だからといってその裁量権が広範であると結論付けることにはやはり論理的飛躍があり、当該論理から、「法務大臣の裁量権は広範な（ないしは自由）裁量である」との結論は当然には導かれない。

　さらに言えば、前述のとおり、行政行為はさまざまな分類に区分けすることができ、行政処分もまたさまざまな段階を経て下されるものであるから、これらをすべて一括りにして議論することは、粗雑な論法であり実態を反映できないことになる。やはり、一般的基準定立（行政立法）の問題と具体的行政処分の問題を区別した上で、それぞれの場面ごとに行政裁量の範囲は論じられるべきである。

　このように、行政解釈には論理的な飛躍がみられると同時に、実質的に考えても、そもそも法務大臣等に広範な裁量権を認めることは、個々の外国人のさまざまな権利が恣意的に制約される危険性を容認することになり妥当ではない。例えば「日本国内が不景気だから在日外国人の人数を減らせ」という経済界の要請があれば、その影響を受けて、本来なら上陸や在留が認められて然るべき外国人に対して、これを認めない処分をすることになる。また、母国で迫害を受け、日本で難民申請を行った外国人に対しても、当該母国と日本政府との間の外交関係の影響を受けて、難民として認めない処分をすることが可能となる。このように、政策の影響を直接受けた恣意的処分は、単なる「可能性」の問題ではなく、残念ながら、すでに現実に起きている問題である。すなわち、今日の入管行政においては、自由裁量という名の下での恣意的処分が頻発しており、かつ、かかる恣意的処分に対して事後的に司法的統制を求めても、多大な時間と労力を割かねばならず、しかも、前

述のとおり司法は行政に対し消極的な態度を示すことが多い。しかし、このようにして国家が外国人の人権を恣意的に侵害することを許すことは、到底認められるものではない。

4 おわりに

　そもそも、今日の国際社会は、国家の垣根を越えた人間の自由な活動を大前提としており、この自由活動が保障される必要性は極めて高い。入管行政に広範な行政裁量権が認められているとする従前の解釈は、基本的人権が「人類の多年にわたる自由獲得の努力の成果」としてその普遍的・前国家的な性格を有することを確認した憲法97条の理念から、著しく乖離していると言わざるを得ない。泉徳治元最高裁判事も述べているとおり、今日では、「マクリーン基準のあまりに緩やかな表現に便乗して、裁量権統制の諸法理を踏まえた個別審査を実質的に回避するようなことは許されない」のであって（泉・前掲26頁）、憲法、条約等における人権判断の国際水準に適合した解釈が求められているのである。

マクリーン事件上告審判決の分析と批判

1 はじめに

　外国人の在留に関する処分を争う裁判において、先例として必ず引用されるのが、最大判昭53・10・4（いわゆる「マクリーン事件上告審判決」又は単に「マクリーン事件判決」）である。

　しかしながら、このマクリーン事件上告審判決の論理が果たして正しいものであるのか、また今日もなお一般的に通用するものであるのか、疑問なしとしない。

　ここでは、在留に関する処分を争う裁判に重要な影響を与えているこのマクリーン事件判決について、その論理を再度分析し、批判及び適用限界を検証する。その視点は以下の3点である。

(1) 憲法解釈上の疑問

　「憲法第3章の諸規定による基本的人権の保障は、権利の性質上日本国民のみをその対象としていると解されるものを除き、わが国に在留する外国人に対しても等しく及ぶ」としつつ、「外国人に対する憲法の基本的人権の保障は、右のような外国人在留制度のわく内で与えられているにすぎない」とするマクリーン事件判決は、外国人に対する基本的人権の保障を入管・難民法が定める在留資格制度よりも劣位に置き、実質的に外国人に対する基本的人権の保障を否定するものではないか。

(2) 事案の特性からくる適用限界（射程範囲）

　マクリーン事件判決で適法性が問題となった処分は、出入国管理令4条1項16号、特定の在留資格及びその在留期間を定める省令1項3号に該当する者としての在留資格の更新不許可処分であった。この、1989年の法律改正で削除され、現行法に存在しない在留資格の更新不許可処分の適否に関する判決の論理が、現行入管・難民法が規定するさまざまな在留資格及び処分に対してどこまで通用し得るのか。特に現行法の「日本人の配偶者等」「永住者の配偶者等」「定住者」の在留資格に関する処分についても通用するのか。

(3) 社会情勢と入管行政の変化

　マクリーンに対する在留期間更新不許可処分（1970年9月5日）から40年余り、最高裁判決からも30年余りを経て、今日の国際情勢や外国人の在留の実態には大きな変化が生じており、入管行政実務も大きく変容している。にもかかわらず、30年余り前の判決の論理を支持する社会的基盤が現在でもなお存在すると言えるのか。

2 判決の検討

(1) 事実関係

米国籍を有するロナルド・アラン・マクリーンは、1969年5月10日に下関港から日本に入国し、出入国管理令4条1項16号、特定の在留資格及びその在留期間を定める省令1項3号に該当する者としての在留資格（在留期間は1年）を与えられて上陸した。

マクリーンは、B語学学校に英語教師として雇用されるため在留資格を認められたが、入国後わずか17日間で同校を退職し、財団法人Cに英語教師として就職した。

マクリーンは、その在留中、ベトナム戦争に反対する団体に所属し、反戦集会に参加し、入管行政や関係法令改正に反対する活動に参加するなどの行為を行った。ただし、これらの集会や集団示威行進等は平和的かつ合法的に行われ、マクリーン本人は、指導的又は積極的な役割を果たしてはいない。

マクリーンは、1970年5月1日に1年間の在留期間の更新を申請したところ、法務大臣は、同年8月10日に、出国準備期間として9月7日まで120日間の在留期間更新を許可した。そこでマクリーンは、8月27日に法務大臣に対し、同年9月8日から1年間の在留期間の更新を申請したところ、法務大臣は、同年9月5日付で、マクリーンに対し、更新不許可の処分をした。

第一審（東京地判昭48・3・27民集32巻7号1276頁・判時702号46頁・判タ295号315頁）は原告の請求を認容し、在留期間更新不許可処分を取り消した。これに対し国が控訴したところ、控訴審（東京高判昭50・9・25民集32巻7号1294頁・判時792号11頁）は第一審判決を取り消し、一審原告の請求を棄却した。そこで一審原告であるマクリーンが上告した。

(2) 最高裁判決（最大判昭53・10・4民集32巻7号1223頁・判時903号3頁・判タ368号196頁）

最高裁も一審原告の請求を棄却した。

「憲法上、外国人は、わが国に入国する自由を保障されているものでないことはもちろん、所論のように在留の権利ないし引き続き在留することを要求しうる権利を保障されているものでもないと解すべきである」。

「出入国管理令が原則として一定の期間を限つて外国人のわが国への上陸及び在留を許しその期間の更新は法務大臣がこれを適当と認めるに足りる相当の理由があると判断した場合に限り許可することとしているのは、法務大臣に一定の期間ごとに当該外国人の在留中の状況、在留の必要性・相当性等を審査して在留の許否を決定させようとする趣旨に出たものであり、そして、在留期間の更

新事由が概括的に規定されその判断基準が特に定められていないのは、更新事由の有無の判断を法務大臣の裁量に任せ、その裁量権の範囲を広汎なものとする趣旨からであると解される」。

「出入国管理令21条3項に基づく法務大臣の『在留期間の更新を適当と認めるに足りる相当の理由』があるかどうかの判断の場合についてみれば、右判断に関する前述の法務大臣の裁量権の性質にかんがみ、その判断が全く事実の基礎を欠き又は社会通念上著しく妥当性を欠くことが明らかである場合に限り、裁量権の範囲をこえ又はその濫用があつたものとして違法となるものというべきである」。

「憲法第3章の諸規定による基本的人権の保障は、権利の性質上日本国民のみをその対象としていると解されるものを除き、わが国に在留する外国人に対しても等しく及ぶものと解すべきであり、政治活動の自由についても、わが国の政治的意思決定又はその実施に影響を及ぼす活動等外国人の地位にかんがみこれを認めることが相当でないと解されるものを除き、その保障が及ぶものと解するのが、相当である。しかしながら、前述のように、外国人の在留の許否は国の裁量にゆだねられ、わが国に在留する外国人は、憲法上わが国に在留する権利ないし引き続き在留することを要求することができる権利を保障されているものではなく、ただ、出入国管理令上法務大臣がその裁量により更新を適当と認めるに足りる相当の理由があると判断する場合に限り在留期間の更新を受けることができる地位を与えられているにすぎないものであり、したがつて、外国人に対する憲法の基本的人権の保障は、右のような外国人在留制度のわく内で与えられているにすぎないものと解するのが相当であつて、在留の許否を決する国の裁量を拘束するまでの保障、すなわち、在留期間中の憲法の基本的人権の保障を受ける行為を在留期間の更新の際に消極的な事情としてしんしやくされないことまでの保障が与えられているものと解することはできない」。

3 憲法解釈上の疑問

上記のとおり、マクリーン事件判決は、一方で基本的人権の保障は日本国内に在留する外国人にも及ぶと判示しつつ、他方で外国人に対する憲法の基本的人権の保障は外国人在留制度の枠内で与えられているに過ぎないとする。この論旨は、あたかも外国人に対する基本的人権の保障は出入国管理令（によって法務大臣に付与された裁量権）に劣後することを認めるかのようである。

そして、それに続けて、「在留中の外国人の行為が合憲合法な場合でも、法務大臣がその行為を当不当の面から日本国にとって好ましいものとはいえないと評価し、また、右行為から将来当該外国人が日本国の利益を害する行為を行うおそれがある者であると推認することは、右行為が上記のような意味において憲法の

保障を受けるものであるからといつてなんら妨げられるものではない」と述べた。この論旨は、在留期間中の行為に対する憲法上の保障と、期間更新に際しての当該行為の当不当の評価は別次元の問題である、とするかのようである。

この点をより明確に論じているのが、原審である東京高判昭50・9・25の以下の判示である。

「適法に在留する外国人はその定められた在留期間内に在留目的を達成して自ら国外に退去するのがたてまえであり、国は自ら在留を許した外国人には、その在留期間内に限つて活動を保証すれば足りるのである。たまたま在留外国人が期間内にその目的を達成しがたい等によつて在留期間の延長の必要が生じたときは、当該外国人は令21条によつて期間の更新を受けることができるとしているが、その更新の申請に対しては、法務大臣は更新を適当と認めるに足りる相当の理由があるときに限り、これを許可することができるのであつて、その相当の理由の有無については法務大臣の自由な裁量による判断に任されているものというべく、このことは外国人の受入れが基本的には、受入国の自由であることに由来する」。

「右のごとき一連の政治活動も、これが在留米国人によつてその在留期間内になされたのであれば、さきにみたように外国人にも許される表現の自由の範囲内にあるものとして格別不利益を強制されるものではなく、また、それ自体で退去強制事由を構成するものとするのも困難であろう。しかし外国人の在留期間がその所定期間の経過によりもはや本邦に在留しえなくなるにさいしなされる在留期間更新の申請に対し、法務大臣が更新を認めるに足りる相当の理由があると判断すべきか否かの問題となれば、その評価はおのずから異なるべきことは、前記のとおりである。従つて、右のごとき被控訴人の一連の行動に対し法務大臣がこれを前記のような高度の政治的配慮のものに判断をするに当り、これを消極的資料としてとりあげたとしても、やむをえないものといわなければならないのであつて、たんに在留期間中は適法になしえたというだけで、右のごとき法務大臣の評価を非難することはできない」。

すなわち、高裁判決は在留期間更新に際しての法務大臣の判断は新たに入国を認めるか否かの判断に準じるものであるから、在留期間中に行われた憲法上の保障の対象となる行為であっても消極的資料として考慮することは当然に許される、と判示した。最高裁判決もこの点は明確ではないが、その判示内容から見るとおそらく同様の理解に立脚しているのではないかと解される。

このように、在留中の活動に対して基本的人権が保障されることと在留資格に関する処分に際して在留中の活動を不利益に考慮することの許否とは次元の異なる議論であるとして、憲法上の保障を受ける行為であっても在留資格に関する処分に際してその行為の当不当を法務大臣が斟酌することは自由である、とする

のが高裁及び最高裁の論理であると考えられる。その背景には、おそらく、適法だが社会的・政治的に好ましくない行為（そのような行為は無数にある）を消極的資料として考慮することができない（すなわち違法行為でなければ消極的資料として考慮できない）とするのは法務大臣の裁量権を過度に制限する、との懸念があるのではないかと推測される。

　しかしながら、このようないわば二元論は形式論に過ぎず、実質的な人権侵害から目を逸らすものと言わざるを得ない。

　外国人が日本に在留するに当たり、在留資格が最も重要な法的地位の1つであることは言うまでもない。日本政府にとって好ましくない行為をすることによって在留資格を失う危険があるのであれば、いかに憲法上保障された行為であっても自己抑制が働くことは容易に理解できる。例えば、入管法（出入国管理令）改正に反対したり、入管行政実務を批判する集会等に参加したことについて、控訴審判決は、「わが国の出入国管理政策に対する非難行動」であると断じている。このように、在留外国人にとって重大な利害を有する入管法制や入管行政に対する意見表明の場に立ち会うことでさえ、在留資格に関する処分に際し不利益に考慮され、本人の日本への在留を危うくする危険があるのである。かような強度の萎縮効果をもたらす不利益な扱いが、基本的人権に対する侵害であることは明らかである。

　もし仮に外国人による内政・外交に関する意見表明に望ましくない面があるのであれば、端的に「外国人による政治的意見表明の自由は、どこまで制約することが認められるか」という議論が行われるべきである。これを回避して、表向きは基本的人権の保障の対象であるとしながら、後日になって（ケースによっては1年も2年も経過してから）その行為を理由として刑罰にも匹敵する重大な不利益処分を課し、基本的人権の保障と在留に関する処分における当不当の判断とは別次元であるとするのは詭弁のそしりを免れない。

　さらに、「外国人在留制度のわく内において」という表現は、例えば在留期間更新許可申請に対する処分の際には基本的人権の保障を全く考慮せず、どのような事実をどのように考慮しても妨げられないとか、あるいは在留資格を有しない非正規在留外国人には基本的人権の保障は及ばないかのような誤解を招きかねない危険がある。

　以上のとおり、外国人に対しても基本的人権の保障は及ぶが、その保障に係る行為であっても在留資格に関する処分に際して消極的資料として考慮することは妨げられないとするマクリーン事件判決の判旨は、外国人に対する基本的人権の保障のあり方について誤った判断をしたものと言わざるを得ない。

4　射程範囲

仮にマクリーン事件判決の論理を前提とするとしても、その射程範囲は慎重に吟味する必要がある。

(1)　在留資格の違いからくる射程の限界

マクリーン事件で更新不許可となったのは、出入国管理令4条1項16号によって委任された法務省令「特定の在留資格及びその在留期間を定める省令」1項3号の「法務大臣が特に在留を認める者」に該当する者としての在留資格であった。現行入管・難民法には、これと同じ内容の在留資格はない。他方、民間の英会話学校の教師としての活動は現行法では「人文知識・国際業務」の在留資格の対象となるものと解されるが、出入国管理令及び上記法務省令にはこれに相当する在留資格は規定されていなかった。

上記省令1項3号の在留資格が具体的にどのような外国人を対象としていたのかは文言上は明らかではないが、少なくとも文理上はさまざまな類型を含み得る在留資格であった。したがって、かかる在留資格に関する処分において法務大臣の裁量権の範囲が一定程度広範なものとされることはやむを得ないものと解する余地もある。

これに対して、現行入管・難民法は27種類の在留資格を規定し、その対象となる外国人の範囲を日本国内において行おうとする活動あるいは当該外国人が有する地位の観点から具体的に類型化している。「特定活動」（法務大臣が個々の外国人について特に指定する活動）及び「定住者」（法務大臣が特別な理由を考慮して一定の在留期間を指定して居住を認める者）の在留資格はその類型が文言上抽象的であるが、特定活動は「特定活動告示」（平成2年5月24日法務省告示第131号「出入国管理及び難民認定法第7条第1項第2号の規定に基づき同法別表第1の5の表の下欄（ニに係る部分に限る。）に掲げる活動を定める件」）によって、また定住者は「定住者告示」（平成2年5月24日法務省告示第132号「出入国管理及び難民認定法第7条第1項第2号の規定に基づき同法別表第2の定住者の項の下欄に掲げる地位を定める件」）やいわゆる「定住通達」（平成8年7月30日付法務省入国管理局通達「日本人の実子を扶養する外国人親の取扱について」）によって、それぞれの在留資格の対象者が具体的に類型化されている。

このように、マクリーン事件判決で期間更新不許可処分がなされた在留資格と、現行入管・難民法が規定する在留資格とは全く異なるものであるから、法務大臣の裁量権の広狭に差異が生じることは当然である。したがって、出入国管理令4条1項16号、特定の在留資格及びその在留期間を定める省令1項3号の在留資格に関する処分における法務大臣の裁量権について判断したマクリーン事件判決の論理が、現行入管・難民法が規定する在留資格に関する処分における法務

大臣の裁量権について当然に当てはまると解することは妥当ではない。

　殊に、「日本人の配偶者等」「永住者の配偶者等」といった一定の人的結合関係を在留資格該当性の基礎とする在留資格は、出入国管理令には存在しておらず、また一定の人的関係を基礎に「定住者」の在留資格該当性を肯定するという上記「定住通達」に基づく運用も、出入国管理令当時にはなかった。したがって、マクリーン事件判決がこのような在留資格の類型を想定していないことは明らかであるから、これら人的結合を基礎とする在留の許否に関する処分はマクリーン事件判決の射程の範囲外と言うべきであり、これらの処分においてマクリーン事件判決を根拠として法務大臣の裁量権の広狭を論じることは、むしろ誤りと言うべきである。

(2)　処分の種類からくる射程の限界

　入管・難民法上、在留資格に関する処分には、マクリーン事件で問題となった在留期間更新のほかに、上陸許可、在留資格変更、在留資格取得、在留資格取消し、裁決、退去強制令書発付などさまざまな処分がある。これら各処分における法務大臣等の裁量権の範囲が一律であるという論理的な必然性はないが、判示から理解される法務大臣の裁量権の範囲が極めて広範であることから考えると、マクリーン事件判決は在留期間更新許可に係る処分とそれ以外の入管法上の処分との間の裁量権の広狭の差異について特に意識をしていないものと推測される。

　この点について、前述のとおり、原審東京高判昭50・9・25は、「在留外国人が期間内にその目的を達成しがたい等によつて在留期間の延長の必要が生じたときは、当該外国人は令21条によつて期間の更新を受けることができるとしているが、その更新の申請に対しては、法務大臣は更新を適当と認めるに足りる相当の理由があるときに限り、これを許可することができるのであつて、その相当の理由の有無については法務大臣の自由な裁量による判断に任されているものというべく、このことは外国人の受入れが基本的には、受入国の自由であることに由来する」と判示しており、在留期間更新許可は新規入国（上陸許可）と基本的に同じもの、と位置付けている。

　しかしながら、「在留期間内に在留目的を達成して自ら国外に退去するのがたてまえ」である、とする原審の判示が誤りであることは多言を要しないであろう。入管・難民法が定める在留資格が予定する「本邦における活動」は、その大部分が規則別表第2に規定される在留期間を超えて継続するものであり、法が「在留期間内に在留目的を達して在留期間の満了とともに退去する」ことを予定しているとは言えない。在留期間は一定期間ごとに在留資格該当性の有無と在留状況を点検するために機能しているのが実情であり、在留期間更新許可申請のほとんどが許可されているという入管実務も、かかる理解を裏付けるものである。

そして、新規入国希望者に対し入国を認めるか否かの判断（典型的には、在留資格認定証明書交付申請に係る処分における判断）と、すでに一定期間日本に在留し、活動実績を積み、生活基盤を形成してきた者について、引き続き在留を認めるか否かの判断とにおいて、法務大臣の裁量権に広狭の差異があることは当然である。
　マクリーン事件判決が在留期間更新許可に係る処分における法務大臣の裁量権を極めて広範に認めた理由のひとつは、前述したように、問題となった在留資格の性格上、法務大臣の裁量の範囲を一定程度広範なものとして予定するものであったことも影響しているようにも思われる。しかしながら、在留資格が明確に類型化されている現行入管・難民法下においては、処分ごとに法務大臣の裁量権の範囲にも広狭の差異があると考える方がむしろ自然であり、この点からも法務大臣の広範な裁量権を認めたマクリーン事件判決の射程範囲は限定的とみるべきである。

⑶　事案の相違からくる射程

　マクリーン事件判決は、在留期間中に行われた、憲法上の基本的人権の保障の対象となる行為について、二元論的な考え方に立脚して、在留期間更新許可に際して不利益に考慮することは許されると判示したものである。
　しかしながら、在留に係る処分それ自体が直接に当該外国人の基本的人権を制約する場合もある。例えば、在留期間の更新や在留資格の変更を拒否し、あるいは退去強制令書を発付することによって、当該外国人は日本国外への退去を余儀なくされるが、これによって日本における夫婦・親子の同居生活を破壊し、婚姻の自由、家族結合の権利に対する制約となるような場合である。
　このような事案においては、上記の二元論的な考え方に依拠することはできないのであり、当該外国人を退去させることによって守られる利益と、在留を認めることによって確保される利益の比較考量によって処分の適否が判断されることになる。
　このように、事案の相違からくる射程の限界についても注意が必要である。

5　社会情勢と入管行政の変化

　前述のとおり、マクリーンに対する在留期間更新不許可処分は、1970年9月5日になされたものであり、マクリーン事件上告審判決はその8年後の1978年に言い渡されたものである。この処分からすでに40年、最高裁判決からも30年余りを経た今日、日本を取り巻く国際情勢や日本国内の政治・社会情勢、日本で生活する外国人の在留の実態には大きな変化が生じた。特に1980年代のバブル経済期を経て、日本に定住する外国人が圧倒的に増大する一方で、日本の国際化や社会のシステム、科学技術の発展、さらに少子高齢化といった社会の状況などを受

けて、外国人の受入れに関する社会の考え方も大きく変化している。そして、このようなさまざまな環境の変化を受けて、入管行政実務においては在留期間更新・在留資格変更許可申請のほとんどが許可され、在留特別許可ですら8割ないし9割が認められるようになったという現実が存在する。

　このように大きな社会の変化が生じているにもかかわらず、30年余り前に下された判決を支持する社会的基盤が現在でもなお存在すると言えるのか。また、もはや日本社会の重要な構成員となっており、社会の維持発展のために不可欠の存在となっている在留外国人につき、いわば例外的な存在としてその基本的人権の保障を軽視するマクリーン事件判決の論理を、今日においてもなお維持することが適切・妥当であるのか。この点についての詳細な吟味は未了であるが、社会の実情に適合する判例の変更が必要と解されるところである。

逐条解説

第1章

総則

　本章（法1条～2条の2）は、総則として、入管・難民法の目的、定義、在留資格の種類及び期間についての規定を置いている。

第1条（目的）
　出入国管理及び難民認定法は、本邦に入国し、又は本邦から出国するすべての人の出入国の公正な管理を図るとともに、難民の認定手続を整備することを目的とする。

1　本条の趣旨
　本条は、入管・難民法の目的が「すべての人の出入国の公正な管理を図る」ものであること及び「難民の認定手続を整備すること」であることを定めたものである。

2　「目的」（現行法に至るまでの経緯を含む）
　現行の入管・難民法は、占領下の1951年10月4日、「ポツダム宣言の受諾に伴い発する命令に関する件」（昭和20年勅令第542号）に基づく政令として制定された出入国管理令を原型とする。政令制定当時、出入国管理令1条は「この政令は、本邦に入国し、又は本邦から出国するすべての人の出入国の公正な管理について規定することを目的とする」と定められていた。そして、1981年に日本が難民条約に加入した際に、法務大臣が難民認定手続を所管することとなった経緯があり、その際に「難民認定手続の整備」を目的に加え、名称も現在の「出入国管理及び難民認定法」に変えられた。
　以下においては、出入国管理令の制定に至るまでの経緯並びに1981年に現行法、すなわち、「出入国管理及び難民認定法」の制定に至るまでの経緯を説明する。
⑴　不法入国者等退去強制手続令及び出入国管理令の制定
　まず、占領下の1949年8月、出入国管理に関する政令が制定され、連合国総司令部の行う出入国管理の下、不法入国の取締りその他国内行政機関の行う事務及び実施に必要な機構が定められた。
　その後、連合国最高司令官から、1950年2月20日、入国管理に関する既存の法令及び機構を再検討し、これを一般に認められた国際慣行に一致させるために必要な措置をできるだけ早くとるべきことを指令した覚書が発せられ、また、同年9月15日には、不法入国者又は不法在留者を司法組織又は警察組織と関係のな

い別個の機構に収容して所定の手続をとるべきことを要請する出入国管理に関する覚書が発せられたことを受けて、政府は、1950年9月30日、ポツダム政令をもって出入国管理庁設置令を制定した。

さらに、総司令部側から、不法入国者に対する退去強制などの手続が依然として司法手続を基礎にしている点で一般国際慣行に合致していないとの理由により、あらためて新しい手続令を制定すべき旨の要望が発せられたことを受け、政府は、1951年2月28日、ポツダム政令をもって不法入国者等退去強制手続令を制定した。

しかるところ、総司令部がアメリカから招聘した顧問から、上記の手続令の実行上の難点及び講和を控えて出入国全般にわたっての手続を含んだ包括的な管理令を制定すべき旨の勧告が発せられ、総司令部もその勧告を採用した結果、1951年10月4日、ポツダム政令として、出入国管理令の公布をみるに至った（以上については、第13回国会参議院外務・法務委員会連合審査会〔1952年4月3日〕における鈴木一入管理庁長官の説明による）。

なお、不法入国者等退去強制手続令のほとんどの規定は実施に至らなかったが、その理由は財政的事情によるとされている。すなわち、同令を完全に実施するためには相当の予算・人員を要するところ、当時の財政事情から直ちにこれが認められなかったことにあった（川上巌「出入国管理の歩み(16)―昭和時代の出入国管理制度」外人登録104号〔1966年〕23頁参照）。

(2) その後の改正の動きとこれに対する反応（以下については、姜徹『在日朝鮮人の人権と日本の法律〔第3版〕』〔雄山閣、2006年〕142頁以下による）

(i) 1969年法案

その後、まず、1969年に出入国管理令の改正法案が出されたが、その内容は、在留権全般についての条件付与の制度、外国人に対する営業許認可、免許制度、外国人宿泊届出制、在留状況調査のための事業調査権及び立入権、条件違反に対する中止命令、行為命令制度、退去強制制度の簡素化などがその主なものであった。

この法案に対しては、戦前から日本に居住し講和条約後に外国人となった旧植民地出身者と一時的に入国する外国人を一律に適用対象とすることは不当であるとして、広範な反対運動が展開され、結局国会で廃案となった。

(ii) 1971年法案

1969年法案が廃案になった直後の1971年7月、自民党から修正案が出されたが、「当該外国人が行うべき活動を指定し、活動を行うべき場所、期間等を指定することができる」という内容を盛り込んでおり、政治活動の禁止を意図していたことが明らかであったことから、この法案も廃案となった。

(ⅲ) 1972年法案

その後、名称から「管理」を抜き、「出入国法案」と改められたが、政治活動禁止条項はなお残されており、これも廃案となった。

(ⅳ) 1973年法案

その後、法務省令によって各在留資格に基づく在留活動の内容を微細に規制する方式を採用したり、また、外国人登録証とは別の身分証明書制度の設置を予定したりした法案が出されたが、これらも旧植民地出身者の監視を強化するものとして内外の批判を浴び、廃案となった。

(3) 1981年改正

その後、前記のとおり、1981年に至り、日本が難民条約に加入し、法務大臣が難民認定手続を所管することとなったことに伴い、「難民認定手続を整備」することが目的に加えられるとともに、難民認定手続が新設され、名称も現在の「出入国管理及び難民認定法」とされた。しかしながら、入管・難民法の基本構造は、1951年に制定された出入国管理令のままである。また、仮に同じ法務省・法務大臣が所管するにしても、性質の異なる出入国管理と難民認定とを同一の法令内に規定したことの合理性については、本条解説4のとおり疑問が残ると言わざるを得ない。

3 「出入国の公正な管理」

前記のとおり、1951年の出入国管理令の制定当時から、入管・難民法は外国人を管理するための法律として機能してきたものであり、このことは、法律の名称と本条の内容にも示されている。

この間、日本は、自由権規約や社会権規約、人種差別撤廃条約、子どもの権利条約、拷問等禁止条約など、さまざまな国際人権条約につき批准・加入してきたが、これらの入管・難民法への反映については唯一、難民条約加入時に難民認定手続が設けられるという形で法改正されたのみであり、外国人を管理の対象として捉えるという法律の枠組みは今日まで維持され続けている。

この点、逐条解説29頁によれば、法1条の「公正な管理」とは、「日本国と日本国民の利益の保持を目的として行われる外国人の出入国管理の実施に当たっては、法律に定める外国人の受入れ方針に基づき、外国人の人権に配慮した適正な手続により行わなければならないという意味である」とされている。

しかしながら、実務運用上においても、上記の法律の枠組みを前提として、専ら外国人を管理するという側面のみが強調されることが多く、外国人の人権に対する配慮は著しく不十分なものとなっていると言わざるを得ない。

人権は、生まれながらにして誰もが有する権利であり、国籍や在留資格の有無

とは関係がないものであって、現行の入管・難民法の規定においては、外国人の人権を尊重するという基本理念が欠けているものである。外国人の人権の保障を目的とする基本法が存しない現状においては、立法論としては、本条において、「個人の基本的人権の保障を全うしつつ」などという文言を盛り込むことにより、本法が人権保障をも目的とするものであることを明らかにすべきである。また、解釈論としても、外国人の人権保障を基本的な理念として本法の適用が行われるべきである。

4 「難民の認定手続」

前記のとおり、日本が難民条約に加入した際に法務大臣が難民認定手続を所管することになったことから、本条に「難民の認定手続」の整備が目的に加えられることになった。

しかし、難民認定は、難民条約に定める難民の要件に該当する者を保護するという人道的性格を有する行政活動であり、事実の当てはめ行為であって裁量の余地が全くないのに対し、出入国管理は、本邦における出入国を管理するという管理的性格を有する行政活動であって、両者は全く異質の行政活動であるということができる。

にもかかわらず、法務大臣が難民認定手続を所管することになった結果、この手続が出入国管理行政と密接に連携し、出入国管理という行政目的に従属する場面が見受けられたほか、政治的又は外交的配慮によって難民認定が左右される可能性があるなどの弊害が指摘されていたところである（例えば、日弁連意見書①等）。

このような点に鑑みれば、立法論としては、法務大臣が難民認定手続を所管する現行法を改め、出入国管理や外交業務を所管する省庁以外の第三者機関を設置し、このような機関が難民認定手続を所管するものとすべきである。

なお難民認定手続創設の詳細な経過は、法第7章の2の冒頭解説参照。

第2条（定義）

出入国管理及び難民認定法及びこれに基づく命令において、次の各号に掲げる用語の意義は、それぞれ当該各号に定めるところによる。
1 削除
2 外国人　日本の国籍を有しない者をいう。
3 乗員　船舶又は航空機（以下「船舶等」という。）の乗組員をいう。
3の2　難民　難民の地位に関する条約（以下「難民条約」という。）第1条の規定又は難民の地位に関する議定書第1条の規定により難民条約の適用を受ける難民をいう。

4 日本国領事官等　外国に駐在する日本国の大使、公使又は領事官をいう。
5 旅券　次に掲げる文書をいう。
　イ　日本国政府、日本国政府の承認した外国政府又は権限のある国際機関の発行した旅券又は難民旅行証明書その他当該旅券に代わる証明書（日本国領事官等の発行した渡航証明書を含む。）
　ロ　政令で定める地域の権限のある機関の発行したイに掲げる文書に相当する文書
6 乗員手帳　権限のある機関の発行した船員手帳その他乗員に係るこれに準ずる文書をいう。
7 人身取引等　次に掲げる行為をいう。
　イ　営利、わいせつ又は生命若しくは身体に対する加害の目的で、人を略取し、誘拐し、若しくは売買し、又は略取され、誘拐され、若しくは売買された者を引き渡し、収受し、輸送し、若しくは蔵匿すること。
　ロ　イに掲げるもののほか、営利、わいせつ又は生命若しくは身体に対する加害の目的で、18歳未満の者を自己の支配下に置くこと。
　ハ　イに掲げるもののほか、18歳未満の者が営利、わいせつ若しくは生命若しくは身体に対する加害の目的を有する者の支配下に置かれ、又はそのおそれがあることを知りながら、当該18歳未満の者を引き渡すこと。
8 出入国港　外国人が出入国すべき港又は飛行場で法務省令で定めるものをいう。
9 運送業者　本邦と本邦外の地域との間において船舶等により人又は物を運送する事業を営む者をいう。
10 入国審査官　第61条の3に定める入国審査官をいう。
11 主任審査官　上級の入国審査官で法務大臣が指定するものをいう。
12 特別審理官　口頭審理を行わせるため法務大臣が指定する入国審査官をいう。
12の2　難民調査官　第61条の3第2項第2号（第61条の2の8第2項において準用する第22条の4第2項に係る部分に限る。）及び第3号（第61条の2の14第1項に係る部分に限る。）に掲げる事務を行わせるため法務大臣が指定する入国審査官をいう。
13 入国警備官　第61条の3の2に定める入国警備官をいう。
14 違反調査　入国警備官が行う外国人の入国、上陸又は在留に関する違反事件の調査をいう。
15 入国者収容所　法務省設置法（平成11年法律第93号）第13条に定める入国者収容所をいう。
16 収容場　第61条の6に定める収容場をいう。

1　本条の趣旨

本条は、入管・難民法とこれに基づく政令・省令において使用する用語についての定義を定めたものである。

2　1号「削除」

1号には、1971年の改正までは「本邦」についての定義が定められていた。こ

の規定が置かれた趣旨は、戦後米国の施政下に置かれていた沖縄、小笠原等について入管・難民法上は国（本邦）外とすることによって外国に準じた取扱いをする必要があったことから、入管・難民法上の「本邦」を「本州、北海道、四国及び九州並びにこれらに附属する島で法務省令で定めるものをいう」と限定するというところにあった。しかし、沖縄復帰に伴って本号も削除されている。なお、いわゆる北方領土については、この取扱いの流れからすれば、日本の領土ではあるものの現実の統治が及んでいないとの前提に立てば、入管・難民法上は「本邦」外とする規定が必要であるということになりそうである。しかし、本号は削除されたままである。

③　2号「外国人」

日本国籍を有するか否かは、国籍法の定めるところによる。無国籍者も入管・難民法上「外国人」に含まれることとなる。

これに対して、日本国籍を有する者を「日本人」といい、法は全く異なる取扱いとしている（法第7章「日本人の出国及び帰国」）。重国籍であっても日本国籍を有する以上は「日本人」に該当する。

なお、出入国管理令施行時点では日本国籍を有していたが、サンフランシスコ平和条約発効（1952年4月28日）に伴って通達（昭和27年4月19日付法務省民事局長通達民事甲第438号「平和条約の発効に伴う朝鮮人、台湾人等に関する国籍及び戸籍事務の処理について」）により日本国籍を剥奪された朝鮮半島・台湾等出身者及びその子孫については、その歴史的経過に鑑み、「日本国との平和条約に基づき日本国籍を離脱した者等の出入国管理に関する特例法」（入管特例法、平成3年5月10日法律第71号）及び同施行規則によって、特別な取扱いがなされている。

④　3号「乗員」

「乗組員」に関する定義規定はないが、航空機や船舶の「運航に必要な職務に従事することを目的として船舶等に乗り組んでいる者」（入管六法の本条解説）とされており、例えば乗員手帳を所持しているがたまたま乗客として乗っている者などは含まれないことになる。

もともと、「乗員」の定義に関しては、形式的要件（乗員手帳の所持＋乗員名簿への登載＋雇用契約の存在等）で画一的に判断すべきであるとの見解も主張されているが、入管・難民法においては、実質的要件を基準に「乗員」性が判断されている（最三小決昭43・7・16刑集22巻7号844頁）。

5　3号の2「難民」

　法は、その名称にあるとおり、難民認定に関する規定を置いている(第7章の2)。

　日本は、1981年に難民条約に、1982年に難民議定書に加入し、これに伴って難民認定制度が新設された。この認定の対象たる「難民」につき、法は難民条約の規定をそのまま引用している。

　その結果、「難民」とは、①「人種」「宗教」「国籍」「特定の社会的集団の構成員であること」「政治的意見」のいずれか又は複数を理由に、②「迫害を受けるおそれがあるという十分に理由のある恐怖を有するために」、③「国籍国(又は常居所を有していた国)の外にいる者であって」、④「国籍国の保護を受けることができない」若しくは「受けることを望まない」もの、④'又は、「常居所を有していた国に帰ることができない」若しくは「帰ることを望まない」ものを指すことになる。

　この「難民」の定義の詳細につき、法61条の2の解説③参照。

6　4号「日本国領事官等」

　国家が外国との交渉(外交)を行う際には、外国や国際機構にその国家を代表する者を派遣し、その国家を代表してさまざまな外交関係の処理に当たらせるが、その職務を行うのが「外交使節」であり、一般的には、「大使」(正式には「特命全権大使」)＞「公使」＞「代理公使」の序列となる。

　これに対して、外交交渉ではなく、外国における本国や在留する本国国民の利益の保護を現地において図ることを主たる任務とするのが「領事」である。派遣先の国(「接受国」)における情報収集、自国民保護のほか、本国に入国を希望する外国人に対して現地で査証(visa)を発給する業務などを行う。通常、「総領事」＞「領事」＞「副領事」＞「領事代理」の序列となる。

　ただ、本号にいう「大使」「公使」「領事官」とは査証の発給等(法6条1項等)の権限を有する者を対象とするとされ、官職としての名称にかかわらず、「査証の発給等の権限を有する在外公館の長たる日本国の大使、公使又は領事官を意味する」と解されている(逐条解説49頁)。

7　5号「旅券」

　「旅券」という用語には広義と狭義の意味があるが、ここでは後者の意味、すなわち「国民旅券」(national passport。外国に渡航する自国民に対して当該国政府が発行する公式の旅行文書で、当該自国民の身分を公証するとともに、当該自国民の保護と旅行の便宜の供与を外国政府に依頼するもの)を指す。「日本国政府……の発行した旅券」とは、旅券法に基づいて発行された一般旅券又は公用旅券を指す。「外国政府」に関しては、外交関係のない未承認政府発行の国民旅券は除外すべく、限定

を付している。「権限ある国際機関の発行した旅券」としては、国連の代表等に発給されるレッセ・パッセ（laissez-passer）などが挙げられる。

「難民旅行証明書」とは、難民条約28条に定められた、締約国が難民に対して発行する旅券に代わる証明書である。

「その他当該旅券に代わる証明書」としては、自国政府から国民旅券の発給を受けられない外国人、無国籍者、未承認国籍の外国人等に対して、外国政府が発給する外国人旅券などがこれに含まれる。また、日本国の外務大臣又は領事官が緊急の帰国等の際に日本国民に対して発給する「渡航書」（旅券法19条の3）もこれに含まれる。

さらに括弧書では、有効な旅券を所持できない外国人や無国籍者に対して、日本国領事官等が発給する文書である「渡航証明書」も「旅券」に含まれることとされている。

「政令で定める地域の権限のある機関の発行したイに掲げる文書に相当する文書」は、1998年改正法で新設された。この「政令で定める地域」として、「台湾並びにヨルダン川西岸地区及びガザ地区」が指定されている（令1条）。なお、台湾旅券所持者の短期滞在については、愛知万博の特例扱いをそのまま延長する形での査証免除規定が整備されている（平成17年8月15日法律第96号「出入国管理及び難民認定法第2条第5号ロの旅券を所持する外国人の上陸申請の特例に関する法律」、平成17年9月22日政令第302号同法律施行令）。

8　6号「乗員手帳」

「権限のある機関」とは、各国の国内法上「乗員手帳」の発行を行う権限を有する機関を指す。船員手帳は、船舶の乗員に対して発行されるものであり、「これに準ずる文書」とは名称又は形式的要件が船員手帳と異なっていても、実質的にこれと同視し得る文書をいう。

9　7号「人身取引等」

本号にはもともと「通過」の定義が置かれていたが、1981年改正法で削除された。その後、人身取引議定書の締結に伴い、2005年改正法により、上記の削除で空欄となっていた本号の位置に「人身取引等」の定義規定が置かれたものである。

本号については、人身取引議定書の趣旨を踏まえて上記法改正がされたことに鑑み、その解釈については、できる限り広い範囲の被害者を保護するようなされるべきである。

⑩　8号「出入国港」

　海洋に囲まれた国土を持つ日本においては、外国人は、港から船舶で、あるいは飛行場から航空機で出入国することが想定されており、「出入国港」として規則1条1号及び規則別表第1において常時指定される港や飛行場が限定列挙されており、さらに同条2号で、特定の船舶又は航空機の乗員乗客の出入国のため地方入管局長が臨時に出入国港を指定できることとされている。

⑪　9号「運送業者」

　「運送業者」とは、運送業務に携わる者のうち、本邦と本邦外の地域との間において船舶等により人又は物を運送する事業を営む者をいい、具体的には、船舶等の所有者、裸傭船主、航空会社等の運航者及びこれらの者の代理業者（船舶代理店、航空運送事業の代理店等）がこれに当たる。

　国際的な人的交流が飛躍的に増加した現代において大量の出入国を適切に管理するという理由から、運送業者には協力義務や一定の行為の義務が課せられており、法第6章には入国審査官の行う審査等への協力義務（法56条）、不法入国を防止するための旅券等の確認義務（法56条の2）、上陸拒否・退去強制を受けた者等の送還義務（法59条）が規定され、違反に対しては過料の制裁が科せられる（法77条1号・1号の2・4号）。本号は、これらの義務を負う者の範囲を明らかにする規定である。

　しかし、これらの運送業者の責任とされた内容の中には、本来民間人や民間業者がなし得ないと解されるもの、あるいは本来的に国の国家作用としてなされるべきものが含まれており、これらを民間人・民間業者の責任と費用負担によって行わせることについては、問題であると言わざるを得ない。運送業者の責任の内容及びその問題点については、法第6章の各条項の解説を参照。

⑫　10号「入国審査官」

　本号については、法61条の3の解説参照。

⑬　11号「主任審査官」

　主任審査官は、各地方入管、支局又は主要な出張所の長（又は次長）級の入国審査官で、収容令書や退去強制令書の発付、仮放免許可、仮上陸許可等の権限を与えられている。具体的には、「主任審査官、特別審理官、難民調査官、意見の聴取を行わせる入国審査官及び意見の聴取を行わせる難民調査官を指定する訓令」（平成13年1月6日法務省訓令第1号）1号において、「入国審査官である地方入国管理局の局長及び次長並びに地方入国管理局の支局長及び次長」のほか主

要な出張所長等が指定されている（法61条の3の解説参照）。

14　12号「特別審理官」

「口頭審理」は、入管・難民法において、上陸審査手続及び退去強制手続における不服申立手続として位置付けられている（法10条、48条）。しかし、この手続を担う特別審理官が、原処分者と同じ入国審査官の中から指定を受けた者であることについては、不服申立制度の独立性・実効性の観点から疑問がある。

具体的には、特別審理官は、前掲訓令2号において、「一般職の職員の給与に関する法律……別表第1行政職俸給表㈠の3級以上の入国審査官で別に指名するもの」とされているが、「別に指名」するに当たり、どのような手続と基準で行われているのかは明らかでない。

15　12号の2「難民調査官」

入国審査官の定義については、法61条の3の解説参照。具体的には、前掲訓令3号において、「一般職の職員の給与に関する法律別表第1行政職俸給表㈠の4級以上の入国審査官で別に指名するもの」と規定される。「別に指名」がどのような手続と基準で行われているのかが明らかでない点は、特別審理官と同様である。

本条解説5で述べたとおり、日本については1981年の難民条約加入に伴い、難民認定制度を新設し、難民調査官を新たに設けたが、本来は高度の専門性と独立性を要する職種であるにもかかわらず、一般の入国審査官として採用された者を一時的に難民調査官に指定する方式をとっていることには、制度上大きな疑問がある。

なお、2004年改正法により、難民調査官の職務は、難民認定申請者の在留資格付与に係る調査や意見聴取等にまで拡大され、これに伴って上記訓令も改正された。

16　13号「入国警備官」

本号については、法61条の3の2の解説参照。

17　14号「違反調査」

本号は、法27条以下に規定する違反調査について定めたものであり、退去強制事由（法24条参照）に該当する疑いがある場合にその調査を行うことをいう。具体的には、入国警備官による違反調査の結果を踏まえ、違反審査が入国審査官において行われ、入国審査官による認定へと退去強制手続が進んでいくことになる。

18　15号「入国者収容所」

入国者収容所は、現在、「東日本入国管理センター」（茨城県牛久市）、「西日本入国管理センター」（大阪府茨木市）、「大村入国管理センター」（長崎県大村市）の3カ所が設置されている。一般的には中・長期の収容を行う施設として位置付けられており、退去強制令書に基づく送還までの不確定期限収容（法52条5項参照）が中心であり、収容令書による上限30日＋30日間の収容（法41条1項参照）のために使用されることは実務上は例外的である。

19　16号「第61条の6に定める収容場」

法61条の6は、収容令書による収容を行う収容施設を「地方入国管理局」に設けるとされており、現実には、各地方入管及び各地方入管支局に収容場が設置されている。

第2条の2（在留資格及び在留期間）

① 本邦に在留する外国人は、出入国管理及び難民認定法及び他の法律に特別の規定がある場合を除き、それぞれ、当該外国人に対する上陸許可若しくは当該外国人の取得に係る在留資格（技能実習の在留資格にあつては、別表第1の2の表の技能実習の項の下欄に掲げる第1号イ若しくはロ又は第2号イ若しくはロの区分を含む。以下同じ。）又はそれらの変更に係る在留資格をもつて在留するものとする。

② 在留資格は、別表第1の上欄（技能実習の在留資格にあつては、2の表の技能実習の項の下欄に掲げる第1号イ若しくはロ又は第2号イ若しくはロの区分を含む。以下同じ。）又は別表第2の上欄に掲げるとおりとし、別表第1の上欄の在留資格をもつて在留する者は当該在留資格に応じそれぞれ本邦において同表の下欄に掲げる活動を行うことができ、別表第2の上欄の在留資格をもつて在留する者は当該在留資格に応じそれぞれ本邦において同表の下欄に掲げる身分若しくは地位を有する者としての活動を行うことができる。

③ 第一項の外国人が在留することのできる期間（以下「在留期間」という。）は、各在留資格について、法務省令で定める。この場合において、外交、公用及び永住者の在留資格以外の在留資格に伴う在留期間は、5年を超えることができない。

1　本条の趣旨

本条1項は、日本国籍を有しない外国人が日本に在留するには在留資格を有することを必要とするという「在留資格制度」の原則を述べるとともに、外国人に在留資格が付与される場面として、上陸許可（法9条3項、10条9項及び11条5項）、在留資格の取得（法22条の2）及び在留資格の変更（法20条1項）を示したものであ

る。

　本条2項は、在留資格の種類が法別表第1又は第2に掲げるものであることを述べるとともに、在留資格がその種類によって当該外国人の日本における地位及び当該外国人が日本において行うことができる活動の範囲に制限があることを述べ、各在留資格において認められる活動の範囲を規定したものである。

　本条3項は、在留資格には「在留期間」という期間の制限があることを述べるとともに、各在留資格に認められる在留期間を法務省令（規則3条、規則別表第2）で定めること及びその場合に在留期間は原則として5年を超えることができないことを規定したものである。

2　在留資格制度

(1)　在留資格制度とは

　在留資格制度とは、外国人が日本に入国し在留して行うことができる活動や日本に入国し在留することができる身分若しくは地位（に基づく活動）を類型化した「在留資格」を定め、外国人がこれらの在留資格のいずれかに該当する場合でなければ日本に入国又は在留することを認めないとする制度である（出入国管理法令研究会編著『新版 出入国管理法講義』〔日本加除出版、1998年〕22頁）。

　日本に在留を希望する外国人は、法別表に定める在留資格のリストから自分に適合する在留資格を選択し、その付与を求めることになる。これに対して法務大臣は、当該外国人が日本において行おうとする活動、あるいは当該外国人が有する身分若しくは地位（に基づいて我が国において行おうとする活動）がその申請に係る在留資格に適合するか否かを審査し、許可・不許可を決定する。在留資格には在留期間の定めがあるため、この期間が満了したら原則として日本を出国しなければならないが、さらに同じ目的を持って在留を希望する場合には、在留期間更新許可の申請（法21条）を行い、法務大臣が許可・不許可を判断する。また、在留中に在留の目的である活動や在留の理由である身分若しくは地位（に基づく活動）に変更が生じたときは、新たな活動又は身分若しくは地位（に基づく活動）に対応する在留資格を選択し、この在留資格への変更許可の申請（法20条）を行い、法務大臣が許可・不許可を判断する。

(2)　在留資格制度の意義

　在留資格制度は、日本に在留する外国人を日本国という管理者が効率的に管理するための制度であると言ってよい。在留資格による在留外国人の管理は、管理者側が設けた在留資格という類型に分類して管理するために、例えば、国籍などによる分類に比べて管理が容易である。また、「我が国にとって有益な外国人を円滑に受け入れ、有害な外国人を排除する」という管理者側から見た出入国管理

の理念からすれば、日本にとって有益な活動をあらかじめ在留資格として類型化しておくことは有効である。そして、その反面として、外国人が当初予定していた活動を行わないことになった場合には、別の在留資格に該当する活動（日本に有益な活動）を行うことを理由として在留資格の変更許可の申請を行わない限り、在留資格を失わしめ、本邦からの出国（退去）を強制することができ、日本に無益又は有害な外国人の残留を排除することもできるのである。

　もっとも、日本に在留するあるいは在留しようとする外国人にとっては、自分が行おうとしている活動がどの在留資格に該当するかの見当をつけることができ、予測可能性が高まるという利点があるともいわれる。

　しかしながら、反面、外国人の日本への入国・在留の必要性が高くとも、日本で行おうとしている活動の内容が在留資格のいずれにも該当しない場合には、在留が認められないという融通のなさもある。例えば、日本に在留する外国人が疾病などで中・長期の看護が必要となった場合、その親族が看護のために日本に入国・在留しようとしても、かかる活動を内容とする在留資格が存在しないために、入国・在留が認められないという事態が生じ得るのである。

3 在留資格制度の例外

　本条1項は、「出入国管理及び難民認定法及び他の法律に特別の規定がある場合を除き」、上陸許可、在留資格の取得及び在留資格の変更に係る在留資格をもって在留すると規定しており、法の定める一定の場合には在留資格なく我が国に在留することを認めている。ここでいう「特別の規定」とは、以下のものである。

(1)　特例上陸等の許可を受けた者（法の例外）

　まず、法の例外として、①仮上陸（法13条）、②寄港地上陸（法14条）、③通過上陸（法15条）、④乗員上陸（法16条）、⑤緊急上陸（法17条）、⑥遭難上陸（法18条）、⑦一時庇護上陸（法18条の2）、⑧仮滞在（法61条の2の4）等が挙げられる。

(2)　特別永住者（入管特例法による例外）

　次に、他の法律の規定による例外として、太平洋戦争終了時（降伏文書調印日、1945年9月2日）に日本国籍を有していた在日韓国・朝鮮人及び台湾人については、サンフランシスコ平和条約発効（1952年4月28日）に伴って日本国籍を喪失したが（その経緯につき法2条の解説3参照）、これらの者のうち1945年9月2日以前から日本に在留していた者及びその子孫であってその後も日本に在留している者に対し、入管特例法によって特別永住者として日本への在留を認めることとした。

　特別永住者の資格は、入管特例法の定める一定の範囲の外国人に対し、同法が付与したものであって、上陸許可、在留資格の取得、在留資格の変更などの手続を要せず、また、在留期間の定めもない。

(3) 日米地位協定該当者（「日本国とアメリカ合衆国との間の相互協力及び安全保障条約第6条に基づく施設及び区域並びに日本国における合衆国軍隊の地位に関する協定」〔日米地位協定〕9条2項による例外）

　また、日米地位協定9条2項は、日本の領土内に駐留するアメリカ合衆国軍隊の構成員の日本における地位について、「合衆国軍隊の構成員は、旅券及び査証に関する日本国の法令の適用から除外される。合衆国軍隊の構成員及び軍属並びにそれらの家族は、外国人の登録及び管理に関する日本国の法令の適用から除外される」と規定する。入管・難民法はここにいう「外国人の……管理に関する日本国の法令」に当たるとされ、この規定により、米国軍隊の構成員及び軍属並びにその家族は、在留資格を有することなく日本に入国し、在留することができる。

(4) 国際連合軍構成員等（「日本国における国際連合の軍隊の地位に関する協定」〔国連軍地位協定〕3条による例外）

　国連軍地位協定3条2項は、「国際連合の軍隊の構成員は、旅券及び査証に関する日本国の法令の適用から除外される。国際連合の軍隊の構成員、軍属及び家族は、外国人の登録及び管理に関する日本国の法令の適用から除外される」と規定する。入管・難民法はここにいう「外国人の……管理に関する日本国の法令」に当たるとされ、これによって、上記の外国人は在留資格を得ることなく日本に上陸し、在留することができる。

4 在留資格の付与

　上記の例外的場合を除いて、外国人が日本に入国あるいは在留しようとするときは、必ず在留資格を有しなければならない。本条1項は、外国人が在留資格を取得する場合として、①上陸許可、②在留資格の取得、及び③在留資格変更の3つを挙げている。

　また、本項に規定する場合のほかに、④難民の認定をした者に対する在留資格に係る許可（法61条の2の2第1項）、及び⑤在留特別許可（法50条1項、61条の2の2第2項）によって在留資格を取得する場合がある。

(1) 上陸許可

　日本に上陸しようとする外国人は、原則として、入国審査官に対して上陸の申請を行い、上陸審査を受けなければならない（法6条2項）。上陸許可を受けた外国人は、その際、在留資格を付与され（法9条3項、10条9項及び11条5項）、その在留資格をもって日本に在留することができる。

(2) 在留資格の取得許可

　日本国内に在留しながら日本国籍を喪失した者や、日本国内で出生した外国籍者は、60日間に限り、在留資格を有することなく日本に在留できるが（法22条の2

第1項)、60日間を超えて日本に在留しようとする場合は、在留資格の取得許可を受けなければならず(法22条の2第2項)、その際に在留資格が与えられる。

(3) 在留資格の変更許可

日本への在留の理由となっていた活動内容又はその身分若しくは地位に変更が生じ、新たな活動内容又は新たな身分若しくは地位が別個の在留資格に該当する場合には、在留資格の変更の申請をして許可を受けることにより、新たに取得した在留資格によって引き続き日本に在留することができる(法20条1項)。

(4) 難民の認定をした者に対する在留資格に係る許可

難民の認定を受けた者は、一定の除外事由に該当する場合を除き、「定住者」の在留資格の取得を許可され(法61条の2の2第1項)、これをもって日本に在留することができる。

(5) 在留特別許可

退去強制手続に付され、入国審査官による違反認定及び特別審理官による判定において退去強制事由に該当するものと判断され、法務大臣に対する異議の申出に対してもその理由がないと判断された外国人に対し、法務大臣が法50条1項各号のいずれかに該当すると判断した場合、退去強制令書は発付せずに、在留を特別に許可することできるとされており(法50条1項)、この許可の際に在留資格が付与される。

また、上記(4)の法61条の2の2第1項の許可を受けられなかった難民認定者や不認定者に対する在留特別許可も、別途に規定されている(法61条の2の2第2項)。

5 在留資格の種類

(1) 法別表第1

法は、別表第1と別表第2において27種類の在留資格を定めており、その在留資格の種類を明らかにするとともに、それぞれの在留資格を有して在留する外国人が日本において行うことのできる活動の内容ないし範囲を規定している(なお、本条解説3で述べたとおり、入管特例法が別途に「特別永住者」の在留資格を定めていることから、在留資格は合計で28種類存在する)。

法別表第1が定める在留資格制度は、在留する外国人を在留資格によって分類するとともに、当該外国人が日本において行うことのできる活動の内容ないし範囲を在留資格ごとに規定することによって、外国人の日本での活動を管理・規制しやすくしているものであるが、他方で、当該在留資格が予定する範囲内の活動は当該外国人に保障されているとも言える。

法別表第1は、その上欄に在留資格の種類を列記し、下欄にそれらの在留資格を有する者が日本国内で行うことができる活動の内容ないし範囲について規定

している。ここに規定する範囲外の活動を行うためには、個別に資格外活動許可（法19条1項）を得るか、在留資格の変更許可（法20条1項）を受ける必要があり、これらの手続なく許容された範囲外の活動を専ら行った場合には、退去強制事由に該当するものとして退去強制処分に付される場合があるほか（法24条4号イ）、刑事罰も予定されている（法70条1項4号、73条）。

　法別表第1はさらに1ないし5の表に区分されているが、これは以下のような区別である。

① 　法別表第1の1の表と2の表は、日本での就労活動に関する在留資格を定めている。このうち1の表の在留資格は、「外交」「公用」「教授」「芸術」「宗教」及び「報道」の6種類であり、「出入国管理及び難民認定法第7条第1項第2号の基準を定める省令」（基準省令、平成2年5月24日法務省令第16号）で定める上陸許可基準の対象外となっているものである。他方、2の表の在留資格は、「投資・経営」「法律・会計業務」「医療」「研究」「教育」「技術」「人文知識・国際業務」「企業内転勤」「興行」「技能」及び「技能実習」の11種類であり、上陸許可基準の適用があるものである。

② 　3の表と4の表は、日本での就労活動を予定しない在留資格を列記している。このうち3の表の在留資格は、「文化活動」及び「短期滞在」の2種類であり、基準省令の上陸許可基準が適用されないものである。他方、4の表は、「留学」「研修」及び「家族滞在」の3種類であり、上陸許可基準が適用されるものである。

③ 　5の表の「特定活動」は、法務大臣が個々の外国人について特に指定する活動を予定する在留資格である。

(2) 　法別表第2

　法別表第2は、外国人が日本で有する身分又は地位に着目して設けられた在留資格である。「永住者」「日本人の配偶者等」「永住者の配偶者等」及び「定住者」の4種類の在留資格が規定されている。

　個別の在留資格の要件等については、法別表の解説を参照されたい。

6　2項「当該在留資格に応じ……身分若しくは地位を有する者としての活動を行うこと」と別表第2の在留資格該当性

　法別表第1と第2の下欄の規定の仕方を比べると、法別表第1の下欄が「本邦において行うことができる活動」を規定しているのに対し、法別表第2の下欄は「本邦において有する身分又は地位」を規定している点で、差異がある。この規定の仕方の違いについて、行政解釈は、法別表第2も外国人が日本で行おうとする活動内容に着目して外国人の受入れの範囲を定めている点では法別表第1と同じで

あり、活動の根拠となる身分又は地位を類型化したものである点が、活動そのものを類型化した法別表第1との違いであるとする(逐条解説102頁以下参照)。

この点に関し、下級審裁判例の見解は分かれていた。「日本人の配偶者等」の在留資格に該当する者の要件としては、日本人との有効な婚姻関係の成立に尽きるとした裁判例もあったが(東京地判平6・4・28判時1501号90頁・判タ860号131頁)、最高裁は、日本人との婚姻関係が破綻した後に「日本人の配偶者等」の在留資格の更新許可の申請を不許可とした処分の違法性が争われた事案において、外国人が「日本人の配偶者等」の在留資格をもって本邦に在留するためには、単にその者と日本人配偶者との間に法律上有効な婚姻関係があるだけでは足りず、当該外国人が本邦において行おうとする活動が日本人の配偶者の身分を有する者としての活動に該当することを要するとした(最一小判平14・10・17民集56巻8号1823頁・判時1806号25頁・判タ1109号113頁)。

両者の違いは、法別表第2の在留資格によって日本に在留する外国人が、法別表第2の下欄に掲げる身分又は地位を有する者としての活動を行わなくなった場合に在留資格該当性を失う(したがって、在留期間更新の際に更新許可を得られない)のか、それとも、当該身分又は地位を有する限り在留資格該当性を失わないのか、という点にあるとされる。そして、「永住者」又は「定住者」の在留資格については、「永住者としての活動」又は「定住者としての活動」というものを観念することは事実上不可能であるから、実際に問題となるのは、「配偶者としての活動」というものが一応観念的に想定し得る「日本人の配偶者等」及び「永住者の配偶者等」の在留資格だけである。

この「配偶者としての活動」というものの内容について、上記最一小判平14・10・17は、「夫婦としての共同生活の実体を欠くようになり、その回復の見込みが全くない状態に至ったときは、当該婚姻はもはや社会生活上の実質的基礎を失っているものというべきである」と判示しており、これによれば同居・協力扶助のみならず、これに向けた活動も「配偶者としての活動」に含まれることになるから、その内実はかなり広範なものとなる。最高裁の見解に立てば、「配偶者としての活動」を行っていないと判断されるのは、離婚に事実上同意していながら在留期間の更新のためだけに婚姻関係の外観を装っているような場合など、事実上離婚をしたのと同様の状態にある場合であり、婚姻関係が正常でなくなったとしても、それが一時的である場合はもちろん、婚姻当事者の一方が共同生活を営む意思を喪失していても、他方が真摯に婚姻関係を正常なものに修復等しようとしている場合には、回復可能性があるものとして、社会生活上の実質的基礎を失っているとはいえないことになると解される。

ところで、行政解釈は、その見解の根拠として、上陸許可の審査に関する法7

条1項2号が、当該外国人が我が国で行おうとする活動が、「別表第2の下欄に掲げる身分若しくは地位……を有する者としての活動のいずれかに該当」することを要件としていること及び本条2項後段において「別表第2の上欄の在留資格をもって在留する者は当該在留資格に応じそれぞれ本邦において同表の下欄に掲げる身分若しくは地位を有する者としての活動を行うことができる」と規定していることを挙げて、法は、別表第2の在留資格に関する上陸許可をするためには、当該外国人が単に下欄に掲げる身分又は地位にあるだけでなく、日本においてその身分又は地位に基づく活動を行う目的を有することを在留資格該当性の要件としているとする（逐条解説102頁以下）。

　しかしながら、在留資格の変更に関する法20条3項は「法務大臣は……在留資格の変更を適当と認めるに足りる相当の理由があるときに限り、これを許可することができる」と規定するのみで、上陸許可の審査に関する法7条1項2号にあるような活動内容を要件とする規定は設けられていない。また、在留期間の更新に関する法21条3項、在留資格の取得に関する法22条の2第3項も同様である。このように、上陸許可、在留資格の変更、在留期間の更新、在留資格の取得の各許可のうち、「別表第2の下欄に掲げる身分若しくは地位を有する者としての活動を行うこと」を許可要件として明記しているのは上陸許可のみであり、その他の各許可においては身分若しくは地位を有することを許可要件とするのみである。したがって、法7条1項2号の規定を根拠として直ちに行政解釈及び判例のような解釈が認められるものとは必ずしも言い難い。

　また、本条2項は各在留資格をもって在留する外国人が日本で「行うことができる活動」を規定したものであって、行うことを義務づける規定ではない。その上、そもそも法別表第2に掲げられた在留資格は日本での活動に制限を受けない（就労活動を行うこともできる）のであるから、法別表第2の在留資格に関する限り、本条2項の規定は意味がないものと解さざるを得ない。したがって、この規定が、別表第2の在留資格は下欄に掲げる身分又は地位を有する者としての活動を行うことが基礎となるとの行政解釈の根拠となり得るものではない。

　このように、法の規定の仕方には整合性を欠く点がみられるものの、行政解釈のように、法別表第2の在留資格該当性の要件として、当然にその身分又は地位を有する者としての活動を行うことが要求されるものとは言い難いのである。

　むしろ、法別表第2の下欄の表題が「本邦において有する身分又は地位」とされていること、法20条、21条、22条の2の各条文の規定の仕方をみるときは、上陸許可の審査に際しては法別表第2の在留資格について「その身分又は地位を有する者としての活動を行うこと」は在留資格該当性の要件であるが、在留資格の変更、在留期間の更新又は在留資格の取得の際には要件とはされていないことから

すれば、前記の行政解釈及び判例の立場は妥当ではないと言うべきである。
　かかる解釈は統一性を欠くとの批判があるかもしれないが、その点は立法的に解決すべきであり、行政解釈こそがむしろ現行法の解釈の限界を逸脱しているものと解される。

7　3項「在留期間」

　在留期間は、在留資格と不可分一体のものとして、在留資格の付与の際に同時に決定される。本項を踏まえ、規則3条及び規則別表第2において各在留資格における在留期間が定められている。

　在留資格に在留期間を設けることの趣旨として、「在留資格をもって在留する外国人は、本邦で一定の活動を行う目的で入国し、その活動目的が達成されれば出国するものであるという前提に立って、在留資格をもって在留する外国人がその活動目的を達成するために必要な期間を考慮して定められている」という説明がなされている(逐条解説107頁)。

　しかしながら、「定住者」や「日本人の配偶者等」といった在留資格をもって在留する外国人は、もともと長期の(場合によっては永続的な)在留を予定している場合の方が多く、少なくとも1年間や3年間で定住の目的や日本人の配偶者としての目的を達して本国に帰国するということは通常考えられない。また、外国人が在留資格を得て自営業者として就労する場合にも、1年間で営業を終了して帰国することをあらかじめ予定していることはほとんど皆無であろう。外国人が在留資格を得て日本の企業に勤務する場合であっても、終身雇用の慣行がある日本において労働契約に期間の定めがないにもかかわらず1年間の勤務を終えたら帰国するものとの想定で在留期間を1年間と定めるのは合理性を欠く。

　このようにみると、在留期間の定めは在留目的を達成するために必要な期間を定めたものとの説明は全く当てはまらないことがわかる。むしろ、当該外国人の在留状況、在留資格該当性の有無を定期的に審査する機会を確保するために、在留期間の定めが設けられていると理解した方が、より合理的である。

　なお、従来は最長で3年であったが、適法に在留する外国人の便益を図るという目的で、2009年改正法により、最長5年に伸長された(2012年7月9日施行)。

第2章
入国及び上陸

　本章(法3条〜5条の2)は、入管手続の初期段階である入国・上陸について定めている。

　日本の入管・難民法の特色は、島国であるという地理的状況を考慮して、日本の領域(12カイリ以内の領海及びその上空)に入るという意味での「入国」と、日本の領域のうち領土に入る(陸に上がる)という意味での「上陸」とを明確に区別していることにある。

　伝統的な国際法上の議論では、国家が領域主権を持つことから、外国人の入国(上陸)については国家の専権事項であるという単純な解釈がなされてきた。しかしながら、20世紀後半から21世紀にかけて、交通の発達による国際的な人の移動の高速化及び容易化、政治・経済のグローバル化、国際間通信の高度化が急速に進み、従来の国家とその領域だけを基軸にした議論だけでは対応が困難となる時代が到来した。加えて、人権の国際化の議論が進み、多数の人権条約の中には、国家による一定のカテゴリーの外国人(無国籍者を含む)の受入れを義務付けたり、少なくとも領域外への追放や送還を制約したりするものも現れてきており、入国及び上陸を巡る国家の権限についても、従来の単純な説明や立法政策から一歩踏み出すことが求められていると言えよう。

　この観点から見ると、残念ながら、日本の入管・難民法は旧態依然としているものと言わざるを得ない。

第1節　外国人の入国

第3条(外国人の入国)
① 次の各号のいずれかに該当する外国人は、本邦に入ってはならない。
　1　有効な旅券を所持しない者(有効な乗員手帳を所持する乗員を除く。)
　2　入国審査官から上陸許可の証印若しくは第9条第4項の規定による記録又は上陸の許可(以下「上陸の許可等」という。)を受けないで本邦に上陸する目的を有する者(前号に掲げる者を除く。)
② 本邦において乗員となる外国人は、前項の規定の適用については、乗員とみなす。

1　本条の趣旨

本条は、外国人が入国するための要件を規定したものである。

1項の各号、すなわち、「有効な旅券を所持しない者」（有効な乗員手帳を所持する乗員を除く）又は「入国審査官から上陸許可の証印……又は上陸の許可……を受けないで本邦に上陸する目的を有する者」の入国は禁止されている。

法は、入国後、さらに「上陸」（その定義につき、法6条の解説2参照）するための要件・手続を法6条以下で定めているが、これに先立つ入国自体についても規定が設けられているのは、例えば、上陸前に領海に入った段階の者に対し、退去強制等の行政上の規制及び不法入国罪等による刑事上の規制を及ぼすためである。

なお、入国自体については許可を得る手続等の規定はない（前記のとおり、上陸については法6条以下に定めがある）。したがって、日本の領域内に入るに当たっては、上陸の場合のように許可を得る必要はない。

2　1項2号の趣旨

1997年改正法により、入国の要件について1項2号が追加された。改正前は、有効な旅券を有していた場合には、どのような目的を有していようとも上陸するまで規制の対象とならなかったが、この改正により旅券等を有していても「上陸許可の証印……又は上陸の許可……を受けないで本邦に上陸する目的」を有している（と認定される）場合には、入国が禁止され、行政上・刑事上の規制を受けることとなった。

上記の改正においては、いわゆる「集団密航事件」に対応することを目的として集団密航に係る罪等が新設されたが、本号はその「関連規定の整備」として位置付けられた。その趣旨は「密航者の中には旅券等を所持する者もありますが、現行法（当時）では、これらの者がたとえ本邦領域内に入ったとしても、上陸するまでの間は処罰することも退去強制することもできず、有効な対応が困難でありました」と説明されている（第140回国会衆議院法務委員会〔1997年4月18日〕における松浦功法務大臣〔当時〕の答弁）。

しかし、実態としてそのような事実があったとしても、2号は「目的」という主観的要素だけを要件としており、認定が極めて困難である上、さらに刑事罰も予定されていることからすれば、構成要件の自由保障機能の観点から問題がある。この点については、立法過程においても疑義が示されていたところである（第140回国会参議院法務委員会〔1997年4月24日〕における大森礼子委員の発言）。同委員の質問に対する樋渡利秋法務大臣官房審議官（当時）の答弁によれば、「いろいろな具体的な事案の証拠関係によるだろうと思いますけれども、例えば今、日本の指定港でない、どこかわからない港にひそかに入ってくる、密航船を仕立てて来るよう

な船の中に、旅券を持っている者も持っていない者も混在して、とにかく夜間、やみに紛れて日本に上陸しようとか、あるいはコンテナに隠れて日本に上陸しようとかというような集団の中におりますれば、上陸許可を受けないで本邦に入ろうとする者だという認定は、多分それは容易ではなかろうかというふうに思っております」、「この『目的』を有するかどうかといいますことは、当該外国人や関係者らの供述、それから査証の有無、所持品や上陸後の予定を示すメモ等の関係証拠を総合的に判断するものでありますから、そういうような御懸念はないというふうに考えております」等との説明がなされているが、必ずしもそのように明確な事例ばかりとは言えないことは明らかであり、客観的な認定が可能と言えるのかは疑わしい。

3　1項1号「有効な乗員手帳を所持する乗員を除く」及び2項の趣旨

　本号は括弧書で、有効な旅券を有していない場合でも、有効な乗員手帳を所持する乗員については、入国を認めることを定めている。頻繁に出入国を繰り返すという乗員の特別な地位を考慮したものとされている。

　2項は、日本において乗員となる外国人も乗員とみなし、乗員手帳を有していれば旅券を所持していなくても入国を認めている。日本に入国してから乗員となる外国人は、正確には未だ「乗員」ではないが、乗員と類似の特別な状況にあるので、同等の取扱いをするという趣旨である。

4　1項柱書「外国人」

　入国に関して本条の要件を具備することが必要とされるのは「外国人」、すなわち、「日本の国籍を有しない者」（法2条2号）のみである。日本人には帰国の権利があるとされているため（自由権規約12条4項）、規制の対象外とされており、入管・難民法上、「帰国」として、確認の制度のみが規定されている（法61条）。

5　1項柱書「本邦に入つてはならない」

　「本邦に入」るとは、本邦の領域内に入ること、すなわち、入国を意味する。「領海及び接続水域に関する法律」（昭和52年法律第30号）によれば、領海は基線（沿岸）より12カイリ（22.224キロメートル）の線までの海域と定められていることから（同法1条1項）、「入国」とは、その内側の海域又は上空に入ることをいう。

　前述のとおり、入国の要件の具備を直接審査する手続はないが、海上等で検査を受けた等により、何らかの経緯で本条の要件を具備せずに入国したことが発覚した場合には、いわゆる「不法入国者」として、法24条1号により退去強制の対象となり、また、法70条1項1号により刑事罰（3年以下の懲役若しくは禁錮若しくは300万円以下の罰金又は懲役若しくは禁錮及び罰金の併科）の対象となる。ただし、法

70条の2の要件を充たす難民については、同条により刑が免除される（詳細は、法70条の2の解説参照）。

6　1項1号「有効な旅券」

「旅券」とは、「日本国政府、日本国政府の承認した外国政府又は権限のある国際機関の発行した旅券又は難民旅行証明書その他当該旅券に代わる証明書（日本国領事官等の発行した渡航証明書を含む。）」又は「政令で定める地域の権限のある機関の発行したイに掲げる文書に相当する文書」である（法2条5号）。いわゆる狭義の旅券、すなわち、外国に渡航する自国民に対して、当該国政府が発給する文書で、その所持人の国籍及び身分を公証し、かつ、渡航先の外国官憲に対し、その所持人に対する保護と旅行の便宜供与とを依頼する公式の文書だけを意味するのではなく、一定の国際機関等の発行した旅券、難民旅行証明書その他旅券に代わる証明書も含まれている（詳細は法2条の解説7参照）。

旅券の所持が必要とされるのは、出入国管理上、本邦に入国する外国人の人定事項が公証されている必要があるからである。

「有効な」旅券とは、形式面においても、実体面においても有効な旅券という意味であり、例えば、偽造された不正旅券、あるいは、正規に発行されたものであっても有効期間を経過したものは「有効」ではない。

なお、形式面でも実体面でも一度有効に成立した旅券の一部分が改変されたような場合には、なお「有効」な旅券と言えるのか否か、判断に争いが生じる余地もある。

7　1項1号「所持」

旅券を所持しているとは、本条解説6で述べた趣旨からして、人定の確認を求められた際に示すことができるような状態にあればよいのであるから、例えば、船舶により入国する場合には、当該船舶に積載している同人の荷物の中にあれば十分であり、常に身に付けておくことまでは求められていないというべきである。

8　1項1号「乗員手帳」「乗員」

「乗員」とは、「船舶又は航空機……の乗組員」であり（法2条3号）、乗員手帳とは、「権限のある機関の発行した船員手帳その他乗員に係るこれに準ずる文書」をいう（法2条6号）。

船員手帳等は旅券とは異なり、必ずしも外国政府が発行するものではなく、また国籍を証明する文書でもなく、一定の権限を各国政府から与えられた機関が当該乗船員の身分事項等を記載したものである。

9　1項2号「前号に掲げる者を除く」

本号に該当する目的を有している外国人であっても、そもそも1号に該当する者、すなわち有効な旅券又は乗員手帳を有しない者はすべて1号により入国を禁止するという趣旨であり、1号と2号の適用の優先関係を明確にした文言である。

10　1項2号「上陸許可の証印若しくは第9条第4項の規定による記録又は上陸の許可」

「上陸許可の証印」とは、法9条1項、10条8項又は11条4項の上陸許可の証印（法12条2項の規定による上陸許可の証印を含む）をいう。

「第9条第4項の規定による記録」とは、2006年改正法により設けられた、自動化ゲートを利用した場合の記録である（法9条の解説7参照）。

「上陸の許可」とは、寄港地上陸の許可（法14条）、通過上陸の許可（法15条）、乗員上陸の許可（法16条）、緊急上陸の許可（法17条）、遭難による上陸の許可（法18条）、又は一時庇護のための上陸の許可（法18条の2）をいう。

11　無害通航権との関係

国際法上、条約によりいわゆる無害通航権、すなわち船舶又は航空機が、他国の領海又は領空を、その国に迷惑を及ぼさない方法による限り（＝無害である）、その国の事前の許可を要することなく自由に通航できる権利が認められている場合がある。無害な方法により日本の領空・領海を通航している船舶等に有効な旅券を所持していない外国人が乗っていた場合も、本条違反の問題があるのかということが問題となる。

無害通航権は船舶ないし航空機が通航する権利として構成されており、そこに乗っている外国人の通過までをも直接に認めるものではない。しかし、国際交通の便宜という趣旨からして、無害通航を認めながら乗船者に対して行政上・刑事上の責任を追及するのは矛盾することから、本条との関係が問題となってくるのである。

(1) 船舶について

船舶については、「海洋法に関する国際連合条約」（国連海洋法条約）17条により、すべての国の船舶は、領海において無害通航権が認められている。ここで、「無害」とは、沿岸国の平和、秩序又は安全を害しないこととされている（同条約19条1項）。沿岸国は、無害通航を妨害してはならず（同条約24条1項）、無害通航中の船舶を停船させ又は通航を阻止してはならない。しかし、同時に、無害でない通航を防止するためであれば、領海内で必要な措置をとることができる（同条約25条1項）。

結局、本条との関係では、船舶上の外国人が単に本条1項1号に違反して旅券を有していなかっただけでは「無害」であるとされているが、2号に違反して密入国等の目的を持っている場合には日本の秩序を害し「無害」ではなく、そのような船舶には無害通航権はないと解されることになろう。また、通航中の船舶にそのような事実がないかどうか確認するために、日本が必要な措置をとることは認められると解されている。実際の運用としても、無害通航中の船舶に乗っている外国人に形式的に本条1項1号違反の事実があったとしても、その違反について行政上・刑事上の責任までは追及していない。

(2)　航空機について

　航空機については、そもそも船舶と異なり、国際法上、無害通航権は狭い範囲でしか認められていない。すなわち、「国際民間航空条約」は基本的に領空について国家の完全かつ排他的な主権を認め（同条約1条）、わずかに民間航空機による無償不定期飛行に限って、しかも一定の地域についてはこれを禁止し、ないしは事前の特別の許可を受けることを求める権利を留保して、無害通航が認められているに過ぎない。

　この狭い範囲については、少なくとも本条1項1号違反の事実があってもこれを追及する必要性がないと解されており、実際の運用としてもこれを行っていない。

12　犯罪人引渡し等の場合

　犯罪人引渡条約などにより、公権力の行使の下、身体拘束をされた状態で強制的に入国することとなる外国人については、本条の適用はないものと解される。法は自らの意思により入国する者を予定しており、公権力の行使により強制された外国人の入国・上陸については、手続の対象としては予定していないからである。

13　2項の趣旨

　本邦において乗員となる外国人とは、未だ船舶等の乗組員ではなく、本邦において船舶等に乗り組もうとしている者である。このような者は、専ら乗り込む目的を持って日本に入国・上陸する者であるから、形式的にまだ乗り込んでいないという理由で旅券の所持を要求するのは適切ではない。

　そこで、本項は、船舶等に乗り込むことが明らかな外国人については、乗員とみなし、1項1号括弧書により、有効な乗員手帳の所持のみで入国を認めることとした。

第2節　外国人の上陸

第4条　削除

　1989年の法改正前は、本条には、在留資格に関する規定が置かれていたが、在留資格に関する規定は、規定方法を別表方式に変更・整理した上で法2条の2へ移動となった。在留資格は、入国及び上陸時だけでなく、出入国の管理全般に関わる基本的な概念であるため、入国及び上陸に関する本章（第2章）から総則（第1章）の定義規定（法2条）の後に位置付けられた。また、規定の方法も別表方式に改められ、多少整理された。

　ただ、訴訟や、過去の判例で、1989年法改正以前から日本に在留している外国人の在留資格は、「法4条1項4号の在留資格」などと表記されるので、現在でも改正前の法4条の条文を確認しなくてはならない場合がある。そこで、以下に削除された条文を掲げておく。

第4条
① 外国人（乗員を除く。以下この条において同じ。）は、第3章に特別の規定がある場合を除き、次に掲げる者のいずれか一に該当する者としての在留資格（外国人が本邦に在留するについて本邦において次に掲げる者のいずれか一に該当する者としての活動を行うことができる当該外国人の資格をいう。以下同じ。）を有しなければ本邦に上陸することができない。
1　外交官若しくは領事官又はこれらの者の随員
2　日本国政府の承認した外国政府又は国際機関の公務を帯びる者
3　削除
4　観光、保養、スポーツ、親族の訪問、見学、講習又は会合への参加、業務連絡その他これらに類似する目的をもって、短期間本邦に滞在しようとする者
5　本邦で貿易に従事し、又は事業若しくは投資の活動を行おうとする者
6　本邦の学術研究機関又は教育機関において特定の研究を行い、又は教育を受けようとする者
6の2　本邦の公私の機関により受け入れられて産業上の技術又は技能を習得しようとする者
7　本邦の学術研究機関又は教育機関において研究の指導又は教育を行おうとする者
8　本邦で音楽、美術、文学、科学その他の芸術上又は学術上の活動を行おうとする者
9　本邦で演劇、演芸、演奏、スポーツその他の興業を行おうとする者

10　宗教上の活動を行うために外国の宗教団体により本邦に派遣される者
　11　外国の新聞、放送、映画その他の報道機関の派遣員として本邦に派遣される者
　12　産業上の高度な又は特殊な技術又は技能を提供するために本邦の公私の機関により招へいされる者
　13　本邦で専ら熟練労働に従事しようとする者
　14　本邦で永住しようとする者
　15　第5号から第13号までの各号の一に該当する者の配偶者及び未成年の子で配偶者のないもの
　16　前各号に規定する者を除くほか、法務省令で特に定める者
② 　前項各号（第1号、第2号及び第14号を除く。）に規定する者の在留期間は、3年をこえない範囲内で法務省令で定める。
③ 　第1項第6号、第7号、第12号又は第13号に該当する者が、本邦に上陸しようとするときは、法務省令で定める手続により、あらかじめ、当該外国人がその在留資格に該当すると認める旨の証明書の交付を法務大臣に申請しなければならない。
④ 　前項の申請があつた場合には、法務大臣は、当該在留資格に属する者の行うべき活動に係る行政の所管大臣と協議し、その者が当該在留資格に該当すると認めたときに限り、同項の証明書を交付することができる。
⑤ 　第1項第14号に該当する者が、本邦に上陸しようとするときは、法務省令で定める手続により、あらかじめ、永住許可を法務大臣に申請して、その許可を受けなければならない。
⑥ 　前項の申請があつた場合には、法務大臣は、その者が左の各号に適合し、且つ、その者の永住が日本国の利益に合すると認めたときに限り、これを許可することができる。
　1　第5条第1項各号のいずれにも該当しないこと。
　2　独立の生計を営むに足りる資産又は技能を有すること。

第5条（上陸の拒否）

① 　次の各号のいずれかに該当する外国人は、本邦に上陸することができない。
　1　感染症の予防及び感染症の患者に対する医療に関する法律（平成10年法律第114号）に定める一類感染症、二類感染症、新型インフルエンザ等感染症若しくは指定感染症（同法第7条の規定に基づき、政令で定めるところにより、同法第19条又は第20条の規定を準用するものに限る。）の患者（同法第8条（同法第7条において準用する場合を含む。）の規定により一類感染症、二類感染症、新型インフルエンザ等感染症又は指定感染症の患者とみなされる者を含む。）又は新感染症の所見がある者
　2　精神上の障害により事理を弁識する能力を欠く常況にある者又はその能力が著しく不十分な者で、本邦におけるその活動又は行動を補助する者として法務省令で定めるものが随伴しないもの

3　貧困者、放浪者等で生活上国又は地方公共団体の負担となるおそれのある者
4　日本国又は日本国以外の国の法令に違反して、1年以上の懲役若しくは禁錮又はこれらに相当する刑に処せられたことのある者。ただし、政治犯罪により刑に処せられた者は、この限りでない。
5　麻薬、大麻、あへん、覚せい剤又は向精神薬の取締りに関する日本国又は日本国以外の国の法令に違反して刑に処せられたことのある者
5の2　国際的規模若しくはこれに準ずる規模で開催される競技会若しくは国際的規模で開催される会議（以下「国際競技会等」という。）の経過若しくは結果に関連して、又はその円滑な実施を妨げる目的をもって、人を殺傷し、人に暴行を加え、人を脅迫し、又は建造物その他の物を損壊したことにより、日本国若しくは日本国以外の国の法令に違反して刑に処せられ、又は出入国管理及び難民認定法の規定により本邦からの退去を強制され、若しくは日本国以外の国の法令の規定によりその国から退去させられた者であつて、本邦において行われる国際競技会等の経過若しくは結果に関連して、又はその円滑な実施を妨げる目的をもって、当該国際競技会等の開催場所又はその所在する市町村（東京都の特別区の存する区域及び地方自治法（昭和22年法律第67号）第252条の19第1項の指定都市にあつては、区）の区域内若しくはその近傍の不特定若しくは多数の者の用に供される場所において、人を殺傷し、人に暴行を加え、人を脅迫し、又は建造物その他の物を損壊するおそれのあるもの
6　麻薬及び向精神薬取締法（昭和28年法律第14号）に定める麻薬若しくは向精神薬、大麻取締法（昭和23年法律第124号）に定める大麻、あへん法（昭和29年法律第71号）に定めるけし、あへん若しくはけしがら、覚せい剤取締法（昭和26年法律第252号）に定める覚せい剤若しくは覚せい剤原料又はあへん煙を吸食する器具を不法に所持する者
7　売春又はその周旋、勧誘、その場所の提供その他売春に直接に関係がある業務に従事したことのある者（人身取引等により他人の支配下に置かれていた者が当該業務に従事した場合を除く。）
7の2　人身取引等を行い、唆し、又はこれを助けた者
8　銃砲刀剣類所持等取締法（昭和33年法律第6号）に定める銃砲若しくは刀剣類又は火薬類取締法（昭和25年法律第149号）に定める火薬類を不法に所持する者
9　次のイからニまでに掲げる者で、それぞれ当該イからニまでに定める期間を経過していないもの
　イ　第6号又は前号の規定に該当して上陸を拒否された者　拒否された日から1年
　ロ　第24条各号（第4号オからヨまで及び第4号の3を除く。）のいずれかに該当して本邦からの退去を強制された者で、その退去の日前に本邦からの退去を強制されたこと及び第55条の3第1項の規定による出国命令により出国したことのないもの　退去した日から5年
　ハ　第24条各号（第4号オからヨまで及び第4号の3を除く。）のいずれかに該当して本邦からの退去を強制された者（ロに掲げる者を除く。）　退去した日から10年
　ニ　第55条の3第1項の規定による出国命令により出国した者　出国した日から1年

9の2　別表第1の上欄の在留資格をもって本邦に在留している間に刑法（明治40年法律第45号）第2編第12章、第16章から第19章まで、第23章、第26章、第27章、第31章、第33章、第36章、第37章若しくは第39章の罪、暴力行為等処罰に関する法律（大正15年法律第60号）第1条、第1条ノ2若しくは第1条ノ3（刑法第222条又は第261条に係る部分を除く。）の罪、盗犯等の防止及び処分に関する法律（昭和5年法律第9号）の罪又は特殊開錠用具の所持の禁止等に関する法律（平成15年法律第65号）第15条若しくは第16条の罪により懲役又は禁錮に処する判決の宣告を受けた者で、その後出国して本邦外にある間にその判決が確定し、確定の日から5年を経過していないもの

10　第24条第4号オからヨまでのいずれかに該当して本邦からの退去を強制された者

11　日本国憲法又はその下に成立した政府を暴力で破壊することを企て、若しくは主張し、又はこれを企て若しくは主張する政党その他の団体を結成し、若しくはこれに加入している者

12　次に掲げる政党その他の団体を結成し、若しくはこれに加入し、又はこれと密接な関係を有する者

　　イ　公務員であるという理由により、公務員に暴行を加え、又は公務員を殺傷することを勧奨する政党その他の団体

　　ロ　公共の施設を不法に損傷し、又は破壊することを勧奨する政党その他の団体

　　ハ　工場事業場における安全保持の施設の正常な維持又は運行を停廃し、又は妨げるような争議行為を勧奨する政党その他の団体

13　第11号又は前号に規定する政党その他の団体の目的を達するため、印刷物、映画その他の文書図画を作成し、頒布し、又は展示することを企てる者

14　前各号に掲げる者を除くほか、法務大臣において日本国の利益又は公安を害する行為を行うおそれがあると認めるに足りる相当の理由がある者

②　法務大臣は、本邦に上陸しようとする外国人が前項各号のいずれにも該当しない場合でも、その者の国籍又は市民権の属する国が同項各号以外の事由により日本人の上陸を拒否するときは、同一の事由により当該外国人の上陸を拒否することができる。

1　本条の趣旨

　本条には、外国人の上陸を拒否する事由が列挙されている。

　1項1号から13号までは、上陸を許可すると日本国の国益を害すると考えられている事由が比較的具体的に列挙されており、これに加えて14号で、「日本国の利益又は公安を害する行為を行うおそれがあると認めるに足りる相当の理由がある者」として一般的な条項が定められている。また、2項では、相互主義に基づき、1項のいずれにも該当しない外国人でも、当該外国人が国籍・市民権を有する国が同項の事由とは別の事由で日本人の上陸を拒否している場合は、同一の事由により、上陸を拒否できるものと定めている。

2　1項1号の趣旨

「感染症の予防及び感染症の患者に対する医療に関する法律」(感染症予防法、平成10年10月2日法律第114号)は、感染症の予防及び感染症の患者に対する医療に関し必要な措置を定めることにより、感染症の発生を予防し、及びその蔓延の防止を図り、もって公衆衛生の向上及び増進を図ることを目的として(同法1条)1998年に制定された法律であり、同法の制定によって従前の伝染病予防法は廃止された。それに伴い、本項も同年、改定された。

本項は、感染症予防法の目的に沿う形で、一定の感染症の患者の上陸を拒否することによって、病原菌等が日本に侵入することを防ぐことを目的としている。

感染症予防法のあり方について、すでに日本に居住している者については、隔離よりも医療の充実の方法による感染症の予防の重視が唱えられているところ、未だ日本に居住していない者については、病原菌の侵入を未然に防ぐことを重視したものである。しかし、例えば、家族が日本国内に滞在している場合など、形式的にこの条項を適用して上陸を拒否することが相当でない場合もあるのであって、他の上陸を認める必要性を考慮した上での適用が求められる。

なお、本号に該当するかどうかの認定は、厚生労働大臣又は法務大臣の指定する医師の診断を経た後にしなければならない(法9条2項)。医学に関する専門的な知識がなければ認定し得ない事項だからである。

3　1項1号「一類感染症」

一類感染症とは、具体的にはエボラ出血熱、クリミア・コンゴ出血熱、痘そう、南米出血熱、ペスト、マールブルグ病、ラッサ熱を指すものと定められている(感染症予防法6条2項)。

4　1項1号「二類感染症」

二類感染症とは、急性灰白髄炎、結核、ジフテリア、重症急性呼吸器症候群(病原体がコロナウイルス属SARSコロナウイルスであるものに限る)、鳥インフルエンザ(病原体がインフルエンザウイルスA属インフルエンザAウイルスであってその血清亜型がH5N1であるものに限る)を指すものと定められている(感染症予防法6条3項)。

5　1項1号「新型インフルエンザ等感染症」

新型インフルエンザ等感染症とは、以下のものを指すものと定められている(感染症予防法6条7項)。

① 新型インフルエンザ(新たに人から人に伝染する能力を有することとなったウイルス

を病原体とするインフルエンザであって、一般に国民が当該感染症に対する免疫を獲得していないことから、当該感染症の全国的かつ急速なまん延により国民の生命及び健康に重大な影響を与えるおそれがあると認められるものをいう）

② 再興型インフルエンザ（かつて世界的規模で流行したインフルエンザであってその後流行することなく長期間が経過しているものとして厚生労働大臣が定めるものが再興したものであって、一般に現在の国民の大部分が当該感染症に対する免疫を獲得していないことから、当該感染症の全国的かつ急速なまん延により国民の生命及び健康に重大な影響を与えるおそれがあると認められるものをいう）

6　1項1号「指定感染症（同法第7条の規定に基づき、政令で定めるところにより、同法第19条又は第20条の規定を準用するものに限る。）」

「指定感染症」とは、すでに知られている感染性の疾病（一類感染症、二類感染症、三類感染症及び新型インフルエンザ等感染症を除く）であって、感染症予防法の規定のうち第3章から第7章まで（感染症に関する情報の収集及び公表、健康診断、就業制限及び入院、消毒その他の措置、医療、新感染症に関する規定）の全部又は一部を準用しなければ、国民の生命及び健康に重大な影響を与えるおそれがあるものとして政令で定めるものをいう（感染症予防法6条8項）。本規定では、そのうち、感染症予防法19及び20条（一類感染症まん延のおそれがある場合に、一類感染症の患者に対して入院の勧告及び入院の措置をとることができると定めた規定）が準用される感染症、すなわち、上陸拒否事由とし、強制的な入院措置をして隔離する必要がある場合があると見込まれる感染症のみを対象としている。

7　1項1号「新感染症の所見がある者」

「新感染症」とは、「人から人に伝染すると認められる疾病であって、既に知られている感染性の疾病とその病状又は治療の結果が明らかに異なるもので、当該疾病にかかった場合の病状の程度が重篤であり、かつ、当該疾病のまん延により国民の生命及び健康に重大な影響を与えるおそれがあると認められるもの」（感染症予防法6条9項）であり、上記定義に当たる所見がある者が「新感染症の所見がある者」である。

8　エイズ・ウィルスに感染している外国人

感染症予防法制定により、「後天性免疫不全症候群の予防に関する法律」（平成元年1月17日法律第2号）が廃止され、同法附則に基づいて定められていた法附則7項（いわゆるエイズ・ウィルスに感染している外国人で一定の者を本号に掲げる患者とみなして上陸を拒否する規定）も廃止された。

9 1項2号の趣旨

　従前は、「精神保健及び精神障害者福祉に関する法律（昭和25年法律第123号）に定める精神障害者」とされていたが、2004年改正法により、現行のとおり改められた。もともとの立法趣旨について、2004年4月8日の第159回国会参議院法務委員会において、増田暢也法務省入国管理局長（当時）は、「この精神障害者の入国を認めますと、その障害に起因して種々の影響を我が国に及ぼすことがあるということにかんがみ、入国を認めないこととした」と説明していた。

　しかし、精神障害者であることのみをもって一律に上陸拒否事由とすることは、障害者の社会活動への参加を不当に阻む要因となることから、1999年8月、障害者施策推進本部が障害者に係る欠格条項の見直しを行うと決定したことを受け、上陸拒否の対象を限定したものである。ただし、全面削除に至らなかった理由として、増田入国管理局長は、同委員会において、「例えば精神障害者が自身を傷付けあるいは他人に害を及ぼすおそれがあると認められる場合、都道府県知事による入院措置の制度が設けられておりまして、そのような入院措置が必要な者の入国を無制限に認めることは、我が国社会に財政上の負担など種々の負担を生じさせるおそれがあると考えられるほかに、事理弁識能力を欠く常況にある方は、財産行為など適切に行う判断能力に欠け、自己の行う行為について十分な責任を取ることができないことから、適切な随伴者がいない場合には取引の安全を害するおそれもあると考えられるわけで、そういったことから、今回の法改正におきましては、上陸拒否事由から精神障害者全面削除はやはりいたしかねるということで改正案を考えたものでございます」と述べている。

　しかし、同委員会で増田入国管理局長が、「統計上、この精神障害者を単独の項目として統計を取り出した平成9年以降、精神障害者を理由として上陸を拒否した人はおりません」と述べているとおり、そもそもこのような規制の前提となる立法事実が存在するのかについては、大きな疑問がある。同委員会において、江田五月委員が「何か日本は精神障害は入れないんだという、これもどうもちょっとかたくななような気もするんですが、その辺は精神障害者に対する医療というところにゆだねて、入管のところでチェックをするというのは、私はこれはもうやめてしまってはどうかと思うんですが」と述べているとおり、立法論として疑問があるところである。

10 1項2号「本邦におけるその活動又は行動を補助する者として法務省令で定めるもの」

　規則4条は、上記の補助者を次のとおり定義付けている。

① 精神保健及び精神障害者福祉に関する法律20条1項の規定により保護者となる者（その後見人又は保佐人、配偶者、親権を行う者及び扶養義務者）又はこれに準ずる者で、要随伴者の活動等を補助する意思及び能力を有するもの(同条1号)
② ①以外で、要随伴者の活動等を補助することについて合理的な理由がある者で要随伴者の活動等を補助する意思及び能力を有するもの（要随伴者が本邦に短期間滞在して、観光、保養又は会合への参加その他これらに類似する活動を行うものとして法6条2項の一般の上陸申請をした場合に限る)(同条2号)

11　1項3号の趣旨

　本号の趣旨は、貧困等を理由として国又は地方公共団体の福祉の負担となる者が増加することを防止するというものである。

　本号を前提とすると、必ずしも収入のある活動を前提としない在留資格については、資格外活動許可を得るなどして、一定程度自立できる程度の就労活動をむしろ国は期待しているとも言うことができる。

　本号についても、1項1号におけるのと同様に、形式的にこの条項を適用して上陸を拒否すべきではなく、上陸の必要性などと相まって判断されるべきである。

12　1項3号「生活上国又は地方公共団体の負担となるおそれのある者」

　生活上国又は地方公共団体の負担となるおそれのある者とは、生活保護などの保護を受ける可能性のある者をいう。負担の程度について明確な基準はないが、4号などの他の条項とのバランス上、上陸を拒否するまでの事由というためには、一定期間の援助によっては自立し得ず、継続的な援助が確実に見込まれることが必要となると言うべきである。

13　1項4号の趣旨

　本号は、1年以上の懲役若しくは禁錮又はこれらに相当する刑に処せられたことのある者について、一定以上の重さの刑罰に処せられたことのある人物には反社会性、犯罪傾向があるとし、日本でも再犯の可能性があるとして、その上陸を拒否する趣旨である。ただし、政治犯については例外扱いしている（本条解説16参照)。

14　1項4号「日本国又は日本国以外の国の法令に違反して」

　日本の法令に違反した場合のみならず、外国の法令に違反した場合であっても、本号に該当する。

15　1項4号・5号「刑に処せられたことのある者」

　現在の行政解釈においては、この「刑に処せられたことのある者」の意味について、刑の確定があれば足り、刑の執行を受けたか否か、刑の執行を終えているか否かを問わず、執行猶予期間中の者、執行猶予期間を満了した者、その他刑の言渡しの効力が消滅した者も含むとされている（逐条解説257頁）。

　しかし、執行猶予期間中の者はともかく、執行猶予期間経過時には刑の言渡しは効力を失うものとされている（刑法27条）。上記の行政解釈によると、一度1年以上の懲役刑若しくは禁錮刑の判決の言渡しをされた場合には、執行猶予期間が満了しても、生涯にわたって上陸拒否事由に該当することになってしまう。執行猶予制度は、社会内における更生が期待できる場合に、現実に服役をさせることなく、裁判所が適当と定める期間を指定し、その間に再度犯罪に及ぶことがなければ、その刑の言渡しの効力そのものがなかったものとして、被告人に再起の機会を与えるものである。本号を上記の行政解釈のように解することは、当該外国人が日本において再起を図ろうとする場合に、その機会を剥奪する結果を招来し、執行猶予制度の趣旨にも反する。4号・5号の文言も、上記の刑法の規定と整合する解釈をするべきである。

16　1項4号「政治犯罪により刑に処せられた者」

　政治犯罪人を例外的に取り扱うのは、その国にとっては反社会的であっても、日本においては必ずしもそうではないこともあり得るからとされている。そして、ここでの「政治犯罪」とは、「何が政治犯罪に当たるかは議論のあるところであるが、いわゆる純粋政治犯罪以外の政治犯罪、例えば、政治目的から出た行為であっても、殺人、放火等の普通犯罪を構成するものは、ここにいう『政治犯罪』には該当しないものと解される」とされている（逐条解説257頁）。

　もっとも、本国で、政治活動を理由に逮捕・投獄されるときは、「公務執行妨害」など罪名自体は普通犯罪によることも多い。この点、第1回国会衆議院司法委員会（1947年8月2日）における刑法の一部改正の審議において、佐藤藤佐司法次官も、「犯罪について政治犯なりや、普通犯なりやという区別は、非常にむずかしいのでありまして、人によってその限界が明瞭ではないのであります。また区々であります」と回答している。「政治犯罪」を除外した趣旨からすれば、単に罪名のみだけではなく、実質的な判断が求められるところである。

17　1項5号：薬物犯

　本号では、薬物事犯に関与して刑に処せられたことのある者を上陸拒否事由としている。1項4号と異なり、刑罰の軽重による制限はない。また、現に薬物を所

持しているのではなく、過去に薬物犯歴があることだけで、上陸を禁止している。薬物については、他の犯罪よりもまん延の可能性が高いため、流入を厳格に防止する必要性があるとの判断に基づくものであろう。また、薬物については、組織等とのつながりがある者が多く、再犯傾向が強いことも前提となっていると考えられる。

18　1項5号の2：国際競技会等に関連して暴行等を行った者

2001年改正法によって新設された規定である。2002年に韓国と日本で開催されたサッカーのワールドカップ大会におけるいわゆるフーリガン対策のために設けられたといわれる。もっとも、本号は、「国際的規模若しくはこれに準ずる規模で開催される競技会若しくは国際的規模で開催される会議」を対象としており、サミット、APEC、WTOなどの国際会議において暴行等を行った場合にも、本号違反となる可能性がある。同様の趣旨の退去強制事由も併せて設けられた（法24条4号の3）。

19　1項6号：薬物等所持者

薬物等を不法に所持している者の入国を拒否して、日本における汚染を防止する趣旨である。本号を適用するに当たっては、刑に処せられたかどうかは関係なく、入国審査官独自の認定ができる。これらのものを所持していること自体刑罰の対象となるが、そのような刑罰とは別に上陸自体を認めないこととしたものである。

20　1項7号：売春業務従事者

外国人による売春関係行為を防止する趣旨である。2005年改正法により、人身取引の被害者として他人の支配下に置かれて売春等の業務に従事していた者は除外された。同様の趣旨で退去強制事由にも手当てがなされた（法24条4号ヌ）。

なお、「人身取引」の定義については、法2条7号を参照。

21　1項7号の2：人身取引関与者

2005年改正法により設けられた条項である。2004年6月14日、米国国務省が発表した「人身売買報告書」によって、日本は「分類2」に指定された。これは、1年以内に適切な措置を講じない場合、最低の「分類3」に転落する可能性がある「監視対象国」という位置付けである。

これを受け、日本政府は、人身取引の防止を目的として、入管・難民法、刑法などの関連諸法を早急に改正し、1年後の2005年には本号を設けるなどの改正が行われた。

[22] **1項8号：銃刀法・火薬類取締法違反者**

本項6号と同様に、本号に定める銃砲、刀剣類、火薬類の不法な所持自体が刑罰の対象となるが、そのような刑罰とは別に上陸自体を認めないこととしたものである。

[23] **1項9号：被退去強制者**

1999年改正法施行前には被退去強制者の上陸拒否期間は1年間とされていたが、同改正法により、被退去強制者の上陸禁止期間は一律に5年間とされた。しかし、不法滞在者の減少等を目的として、2004年改正法により、悪質性や事案の重大性等を考慮し、1年間、5年間、10年間に上陸拒否期間が細分化された。

(1) イ

麻薬、覚せい剤等や銃砲刀剣類、火薬類といった禁制品の所持により上陸拒否された者（「第6号又は前号の規定に該当して上陸を拒否された者」）については、そのような事実から予測される危険性を考慮し、上陸を拒否した日から1年間は上陸を認めないものとしている。

(2) ロ及びハ

2004年改正法により、上陸拒否期間について、初めて入管・難民法違反で退去強制された場合は5年間（同号ロ）、2回目以上の場合（出国命令を受けたことがある場合を含む）は10年間（同号ハ）とされた。

しかし、同号イでは、刑事手続を経ていないとはいえ、麻薬、覚せい剤等や銃砲刀剣類、火薬類といった禁制品を持ち込もうとした者ですら上陸禁止期間が1年間なのに、単なる不法滞在でも5年間とされるのは均衡を欠いており、立法論として疑問があるところである。

(3) ニ

2004年改正法によって新設された出国命令制度を利用して出国した者の上陸禁止期間を1年と定めるものである。出国命令制度は、不法滞在者の自主的な出頭を促し、不法滞在者の減少を図る制度である（法24条の3の解説参照）。そこで、他の被退去強制者よりも上陸禁止期間を短縮することにより、自主的に出頭するインセンティブを付与することにしたものである。

[24] **1項9号の2の趣旨**

2001年改正法によって追加された規定である。

同改正法において、退去強制事由として法24条4号の2が追加された。その対象となるのが、下表の各犯罪により「懲役又は禁錮に処せられたもの」である。し

かし、同号による退去強制をするためには、判決の確定までが必要であって、判決言渡し後、在留期限満了前に自主的に出国した場合には、既存の規定では上陸拒否できないことになる。そこで、その狭間を埋めるため、下表の犯罪により「懲役又は禁錮に処する判決の宣告を受けた者で、その後出国して本邦外にある間にその判決が確定し、確定の日から5年を経過していないもの」についても上陸拒否事由としたものである。

[刑法第2編]

条文	罪名
第12章	住居侵入等
第16章から第19章まで	通貨偽造等（16章）、文書偽造等（17章）、有価証券偽造等（18章）、支払用カード電磁的記録不正作出等（18章の2）、印章偽造等（19章）
第23章	賭博等
第26章	殺人等
第27章	傷害等
第31章	逮捕及び監禁等
第33章	略取、誘拐及び人身売買等
第36章	窃盗及び強盗等
第37章	詐欺及び恐喝等
第39章	盗品譲受け等

[特別法]

条文	罪名
暴力行為等処罰に関する法律第1条、第1条ノ2若しくは第1条ノ3（刑法第222条又は第261条に係る部分を除く）の罪	集団的な暴行・脅迫・毀棄（1条）、銃砲等による傷害（1条ノ2）、常習的な傷害・暴行・脅迫・毀棄（1条ノ3）
盗犯等の防止及び処分に関する法律の罪	常習特殊窃盗・強盗（2条）、常習累犯窃盗・強盗（3条）、常習特殊強盗致傷・強盗強姦（4条）
特殊開錠用具の所持の禁止等に関する法律第15条若しくは第16条の罪	特殊開錠用具販売・授与（15条）、特殊開錠用具所持（16条、3条）、指定侵入工具携帯（16条、4条）

25 1項10号「第24条第4号オからヨまでのいずれかに該当して本邦からの退去を強制された者」

　法24条4号オ・ワ・カは、暴力主義的破壊活動者と呼ばれるが、統計上、少なくとも近年はこれらに該当する者として退去強制を受けた例はない。実際に、これらの条項に該当する行為がなされた場合には、刑法の内乱・外患罪が適用され、

他の刑罰法令違反の退去強制事由に該当することが多いはずである。

また、法24条4号ヨは、それ以外の活動であっても、我が国の利益、公安を害する活動を行つた場合にこれを退去させることとした規定であるが、やはり近年その適用例はない。暴力主義的破壊活動者の場合と同様に他の退去強制事由によって対応できると考えられるし、むしろ、「日本国の利益又は公安を害する行為を行つたと認定する者」という曖昧かつ政治的な要件を法務大臣の認定のみによってなし得るというのは、適正手続の保障の点でも問題がある。

したがって、いずれについても、本号の適用は制限的になされるべきであり、また、立法論としては、退去強制事由及び上陸拒否事由から削除すべきである。

26　**1項11号ないし13号：暴力的破壊主義者**

1項11号ないし13号は、法24条4号のオ・ワ・カにそれぞれ対応しているが、前号がこれらの条項に該当する者として退去強制されたことがある者を上陸拒否の対象としているのに対し、本号は、これらによる退去強制歴がなくても、日本国憲法等を暴力的に破壊すること等を企てたと認められる者について、上陸拒否できるとしたものである。前号で述べた批判がそのまま該当する。

27　**2項の趣旨**

本項は、1項各号に掲げる上陸拒否事由に該当しない場合でも、相互主義（相互保証主義ともいう。国賠法6条、民訴法118条4号参照）に基づいて上陸拒否をすることができるとしたものである。

第5条の2（上陸の拒否の特例）

　法務大臣は、外国人について、前条第1項第4号、第5号、第7号、第9号又は第9号の2に該当する特定の事由がある場合であつても、当該外国人に第26条第1項の規定により再入国の許可を与えた場合その他の法務省令で定める場合において、相当と認めるときは、法務省令で定めるところにより、当該事由のみによっては上陸を拒否しないこととすることができる。

1　**本条の趣旨**

従前、上陸拒否事由に該当する場合、仮に再入国許可を得ていたとしても、法の文言上、上陸拒否にしなければならなかった。しかし、例えば、1年以上の懲役（法5条1項4号）の前科があっても、日本人と婚姻している場合などに在留特別許可（法50条）がなされ、再入国許可（法26条1項）が出され、あるいは、在留資格認定証明書（法7条の2）が交付されることがあった。すなわち、このような在留資

格付与、再入国許可は、上陸拒否事由の存在を踏まえてなされているのである。それにもかかわらず、法の文言上、上陸拒否事由に該当するため、再入国する際は、口頭審理（法10条）、異議申出（法11条）を経て上陸特別許可（法12条）を出していた。

しかし、これは実務上煩瑣なため、2009年改正法により本条を新設し、上陸拒否事由に該当していたとしても、これを踏まえた再入国許可の場合、上陸拒否事由のないものとして、直ちに上陸許可処分をすることを認めたものである（規則4条の2参照）。

なお、再入国許可を受けているにもかかわらず、入国審査官や特別審理官から上陸許可の証印を受けられず、異議申出に進んだ場合の上陸特別許可事由については、明文の定めがある（法12条1項1号）。

2 判断主体

判断主体は、法務大臣であって（ただし、その権限は、原則として地方入国管理局長に委任されている。法69条の2、規則61条の2第1号参照）、入国審査官ではない。したがって、空港の入国審査の際に特例とするかどうかの判断をするのではなく、在留資格認定証明書の交付や再入国許可の際に、特例とするかどうかの判断がなされる。

3 裁量性（「相当と認めるときは……することができる」）

条文の文言上、「相当と認めるときは……することができる」と裁量判断であるかのような文言となっている。しかしながら、本来上陸拒否事由に該当する事由の存在を前提としながら在留資格認定証明書を交付し（あるいは再入国許可を与え）、他方で、上陸拒否とするのは矛盾している。したがって、「法務省令で定める場合」に該当するときには「相当」性は原則として存在するものと言うべきであり、裁量の余地はほぼない（例外は、在留資格認定証明書交付等の後の事情変更等に限る）と解すべきである。

4 特例の対象

(1) 特例の対象となる事由

本条が規定する上陸拒否の特例は、以下の上陸拒否事由に該当する場合に限定されている。すなわち、1年以上の懲役、禁錮の有罪前科（法5条1項4号）、麻薬等の前科（法5条1項5号）、売春業務に従事した過去のあること（法5条1項7号）、上陸拒否期間内にあること（法5条1項9号）及び一定範囲の犯罪により懲役、禁錮の判決を受けて、確定前に出国し、確定の日から5年を経過していないこと（法

5条1項9号の2)の各事由である。

　以上は、いずれも上陸時に存在する一定の事由ではなく、過去の有罪判決や違法行為が上陸拒否事由として定められている場合である。本条の特例から除外されている、その他の上陸拒否事由は、上陸時に、例えば、銃砲刀剣類を不法に所持しているような事由（法5条1項8号）であり、特例の対象から除かれていることに一定の合理性がある。

(2)　特例の対象外となる事由

　しかしながら、精神障害者（法5条1項2号）、貧困者等（法5条1項3号）、フーリガン（法5条1項5号の2）、人身取引等を行ったことのある場合（法5条1項7号の2）については、この特例の対象とされていない。人身取引等やフーリガンは、入管・難民法秩序への侵害が大きいことが対象外とされた理由であろう。精神障害者や貧困者等は、上陸時に現に当該事由が存在するからであろう。

　しかし、以上の精神障害等の各事由該当性の認定は、入国管理局によりなされ、必ずしも有罪判決を必要としない。フーリガンや人身取引等への関与にも多様な形態があり、入国管理局の認定が正しくない場合もある。また、再入国許可を得ている精神障害者や貧困者(法の文言上は、生活保護等福祉の受給者は、この「貧困者」に該当する可能性がある)につき、上陸拒否処分とする実益は考えられない。日本在留を否定するのであれば、在留資格認定証明書や再入国許可を出さなければよいのであって、再入国許可をした上で上陸拒否をするのは明らかに不合理であり、上記4つの事由を本条の特例の対象から外したことに合理性は見出し難い。

　したがって、上記4つの事由の場合にも、原則として本条の特例を準用するべきである。

第3章

上陸の手続

　本章(法6条〜18条の2)は、上陸審査の手続を定めている。上陸を、一般上陸(法6条〜12条)と特例上陸(法14条〜18条の2)とに区別した上で、一般上陸については、上陸申請(法6条)→入国審査官の上陸審査(法7条)→上陸条件適合と認められないとき、特別審理官に全件引渡し(法9条5項)→特別審理官の口頭審理(法10条)→法務大臣への異議申出＋法務大臣裁決(法11条)という手続の流れを定めている。この手続の流れは、退去強制手続の流れ(違反調査→違反審査→法務大臣への異議申出＋法務大臣裁決)と類似しており、現に本章の規定が退去強制手続で準用されている部分もある。

　上陸手続は、日本の領土に到着した直後に行われるのが通常であることから、その当事者の多くが日本の法制度や言語について知らない外国人である。にもかかわらず、審査手続の透明化や代理人(弁護士)選任権の保障等を含めた適正手続の確保が極めて不十分であり、早急な改善が求められる。

　また、テロの未然防止を理由として、2006年改正法により、上陸の申請をしようとする外国人は、原則として、入国審査官に対し、個人識別情報(指紋及び顔写真)を提供しなければならないものとされたが、プライバシー権ないし自己情報コントロール権、又は、外国人に対する差別的取扱いの禁止の観点から問題があるという指摘がされているところである。

　法14条から18条の2までは、上陸の特例(特例上陸)を定める。本来、外国人は、法6条以下の規定に従って上陸許可の申請をし、これらの規定の条件の下で上陸許可を受けなければ本邦に上陸(一般上陸)できないのが原則であるが、いわゆるトランジットのみの旅客や緊急事態下にある旅客のため、又は船舶等の乗員の便宜やその保護のため、例外的に上陸の要件を緩和するのが、法14条から18条の2までの規定である。

　寄港地上陸(法14条)、通過上陸(法15条)、乗員上陸(法16条)、緊急上陸(法17条)、遭難上陸(法18条)、一時庇護上陸(法18条の2)については、いずれも入国審査官が許否の最終的な判断権者となっており、一般の上陸不許可の場合における特別審理官の口頭審理(法10条)や法務大臣への異議申出(法11条)のような規定が存在しない。しかし、とりわけ、緊急上陸、遭難上陸及び一時庇護上陸のような制度は、人道上の観点から外国人の生命・身体の保護の必要性のために設けられているものである以上、許否の正確性を担保し、なおかつ迅速に結論

を出すためには、上記の口頭審理や異議申出のような行政上の不服申立手続が整備されるべきであり、運用上も人道的な観点から適正な手続が確保されるべきである。

また、これらの人道上の特例上陸については、緊急の必要性が認められる以上、入国審査官の許否の判断には原則として裁量の余地がないというべきである。

なお、特例上陸のうち、寄港地・通過・乗員上陸（法14条〜16条）は、上陸拒否事由（法5条1項各号）に該当する外国人には適用されない（法14条1項但書、15条6項、16条6項）。他方、緊急・遭難・一時庇護上陸（法17条〜18条の2）についてはこの制約は存在しない。この点からも、後三者については、入国審査官の裁量の余地はないものと解するべきである。

上陸手続の流れ

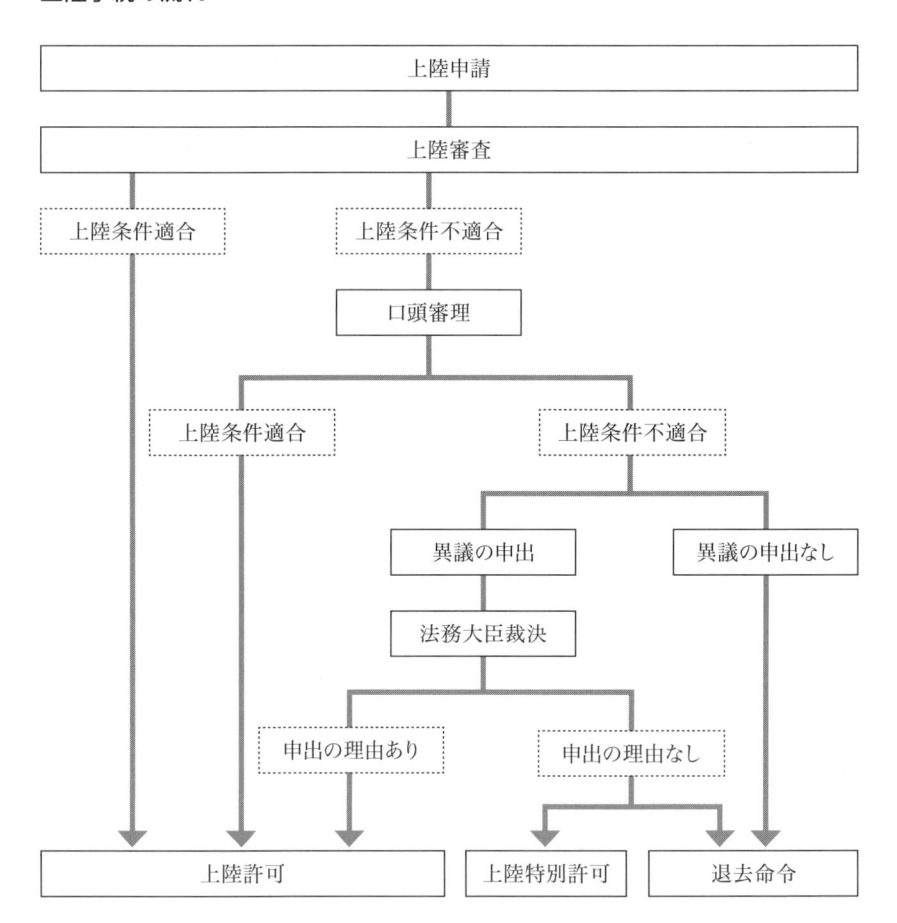

```
                    上陸申請
                       │
                    上陸審査
                   ┌───┴───┐
            上陸条件適合  上陸条件不適合
                │          │
                │        口頭審理
                │       ┌───┴───┐
                │  上陸条件適合  上陸条件不適合
                │       │      ┌───┴───┐
                │       │   異議の申出  異議の申出なし
                │       │      │          │
                │       │   法務大臣裁決     │
                │       │   ┌──┴──┐       │
                │       │ 申出の   申出の    │
                │       │ 理由あり 理由なし  │
                │       │   │      │      │
                ▼       ▼   ▼      ▼      ▼
              上陸許可              上陸特別許可  退去命令
```

第1節　上陸のための審査

第6条（上陸の申請）

① 本邦に上陸しようとする外国人（乗員を除く。以下この節において同じ。）は、有効な旅券で日本国領事官等の査証を受けたものを所持しなければならない。ただし、国際約束若しくは日本国政府が外国政府に対して行つた通告により日本国領事官等の査証を必要としないこととされている外国人の旅券、第26条第1項の規定により再入国の許可を受けている者（第26条の2第1項の規定により再入国の許可を受けたものとみなされる者を含む。以下同じ。）の旅券又は第61条の2の12第1項の規定により難民旅行証明書の交付を受けている者の当該証明書には、日本国領事官等の査証を要しない。

② 前項本文の外国人は、その者が上陸しようとする出入国港において、法務省令で定める手続により、入国審査官に対し上陸の申請をして、上陸のための審査を受けなければならない。

③ 前項の申請をしようとする外国人は、入国審査官に対し、申請者の個人の識別のために用いられる法務省令で定める電子計算機の用に供するため、法務省令で定めるところにより、電磁的方式（電子的方式、磁気的方式その他人の知覚によつては認識することができない方式をいう。以下同じ。）によつて個人識別情報（指紋、写真その他の個人を識別することができる情報として法務省令で定めるものをいう。以下同じ。）を提供しなければならない。ただし、次の各号のいずれかに該当する者については、この限りでない。

1　日本国との平和条約に基づき日本の国籍を離脱した者等の出入国管理に関する特例法（平成3年法律第71号）に定める特別永住者（以下「特別永住者」という。）
2　16歳に満たない者
3　本邦において別表第1の1の表の外交の項又は公用の項の下欄に掲げる活動を行おうとする者
4　国の行政機関の長が招へいする者
5　前2号に掲げる者に準ずる者として法務省令で定めるもの

1　本条の趣旨

　島国である日本の領域内に入るためには、まず、領海あるいは領空に入り（「入国」＝領土に入ることではなく、日本の領海又は領空に入ることを意味する。法第2章の冒頭解説参照）、その後、領土に「上陸」することになる。法3条は、外国人が日本に「入国」するに当たっての要件として、「有効な旅券」の所持と不法上陸の意思を有していないことを要求している。本条は、より進んで日本の領土内に「上陸」しようとする外国人は、その「有効な旅券」に「日本国領事官等の査証」を受けて所持していなければならないこと（1項）及び出入国港において入国審査官に対して上陸の申請をした上で審査を受けなければならないこと（2項）を定めている。

本条1項但書は、①査証免除の場合、②法26条1項により再入国の許可を得ている場合（法26条の2第1項により再入国の許可を受けたものとみなされる場合を含む）、③法61条の2の12第1項の規定による難民旅行証明書の交付を受けている場合には、例外として査証を必要としないことを定めている。また、本条1項本文括弧書は、乗員については本節の適用がなく、したがって査証も上陸申請も不要（ただし法16条の乗員上陸許可の手続は必要）であることを定めている。

本条3項は、上陸の申請をしようとする外国人は、特別永住者、16歳未満の者、在留資格「外交」「公用」に該当する活動を行おうとする者等を除き、原則として、入国審査官に対し、個人識別情報（指紋及び写真）を提供しなければならないことを定めている。

2　1項「上陸」

上陸とは、日本の領土に入ることであり、本条の趣旨で述べたとおり、「入国」、すなわち、日本の領域（日本の場合は領海又は領空）に入ることと区別される。船舶での来日の場合には、「上陸」は文字どおり、陸に上がる、すなわち船から出入国港等の陸地に足を踏み入れることを指す。これに対し、航空機での来日の場合には、実務上は上陸審査場（パスポート・コントロール）を通過した時点を「上陸」と捉える扱いが一般的である。

3　1項「有効な旅券」

「有効な旅券」の意義については、法2条5号に「旅券」の定義規定があり、さらに、「有効」な旅券については、法3条1号で入国の要件として挙げられているので、各号及びその解説を参照されたい。

4　1項「外国人（乗員を除く。……）」

「乗員」とは、船舶又は航空機の乗組員をいうが（法2条3号）、乗員の上陸については、乗組員としての勤務に付随する限定的な目的により、上陸する期間も短期間であるのが通常である。そこで、法は、乗員の上陸については、査証の取得や本条以下による上陸手続を要求しないこととし（法3条1号括弧書により、そもそも「有効な旅券」も不要とされており、「乗員手帳」があればよい）、別途乗員上陸の許可の制度（法16条）を設けて便宜を図っている。ただし、上記の乗員上陸の許可は、乗換え、休養、買物等の一定の目的の場合のみになされるものであるから、これ以外の目的である場合は、本条以下の上陸手続によることが必要となる。

5 1項「査証」

「査証」とは、英語で「ビザ(visa)」というが、一般に、「外国人を自国に入国させてさし支えないことを、入国希望国の領事官が認定する文書」(有斐閣『新法律学辞典〔第3版〕』)とされる。来日前に海外にある日本の大使館・領事館によって発給されるものであり、外国人が所持している旅券が有効であることを「確認」するとともに、外国人を日本に入国させても支障がないとして「推薦」するという性質を有している。

査証の発給により直ちに上陸が許可されるわけではなく、有効な査証があることは上陸条件のひとつに過ぎない。有効な査証があったとしても、他の上陸条件(在留資格該当性や、上陸拒否事由に該当しないこと)を充たしていなければ、上陸は許可されない。「ビザ」という語は、俗に在留資格の意味で用いられることもあるが、本来は「査証」を指す言葉であることに注意する必要がある。

日本では、査証を発給する権限は、外務省に与えられている(外務省設置法4条13号)。

査証には、海外にある日本の大使館・領事館限りで発給できる場合と、外務省本省・法務省本省との協議(査証事前協議)を要する場合があるが、後者の場合は相当の時間が必要となり、申請後概ね2ないし6カ月程度であるとされている。

6 1項「国際約束若しくは日本国政府が外国政府に対して行つた通告により日本国領事館等の査証を必要としないこと」

一定の国の国民について、国民間の交流を促進する趣旨のもと、通常、日本への商用、会議、観光、親族・知人訪問等を目的とする「短期滞在」の場合に査証を免除することがある。日本は、2011年5月現在、61の国・地域との間に査証免除措置を実施している。

なお、バングラデシュ人、パキスタン人については1989年1月15日以降、また、イラン人については1992年4月15日以降、査証免除措置が一時停止されており、上記61カ国に含まれていない。

また、やはり上記61カ国に含まれていないマレーシア(1993年6月1日以降)、ペルー(1995年7月15日以降)及びコロンビア(2004年2月1日以降)については、査証取得勧奨措置が実施されており、査証を取得することなく上陸の申請を行った場合、非常に厳格な入国審査を受けることになることから、査証を取得して上陸するのが望ましいとされる。

1項但書の国際約束とは、国際法上のいわゆる広義の「条約」のことであり、国家間、国家と国際機関間、又は国際機関相互間において締結され、国際法によって規律される国際的合意であって(「条約法に関するウィーン条約」2条1項(a)参照)、

合意当事者を法的に拘束する。形式は口頭・文書を問わないが通常は文書でなされる。また、名称は、当事者の選択により、「条約(狭義)」「憲章」「協定」「取極(とりきめ)」等種々に定められる。

査証免除については、必ずしも合意の形式がとられず、日本国政府が一方的にある国の国民に対して免除する旨を通告する場合もある。本項但書の「通告」とは、このような「約束」以外の形式の査証免除も有効であることを明示する趣旨である。

なお、査証免除については、日本国政府が相手国の国民について免除し、相手国も日本国民について査証を免除するという相互免除の場合と、どちらか一方についてのみ免除されている場合とがあるが、相互に免除している場合でも必ずしも合意の形がとられず、双方で一方的に通告し合うという形がとられる場合もある。

7　1項「第61条の2の12第1項の規定により難民旅行証明書の交付を受けている者の当該証明書」

法61条の2の12第1項は、本邦に在留する外国人で難民認定を受けている者に対して難民旅行証明書を交付することができるとしており、これが交付された場合には、出入国は自由であり、再入国許可(法26条)も不要となる(法61条の2の12第4項)。したがって、難民旅行証明書が交付されている以上、入国が妥当な外国人であるかどうかの判断を再度行う必要はなく、その有効期間内に査証を受けることは当然に不要とされる。

8　1項「査証を要しない」

再入国の許可は、在留期間中に一時出国して再び入国する場合、上陸の手続を簡素化するために与えられるもの又は与えられたものとみなされるものであり(法26条1項、26条の2第1項)、本条により、査証の再取得が免除されることになる。

9　2項の趣旨

本項は、日本に上陸しようとする外国人に対し、出入国港において入国審査官に上陸の申請をして審査を受けることを義務付けたものである。

「出入国港」とは、「外国人が出入国すべき港又は飛行場で法務省令で定めるもの」をいい(法2条8号)、規則1条、規則別表第1により、約150カ所の出入国港が指定されている。

このように、本項は、外国人は指定された一定の出入国港でしか上陸してはならないという出入国港制度を法が採用していることを示している。

10　2項「法務省令で定める手続」

　上陸申請の手続については、規則5条1項により、規則別記6号様式若しくは同6号の2様式による書面を入国審査官に提出して行うものと定められている。この申請に当たっては旅券を提示しなければならない（規則5条2項）。

　申請者が16歳未満であったり、疾病その他の事由で自ら上陸申請ができないときは、その者に同行する父又は母、配偶者、子、親族、監護者その他の同行者がその者に代わって申請を行うことができる（規則5条3項）。申請を代わって行う同行者がいないときは、当該外国人の乗ってきた船舶等の長又はその船舶等を運航する運送業者が、規則5条1項の書面に所定事項を記載し、その者に代わって申請するものとされている（規則5条4項）。

11　2項「上陸のための審査」

　上陸のための審査内容、手続及び不服申立手続については、法7条から12条がその内容を定めている。

12　3項の趣旨

　本項は、2006年改正法により新たに設けられた規定であり、原則として、上陸審査時にすべての外国人（ただし、特別永住者、16歳未満の者、「外交」又は「公用」の在留資格に該当する活動を行う者、国の行政機関が招聘する者等を除く）に対し、指紋情報・顔画像といった生体情報の提供を義務付けるものである。

　この制度については、テロリスト等の入国を水際で阻止するために設けられたものと解説されているが（逐条解説289頁）、テロの未然防止のみならず、外国人の在留管理や犯罪捜査といった目的をも有するものである。

　2006年改正法の立法過程における政府の説明（第164回国会衆議院法務委員会及び参議院法務委員会）によれば、入管当局は、外国人から取得した生体情報について、過去に退去強制等された外国人・指名手配容疑者・国際刑事警察機構（ICPO）の指紋情報等で構成されるブラックリストとの照合を実施することにより、同一人性確認・要注意人物の割り出しに利用するものとされている。さらに、ブラックリストとの照合の結果を受けて当該外国人が上陸を許可された場合であっても、入管当局は、引き続き、出入国の公正な管理に必要な期間にわたり、生体情報を電子情報として保管し、外国人の在留管理や犯罪捜査に関し本人特定のために照会があった場合等に利用することとされている。

　これに対し、在留外国人の指紋押捺制度について、1992年に永住者・特別永住者に対する押捺義務が廃止され、さらに、1999年の改正ですべての外国人に対しても押捺義務が廃止されたという経緯に鑑みれば、この制度は、プライバシ

一権ないし自己情報コントロール権又は外国人に対する差別的取扱いの禁止の観点から問題があるという指摘がされている（日弁連意見書③）。

⒔　3項柱書「指紋、写真その他の個人を識別することができる情報として法務省令で定めるもの」

　上陸申請時に提供を義務付けられる個人識別情報は、規則5条6項により、指紋及び写真と定められている。

⒕　3項柱書「法務省令で定めるところにより」

　上陸申請時における個人識別情報の提供の方法については、両手の人差し指の指紋の画像情報を入国審査官が指定する電子計算機に受信させる方法により提供しなければならないと定められている（規則5条7項）。

　ただし、指が欠損していることその他の事由によりこれらの指の指紋を提供することができない場合には、中指、薬指、小指、親指の順序に従い、いずれかの指の指紋を提供するものと規定されている（規則5条7項但書）。

⒖　3項5号の趣旨

　本号により、個人識別情報の提供が免除される者としては、①亜東関係協会（中華民国が国交のない日本との実務関係を処理するために設置した、対日窓口機関）の本邦の事務所の職員又は当該職員と同一の世帯に属する家族の構成員としての活動を行おうとする者、②駐日パレスチナ総代表部の職員又は当該職員と同一の世帯に属する家族の構成員としての活動を行おうとする者、③外交上の配慮を要する者として外務大臣が身元保証を行うもの、及び④海外への修学旅行等に参加する外国人生徒等が定められている（規則5条10項）。

第7条（入国審査官の審査）

①　入国審査官は、前条第2項の申請があつたときは、当該外国人が次の各号（第26条第1項の規定により再入国の許可を受けている者又は第61条の2の12第1項の規定により交付を受けた難民旅行証明書を所持している者については、第1号及び第4号）に掲げる上陸のための条件に適合しているかどうかを審査しなければならない。

　1　その所持する旅券及び、査証を必要とする場合には、これに与えられた査証が有効であること。

　2　申請に係る本邦において行おうとする活動が虚偽のものでなく、別表第1の下欄に掲げる活動（2の表の技能実習の項の下欄第2号に掲げる活動を除き、5の表の下欄（ニに係る部分に限る。）に掲げる活動については、法務大臣があらかじめ告示をもつて定める活動に限る。）又は別表第2の下欄に掲げる身分若しくは地位（永住者の

項の下欄に掲げる地位を除き、定住者の項の下欄に掲げる地位については法務大臣があらかじめ告示をもって定めるものに限る。）を有する者としての活動のいずれかに該当し、かつ、別表第1の2の表及び4の表の下欄並びに5の表の下欄（ロに係る部分に限る。）に掲げる活動を行おうとする者については我が国の産業及び国民生活に与える影響その他の事情を勘案して法務省令で定める基準に適合すること。
  3 申請に係る在留期間が第2条の2第3項の規定に基づく法務省令の規定に適合するものであること。
  4 当該外国人が第5条第1項各号のいずれにも該当しないこと（第5条の2の規定の適用を受ける外国人にあつては、当該外国人が同条に規定する特定の事由によって第5条第1項第4号、第5号、第7号、第9号又は第9号の2に該当する場合であって、当該事由以外の事由によつては同項各号のいずれにも該当しないこと。以下同じ。）。
② 前項の審査を受ける外国人は、同項に規定する上陸のための条件に適合していることを自ら立証しなければならない。この場合において、別表第1の5の表の下欄（イからハまでに係る部分に限る。）に掲げる活動を行おうとする外国人は、同項第2号に掲げる条件に適合していることの立証については、次条に規定する証明書をもってしなければならない。
③ 法務大臣は、第1項第2号の法務省令を定めようとするときは、あらかじめ、関係行政機関の長と協議するものとする。
④ 入国審査官は、第1項の規定にかかわらず、前条第3項各号のいずれにも該当しないと認める外国人が同項の規定による個人識別情報の提供をしないときは、第10条の規定による口頭審理を行うため、当該外国人を特別審理官に引き渡さなければならない。

1 本条の趣旨

　本条は、日本に上陸しようとする外国人から上陸の申請があった場合に、上陸審査官が審査すべき事項（1項）、その事項に関する立証責任が外国人の側にあること（2項）、法務大臣が上陸許可基準を定める場合の事前の関係行政機関との協議（3項）及び個人識別情報を提供しない外国人の特別審理官への引渡し（4項）を定めている。

2 1項の趣旨

　1項柱書は、外国人から上陸の申請があった場合には、原則として1項1号から4号までの条件に適合しているかを審査すべきであることを定めている。
　また、その例外として、法26条1項の規定により再入国の許可を受けている外国人（法26条の2第1項により再入国の許可を受けたものとみなされる場合を含む）、すなわち、日本に在留資格をもって在留している外国人でその在留期間の満了の日以前に日本に再び入国する意思をもって出国しようとして所定の手続により再入

国の許可を受けている者については、査証の真正（1号）と上陸不許可事由の不存在（4号）についての審査だけが必要とされ、在留資格の適合性に関わる（2号及び3号）審査は省略されることを定める。在留資格付与時に審査されている事項をその在留期間中に再度審査することに意味はないからである。なお、例えば、不法残留で有罪判決を受けた後、在留特別許可を得た者が再入国の許可を受けて上陸しようとする場合など、上陸拒否事由に該当する事情が生じたものの、在留を許可されている者（在留特別許可を受けた者だけではなく、在留資格を有している者が有罪判決を受けたものの退去強制事由に該当しない場合を含む）が、再入国許可を受けて上陸しようとする場合には、本来このことを理由として上陸拒否はできないと解すべきである。なぜなら、このような場合には、入管・難民法上在留が許容されているのであり、形式的に上陸拒否事由に該当することを理由として拒否するのは不当だからである（この点に関しては、法5条の2の新設という形で一定の手当てがなされたものの、未だ十分とはいえない）。以上は、上陸拒否事由に該当するが、在留資格認定証明書が交付された場合も同様である。

なお、在留特別許可ないし在留資格認定証明書交付後に上陸拒否事由が生じた等の場合に、上陸拒否の対象となることはやむを得ない。

さらに、もう1つの例外として、本条1項柱書は、法61条の2の12第1項の規定により難民旅行証明書を交付されてこれを所持している者についても、旅券等と査証が有効であること（1号）と上陸不許可事由の不存在（4号）の審査だけで足ることを定める。難民であることが認定された以上、在留資格の適合性を審査すべき理由がないからである。

なお、再入国許可を受けている入管特例法上の特別永住者については、旅券が有効であることのみが審査対象とされている（入管特例法20条）。これは、特別永住者については、在日するに至った歴史的経緯に鑑み、日本在住が保障されるべきだからである。

③ 1項1号「旅券」

旅券の定義については、法2条5号を参照。

旅券が「有効」であることの意味については、旅券が真正に作成されたものであり、かつ、有効期限内のものであることである（法3条の解説⑥参照）。

④ 1項1号「査証を必要とする場合」

法6条1項により外国人が上陸する場合は、原則として査証が必要とされる。逆に必要でない場合とは、査証免除の定めがある場合、再入国の許可を受けている場合、法61条の2の12第1項の規定により難民旅行証明書の交付を受けてい

る場合である（法6条1項但書）。

5　1項1号「査証が有効であること」

査証が有効であることとは、旅券と同様に、権限を有する者により発給された真正なものであり、かつ、有効期間内のものであることという意味である。

6　1項2号「別表第1の下欄に掲げる活動」

法別表第1の1ないし5に掲げられた資格（第1の1は「外交」「公用」「教授」「芸術」「宗教」「報道」、同2は「投資・経営」「法律・会計業務」「医療」「研究」「教育」「技術」「人文知識・国際業務」「企業内転勤」「興行」「技能」「技能実習」、同3は「文化活動」「短期滞在」、同4は「留学」「研修」「家族滞在」、同5は「特定活動」）の下欄に「本邦において行うことのできる活動」として記載された各活動である（在留資格制度全般につき、法2条の2の解説 2 ～ 6 参照）。

7　1項2号「5の表の下欄……に掲げる活動については、法務大臣があらかじめ告示をもつて定める活動に限る」

法別表第1の5の表の「特定活動」については、「法務大臣が個々の外国人について……特に指定する活動」と記載されているが、その内容については、あらかじめ、「出入国管理及び難民認定法第7条第1項第2号の規定に基づき同法別表第1の5の表の下欄（ニに係る部分に限る。）に掲げる活動を定める件」（平成2年5月24日法務省告示第131号）との告示がなされている。法の文言からすれば個々の場面で法務大臣が指定することが予定されているが、それでは、予測可能性がなく、上陸の審査の段階でその都度、法務大臣の指定を受けなければならなくなってしまう。そこで、あらかじめ、法務大臣が特定活動に当たる行為の類型を告示で示しておき、入国審査官は、これに該当する場合には「特定活動」として入国審査官の審査の段階で認定することができることとされたのである。

告示をもって定められた活動に該当する場合は、他の在留資格の下欄記載の活動に該当する場合と同様に、本条の他の要件に適合する限り、法9条により、上陸が許可されなければならない。

8　1項2号「別表第2の下欄に掲げる身分若しくは地位」

法別表第2の資格とは、「永住者」「日本人の配偶者等」「永住者の配偶者等」「定住者」である（これら在留資格と在留活動との関係につき、法2条の2の解説 6 参照）。

⑨　1項2号「永住者の項の下欄に掲げる地位を除き」

　「永住者」については、法別表第2の下欄で、「法務大臣が永住を認める者」と定義されている。本号により「永住者」としての活動をすることを目的として、上陸許可の根拠とはなり得ないことが明確化された。「永住者」の在留資格の取得を、すでに他の在留資格により上陸して一定の実績のある者に限る趣旨であり、「永住者」としての活動を行おうとして上陸を申請することは許されない。

⑩　1項2号「定住者の項の下欄に掲げる地位については法務大臣があらかじめ告示をもつて定めるものに限る」

　法別表第2の「定住者」の資格の下欄には、「法務大臣が特別な理由を考慮し一定の在留期間を指定して居住を認める者」と定められている。「特定活動」と同様に、「定住者」の内容が特定されていなければ、上陸の審査もできないため、告示の形式により、あらかじめ、法務大臣がその内容を定めることとした。具体的には「出入国管理及び難民認定法第7条第1項第2号の規定に基づき同法別表第2の定住者の項の下欄に掲げる地位を定める件」（定住者告示、平成2年5月24日法務省告示第132号）に定められている。

　告示された地位に該当する場合は、特定活動の場合と同様に、本条の他の要件に適合する限り、法9条により、上陸が許可されなければならない。

⑪　1項2号「別表第1の2の表及び4の表の下欄並びに5の表の下欄（ロに係る部分に限る。）に掲げる活動を行おうとする者については我が国の産業及び国民生活に与える影響その他の事情を勘案して法務省令で定める基準に適合すること」

　法別表第1の2の表には、「投資・経営」「法律・会計業務」「医療」「研究」「教育」「技術」「人文知識・国際業務」「企業内転勤」「興行」「技能」「技能実習」の資格が掲げられており、また、同4の表には、「留学」「研修」「家族滞在」の資格が掲げられている。他方、同5の表には「特定活動」の資格が掲げられており、そのうち、ロでは情報処理活動等が定められている。

　これらの活動については、入国者の規模や活動の態様などによっては、日本の経済や国民生活に影響を及ぼすとされ、政策的な観点からその受け入れ範囲の調整を図る必要があるとされている。

　そこで、法は、その要件の詳細について、法務省令により定めることとしている。具体的には、「出入国管理及び難民認定法第7条第1項第2号の基準を定める省令」（基準省令、平成2年5月24日法務省令第16号）であり、これを補充するものとして、多数の告示が出されている。

本要件により、外国人が法別表第1の2又は4の活動あるいは5のロの活動を行うものと認められても、本基準（「上陸許可基準」と呼ばれる）に適合しない限り、上陸許可の要件は充たされない。

12　1項3号の趣旨

本号は、申請に係る在留期間が法2条の2第3項の規定に基づく法務省令の規定、すなわち、規則3条、規則別表第2に適合することを要求するものである。

13　1項4号の趣旨

本号は、当該外国人が法5条1項各号の上陸拒否事由のいずれにも該当しないことを要求するものである。

14　2項の趣旨

本項は、上陸審査において、上陸条件適合性については申請者に立証責任があることを定めたものである。

この点に関し、法7条の2に定める在留資格認定証明書の交付を受けている外国人については、本条1項2号の在留資格に係る条件については、原則として、同証明書を提出することによって立証があったものとされる。

また、在留資格「特定活動」（イからハまでに係る部分に限る）に掲げる活動を行おうとする外国人については、本項後段により、上記の条件については、在留資格認定証明書によって立証することが要求されている。これらの活動については、事前に法務大臣が外国人と契約を締結する機関を指定することが前提とされているからである。

15　3項の趣旨

本項は、法務大臣が上陸許可基準を定める場合には、これが日本の産業及び国民生活に与える影響その他の事情を勘案することとされていることに鑑み、事前に関係行政機関の長と協議することを定めたものである。

16　4項の趣旨

本項は、前条3項によって上陸申請時に個人識別情報の提供が義務付けられたことに鑑み、前条3項各号の免除事由に該当しない外国人が個人識別情報の提供をしないときは、それ以降の上陸審査を行うことなく、口頭審理を行うために当該外国人を特別審理官に引き渡すことを定めたものである。

しかし、個人識別情報の提供をしないことのみをもって、直ちに上陸を拒否す

べきとする本制度については、法6条の解説⑫で述べたとおり、プライバシー権ないし自己情報コントロール権又は外国人に対する差別的取扱いの禁止の観点から問題があると指摘されており、立法論的に疑問があると言わざるを得ない。

第7条の2（在留資格認定証明書）

① 法務大臣は、法務省令で定めるところにより、本邦に上陸しようとする外国人（本邦において別表第1の3の表の短期滞在の項の下欄に掲げる活動を行おうとする者を除く。）から、あらかじめ申請があつたときは、当該外国人が前条第1項第2号に掲げる条件に適合している旨の証明書を交付することができる。
② 前項の申請は、当該外国人を受け入れようとする機関の職員その他の法務省令で定める者を代理人としてこれをすることができる。

1 本条の趣旨

本条は、在留資格認定証明書制度について規定したものである。この規定は、入国審査手続の簡易・迅速化と効率化を図ることを目的とし、1990年改正法により新設された（なお、1項の主語は「法務大臣」であるが、その後、その権限は地方入国管理局長に委任されている〔法69条の2、規則61条の2第1号の2〕）。

日本に上陸しようとする外国人は、その到着した出入国港において入国審査官に対して上陸の申請を行い（法6条2項）、法7条1項に規定する上陸のための条件に適合することを自ら立証する必要がある（法7条2項）。

すなわち、①所持する旅券及び査証が有効であること、②本邦において行おうとする活動が在留資格に該当するものであること等在留資格に関する条件に適合すること（「在留資格条件適合性」）、③希望する滞在期間が法定の在留期間に適合すること、及び④上陸拒否事由のいずれにも該当しないことを立証しなければならない。

しかし、外国人の上陸のための条件のうち、②については立証すべき内容が広範囲にわたる。その判断は、在外公館における査証の発給の際に行われる建前ではあるが、関係者や関係機関については、日本にある場合が多い。例えば、外国人が日本において行う活動が就労活動である場合には、外国人本人の職歴など本人に関する事項のほか、日本における就労予定先や受入予定機関に関する事項についても立証する必要があるが、本人に関する事項以外については証明すべき事情の多くは日本にある。これら日本における事情については、査証発給を担当する在外日本公館においては、実態を把握するのが困難であり、結局、査証の申請に際して立証のための資料の提出を受けても、これを日本に送り、日本の関係機関に調査を依頼することになって、時間も手間もかかる。そうであれば、上陸

条件等を熟知し、かつ、日本における事情について調査する能力があり、外国人の上陸を認めるか否かについて最終的な権限を有する法務大臣に、あらかじめ、上陸のための条件に適合しているかどうかを審査させ、もって円滑な査証発給事務に資するようにしたのが、在留資格認定証明書制度の第一の趣旨である。

なお、査証は、上陸条件に適合していることを調査した上で発給されるものであるが、査証の発給があったからといって、法律上当然に上陸許可が与えられるものではないので、在留資格認定証明書は、同時に、出入国港の上陸審査の場において、在留資格に関する条件に適合していることを短時間に立証するのに資する面もある。これが第二の趣旨である。そして、当然のことながら、来日しようとする当該外国人にとっても、日本に到着して上陸拒否にあうという不利益を、事前審査を受けることにより相当程度回避できるというメリットがある。

2　法的性質

在留資格認定証明書が交付されたからといって、法律上、査証の取得が不要になるわけではない。しかし、在留資格認定証明書の交付は、在留資格条件適合性が証明されていることを当然の前提としており、同証明書が交付済みの事案においては、証明責任が事実上転換されていると解する。

反面、在留資格認定証明書が交付されないからといって、査証の取得が不可能になるわけではない。もっとも、実務上は、在外公館で、短期滞在以外の査証については、あらかじめ、在留資格認定証明書の交付を受けるように指導しているのが一般である。

行政庁に対して諾否の応答を求める権利、すなわち、申請の権利が法令上国民（市民）に与えられている場合には、申請によって求められる給付・サービス等が法的な意味での権利でなくても、行政庁の諾否の決定に処分性が肯定される（南博方・髙橋滋『条解　行政事件訴訟法〔第3版補正版〕』〔弘文堂、2009年〕48頁以下）。この点、在留資格認定証明書の法的性質は、行政機関による事実（在留資格条件適合性）認定の証明であるが、入管・難民法上申請の権利が認められ、簡易・迅速な査証を受けるのに資する文書であるから、その不交付処分に対しては取消訴訟の提起が可能であると解される（本条解説9の裁判例参照）。

3　対象となる外国人

在留資格認定証明書の交付の対象となるのは、在留資格の決定を受けて日本に上陸しようとする外国人のうち、「短期滞在」の在留資格に該当する活動を行おうとする者以外のものである。「短期滞在」については、査証免除の取極等がある場合（法6条の解説6参照）は、上陸申請をする出入国港で簡便な審査で上陸が認

められるし、在外公館で査証の取得が義務付けられる場合であっても、その他の在留資格と比較して短期間であり、収入を伴う事業に従事することなく滞在するものであるから、簡単な審査で査証が発給される。また、観光等を目的として日本に一時的に滞在する場合には、そもそも、調査対象とすべき関係者等が原則として日本に存在しないから、在留資格認定証明書制度の対象外とされている。

4 審査における立証

在留資格認定証明書は、日本に上陸しようとする外国人の本邦において行おうとする活動が法7条1項2号に規定する上陸条件（在留資格条件適合性）に適合しているかどうかを法務大臣が事前に審査し、審査の結果、この条件に適合すると認める場合に、法務大臣が交付するものである。

したがって、日本に上陸しようとする外国人の提出した資料等に基づく立証が不十分であるため、法務大臣が在留資格に係る上陸条件に適合すると認定できないときは、同証明書は交付されない。

5 審査の対象

実務上は、在留資格認定証明書交付申請があった場合は、単に在留資格条件適合性のみが審査されているものではなく、上陸拒否事由非該当性等それ以外の上陸条件適合性についても審査の対象とされており、在留資格条件適合性を充たしていても、上陸拒否事由に該当する場合等は、在留資格認定証明書は交付されない。このような外国人に対して同証明書を交付しても出入国港で上陸拒否されるからである（規則6条の2第5項但書参照）。

上陸拒否事由に該当する者に在留資格認定証明書を交付する場合、当該拒否事由を特例対象とする旨の判断もあわせ行う（法5条の2）。法5条の2が直接に特例対象としない事由についても、判断対象となると解すべきである（法5条の2の解説参照）。

6 不交付と決定した場合の理由の説明

在留資格認定証明書を交付しないとの判断があった場合は、法務大臣において、申請者に対し、「上陸拒否事由に該当している」「基準省令に適合しない」等の簡単な理由を付記した通知書を交付し、申請者の問合せに応じて、個別に詳しい事情を説明しているのが実務の取扱いである。

この点に関し、「申請により求められた許認可等を拒否する処分」（行手法8条1項）、「不利益処分」（行手法14条1項）に際しての理由付記（口頭による場合は理由の開示）を求める行政手続法は、「外国人の出入国、難民の認定又は帰化に関する

処分及び行政指導」を適用除外としているが（同法3条1項10号）、この点については、「これが国家主権の問題であり、そもそも、外国人は、出入国、難民の認定又は帰化に関する実体法上の権利を有していないと一般に解されているため、手続についても、そのことをふまえて考察する必要があり、行政手続法をそのまま適用することは必ずしも妥当とはいえない」と説明されている（宇賀克也『行政手続法の解説〔第5次改訂版〕』〔学陽書房、2005年〕66頁）。

しかしながら、そもそも、実体上の権利を有しているかどうかということと、手続の公正とは全く別個の問題である上、出入国、難民の認定又は帰化に関し、外国人が実体上の権利を有していないとの説明は事実に反する。したがって、在留資格認定証明書交付申請についても、不交付と決定した場合は、その根拠規定を示すだけでは足りず、そこに至った原因・理由を具体的に示さなければならない。

7 在留資格認定証明書の効力

すでに述べてきたとおり、在留資格認定証明書は、本邦に上陸しようとする外国人の在留資格条件適合性を法務大臣が証明する文書である。

証明書を提示して在外公館に査証の発給の申請をした場合には、在留資格に係る上陸条件についての法務大臣の事前審査を了しているので、原則として査証が発給される。

また、法務大臣は、外国人の上陸の手続において、法7条1項に規定する上陸条件の適合性を最終的に判断する権限を有しているので、出入国港において法務大臣が交付した在留資格認定証明書を提示する外国人は、入国審査官から在留資格に係る上陸条件に適合する者として扱われる。

しかしながら、在留資格認定証明書は、外国人の上陸申請以前の時点で交付されるので、その交付後、本邦上陸までの間に事情の変更が生じることがある。在留資格認定証明書はその交付の時点において外国人が法7条1項2号に規定する上陸のための条件に適合していることを証明する文書であるので、交付後の事情の変化がないことまでは証明しない。

また、実務上、在留資格認定証明書が交付されても、在外公館で査証を発給する際のインタビュー等の調査で在留資格条件適合性に疑義が持たれ、査証が発給されない場合もある。しかし、単に疑義が生じたというだけで査証発給を拒否したとすれば、証明責任が事実上転換されていることが理解されていない扱いであり、本条1項に違反していると解すべきである。ただし、申請者側としては、査証の申請の際にも、立証を行えるよう準備が必要である。

なお、在留資格認定証明書交付申請の趣旨が、査証の発給と上陸審査の双方における審査を円滑にするためのものである以上、上陸申請の際には、査証と在

留資格認定証明書の双方を提示することが必要である。もっとも、実務上は、在留資格認定証明書を持参するのを失念した場合は、入国審査官等から勤務先などに事実を問い合わせ、状況に変化がなければ上陸許可をしているようである。

在留資格認定証明書（規則別記6号の4様式）は、交付の日から3カ月以内に外国人が上陸の申請を行わないときは、失効する。しかしながら、在外公館での査証の発給が遅れたため、同証明書の発行から3カ月以上経過した後に上陸申請せざるを得ない場合もある。この場合、3カ月を超えた在留資格認定証明書でも、有効なものとして実務上扱われているようである。

8　2項「代理人」

在留資格認定証明書交付申請については、代理人によって行うことができる。このような代理人として、規則6条の2第3項及び規則別表第4は、外国人が日本で行おうとする活動に応じ、それぞれに代理人を定めている。

9　裁判例：東京地判平10・12・25判タ1006号146頁

「もとより、在留資格認定証明書は、当該外国人が法7条1項2号に規定する在留資格に係る条件に適合していることを証明するものであって、同項に規定する他の上陸のための条件に適合していることを証明するものではないが、たとえ当該外国人が在留資格に係る条件に適合している場合であっても、審査の過程において、当該外国人が上陸拒否事由に該当するなど他の上陸のための条件に適合しないことが明らかとなり、たとえ当該外国人が上陸の申請をしたとしても上陸が許可される見込みがないという場合についてまで、在留資格認定証明書を交付することは、前示の在留資格認定証明書制度の目的に照らし何らの必要性もなく、かえって右証明書を本来予定した目的以外に悪用される危険性も否定し得ないことを考慮すれば、かかる場合に在留資格認定証明書を交付しないことができるとした法施行規則6条の2第5項ただし書の規定は、内容的にみて、法7条の2第1項による委任の趣旨に反するものということはできない」とした。

第8条（船舶等への乗込）

　入国審査官は、第7条第1項の審査を行う場合には、船舶等に乗り込むことができる。

本条の趣旨

本条は、上陸審査（「第7条第1項の審査」）を行う場合に、入国審査官の審査の便宜と審査中の外国人の上陸の防止のために、入国審査官に対して船舶等への乗り込み権限を与えたものである。なお、航空機の場合には、上陸審査は原則と

して空港ターミナルの上陸審査場で行われるため、本条の適用場面は少ない。

第9条（上陸許可の証印）

① 入国審査官は、審査の結果、外国人が第7条第1項に規定する上陸のための条件に適合していると認定したときは、当該外国人の旅券に上陸許可の証印をしなければならない。

② 前項の場合において、第5条第1項第1号又は第2号の規定に該当するかどうかの認定は、厚生労働大臣又は法務大臣の指定する医師の診断を経た後にしなければならない。

③ 第1項の証印をする場合には、入国審査官は、当該外国人の在留資格及び在留期間を決定し、旅券にその旨を明示しなければならない。ただし、当該外国人が第26条第1項の規定により再入国の許可を受けている者又は第61条の2の12第1項の規定により交付を受けた難民旅行証明書を所持している者である場合は、この限りでない。

④ 入国審査官は、次の各号のいずれにも該当する外国人が第7条第1項に規定する上陸のための条件に適合していると認定したときは、氏名、上陸年月日、上陸する出入国港その他の法務省令で定める事項を上陸許可の証印に代わる記録のために用いられるファイルであつて法務省令で定める電子計算機に備えられたものに記録することができる。この場合においては、第1項の規定にかかわらず、同項の証印をすることを要しない。

  1 第7項の規定による登録を受けた者であること。

  2 上陸の申請に際して、法務省令で定めるところにより、電磁的方式によつて個人識別情報を提供していること。

⑤ 第1項の規定による上陸許可の証印又は前項の規定による記録をする場合を除き、入国審査官は、次条の規定による口頭審理を行うため、当該外国人を特別審理官に引き渡さなければならない。

⑥ 外国人は、第4節に特別の規定がある場合を除き、第1項、次条第8項若しくは第11条第4項の規定による上陸許可の証印又は第4項の規定による記録を受けなければ上陸してはならない。

⑦ 法務大臣は、本邦に在留する外国人で本邦に再び上陸する意図をもつて出国しようとするものが、次の各号（特別永住者にあつては、第3号を除く。）のいずれにも該当し、かつ、その上陸しようとする出入国港において第4項の規定による記録を受けることを希望するときは、法務省令で定めるところにより、その旨の登録をすることができる。

  1 第26条第1項の規定により再入国の許可を受けている者又は第61条の2の12第1項の規定により交付を受けた難民旅行証明書を所持している者であること。

  2 法務省令で定めるところにより、電磁的方式によつて個人識別情報を提供していること。

  3 当該登録の時において、第5条第1項各号のいずれにも該当しないこと。

1 本条の趣旨

　外国人から上陸の申請（法6条）があった場合、入国審査官は当該外国人が上陸条件（法7条参照）に適合するか否かを審査し、上陸条件に適合する場合にはその旨認定し、上陸許可の証印を行う。他方、上陸条件に適合すると認められない場合には、特別審理官に対して当該外国人を引き渡す。

　本条は、以上の取扱いについて定めるとともに、出入国の手続を簡素化・迅速化して利便性を高めるためとして、上陸許可の証印を要しない自動化ゲートの制度を定めたものである。

2 1項「上陸許可の証印」

　規則7条に定めがある。同条1項により、具体的には規則別記7号様式又は7号の2様式（本条3項但書該当事案は規則別記7号の3様式）の証印を指すことになる。従来はスタンプにより証印を行う方式であったが、シール式になっているものが大部分を占めるようになっている。

3 2項「第5条第1項第1号又は第2号の規定に該当するかどうかの認定」

　法5条1項1号の感染症関係、2号の重度の精神病関係の上陸拒否事由に該当するか否かの認定を指す。法5条の解説参照。

4 2項「厚生労働大臣又は法務大臣の指定する医師」

　法17条1項と同じ医師を指す。具体的には、「厚生労働大臣が指定書を医療機関等に送付することにより指定している」（入管六法の本条解説）とされる。

5 3項「在留資格及び在留期間を決定し、旅券にその旨を明示しなければならない」

　上陸の許可と在留資格の付与（在留期間の指定）とは一応別個の行為ではあるが、上陸審査時にこれらを一括して審査することが合理的である。そこで、上陸審査を担当した入国審査官に当該外国人が上陸条件に適合するか否かを審査させ、適合するとの判断に至った場合には、在留資格及び在留期間の決定も一体的に行わせることとした。

　「明示」の方法は、本条解説 2 で言及した証印の様式のとおり、上陸許可の証印自体に「在留資格」と「在留期間」を記入する欄があり、そこに記入することによって行うものである。なお、これとの関係で、上陸許可時に在留資格「特定活動」を付与される外国人に対しては、入国審査官が上陸許可の証印とともに、「特定活動」の活動内容の指定書（規則別記7号の4様式）を当該外国人に対して交付す

6　3項「ただし、当該外国人が第26条第1項の規定により再入国の許可を受けている者又は第61条の2の12第1項の規定により交付を受けた難民旅行証明書を所持している者である場合は、この限りでない」

　法26条1項による再入国許可（法26条の2第1項により再入国の許可を受けたものとみなされる場合を含む）を得て出国し、再度来日（上陸）しようとする外国人については、当該再入国許可が有効である限り、再入国後も従前の在留資格・在留期間が継続するものとして取り扱われることから、再入国（上陸）の際に入国審査官が「在留資格及び在留期間を決定し、旅券にその旨を明示」する必要はない。そこで、但書をもって例外規定を設けたものである。これを受けて、但書の場合の証印は、前述のとおり規則別記7号の3様式を用いる。

7　4項の趣旨

　2006年改正法により、出入国の手続を簡素化・迅速化して利便性を高めるためとして、上陸許可の証印を要しない自動化ゲートの制度が定められており、2007年11月から施行されている。

　自動化ゲートとは、出入国審査場に設置された光学機器を備えた設備であり、事前に個人識別情報（指紋・顔写真）を提供して利用希望者登録をしておくことにより、上陸時又は出国時には旅券リーダーに旅券をかざして指紋・顔写真を提供することにより、上陸審査手続・出国確認手続が終了するというものである。

　本項は、このような証印を要しない制度による上陸許可の方式を定めており、この方式によって上陸する場合は、上陸許可に関する記録は入国審査官によってコンピュータに記録され、原則として証印は省略されることになり、旅券上に出入国記録は残らないことになる。この場合において、出入国記録を取得するためには、法務省に対し、出入国記録に係る開示請求を行うことが必要となる。

8　5項の趣旨

　退去強制手続では、入国警備官による違反調査、入国審査官による違反認定がされた場合に、その認定に異議がある者による請求があってはじめて特別審理官が口頭審理を行うことになる（法27条、45条、48条1項・3項）。しかし、上陸審査段階では入国審査官の審査が簡易・迅速に行われることが多い点に鑑みて、上陸許可されなかった事案については、当該外国人の請求の有無を問わず、特別審理官への引渡し及び特別審理官による口頭審理（法10条）が必要的に行われる点に特色がある。

9　6項の趣旨

　「入国」についても、拒否要件が定められており（法3条）、拒否要件に該当するにもかかわらず入国すれば、いわゆる不法入国として処罰対象となり（法70条1項1号）、退去強制事由となる（法24条1号）。さらに、入国後「上陸」に際しては、「上陸許可の証印又は第4項の規定による記録を受け」ることが本項で要件とされており、本項に反して上陸すればいわゆる不法上陸としてやはり処罰対象となり（法70条1項2号）、退去強制事由となる（法24条2号）。なお、「上陸」の具体的意味については、法6条の解説②参照。

10　7項の趣旨

　本項は、4項が定める自動化ゲートの制度を利用するために必要となる事前の登録について定めたものである。

　事前の登録のための条件は、①再入国の許可を受けていること又は難民旅行証明書を所持していること（1号）、②事前に個人識別情報（指紋・顔写真）を提供していること（2号）、③登録時に上陸拒否事由に該当しないこと（特別永住者の場合を除く。3号）である。

　この点、登録された情報の利用及び提供について、指紋を含む情報は行政機関等個人情報保護法に規定する個人情報として取り扱われるとされているが、立法過程において、この情報を犯罪捜査等に利用することが可能となることが明らかとなっている（日弁連会長声明①）。

　しかし、自動化ゲートを利用する者は、利便性のために指紋を含む情報を提供しているものであって、このような目的外利用を想定していないことからすれば、このような制度には問題があると言わざるを得ない。

　なお、本項の主語は「法務大臣」であるが、その権限は地方入国管理局長に委任されている（法69条の2、規則61条の2第1号の3）。

第2節　口頭審理及び異議の申出

第10条（口頭審理）

① 　特別審理官は、第7条第4項又は前条第5項の規定による引渡しを受けたときは、当該外国人に対し、速やかに口頭審理を行わなければならない。
② 　特別審理官は、口頭審理を行つた場合には、口頭審理に関する記録を作成しなければならない。

③　当該外国人又はその者の出頭させる代理人は、口頭審理に当つて、証拠を提出し、及び証人を尋問することができる。
④　当該外国人は、特別審理官の許可を受けて、親族又は知人の一人を立ち会わせることができる。
⑤　特別審理官は、職権に基き、又は当該外国人の請求に基き、法務省令で定める手続により、証人の出頭を命じて、宣誓をさせ、証言を求めることができる。
⑥　特別審理官は、口頭審理に関し必要がある場合には、公務所又は公私の団体に照会して必要な事項の報告を求めることができる。
⑦　特別審理官は、口頭審理の結果、第7条第4項の規定による引渡しを受けた外国人が、第6条第3項各号のいずれにも該当しないと認定したときは、当該外国人に対し、速やかにその旨を知らせて、本邦からの退去を命ずるとともに、当該外国人が乗つてきた船舶等の長又はその船舶等を運航する運送業者にその旨を通知しなければならない。ただし、当該外国人が、特別審理官に対し、法務省令で定めるところにより、電磁的方式によつて個人識別情報を提供したときは、この限りでない。
⑧　特別審理官は、口頭審理の結果、当該外国人（第7条第4項の規定による引渡しを受けた外国人にあつては、第6条第3項各号のいずれかに該当すると認定した者又は特別審理官に対し法務省令で定めるところにより電磁的方式によつて個人識別情報を提供した者に限る。第10項において同じ。）が第7条第1項に規定する上陸のための条件に適合していると認定したときは、直ちにその者の旅券に上陸許可の証印をしなければならない。
⑨　前条第3項の規定は、前項の証印をする場合に準用する。
⑩　特別審理官は、口頭審理の結果、当該外国人が第7条第1項に規定する上陸のための条件に適合していないと認定したときは、その者に対し、速やかに理由を示してその旨を知らせるとともに、次条の規定により異議を申し出ることができる旨を知らせなければならない。
⑪　前項の通知を受けた場合において、当該外国人が同項の認定に服したときは、特別審理官は、その者に対し、異議を申し出ない旨を記載した文書に署名させ、本邦からの退去を命ずるとともに、当該外国人が乗つてきた船舶等の長又はその船舶等を運航する運送業者にその旨を通知しなければならない。

1　本条の趣旨

　本条は、特別審理官の行う口頭審理手続について定めている。特別審理官による口頭審理は、上陸申請時に個人識別情報を提供しないこと又は入国審査官から上陸条件に適合していると認定できないことを理由として引き渡された外国人に対し、さらにその上陸条件適合性について審査をするものである。
　なお、本条の規定する口頭審理は、退去強制手続における口頭審理と異なり、義務的に行われるものであって、当該外国人からの口頭審理の請求を要件としていないことに注意を要する（法48条1項参照）。

2 口頭審理

　本条の規定する口頭審理において、当該外国人は、特別審理官の面前で代理人の援助を受けながら意見、弁解等を述べるとともに、証人を尋問し、証拠を提出するなど、自己の上陸条件適合性について積極的な立証活動を行う機会が保障されている。このような機会を設けたのは、上陸審査の適正を図ったものである。

　口頭審理は、口頭による特別審理官の質問及びこれに対する外国人の陳述を中心として行われる。口頭審理は上陸申請時に個人識別情報を提供しない外国人又は入国審査官が上陸条件に適合していると認定しなかった外国人について行われるものであるから、特別審理官は、最初に、免除事由に該当しない限り個人識別情報の提供が必要であること又は入国審査官が上陸条件に適合していると認定しなかった理由を明確に外国人に説明するとともに、外国人が上陸条件に適合するものであることを主張する場合には、その立証責任は上陸の申請をした外国人にあることを知らせ、意見、弁解等を述べる機会を与えなければならない。このような外国人側の反証活動を有効に成り立たせるためには、特別審理官の説明すべき内容は、一般的・抽象的な上陸条件に適合しないとの事実のみではなく、個別・具体的な理由であり、また、当該理由を支えるべき証拠、判断過程についても積極的に外国人側に開示しなくてはならないと解される。

　口頭審理手続においては、上陸の申請をした外国人本人のほか、その代理人、立会人、通訳人等の関係人が出席し、口頭による本人審問、証人尋問、証拠調べが予定されているなど、裁判手続に類似した手続が想定されている。これらの手続の詳細は、本条2項以下に規定されている。

3 通訳

　上記のとおり、口頭審理においては当該外国人の手続的権利が保障されている。その保障を実効あらしめるためには、原則として、国の費用負担での通訳が付されることが必要である。従前より、入管実務においては通訳の必要性が軽んじられ、手続保障が形骸化している現状から、当該外国人の第一言語が日本語である場合を除いて、通訳は必要的であると解するべきである。

4 1項「速やかに」

　「速やかに」とは、「できる限り早く」という意味であると解されている。しかし、外国人側からすれば、本邦への上陸が許可されるか否かは短時間に決定されることが望ましいのであるから、入国審査官から引渡しを受けた特別審理官が合理的な理由もなく口頭審理をしないで放置することは許されない。

5　2項「口頭審理に関する記録」

　特別審理官は、口頭審理に関する記録を作成する義務がある。

　このように特別審理官に作成義務を課したのは、口頭審理の経過を記録として残すことにより、口頭審理の手続の公正を確保するためであるとともに、口頭審理に続く異議の申出に対する法務大臣の裁決が書面審理により行われることから、特別審理官が上陸条件に適合しないと判断した場合に、当該判断の適法性を事後に的確に判断するためである。

　この趣旨からすると、「口頭審理に関する記録」においては、当該外国人の身分関係に関する事項、査証の有無、その主張に係る入国目的のみならず、口頭審理における特別審理官の発問、外国人の応答、立会人・代理人の有無、証拠の請求があった場合はその事実と証拠調べの結果、証人の請求があった場合はその事実とその証言が記載されている必要があり、さらに、特別審理官が口頭審理の結果上陸条件に適合しないと判断した場合は、当該判断の根拠となる具体的事実と判断の過程が記載される必要がある。さらに、異議の申出に対する法務大臣の裁決に当たっては、「特別に上陸を許可すべき事情」が考慮されるのであるから（法12条1項）、当該外国人からこれに関わる事実に関する申出があったときは、このような事実についても具体的に記載しなくてはならない。

6　3項「その者の出頭させる代理人」

　口頭審理における代理人選任権を規定している。特別審理官において、4項の規定する立会人と同様に、代理人の出頭までもが特別審理官の許可に係らしめられていると解釈している事例が散見されるが、条文体裁からみても明らかに誤りである。

　代理人の制度は、証拠の提出、証人尋問等につき上陸の申請をした外国人の権利行使を補う趣旨で設けられたものである。口頭審理に付される外国人の多くは、予期に反して入国審査官に上陸を認められなかったものであり、上陸審査の基準に適した証拠を持参しているとは限らず、かつ、到着から間もないことから、日本の上陸審査の制度に関してもほとんど知らない。したがって、代理人がいないと、外国人の権利の保護は、事実上特別審理官に全面的に委ねられることになってしまう。よって、代理人選任権は、非常に重要である。

　代理人の資格は特に定められていないから、弁護士に限らず、知人、関係人等誰でも代理人になることができる。上陸審査の場合は、あらかじめ弁護士を代理人に選任する例は少なく、せいぜい知人、日本に在住する親族が出迎えに来る程度であるから、このように解することによって本項の規定する代理人選任権が有

効に機能する場合もある。

　代理人の地位がこのように外国人の権利の保護にとって重要である以上、特別審理官においては、当該外国人に代理人選任権があることを告知する義務があると言うべきである。また、当該外国人が代理人選任の意思を表明した場合は、代理人選任の見込みが客観的にみて認められない場合を除き、代理人の立会いなしで口頭審理を行うことは許されない。

7　3項「証拠を提出し、及び証人を尋問することができる」

　口頭審理における外国人本人及び代理人の証拠提出権、証人尋問権が規定されている。

　「証拠」とは、上陸の申請をした外国人の上陸条件適合性の判断に役に立つ資料を指すと解釈する見解もあるが、法12条1項の規定する「特別に上陸を許可すべき事情」に関わる事実も含まれるのであるから、結局、当該外国人の上陸申請に関わる一切の資料と広く解釈すべきである、同様に、「証人」も、当該外国人に係る上陸申請事案について何らかの知識を有し、又は有すると思料される者が広く含まれる。

　外国人ないし代理人は、証拠を提出し、証人を申請する権利が認められているのであるから、証人の出頭が見込めない、証言内容が重複するなどの事由のない限り、特別審理官はその採用を拒否できない。証拠は外国語のものも含む。当該外国人には、訳文添付の義務はないものと解する。

8　4項「親族又は知人の一人を立ち会わせることができる」

　口頭審理における親族又は知人の立会いについて規定している。

　立会人は、密室で行われる口頭審理の適正を確保するための手段である。したがって、条文上、当該立会いについては特別審理官の許可が要件とされているものの、原則として許可されるべきであり、不許可とすることができるのは当該立会人のもとでは口頭審理の実施に著しい困難が生じる場合に限られると解すべきである。

9　5項の趣旨

　証人尋問の手続に関する規定である。特別審理官は、自ら又は当該外国人の請求に基づき、証人の出頭を命じて、宣誓をさせ、証言を求めることができる。

　証人尋問の具体的な手続については、規則8条において定められている。

　証人が、出頭命令に違反して、正当な理由なく出頭せず、宣誓若しくは証言を拒み、又は虚偽の証言をしたときは、20万円以下の罰金に処せられる（法75条）。

10　6項の趣旨

　特別審理官が、公務所又は公私の団体に照会して、口頭審理のために必要な事項の報告を求めることができる旨を明らかにした規定である。

11　7項の趣旨

　本項は、上陸申請時に個人識別情報を提供しないことを理由として入国審査官から引渡しを受けた外国人について、特別審理官が、口頭審理の結果、免除事由に該当しないと認定した場合の退去命令の手続を定めたものである。

　特別審理官は、上陸申請時に個人識別情報を提供しないことを理由として入国審査官から外国人の引渡しを受けた場合、当該外国人が法6条3項各号に定める免除事由に該当するか否かのみを審査し、これに該当しないと認定したときは、その者に対して退去命令を行い、運送業者等にその旨を通知することになる。

　この点、本項の規定によれば、上記の特別審理官の認定に対しては、上陸条件適合性の認定の場合と異なり、法務大臣に対する異議の申出をすることはできず、直ちに退去命令が発せられることになるが、特別の事情の有無等を判断する機会（法12条参照）が何ら存在しない点において、上陸条件に適合しない場合の手続と比べて著しく均衡を失するものであり、立法論として極めて問題があると言わざるを得ない。解釈論としても、法務大臣に対する異議の申出を運用として認めることにより、法務大臣が上陸を許可すべき特別の事情の有無を審査する機会を確保すべきである。

　なお、口頭審理において、外国人が、特別審理官に対し、個人識別情報の提供をしたときは、退去命令を発することはできず、特別審理官は、あらためて法7条1項所定の上陸条件適合性を審査することになる（本項但書参照）。

12　8項の趣旨

　本項は、外国人が上陸条件に適合していると特別審理官が認定した場合には、上陸許可の証印をしなければならないことを定めている。実務上、この際に当該証印の横に「法10-8」という証印を押して、上陸審査に際して口頭審理を行ったことが旅券上からもわかるようになっているが、このような取扱いは本項の要請ではない。

　本項に基づく上陸許可が行われる場合としては、観光等の目的での来日に関する日本との相互査証免除措置実施国の外国人が、あらかじめ査証を取得しないで観光等の目的である旨を述べて上陸申請をした場合で、入国審査官が真実は就労の目的で来日しているにもかかわらず、それを秘しているのではないかと考え、

法7条1項2号の規定に基づいて上陸条件に適合しないとして、法9条5項の規定に基づいて当該外国人を特別審理官に引き渡し、口頭審理の結果、疑いが晴れた場合等である。

13　9項の趣旨
　本項は、外国人が上陸条件に適合していると認定した場合に特別審理官の行う上陸許可の証印については、法9条3項の規定を準用することを定めており、特別審理官が上陸許可の証印をする場合においても、在留資格及び在留期間を決定し、旅券にこれらを明示しなければならないものである。

14　10項の趣旨
　本項は、特別審理官が、外国人が上陸条件に適合していないと認定した場合に行う認定結果及び法務大臣に対する異議の申出の権利の通知について定めたものである。
　特別審理官は、上陸条件に適合していないとの認定結果の通知において、その理由を示して行うものとされており、この趣旨は、適正手続の保障からの要請のほか、その処分に不服がある外国人が法務大臣に対し異議の申出をする際の争点を明確にするためであると解される。
　本項に定める外国人に対する通知は、認定通知書（規則別記9号様式）により行われるが（規則9条1項）、この認定通知書の中で、上陸条件不適合と認定した理由を含む「認定要旨」が示されるほか、「認定に不服があるときは、通知を受けた日から3日以内に、法務大臣に対し異議を申し出ることができる」ことが教示される。
　認定通知は、認定を受けた外国人にとっては、法務大臣に対する異議の申出を行うか否か、行う場合にはどのような理由に基づいて行うかを判断する重要な資料である。したがって、認定要旨には、判断の根拠となった事実及び適用法条が具体的に記載される必要がある。例えば、法7条1項2号1文に基づいて上陸条件に適合しないとする場合に、結論部分のみを「申請に係る本邦において行おうとする活動が虚偽のものである」などと記載するのでは不十分で、いかなる事実に基づいて、そのような判断に至ったのか、その基礎となった事実が具体的に示されなくてはならない。

15　11項の趣旨
　本項は、口頭審理を受けた外国人が認定に服した場合に特別審理官の行う退去命令等の措置について定めたものである。
　特別審理官から上陸条件に適合しないと認定した旨の通知を受けた外国人が

その認定に服したときは、特別審理官は、異議申出放棄書（規則別記10号様式。規則9条2項）に署名させた上、退去命令を発するとともに、運送業者等にその旨を通知しなければならない。

異議の申出をしない旨の文書に署名させるのは、外国人が認定に服した事実を文書で確認し、後日の争いを避けるためである。「署名させ」とあるが、これは「任意の署名を求める」という趣旨であって、署名を強制できないことは言うまでもない（逐条解説339頁参照）。

本項に定める退去命令は、外国人に対し速やかに本邦外の地域に退去するよう命ずる行政処分であり、次条に基づく異議の申出に対する裁決とは別に、当該認定自体が抗告訴訟の対象となる（東京高決昭45・11・25判時612号11頁・判タ255号140頁）。

退去命令は、特別審理官が外国人に対して退去命令書（規則別記11号様式）を交付することによって行われる（規則10条1項）。

運送業者等に対して通知するのは、運送業者等は法59条の規定により退去命令を受けた外国人を送還する義務があるから、その義務の履行と準備を促すためである。この運送業者等に対する通知は、退去命令通知書（規則別記12号様式）を交付することにより行われる（規則10条2項）。

退去命令の執行は、運送業者等をして外国人を速やかに本邦外の地域に送還させることにより行われる（法59条1項1号）。

第11条（異議の申出）

① 前条第10項の通知を受けた外国人は、同項の認定に異議があるときは、その通知を受けた日から3日以内に、法務省令で定める手続により、不服の事由を記載した書面を主任審査官に提出して、法務大臣に対し異議を申し出ることができる。
② 主任審査官は、前項の異議の申出があつたときは、前条第2項の口頭審理に関する記録その他の関係書類を法務大臣に提出しなければならない。
③ 法務大臣は、第1項の規定による異議の申出を受理したときは、異議の申出が理由があるかどうかを裁決して、その結果を主任審査官に通知しなければならない。
④ 主任審査官は、法務大臣から異議の申出が理由があると裁決した旨の通知を受けたときは、直ちに当該外国人の旅券に上陸許可の証印をしなければならない。
⑤ 第9条第3項の規定は、前項の証印をする場合に準用する。
⑥ 主任審査官は、法務大臣から異議の申出が理由がないと裁決した旨の通知を受けたときは、速やかに当該外国人に対しその旨を知らせて、本邦からの退去を命ずるとともに、当該外国人が乗つてきた船舶等の長又はその船舶等を運航する運送業者にその旨を知らせなければならない。

1 本条の趣旨

　本条は、特別審理官のした認定に対して不服がある外国人は、法務大臣に対し、通知を受けた日から3日以内に異議の申出をすることができることを定めたものである。規則の定める書式は日本語の体裁となっているが、当該外国人の第一言語による申出も有効と解する。異議の申出がされたときは、法務大臣は、異議の申出に理由があるかどうか、異議の申出に理由がないと認める場合は、上陸特別許可（法12条）をするかどうかの裁決をすることになる。異議の申出に理由がある場合は、主任審査官は直ちに上陸許可の証印をしなければならず、異議の申出に理由もなく、かつ、上陸特別許可もしない場合は、退去命令が発せられることになる。

2 1項「法務省令で定める手続」

　規則11条は、異議の申出について、異議申出書（規則別記13号様式）を提出して行わなければならないと定めている。異議申出書において、特別審理官のした認定に対する「不服の事由」が記載されることとなっている。ただし、退去強制手続における法務大臣に対する異議の申出と異なり、法令上、不服の理由について示した規定はなく、資料の提出も求められていない（規則42条参照）。

3 1項「その通知を受けた日から3日以内」

　外国人が3日間の法定期間内に異議の申出をしない場合には、特別審理官のした認定が確定し、外国人に対し退去命令が発せられる。実務上は、認定後直ちに異議申出書の提出がされるのがほとんどである。

4 2項「口頭審理に関する記録その他の関係書類」

　主任審査官は、外国人から異議申出書が提出されたときは、特別審理官が作成した口頭審理に関する記録とともに、その他の関係書類を法務大臣に提出しなければならない。

　ここにいう「その他の関係書類」には、入国審査官が事件の引渡しに際して作成した書類、特別審理官の口頭審理において外国人から提出された証拠書類、外国人の乗ってきた船舶等に関する書類等が含まれるとされている（逐条解説342頁）。

5 3項「裁決」

　「裁決」とは、異議の申出に対する法務大臣の判断である。法務大臣の裁決には、「理由がある」という裁決と、「理由がない」という裁決がある。「理由がある」旨の裁決は、外国人が上陸条件に適合しているという法務大臣の判断である。「理由

がない」旨の裁決は、外国人が上陸条件に適合していないという法務大臣の判断であるが、実質的には当該外国人の上陸を認めず、速やかに本邦からの退去を命じる行政による最終的な意思表示であるとして、抗告訴訟の対象となる行政処分と解されている。

裁決の処分性、要式性等については、法49条の解説参照。また、裁決の特例(上陸特別許可)につき、法12条参照。

なお、法69条の2により、本項の権限は地方入管局長に委任することができるものとされ、これを受けた規則61条の2第2号により、本項の裁決については、法務大臣が裁決を行うのは例外とされ、原則として地方入管局長に委任されている。

6　4項の趣旨

法務大臣が異議の申出が理由があると裁決した場合は、当該外国人が上陸条件に適合していることになるから、その裁決の通知を受けた主任審査官は、直ちにその外国人の旅券に上陸許可の証印をしなければならないことを定めたものである。

7　5項の趣旨

本項において、法9条3項の規定が準用されることにより、主任審査官は、法務大臣から異議の申出が理由があるとの裁決の通知を受けた場合の上陸許可の証印について、在留資格及び在留期間を決定し、旅券にこれらを明示しなければならないことになる。

8　6項の趣旨

本項は、法務大臣から異議の申出が理由がないとの裁決の通知を受けた場合、主任審査官が退去命令等の措置をとらなければならないことを定めたものである。

法務大臣が異議の申出に理由がないと裁決した場合、主任審査官は、外国人にその旨を知らせた上、本邦からの退去を命じるとともに、運送業者等にその旨を通知しなければならない。

この退去命令は、退去命令書により行われる(規則10条1項)。また、運送業者等は、法59条の規定により退去命令を受けた外国人を送還する義務があり、この運送業者等に対する通知は、退去命令通知書により行われる(規則10条2項)。

第12条(法務大臣の裁決の特例)

① 法務大臣は、前条第3項の裁決に当たつて、異議の申出が理由がないと認める場合

> でも、当該外国人が次の各号のいずれかに該当するときは、その者の上陸を特別に許可することができる。
> 1　再入国の許可を受けているとき。
> 2　人身取引等により他人の支配下に置かれて本邦に入つたものであるとき。
> 3　その他法務大臣が特別に上陸を許可すべき事情があると認めるとき。
> ②　前項の許可は、前条第4項の適用については、異議の申出が理由がある旨の裁決とみなす。

1　本条の趣旨

　本条は、上陸特別許可に関する規定である。上陸条件に適合しない外国人であっても、具体的事情によっては、我が国への上陸を特別に許可すべき場合がある。そこで、法務大臣（地方入国管理局長への権限委任につき、法69条の2、規則61条の2第3号参照）は、前条の裁決に当たって、外国人の異議の申出に理由がないと認める場合、すなわち、外国人が上陸のための条件に適合していないと認める場合であっても、特別に上陸を許可すべき事情があると認めるときは、その外国人の上陸を許可することができるとした。

　なお、退去強制手続における在留特別許可（法50条）とパラレルに位置付けられる規定である。

2　1項柱書「上陸を特別に許可することができる」

　「その者の上陸を特別に許可することができる」という文言から、ある程度の裁量を法が予定していると考えられる。しかしながら、かかる裁量は全く自由なものではあり得ず、憲法、国際条約その他の上位規範によって制限を受けるのは当然である。さらに、他の入管・難民法の規定の趣旨も考慮することにより、「特別に上陸を許可すべき事情」の内実について、ある程度これらの事情を具体化することは十分可能である。

　また、本条解説1で述べたとおり、在留特別許可と対になる制度である以上、在留特別許可に関するガイドライン等とも整合的な処分がなされなければならない。

3　1項1号の趣旨

　上陸拒否事由があることを前提に再入国許可を受けている場合、禁反言の趣旨から、当然に上陸特別許可をするべきである（例えば、在留資格を得て日本に滞在する外国人が、日本国又は日本国以外の国の法令に違反して、1年以上の懲役若しくは禁錮又はこれらに相当する刑に処せられた後に、当該事実を明らかにして再入国許可を取得した場合等）。再入国許可を与える一方、上陸させないのは著しく信義に反するか

らである。

他方、再入国許可後に生じた上陸拒否事由のある場合は、再入国許可を受けている外国人の日本における在留実績を考慮してもなお上陸を認めるのが相当でない場合に限り、上陸特別許可を与えないことができると解する。再入国許可を受けている場合を特に掲げた法の趣旨からすると、上陸特別許可を与えないとの判断は、当該外国人の再度の上陸を認めることが他人の生命・身体・財産等の具体的な法益を侵害することが確実で、上陸を求める外国人の利益を最大限に考慮してもやむを得ない例外的な場合にのみ許容されると言うべきである。

4　1項2号の趣旨

人身取引議定書7条1項において、「人身取引の被害者が一時的又は恒久的に当該締約国の領域内に滞在することを認める立法その他の適当な措置をとることを考慮する」と規定されていることを受け、人身取引（法2条7号）等の被害者を保護するため、2005年改正法によって設けられた規定である（法5条の解説20 21参照）。

このような趣旨からすれば、「人身取引等により他人の支配下に置かれて本邦に入つた」の内容はできる限り広く解されるべきであり、暴行・脅迫・監禁等により行動の自由が奪われている場合のみならず、他人の支配から逃れることが困難な事情にあると認められる場合は本号に該当すると解すべきである。

5　1項3号の趣旨

「特別に上陸を許可すべき事情」については、上陸拒否事由が重大であるか否か、上陸拒否事由が生じた以降の期間の経過、日本に親族が居住しているか否か等の事情を考慮して、個別の事案ごとに総合的に判断されている。この点、退去強制者の上陸拒否期間を延長した1999年改正入管・難民法の立法過程においても、附帯決議として、「退去強制者の上陸拒否期間の延長、不法残留罪の新設に伴い、退去強制手続、上陸特別許可、在留資格認定証明書の交付、在留特別許可等の各制度の運用に当たっては、当該外国人の在留中に生じた家族的結合等の実情を十分考慮すること」とされていたところである（第145回国会参議院法務委員会〔1999年5月20日〕。同衆議院法務委員会〔1999年8月13日〕でもほぼ同旨の附帯決議がされた）。

この趣旨からすると、例えば、外国人が法5条1項に定める上陸拒否事由に該当する場合において、その事由が重大なものではなく、その配偶者が日本人である等の事情が存在するときなどは「法務大臣が特別に上陸を許可すべき事情があると認めるとき」に当たるとしなければならない。

6　不服申立の方法

　法務大臣の裁決に対する行政上の不服申立の方法はないので、裁決取消訴訟等を提起するしかない。もっとも、退去命令に従ってすでに出国した場合は、訴えの利益を欠くものと解されている。

7　2項の趣旨

　法務大臣の裁決の特例による上陸特別許可は、前条4項の適用については異議の申出が理由がある旨の裁決とみなすこと、すなわち、その通知を受けた主任審査官は直ちにその外国人の旅券に上陸許可の証印をしなければならないことを定めたものである。

第3節　仮上陸等

第13条（仮上陸の許可）

① 主任審査官は、この章に規定する上陸の手続中において特に必要があると認める場合には、その手続が完了するときまでの間、当該外国人に対し仮上陸を許可することができる。
② 前項の許可を与える場合には、主任審査官は、当該外国人に仮上陸許可書を交付しなければならない。
③ 第1項の許可を与える場合には、主任審査官は、当該外国人に対し、法務省令で定めるところにより、住居及び行動範囲の制限、呼出しに対する出頭の義務その他必要と認める条件を付し、かつ、200万円を超えない範囲内で法務省令で定める額の保証金を本邦通貨又は外国通貨で納付させることができる。
④ 前項の保証金は、当該外国人が第10条第8項若しくは第11条第4項の規定により上陸許可の証印を受けたとき、又は第10条第7項若しくは第11項若しくは第11条第6項の規定により本邦からの退去を命ぜられたときは、その者に返還しなければならない。
⑤ 主任審査官は、第1項の許可を受けた外国人が第3項の規定に基き附された条件に違反した場合には、法務省令で定めるところにより、逃亡し、又は正当な理由がなくて呼出に応じないときは同項の保証金の全部、その他のときはその一部を没取するものとする。
⑥ 主任審査官は、第1項の許可を受けた外国人が逃亡する虞があると疑うに足りる相当の理由があるときは、収容令書を発付して入国警備官に当該外国人を収容させることができる。
⑦ 第40条から第42条第1項までの規定は、前項の規定による収容に準用する。この場合において、第40条中「前条第1項の収容令書」とあるのは「第13条第6項の収容令書」と、「容疑者」とあるのは「仮上陸の許可を受けた外国人」と、「容疑事実の要旨」とある

> のは「収容すべき事由」と、第41条第1項中「30日以内とする。但し、主任審査官は、やむを得ない事由があると認めるときは、30日を限り延長することができる。」とあるのは「第3章に規定する上陸の手続が完了するまでの間において、主任審査官が必要と認める期間とする。」と、同条第3項及び第42条第1項中「容疑者」とあるのは「仮上陸の許可を受けた外国人」と読み替えるものとする。

1 本条の趣旨

　上陸手続において事実の確定等に時間を要する場合には、入国審査→口頭審理→法務大臣に対する異議の申出の審査の一連の手続（法7〜12条）中の相当期間、当該外国人が上陸できない状態で留め置かれることになってしまう。このような場合に、いわゆる上陸審査場等に長期間留め置くことは好ましくないことから、当該外国人につき、仮に上陸を許可することにより不要な身体拘束を避けようとするのが本条の趣旨である。

　仮上陸の許可に当たっては、逃亡防止のため、収容中の者に対する仮放免制度（法54条）と同様に、住居・行動範囲の制限等の必要な制限を付し、かつ、保証金の納付を条件とすることができる（本条3項）。

　なお、仮上陸をいったん認めても、当該外国人が「逃亡する虞があると疑うに足りる相当の理由があるとき」には、主任審査官が収容令書を発付して「上陸の手続が完了するまでの間において、主任審査官が必要と認める期間」収容できる旨が定められている（本条6項・7項、法40条ないし42条1項）。

　本条は、上記のとおり、不必要ないし安易な留め置き（実質は身体拘束）を避けようという趣旨で規定されたものであるが、現実の運用においてその趣旨が十分に生かされているとは言えず、仮上陸を認められる案件は極めて少ない件数にとどまっている上に、仮上陸許可までに出国待機施設（かつての上陸防止施設。法13条の2の解説参照）に長期間収容される事例が多いのが現状である。

2 1項「特に必要があると認める場合」

　本条では仮上陸の申請の手続についての定めがない。そこで、仮上陸については、主任審査官が「特に必要があると認める場合」に裁量で許可するものであって、当該外国人その他関係者が申請あるいは申立をする余地がないとする解釈もある（逐条解説350頁）。

　しかし、前記のとおり、仮上陸制度の趣旨を十分に生かしていない運用が現実になされていることに鑑みれば（法13条の2の解説も参照）、主任審査官の適正な職権発動は必ずしも期待できない状況にあると言わねばならない。そうであるならば、外国人やその代理人その他関係者に対して少なくとも仮上陸の申立を許すべき

である。なお、現行の実務解釈の下にあっても、少なくとも職権発動を求める趣旨での申立は許容されるのであり、適宜の様式で申立をなすことにより、主任審査官に仮上陸の可否を検討させるという方式が現実的であろう。

　また、「特に必要があると認める場合」という規定も、あまりにも概括的で恣意的な運用を招くおそれがあることから、「この章に規定する上陸の手続」を到着後24時間以内に完了できない場合、難民申請者である場合など、必要性が認められる場合を具体的に例示列挙する法改正が求められる。

③　1項「その手続が完了するときまでの間」

　前記のとおり、本条の趣旨は上陸の許否の確定に時間を要する場合における安易な身体拘束を防止することにあることから、「その手続が完了するときまでの間」とは、上陸の許否が確定するまでの間という意味であり、具体的には入国審査官の審査→特別審理官の口頭審理→法務大臣への異議申出手続のすべての過程を指す。法務大臣への異議の申出に理由がない旨の裁決がなされた場合や、その過程で当該外国人が上陸不許可処分に服した場合、当該外国人が上陸を許可された場合には、仮上陸が終了することになる。

④　2項「仮上陸許可書」

　書式は、規則12条1項により、規則別記14号様式と定められている。
　なお、仮上陸許可書には常時携帯義務と提示要求に対する提示義務が規定されている（法23条1項1号・2項）。

⑤　3項「住居及び行動範囲の制限」

　仮上陸中の制限住居については、原則として到着出入国港の所在する市町村の区域内（東京23区の場合、当該区の区域内）とされる（規則12条2項1号本文）。ただし、主任審査官が特別の事由があると認めたときはこの区域外の制限住居を指定することができる（同項1号但書）。
　また、行動範囲も、原則として制限住居の所在する市町村の区域内に制限される（同項2号）。

⑥　3項〜5項「保証金」

　保証金の納付は必要的条件ではなく、主任審査官がその条件を付するか否かを定める。保証金の金額は、200万円を超えない範囲内で、所持金や仮上陸中の必要経費その他の情状を考慮して主任審査官が定める（規則12条3項）。納付は、外国通貨でもできるとされている点（本条3項）は、当該外国人が未だ上陸してい

ない状態であって日本の通貨を持ち合わせていない可能性が大きいことを考慮したものである。

　この保証金は、仮上陸した当該外国人が逃亡した場合及び呼出（「出頭の要求」のことと解される＝規則12条2項3号）に応じない場合には全額没取する（本条5項）。その他の仮上陸条件違反の場合には半額以下の範囲内で没取できる（規則12条5項・6項）。

　他方、上陸許可となった場合（法10条8項、11条4項）及び退去命令が出された場合（法10条7項・11項、11条6項）には、保証金は納付者に返還しなければならない（本条4項）。

　なお、仮上陸条件違反の場合、上記の保証金の没取と併せて罰則が存在する（法70条1項6号）。

7　6項の趣旨

　本項は、仮上陸を許可された外国人であっても、主任審査官が「逃亡する虞があると疑うに足りる相当の理由がある」と判断した場合には、自ら収容令書を発付して入国警備官に収容させることができると定めている。しかし、本来であれば逃亡をさせない担保として保証金を納付させ、さらにその他の必要条件も付しているのであるから、本項のような規定が本当に必要であるのか疑問なしとはしない。しかも、仮放免取消しの「逃亡すると疑うに足りる相当の理由」（法55条1項）と比較すると、「逃亡する虞があると……」と規定されている点で広範である上、主任審査官が職権（通常の収容令書の発付につき「入国警備官の請求により」とされていることを参照＝法39条2項）で収容令書を発付する点で他人の判断が介在する余地が全くなく、恣意的な収容を招くおそれが大きいことから、規定の仕方自体にも疑問が残る。

　現実の収容手続については、一般の収容令書に関する規定を準用する（本条7項）。

第13条の2（退去命令を受けた者がとどまることができる場所）

① 　特別審理官又は主任審査官は、それぞれ第10条第7項若しくは第11項又は第11条第6項の規定により退去を命ずる場合において、当該外国人が船舶等の運航の都合その他その者の責めに帰することができない事由により直ちに本邦から退去することができないと認めるときは、法務省令で定めるところにより、当該外国人に対して、その指定する期間内に限り、出入国港の近傍にあるその指定する施設にとどまることを許すことができる。

② 　特別審理官又は主任審査官は、前項の指定をしたときは、当該外国人及びその者が

> 乗ってきた船舶等の長又はその船舶等を運航する運送業者に対しその旨を通知しなければならない。

1 本条の趣旨と1項「第10条第7項若しくは第11項又は第11条第6項の規定により退去を命ずる場合」

本条は、上陸申請をして上陸審査等を受けるも、結局上陸を拒否されて退去命令を受けた者についての規定である。このような場合としては、

① 特別審理官が、個人識別情報の提供をしない外国人について、除外事由のいずれにも該当しないと認定した場合（法10条7項）
② 特別審理官から上陸条件に適合しない旨の認定を受けた場合であって、当該外国人がこの認定に服した場合（法10条11項）
③ 当該外国人がこの認定に服さずに異議の申出を行ったものの（法11条1項）、法務大臣から異議の申出に理由がない旨の裁決をなした旨の通知を主任審査官が受けた場合（法11条6項）

がある。

退去命令を受けた外国人は本邦から直ちに退去しなければならず（遅滞なく本邦から退去しないことが退去強制事由とされる＝法24条5号の2）、他方で、当該外国人が乗ってきた船舶等の長又はその船舶等を運航する運送業者（以下、本条解説においては、便宜上両者まとめて「運送業者等」と呼ぶ）は、「第3章第1節又は第2節の規定により上陸を拒否された者」を「その責任と費用で、速やかに本邦外の地域に送還しなければならない」義務を負っている（法59条1項1号）。

ところが、特に航空機の場合を中心に、現実には当該運送業者等の送還に係る便の運航スケジュール等のために（本条1項「船舶等の運航の都合その他その者の責めに帰することができない事由により」）、退去命令を受けた外国人を即日送還できない事例が比較的頻繁に発生しており、このような場合には運送業者等が手配した空港近傍の民間ホテル等で送還便までの間事実上軟禁するという取扱いが実務上認められてきた（この取扱いの是非に関しては法59条の解説 3 参照）。

しかしながら、近時空港における上陸拒否事案が増加傾向にあること、上記のような形で退去命令を受けた外国人が事実上本邦内に留まることを黙認する取扱いは好ましくないこと、及び軟禁されたホテルからの逃亡事案も増大したことを理由として、1989年改正法により、本条が法59条3項とともに新設され、退去命令を受けた外国人が現実の送還までの間留まる（留め置かれる）場所及び期間についての法整備が行われたものである。

2　1項「法務省令で定めるところにより、……その指定する期間内に限り、出入国港の近傍にあるその指定する施設にとどまることを許すことができる」

　ここにいう「法務省令」は、規則12条の2、規則別記11号・12号様式を指す。規則別記11号様式は当該外国人に対して退去命令を行う際に交付する退去命令書であり、規則別記12号様式は運送業者等に退去命令の事実を通知する退去命令通知書であるが、いずれについても、その下段に本条に規定する「とどまることができる期間」及び「とどまることができる施設」を記載する欄が設けられている。

　「出入国港の近傍にあるその指定する施設」については、特に制限がない。ただし、運送業者等にその留め置きに係る責任及び費用の（一部）免除を規定する法59条3項を適用する際には「第13条の2第1項の規定によりとどまることができる場所として法務省令で定める施設……の指定を受けている」施設を指定される必要がある（法59条3項、規則52条の2、規則別表第5。この点については、法59条3項の解説3参照）。

　「とどまることを許す」主体は、通常は当該退去命令を発付する特別審理官又は主任審査官である。条文上に明記はないが、規則別記11号・12号様式にも鑑みて、法10条7項又は11項による退去命令の場合には当該退去命令を発する特別審理官が、法11条6項による退去命令の場合には当該退去命令を発する主任審査官が、「許す」ことが想定されている。

　実質的には身体を拘束する処分がなされるにもかかわらず、指定する「期間」に法定の上限が設けられておらず、しかも、拘束（留め置き）中の処遇についても何らの規則も存在しないという状況は、極めて異常な制度と言わなければならず、早急な法改正が望まれるところである（このような状況を背景として発生した事件については、アムネスティ・インターナショナル日本支部編／今井直監修『拷問等禁止条約―NGOが創った国際基準』〔現代人文社、2000年〕54頁及び法59条の解説3を参照）。

3　2項の趣旨

　本条解説1のとおり、運送業者等は上陸拒否された外国人乗客の送還義務を負担することから、特別審理官又は主任審査官において、退去命令後送還まで留まることができる期間と場所の指定を本条により行った場合には、運送業者等の義務履行の便宜のためにその事実及び内容を通知するという制度である。具体的には規則別記12号様式の退去命令通知書の下段への記載によって行う。

第4節　上陸の特例

第14条（寄港地上陸の許可）

① 入国審査官は、船舶等に乗つている外国人で、本邦を経由して本邦外の地域に赴こうとするもの（乗員を除く。）が、その船舶等の寄港した出入国港から出国するまでの間72時間の範囲内で当該出入国港の近傍に上陸することを希望する場合において、その者につき、その船舶等の長又はその船舶等を運航する運送業者の申請があつたときは、当該外国人に対し寄港地上陸を許可することができる。ただし、第5条第1項各号のいずれかに該当する者（第5条の2の規定の適用を受ける者にあつては、同条に規定する特定の事由のみによつて第5条第1項各号のいずれかに該当する場合を除く。以下同じ。）に対しては、この限りでない。

② 入国審査官は、前項の許可に係る審査のために必要があると認めるときは、法務省令で定めるところにより、当該外国人に対し、電磁的方式によつて個人識別情報を提供させることができる。

③ 第1項の許可を与える場合には、入国審査官は、当該外国人の所持する旅券に寄港地上陸の許可の証印をしなければならない。

④ 第1項の許可を与える場合には、入国審査官は、法務省令で定めるところにより、当該外国人に対し、上陸時間、行動の範囲その他必要と認める制限を付することができる。

1　本条の趣旨

本条の寄港地上陸は、外国から外国へと向かう船舶等が本邦に一時的に寄港した場合に、その乗客に対して寄港地の周辺への暫定的な上陸を許し、乗客の休養等の便宜を実現することをその趣旨とする制度である。

乗客等（乗員は法16条で一括規定するので本条の対象外である）は、本条の許可を得れば、一般上陸の要件を備えなくても、その乗ってきた船舶等の寄港地（出入国港）の近傍に72時間以内に限って上陸することができることになる。

2　1項「船舶等に乗つている外国人で、本邦を経由して本邦外の地域に赴こうとするもの」

対象は船舶等に乗っている外国人（乗員を除く）であり、外国から外国へと向かう際に本邦にその船舶等が一時寄港した際に適用される。なお、上陸した出入国港から出国する限りは、乗ってきた船舶等と別の船舶等で出国する者（すなわち、外国から来て本邦の当該出入国港で、乗り換えて外国へ向かう場合）にも適用可能である。他方、72時間以内の滞在予定であっても本邦が最終目的地である者には適用できない。

なお、当該外国人が査証や在留資格を得る必要はないが、有効な旅券に加え、

出国後旅行目的地までの旅行に必要な切符又はこれに代わる保証書を所持していることを要する(規則13条2項)。

③　1項「寄港した出入国港から出国するまでの間72時間の範囲内で」

　同一の出入国港から「出国」することが条件である。ただし、条文上は「出国」であるが、実務上は当該寄港地の後にさらに本邦の別の場所に寄港する(出国しない)場合(例えば、サンフランシスコから来た船舶が横浜港、神戸港と寄港してから上海に向かうような場合の横浜港)でも寄港地上陸を認めるとのことである(逐条解説363頁参照)。また、「出国するまでの間」のうちの「72時間の範囲内」という趣旨であり、当該船舶等が72時間を超えて寄港(停泊)する場合にも、そのうちの72時間以内について適用が可能である。

④　1項「当該出入国港の近傍に上陸することを希望する場合」

　「希望」する主体は当該外国人である。「近傍」の内容は不明確であるが、寄港地上陸の趣旨、すなわち、乗客の観光や休養といった目的を果たせるように解釈されなければならない。なお、規則13条5項2号は、法14条4項に基づいて「行動の範囲」を定める場合には、「入国審査官が特別の事由があると認めて別に定めた場合を除き」当該「出入国港の所在する市町村の区域内とする」と規定されている。もっとも、法務省入国管理局の内部マニュアル「入国・在留審査要領」(入在要領)第6編第4章第2節「第4　許可の内容」においては、例えば、成田空港の場合には「千葉県、東京都」、神戸港の場合には「兵庫県、大阪府」、関西空港の場合には「大阪府、兵庫県、京都府、奈良県、和歌山県」を行動の範囲として定めるものとされているほか、申請人から行動範囲拡大の願出書が所定様式により提出された場合には、入国審査官は「所属する地方局等又は出張所の長の指示を受けて行動範囲を拡大することができる」とされている。

⑤　1項「その船舶等の長又はその船舶等を運航する運送業者の申請があつたときは」

　申請者は、当該外国人ではなく、運送業者等である。これは、寄港地上陸に係る責任を第一義的には運送業者に課そうとしたものと思われるが、このように運送業者の権限並びにその責任と費用において上陸拒否された者及び特例上陸が認められた者の送還を確保しようという発想は、入管・難民法の上陸関係の規定に一貫して見受けられる傾向である。

　しかしながら、出入国の許否の決定は、国家の基本的権限であり、そうである以上、国家が入国を拒否した者等の送還も原則として国家の権限と義務におい

て行うべきものである。しかるに、前記のとおり、上陸関係では運送業者に過大な責任が課されており、本来国家が責任を果たすべき事項を民間業者に転嫁しているとの誹りを免れないだろう(法13条の2解説参照)。

　寄港地上陸許可の申請は、運送業者等が記載した規則別記17号様式の許可申請書(通過上陸と共通書式)及び当該外国人が記載した外国人入国記録(いわゆるEDカード。規則別記6号様式)とを、運送業者等が入国審査官に提出して行う(規則13条1項)。入在要領第6編第4章第2節「第2　申請」の規定では、同一船舶等に乗っている外国人で同一便で出国する複数の者(団体客)に係る許可申請書は、氏名のみを記載した名簿を添付した1通で足りるとされている。

6　1項「第5条第1項各号のいずれかに該当する場合……に対しては、この限りでない」

　上陸拒否事由に該当する者については、寄港地上陸も認められない。

7　2項の趣旨

　2006年改正法により、寄港地上陸の場合においても、個人識別情報(規則13条3項により、指紋及び顔写真とされている)の提供が定められたが、一般の上陸審査における場合(法6条3項)と異なり、義務的なものとはされておらず、寄港地上陸の「審査のために必要があると認めるとき」に限定されている。

　この点、テロリスト等の入国を阻止する観点からは、寄港地上陸の許可の審査に当たっても個人識別情報の提供を求めるのが望ましいという見解もあるが(逐条解説364頁)、本項の規定ぶりからしても、一律に個人識別情報の提供を求めることは許されないものと言うべきである。

8　3項「寄港地上陸の許可の証印」

　当該外国人の旅券に、規則別記18号様式又は18号の2様式による証印を行う(規則13条4項)。

9　4項の趣旨

　「法務省令」とは規則13条5項を指す。「制限を付することができる」という規定である以上、本来、制限の付加は任意的であるはずであるが、現実には時間、行動範囲ともに何らかの制限は付されているようである。

　上陸時間は「72時間の範囲内」で(規則13条5項1号)、行動範囲は前記のとおり原則として当該「出入国港の所在する市町村の区域内」とされている。さらに、「その他必要と認める制限」を、規則13条5項3号は「報酬を受ける活動の禁止その

他特に必要と認める事項」と定める。この点、寄港地上陸許可の証印の書式（規則別記18号様式、18号の2様式）には、時間・行動範囲の制限の記載欄があるものの、その他の制限を記載するスペースはなく、いかなる書式でその他の制限を記載すべきかは法文上は不明である。なお、入在要領第6編第4章第2節「第4　許可の内容」においては、「特に必要があると認めるとき」に、地方局等又は出張所の長の指示を受けて、その他の「制限又は条件」を付すことができるとしている。

10　本条違反の場合

寄港地上陸を受けた者が、旅券等に記載された許可期間を超えて残留した場合には、退去強制事由となるほか（法24条6号）、「3年以下の懲役若しくは禁錮若しくは300万円以下の罰金」の選択又は併科の罰則が適用される（法70条1項7号）。なお、難民等につき刑の免除規定がある（法70条の2）。

第15条（通過上陸の許可）

① 入国審査官は、船舶に乗つている外国人（乗員を除く。）が、船舶が本邦にある間、臨時観光のため、その船舶が寄港する本邦の他の出入国港でその船舶に帰船するように通過することを希望する場合において、その者につき、その船舶の船長又はその船舶を運航する運送業者の申請があつたときは、当該外国人に対し通過上陸を許可することができる。

② 入国審査官は、船舶等に乗つている外国人で、本邦を経由して本邦外の地域に赴こうとするもの（乗員を除く。）が、上陸後3日以内にその入国した出入国港の周辺の他の出入国港から他の船舶等で出国するため、通過することを希望する場合において、その者につき、その船舶等の長又はその船舶等を運航する運送業者の申請があつたときは、当該外国人に対し通過上陸を許可することができる。

③ 入国審査官は、前2項の許可に係る審査のために必要があると認めるときは、法務省令で定めるところにより、当該外国人に対し、電磁的方式によつて個人識別情報を提供させることができる。

④ 第1項又は第2項の許可を与える場合には、入国審査官は、当該外国人の所持する旅券に通過上陸の許可の証印をしなければならない。

⑤ 第1項又は第2項の許可を与える場合には、入国審査官は、法務省令で定めるところにより、当該外国人に対し、上陸期間、通過経路その他必要と認める制限を付することができる。

⑥ 前条第1項ただし書の規定は、第1項又は第2項の場合に準用する。

1　本条の趣旨

本条は、通過上陸について、2種類の類型、すなわち、①いわゆる観光通過上陸（1項）と②いわゆる周辺通過上陸（2項）とを定めている。寄港地上陸（法14条）

が同一出入国港からの出国の場合の上陸を定めるのに対し、本条は到着（入国）港とは別の出入国港からの出国の場合の上陸を定める点で異なる。

観光通過上陸（1項）は、船舶が日本の2カ所以上の出入国港に寄港する場合に、その船舶の乗客等が1つの出入国港（例えば東京港）で上陸・入国し、陸路観光しながら移動して、別の出入国港（例えば大阪港）で同じ船舶に乗って出国するような場合に適用される制度である。船舶のみに適用される点、同一船舶での出国が要件となる点、期間が15日以内である点（規則14条5項）及び「観光」目的に限定される点で2項と異なる。

周辺通過上陸（2項）は、船舶または航空機の乗客等が、上陸した出入国港（例えば成田空港）から陸路移動して周辺の別の出入国港（例えば羽田空港）から、他の船舶等で出国するような場合に適用される制度である。船舶以外にも適用される点、他の船舶等での出国が要件である点、期間が3日以内である点及び通過の目的が限定されていない点で、1項と異なる。

両者の要件を整理すれば以下のとおりとなる（入在要領第6編第4章第3節「第2審査」による）。

観光通過上陸（1項）	周辺通過上陸（2項）
有効な旅券の所持（法3条、規則14条2項）	
上陸拒否事由（法5条1項）への不該当（法15条6項、14条1項但書）	
乗員でないこと（法15条1項・2項）	
船舶に乗船しており、当該船舶により本邦から出国する者であって、本邦外の目的地までの旅行に必要な切符又はこれに代わる保証書を所持していること（法15条1項、規則14条2項、規則13条2項）	本邦を経由して本邦外の地域に赴こうとする者であって、本邦外の目的地までの旅行に必要な切符又はこれに代わる保証書を所持していること（法15条2項、規則14条2項、規則13条2項）
上記「船舶」が本邦にある間、観光、休養その他これらに類する目的のためいったん上陸し当該船舶が寄港する本邦の他の出入国港でその船舶に帰船するように通過するものであること（法15条1項）	乗ってきた「船舶等」の入港した出入国港の周辺の他の出入国港（入国した出入国港と同一又は隣接の地方局管内にある出入国港）から他の船舶等で出国するため通過するものであること（法15条2項）
上陸期間が15日（初日不算入）を超えないものであること（規則14条5項1号）	上陸期間が3日（初日不算入）を超えないものであること（法15条2項、規則14条6項1号）

その他、通過上陸に際して付することができる条件が別途定められている（規則14条5項・6項の各2号・3号）。なお、民法140条、138条により、初日は参入されない。

② 1項「船舶」

2項の周辺通過上陸とは異なり、観光通過上陸は航空機の乗客を対象としていない。これは、航空機の場合には、同一航空機による他の出入国港からの出国というものが基本的に想定されないことが理由であると思われる。

なお、同一「船舶」による出国であることを要する。

③ 1項、2項「乗員を除く」

乗員については、その便宜を特に図る目的から、別に乗員上陸許可の制度が定められている（法16条）。

④ 1項「船舶が本邦にある間」

当該船舶が、日本の領海内から出ることなく国内の他の出入国港へ航行して移動することを要件としている。

⑤ 1項「臨時観光のため」

「臨時」という用語に特段の意味はないと解される。「観光」とは短期滞在（法別表第1の3）の対象となる「観光」と同旨とも解されるが、本条の趣旨から考えて「保養」「スポーツ」「親族の訪問」「見学」「講習」「会合への参加」「業務連絡」等を一律排除しているとは解し難く、制度趣旨に反しない限り広く認められるべきであろう。

⑥ 1項、2項「希望する場合において」

当該外国人旅客が上陸を「希望」することは、いわゆるEDカード（規則別記6号様式）を当該外国人が入国審査官に対して提出することによって確認される。この方式は、観光通過上陸・周辺通過上陸共通である（規則14条1項）。

⑦ 1項、2項「その船舶〔等〕の〔船〕長又はその船舶〔等〕を運航する運送業者の申請があつたとき」

本申請は、当該外国人旅客の代理としての申請ではなく、運送業者自らの権限として行うものである。具体的には、船長又は運送業者が、規則別記17号様式の許可申請書を入国審査官に提出することにより、申請を行う（規則14条1項）。この申請様式は、寄港地上陸許可・（観光・周辺）通過上陸許可に共通である。

⑧ 2項「周辺の他の出入国港」

「周辺」の文言の定義が明確でないが、特に地域的限定を設ける意味が大きく

ない(日数制限も厳格に課されている)ことからして、特段の意味を持たないと解するべきである。しかし、「実務上は、原則として入国した出入国港と同一の地方入国管理局管内にある出入国港又はこれに隣接する地方入国管理局管内にある出入国港をいうものとするという取扱いがなされている」(入管六法の本条解説)とのことである。

9　3項の趣旨

2006年改正法により、通過上陸の場合においても、個人識別情報(規則14条3項により、指紋及び顔写真とされている)の提供について定められている。しかしながら、一般の上陸審査における場合(法6条3項)と異なり、義務的なものとはされておらず、通過上陸の「審査のために必要があると認めるとき」に限定されていることについては、寄港地上陸の場合と同様である。

10　4項「通過上陸の許可の証印」

規則別記19号様式又は19号の2様式による(規則14条4項)。

11　5項「法務省令」

通過上陸許可を与える場合には、「法務省令で定めるところにより」、上陸期間、通過経路その他必要と認める制限を付することができる。具体的な制限は、規則14条5項・6項に定められている。

第16条(乗員上陸の許可)

① 入国審査官は、外国人である乗員(本邦において乗員となる者を含む。以下この条において同じ。)が、船舶等の乗換え(船舶等への乗組みを含む。)、休養、買物その他これらに類似する目的をもつて15日を超えない範囲内で上陸を希望する場合において、法務省令で定める手続により、その者につき、その者が乗り組んでいる船舶等(その者が乗り組むべき船舶等を含む。)の長又はその船舶等を運航する運送業者の申請があつたときは、当該乗員に対し乗員上陸を許可することができる。

② 入国審査官は、次の各号のいずれかに該当する場合において相当と認めるときは、当該各号に規定する乗員に対し、その旨の乗員上陸の許可をすることができる。

　1　本邦と本邦外の地域との間の航路に定期に就航する船舶その他頻繁に本邦の出入国港に入港する船舶の外国人である乗員が、許可を受けた日から1年間、数次にわたり、休養、買物その他これらに類似する目的をもつて当該船舶が本邦にある間上陸することを希望する場合であつて、法務省令で定める手続により、その者につき、その者が乗り組んでいる船舶の長又はその船舶を運航する運送業者から申請があつたとき。

２　本邦と本邦外の地域との間の航空路に定期に航空機を就航させている運送業者に所属する外国人である乗員が、許可を受けた日から１年間、数次にわたり、その都度、同一の運送業者の運航する航空機の乗員として同一の出入国港から出国することを条件として休養、買物その他これらに類似する目的をもって本邦に到着した日から15日を超えない範囲内で上陸することを希望する場合であつて、法務省令で定める手続により、その者につき、当該運送業者から申請があつたとき。
③　入国審査官は、前２項の許可に係る審査のために必要があると認めるときは、法務省令で定めるところにより、当該外国人に対し、電磁的方式によつて個人識別情報を提供させることができる。
④　第１項又は第２項の許可を与える場合には、入国審査官は、当該乗員に乗員上陸許可書を交付しなければならない。
⑤　第１項の許可を与える場合には、入国審査官は、法務省令で定めるところにより、当該乗員に対し、上陸期間、行動範囲（通過経路を含む。）その他必要と認める制限を付することができる。
⑥　第14条第１項ただし書の規定は、第１項及び第２項の場合に準用する。
⑦　入国審査官は、第２項の許可を受けている乗員が当該許可に基づいて上陸しようとする場合において、必要があると認めるときは、法務省令で定めるところにより、当該乗員に対し、電磁的方式によつて個人識別情報を提供させることができる。
⑧　入国審査官は、第２項の許可を受けている乗員が当該許可に基づいて上陸しようとする場合において、当該乗員が第５条第１項各号のいずれかに該当する者であることを知つたときは、直ちに当該許可を取り消すものとする。
⑨　前項に定める場合を除き、入国審査官は、第２項の許可を受けている乗員に対し、引き続き当該許可を与えておくことが適当でないと認める場合には、法務省令で定める手続により、当該許可を取り消すことができる。この場合において、その乗員が本邦にあるときは、当該乗員が帰船又は出国するために必要な期間を指定するものとする。

1　本条の趣旨

　本条は、乗員（船舶又は航空機〔以下「船舶等」という〕の乗組員＝法２条３号）についての特例上陸の類型である乗員上陸許可につき定める。乗員上陸許可として、①（通常の１回ごとの）乗員上陸許可（本条１項。以下、本条解説においては便宜上「通常の乗員上陸許可」と呼ぶ）と、②数次乗員上陸許可（本条２項）の２類型が規定されている。また、②の数次乗員上陸許可は、さらに、船舶の乗員対象のもの（本条２項１号）と、航空機の乗員対象のもの（本条２項２号）とに分かれる。数次乗員上陸許可は、1989年改正法で新設された制度であるが、その新設の趣旨は「外国人乗員の出入国上の利便と上陸手続の簡素・合理化を図る」ためということに尽きる（逐条解説378頁）。

　このような乗員上陸許可制度は、国際間のヒト・モノの流動の円滑化のために、その運送手段である船舶等の乗組員の出入国の手続を簡易化するもので、国際

慣行に従うものである。

2　1項、2項1号・2号「外国人である乗員」

本条には明記されていないが、「乗員」は、有効な乗員手帳（又は有効な旅券）を所持していなければならないと解される（法3条1項）。

また、ここにいう「乗員」には、船舶等の乗客として本邦に入った外国人が乗員として他の船舶等に乗り組む場合も含むと解されている（逐条解説376頁。法3条2項参照）。

3　1項、2項1号・2号「休養、買物その他これらに類似する目的をもつて」

「その他これらに類似する目的」とは、乗員が寄港地で社会通念上通常行うと認められる行為を指すが、その範囲は一義的に明らかではない。体調不良の場合の通院・入院や、簡単な観光、船舶等の運行に関連する手続の履行や打合せ等が含まれることは争いがないと思われるが、逐条解説376頁が一律に対象外とする「報酬を受ける活動」であっても、例えば船舶等の運行に関わるもの（例えば船舶の不要な備品等の売却など）であれば許容されるべきであるから、個別に判断すべきことになろう。

4　1項「法務省令で定める手続により」

規則15条1項及び規則別記20号様式を指す。

なお、1項の乗員上陸許可の具体的態様については特に定めがないが、本条5項を受けて定められている規則15条3項1号の規定を参照すれば、「一の出入国港の近傍に上陸を許可する場合」「二以上の出入国港の近傍に上陸を許可する場合」「乗つている船舶等の寄港した出入国港にある他の船舶等への乗換えのため上陸を許可する場合」「他の出入国港にある他の船舶等への乗換えのため上陸を許可する場合」が実務上予定されていると思われる。しかし、後記のとおり、本条5項の「制限」の付加は必要的ではないことからすれば（「……できる」）、乗員上陸許可が上記の4類型のみに限定されないと解するべきである。

5　1項、2項1号・2号「その者が乗り組んでいる船舶〔等……〕の長又はその船舶〔等〕を運航する運送業者の申請」

申請は、船舶等の長又は運送業者の本人申請による（乗員の代理申請ではない）。これは、各乗員が申請することになればその取扱いが煩雑になること及び運送業者等の責任において申請させる方が不正の発生を防止できると考えたことによるものと思われる。上陸関係で運送業者に過大な責任が課されていることの問題点

については、法13条の2の解説参照。

6　1項・2項「乗員上陸を許可することができる」

特例上陸の中でも、人の生命・身体の安全に直結するものとしてその許否につき原則として入国審査官の裁量の余地を認めるべきでない緊急上陸許可（法17条）、遭難上陸許可（法18条）及び一時庇護上陸許可（法18条の2）とは異なり、乗員上陸の許否判断においては、例えば、当該運送業者の過去の実績等を勘案してその許否を決定するなど、一定の範囲の裁量があるとも考えられるが、許否が恣意的なものであってはならないことは当然である。

7　2項「相当と認めるとき」

本条解説6のとおり、数次乗員上陸許可については、一定の範囲の裁量が入国審査官に認められると解されるが、運送業者間の不合理な差別的取扱い等が許されないことは当然である。「相当」とは、当該運送業者及び当該乗員の過去の実績に鑑みて、1回ごとの審査をしなくても差し支えない程度の実績が認められるか否かといった観点から判断されることになろう。

8　2項「その旨の乗員上陸許可」

いわゆる数次乗員上陸許可のことを指す。本条解説1のとおり、船舶の乗員対象のもの（1号）と航空機の乗員対象のもの（2号）とに分類されている。船舶の乗員に対しては、航空機の乗員と比較して、期間及び出入国港についての制限がより緩やかであるのに対し、対象となる船舶等と乗員との関係ではより厳格な制限が課されている。これは、船舶と航空機とでは、乗員の乗組体制が一般に大きく異なることに着目して、それぞれに適応する乗員上陸制度を目指した結果であると考えられる。

9　2項1号・2号「法務省令で定める手続により」

規則15条の2第1項及び規則別記22号の2様式（数次乗員上陸許可申請書）を指す。

10　3項の趣旨

2006年改正法により、乗員上陸の場合においても、個人識別情報（規則15条の3により、指紋及び顔写真とされている）の提供について定められた。ただし、一般の上陸審査における場合（法6条3項）と異なり、義務的なものとはされておらず、乗員上陸の「審査のために必要があると認めるとき」に限定されていることについては、

他の特例上陸の場合と同様である。

11　4項「乗員上陸許可書」

通常の乗員上陸許可（1項）につき規則15条2項及び規則別記21号様式（乗員上陸許可書）、数次乗員上陸許可（2項）につき規則15条の2第2項及び規則別記22号の3様式（数次乗員上陸許可書）を指す。

12　5項の趣旨

本項は、通常の乗員上陸許可（1項）についての制限につき定める。ここにいう「法務省令」は、規則15条3項を指す。「制限を付することができる」という文言から、制限を付することは任意的である（入国審査官の裁量による）とも解される。そうすると、規則15条3項は、仮に、入国審査官が乗員上陸許可に条件を付す場合に、はじめて適用される規定として理解される。また、本項の「その他必要と認める制限」とあるのは、規則15条3項が「その他の制限」と定めるもののうち「必要と認める」場合に一部又は全部を選択して制限として付加するということを意味することになる。この点、規則15条3項3号では「入国審査官が付するその他の制限」として「報酬を受ける活動の禁止その他特に必要と認める事項」と規定していることから、特に規定しない限りは「報酬を受ける活動」は本来自由であると理解される。法19条1項が就労を禁止している対象が、法別表第1の在留資格をもって在留する者（ただし、法別表第1の1、2、5の場合、当該在留資格に対応する就労は禁止されていない）に限られている点も、上記の理解の根拠となろう。よって、本条解説③記載の逐条解説376頁の解説は、規則15条3項3号と整合しないと言わざるを得ない。なお、通常の乗員上陸許可書の様式を定める規則別記21号様式は、「(5)　その他の制限」欄に「本邦において収入を伴う事業を運営する活動又は報酬を受ける活動をしてはなりません」と不動文字で記載するが、入国審査官が「必要と認める」場合のみに任意的に付加すべき制限を、事実上必要的な制限として運用するものであり、書式として不適当である。

数次乗員上陸許可については、本項の制限の対象外とされているが、その理由は「当該許可は、その対象となる乗員、船舶等の長、運送業者についていずれも問題がない場合に限られ、出入国の管理上行動範囲等の制限を課したりしなければならない者は、そもそも数次乗員上陸の許可の対象とならないからである」（入管六法の本条解説）とされる。

なお、前記の理解に立つ限り、数次乗員上陸許可の場合には報酬を受ける活動も自由に行うことができることになる。

13　6項の趣旨

　法5条1項の上陸拒否事由のいずれかに該当する外国人（乗員）については、寄港地上陸の場合と同様に、通常の乗員上陸許可及び数次乗員上陸許可いずれについても対象外となる。

14　7項の趣旨

　本条3項において、乗員上陸の場合についても、個人識別情報の提供が定められているが、本項は、数次乗員上陸許可を受けている乗員が上陸しようとする場合における個人識別情報の提供を定めたものである。
　一般の上陸審査における場合（法6条3項）と異なり、義務的なものとはされておらず、「必要があると認めるとき」に限定されていることについては、他の特例上陸の場合と同様である。

15　8項の趣旨

　本項は数次乗員上陸許可の取消しについて定める。「第5条第1項各号のいずれかに該当する者」とは、法5条の2による特例の適用を受ける者（特例を受ける事由についてのみ特例が適用される）を除く趣旨である（法14条1項参照）。数次乗員上陸許可の有効期間は1年間であるため、その有効期間内に上陸拒否事由が生じていることが新たに判明した場合には、上陸を拒否する必要があることから、有効期間内でも随時取消し（撤回）できるようにしたものである。本項の場合の取消しは、必要的である。
　なお、取消しに係る手続は、規則15条の2第3項・4項、規則別記22号の4・22号の5様式による。取消しを行う場合には、規則別記22号の4様式（数次乗員上陸許可取消通知書）により当該乗員に、同22号の5様式（数次乗員上陸許可取消通知書）により当該申請を行った船舶等の長又は運送業者に、それぞれ通知する。

16　9項の趣旨

　前項の取消しが必要的であったのに対し、本項では数次乗員上陸許可の任意的な取消しを規定する。すでに当該許可を用いて上陸中である乗員などの場合にも、新たに上陸拒否事由該当性が判明したり、その他許可を継続するに相当でない事由が生じたりした場合には、入国審査官の裁量で数次乗員上陸許可を有効期間内においても任意に取り消すことができるとしたものである。ここにいう「法務省令」も、前項同様に、規則15条の2第3項・4項、規則別記22号の4・22号の5様式を指し、取消しの手続も同様である。ただし、本項の取消しの場合には、現に上陸して本邦滞在中である場合には、当該乗員を速やかにかつ不法滞在に

することなく本邦から帰船又は出国させるために、「必要な期間」を指定することとした（本項2文）。なお、指定された「必要な期間」内に帰船・出国しない場合は、退去強制事由に該当することになる（法24条6号の2）。

> **第17条**（緊急上陸の許可）
> ① 入国審査官は、船舶等に乗つている外国人が疾病その他の事故により治療等のため緊急に上陸する必要を生じたときは、当該外国人が乗つている船舶等の長又はその船舶等を運航する運送業者の申請に基づき、厚生労働大臣又は法務大臣の指定する医師の診断を経て、その事由がなくなるまでの間、当該外国人に対し緊急上陸を許可することができる。
> ② 入国審査官は、前項の許可に係る審査のために必要があると認めるときは、法務省令で定めるところにより、当該外国人に対し、電磁的方式によつて個人識別情報を提供させることができる。
> ③ 第1項の許可を与える場合には、入国審査官は、当該外国人に緊急上陸許可書を交付しなければならない。
> ④ 第1項の許可があつたときは、同項の船舶等の長又は運送業者は、緊急上陸を許可された者の生活費、治療費、葬儀費その他緊急上陸中の一切の費用を支弁しなければならない。

1　本条の趣旨

本条は、船舶又は航空機に乗つている外国人旅客・乗員が病気・負傷等の事故により緊急に治療を要する場合に、人道的見地から、所持する旅券等の有効性や上陸拒否事由、査証の有無にかかわらず（法14条1項但書のような上陸拒否事由該当者を除外する規定は置かれていない）、一時的に上陸を許可する制度を定める。船舶・航空機等の運送機関に支障が生じた場合には、遭難による一時上陸許可（法18条）で対応する。

2　1項「船舶等に乗つている外国人」

本条の趣旨からして、旅客であるか乗員であるかを問わず、当該船舶等に乗つている外国人は広く含まれる。なお、船舶等に正規の乗客としてではなく乗つてきた者（密航者等）も排除されない。

3　1項「緊急に上陸する必要を生じたとき」

本条が生命・身体の保護を最優先する趣旨で定められている以上、生命の危険が生じている場合はもちろん、身体の故障が発生し、又は、発生する危険がある場合も広範に含まれると解すべきである。

④　1項「船舶等の長又は……運送業者の申請に基づき」

　緊急上陸の許可があった場合の費用一切を支弁する義務が当該船舶等の長又は運送業者に課せられていることとの関係上、これらの長や運送業者に対して緊急上陸許可を申請する権限が与えられている。しかし、本条が人道上の見地から定められている以上、費用負担の確保を根拠に、疾病等を負っている本人の申請権を認めないのは妥当ではない。本人が医療の必要性を訴えており、客観的にその必要性が認められるにもかかわらず、何らかの理由によって船舶の長らによる申請がなされないような場合には、反人道的、不合理な事態が発生しかねない。この点で、本人にも申請権を認める改正が必要と思われる。なお、申請様式は、規則別記23号様式によることになるが（規則16条1項）、これについては本条解説⑦の問題が存する。

⑤　2項の趣旨

　2006年改正法により、緊急上陸の場合においても、個人識別情報（規則16条2項により、指紋及び顔写真とされている）の提供について定められた。しかし、一般の上陸審査における場合（法6条3項）と異なり、義務的なものとはされておらず、緊急上陸の「審査のために必要があると認めるとき」に限定されていることについては、他の特例上陸の場合と同様である。

　この点、逐条解説によれば、「テロリスト等の入国（上陸）を阻止する観点からは、緊急上陸の許可の審査に当たっても個人識別情報の提供を求めるのが望ましい」とし、「対象者がこれに応じないときには、一般上陸手続の場合のような口頭審理の手続はなく、入国審査官限りで緊急上陸の許可を与えないこととなる」とされている（389頁）。

　しかし、このような運用は、プライバシー権ないし自己情報コントロール権又は外国人に対する差別的取扱いの禁止の観点から問題があるのみならず、人道的観点からも極めて問題があるものと言わざるを得ない。

⑥　3項「緊急上陸許可書」

　規則別記24号様式による（規則16条3項）。同様式には上陸期間の記載欄があるが、緊急上陸許可の当初時点で期間を確定できるとは限らず、柔軟な対応が望まれる。

7　4項「緊急上陸を許可された者の生活費、……その他緊急上陸中の一切の費用を支弁しなければならない」

　本条解説4で指摘したことと同様の懸念を生じさせる規定である。本条が生命・身体の保護を目的としている以上、費用についても第一次的には日本国が国費で負担すべきものである。運送業者等が費用負担を嫌って緊急上陸許可申請をしないことにより、生命・身体の危険が継続・増大し、本条の趣旨が没却されるおそれがあることが懸念される。なお、本条1項の緊急上陸許可申請書（規則別記23号様式）には、「日本における活動について全責任を負う」という不動文字がある。

第18条（遭難による上陸の許可）

① 　入国審査官は、遭難船舶等がある場合において、当該船舶等に乗つていた外国人の救護のためその他緊急の必要があると認めたときは、水難救護法（明治32年法律第95号）の規定による救護事務を行う市町村長、当該外国人を救護した船舶等の長、当該遭難船舶等の長又は当該遭難船舶等に係る運送業者の申請に基づき、当該外国人に対し遭難による上陸を許可することができる。
② 　入国審査官は、警察官又は海上保安官から前項の外国人の引渡しを受けたときは、同項の規定にかかわらず、直ちにその者に対し遭難による上陸を許可するものとする。
③ 　入国審査官は、第1項の許可に係る審査のために必要があると認めるときは、法務省令で定めるところにより、当該外国人に対し、電磁的方式によつて個人識別情報を提供させることができる。前項の規定による引渡しを受ける場合において必要があると認めるときも、同様とする。
④ 　第1項又は第2項の許可を与える場合には、入国審査官は、当該外国人に遭難による上陸許可書を交付しなければならない。
⑤ 　第1項又は第2項の許可を与える場合には、入国審査官は、法務省令で定めるところにより、当該外国人に対し、上陸期間、行動の範囲その他必要と認める制限を付すことができる。

1　本条の趣旨

　本条は、外国人旅客・乗員が乗っている船舶又は航空機が事故等により運行に重大な支障を生じた場合に、前条の緊急上陸許可と同様の人道的見地から、所持する旅券等の有効性や上陸拒否事由、査証の有無にかかわらず、その旅客・乗員である外国人に避難のために一時的な上陸許可を与える制度である。

2　1項「遭難船舶等」

　事故等により自力走行が不可能ないし著しく困難になった場合のほか、船舶・航空機の中でシージャック・ハイジャックがあったような場合も含まれると解される。

3　1項「当該船舶等に乗つていた外国人」
　法17条の解説2を参照。

4　1項「救護のためその他緊急の必要があると認めたとき」
　本条が生命・身体の保護を最優先する趣旨で定められている以上、生命の危険が生じている場合はもちろん、緊急の必要がある場合を広く含むと解するべきである。なお、法17条の緊急上陸許可では「緊急に上陸する必要を生じたとき」とされているのに対し、本項では「緊急の必要があると認めたとき」と規定されている。このような差異が設けられた趣旨は不明であるが、緊急状態下での生命・身体の保護という目的を同じくする以上、入国審査官が「認める」か否かという主観的判断は極力排除されねばならず、その意味では法17条と同一の趣旨として解釈・運用されるべきである。

5　1項「市町村長、……救護した船舶等の長、当該遭難船舶等の長又は……運送業者の申請に基づき」
　法17条の解説4に記載した懸念がそのまま本項にも該当することから、詳細は同解説を参照。なお、申請の書式は、規則別記25号様式による（規則17条1項）。

6　1項「許可することができる」
　人道上の保護を与える条文である以上、人道上の保護を与える必要性・緊急性がある場合には、原則として裁量の余地なく許可されなければならないことは法17条と同様である。

7　2項の趣旨
　警察官又は海上保安官が救護した場合には、人道上の保護をその者に与える緊急性と必要性が備わっている蓋然性が高いことから、遭難上陸許可の必要的付与を定めたものである。
　この点、問題は入国審査官が引渡しを拒否できるかということであるが、逐条解説394頁では、「本項の遭難による上陸の許可の場合においても、入国審査官は、上陸を許可することが公正な出入国管理の観点から相当でないと判断するときは、警察官又は海上保安官からの引渡しを受けないことができる」とする。しかし、そもそも本条自体が生命・身体の保護を最優先する観点から立法されていること、立法作業の検討を経て本項のような規定が設けられていること、そして、引渡しを拒まれた警察官又は海上保安官の対応方法についても規定を欠くことからすれば、

このような解釈には無理があると言わざるを得ない。

8　3項の趣旨

2006年改正法により、遭難上陸の場合においても、個人識別情報（規則17条2項により、指紋及び顔写真とされている）の提供について定められた。もっとも、一般の上陸審査における場合（法6条3項）と異なり、義務的なものとはされておらず、遭難上陸の「審査のために必要があると認めるとき」に限定されていることについては、他の特例上陸の場合と同様である。

この点、逐条解説は、遭難上陸の許可の審査に当たっても個人識別情報の提供を求めるのが望ましいとするが（395頁）、このような運用が、プライバシー権ないし自己情報コントロール権又は外国人に対する差別的取扱いの禁止の観点から問題があるのみならず、人道的観点からも極めて問題があることは、法17条の解説5で述べたのと同様である。

第18条の2（一時庇護のための上陸の許可）

① 入国審査官は、船舶等に乗っている外国人から申請があつた場合において、次の各号に該当すると思料するときは、一時庇護のための上陸を許可することができる。
　1　その者が難民条約第1条A(2)に規定する理由その他これに準ずる理由により、その生命、身体又は身体の自由を害されるおそれのあつた領域から逃れて、本邦に入つた者であること。
　2　その者を一時的に上陸させることが相当であること。
② 入国審査官は、前項の許可に係る審査のために必要があると認めるときは、法務省令で定めるところにより、当該外国人に対し、電磁的方式によつて個人識別情報を提供させることができる。
③ 第1項の許可を与える場合には、入国審査官は、当該外国人に一時庇護許可書を交付しなければならない。
④ 第1項の許可を与える場合には、入国審査官は、法務省令で定めるところにより、当該外国人に対し、上陸期間、住居及び行動範囲の制限その他必要と認める条件を付することができる。

1　本条の趣旨

本邦に入国した者が、本国等から迫害を逃れて来たものであると思われる場合、その者に難民条約上の難民及びこれに準ずる庇護を与える必要がある蓋然性が大きいことに鑑みて、簡易な手続によりとりあえず上陸を許可するのが本条の定める一時庇護上陸許可である。

難民条約上の難民に該当するか否かは必ずしも即時ないし短期間で判断でき

るとは限らない一方、難民条約上の難民に該当するなどとして庇護を求めて日本に入国（到着）した外国人の上陸許否につき、その外国人を上陸審査場等に留め置いて長時間にわたって審査することは妥当でない。本条の特例上陸は、このような観点から、難民に該当する蓋然性のある者に対して、迅速に暫定的な上陸を認める制度として位置付けられているものである。

このような目的で制定された制度ではあるが、インドシナ難民の上陸の際に活用された実績はあるものの、それ以外の難民に関してはこれまでほとんど利用されていないと言われている。この点、2002年1月22日付け内閣総理大臣小泉純一郎の衆議院議員北川れん子提出アフガニスタン難民申請者に関する質問に対する答弁書によれば、1990年から2001年までの一時庇護上陸許可実績数は以下のとおりである。

一時庇護のための上陸の許可の申請者数並びに許可を受けた者及び不許可とされた者の各人数

年別	申請者数	許可数	不許可数
1990	4	0	4
1991	0	0	0
1992	0	0	0
1993	0	0	0
1994	0	0	0
1995	0	0	0

年別	申請者数	許可数	不許可数
1996	1	0	1
1997	4	0	2
1998	6	1	5
1999	0	0	0
2000	8	0	6
2001	8	1	9

（注）2001年については11月30日までの人数。1997年の申請者中2名は申請取下げ。2000年の申請者中2名は2001年に不許可とされた。

それ以降についてみても、2002年に6人が一時庇護上陸許可を受けて入国したものの、それ以降は、2003年から2007年まで同許可を受けて入国した者はなく、まさに本制度が形骸化している現状が認められる。

上陸審査場等において難民であることを主張した場合においても、本人に対して本条の申請を行わせている事例はほとんど報告されておらず、他方で単純に上陸拒否されて出国待機施設に収容された難民申請者（庇護希望者）の実例は多く報告されていることから、本条が実務の運用により有名無実化されていることが危惧される。

なお、本条は、裏を返して国家の主権という面からみれば、国際法上の領域的庇護権の行使の発現形態とも評価されることから、日本がこの権利の行使に消極的であるならば、国際法上の国家の権利行使に消極的であるとも評価され得る。

2　1項柱書「船舶等に乗つている外国人から申請があつた場合」

　他の特例上陸（法14条〜18条）においては、上陸申請は船舶等の長又はその運送業者によって行われることとされているのに対し、本条の一時庇護上陸においては、上陸を求める当該外国人本人が申請者とされている点に特色がある（なお、他の特例上陸においても、当該外国人本人の申請権を認める改正がなされるべきである。法17条の解説4参照）。

　本件で外国人自身の申請を認める趣旨は、難民該当性をはじめとする一時庇護を要する理由は当該外国人本人にしかわからないことが多いこと、密航者が多く含まれることが予測されるところ、そのような場合には船舶等の長らの協力を得ることが期待できないこと、本条の上陸を許可された場合には運送業者等の費用負担がないこと等の事情にあると思われる。

　一時庇護上陸の対象となる外国人は、本国等からの迫害を逃れて来た（と思料される）者であることから、通常は日本語や日本の入管制度等に通じない場合が想定される。したがって、本項の「申請」を厳密な要式行為として求めるような実務がとられれば、本条の趣旨は間違いなく没却されてしまう。むしろ、通常の上陸申請と同様に申請が入国審査官に対して行われる以上、入国（到着）した外国人から本項1号の規定に該当すると思われる事情の申出があった場合には、入国審査官は、通常の上陸許可申請と並行して一時庇護上陸許可申請がなされたものとして取り扱い、申請書（規則別記6号、26号の2様式。規則18条1項）の作成も教示しなければならないと解される。

　この点、「難民認定事務取扱要領」（難民要領）においても、申請方法の教示などに関する記載はされておらず、実務が本条の趣旨を没却しない方式で行われているかどうかは、甚だ疑問である。

　なお、当該外国人が16歳に満たない場合又は疾病その他の理由により自ら申請ができない場合には、「その者に同行する」父、母、配偶者、子、親族、監護者その他の同行者が代わって申請を行うことができる（規則18条2項が準用する規則5条3項）。さらに、これらの者による申請ができないときは、当該外国人が乗ってきた船舶の長又は運送業者が代わって申請を行う（規則18条2項が準用する規則5条4項）。このような制度についても、外国人が知っていることはまずないから、本条の趣旨を生かした教示や取扱いが行われなければならない。

3　1項柱書「次の各号に該当すると思料するときは」

　主語は、「入国審査官」である。同じ入国審査官が、通常の上陸許可の判断をする際には、「審査の結果、……上陸のための条件に適合していると認定」する（法9条1項）と規定されていることとの相違に留意されたい。

本条解説①のとおり、本条の制度は難民に該当する蓋然性のある者に対して不用意に上陸審査場に留め置くことなく迅速に当面の庇護を与えることにその趣旨が存することから、入国審査官の判断も迅速かつ簡便に行われる必要がある。本項が「思料」とわざわざ規定しているのはその趣旨である。むろん、真に難民該当性を有しながら一時庇護上陸許可を受けられない者が発生することを防止する必要があること、本条による上陸があくまでも「一時」的・暫定的であってその後の審査で庇護の必要性がないことが判明した場合には上陸許可を終了させることができること、そして、その場合の出国・送還等の確保のために行動範囲の制限等の制度的担保が設けられていることを考え合わせれば、「思料」とは、難民に該当する可能性のある者を広く認めることを意味することになる。したがって、「思料」が制約的方向に働くならば、本条の趣旨に反する。

④　1項1号「難民条約第1条A(2)に規定する理由その他これに準ずる理由」

「難民条約」は、難民の地位に関する1951年条約（及び1967年議定書）を指す。同条約1条A(2)に規定する理由とは、「人種、宗教、国籍若しくは特定の社会的集団の構成員であること又は政治的意見」を指す。「その他これに準ずる理由」とは、これらと同視できる事情を広く含むと解するべきである。

本条解説③のとおり、一時庇護上陸許可の制度が、難民に該当する可能性のある者を広く暫定的に保護することを目的とすることから、対象となる者の逃れて来た「理由」についても広く認めるものである。この点、難民条約上の理由とは関係なく、専ら経済的困窮のみを理由として庇護を求めていることが明らかな場合には本条の上陸許可の対象外となると解さざるを得ないものの、経済的困難が難民条約上の迫害に端を発している事例も多いことから、不許可の判断は慎重になされなければならない。

⑤　1項1号「生命、身体又は身体の自由」

本号は、一時庇護上陸許可の要件として、当該外国人が、「生命、身体又は身体の自由」を害されるおそれのあった領域を逃れて入国したことを要求している。

しかし、難民条約にいう難民とは、「迫害」を受けるおそれがあるという十分に理由のある恐怖を有する者であるところ、ここにいう「迫害」については、生命、身体又は身体の自由に限らず、その他の重大な人権侵害も含むと解するのが国際的な通説である（広義説。法61条の2の解説参照）。

本号の趣旨が、難民条約上の難民及びこれに準ずる庇護を与える必要がある蓋然性のある者について、簡易な手続によりとりあえず上陸を許可することにあることからすれば、本号を硬直的に解すべきではない。

よって、本号に列挙されている「生命、身体又は身体の自由」については、重大な人権の例示列挙とみるべきであり、それ以外の人権についても、重大な人権侵害のおそれのあった領域から逃れて入国した者については、本号の要件を充たすと解すべきである（法70条の2の解説も参照）。

6　1項1号「害されるおそれ」

上記と同様の趣旨により、その生命、身体又は身体の自由を「害されるおそれ」の要件についても、「迫害を受けるおそれがあるという十分に理由のある恐怖を有する」こと（難民条約1条）よりも相対的に広く規定されており、迫害を受ける可能性が全くないことが明らかな場合を除くといった程度の趣旨であると解すべきである。

7　1項1号「本邦に入つた」

本邦の領域内に入ったという意味、すなわち、入国したということである。入国と上陸との差異については、法3条及び6条の解説参照。

当該外国人が第三国を経由して到着した場合でも、本号の「……領域から逃れて、本邦に入つた」に該当すると解されなければならない。このことは、法70条の2第2号においては、いわゆる安全な第三国を経由して日本に逃れてきた者を除外する趣旨で「……領域から、直接本邦に入つた」と規定されていることとの対比からも明らかである。

8　1項2号「相当であること」

本号の相当性の要件については、その制定趣旨が不明である。この「相当性」の「思料」が入国審査官によって恣意的に行われるとすれば、本条の制度趣旨はたやすく没却されてしまう。そこで、「相当」でない場合は極めて限定的に解釈されるべきであり、具体的には、「国の安全又は公の秩序を理由とする場合」（難民条約32条1項参照）に限られるというべきである。

9　2項の趣旨

2006年改正法により、一時庇護上陸の場合においても、個人識別情報（規則18条3項により、指紋及び顔写真とされている）の提供について定められている。しかしながら、一般の上陸審査における場合（法6条3項）と異なり、義務的なものとはされておらず、一時庇護上陸の「審査のために必要があると認めるとき」に限定されていることについては、寄港地上陸の場合と同様である。

この点、逐条解説は、一時庇護上陸の許可の審査に当たっても個人識別情報

の提供を求めるのが望ましいとするが（400頁）、このような運用が、プライバシー権ないし自己情報コントロール権又は外国人に対する差別的取扱いの禁止の観点から問題があるのみならず、人道的観点からも極めて問題があることは、法17条及び18条の解説で述べたのと同様である。

10　3項「一時庇護許可書」

規則別記27号様式である（規則18条4項）。同様式については、裏面の末尾に不動文字で「上記(2)から(4)までの条件に違反したときは、本許可を取り消すことがあります」と記載されているが、法・規則上、一時庇護上陸許可の取消しの規定は存在しないことから、この記載は書式として改められるべきである。

11　4項「法務省令で定めるところにより、……条件を付することができる」

規則18条5項各号として規定されている。

「上陸期間」は「6月を超えない範囲内で定める」（規則18条5項1号）とされるが、これは、当該外国人に対する難民該当性等の判断に十分な期間でなければならないと解される。「6月」と規定された理由は、あくまでも暫定的な上陸許可である点及び難民該当性の判断に十分な期間と考えられた点に求められる（なお、立法時の国の説明では、「百八十日間ぐらいのことを考えて」いた＝第94回国会参議院法務委員会〔1981年6月4日〕における大鷹弘法務省入国管理局長〔当時〕の答弁）。この点で、裏を返せば、往々にして6カ月どころか数年間も審査に要している現在の難民認定申請制度の運用に疑問がある（2010年7月に、法務省が6カ月間という標準処理期間を設定・公表したので、今後は短縮が見込まれる）。なお、やむを得ない事情で定められた期間内に難民該当性等の判断ができなかった場合には、再度一時庇護上陸許可（いわば期間更新）することも許されると考えるべきである。

「住居」は、「入国審査官」が「一時庇護のための上陸中の住居として適当と認める施設等」を「指定する」と規定されている（規則18条5項2号）。

「行動範囲の制限」には、一時庇護上陸許可が暫定的な措置であることに鑑み、その後正規の上陸が許可されずに送還等が行われる場合に身柄の確保を容易にしようとする趣旨があると思われるが、原則として「指定された住居の属する市町村の区域内」とされており（規則18条5項3号）、あまりにも範囲が狭くて現実的ではない場合が多いと思われる。特に、難民認定申請に向けて関係機関との打合せや情報収集をしたりする活動が予定されている本条の上陸の場合、十分な主張立証活動をこの行動制限が制約するおそれが存する。

「その他必要と認める条件」としては、規則18条5項4号で「報酬を受ける活動の禁止その他特に必要と認める事項」とされており、規則別記27号様式による一

時庇護上陸許可書の裏面(4)において、報酬を受ける活動の禁止が明記されていない場合には、就労活動を行うことも可能であることになる。現に、難民申請中の者に対する生活保障の制度も整っていない以上、原則として就労活動を禁止できないものと解すべきである(法61条の2の4の解説⑯参照)。

⑫ 仮滞在許可との関係

2004年改正法により、難民認定申請をした在留資格未取得外国人には、除外事由に当たらない限り、仮滞在許可が認められることとなった(法61条の2の4)。

ただ、一時庇護上陸許可と仮滞在とは要件も効果も異なる(例えば、一時庇護上陸許可が認められれば再入国許可が認められる場合もある。法26条1項参照)。したがって、法61条の2の4所定の除外事由があるために仮滞在許可が認められなくても、本条の要件を充たせば一時庇護上陸許可は認められるし、その逆もあり得る。また、船舶等に乗っている時点で、一時庇護上陸申請をするとともに、難民認定申請を行い、仮滞在許可の判断を仰ぐことも可能である。

ただし、一時庇護上陸許可が認められた者は、仮滞在許可の対象である在留資格未取得外国人(法61条の2の2)ではなくなるので、仮滞在許可は認められない。逆に、仮滞在許可が認められた場合には、本条1項の「船舶等に乗つている外国人」には当たらないので、一時庇護上陸許可も認められないという帰結になろう。

第4章
在留及び出国

　本章（法19条〜26条）は、在留及び在留関係手続、在留の条件及び出国について定めている。

　上陸を許可された外国人は、上陸時に決定された在留資格・在留期間の範囲内であれば自由に活動を行うことができるが、在留中に在留目的を変更したり、現に許可されている在留期間を超えて在留を続けようとする場合などは、一定の手続が必要となる。本章は、そのような在留関係手続として、在留期間更新（法21条）、在留資格変更（法20条）、永住許可（法22条）、資格外活動許可（法19条2項）、在留資格取得許可（法22条の2）を定める一方、不正事実等が判明した場合の在留資格の取消しの制度（法22条の4）を定めている（第1節第1款及び第2節）。

　また、2009年改正法は、法務大臣が外国人の在留管理に必要な情報を継続的に把握する制度を構築することを目的とし、日本に中長期間在留する外国人を対象者として、新たな在留管理制度を導入した（2012年7月9日施行）。これに伴い、外登法が廃止され、外国人登録証明書も廃止される一方、2009年改正住基法により、外国人住民が住基法の適用対象に加えられることとなった（2012年7月9日施行）。本章は、新たな在留管理制度に係る措置として、在留カード（法19条の3ないし6、11ないし15）、外国人本人の届出（法19条の7ないし10、16）、情報の継続的把握（法19条の18）といった情報の継続的把握のための措置を定めるとともに、所属機関による届出（法19条の17）、事実の調査（法19条の19）といった情報の正確性を担保するための措置を定めている（第1節第2款）。

　他方、不法入国・不法残留等の日本にとって好ましくないとされる事由がある外国人については、原則として日本から国外に退去を強制されることになる。本章は、このような事由の類型として、退去強制事由（法24条）を定めている（第3節）。

　さらに本章は、日本での活動を終えた外国人が日本から出国する場合の出国手続（法25条）を定めるとともに、日本に在留する外国人が再び入国する意図をもって出国する場合の再入国許可制度（法26条）をも定めている（第4節）。

第1節　在留

第1款　在留中の活動

第19条（活動の範囲）

① 別表第1の上欄の在留資格をもつて在留する者は、次項の許可を受けて行う場合を除き、次の各号に掲げる区分に応じ当該各号に掲げる活動を行つてはならない。

　１　別表第1の1の表、2の表及び5の表の上欄の在留資格をもつて在留する者　当該在留資格に応じこれらの表の下欄に掲げる活動に属しない収入を伴う事業を運営する活動又は報酬（業として行うものではない講演に対する謝金、日常生活に伴う臨時の報酬その他の法務省令で定めるものを除く。以下同じ。）を受ける活動

　２　別表第1の3の表及び4の表の上欄の在留資格をもつて在留する者　収入を伴う事業を運営する活動又は報酬を受ける活動

② 法務大臣は、別表第1の上欄の在留資格をもつて在留する者から、法務省令で定める手続により、当該在留資格に応じ同表の下欄に掲げる活動の遂行を阻害しない範囲内で当該活動に属しない収入を伴う事業を運営する活動又は報酬を受ける活動を行うことを希望する旨の申請があつた場合において、相当と認めるときは、これを許可することができる。この場合において、法務大臣は、当該許可に必要な条件を付することができる。

③ 法務大臣は、前項の許可を受けている者が同項の規定に基づき付された条件に違反した場合その他その者に引き続き当該許可を与えておくことが適当でないと認める場合には、法務省令で定める手続により、当該許可を取り消すことができる。

④ 第16条から第18条までに規定する上陸の許可を受けた外国人である乗員は、解雇により乗員でなくなつても、本邦にある間は、引き続き乗員とみなす。

1　本条の趣旨

　本条は、法別表第1の在留資格をもって在留する外国人が行うことができない活動を明らかにしたものである（これに対し、法2条の2の規定は、外国人がその有する在留資格に基づいて行うことができる活動を規定したものである）。同時に、資格外活動を行うことを希望する場合にはその許可を得てこれを行うことができる旨を規定したものである。

2　1項柱書「在留資格をもつて在留する者」

　本項の規定において在留資格による活動範囲の制限が定められているのは、法別表第1の在留資格である。法別表第2の在留資格はもともと活動範囲に制限がない（就労活動も自由にできる）とされているから、本項による規制の対象となっていない。

3　1項で禁止される活動

1項で禁止される活動は、いわゆる就労活動である。

このような資格外活動を行った場合は刑罰の適用があり（法73条）、さらに、このような活動を専ら行っていると明らかに認められる場合は、より重い刑罰が科されるほか（法70条1項4号）、退去強制事由となる（法24条4号イ）。

(1) 非就労活動

すなわち、「収入を伴う事業を運営する活動又は報酬……を受ける活動」でない活動は本条1項の制限の対象外である。例えば、自動車運転免許の取得その他資格の取得も、各法令で認められているか否かは別として、入管・難民法上は制限を受けることはない。また、婚姻し、家族を形成し、同居し協力扶助するなどの活動も制限を受けないことは当然である。

このようにみると、外国人が実生活において行う多種多様な活動のうち、法が規定するのは法2条の2・別表第1における「本邦において行うことができる活動」、すなわち、在留資格該当性を基礎づける活動と本条1項における「行うことができない活動」のみであって、この両者の間に、法が定めていない「在留資格の基礎として行うことは必要ではないが、禁止もされない活動」の類型が存在することがわかる。

(2) 「収入を伴う事業」

収入を伴う活動を業として行うこと、すなわち、収入を伴う同種の一定の行為を反復継続して行うことをいい、臨時に収入を伴う活動を行うことはこれに含まれない。なお、宗教活動、社会福祉活動等の営利を目的としないものであっても、収入を伴うものはこれに含まれるとされている（逐条解説407頁）。

(3) 「事業を運営する活動」

事業を自ら主体的に営むこと又は経営することをいう。なお、宗教活動、社会福祉活動等の営利を目的としないものであっても、同種の行為が一定の計画のもとに反復継続して行われると事業性を帯び、その活動に収入が伴ってきた場合は、これらを主体的に実施する主催者等については、これに該当すると評価されることがあり得るとされている（逐条解説407頁）。

(4) 「報酬……を受ける活動」

賃金・給料を得て働く場合のほか、労働・請負・委任の対価として支払われる金銭・物品を受ける活動を含むとされているが、「業として行うものではない講演に対する謝金、日常生活に伴う臨時の報酬その他の法務省令で定めるもの」については、禁止の対象から除外されている。規則19条の3は、このような活動として、講演、講義、討論その他これらに類似する行為（1号イ）、助言、鑑定その他これらに類似する活動（1号ロ）、小説、論文、絵画、写真、プログラムその他の著作物の

制作（1号ハ）、催物への参加、映画又は放送番組への出演その他これらに類似する活動（1号ニ）のほか、親族、友人又は知人の依頼を受けてその者の日常の家事に従事することに対する報酬（2号）を定めている。

(5)　1項で禁止される活動

当該在留資格に応じた法別表第1の下欄に掲げる活動に属しない就労活動である。したがって、在留資格該当性を有している限り、事後的に上陸許可基準を充たさなくなった場合や、転職等によって雇用機関等が変更した場合であっても、1項の規定に反するものではないことに留意する必要がある。

4　2項：許可の対象者となる外国人

その有する在留資格が我が国における就労活動を禁止し、あるいは一定の範囲に制限している者、すなわち法別表第1の各在留資格をもって在留する者である。法別表第2の在留資格は就労活動を何ら禁止・制限していないから、資格外就労の許可の必要がない。

5　2項：資格外就労

法務大臣（地方入国管理局長への権限委任につき、法69条の2、規則61条の2第4号参照）が「相当と認めるとき」に許可され、その判断は法務大臣の自由裁量に委ねられているとされている（逐条解説410頁）。ただし、その裁量に限界があることにつき、総論「行政裁量論」参照。

資格外就労が認められる範囲は無制限ではなく、①その外国人が有する在留資格による活動を阻害するものであってはならず、また、②単純労働を内容とする資格外就労は我が国の入管政策に抵触するものであるから原則として許可されない。

ただし、上記②の例外として、「留学」の在留資格をもって在留する外国人については、その本国と日本との所得格差の存在等を考慮して、留学中の学費や生活費を賄うため、次のとおり、一定の範囲で包括的な許可を受けてアルバイト活動（単純労働を含む。ただし、風俗営業若しくは店舗型性風俗特殊営業が営まれている営業所において行われるもの又は無店舗型性風俗特殊営業、映像送信型性風俗特殊営業、店舗型電話異性紹介営業若しくは無店舗型電話異性紹介営業に従事するものを除く）を行うことが実務上認められている。入在要領第10編第2章第2節「第2　特則」に、次のような基準が示されている。

「ア　留学生（専ら聴講による研究生及び聴講生を除く）

1週について28時間以内（教育機関の長期休業期間にあっては、1日について8時間以内）の収入を伴う事業を運営する活動又は報酬を受ける活動

イ　専ら聴講による研究生又は聴講生
　1週について14時間以内（教育機関の長期休業期間にあっては、1日について8時間以内）の収入を伴う事業を運営する活動又は報酬を受ける活動
ウ　就学生
　1日について4時間以内の収入を伴う事業を運営する活動又は報酬を受ける活動」。

6　2項：資格外就労許可申請の手続及び必要書類

　規則19条が定めている。また、上陸許可によって「留学」の在留資格を決定された後に引き続き資格外活動許可申請を行った場合については、規則19条の2が定めている。

7　2項「必要な条件を付することができる」

　2009年改正法（2010年施行部分）により、この一文が加えられた。実務上、従来も、資格外活動（アルバイト）の対象業種や就労時間数などの条件を付してきたが、法令上の根拠が明確ではなかったため、規定を整備したものである。

8　3項の趣旨

　法務大臣（地方入国管理局長への権限委任につき、法69条の2、規則61条の2第4号の2参照）に対し、資格外活動の条件違反等の場合に資格外活動許可を取り消す権限を認めた規定である。本項も2009年改正法により新設され、2010年7月1日から施行されている。従前、留学生が対象業種や就労時間数の条件に違反したアルバイトをした場合、法24条4号イに該当する事例についてのみ摘発が可能であった。法24条4号イは、許可の対象でない就労を専ら行っていると明らかに認められる場合に、退去強制事由に該当する旨規定している。

　1990年以降、入国管理局は、アルバイトの条件に違反した留学生に対する摘発を強化し、軽微な違反についても、法24条4号イ該当性を認めて、留学生を退去強制処分とする事例が多数発生した。しかし、条件違反にも軽重があり、アルバイトをしながら勉学に励む留学生は、仮に条件違反があっても、説諭により、その後の条件の遵守が期待できるのであるから、「当該許可を与えておくことが適当でない」場合とは、説諭によっても態度を改めないような事例をいうものと解すべきである。

　さらにアルバイト等の条件違反は留学生に発生しやすいが、留学生の受入れが各国との親善を深めることも重要な目的とすることに配慮して、取消処分は謙抑的に行われるべきである。

本条項は、取消手続を法務省令に委任しているが、取消処分は、一度与えた許可を取り消すものであって、既得権の剥奪であること、及び、多くの留学生にとって、アルバイト許可の取消しは日本における留学の継続を困難にすることから、省令への委任には疑問がある。

⑨　4項「引き続き乗員とみなす」

　乗員上陸許可、緊急上陸許可又は遭難上陸許可を受けて日本に滞在している外国人は、乗員であることを前提としてこれらの許可を受けていることから、解雇された場合には引き続き滞在を継続できるか否かが問題となり得る。本項は、そのような者についても、「引き続き乗員とみなす」と規定することにより、これらの許可の範囲内で引き続き日本に滞在できることを規定したものである。

第19条の2（就労資格証明書）

① 法務大臣は、本邦に在留する外国人から申請があつたときは、法務省令で定めるところにより、その者が行うことができる収入を伴う事業を運営する活動又は報酬を受ける活動を証明する文書を交付することができる。
② 何人も、外国人を雇用する等に際し、その者が行うことができる収入を伴う事業を運営する活動又は報酬を受ける活動が明らかな場合に、当該外国人が前項の文書を提示し又は提出しないことを理由として、不利益な取扱いをしてはならない。

① 本条の趣旨

　本条の趣旨は、外国人が我が国で就労しようとする場合にその在留資格に照らして就労活動をすることが認められていることを証明することによって就労を容易にし、また雇用者側からも当該外国人が就労活動をすることが認められていることを簡易に確認することができるようにする点にある。

　本条によって証明の対象となる就労活動とは、その外国人が有する在留資格に基づいて本来行うことができる活動（法別表第1の1、2、5の表にあっては各表の下欄に定義された活動、法別表第2にあっては就労活動の範囲に制限なし）及び資格外活動許可によって認められた就労活動である。これを証明書を受ける外国人の立場から見ると、別表第1の1、2、5の表の在留資格をもって在留する外国人については、その在留資格によって認められる就労活動及び資格外就労許可を得ている場合にはその就労活動が対象となり、別表第1の3及び4の表の在留資格をもって在留する外国人については、資格外就労許可によって認められる就労活動が対象となり、別表第2の在留資格をもって在留する外国人については、あらゆる就労活動がその対象となる。

2　1項「その者が行うことができる収入を伴う事業を運営する活動又は報酬を受ける活動を証明する文書」

　法務大臣は、外国人の申請に基づき、就労資格証明書を交付する。その申請手続（代理申請を含む）及び必要書類、証明書の書式等について、規則19条の4及び規則別記29号の5様式に規定されている。また、手数料は法67条の2を受けて定められている令7条6号で680円と定められている。

　なお、実務上は、在留期間の中途で転職し、転職先の就労内容が在留資格で定められた活動に該当することを念のため確認するために、本条の証明書を申請するという方法がよくとられている（次の在留期間更新期を待たずとも、証明書が交付されたことをもって、在留資格該当性が認定された事実が確認できるからである）。

3　2項の趣旨

　本条の趣旨が、外国人の就労活動の円滑化にあることに鑑み、逆に就労資格証明書を提示・提出しないことを理由にした不利益な取扱いが発生することを防止すべく、置かれた規定である。「不利益な取扱い」とは、不採用（雇用しないこと）、降格、解雇等を広く含むものと解される。

第2款　中長期の在留

第19条の3（中長期在留者）
　法務大臣は、本邦に在留資格をもつて在留する外国人のうち、次に掲げる者以外の者（以下「中長期在留者」という。）に対し、在留カードを交付するものとする。
　1　3月以下の在留期間が決定された者
　2　短期滞在の在留資格が決定された者
　3　外交又は公用の在留資格が決定された者
　4　前3号に準ずる者として法務省令で定めるもの

1　本条の趣旨

　本条は、中長期在留者に対して在留カードが交付されることを定めるとともに、新たな在留管理制度全体の対象者となる中長期在留者の範囲を規定したものである。

2　柱書「中長期在留者」

　本条は、新たな在留管理制度の根幹をなす制度である「在留カード」が交付さ

れる対象者の範囲を定めているが、新たな在留管理制度が外国人の在留管理に必要な情報を継続的に把握することを目的とするものであることから、入管・難民法上の中長期の在留資格をもって日本に在留する外国人が対象者とされている。

　本条にいう中長期在留者は、外国人本人の届出（法19条の7ないし10）、情報の継続的把握（法19条の18）といった情報の継続的把握のための措置に関する規定や、所属機関による届出（法19条の17）、事実の調査（法19条の19）、在留資格の取消制度（法22条の4）といった情報の正確性を担保するための措置に関する規定においても対象者として引用されていることから、本条は新たな在留管理制度全体の対象者の範囲を定めるものともなっている。

　もっとも、この新たな在留管理制度については、一般永住者を含む日本に在留するすべての中長期滞在の外国人の在留管理に必要な情報を一元的かつ継続的に把握しようとするものであるから、プライバシー権及び自己情報コントロール権の保障、外国人の差別的取扱いの禁止等の観点からの重大な問題点を含んでいるという指摘がされてきた（日弁連意見書⑤等）。

　こうした指摘をも踏まえ、2009年改正法の国会審議（第171回国会）では、衆議院法務委員会（2009年6月19日）及び参議院法務委員会（2009年7月7日）において、「永住者のうち特に我が国への定着性の高い者についての在留管理の在り方の検討に当たっては、その歴史的背景をも踏まえ、在留カードの常時携帯義務及びその義務違反に対する刑事罰の在り方、在留カードの更新等の手続、再入国許可制度等を含め、在留管理全般について広範な検討を行うこと」という内容の附帯決議がなされている。

③　柱書「本邦に在留資格をもって在留する外国人」

　新たな在留管理制度は、入管・難民法上の在留資格をもって日本に中長期間在留する外国人を対象者としており、日本に中長期間在留する者であったとしても、入管・難民法上の在留資格を有しない場合は、新たな在留資格制度の対象外とされ、在留カードは交付されないものとされている。

(1)　特別永住者

　特別永住者は、日本国との平和条約の発効により日本の国籍を離脱した者で戦前から引き続き日本に在留しているもの及びその子孫であって、その有する歴史的経緯に鑑み、入管特例法に定める特別永住者として、入管・難民法上の在留資格を有しないで日本に永住する法的な地位を付与されている者であり、新たな在留管理制度の対象から除かれ、在留カードは交付されないものとされている。

　他方、特別永住者に対しては、2009年改正入管特例法により、従前の外国人登録証明書に代えて、氏名等の基本的な身分事項、住居地等が記載された特別

永住者証明書を交付することとされた（2012年7月9日施行）。なお、2009年の同法の国会審議において、特別永住者については、特別永住者証明書及び旅券の常時携帯義務に関する規定が削除されることになった。

(2) 特例上陸許可者等

入管・難民法上の在留資格を有していない一時庇護上陸許可者を含む特例上陸許可者（法第3章第4節）や仮滞在許可者（法61条の2の4）についても、新たな在留管理制度の対象外とされ、在留カードは交付されないものとされているが、難民の可能性のある一時庇護上陸許可者及び仮滞在許可者については、住民基本台帳制度の対象者とされており（住基法30条の45）、不整合の感が否めない。

(3) 在留資格を有しない者

在留資格を有しない者は、新たな在留管理制度の対象から除外されるとともに、住民基本台帳制度においても対象外とされ、在留カードは交付されないものとされている。

この点、従前の外登法では、在留資格を有しない者についても外国人登録の対象とされており、市町村は、事実上、外国人登録の情報を行政サービスの提供の基礎としていたところ、これらの者を住民基本台帳制度の対象から除外することは、児童の教育、母子保護等の在留資格を有しない者に対しても提供されてきた行政サービスの実施を阻害するおそれがあるという指摘がされてきた（日弁連意見書⑤等）。

これらの指摘をも踏まえ、2009年改正法及び同年改正住基法では、仮放免許可者であって仮放免の日から一定期間を経過したものについては、施行日以後においてもなおその者が行政上の便益を受けられるようにするとの観点から、その居住地、身分関係等の法務大臣から市町村に対する通知、その者に係る記録の適正な管理のあり方等について検討を加え、必要な措置を講ずるものとするという内容の附則が設けられている（いずれも2012年7月9日施行）。

④ 1号「3月以下の在留期間が決定された者」・2号「短期滞在の在留資格が決定された者」

これらの者については、入管・難民法上の在留資格を有するとしても、短期間で日本から出国することが予定されていることから、新たな在留管理制度の対象外とされた。

在留資格の変更や在留期間の更新等によって新たに本条に規定する中長期在留者となった場合には、その時点から新たな在留管理制度の対象者となり、在留カードが交付されることとなる（法20条4項1号、21条4項）。

なお、3月以下の在留期間で上陸した者が、在留期間の更新によって再度3月

以下の在留期間が決定された場合は、結果として3カ月を超えて日本に在留することになったとしても、新たな在留資格制度の対象外とされる。

5　3号「外交又は公用の在留資格が決定された者」

これらの者については、外国人登録の対象外であったものであり、入管・難民法上の在留資格をもって日本に中長期間在留するとしても、国際儀礼上配慮の必要性が高いとして、新たな在留資格制度の対象からも除かれている。

6　4号「前3号に準ずる者として法務省令で定める者」

3号に定める「外交又は公用の在留資格が決定された者」に準ずるものとして、規則19条の5は、①「特定活動」の在留資格を決定された者であって、亜東関係協会（中華民国の日本における窓口となる機関）の本邦の事務所の職員又は当該職員と同一世帯に属する家族の構成員としての活動を特に指定されたもの（1号）、②「特定活動」の在留資格を決定された者であって、駐日パレスチナ総代表部の職員又は当該職員と同一の世帯に属する家族の構成員としての活動を特に指定されたもの（2号）を定めている。

第19条の4（在留カードの記載事項等）

① 在留カードの記載事項は、次に掲げる事項とする。
　1　氏名、生年月日、性別及び国籍の属する国又は第2条第5号ロに規定する地域
　2　住居地（本邦における主たる住居の所在地をいう。以下同じ。）
　3　在留資格、在留期間及び在留期間の満了の日
　4　許可の種類及び年月日
　5　在留カードの番号、交付年月日及び有効期間の満了の日
　6　就労制限の有無
　7　第19条第2項の規定による許可を受けているときは、その旨
② 前項第5号の在留カードの番号は、法務省令で定めるところにより、在留カードの交付（再交付を含む。）ごとに異なる番号を定めるものとする。
③ 在留カードには、法務省令で定めるところにより、中長期在留者の写真を表示するものとする。この場合において、法務大臣は、第6条第3項の規定その他法務省令で定める法令の規定により当該中長期在留者から提供された写真を利用することができる。
④ 前3項に規定するもののほか、在留カードの様式、在留カードに表示すべきものその他在留カードについて必要な事項は、法務省令で定める。
⑤ 法務大臣は、法務省令で定めるところにより、第1項各号に掲げる事項及び第2項の規定により表示されるものについて、その全部又は一部を、在留カードに電磁的方式により記録することができる。

1　本条の趣旨

本条は、在留カードの記載事項等を定めたものである。

2　1項柱書「在留カード」

在留カードとは、法務大臣が、上陸、在留期間の更新・在留資格の変更等の許可に伴い、当該許可を受けた中長期在留者に対して交付する文書をいう。

(1) 制度の目的

立法担当者は、「外国人が、我が国に中長期間適法に在留することができる外国人であることを明らかにするものであると同時に、法務大臣が把握する情報の重要部分が記載され、その内容が常に最新の状態に保たれることを通じて、法務大臣による継続的な情報把握を担保するものであ」るとしている (山田ほか35頁)。

しかし、この在留カードについては、2005年6月の自由民主党政務調査会による「新たな入国管理施策への提言―不法滞在者の半減をめざして」において提案され、その後、政府の犯罪対策閣僚会議における外国人の在留管理に関するワーキングチームで検討されてきたという経緯からすれば、外国人の利便性というよりも、不法滞在者の摘発の強化や不法就労の防止、犯罪対策等を目的として構想されたものと解される。

そして、2008年3月の第五次出入国管理政策懇談会による「新たな在留管理制度に関する提言」において、現行の在留管理制度の問題点として、不法滞在者への外国人登録証明書交付の問題や一般の人々がこれら証明書を見て正規滞在者と誤解すること等が挙げられていることからすれば、在留カード制度の目的は、不法滞在者にこのような文書を交付しないこと、就労可能な外国人かどうかを明らかにすることなどにより、不法滞在者の摘発や不法就労の防止等を容易にしようとすることにあると考えられる。

(2) 法的性質

立法担当者は、交付を受けた外国人について、法務大臣が日本に中長期間滞在できる在留資格及び在留期間をもって適法に在留する者であることを証明する証明書としての性格とともに、在留に係る許可時に交付される在留カードについては、その交付が従来の旅券になされる許可の証印等に代わる許可証としての性格をも有するとしている (山田ほか35頁)。

しかし、在留カードについては、中長期在留者はこれを受領し、かつ、常に携帯していなければならないとされるとともに (法23条2項)、権限ある官憲が提示を求めた場合には提示しなければならないとされており (同条3項)、かつ、これらの受領、携帯及び提示義務に違反した場合には、刑事罰が科せられるものとなっている (法75条の2第1号・2号、75条の3)。

これらの規定の内容からすれば、在留カードは、交付を受けた外国人の在留資格に関する証明書又は許可証としての性質を超えて、まさに当該外国人の在留資格自体を化体する性質を有するものと考えられる。

③　1項1号の趣旨
本号は、氏名、生年月日、性別及び国籍等という基本的な身分事項を記載事項としたものである。「第2条第5号ロに規定する地域」としては、令1条により、台湾並びにヨルダン川西岸地区及びガザ地区とされている。

④　1項2号の趣旨
「住居地」とは、日本における主たる住居の所在地であり、2009年改正法において新たに使用されるようになった用語である。

従前、外登法においては、「居住地」という用語が用いられていたところ、立法担当者は、居住地は単なる現在地を含む概念であり、公園や路上等も含むものとされることから、異なる概念を用いる必要があったが、「住所」という用語では、海外を含む生活の本拠を意味することになることから、日本における主たる住居の所在地を意味するものとして、「住居地」を記載事項としたとしている（山田ほか38頁）。

しかし、住基法においては、日本に中長期間在留する外国人についても、同様に日本における主たる住居の所在地を意味するものとして、「住所」という用語を使用するものとされていることからすれば、入管・難民法において、「住所」が海外を含む生活の本拠を意味することになるとして、「住居地」という用語をあえて使用する必要があったかについては、疑問があると言わざるを得ない。

なお、国民健康保険法5条の「住所を有する者」について、最高裁は、在留資格を有しない外国人であったとしても、市町村を居住地とする外国人登録をして、法50条所定の在留特別許可を求めており、諸事情に照らし、当該市町村の区域内で安定した生活を継続的に営み、将来にわたってこれを維持し続ける蓋然性が高いと認められる場合は、上記にいう「住所を有する者」に該当するとしている（最一小判平16・1・15民集58巻1号226頁・判時1850号16頁・判タ1145号120頁）。

⑤　1項3号の趣旨
本号は、在留資格、在留期間及び在留期間の満了の日という在留資格に関する基本的な事項を記載事項としたものである。在留カードは、交付を受けた外国人の在留資格を化体するものとなっており、これらの事項はその根幹となる記載事項である。

6　1項4号の趣旨

本号は、在留資格の根拠となる許可の種類及び年月日を記載事項としたものであり、許可の種類とは、上陸許可、在留期間の更新許可、在留資格の変更許可等である。

7　1項5号の趣旨

本号は、在留カードの番号、交付年月日及び有効期間の満了の日を記載事項としたものである。

在留カードに番号が付されることについては、交付された外国人に在留カードの常時携帯を義務付けていることと相まって、カード番号をマスターキーとして在留カードを使用した記録を名寄せすることにより、当該外国人の日常的な行動が容易に把握されることになるおそれがあるという指摘がされてきた（日弁連意見書⑤等）。

このような指摘をも踏まえ、衆議院法務委員会における修正により、民間業者等による在留カードの番号をキーとする不当なデータベースの構築を防止するため、在留カードの番号については、在留カードの交付ごとに異なる番号を定めることとするとともに（本条2項）、交付を受けた外国人が在留カードの交換を希望する場合は、在留カードの再交付を申請することができることとされた（法19条の13第1項）。

もっとも、法務大臣は、在留カードの番号の変更履歴などを把握できることから、在留カードの番号をマスターキーとしてさまざまな情報が名寄せされ、外国人への監視が強められるという懸念はなお拭い切れていないと指摘されている（日弁連会長声明②等）。

8　1項6号の趣旨

本号は、就労制限の有無を記載事項としたものであり、外国人を雇用しようとする者が、在留カードを確認することによって、当該外国人の就労資格の有無を容易に判断できるようにしたものである。

外国人の在留資格とは別に、就労制限の有無自体を在留カードの記載事項とする本号は、在留カードが不法滞在者に交付されないこととともに、在留カード制度の目的が、不法滞在者の摘発や不法就労の防止等を容易にしようとすることにあることを示すものである。

9　1項7号の趣旨

本号は、「留学」等の就労できない在留資格を有している外国人が、法19条2項の規定による資格外活動許可を受けているかどうかを記載事項としたものであり、前号と同様に、外国人を雇用しようとする者が、在留カードを確認することによって、当該外国人が就労できるかどうかを容易に判断できるようにしたものである。

10　2項の趣旨

本項は、在留カードの番号をマスターキーとして、当該在留カードを使用した記録を名寄せすることにより、当該外国人の日常的な行動が容易に把握されることになるおそれがあるという指摘を踏まえ、在留カードの番号については、在留カードの交付ごとに異なる番号を定めることとしたものである。

11　3項の趣旨

本項は、在留カードに顔写真を表示することにより、在留カードを所持する者と当該在留カードに記載された外国人が同一人であることについて、提示を求める権限のある官憲等が確認できるようにしたものである。

新規上陸に伴う在留カードの交付の場合は、法6条3項によって上陸申請時に提供しなければならないとされる個人識別情報のうち顔写真を利用することが考えられることから、当該顔写真を利用することができるとされている。

なお、16歳に満たない外国人については、常時携帯義務が課せられていないことから、在留カードに顔写真は表示されない。

12　4項「在留カードの様式、在留カードに表示すべきもの」

「在留カードの様式」については、規則19条の6第9項により、規則別記29号の7様式によるものとされている。また、「在留カードに表示すべきもの」については、規則19条の6第9項により、①資格外活動許可をしたときは、新たに許可した活動の要旨（1号）、②住居地の記載に係る届出の年月日（2号）、③在留資格の変更申請中又は在留期間の更新申請中であること（3号）と定められている。

13　5項の趣旨

本項は、在留カードの記載事項の全部又は一部を在留カードに電磁的方式により記録することができるようにしたものである。

在留カードにはICチップが搭載されることになるが、立法担当者は、その目的として、在留カードの偽変造の防止のほか、市町村にICリーダライターが設置され

ることにより、住居地等の届出に際し、事務の効率化や過誤の防止が可能となるとしている(山田ほか40頁)。

　しかし、在留カードの番号をマスターキーとしてさまざまな情報が名寄せされ、外国人への監視が強められるという懸念がなお拭い切れていないことからすれば、在留カードのICチップに記録された情報の読み出しを広範な場所で可能にすることは、プライバシー権又は自己情報コントロール権の保障の観点からの問題があるものと言わざるを得ない。

[14]　5項「法務省令で定めるところにより、第1項各号に掲げる事項及び第2項の規定により表示されるものについて、その全部又は一部」

　在留カードに電磁的方式により記録される事項は、1項各号及び2項に定める在留カードの記載事項の全部又は一部について、法務省令で定めるところによるとされており、具体的には、規則19条の6第10項によって定められている。

　したがって、在留カードの記載事項以外の事項を電磁的方式により記録することは許されず、例えば、法6条3項によって上陸申請時に提供することが義務付けられる個人識別情報である指紋情報を在留カードに電磁的方式によって記録することは許されないことになる。

第19条の5（在留カードの有効期間）

① 在留カードの有効期間は、その交付を受ける中長期在留者に係る次の各号に掲げる区分に応じ、当該各号に定める日が経過するまでの期間とする。
　1　永住者（次号に掲げる者を除く。）　在留カードの交付の日から起算して7年を経過する日
　2　永住者であって、在留カードの交付の日に16歳に満たない者（第19条の11第3項において準用する第19条の10第2項の規定により在留カードの交付を受ける者を除く。第4号において同じ。）　16歳の誕生日（当該外国人の誕生日が2月29日であるときは、当該外国人のうるう年以外の年における誕生日は2月28日であるものとみなす。以下同じ。）
　3　永住者以外の者（次号に掲げる者を除く。）　在留期間の満了の日
　4　永住者以外の者であって、在留カードの交付の日に16歳に満たない者　在留期間の満了の日又は16歳の誕生日のいずれか早い日
② 前項第3号又は第4号の規定により、在留カードの有効期間が在留期間の満了の日が経過するまでの期間となる場合において、当該在留カードの交付を受けた中長期在留者が、第20条第5項（第21条第4項において準用する場合を含む。以下この項、第24条第4号ロ及び第26条第4項において同じ。）の規定により、在留期間の満了後も引き続き本邦に在留することができることとなる場合にあっては、当該在留カードの有効期間は、第20条第5項の規定により在留することができる期間の末日が経過するま

での期間とする。

1　本条の趣旨
本条は、在留カードの有効期間を定めたものである。

2　1項1号の趣旨
本号は、在留カードの交付を受けた永住者が16歳以上の場合は、在留カードの有効期間を7年としたものである。

「永住者」については、在留期間は無制限とされているが、外国人登録証明書の切替交付の制度（外登法11条）と同様に、在留カードの有効期間を定めた上、記載事項の誤り等がないかを確認するとともに、新たに顔写真を提供させることとしたものである。

3　1項2号の趣旨
本号は、在留カードの交付を受けた永住者が16歳未満の場合は、在留カードの有効期間を16歳の誕生日までとしたものである。

16歳未満の外国人については、常時携帯義務がないことから、在留カードに顔写真が表示されていないところ、16歳になったときに顔写真が表示された在留カードを常時携帯させるため、有効期間を16歳の誕生日までとしたものである。

なお、誕生日が2月29日である場合、うるう年以外の年における誕生日は2月28日であるものとみなされる。

4　1項3号の趣旨
本号は、在留カードの交付を受けた外国人が永住者以外の者で16歳以上の場合は、在留カードの有効期間を在留期間の満了の日までとしたものである。

永住者以外の外国人については、在留期間があることから、在留期間の満了の日と在留カードの有効期間の終期を同じにしたものである。

5　1項4号の趣旨
本号は、在留カードの交付を受けた外国人が永住者以外の者で16歳未満の場合には、在留カードの有効期間を在留期間の満了の日又は16歳の誕生日のいずれか早い日までとしたものである。

16歳未満の外国人については、常時携帯義務がないことから、在留カードに顔写真が表示されていないところ、16歳になったときに顔写真が表示された在留カードを常時携帯させるため、16歳の誕生日が在留期間の満了の日よりも早い場合

は、有効期間を16歳の誕生日までとしたものである。
　なお、誕生日が2月29日であるときに、うるう年以外の年における誕生日が2月28日であるものとみなされることは、16歳未満の永住者の場合と同様である。

6　2項の趣旨

　2009年改正法により、在留資格の変更許可又は在留期間の更新許可の申請があった場合において、在留期間の満了の日までにその申請に対する処分がされないときは、外国人は、その在留期間の満了後も、当該処分がされる日又は在留期間の満了の日から2カ月を経過する日のいずれか早い日までの間は、引き続きその在留資格をもって日本に在留することができるとされたことから（法20条5項、21条4項。2012年7月9日施行）、本項は、在留期間の有効期間についても、これに合わせて伸長したものである。

第19条の6（新規上陸に伴う在留カードの交付）

　法務大臣は、入国審査官に、前章第1節又は第2節の規定による上陸許可の証印又は許可（在留資格の決定を伴うものに限る。）を受けて中長期在留者となった者に対し、法務省令で定めるところにより、在留カードを交付させるものとする。

1　本条の趣旨

　本条は、在留カードが交付される場面として、法務大臣が、入国審査官に、新規に上陸許可を受けて中長期在留者となった者に対し、在留カードを交付させることを定めたものである。

2　「前章第1節又は第2節の規定による上陸許可の証印又は許可（在留資格の決定を伴うものに限る。）」

　「前章第1節又は第2節の規定による上陸許可の証印又は許可」とは、入国審査官が上陸審査を経て上陸許可の証印をする場合（法9条1項）、特別審理官が口頭審理を経て上陸許可の証印をする場合（法10条8項）、主任審査官が法務大臣から異議の申出が理由があると裁決した旨の通知を受けて上陸許可の証印をする場合（法11条4項）、法務大臣が上陸特別許可をする場合（法12条）である。
　前章第3節又は第4節の規定による仮上陸許可又は特例上陸許可を受けて上陸する場合は、入管・難民法上の在留資格をもって在留するものではないことから、在留カードは交付されない。
　また、再入国の許可（法26条）を受けて出国した後に上陸許可の証印又は許可を受けた場合は、「在留資格の決定を伴うもの」ではないことから、在留カードが

新たに交付されることはない。

3 「在留カードを交付させるものとする」

新規上陸に伴って在留カードが中長期在留者に交付される場合、上陸許可と同時に上陸した海空港で在留カードが交付されることが原則となる。

しかし、一部の海空港では施行日までに在留カードの発行体制の整備が間に合わないと予想されることから、このような海空港では、当分の間、中長期在留者の旅券に、「後日在留カードを交付する旨の記載をさせるものとする」とされた（2009年改正法附則7条1項）。この場合において、中長期在留者は、在留カードではなく、「後日在留カードを交付する旨の記載を受けた旅券を提示し」た上、新規上陸後の住居地の届出を行うことになる（2009年改正法附則7条2項）。

立法担当者によれば、この場合における在留カードの交付については、当該中長期在留者が住居地の届出をした後にされるものとされている（山田ほか139頁）。

第19条の7（新規上陸後の住居地届出）

① 前条に規定する中長期在留者は、住居地を定めた日から14日以内に、法務省令で定める手続により、住居地の市町村（東京都の特別区の存する区域及び地方自治法第252条の19第1項の指定都市にあっては、区。以下同じ。）の長に対し、在留カードを提出した上、当該市町村の長を経由して、法務大臣に対し、その住居地を届け出なければならない。

② 市町村の長は、前項の規定による在留カードの提出があった場合には、当該在留カードにその住居地の記載（第19条の4第5項の規定による記録を含む。）をし、これを当該中長期在留者に返還するものとする。

③ 第1項に規定する中長期在留者が、在留カードを提出して住民基本台帳法（昭和42年法律第81号）第30条の46の規定による届出をしたときは、当該届出は同項の規定による届出とみなす。

1 本条の趣旨

本条は、新規上陸に伴って在留カードの交付を受けた中長期在留者が、住居地（法19条の4の解説4参照）を届け出なければならないことを定めたものである。

2 1項の趣旨

新たな在留管理制度は、法務大臣が外国人の在留管理に必要な情報を継続的に把握する制度を構築することを目的としているところ、住居地は在留管理上法務大臣が随時的確に把握しておくべき情報とされたことから、新たに上陸した中長期在留者は、住居地を定めた日から14日以内に、住居地の市町村において、

在留カードを提出した上、法務大臣にその旨を届け出なければならないとされたものである。

③　1項「当該市町村の長を経由して、法務大臣に対し」

本条解説②のとおり、新たに上陸した中長期在留者の住居地の届出は法務大臣に対してされるが、他方で、全国各地に居住する外国人の利便性や市町村の住民行政における外国人の居住情報の把握の必要性に鑑み、届出先は地方入国管理局ではなく、住居地の市町村の窓口とされたものである。

この場合において、市町村の長が外国人から住居地の届出を受ける事務は、地方自治法2条9項1号に定める法定受託事務となるところ、この法定受託事務の範囲は、外国人が法務大臣に住居地を届け出る際の窓口となるという経由事務に限定されることになるものである。

④　1項「住居地を届け出なければならない」

(1) 刑事罰

新規上陸に伴って在留カードの交付を受けた中長期在留者は、住居地を届け出る義務があるところ、虚偽の住居地を届け出た場合や、住居地を定めてから14日以内に届出義務を履行しなかった場合には、刑事罰が科せられることになる（法71条の2第1号、71条の3第1号）。

このように、新たな在留管理制度においては、履行期限を定めて届出義務を課しており、虚偽の届出を行った場合のみならず、14日以内という履行期限を経過した場合であっても、刑事罰を科すものとしているものであって、外国人に著しい不利益をもたらすおそれがある。

(2) 在留資格取消し

また、新たに中長期在留者となった者が、その日から90日以内に住居地の届出をしなかった場合や、虚偽の住居地を届け出た場合には、在留資格の取消しの対象となるとされており（法22条の4第1項8号・10号）、住居地の届出義務は、刑事罰のみながらず、在留資格取消制度によっても履行を強制するものとなっている。

しかし、日本人の場合における同様の制度である住基法に定める転入届については、転入した日から14日以内に転入届を届け出なかった場合であっても、過料が課されるにすぎないところ（住基法53条2項、22条）、中長期在留者が14日以内という履行期限内に住居地の届出をしなかった場合には、刑事罰を科すのみならず、在留資格の取消しの対象とすることは、外国人に著しい不利益を課すことになるものである。

第171回国会衆議院法務委員会（2009年6月19日）及び参議院法務委員会（2009

年7月7日）では、上陸許可の証印等を受けた日から90日以内に住居地の届出をしないことにより在留資格を取り消すことができる制度については、その弾力的な運用を行うという内容の附帯決議がなされている。

法22条の4の解説33～36も参照。

5　2項の趣旨

本項は、新たに上陸した中長期在留者が住居地の届出をした場合において、届け出られた住居地は、市町村の窓口で在留カードの裏面に記載されるとともに、在留カードに搭載されたICチップに記録されることを定めたものである。

この場合において、市町村の長が届け出られた住居地を在留カードに記載又は在留カードに搭載されたICチップに記録する事務は、住居地の届出を受ける事務と同様に、法定受託事務となるものであり、また、この法定受託事務の範囲は、届け出られた住居地に関する情報を在留カードに反映させることに限定されるものである。

6　3項の趣旨

本項は、新たに上陸した中長期在留者が在留カードを提示して住基法30条の46に定める国外からの転入の届出をした場合は、法務大臣に対する住居地の届出があったものとみなし、本条1項に規定する届出義務を履行したものとすることを定めている。

第19条の8（在留資格変更等に伴う住居地届出）

①　第20条第3項本文（第22条の2第3項（第22条の3において準用する場合を含む。）において準用する場合を含む。）、第21条第3項、第22条第2項（第22条の2第4項（第22条の3において準用する場合を含む。）において準用する場合を含む。）、第50条第1項又は第61条の2の2第1項若しくは第2項の規定による許可を受けて新たに中長期在留者となった者は、住居地を定めた日（既に住居地を定めている者にあっては、当該許可の日）から14日以内に、法務省令で定める手続により、住居地の市町村の長に対し、在留カードを提出した上、当該市町村の長を経由して、法務大臣に対し、その住居地を届け出なければならない。
②　前条第2項の規定は、前項の規定による在留カードの提出があつた場合に準用する。
③　第1項に規定する中長期在留者が、在留カードを提出して住民基本台帳法第30条の46又は第30条の47の規定による届出をしたときは、当該届出は同項の規定による届出とみなす。
④　第22条の2第1項又は第22条の3に規定する外国人が、第22条の2第2項（第22条の3において準用する場合を含む。）の規定による申請をするに際し、法務大臣に対

> し、住民基本台帳法第12条第1項に規定する住民票の写し又は住民票記載事項証明書を提出したときは、第22条の2第3項（第22条の3において準用する場合を含む。）において準用する第20条第3項本文の規定による許可又は第22条の2第4項（第22条の3において準用する場合を含む。）において準用する第22条第2項の規定による許可があつた時に、第1項の規定による届出があつたものとみなす。

1　本条の趣旨

本条は、在留資格変更等によって新たに中長期在留者となった者が、住居地（法19条の4の解説4参照）を届け出なければならないことを定めたものである。

2　1項の趣旨

新たな在留管理制度において、住居地は法務大臣が随時的確に把握しておくべき情報とされたところ、在留資格の変更（法20条3項本文）、在留期間の更新（法21条3項）、在留資格の取得（法22条の2第3項・4項）、永住許可（法22条2項）、在留特別許可（法50条1項）、在留資格に係る許可（法61条の2の2第1項・2項）等によって中長期在留者となった者は、住居地を定めた日又は当該許可の日から14日以内に、住居地の市町村において、在留カードを提出した上、法務大臣にその旨を届け出なければならないとされたものである。

3　1項「当該市町村の長を経由して、法務大臣に対し」

新規上陸後の住居地の届出の場合と同様である（法19条の7の解説3参照）。

4　1項「住居地を届出なければならない」

在留資格変更等によって新たに中長期在留者となった者が、虚偽の住居地を届け出た場合や、住居地を定めてから14日以内に届出義務を履行しなかった場合には、刑事罰が科せられることになること（法71条の2第1号、71条の3第1号）、このような者の住居地の届出義務が、刑事罰のみならず、在留資格取消制度によっても履行を強制されており（法22条の4第1項8号・10号）、外国人に著しい不利益をもたらすおそれがあることについては、新規上陸後の住居地の届出の場合と同様である（法19条の7の解説4参照）。

5　2項の趣旨

新たに中長期在留者となった者が住居地の届出をした場合の事務処理について、新規上陸後の住居地の届出の場合と同様とする（法19条の7の解説5参照）。

6　3項の趣旨

　本項は、在留資格変更等によって新たに中長期在留者となった者が在留カードを提示して住基法30条の46に定める国外からの転入の届出又は同法30条の47に定める中長期在留者となったことの届出をした場合は、法務大臣に対する住居地の届出があったものとみなし、本条1項に規定する届出義務を履行したものとすることを定めている。

7　4項の趣旨

　日本国籍を離脱した者や出生等により上陸の手続を経ずに日本に在留することになる者は、当該事由が生じた日から60日間は引き続き在留資格を有せずに日本に在留することができる（法22条の2第1項）。

　住基法30条の45は、この規定により日本に在留することができる者のうち、国内で出生した者を「出生による経過滞在者」と定義し、日本国籍を失った者を「国籍喪失による経過滞在者」と定義しているところ、これらの経過滞在者については、在留資格の取得の申請又は許可以前の時点において、市町村において、住民基本台帳に登載され、住民票が作成されていることが想定される（住基法30条の45）。

　本項は、これらの経過滞在者に関し、在留資格の取得の申請をする際、住民票の写し又は住民票記載事項証明書を提出することによって、在留資格の取得の許可があったときに本条1項の住居地の届出があったものとみなし、その後に住居地の市区町村の窓口に住居地の届出をあらためて行う必要はないとしたものである。

第19条の9（住居地の変更届出）

① 中長期在留者は、住居地を変更したときは、新住居地（変更後の住居地をいう。以下同じ。）に移転した日から14日以内に、法務省令で定める手続により、新住居地の市町村の長に対し、在留カードを提出した上、当該市町村の長を経由して、法務大臣に対し、その新住居地を届け出なければならない。
② 第19条の7第2項の規定は、前項の規定による在留カードの提出があった場合に準用する。
③ 第1項に規定する中長期在留者が、在留カードを提出して住民基本台帳法第22条、第23条又は第30条の46の規定による届出をしたときは、当該届出は同項の規定による届出とみなす。

1　本条の趣旨

　本条は、中長期在留者が住居地（法19条の4の解説4参照）を変更したときは、

新住居地を届け出なければならないことを定めたものである。

2 1項の趣旨

新たな在留管理制度において、住居地は法務大臣が随時的確に把握しておくべき情報とされたところ、中長期在留者が住居地を変更したときは、新住居地に移転した日から14日以内に、新住居地の市町村において、在留カードを提出した上、法務大臣にその旨を届け出なければならないとされたものである。

3 1項「当該市町村の長を経由して、法務大臣に対し」

新規上陸後の住居地の届出の場合と同様である（法19条の7の解説3参照）。

4 1項「住居地を届出なければならない」

中長期在留者が、虚偽の新住居地を届け出た場合や、14日以内に変更後の新住居地の届出義務を履行しなかった場合には、刑事罰が科せられることになる（法71条の2第1号、71条の3第2号）。しかし、例えば、DV（ドメスティック・バイオレンス）問題などが原因で住居地の変更届出ができない場合においても、処罰の対象となり得るものであり、また、中長期在留者の住居地の届出義務は、刑事罰のみならず、在留資格取消制度によっても履行を強制されるものとなっているものであって（法22条の4第1項8号・10号）、外国人に著しい不利益をもたらすおそれがあることについては、新規上陸後の住居地の届出の場合と同様である（法19条の7の解説4、法22条の4の解説37〜41参照）。

5 2項の趣旨

中長期在留者が住居地の変更の届出をした場合における事務処理について、新規上陸後の住居地の届出の場合と同様とする（法19条の7の解説5参照）。

6 3項の趣旨

本項は、住居地を変更した中長期在留者が在留カードを提示して住基法22条に定める転入の届出、同法23条に定める転居の届出又は同法30条の46に定める国外からの転入の届出をした場合は、法務大臣に対する住居地の届出があったものとみなし、本条1項に規定する届出義務を履行したものとすることを定めている。

第19条の10（住居地以外の記載事項の変更届出）

① 中長期在留者は、第19条の4第1項第1号に掲げる事項に変更を生じたときは、そ

> の変更を生じた日から14日以内に、法務省令で定める手続により、法務大臣に対し、変更の届出をしなければならない。
> ② 法務大臣は、前項の届出があった場合には、入国審査官に、当該中長期在留者に対し、新たな在留カードを交付させるものとする。

1 本条の趣旨

本条は、中長期在留者が、住居地以外の基本的な身分事項の記載に変更が生じたときは、その変更の届出をしなければならないことを定めたものである。

2 1項の趣旨

新たな在留管理制度は、法務大臣が外国人の在留管理に必要な情報を継続的に把握する制度を構築することを目的としているところ、外国人の基本的な身分事項は在留管理上法務大臣が随時的確に把握しておくべき情報とされたことから、中長期在留者は、これらの事項に変更が生じたときは、その変更を生じた日から14日以内に、法務大臣に対し、変更の届出をしなければならないとされたものである。

3 1項「第19条の4第1項第1号に掲げる事項」

中長期在留者による変更の届出の対象となる基本的な身分事項とは、在留カードの記載事項のうち法19条の4第1項1号に規定する「氏名、生年月日、性別、国籍の属する国または法2条5号ロに規定する地域」である。

4 1項「法務大臣に対し」

新たな在留管理制度が法務大臣に外国人の在留管理に必要な情報を集約・一元化することを目的としているところ、基本的な身分事項の変更については、住居地の変更と異なり、必ずしも外国人の利便性や市町村による居住情報の把握の必要性を考慮する必要がないとの理由から、住居地の市町村の窓口ではなく、地方入国管理局に届け出ることとされたようであるが、この場合においても、全国各地に居住する外国人の利便性や市町村の住民行政における外国人の居住情報把握の必要性が失われるものではなく、法19条の7ないし9の場合と比較して疑問が残る。

5 1項「変更の届出をしなければならない」

中長期在留者が、法19条の4第1項に規定する基本的な身分事項について、虚偽の変更の届出をした場合や、変更を生じた日から14日以内に届出義務を履

行しなかった場合には、刑事罰が科せられることになる（法71条の2第1号、71条の3第3号）。このような刑事罰が外国人に著しい不利益をもたらすおそれがあることについては、新規上陸後の住居地の届出の場合と同様である（法19条の7の解説4参照）。

6 2項の趣旨

本項は、中長期在留者から住居地以外の基本的な身分事項の記載の届出がされた場合、入国審査官から当該中長期在留者に対して新たな在留カードが交付されることを定めたものである。

第19条の11（在留カードの有効期間の更新）

① 在留カードの交付を受けた中長期在留者は、当該在留カードの有効期間が当該中長期在留者の在留期間の満了の日までとされている場合を除き、当該在留カードの有効期間の満了の日の2月前（有効期間の満了の日が16歳の誕生日とされているときは、6月前）から有効期間が満了する日までの間（次項において「更新期間」という。）に、法務省令で定める手続により、法務大臣に対し、在留カードの有効期間の更新を申請しなければならない。
② やむを得ない理由のため更新期間内に前項の規定による申請をすることが困難であると予想される者は、法務省令で定める手続により、更新期間前においても、法務大臣に対し、在留カードの有効期間の更新を申請することができる。
③ 前条第2項の規定は、前2項の規定による申請があった場合に準用する。

---

1 本条の趣旨

本条は、在留カードの交付を受けた中長期在留者が、在留カードの有効期間が中長期在留者の在留期間の満了の日とされている場合を除き、在留カードの有効期間の更新の申請をしなければならないことを定めたものである。

2 1項「当該在留カードの有効期間が当該中長期在留者の在留期間の満了の日までとされている場合を除き」

本項は、在留カードの有効期間が中長期在留者の在留期間の満了の日とされている場合以外の場合、すなわち、16歳以上の永住者に在留カードが交付される場合（法19条の5第1項1号）、16歳未満の永住者に在留カードが交付される場合（法19条の5第1項2号）、16歳未満の永住者以外の者に在留カードが交付される場合であって、16歳の誕生日が在留期間の満了の日よりも早い場合（法19条の5第1項4号）に適用される。

3 1項「当該在留カードの有効期間の満了の日の2月前」

　16歳以上の永住者に在留カードが交付される場合は、在留カードの有効期間の満了の日の2カ月前から有効期間が満了する日までの間が更新期間とされたものであり、この場合には、上記の更新期間内に在留カードの有効期間の更新を申請しなければならない。

4 1項「有効期間の満了の日が16歳の誕生日とされているときは、6月前」

　16歳未満の永住者に在留カードが交付される場合及び16歳未満の永住者以外の者に在留カードが交付される場合であって、16歳の誕生日が在留期間の満了の日よりも早い場合は、在留カードの有効期間の満了の日の6カ月前から有効期間が満了する日までの間が更新期間とされている。

　この理由について、立法担当者は、16歳未満の永住者以外の者であって在留期間の満了の日の直後に16歳の誕生日を迎える者について、在留期間の更新許可等により在留カードの交付を受けた直後に16歳になったことにより再度在留カードの有効期間の更新を申請しなければならなくなるという負担を避けるため、在留期間の更新申請等と同時に在留カードの有効期間の更新申請を行うことを可能としたものであり、これとの均衡から、16歳未満の永住者の在留カードの有効期間の更新申請についても、同様に更新期間を6カ月としたものであると説明している（山田ほか43頁）。

5 1項「在留カードの有効期間の更新を申請しなければならない」

　在留カードの交付を受けた中長期在留者が、在留カードの有効期間の更新申請を更新期間内にしなかった場合には、刑事罰が科せられることになる（法71条の2第2号）。

　しかしながら、永住者が在留カードの有効期間を失念してしまった場合であっても罰則の対象とすることになるものであり、外国人に著しい不利益をもたらすおそれがあると言わざるを得ない。

6 2項「やむを得ない理由」

　本項は、やむを得ない理由のため更新期間内に在留カードの有効期間の申請が困難である場合には、更新期間前においても、在留カードの有効期間の更新を申請することができることを定めたものである。

　立法担当者は、本項にいう「やむを得ない理由」の具体例として、長期の病気療養や海外への長期出張を挙げているが（山田ほか43頁）、家族の病気等で本国に長期に帰国せざるを得ない場合等も含まれると解される。

7　3項の趣旨

本項は、在留カードの有効期間の更新の申請がされた場合、入国審査官から中長期在留者に対して新たな在留カードが交付されることを定めたものである。

第19条の12（紛失等による在留カードの再交付）

① 在留カードの交付を受けた中長期在留者は、紛失、盗難、滅失その他の事由により在留カードの所持を失ったときは、その事実を知った日（本邦から出国している間に当該事実を知った場合にあっては、その後最初に入国した日）から14日以内に、法務省令で定める手続により、法務大臣に対し、在留カードの再交付を申請しなければならない。
② 第19条の10第2項の規定は、前項の規定による申請があった場合に準用する。

1　本条の趣旨

本条は、在留カードの交付を受けた中長期在留者が、在留カードを紛失等したときは、在留カードの再交付を申請しなければならないことを定めたものである。

2　1項の趣旨

本項は、在留カードの交付を受けた中長期在留者が、紛失・盗難・滅失等によってその所持を失ったときは、その事実を知った日から14日以内に、法務大臣に対し、在留カードの再交付を申請しなければならないことを定めたものである。

ただし、日本から出国している間にこれらの事実を知ったときは、その後、最初に日本に入国した日から14日以内に、法務大臣に対し、在留カードの再交付を申請することで足りる。

3　1項「在留カードの再交付を申請しなければならない」

在留カードの交付を受けた中長期在留者が、紛失等によって在留カードを所持しなくなったにもかかわらず、在留カードの再交付の申請を14日以内にしなかった場合には、刑事罰が科せられることになる（法71条の2第2号）。

しかしながら、紛失等の事由が生じたときから14日以内に在留カードの再交付の申請をしなければ罰則が科せられるとすることは、外国人に著しい不利益をもたらすおそれがあると言わざるを得ない。

4　2項の趣旨

本項は、紛失等による在留カードの再交付の申請がされた場合、入国審査官

から中長期在留者に対して新たな在留カードが交付されることを定めたものである。

なお、再交付に係るカードに旧カードとは異なる番号が付番されることにつき、法19条の4第2項（同条の解説⑩）参照。

> **第19条の13**（汚損等による在留カードの再交付）
> ①　在留カードの交付を受けた中長期在留者は、当該在留カードが著しく毀損し、若しくは汚損し、又は第19条の4第5項の規定による記録が毀損したとき（以下この項において「毀損等の場合」という。）は、法務省令で定める手続により、法務大臣に対し、在留カードの再交付を申請することができる。在留カードの交付を受けた中長期在留者が、毀損等の場合以外の場合であって在留カードの交換を希望するとき（正当な理由がないと認められるときを除く。）も、同様とする。
> ②　法務大臣は、著しく毀損し、若しくは汚損し、又は第19条の4第5項の規定による記録が毀損した在留カードを所持する中長期在留者に対し、在留カードの再交付を申請することを命ずることができる。
> ③　前項の規定による命令を受けた中長期在留者は、当該命令を受けた日から14日以内に、法務省令で定める手続により、法務大臣に対し、在留カードの再交付を申請しなければならない。
> ④　第19条の10第2項の規定は、第1項又は前項の規定による申請があった場合に準用する。

1　本条の趣旨

本条は、在留カードの交付を受けた中長期在留者が、在留カードが汚損等したときは、在留カードの再交付等を申請することができることを定めたものである。

2　1項前段の趣旨

本項前段は、在留カードの交付を受けた中長期在留者が、在留カードが著しく毀損若しくは汚損し、又は在留カードに搭載されたICチップの電子的方式による記録が毀損したときは、法務大臣に対し、在留カードの再交付を申請することができることを定めたものである。

3　1項後段の趣旨

本項後段は、在留カードの交付を受けた中長期在留者が、在留カードの毀損等以外の場合であっても、在留カードの交換を希望するときは、正当な理由がないと認められるときを除き、在留カードの再交付を申請することができることを定めたものである。その立法経緯については、法19条の4の解説⑦参照。

4　1項「正当な理由がないと認められるとき」

「正当な理由がないと認められるとき」について、立法担当者は、特段の理由なく再交付申請を繰り返すなど再交付申請を濫用する場合をいい、正当な理由の有無については、個々の事案における具体的な諸事情を勘案して判断されるとしている（山田ほか48頁）。

本項後段の趣旨に鑑みれば、中長期在留者が再交付申請を繰り返していることのみで正当な理由がないと認められるべきではなく、客観的な諸事情から、当該中長期在留者が交付を受けた在留カードを違法な目的で利用するおそれが認められるなどの場合に正当な理由がないとすべきと解される。

5　2項及び3項の趣旨

2項は、法務大臣が、中長期在留者に対し、在留カードが著しく毀損若しくは汚損し、又は在留カードに搭載されたICチップの電子的方式による記録が毀損したときは、在留カードの再交付を申請するよう命ずることができることを定めたものである。

3項は、2項の命令を受けた中長期在留者は、当該命令を受けた日から14日以内に、法務大臣に対し、在留カードの再交付を申請しなければならないことを定めたものである。

6　3項「在留カードの再交付を申請しなければならない」

法務大臣から在留カードの再交付の申請の命令を受けた中長期在留者が、在留カードの再交付の申請を14日以内にしなかった場合には、刑事罰が科せられることになる（法71条の2第2号）。このような刑事罰が外国人に著しい不利益をもたらすおそれがあることについては、紛失等による在留カードの再交付の場合と同様である。

7　4項の趣旨

本項は、汚損等による在留カードの再交付の申請がされた場合、入国審査官から中長期在留者に対して新たな在留カードが交付されることを定めたものである。

なお、再交付に係るカードに旧カードとは異なる番号が付番されることにつき、法19条の4第2項（同条の解説⑩）参照。

第19条の14（在留カードの失効）

在留カードは、次の各号のいずれかに該当する場合には、その効力を失う。

> 1　在留カードの交付を受けた中長期在留者が中長期在留者でなくなったとき。
> 2　在留カードの有効期間が満了したとき。
> 3　在留カードの交付を受けた中長期在留者（第26条第1項の規定により再入国の許可を受けている者を除く。）が、第25条第1項の規定により、出国する出入国港において、入国審査官から出国の確認を受けたとき。
> 4　在留カードの交付を受けた中長期在留者であって、第26条第1項の規定により再入国の許可を受けている者が出国し、再入国の許可の有効期間内に再入国をしなかったとき。
> 5　在留カードの交付を受けた中長期在留者が新たな在留カードの交付を受けたとき。
> 6　在留カードの交付を受けた中長期在留者が死亡したとき。

1　本条の趣旨

本条は、在留カードが失効する事由を定めたものである。

なお、規則19条の14によれば、法務大臣は失効した在留カードの番号の情報をインターネットなどにより公表することができるとされているが、他の公的な身分証明書が失効した場合と異なり、在留カードについてのみこのような取扱いをする合理的な理由はなく、疑問である。

2　1号の趣旨

本号は、在留カードの交付を受けた中長期在留者が中長期在留者でなくなったことを在留カードの失効事由としたものであり、例えば、在留資格の変更等によって「短期滞在」の在留資格が決定された場合や、在留期間の更新等をすることなく在留期間の満了の日が経過することによって不法残留になった場合等が挙げられる。

3　2号の趣旨

本号は、在留カードの有効期間が満了したことを在留カードの失効事由としたものであり、例えば、16歳以上の永住者が在留カードの有効期間の更新の申請をすることなく有効期間が経過した場合等が挙げられる。

4　3号の趣旨

本号は、中長期在留者が、法26条1項の規定により再入国の許可を受けることなく、また、法26条の2第1項に規定するみなし再入国許可の要件を充たすことなく、単純出国したことを在留カードの失効事由としたものである。

5　4号の趣旨

本号は、法26条1項の規定による再入国の許可を受けて出国した中長期在留者が、再入国の許可の有効期間内に再入国をしなかった場合や、法26条の2第1項に規定するみなし再入国許可の要件を充たして出国した中長期在留者が、同条2項に定める1年間の有効期間内に再入国しなかった場合について、在留カードの失効事由としたものである。

6　5号の趣旨

本号は、在留カードの交付を受けた中長期在留者が新たな在留カードの交付を受けたことを在留カードの失効事由としたものであり、例えば、中長期在留者が、在留期間の更新等によって新たな在留カードの交付を受けた場合や、紛失等や汚損等によって在留カードの再交付を申請して新たな在留カードの交付を受けた場合等が挙げられる。

7　6号の趣旨

本号は、中長期在留者が死亡したことを在留カードの失効事由としたものである。

第19条の15（在留カードの返納）

① 在留カードの交付を受けた中長期在留者は、その所持する在留カードが前条第1号、第2号又は第4号に該当して効力を失ったときは、その事由が生じた日から14日以内に、法務大臣に対し、当該在留カードを返納しなければならない。
② 在留カードの交付を受けた中長期在留者は、その所持する在留カードが前条第3号又は第5号に該当して効力を失ったときは、直ちに、法務大臣に対し、当該在留カードを返納しなければならない。
③ 在留カードの交付を受けた中長期在留者は、在留カードの所持を失った場合において、前条（第6号を除く。）の規定により当該在留カードが効力を失った後、当該在留カードを発見するに至ったときは、その発見の日から14日以内に、法務大臣に対し、当該在留カードを返納しなければならない。
④ 在留カードが前条第6号の規定により効力を失ったときは、死亡した中長期在留者の親族又は同居者は、その死亡の日（死亡後に在留カードを発見するに至ったときは、その発見の日）から14日以内に、法務大臣に対し、当該在留カードを返納しなければならない。

1　本条の趣旨

本条は、在留カードが失効した場合、中長期在留者が、法務大臣に対し、当該在留カードを返納しなければならないことを定めたものである。

2　1項の趣旨

　本項は、在留カードの交付を受けた中長期在留者において、その在留カードが、中長期在留者でなくなったこと（法19条の14第1号）、在留カードの有効期間が満了したこと（法19条の14第2号）、又は、再入国の許可の有効期間内に再入国をしなかったこと（法19条の14第4号）によって失効した場合は、これらの事由が生じた日から14日以内に、法務大臣に対し、当該在留カードを返納しなければならないことを定めたものである。

　しかし、再入国の許可の有効期間内に再入国をしなかった場合にまで14日以内に法務大臣に在留カードを返納することを求めることは、事実上、不可能を強いることが多いと考えられ、立法趣旨に疑問が残る。

3　2項の趣旨

　本項は、在留カードの交付を受けた中長期在留者において、その在留カードが、単純出国したこと（法19条の14第3号）、又は、新たな在留カードの交付を受けたこと（法19条の14第5号）によって失効した場合は、直ちに、法務大臣に対し、当該在留カードを返納しなければならないことを定めたものである。

4　3項の趣旨

　本項は、在留カードの交付を受けた中長期在留者が、紛失・盗難・滅失等によって当該在留カードの所持を失った場合であって、当該在留カードが失効した後、これを発見するに至ったときは、当該中長期在留者の死亡による失効の場合を除き、その発見の日から14日以内に、法務大臣に対し、当該在留カードを返納しなければならないことを定めたものである。

5　4項の趣旨

　本項は、在留カードが中長期在留者の死亡によって失効したときは、当該中長期在留者の親族又は同居者が、その死亡の日又はその死亡後に当該在留カードを発見した日から14日以内に、法務大臣に対し、当該在留カードを返納しなければならないことを定めたものである。

6　1項・2項・3項「在留カードを返納しなければならない」

　本条1項から3項の規定によって在留カードを返納しなければならない中長期在留者が、各規定に定められた期間内に在留カードを返納しなかった場合には、刑事罰が科せられることになる（法71条の2第2号）。このような刑事罰が外国人に

著しい不利益をもたらすおそれがあることについては、新規上陸後の住居地の届出の場合（法19条の7第1項）と同様である。

なお、本条4項の規定によって在留カードの返納義務に中長期在留者の親族又は同居者が違反した場合については、刑事罰は科せられていない。

> **第19条の16**（所属機関等に関する届出）
>
> 　中長期在留者であって、次の各号に掲げる在留資格をもって本邦に在留する者は、当該各号に掲げる在留資格の区分に応じ、当該各号に定める事由が生じたときは、当該事由が生じた日から14日以内に、法務省令で定める手続により、法務大臣に対し、その旨及び法務省令で定める事項を届け出なければならない。
> 　1　教授、投資・経営、法律・会計業務、医療、教育、企業内転勤、技能実習、留学又は研修　当該在留資格に応じてそれぞれ別表第1の下欄に掲げる活動を行う本邦の公私の機関の名称若しくは所在地の変更若しくはその消滅又は当該機関からの離脱若しくは移籍
> 　2　研究、技術、人文知識・国際業務、興行（本邦の公私の機関との契約に基づいて当該在留資格に係る活動に従事する場合に限る。）又は技能　契約の相手方である本邦の公私の機関の名称若しくは所在地の変更若しくはその消滅又は当該機関との契約の終了若しくは新たな契約の締結
> 　3　家族滞在（配偶者として行う日常的な活動を行うことができる者に係るものに限る。）、特定活動（別表第1の5の表の下欄ハに掲げる配偶者として行う日常的な活動を行うことができる者に係るものに限る。）、日本人の配偶者等（日本人の配偶者の身分を有する者に係るものに限る。）又は永住者の配偶者等（永住者の在留資格をもって在留する者又は特別永住者（以下「永住者等」という。）の配偶者の身分を有する者に係るものに限る。）　配偶者との離婚又は死別

1　本条の趣旨

　本条は、中長期在留者が、その在留資格の基礎となる所属機関との関係又は身分関係に変更が生じたときは、その事由を届け出なければならないことを定めたものである。

2　柱書「当該各号に掲げる在留資格の区分に応じ、当該各号に定める事由が生じたとき」

　新たな在留管理制度は、法務大臣が外国人の在留管理に必要な情報を継続的に把握する制度を構築することを目的としているところ、外国人の所属機関や身分関係に関する事項については、法務大臣が随時的確に把握しておくべき情報とされた一方、在留管理上必要とされる事項は、在留資格の区分に応じて異なることから、在留資格ごとに届出事項が定められたものである。

2009年改正法のもとになった2008年3月の第五次出入国管理政策懇談会による「新たな在留管理制度に関する提言」においては、外国人からの所属機関や身分関係に関する事項の届出に関し、身分に基づく在留資格の基礎となる身分関係のほか、在留資格を問わず、外国人が所属している機関の名称及び所在地や実際の活動先の名称及び所在地、さらには、職業や報酬を届出事項とすることが提案されていた。

　しかし、この届出に関しては、あくまで個別の在留資格ごとに届出事項とする必要性の有無を詳細に検討すべきであり、在留資格の更新等の判断に具体的な必要性のない事項、例えば、「永住者」「日本人の配偶者等」「永住者の配偶者等」「定住者」といった法別表第2の在留資格を有する者の所属機関等の名称及び所在地についてまで、届出事項とすべきでないという指摘がされていた（日弁連意見書⑤等）。

　このような指摘をも踏まえ、2009年改正法の政府原案においては、外国人からの所属機関や身分関係に関する事項については、所属機関との関係又は身分関係が基礎となっている一定の在留資格について、その在留資格の基礎となる所属機関との関係や身分関係自体に変更があった場合に限り、その事由を届け出なければならないとされたものである。

③　柱書「その旨及び法務省令で定める事項を届け出なければならない」

　本条1号ないし3号の在留資格を有する者が、各号に該当する事由が生じたにもかかわらず、14日以内にその事由を届け出なかった場合には、刑事罰が科せられることになる（法71条の3第3号）。このような刑事罰が外国人に著しい不利益をもたらすおそれがあることについては、新規上陸後の住居地の届出の場合（法19条の7第1項）と同様である。

④　1号の趣旨

　本号は、法別表第1の在留資格のうち、「教授」「投資・経営」「法律・会計業務」「医療」「教育」「企業内転勤」「技能実習」「留学」又は「研修」の在留資格を有する中長期在留者は、その活動を行う機関の名称や所在地の変更・消滅、又は、所属機関からの離脱や移籍といった事由が生じた場合には、14日以内に、法務大臣に対し、その旨及び法務省令で定める事項を届け出なければならないとしたものである。これを受け、規則19条の15は、届出事項を定めている。

　これらの在留資格を有する中長期在留者については、その活動する機関の存在及びその関係が在留資格の基礎となっていることから、当該所属機関及びその関係に係る基本的な事項に変更が生じた場合には、法務大臣に対して届け出な

ければならないとされたものである。
　しかし、例えば、大規模な国際企業の本社移転や大学の名称変更などが行われた場合などについて、その所属する多人数の外国人それぞれに対して届出義務を負担させるとすれば、大混乱を招くことは必至と思われる。

5　1号「別表第1の下欄に掲げる活動を行う本邦の公私の機関」

　本号に掲記された在留資格においては、2号に掲記された在留資格(ただし、「興行」を除く)とは異なり、法別表第1の「本邦において行うことができる活動」欄に「本邦の公私の機関との契約」に基づく活動という記載がないことが示すように、実際の活動を行う機関とは別に契約の相手方の機関が存在することは想定されていない。そこで、中長期在留者がその活動を行う所属機関及びその関係に関する基本的な事項に変更が生じた場合に届け出るものとされたものである。

6　2号の趣旨

　本号は、法別表第1の在留資格のうち、「研究」「技術」「人文知識・国際業務」「興業」又は「技能」の在留資格を有する中長期在留者は、契約の相手方である機関の名称や所在地の変更・消滅、又は、所属機関との契約の終了や新たな契約の締結といった事由が生じた場合には、14日以内に、法務大臣に対し、その旨及び法務省令で定める事項を届け出なければならないとしたものである。
　これらの在留資格を有する中長期在留者については、活動場所たる機関よりもむしろ、契約の相手方である機関の存在及びその関係が在留資格の基礎となっていることから、契約相手方機関及びその関係に係る基本的な事項に変更が生じた場合には、法務大臣に対して届け出なければならないとされたものである。

7　2号「契約の相手方である本邦の公私の機関」

　本号に掲記された在留資格(ただし、「興行」を除く)においては、1号に掲記された在留資格とは異なり、法別表第1の「本邦において行うことができる活動」欄に「本邦の公私の機関との契約」に基づく活動という記載があることが示すように、契約の相手方の機関と実際の活動を行う機関が異なる場合があることから、中長期在留者がその在留資格の基礎となる契約の相手方の機関及びその関係に関する基本的な事項に変更が生じた場合に届け出るものとされたものである。

8　2号「興行(本邦の公私の機関との契約に基づいて当該在留資格に係る活動に従事する場合に限る。)」

　本号に掲記された在留資格のうち、「興行」の在留資格については、法別表第

1の「本邦において行うことができる活動」欄に「本邦の公私の機関との契約」に基づく活動という記載がないが、実際には本邦の機関との契約に基づいて活動することが多いところ、このような場合には、その機関及びこれとの関係に関する基本的な事項に変更が生じた場合に届け出るのが相当と考えられたことから、そのような場合に限り、中長期在留者が届け出るものとされたものであるが（山田ほか63頁）、非常にわかりにくく、届出義務の判断の過程で外国人に過度の負担を強いるものと言わざるを得ない。

9 3号の趣旨

本号は、法別表第1の在留資格のうち「家族滞在」若しくは「特定活動」又は法表2の在留資格のうち「日本人の配偶者等」若しくは「永住者の配偶者等」の在留資格を有する中長期在留者であって、配偶者としての日常的な活動又は身分に基づいて在留資格を有する者は、配偶者との離婚又は死別といった事由が生じた場合には、14日以内に、法務大臣に対し、その旨及び法務省令で定める事項を届け出なければならないとしたものである。

これらの者については、配偶者との身分関係が在留資格の基礎となっていることから、配偶者と離婚又は死別して配偶者との身分関係が消滅した場合には、法務大臣に対して届け出なければならないとされたものである。

第19条の17（所属機関による届出）

別表第1の在留資格をもつて在留する中長期在留者が受け入れられている本邦の公私の機関その他の法務省令で定める機関（雇用対策法（昭和41年法律第132号）第28条第1項の規定による届出をしなければならない事業主を除く。）は、法務省令で定めるところにより、法務大臣に対し、当該中長期在留者の受入れの開始及び終了その他の受入れの状況に関する事項を届け出るよう努めなければならない。

1 本条の趣旨

本条は、法別表第1の在留資格を有する中長期在留者の所属機関が、その受入れの開始及び終了等に関する事項を届け出るよう努めなければならないことを定めたものである。従前においても、法務大臣は、留学先の大学・日本語学校等から、任意でこれらの情報の提供を受けていたが、中長期在留者本人と所属機関双方からの情報を突き合わせることにより、情報の正確性を担保しようという観点から、明文として規定されたものである。

2 「別表第１の在留資格をもつて在留する中長期在留者が受け入れられている本邦の公私の機関その他の法務省令で定める機関」

　本条によって届出を行うべき所属機関は、雇用対策法28条１項の規定による届出をしなければならない事業主を除き、法別表第１の在留資格をもって在留する中長期在留者が受け入れられている機関その他法務省令で定める機関である。これを受け、規則19条の16は、本条に定める機関について、「教授」「投資・経営」「法律・会計業務」「医療」「研究」「教育」「技術」「人文知識・国際業務」「企業内転勤」「興業」「技能」又は「留学」の在留資格をもって在留する中長期在留者が受け入れられている機関と定めている。

　立法担当者は、本条の趣旨に鑑み、法別表第１の在留資格であっても、中長期在留者本人において所属機関に関する届出義務のない「芸術」「宗教」「報道」の在留資格については、所属機関からの届出も不要であると説明しているが（山田ほか66頁）、法文上は、「別表第１の在留資格をもつて在留する中長期在留者が受け入れられている本邦の公私の機関その他の法務省令で定める機関」とされており、上記の「芸術」「宗教」「報道」の在留資格もこれらに含まれるものと解するのが自然であって、法と規則との間で不整合が発生している感は否めないところである。

3 「雇用対策法（昭和41年法律第132号）第28条第１項の規定による届出をしなければならない事業主を除く」

　雇用対策法28条１項の規定による届出をしなければならない事業主については、中長期在留者の受入れの開始及び終了等に関する事項を届け出るよう努めなければならないとされる機関から除外されている。

　雇用対策法28条１項は、「事業主は、新たに外国人を雇い入れた場合又はその雇用する外国人が離職した場合には、厚生労働省令で定めるところにより、その者の氏名、在留資格……、在留期間……その他厚生労働省令で定める事項について確認し、当該事項を厚生労働大臣に届け出なければならない」と規定し、事業主に対し、外国人雇用状況の届出の義務を課している。

　これを受け、同法29条は、「厚生労働大臣は、法務大臣から、……外国人の在留に関する事項の確認のための求めがあつたとき」は、外国人雇用状況の届出による情報を提供するものと定めている。

　このように、雇用対策法28条１項の規定が適用される事業主については、厚生労働大臣に対する外国人雇用状況の届出によって、本条で定められた事項と同様の情報を届け出なければならないとされる一方、厚生労働大臣に届け出られたこれらの情報については、同法29条によって法務大臣に対して提供されることに

なっていることから、本条によってあらためて法務大臣に対して届出をする必要はないとされたものである。

4 「受入れの開始及び終了その他の受入れの状況に関する事項」

本条によって所属機関が届け出るよう努めなければならないとされる事項は、中長期在留者の受入れの開始及び終了その他の受入れの状況に関する事項であり、規則19条の16第2項は、それぞれの機関の受入れの状況に応じ、規則別表第3の4の表の下欄に掲げる事項を届け出るものと定めている。

しかし、所属機関の届出については、外国人のプライバシー権、自己情報コントロール権や外国人の差別的取扱いといった観点や、大学等の教育機関が留学生等に関する個人情報を包括的かつ一律に法務大臣に提供することを求められることなどから、問題があると指摘されていたところである(日弁連意見書⑤等)。

本条解説⑤のとおり、本条によって所属機関が課せられる義務は、2009年改正法の国会審議(第171回)において、努力義務に修正されたものであるが、上記の問題点に鑑みれば、届出事項は少なくとも法律で定められるべきであったものであり、法務省令で定められるとすることには問題があるものと言わざるを得ない。

5 「届け出るよう努めなければならない」

本条によって所属機関が課せられる義務は、中長期在留者の受入れの開始及び終了その他の受入れの状況に関する事項を「届け出るよう努めなければならない」というものであり、努力義務にとどまるものである。

2009年改正法の政府原案においては、「届け出なければならない」として届出義務が課せられるものとなっていたが、所属機関の負担を軽減するという観点から、努力義務と修正されたものである(第171回国会衆議院法務委員会〔2009年6月19日〕)。

さらに、同衆議院法務委員会及び参議院法務委員会(2009年7月7日)においては、「所属機関の届出に係る努力義務については、的確な在留管理の実現に留意しつつ、その履行が所属機関の過重な負担となることのないよう、また、届出の内容が出入国管理及び難民認定法の目的の範囲から逸脱することがなく必要最小限のものとなるよう、その運用には慎重を期すること」という内容の附帯決議が付されている。

第19条の18（中長期在留者に関する情報の継続的な把握）

① 法務大臣は、中長期在留者の身分関係、居住関係及び活動状況を継続的に把握するため、出入国管理及び難民認定法その他の法令の定めるところにより取得した中長期在留者の氏名、生年月日、性別、国籍の属する国、住居地、所属機関その他在留管

> 理に必要な情報を整理しなければならない。
> ② 法務大臣は、前項に規定する情報を正確かつ最新の内容に保つよう努めなければならない。
> ③ 法務大臣は、在留管理の目的を達成するために必要な最小限度の範囲を超えて、第1項に規定する情報を取得し、又は保有してはならず、当該情報の取扱いに当たっては、個人の権利利益の保護に留意しなければならない。

1 本条の趣旨

本条は、中長期在留者に関する情報の継続的な把握に関し、法務大臣が在留管理に必要な情報を整理し、正確かつ最新の内容に保つ一方、個人情報保護に留意しなければならないことを定めたものである。

2 1項の趣旨

本項は、法務大臣が、中長期在留者の身分関係、居住関係及び活動状況を継続的に把握するため、入管・難民法その他の法令の定めるところにより取得した中長期在留者の氏名、生年月日、国籍国、住居地、所属機関その他在留管理に必要な情報をデータベース化することにより、在留管理に活用することができるよう整理しなければならないことを定めたものである。

新たな在留管理制度は、法務大臣が外国人の在留管理に必要な情報を継続的に把握する制度を構築することを目的としているところ、本項は、法務大臣が、入管・難民法その他の法令により取得した中長期在留者に関する多数の個人情報を集約してデータベース化した上、迅速に活用できるよう整理することを定めているものであり、情報の利用という場面における根幹的な規定ということができる。

3 1項「出入国管理及び難民認定法その他法令の定めるところにより」

法務大臣が整理する在留管理に必要な情報は、入管・難民法の定めるところにより取得されたものに限らず、その他の法令の定めるところにより取得したものも含まれるものであり、具体的には、雇用対策法28条1項によって事業主から厚生労働大臣に届け出られ、同法29条によって厚生労働大臣から法務大臣に提供された外国人雇用状況の届出に関する情報が挙げられる。

4 1項「その他在留管理に必要な情報」

法務大臣が整理する在留管理に必要な情報には、氏名、生年月日、国籍の属する国、所属機関に関する情報や、配偶者との離婚・死別といった新たな在留管

理制度によって届出義務の課せられた情報のほか、上陸許可申請や在留期間の更新申請等における申請関係情報、上陸許可申請時に提供が義務付けられた指紋情報・顔画像といった個人識別情報、さらには、上記の外国人雇用状況の届出に関する情報が含まれると考えられる。

5　2項の趣旨

　本項は、新たな在留管理制度が、外国人の在留管理に必要な情報に関し、法務大臣が継続的に随時把握する制度を構築することを目的としていることから、中長期在留者の在留管理に必要な情報について、正確かつ最新の内容に保つよう努めなければならないことを定めたものである。

6　3項の趣旨

　本項は、法務大臣が、在留管理の目的を達成するために必要な最小限度の範囲を超えて、在留管理に必要な情報を取得し、又は保有してはならず、これらの該情報の取扱いに当たっては、個人情報保護に留意しなければならないことを定めたものである。

　2009年改正法のもとになった2008年3月の第五次出入国管理政策懇談会による「新たな在留管理制度に関する提言」においては、新たな在留管理制度によって取得された情報に関しては、行政機関等個人情報保護法に則って、行政機関による外国人に関する情報の相互照会・提供に関する仕組みを整備することとされていた。

　しかし、新たな在留管理制度が、一般永住者を含む日本に在留するすべての中長期滞在の外国人の在留管理に必要な情報を一元的かつ継続的に把握しようとするものであり、また、行政機関等個人情報保護法が、行政機関による目的外利用・提供を広く認めるとともに、その要件の有無の判断は第一次的には行政機関が行うものとされているなどの問題点があることから、このような情報の利用については、厳格かつ慎重にされるべきであるという指摘がされていた（日弁連意見書⑤等）。

　このような指摘をも踏まえ、2009年改正法の国会審議において、法務大臣が取得・保管する情報は、在留管理の目的に照らし必要最小限度に限定するとともに、当該情報の取扱いに当たって個人情報保護に留意する旨の本項の規定が追加されたものである（第171回国会衆議院法務委員会〔2009年6月19日〕）。

　さらに、同衆議院法務委員会及び参議院法務委員会（2009年7月7日）においては、「法務大臣が一元的かつ継続的に把握することとなる在留外国人に係る情報が、いやしくも出入国の公正な管理を図るという出入国及び難民認定法の目的以

外の目的のために不当に利用又は提供されることがないよう、当該情報の取扱いに当たっては個人の権利利益の保護に十分に配慮すること」という内容の附帯決議が付されている。

> **第19条の19**（事実の調査）
> ① 法務大臣は、中長期在留者に関する情報の継続的な把握のため必要があるときは、この款の規定により届け出ることとされている事項について、その職員に事実の調査をさせることができる。
> ② 入国審査官又は入国警備官は、前項の調査のため必要があるときは、関係人に対し、出頭を求め、質問をし、又は文書の提示を求めることができる。
> ③ 法務大臣、入国審査官又は入国警備官は、第1項の調査について、公務所又は公私の団体に照会して必要な事項の報告を求めることができる。

1 本条の趣旨

本条は、新たな在留管理制度における届出事項に関する事実の調査について定めたものである。

2 1項の趣旨

本項は、法務大臣が、中長期在留者に関する情報の継続的な把握のため必要があるときは、この款に規定する新たな在留管理おける届出事項に関し、その職員に事実の調査をさせることができることを定めたものである。

3 1項「この款の規定により届け出ることとされている事項」

本項による事実の調査の対象となる事項は、新たな在留管理制度において届出事項とされている事項であり、氏名、生年月日、国籍の属する国（法19条の10）、住居地（法19条の7ないし9）、所属機関（法19条の16第1号・2号、法19条の17）、配偶者との離婚・死別（法19条の16第3号）が挙げられる。

立法担当者によれば、具体的に事実の調査を行うことが想定される場合としては、雇用対策法に基づく事業主が届け出た雇用に関する情報と中長期在留者本人が届け出た所属機関に関する情報とが合致しない場合や、中長期在留者が住居地や所属機関に関する虚偽の情報を届け出たり、又は、これらの届出事項の届出をしていないとの情報を得た場合などが考えられるとされている（山田ほか68頁）。

4 1項「その職員」

本項による事実の調査をさせることができる職員としては、入国審査官又は入

国警備官のほか、法務事務官が含まれる。
　立法担当者によれば、法務事務官が行う事実の調査については、中長期在留者本人が届け出た所属機関等に関する情報と事業主が届け出た雇用に関する情報との照合・分析を行うことなどが考えられるとされている（山田ほか68頁）。

5　2項の趣旨
　本項は、入国審査官又は入国警備官が、新たな在留管理制度における届出事項に関する調査のため必要があるときは、関係人に対し、出頭を求め、質問をし、又は文書の提示を求めることができることを定めたものである。
　これらの出頭の求め、質問、文書の提示の求めは、あくまで任意の協力を求めることができるにとどまるものであり、関係人において、出頭の拒否、質問に対する回答の拒否、又は文書の提示の拒否の自由があることは言うまでもない。

6　3項の趣旨
　本項は、法務大臣、入国審査官又は入国警備官が、新たな在留管理制度における届出事項に関する調査について、公務所または公私の団体に照会して必要な事項の報告を求めることができることを定めたものである。
　これらの照会に関して、私の団体においては、あくまで任意の協力を求めることができるにとどまるものと言うべきであり、当該団体においては、報告を拒否する自由があるものと考えられる。

7　3項「公務所又は公私の団体」
　公務所とは、国家機関、地方自治体の機関を問わず、公務員その他法令により公務に従事する者がその職務を行っている場所であり、また、公私の団体とは、法人格の有無を問わず、公的又は私的な目的のために複数の人が結合したものをいう。

第2節　在留資格の変更及び取消し等

第20条（在留資格の変更）
① 　在留資格を有する外国人は、その者の有する在留資格（これに伴う在留期間を含む。以下第3項まで及び次条において同じ。）の変更（技能実習の在留資格（別表第1の2の表の技能実習の項の下欄第2号イ又はロに係るものに限る。）を有する者については、法務大臣が指定する本邦の公私の機関の変更を含み、特定活動の在留資格を有する

者については、法務大臣が個々の外国人について特に指定する活動の変更を含む。）を受けることができる。
② 前項の規定により在留資格の変更を受けようとする外国人は、法務省令で定める手続により、法務大臣に対し在留資格の変更を申請しなければならない。ただし、永住者の在留資格への変更を希望する場合は、第22条第1項の定めるところによらなければならない。
③ 前項の申請があつた場合には、法務大臣は、当該外国人が提出した文書により在留資格の変更を適当と認めるに足りる相当の理由があるときに限り、これを許可することができる。ただし、短期滞在の在留資格をもつて在留する者の申請については、やむを得ない特別の事情に基づくものでなければ許可しないものとする。
④ 法務大臣は、前項の規定による許可をする場合には、次の各号に掲げる区分に応じ、当該各号に定める措置をとるものとする。この場合において、その許可は、それぞれ当該各号に定める在留カード若しくは在留資格証明書の交付又は旅券若しくは在留資格証明書の記載のあつた時に、当該在留カード、在留資格証明書又は旅券に記載された内容をもつて効力を生ずる。
1 当該許可に係る外国人が引き続き中長期在留者に該当し、又は新たに中長期在留者に該当することとなるとき 入国審査官に、当該外国人に対し、在留カードを交付させること。
2 前号に掲げる場合以外の場合において、当該許可に係る外国人が旅券を所持しているとき 入国審査官に、当該旅券に新たな在留資格及び在留期間を記載させること。
3 第1号に掲げる場合以外の場合において、当該許可に係る外国人が旅券を所持していないとき 入国審査官に、当該外国人に対し新たな在留資格及び在留期間を記載した在留資格証明書を交付させ、又は既に交付を受けている在留資格証明書に新たな在留資格及び在留期間を記載させること。
⑤ 第2項の規定による申請があつた場合（30日以下の在留期間を決定されている者から申請があつた場合を除く。）において、その申請の時に当該外国人が有する在留資格に伴う在留期間の満了の日までにその申請に対する処分がされないときは、当該外国人は、その在留期間の満了後も、当該処分がされる日又は従前の在留期間の満了の日から2月を経過する日のいずれか早い日までの間は、引き続き当該在留資格をもつて本邦に在留することができる。

1 本条の趣旨

在留資格を有して日本に在留する外国人について、その活動又は身分・地位に変動が生じ、その結果別の在留資格への該当性が生じた場合に、現在有する在留資格から別の在留資格への変更の許可を求める制度について定めた規定である（従前有した在留資格については、その該当性が失われる場合と、失われない場合とがある）。

在留資格変更許可手続において変更を求める（変更先となる）在留資格とは、法

別表第1及び第2に列記する各在留資格であるが、同別表は上陸許可手続について規定した法7条1項2号でも引用されている。したがって、上陸許可と在留資格変更許可とで、与えられる在留資格に違いはないから、いずれの許可・不許可の判断においても後述する「在留資格該当性」の基本的な判断の枠組みは変わらない。他方で、在留資格変更許可申請においては、すでに当該外国人が日本国内に生活基盤・活動基盤・人的関係を形成しており、これらの事情も当然考慮されなければならないという点で、新たに入国して日本国内で活動を開始しようとする外国人に対する上陸許可とは判断の基礎となる事実が異なるものといえる。また、上陸許可のような即決性が求められないという点も、両者の違いである。

なお、在留資格制度自体の趣旨、在留資格の種類や法別表第2の資格と在留活動の関係等につき、法2条の2の解説参照。

2　1項の趣旨

本項は「在留資格変更制度」を設け、在留外国人にこの制度の利用を保障したものとされる。「技能実習」の在留資格で技能等に習熟するために在留している者（法別表第1の2の表の「技能実習」の下欄二のイ及びロ）については、当該技能等に習熟するための業務に従事している、法務大臣が指定する本邦の公私の機関を変更する場合もこの手続による（2009年改正法により新設）。また、「特定活動」の在留資格で在留している者が、法務大臣が特に指定する活動の変更を受けようとする場合も同様である。「在留資格……の変更……を受けることができる」と規定されているが、在留資格の変更許可を受ける権利を保障したものではないとされている（逐条解説419頁）。ただし、同項は在留外国人に対し在留資格変更許可申請を行う権利を保障したものと解されるから、（法務大臣の権限委任を法69条の2で受けている）地方入国管理局長は変更申請の受理を拒むことはできない。地方入国管理局の窓口実務においては往々にして申請書の受領を拒むことがあるが、かかる扱いは明らかに違法である。

なお、窓口業務では、「外交」または「公用」から他の在留資格への変更を認めず、いったん出国した上で在留資格認定証明を得て再度入国することを指導しているようであるが、法的根拠は見出し難い。

3　2項の趣旨

本項本文は、在留資格変更許可申請に関する手続の細目を法務省令で定める旨を規定したものであり、これを受けて規則20条1項及び規則別記30号様式において申請先及び申請書の書式を、規則20条2項ないし4項及び規則別表第3において申請に必要な資料を許可を求める在留資格ごとに定めている。

また、在留資格変更許可申請については、外国人本人が出頭して行うのが原則であるが（法61条の9の3第1項3号）、法定代理人による場合その他法務省令で定める場合には、代わって申請を行うことができる（同条4項）。これを受け、規則59条の6第3項は、受入機関等若しくは公益法人の職員又は弁護士若しくは行政書士（同1号）、外国人本人が16歳未満の場合又は疾病等の場合におけるその親族又は同居者等（同2号）について、代わって申請を行うことができることを定めている。

　本項但書は、「永住者」は在留期間の制限がなく半永続的な在留を認めるものであることから、これへの変更許可については特別な審査を行う必要があるとして、別にその要件や手続を定めることとしたものである。「永住者」への在留資格変更（永住許可）に関する手続は法22条が定めている。

④　3項「前項の申請があつた場合」

　「前項の申請があつた場合には」とは、在留資格変更の許否の判断が当該外国人の申請に基づき行われることを意味する。

　この点に関し、「日本人の配偶者等」の在留資格を有する外国人が更新許可申請を行ったのに対して法務大臣が「短期滞在」の在留資格への変更許可をした処分は、申請に基づかない処分であって違法であるとする判例がある（大阪地判平7・8・24判タ891号109頁、最三小判平8・7・2判時1578号51頁・判タ920号126頁）。したがって、変更申請については不許可とするが、別の在留資格（例えば出国準備のための在留資格）ならば許可できるという場合、原則からすればいったん変更申請を撤回させるかあるいは不許可処分をして再度変更許可申請をさせることになるが、当該申請に係る審査中に在留期間を徒過している場合（実際にはこのような場合が多い）、申請の撤回又は不許可処分により超過滞在となってしまうという不都合が生じる。

　実務上、在留資格更新許可申請に対して法務大臣が更新を認めず、かつ超過滞在とせずに適法に出国を促すときは、申請者に出頭を求めて更新許可ができない旨の通知をした上、申請内容変更申出書（規則別記30号の3様式）を提出させることにより（規則21条の2）、出国準備を目的とする「特定活動」への変更許可をするという取扱いが行われている。

　しかし、実際には、適正な通訳人を付することなく通知をするなど、十分な手続の説明がされることのないまま、退去強制を恐れることにより、不許可の判断を争うことなく、申請内容の変更の申出に応じることが多いのが実情である。

5　3項「法務大臣は……許可することができる」

「法務大臣は……許可することができる」とは、在留資格変更許可・不許可の処分権者が法務大臣であることを意味する。

この点につき、従前から、在留資格に関する許可・不許可処分のすべてを法務大臣が実際に行っているのではなく、いわゆる「専決事案」（法務省内の専決通達によって、各地方入国管理局長限りで許可の決裁をすることができるとされている事案）については地方入国管理局長において、「進達事案」（法務大臣に進達し法務大臣において判断するべきとされている事案）については法務省入国管理局内において、在留資格に関する許否の実質的判断を行っていた。これはいずれも法務省の内部通達による実質的な権限委譲であるが、法律上の根拠はなく、法に反した違法な権限委譲ではないかとの疑義があった。また。そのことが処分の適法性についても疑義をもたらしかねないものであった。

その後、2001年改正法により、法69条の2が新たに設けられた。同規定は、同法に規定する法務大臣の権限は、法務省令で定めるところにより、地方入国管理局長に委任することができるとするものである（ただし、永住許可など一部の権限を除く）。これを受けて、規則61条の2が新設され、法務大臣から地方入国管理局長に権限委任される処分権限がリストアップされた（同条但書は、委任された処分権限のうちいくつかについては法務大臣が自ら行うことを妨げないと規定しているが、この中に法20条の処分は含まれていないので、変更許可・不許可処分は全面的に地方入国管理局長に権限委任されたことになる）。これにより、在留資格変更許可申請に係る処分の処分権者は、法務大臣から権限委任された地方入国管理局長となった。

この権限委任は処分権者の裁量権の広狭に影響する。法69条の2の権限委任による地方入国管理局長の裁量権の範囲については、同条に関する解説のほか、総論「行政裁量論」を参照されたい。

6　3項「当該外国人が提出した文書」

「当該外国人が提出した文書」とは、同項が「前項の申請があつた場合には」としていることから、前項の委任により規則において規定されている各文書である。

具体的には、所定の様式の申請書（規則20条1項、規則別記30号様式）、規則別表第3の下欄で定める資料（規則20条2項、規則別表第3）、その他参考となるべき資料（規則20条2項）、である。最後の「その他参考となるべき資料」とは、規則別表第3の下欄に掲げる資料を補足的に説明する資料や、事実関係についての説明書・上申書などが含まれるものと解される。

7　3項「提出した文書により」

　「提出した文書により」とは、在留資格変更許可の判断は申請者が提出した文書とその内容に基づいて判断されることを示したものである (なお、立証責任の所在につき、本条解説⑪参照)。

　法59条の2は調査権限を認めており、申請者が提出した文書以外の資料・情報を在留資格変更許可の判断の基礎とすることができると解される。実際上も、申請者の提出資料によっては変更許可の判断に十分でない場合に、申請者に追加・補充の資料提出を求めることは認められるべきであるし、入国管理局が自ら実態調査を行うこと自体も禁止されるべき理由はない。さらに申請者に関する個別的な事情にとどまらず、国際・社会・経済情勢などが在留資格変更許可の判断において全く無関係であるとも断定しきれないから、申請者の提出資料に基づかないこれらの事情が判断の資料として考慮されることも否定し得ない。

　ただし、申請者が追加・補充で資料を提出した場合は別として、入国管理局が独自に実態調査を行って得た資料や、個別事情を超えた諸事情を考慮する場合、申請者はこれらの資料や事情が判断の基礎とされることについて知り得ない。また入国管理局が独自に行った調査による情報は往々にして断片的・一方的である場合がある。したがって、これらの資料や事情が在留資格変更を不許可とする要因として考慮される場合には、実態調査によって得た資料に対する反論や、国際・社会・経済情勢などの諸事情にもかかわらず変更を認めるべき必要性について釈明をする機会を当該申請者に与えるべきである。また、密告情報などを安易に判断資料として採用するべきではなく、密告者が信頼に足る人物であるか、申請者と利害相反する立場にある者ではないか、密告の内容が十分に具体性・真実性を有するか等について慎重に吟味するとともに、密告に係る情報についても必要な裏付け調査を行い、さらには申請者本人に釈明の機会を保障する必要がある。

8　3項「在留資格の変更を適当と認めるに足りる相当の理由があるとき」

　「在留資格の変更を適当と認めるに足りる相当の理由があるとき」とは、在留資格変更許可の要件を充たすときとの意味である。この変更許可について、行政解釈は、在留資格の変更は新たな在留資格の取得に当たるから、在留資格該当性と「相当の理由」の存在が必要であるとする(例えば、逐条解説421頁)。しかしながら、行政解釈は他方で、「相当の理由」の要件の解釈に関して、在留資格変更許可処分は法務大臣の自由裁量に属するとするのみである (同421頁)。その結果、変更許可の要件についてこれまでは厳密な議論がなされてこなかったきらいがある。そこで次項以下では、変更許可の要件である「在留資格該当性」及び「相当の理由」のそれぞれの内容及びこれらに対する法務大臣 (から権限委任された地方入国管理

局長。法69条の2参照）の裁量権の有無・広狭について、以下に検討する。

9 在留資格変更許可の要件①：「在留資格該当性」要件

(1) 在留資格該当性要件は覊束事項か裁量事項か

　法別表第1及び第2の各下欄に規定されている「活動」ないしは「身分又は地位」が、各上欄の在留資格の資格該当性要件であることは、法7条1項2号の規定から理解される。すなわち、法7条1項2号は、「申請に係る本邦において行おうとする活動が虚偽のものでな」いこととともに、「別表第1の下欄に掲げる活動……又は別表第2の下欄に掲げる身分若しくは地位……を有する者としての活動のいずれかに該当」することが上陸許可の要件であると定めている。このことから、各法別表下欄が在留資格該当性要件に関する規定であると理解されている。

　法別表第1及び第2の各下段の規定を見ると、その内容が文言上必ずしも一義的に確定できないものもある。例えば、法別表第1の2の表の「投資・経営」の欄の下段中の「その他の事業」「事業の管理に従事」、「研究」の欄の下段中の「公私の機関」「研究」、「教育」の欄の下段中の「これに準ずる教育機関」「その他の教育」などが指摘される。このように、法の文言上、在留資格該当性要件がやや抽象的であることは否めない。

　しかしながら、これら在留資格該当性要件は、法律によって定められており、しかもその具体的内容を定めることを法務大臣に委任する規定は存在しない（法別表、法2条の2第2項及び本条参照）。したがって、在留資格該当性要件は完全な覊束事項であるから、在留資格該当性要件の解釈・確定及び要件充足の有無を判断するに際して、処分権者である法務大臣（地方入国管理局長）には裁量権は存在しない。これを司法統制の観点から言えば、在留資格該当性要件に関する法務大臣（地方入国管理局長）の判断（要件解釈・事実認定・当てはめ）は、全面的に司法審査に服するものである。

(2) 上陸許可基準との関係

　行政実務においては、在留資格変更に当たっては、上陸許可基準が定められている場合には原則として同基準に適合していることが求められるとされている（「在留資格変更、在留期間の更新許可のガイドライン（改正）」、逐条解説420頁以下）。この点、入在要領第10編第4章第2節「第2　在留資格の変更に係る特則」では、活動資格（「特定活動」の在留資格を除く）への変更の要件として、「法別表第1の2の表又は4の表の上欄に掲げる在留資格への変更の場合は、変更後の在留資格に係る基準省令への適合性が認められること」としている。他方、「特定活動」への変更許可に当たっては特定活動告示への適合性を要件としておらず、また、「定住者」への変更許可については「定住者告示」に該当する場合（入在要領第10編第

4章第2節第2・2(4)ア）のほかにいくつかの場合（イ～オ）を挙げた上、「カ　その他変更を認めることが適当であると判断される者」を「定住者」への変更許可の対象者としている。

上記の行政解釈に基づけば、在留資格変更許可申請や更新許可申請において、法別表第1の2の表又は4の表の下欄に定める活動や表別表第2の表の下欄の地位・身分には適合すると判断される場合であっても、基準省令を充たさない場合には、原則としてこれを不許可とすることが許されるという結論が導かれる。

しかしながら、この行政解釈には法律上の根拠がない。すなわち、基準省令は法7条1項2号の委任により設けられたものであり、他方で、本条は法7条1項2号も基準省令も準用していない。したがって、本条による在留資格変更許可・不許可の処分や、次条の在留資格更新許可・不許可の処分に際して、基準省令を適用することは明白な誤りである。法別表第1の2の表又は4の表の下欄の要件を充足するものである限り、基準省令不適合を理由として不許可処分をすることは許されないのであり、基準省令に適合していない場合であっても、法別表の下欄の解釈に基づき、そこに定める「活動」若しくは「身分又は地位」に該当すると判断される場合には、当該申請者について、申請に係る在留資格への資格該当性が肯定されるべきである。

逐条解説は、「上陸許可基準に適合することが要件とされる在留資格に係る活動を行おうとする者についてはその活動と同基準との適合性が求められる」とし、また「上陸許可基準との適合性については、法務大臣は基準省令の定める基準及びその趣旨を踏まえて判断する」としている（421頁）。他方、前記の「在留資格変更、在留期間の更新許可のガイドライン（改正）」によれば、「上陸許可基準については、原則として適合していることが求められます」としている。これらは上陸許可基準そのものの充足までは要求しない趣旨とも解し得るが、上陸許可基準はあくまで法7条1項2号の委任を受けて設けられたものにすぎないのであるから、同条以外の規定に基づく処分に当たって上陸許可基準及びその趣旨に拘泥することは正当ではない。

なお、実務上、特に「定住者」への在留資格変更許可申請において、「定住者告示の定める上陸許可基準に該当しない」ことを理由に、変更は認められないとの窓口指導を行う例が後を絶たないとされている。しかし、かかる窓口指導が法律に違反していることは、上記のとおりであり、また、入在要領第12編第2章第30節「第1　該当範囲」にも抵触することは、前述のとおりである。

(3)　在留資格該当性判断の資料

在留資格該当性判断の資料は、基本的には申請者が提出した文書（本条2項で委任する規則別表第3記載のもの）に基づくことになる。その他、入国管理局が独自

に調査・収集した資料及び社会・国際・経済情勢なども判断資料となり得ることは、本条解説7のとおりである。

(4)　「特定活動」及び「定住者」の在留資格該当性要件について

　法別表第1の5の表で定める「特定活動」は、下欄で「本邦において行うことができる活動」として「法務大臣が個々の外国人について……特に指定する活動」と規定されている。また法別表第2で定める「定住者」は、下欄で「本邦において有する身分又は地位」として、「法務大臣が特別な理由を考慮し一定の在留期間を指定して居住を認める者」と規定されている。

　前述したとおり、法別表及び法7条1項2号の規定の仕方からみるとき、法別表の各下欄に規定する「活動」ないしは「身分又は地位」は上欄の在留資格の資格該当性要件を示すものと解するのが一般的な理解である。このような理解に立つとき、「特定活動」及び「定住者」の在留資格該当性要件は、それぞれ「法務大臣が……特に指定する活動を行う者であること」、「法務大臣が特別な理由を考慮し……居住を認める者であること」ということになる。これは、法自体が、これら2つの在留資格の資格該当性の要件を定め、あるいは要件充足性を判断するに当たって、法務大臣の裁量権を一定の範囲で認めているものと解さざるを得ない。

　しかしながら、在留資格該当性要件は予測可能性を確保するためになるべく明確であることが求められること、上陸許可において「特定活動告示」「定住者告示」といった明確な基準が設けられていること、これらの在留資格が他のいずれの在留資格にも該当しないがなお日本への在留を認めるべき外国人を救済すべきいわば補充的資格として設けられ実際そのように運用され機能していることなどを考慮するならば、これらの在留資格該当性判断における法務大臣（地方入国管理局長）の裁量権が非常に広範なものであると考えるべきではない。

　具体的には、難民認定を受けた者に対しては「定住者」を許可することとされており（法61条の2の2第1項）、この許可処分について法務大臣の裁量権はないものと解される。また、「特定活動告示」「定住者告示」が設けられている趣旨からみて、これらの告示に該当する者については原則として各在留資格該当性が肯定されるものとし、このような意味において、法務大臣に裁量の余地はないものと言うべきである。上陸許可手続においてはこれら告示に適合する者は在留資格該当性が肯定されるのであるから、在留資格変更・更新許可申請手続で資格該当性が否定されるということは（同じ在留資格である以上）、論理的にあり得ないからである。

　また、上記各告示以外にも、いわゆる定住通達（平成8年7月30日付法務省入国管理局通達「日本人の実子を扶養する外国人親の取扱について」。「730通達」ともいう）などのようにすでに発せられた行政通達において定められた基準については、法務大臣に裁量の余地はないものと言うべきである。

このほか、国際条約なども法務大臣の裁量権を制約する原理となる。例えば、拷問等禁止条約は、拷問を受けるおそれがあると信ずるに足りる実質的な根拠がある者をその本国へ送還することを禁止しており（同条約3条1項）、自由権規約17条による家族結合権も同様に、裁量権を制約する原理となる。

さらに、これまで「在留資格該当性あり」としてきた事例と同種の事案については、予測可能性・法的安定性の確保及び平等原則の観点から、原則として在留資格該当性が肯定されるべきである。これが否定されるのは、国際・社会・経済情勢などに鑑み、先例となってきた事例に対して在留資格を付与することが一般的に極めて不適切となった場合に限られるべきである。同種事例であるにもかかわらず個々の事案において資格該当性が肯定されたり否定されたりすることは、法的安定性を欠くばかりでなく在留資格制度そのものに対する信頼をも揺るがしかねない。

10　在留資格変更許可の要件②：「相当の理由」要件

(1)　「相当の理由」についての行政解釈

行政解釈によれば、「『相当の理由』があるか否かの判断は、専ら法務大臣の自由な裁量に委ねられる。法務大臣は、申請者の在留状況、在留資格の変更の必要性・相当性等を総合的に勘案の上、変更を認めるに足りる相当の理由があるか否かを判断する。法務大臣は、申請人の新たな在留目的の活動について在留資格該当性が認められる場合であっても、その者のこれまでの在留状況や行状等に問題があって変更を適当と認めるに足りる相当の理由がないと判断するときは、在留資格の変更を許可しないことができる」とされている（逐条解説421頁）。

また、前記の「在留資格変更、在留期間の更新許可のガイドライン（改正）」は、相当性の判断のうちの代表的な考慮要素として、「素行が不良でないこと」「独立の生計を営むに足りる資産又は技能を有すること」「雇用・労働条件が適正であること」「納税義務を履行していること」「外国人登録法に係る義務を履行していること」を挙げる一方、「これらの事項にすべて該当する場合であっても、すべての事情を総合的に考慮した結果、変更又は更新を許可しないこともあります」としている。

(2)　「相当の理由」についての行政裁量権の実体

行政解釈によれば、「相当の理由」の有無の判断は申請者から提出された文書により行うものとされる。この解釈は、本条3項の文言とも合致するものであり、相当性判断の第一次的資料は申請者提出に係る文書である。

ところで、本条3項でいう申請者提出の文書とは、前述したとおり、規則別表第3の下欄に列記された各資料を指すものであるが、これらの資料を精査すると、その多くは法別表第1及び第2の各下欄に掲げる「活動」ないしは「身分又は地位」

といった在留資格該当性を証明するための資料であることが明らかである。

例えば、規則別表第3の中の「投資・経営」の在留資格の下欄に掲げる資料のうち、「貿易その他の事業の経営を開始し、又はこれらの事業に投資してその経営を行おうとする場合」(1項)に必要な資料のイ及びハは明らかに資格該当性に関する資料である。またロのうち「賃金支払に関する文書」「住民票」「在留カードまたは特別永住者証明書の写し」は当該事業が実体のあるものであるか否かを判断するため、すなわち資格該当性に関する資料であり、「常勤の職員の総数を明らかにする資料」も当該事業が実体のあるものであるか否かを判断する資料であると言うことができる。

また、「法律・会計業務」の在留資格の下欄に掲げる資料のうち、1項はまさに在留資格該当性に関する資料である。同様に、「医療」の在留資格の下欄の資料のうち1項・2項、「研究」の在留資格の下欄に掲げる資料なども、在留資格該当性に関する資料である(詳細は、各在留資格に関する解説を参照)。

これに対し、資料の中には直ちに在留資格該当性要件に関するものとは言い難いものもある。例えば、「法律・会計業務」「医療」「研究」の各下欄の中の「期間」に関する資料などがこれに当たると解される(法別表第1の下欄に掲げる活動を行う期間について、法別表は特段言及していない)。これは当該申請者に認めるべき在留期間の判断に必要な資料である。

また、「報酬」を証する資料は、在留資格該当性に関する資料である(報酬を得ている事実)と同時に相当性に関する資料(報酬の額)でもあり得る。すなわち報酬が少額で日本での生活を維持するに不足することが明らかな場合には、在留を認めることは適切ではないとの判断があり得るからである。しかしながら、前記基準省令においては、収入基準を日本人と同等額以上の報酬と定めて実質的に基準を明確化しており、在留資格変更・更新許可申請の場合でもこのいわゆる「日本人基準」を上回る場合には、相当性ありと判断されるべきである。このように、申請者に提出を求められる資料の中には相当性に関する資料も含まれるが、それらの中でもさらに上陸許可基準などにおいて実質的に基準が定立され、法務大臣(又は地方入国管理局長)による裁量的判断が及ばないとすべきものもあるのである。

以上のとおり、行政解釈が「相当の理由」の有無を判断する際の第一次的資料であると指摘する申請者提出に係る文書は、その多く若しくは大部分が、在留資格該当性に関する資料である。また、相当性に関する資料であっても、その判断基準が上陸許可基準などによってあらかじめ定立されており、その基準への適合性の判断によって相当性が判断されるものが多く存在する。

これまで、「在留資格に関する処分には法務大臣に広範な裁量権が与えられている」との行政解釈が通用し、判例もこれに追随するものが少なくなかった。この

ような見解の下では、在留資格に関する判断はいわばブラックボックスとされてしまい、処分の適法性についてほとんど吟味の余地がなくなることになる。しかしながら、上記のように「在留資格該当性」と「相当の理由」を分けて検討し、さらに相当の理由の判断根拠となる申請者提出資料を分析して検討することによって、法務大臣が裁量権を行使し得る領域は必ずしも広範ではなく、またその裁量権の幅も必ずしも大きなものではないことが明らかになる。そして、その判断の根拠を分析的に検討することによって、当該不許可処分が在留資格該当性に関する判断を誤ったものであるか又は相当性に関する判断を誤ったものであるか、相当性に関するどのような基準に反した判断を行ったものであるかといった処分の違法性の根拠の的確な抽出が可能となる。

なお、申請者が自らあるいは入国管理局の指示により提出した「その他参考となるべき資料」(規則20条2項)や、入国管理局が自ら調査・収集する資料の中に「相当の理由」の有無に関する資料があり得ることは否定できない。そして、これらの資料に基づく「相当の理由なし」との判断があり得ることもやむを得ないことである。しかしながら、そのような場合において、申請者に対し釈明や反論の機会を与えるべきことは前述のとおりである。

(3) 「相当の理由」の行政裁量権に関する行政解釈の問題点

本条3項は、法務大臣は申請者が提出した文書により在留資格の変更を適当と認める相当の理由があるときに限りこれを許可することができるとしている。行政解釈は、在留資格変更許可処分において法務大臣には広範な裁量権があるとする条文上の根拠として、この規定の文言を指摘する(逐条解説420頁)。

しかしながら、この文言をもって法務大臣の広範な裁量権を直ちに根拠付けることは不可能である。

上記の文言を文理に忠実に理解するならば、在留資格変更許可は「相当の理由」の存在が認められた場合に例外的に許可されると読むことができる。しかしそれでは、すべての申請者に一律に提出が求められている規則20条1項ないし4項に定める各資料の提出・提示のみでは在留資格変更許可を得ることは原則的に不可能であり、規則20条2項の「その他参考となるべき資料」の提出が「相当の理由」の有無の判断の鍵となるということになるはずである。言い換えれば、申請者は規則20条に定める必要資料をすべて提出しただけでは在留資格変更許可は得られず、さらに同条2項の「その他参考となるべき資料」を提出することによって、「相当の理由」の存在を証明し得た場合に限り、在留資格変更許可を得られるということになろう。

しかしながら、このような運用が実際に行われていないことは明らかであり、実務に反する解釈である。例えば、2009年の出入国管理統計によれば、資格変更

処分の既済総数154,896件のうち、許可件数は149,046件（96.2％）、不許可件数は1,753件（1.1％）であり、大多数が資格変更許可を得ている。このような運用実態は「相当の理由がある場合に例外的に許可する」との上記の解釈を否定するものである。また、行政解釈もかかる文理解釈を採っているとは考え難い。

　他方、規則20条が定める資料が提出されたときには原則として在留資格変更許可が得られるとの解釈は、本条3項の文理には反するが、上記の実務に合致し、かつ法的安定性・予測可能性を高める。この考え方の場合、「相当の理由」がないと判断されるのは申請人が提出した資料に不備・不十分がある場合のほか、入国管理局が調査・収集した資料から相当性を否定する事実が認められた場合ということになるが、特に後者の場面では申請者の釈明の機会の保障が重要となる。

　以上によれば、「提出された」文書により在留資格該当性が肯定され、また相当性に関する資料について定型的に設けられた基準に合致すれば、在留資格変更は原則として許可され、それ以外の事情により「相当の理由がない」とされた場合に限って不許可となるとの解釈が法と規則の整合性を保つ解釈との点からも適切であり、また実務の運用実態にも合致する現実的な解釈である。

　近時の在留資格該当性に関する法務大臣の事実認定に誤りがあるとして不許可処分を取り消した判決においては、いずれも在留資格該当性判断においては法務大臣の裁量権がないことを前提とした判示をしている（東京地判平6・4・28判時1501号90頁・判タ860号131頁、東京地判平7・10・11判時1555号51頁・判タ896号62頁、東京地判平9・9・19判時1650号66頁・判タ995号116頁等）。

　したがって、本条3項をこのように解釈する限り、在留資格変更に関する処分に法務大臣の広範な裁量権を肯定する余地はないと言うべきである。

(4)　「相当の理由」要件の判断に際しての地方入国管理局長の裁量権の有無・範囲

　法69条の2により法務大臣から権限委任された地方入国管理局長の「相当の理由」に関する裁量権の有無・範囲についても、基本的な考え方は上記と同じである。ただし、前述した法務大臣の裁量権の特殊性（いわば内閣の一員であるという法務大臣の地位に一身専属的な裁量権であること）から考えれば、地方入国管理局長が裁量判断の基礎とすることが許されない事情が一定範囲で存在することとなるから、その範囲で地方入国管理局長の裁量権の範囲が法務大臣のそれよりも狭くなることは当然である。

　どのような事項が裁量判断から除外されるかは、個々の事項ごとに吟味することが必要であるが、国政を担う内閣の構成員である法務大臣にしてはじめてその判断について責任を負うことができる事項、例えば、国際情勢ないし外交上の問題、日本国内全般にわたって対処すべき社会・経済的事項などについては、地方

入国管理局長が裁量判断の基礎とすることは許されないと解すべきである。

なお、出入国管理行政はあくまで国の行政活動であり、地方入国管理局長の処分も法務大臣から権限委任を受けて行うものであるから、その処分が一地域の特性を反映したものであってはならないし、地方入国管理局長ごとに判断が区々となることは制度上許されない。このような観点からも、地方入国管理局長が独自に考慮し判断し得る裁量の範囲は、相当程度に限定されるものである。

⑸ 「特定活動」「定住者」における相当の理由（資格該当性要件との境界）

本条解説⑨⑷のとおり、「特定活動」「定住者」の在留資格該当性要件は、それぞれ「法務大臣が……特に指定する活動」を行う者であること、「法務大臣が特別な理由を考慮し……居住を認める者」であることとされ、その判断において法務大臣の裁量権を一定の範囲で認めるものと解される。これらの要件の内容を吟味し、あるいは要件充足性を判断するに当たっては、相当性についての考慮も不可避的に行わざるを得ない。したがって、「特定活動」「定住者」における相当の理由の有無の判断は在留資格該当性の判断に内包され、あるいはこれと同時に行われるものと解される。

11 立証責任の所在

上記の「在留資格該当性」及び「相当の理由」の要件は法務大臣（地方入国管理局長）と申請者のいずれが立証すべきかという問題である。以下では、行政手続における立証責任を念頭に置いて検討するが、訴訟における立証責任の分配についても、同様の結論となると解される。

この点、一般的には、申請者に立証責任があるとされているが（立証責任に関する規定として、法7条2項、46条など）、立証対象ごとに検討する必要がある。

⑴ 「在留資格該当性」要件の立証責任

在留資格該当性要件については、その証明に必要な書類は規則別表第3及び第3の5に明示されており、しかもそれらの書類は申請者が調達できるものであることから、これらの資料の提出責任は第一次的には申請者が負担するものと言ってよい。したがって、申請者がこれらの提出を怠った結果、最終的に不許可処分となることはやむを得ないといえる。

ただし、申請者が資料の提出を失念していることが明らかである場合や、一応の資料は提出されているがそれが規則別表第3下欄に規定された資料に該当しない場合には、入国管理局は、これを指摘し適切な資料提出がなされるよう助言すべきである（実務上も、電話や手紙により追加書類の提出指示がなされることがよくみられる）。

また、申請者が何らかのやむを得ない事情によりこれらの資料を提出できない

場合、そのことをもって直ちに不許可処分とするべきではなく、入国管理局は、他の代替資料の提出の可能性について検討し助言すべきである。

　在留資格に関する申請を行うのは外国人であり、日本国内における諸制度やさまざまな公的書類の意味内容について十分な理解を有しないことが多いのであるから、在留資格に関する審査が適正に行われるためには、入管職員からの積極的な関与が必要不可欠である。この点、入在要領第1編第2章第1節「第1　応接」では、「公務の適正・円滑な遂行のためには、国民の理解と協力が不可欠であり、いかにしてそれを確保し、内外から行政そのものに対する信頼を得るかが重要な課題である」、「入管職員の職務の主な対象者である外国人は、必ずしも我が国の法令に十分通じていないばかりではなく、各種の行政手続に不安を持っている人がほとんどであることから、日本の公務員として、これら外国人にみだりに不安・不快を感じさせることなく、各種の手続を行えるように支援することも重要である」としている。

　他方、規則20条2項の「その他参考となるべき資料」については、かかる資料の要否やどのような追加資料が必要かについては、個々の事案ごとに異なり、しかも「その他参考となるべき資料」の要否は専ら審査をする入国管理局側の判断による（申請者側には規則別表第3及び第3の5に列記された資料のほかにどのような追加資料が必要であるかは申請時にはわからない）のであるから、追加資料の提出が必要な場合には入国管理局側において申請者にその旨を指示し、あるいは証明が必要な事項について釈明を求めるとともに、申請者のために積極的に調査義務を果たすべきである（法59条の2参照）。

　申請に係る事実関係について曖昧・不明確な点がある場合、入国管理局はこれを放置したまま事実関係の証明がなされていないとして不許可処分をするべきではない。どのような事実についてどこまで具体的・明確であることが要求されるかは、審査を行う入国管理局側の考え方次第であるから、どこまで具体的・詳細に事実を提示すればよいかは申請者側にはわからない場合がある。例えば、日本人配偶者と別居中の外国人が「日本人の配偶者等」の更新申請をする場合、別居の事情についてどこまで具体的に事実を報告し、どこまで詳細な証拠資料を提出すればよいかは審査をする入国管理局側の判断にかかっているのであり、申請者側ではどこまで事実を述べ、証拠を出せばよいかの判断はできないのである。

　実務においては、入国管理局側はその必要とする資料が提出されていないことを理由に不許可処分とし、申請者は不許可理由の告知の中で初めて資料不足を告げられる。そして指摘された不足資料を追加して再度申請し、再び審査を経て許可されるという場合が少なくない。しかしこのような取扱いは申請者・入国管理局ともに時間と手間を要するだけで無意味である。のみならず、不許可処分時

に申請者の在留期間が経過していたならば、再度の申請ができないまま帰国を余儀なくされることになる（逆に裁判で争おうとすると超過滞在を覚悟せざるを得ない）という不都合が生じる。入国管理局は資料不備・事実関係不明確を理由に安易に不許可処分とするべきではなく、不足資料や不明な事実関係について、申請者に提出を促したり、釈明を求めるなど事実解明に努めるべき義務があると言える。

(2) 「相当性」要件の立証責任

先に述べたとおり、「相当の理由」の要件は、文言上は在留資格変更許可処分をするための積極的要件のようにも読めるが、実質的には在留資格該当性が認められる場合になお在留資格変更を不許可とする際の消極的資格要件として運用されている。かかる「相当性」要件の位置付けからすれば、相当性がないことについては法務大臣（地方入国管理局長）が立証責任を負うことは当然の帰結である。

また、不許可処分が（その後の司法手続によって処分の取消しを争うことができるとしても）申請者に対し多大な不利益を与えることを考慮するならば、「相当性」を欠くと疑われる場合には、法務大臣（地方入国管理局長）は処分に先立ちその理由及び根拠となる事実を申請者に開示し、釈明の機会を与えなければならない。

12 3項「やむを得ない特別の事情」

(1) 趣旨

行政解釈によれば、本規定の趣旨については、「短期滞在」の在留資格は観光旅行等日本国内での就労や生活を目的としない短期間の在留を予定する外国人に対し付与されるものであるため、在留資格認定証明書は不要とされ、在外日本公館での査証の審査も簡易に発給され、また査証免除取決め（取極め）が存在する国についてはそもそも査証発給による審査を経ずに来日することもあり、また、上陸時の上陸許可の審査も簡便に行われるところ、「短期滞在」の在留資格を得て日本に上陸した後に他の在留資格に変更することを安易かつ無制限に認めてしまっては、査証制度及び在留資格認定証明制度を形骸化するおそれがあることから、「短期滞在」から他の在留資格への変更許可は、変更を求める在留資格の資格該当性及び相当性の要件を充足するのみならず、いったん出国し再度入国手続を採ることによっては在留の目的を達することができない等の「やむを得ない特別の事情」が存在する場合に限ることにしたと説明されている（逐条解説421頁以下）。

しかしながら、「短期滞在」から他の在留資格への変更を希望する場合には、本条の手続に従って変更許可申請を行うことになるのであり、地方入国管理局担当官によって必要な審査が行われ、最終的には法務大臣（地方入国管理局長）により許可・不許可の処分がなされるのであるから、在外公館における査証審査や在留資格認定証明における審査よりも正確性・厳密性において劣るということは考

えられない。したがって、「短期滞在」から他の在留資格への変更許可を認めたとしても、それによって本来付与されるべきでない在留資格が認められるという弊害は一般的に存在しないと言うことができる。

　このようにみると、行政解釈がいう「査証制度や在留資格認定証明制度の形骸化」とは、単純に「査証制度や在留資格認定証明制度が利用されなくなる」ということを意味するものであることがわかる。かかる趣旨での「形骸化防止」とは、いわば制度維持を目的とした本末転倒の議論である。他方で、日本に上陸した外国人がいったん国外に出て新たに在留資格認定証明を取得し、さらに査証を得て再度上陸するには、航空券の調達などの経済的な負担に加え、再入国まで数カ月を要すること、その間日本国内における人間関係や生活関係が断絶してしまうこと、さらに再入国できる保証はなく、再入国ができなかった場合に司法手続で争うことが非常に困難であること等の無視し難い重大な不利益が存在する。上述の「形骸化」の意味と、当該外国人が被る不利益を対比するならば、「短期滞在」から他の在留資格への変更許可を制限するという行政解釈に合理性がないことは明らかである。

　このことは、規則20条において、「やむを得ない特別の事情」を裏付ける資料の提出が要求されていないことや、在留資格変更許可申請書（規則別記30号様式）において、「やむを得ない特別の事情」を記載する欄がないことからも裏付けられる。

　したがって、本条項の存在を前提としても、「やむを得ない特別の事情」はなるべく緩やかに解釈されるべきである。

　また、後述するとおり、実務上もかなり緩やかに運用されている。

(2)　「やむを得ない特別の事情」の行政解釈

　行政解釈によれば、「やむを得ない特別の事情」とは、入国後の事情変更により当初の在留目的が変更したことに合理的理由があり、かつ、いったん日本から出国して新たな入国手続を採らせるまでもなく引き続き日本への在留を認めるのが相当であると認められるような事情をいうとされている。そしてその例として、婚約者を訪問する目的で来日した外国人が在留中に日本人と結婚した場合の「日本人の配偶者等」の在留資格への変更や、大学受験の目的で来日した外国人が大学受験に合格した場合の「留学」の在留資格への変更などが挙げられている（逐条解説422頁）。

(3)　実務の扱い

　しかしながら、実務上、「短期滞在」から他の在留資格への変更が認められた例は、上記の行政解釈の範囲にとどまらない。

　例えば、行政解釈によれば、変更を求める根拠となる事実は日本に上陸した後に生じたものに限られることになる。しかしながら、実際には、外国で日本人と婚

姻した後に「短期滞在」で入国し、その後に「日本人の配偶者等」への変更を申請し、これが認められた例が多数報告されている。

　また、日本人との間に生まれ日本国籍を有する子どもとその外国人親、あるいは日本人の嫡出子であるが国籍喪失をした子ども（国籍法12条）とその外国人親が、「短期滞在」で入国した後に「定住者」に変更申請をし、許可される例があることも報告されている。このケースの場合、いわゆる定住者告示が定める類型に該当しないため、「定住者」として上陸許可を受けることは不可能であるが、「短期滞在」によって入国した後に「定住者」への在留資格変更申請を行うことによって、「定住者」の在留資格を得ることが可能となる（前の事案は日本国籍を有する子どもを日本で養育するため、後の事案は子どもについては長期在留資格を取得し、さらに国籍再取得〔国籍法17条〕をするため、外国人親については子どもを日本で養育するため、いずれも「定住者」の在留資格を取得することが必要である）。

　このほかにも、「短期滞在」で大学を受験し合格した場合に「留学」への変更を認める、在留資格認定証明書を添付して「短期滞在」から他の在留資格への変更申請した場合に変更を認めるなどの例があることが報告されている。

13　4項の趣旨

　本項は、在留資格変更許可処分の方式及び処分の効力の発生時期について定めるとともに、在留カードが交付される場面として、法務大臣が、入国審査官に、引き続き又は新たに中長期在留者になった者に対し、在留カードを交付させることを定めた規定である。

　変更許可処分は、従前は、①旅券への記載又は②在留資格証明書の発行若しくは③すでに発行済みの在留資格証明書への記載によってされていたが、これらの記載は中長期在留者にはなくなり、代わりに在留カードが交付されることになる。

　2009年改正法において、変更許可処分は、①在留カードの交付、②旅券への記載、③在留資格証明書の発行若しくは④すでに発行済みの在留資格証明書への記載をもって効力が発生することとなった（2012年7月9日施行）。

　また、処分の内容も、在留カードや旅券、在留資格証明書に記載された内容による。したがって、仮に在留期間1年を許可するつもりが誤って在留カードに3年と記載されてしまった場合には、在留期間を3年間とする変更許可処分がされたこととなる。

　なお、変更不許可処分は通常申請者に対する通知をもってなされるが、その効力発生時期は意思表示の一般原則に従い当該通知が申請者に到達したときとされている。

14　5項の趣旨

本項は、2009年改正法により新設されたものである。

これにより、従前の在留資格の期限経過後、在留資格変更申請の結果が出て処分されるまでの間、従前の在留資格が法律上当然に付与されることとなった（ここでは、みなし在留資格と呼ぶ）。従前の行政解釈（これを支持する下級審裁判例もある）は、在留資格の変更についての審理中に従前の在留資格の在留期限が到来した場合、後に在留資格を許可する場合は、在留資格が途切れない日付で行い、在留期間が継続したこととするが、許可されない場合は、従前の在留期限到来後は、在留資格がなかったことになるとしていた。

みなし在留資格を新設した趣旨は、審理の渋滞を申請者の不利益に扱わないという点にあろう。しかし、本条の規定には、次の問題がある。

まず、みなし在留資格の上限が2カ月間と限定されている点は問題である。この点は、第171回国会審議でも問題とされ、政府答弁は、2カ月以内に処分をするとしているが、実務上、本省決裁等の案件においては、2カ月以内の処分は容易ではない。そもそも、2カ月を超える審査の遅滞は、入管の責任であり、申請者に不利益を課すことは正当化できない。2カ月の上限は、申請者の所在不明や、申請者が追加資料の要請に応えないなど、申請者側に責任がある場合に限るべきである。審査の遅れの原因が入管側にある場合は、当該処分までのみなし在留資格を認めるべきである。

また、従前の在留期限経過後に不許可処分をして、出国準備の在留資格を付与しない場合、本条によっても、当該処分の翌日から在留資格がないことになる。実数は多くなかったようであるが、従前、不許可処分の告知後直ちに、オーバーステイ状態になっていることを理由に収容していた事例も散見されたところである。本条は、このような不当な結果を回避するための制度であることから、申請者を陥れるような不当な運用は回避するべきである。

第20条の2（技能実習の在留資格の変更の特則）

① 技能実習の在留資格（別表第1の2の表の技能実習の項の下欄第2号イ又はロに係るものに限る。）への変更は、前条第1項の規定にかかわらず、技能実習の在留資格（同表の技能実習の項の下欄第1号イ又はロに係るものに限る。）をもつて本邦に在留していた外国人でなければ受けることができない。

② 法務大臣は、外国人から前条第2項の規定による技能実習の在留資格（別表第1の2の表の技能実習の項の下欄第2号イ又はロに係るものに限る。）への変更の申請があつたときは、当該外国人が法務省令で定める基準に適合する場合でなければ、これを許可することができない。

③　法務大臣は、前項の法務省令を定めようとするときは、あらかじめ、関係行政機関の長と協議するものとする。

1　1項の趣旨

技能取得後の「技能実習」（法別表第1の2の表の「技能実習」の項の下欄2号）は、技能取得のための「技能実習」（同1号）からの変更しかできない旨の規定である。2009年改正法により新設され、2010年7月1日から施行されている「技能実習」制度は、そもそも問題の多い「研修」制度を延命させるための制度であり、本条の規定により弊害がなくなるとは考えられない。

2　2項の趣旨

前項の申請についての基準は、法務省令（平成21年12月15日法務省令第51号「出入国管理及び難民認定法第20条の2第2項の基準を定める省令」）により定めることとした規定である。

従来、各在留資格について、基準省令が定められるとともに内部通達が定められ、実際には、内部通達により入管行政が行われてきた。本条は、基準省令に適合しなければ「許可することができない」と定めるのであるから、従前行われてきたような通達行政は否定されていると解する。「研修」に伴う弊害除去のため、より実効的な基準省令の制定が望まれるところである。

3　3項の趣旨

研修が実態は安価な労働であり、苛酷・長時間の労働が強いられ、逃亡を防ぐために人権侵害的な監視が行われてきたとの批判を踏まえ、「研修」の代替制度である「技能実習」が、同様の弊害を発生させないよう、基準省令の制定をより慎重にする規定である。

第21条（在留期間の更新）

① 本邦に在留する外国人は、現に有する在留資格を変更することなく、在留期間の更新を受けることができる。
② 前項の規定により在留期間の更新を受けようとする外国人は、法務省令で定める手続により、法務大臣に対し在留期間の更新を申請しなければならない。
③ 前項の規定による申請があつた場合には、法務大臣は、当該外国人が提出した文書により在留期間の更新を適当と認めるに足りる相当の理由があるときに限り、これを許可することができる。
④ 第20条第4項の規定は前項の規定による許可をする場合に、同条第5項の規定は

> 第2項の規定による申請があつた場合に、それぞれ準用する。この場合において、同条第4項第2号及び第3号中「新たな在留資格及び在留期間」とあるのは、「在留資格及び新たな在留期間」と読み替えるものとする。

1 本条の趣旨

　外国人が日本に滞在する目的には、もともと一定の期間が予定されているもの（留学生の在学期間や興行を行う者の興行期間など）と、期間が予定されていないもの（事業活動など）や無期限のもの（日本人との結婚による家族生活など）がある。
　一定の期間が予定されている活動についても、何らかの事情によりさらに期間を延長して日本に滞在することが必要となる場合もある。これに対し、在留資格は原則として一定の期間制限の下に許可されるものであるから（ただし、その期間制限の合理性に対する疑問については、法2条の2の解説 7 参照）、その期間を超えて在留する必要がある場合には、その期間更新を求める必要がある。そのための在留期間更新許可制度について定めたのが本条である。
　なお、在留資格制度自体の趣旨、在留資格の種類や別表第2の資格と在留活動の関係等につき、法2条の2の解説参照。

2 1項の趣旨

　本項は「在留期間更新制度」を設け、在留外国人にこの制度の利用を保障したものとされる。「在留期間の更新を受けることができる」と規定されているが、在留期間の更新許可を受ける権利を保障したものではないと実務上は解されている（ただし、変更の場合と同様、同項は在留外国人に対し在留資格更新許可申請を行う権利を保障したものと解されるから、法務大臣は更新申請の受理を拒むことはできない。地方入国管理局の窓口実務においては往々にして申請書の受領を拒むことがあるが、かかる取扱いは明らかに違法である）。

3 2項の趣旨

　本項は在留期間更新許可申請に関する手続の細目を法務省令で定める旨を規定したものであり、これを受けて規則21条1項及び規則別記30号の2様式において申請先及び申請書の書式を、規則21条2項及び4項で準用する規則20条4項並びに規則別表第3の5において申請に必要な資料を許可を求める在留資格ごとに定めている。
　また、在留期間更新許可申請についても、外国人本人が出頭して行うのが原則であるが（法61条の9の3第1項3号）、法定代理人、受入れ機関等若しくは公益法人の職員又は弁護士若しくは行政書士、外国人本人が16歳未満の場合又は疾

病等の場合におけるその親族又は同居者等による場合には、代わって申請を行うことができる（同条4項、規則59条の6第3項）。

なお、在留期間更新許可申請に必要な資料（規則別表第3の5）は、在留資格変更許可申請に必要な資料（規則別表第3）と全く同一ではないことに留意する必要がある。

④ 3項の趣旨

「前項の規定による申請があつた場合には」とは、在留期間更新の許否の判断が当該外国人の申請に基づき行われることを意味する。

「法務大臣は……許可することができる」とは、在留期間更新許可・不許可の処分権者が法務大臣であることを意味する。ただし、法69条の2及び規則61条の2第7号により、当該処分権限は地方入国管理局長に委任されている。後述するとおり、在留期間更新許可申請に係る処分については処分権者である法務大臣に広範な裁量権があるとされており、地方入国管理局長にもその裁量権がそのまま委譲されているとするのが行政解釈のようであるが、かかる解釈が誤りであることについては、法20条の解説⑩(4)で論じたとおりである。

「当該外国人が提出した文書」とは、同項が「前項の規定による申請があつた場合には」としていることから、前項の委任により規則において規定されている各文書である。具体的には、所定の様式の申請書（別記30号の2様式。規則21条1項）、規則別表第3の5の下欄で定める資料（規則21条2項）、その他参考となるべき資料（規則21条2項）である。最後の「その他参考となるべき資料」の具体的内容は明らかではないが、規則別表第3の5の下欄に掲げる資料を補足的に説明する資料や、事実関係についての説明書・上申書などが含まれるものと解される。

「提出した文書により」とは、在留期間更新許可の判断は申請者が提出した文書とその内容に基づいて判断されることを示したものである。なお、申請者提出文書以外の資料・情報を在留期間更新許可の判断の基礎とすることの可否や、これらの資料に対する申請者の釈明の機会を保障すべき必要性については、法20条の解説⑪を参照。

「在留期間の更新を適当と認めるに足りる相当の理由があるとき」とは、在留期間更新許可の要件を充たすときとの意味である。この更新許可について、行政解釈は、在留期間の更新は法務大臣の自由裁量に基づき与えられるとする（逐条解説429頁）。この文言の表現は法20条3項と共通であり、したがって前条と同様に「在留資格該当性」「相当性」の要件について検討することが必要である（法20条の解説⑧～⑩参照）。

5 在留期間更新における「在留資格該当性」要件

　在留期間の更新許可申請においても、申請者が当該在留資格に係る活動を引き続き行おうとするものであること、あるいは当該在留資格に係る地位を引き続き有するものであることは必要であるから、「在留資格該当性」について再度審査することが必要である。例えば、大学を卒業したのに「留学」の在留資格の更新を申請したり、離婚後に「日本人の配偶者等」の在留資格の更新を申請したりしても認められないのは、この「在留資格該当性」要件を欠くためである。

　法20条の解説9で述べたとおり、「在留資格該当性」要件は羈束事項であり、法務大臣（地方入国管理局長）には、その判断について自由裁量はない。その要件充足の有無は、原則として規則別表第3の5で定める資料に基づいて行われる。

　資格該当性の判断資料として提出を求められる書類は、規則別表第3の5に列記されているとおりである。この表を在留資格変更許可申請における提出資料を列記した規則別表第3と対比すると、就労等の一定の活動を目的とする在留資格については、従前の活動による収入及び納税に関する証明書の提出を求めている。

　これに対し、「日本人の配偶者等」や「永住者の配偶者等」「定住者」「特定活動」など申請者の身分ないし地位に基づき与えられる在留資格については、変更許可申請と更新許可申請とで証明資料にほとんど差異はなく、一定の身分ないし地位が継続する限り在留資格該当性が認められるというのが法の趣旨であることが理解できる。

　なお、外国人が行う活動や有する身分ないし地位に変更が生じたが、変更後の活動や身分ないし地位も従前の在留資格が予定するものである場合、例えば、外国人が勤務先を変更し再び同じ職種に就いた場合や日本人配偶者と離婚し別の日本人と再婚した場合などは、申請者は従前の在留資格の期間更新を求めることになる。ただし、行おうとする活動の内容や身分関係ないし地位には変動が生じているので、これらについて新たに証明資料を提出することが必要となる。

6 在留期間更新における「相当性」要件

(1) 期間更新手続における「相当性」の位置付け

　「相当性」要件についても、法20条の解説10において述べた点がここでも当てはまる。すなわち、相当性判断は規則21条、規則別表第3の5の下欄に列記された資料に基づいて判断するものとされるところ、同別表記載の資料の多くは在留資格該当性に関する資料であるから、在留資格該当性が肯定される限り、原則として「相当性」も肯定されるものである。

　また、更新許可申請は従前有していた在留資格に係る活動と同じ活動を今後も行うこと、あるいは従前と同じ身分ないし地位を今後も有することを予定するも

のであることから考えても、在留資格該当性が認められる限り、原則として相当性も肯定されるものと言うべきである。

在留期間制度の意義について、逐条解説は「在留資格をもって在留する外国人がその活動目的を達成するために必要な期間を考慮して法務省令で定め」たものとしている（107頁）。しかしながら、かかる解釈には合理性がないことは、法2条の2の解説[7]で述べたとおりである。在留資格の付与に際して定められる在留期間は、当該外国人が日本国内で行おうとする活動についてその目的を達するために必要であろうと認められる期間ではなく、むしろ、当該外国人の在留資格該当性を定期的にチェックするための制度であると捉えるのが、制度自体の仕組みからみても、また運用の実態からみても適切である。

このように考えると、日本に在留する外国人は、従前の活動又は身分若しくは地位が維持継続されている限り──「留学」「就学」については大学あるいは専門学校での課程修了までの期間、就労を予定する在留資格及び別表第2に規定する各在留資格については半永久的に──「我が国に在留する必要性」が原則的に存在するものと言うべきである。

在留期間更新許可を得ようとする外国人は、すでに一定期間日本国内で生活し、経済活動や就労活動を行い、生活基盤を確立し、人的・社会的関係を形成しているという事実が存在する。日本国内において一定の人的・社会的関係を形成している点は在留資格変更許可を求める外国人の場合も実態としては同様であろうが、更新許可申請の局面では制度上も人的・社会的関係の継続性が明確である。したがって、このような関係を保護すべき必要性も認められるべきである。

これらの点を考慮するならば、「相当性」要件を更新許可の積極的要件と位置付ける解釈が正しくないことは明らかである。むしろ、「資格該当性」が認められるにもかかわらず在留期間を更新することが「相当ではない」とされる場合に限って例外的に在留期間更新を不許可とする、消極要件ないし阻却要件と解するのが正当である。

したがって、「相当性」判断における法務大臣（地方入国管理局長）の裁量の範囲は広範なものとは言い難く、変更許可申請に際しての「相当性」の判断における裁量よりもさらに限定的であると言うべきである。

具体的には、例えば、悪質な資格外就労が行われていたとか、その他退去強制事由に準ずる事実が存在すると認められる場合などにおいて、在留期間の更新を認めることは「相当でない」と判断される余地があるであろうが、裁量的判断の適否は個々の具体的事案によることになる。

(2) 政府からみて好ましくない活動と「相当性」要件

次に、退去強制事由には該当しないが、その活動が政府からみて好ましくない

とされる場合に在留期間の更新を「相当でない」として不許可にすることは許されるかについて検討する。

まず、当該外国人が有する在留資格の基礎となる活動の一環として行われた行為が政府からみて好ましくないとされた場合としては、例えば、「芸術」や「興行」の在留資格で日本に在留する外国人が、日本の政府や政策を批判する芸術作品や催しを公表したり、「報道」の在留資格で在留する外国人が日本の政府や政策を批判する報道活動を行ったりした場合が考えられる。この点、芸術活動や興行、報道活動は本質的に社会や公権力に対する批判とチェックの機能を有するものであるから、これらの活動を禁止することは「芸術」「興行」「報道」といった在留資格を認めたこと自体を否定しかねない。したがって、その行為が、人々に対し、暴力を扇動したり、体制転覆をけしかけたりするなど具体的に社会に対する害悪となる場合を除いて、政府や政策を批判する活動を行ったことを理由に更新不許可とすることは許されないものと言うべきである。

次に、当該外国人が有する在留資格とは無関係に行った行為が政府からみて好ましくないとされた場合が考えられる。最大判昭53・10・4民集32巻7号1223頁・判時903号3頁・判タ368号196頁(いわゆる「マクリーン事件」判決)はまさにかかる事案であり、この点については、総論「マクリーン事件上告審判決の分析と批判」を参照されたい。

7 立証責任

(1) 「在留資格該当性」要件の立証責任

在留期間更新許可申請における資格該当性の証明は、規則別表第3の5に列記された資料を提出することによって行われるものであるから、その立証責任は申請者が負うべきであろう。ただし、外国人である申請者が日本国内で作成される一連の書類を不足なく準備できるとは限らないから、申請を受け付けた入国管理局が不足資料について適宜助言すべきであることについては、在留資格変更の場合と同様である。

(2) 「相当性」要件の立証責任

法20条の解説11(2)で述べたとおり、相当性要件を消極要件ないし阻却要件と解するときは、その立証責任は不許可処分を行おうとする法務大臣(又は地方入国管理局長)が負うと解するべきである。

8 4項の趣旨

本項は在留期間更新許可の方式及びその効力発生時期並びにみなし在留資格について、在留資格変更についての規定(法20条4項・5項)を準用するものであ

る。これを受けて規則21条5項及び規則別記33号・33号の2様式が定められている。

地方入国管理局長への権限委任につき、本条解説④参照。また、みなし在留資格の問題点は、在留資格変更申請の場合のみなし在留資格と同様なので、法20条の解説⑭を参照されたい。

⑨ 特別受理

以前は、在留期間の更新申請を失念したまま在留期限を徒過した場合において、いわゆる「特別受理」によって在留期間の更新申請を受理するという方法により、実務上比較的緩やかな取扱いがされてきた。

ところが、その後、特別受理の扱いはほぼ廃止され、上記のような場合においても、一律不許可として不法残留とし、在留を認めるべき事案については、在留特別許可により在留資格を付与するという処理がされるようになった。そして、近時は再び特別受理の取扱いも見受けられるところである。

特別受理によらない方法では、在留資格の回復までに相当時間がかかり、その間当該外国人について地位が不安定となるほか、その後の地位についても不利益に取り扱われることが指摘されており、特別受理を活用した柔軟な実務が求められるところである。

第22条（永住許可）

① 在留資格を変更しようとする外国人で永住者の在留資格への変更を希望するものは、法務省令で定める手続により、法務大臣に対し永住許可を申請しなければならない。
② 前項の申請があつた場合には、法務大臣は、その者が次の各号に適合し、かつ、その者の永住が日本国の利益に合すると認めたときに限り、これを許可することができる。ただし、その者が日本人、永住許可を受けている者又は特別永住者の配偶者又は子である場合においては、次の各号に適合することを要しない。
　1　素行が善良であること。
　2　独立の生計を営むに足りる資産又は技能を有すること。
③ 法務大臣は、前項の許可をする場合には、入国審査官に、当該許可に係る外国人に対し在留カードを交付させるものとする。この場合において、その許可は、当該在留カードの交付のあつた時に、その効力を生ずる。

---

① 本条の趣旨

本条は、在留資格変更許可申請に関する法20条の特則であり、「永住者」への変更、すなわち永住許可の要件及び手続について規定している。

外国人が日本に在留しようとする場合、日本国内で行おうとする活動若しくは

身分ないし地位に対応した在留資格が付与される。したがって、在留資格の変更許可申請を行う場合には、これから行おうとする活動若しくは新たに取得した身分ないし地位を証明し、これに対応する在留資格を求めることになる。

これに対し、永住許可の場合は、法別表第2で「法務大臣が永住を認める者」と定めているとおり、日本国内で行おうとする活動若しくは身分ないし地位の限定はない。したがって、これらの活動若しくは身分ないし地位についての証明は主要な証明対象ではない。むしろ、後述する「素行の善良性」「独立生計維持能力」が要件である。

「永住者」の在留資格には、活動及び在留期間の制限がなく、最も安定した在留資格であるとされる。そのため、永住許可は慎重に行われる必要があることから、他の在留資格の変更申請手続とは別個の規定を設けたのが本条の趣旨とされている。

なお、第2次世界大戦前から引き続き日本に居住している朝鮮人（韓国人）及び台湾人及びその子孫に対しては、その地位の特殊性から、本条により付与される永住資格よりさらに強い効力を持つ永住許可が認められる。これを特別永住といい、本条による永住は、これとの比較で一般永住と呼ばれる。

2　1項の趣旨

本項は、「永住者」の在留資格への変更を希望する者は、法務省令で定める手続に基づき、その申請手続を行うことを定めている。ここにいう「法務省令で定める手続」とは、規則22条、規則別記34号様式である。

3　1項「永住許可を申請しなければならない」

永住許可申請は、地方入国管理局に対し、次の①ないし⑤の書類を提出し、⑥ないし⑦の書類を提示して行う（規則22条1項、同条3項の準用する規則20条4項）。

① 　規則別記34号様式による申請書
② 　写真（16歳未満は不要）
③ 　素行の善良性を証する書類
④ 　独立生計維持能力を証する書類
⑤ 　身元保証人の身元保証書
⑥ 　（中長期在留者の場合）旅券及び在留カード
⑥' 　（中長期在留者以外の場合）旅券又は在留資格証明書
⑦ 　資格外活動許可書の交付を受けている場合にはその許可書

なお、素行の善良性を証する書類及び独立生計維持能力を証する書類が具体的にどのような書類を想定しているのかは、規則の規定からは必ずしも明確では

ないが、国際人流189号（2003年2月）47頁によれば、①申請者の職業を証明する資料、②申請者の所得を証明する資料、③公租公課の履行状況を証明する資料、④申請者又は扶養者の資産を疎明する資料、⑤経歴書、⑥国や地方公共団体から受領した感謝状や表彰状がある場合はその写し等がその資料とされており、申請時に地方入国管理局から提出を指示される（本条解説⑦(4)参照）。

④ 代理申請

永住許可申請についても、外国人本人が出頭して行うのが原則であるが（法61条の9の3第1項3号）、法定代理人、受入機関等若しくは公益法人の職員又は弁護士若しくは行政書士、外国人本人が16歳未満の場合又は疾病等の場合におけるその親族又は同居者等による場合には、代わって申請を行うことができる（同条4項、規則59条の6第3項）。

⑤ 永住許可の申請時期

永住許可の申請時期については、外国人本人に委ねられており、特に定めはない。

なお、申請中に従前の在留資格の期限が到来する場合、申請者は、永住許可申請を維持しつつ、従前の在留資格のまま期間更新許可申請を行う必要がある。これは、法20条に基づく在留資格変更許可申請と異なり、永住許可申請は日本国内で行おうとする活動若しくは身分ないし地位の変動に伴って行われるものではないからである。また、申請から許否の判断まで6カ月以上を要するのが通常であり、その間に在留期間が満了してしまうことも少なくないという実態があるためである。

⑥ 2項の趣旨：許可要件

本項は、その本文で永住許可の原則的要件を規定する。

すなわち、「法務大臣は、その者が次の各号に適合し、かつ、その者の永住が日本国の利益に合すると認めたときに限り、これを許可することができる」と定め、「1 素行が善良であること」「2 独立の生計を営むに足りる資産又は技能を有すること」と規定する。

ここから、永住許可の原則的要件は、①「素行の善良性」、②「独立生計維持能力」、③「日本国の利益に合すること」の3点であるとされる。

なお、本項但書は、一定の条件を備える者に対する永住許可の要件を緩和した規定である（本条解説⑫参照）。

以下、順次各要件を検討する。

7 2項1号：素行の善良性

(1) 定義と判断要素

行政実務においては、「素行の善良性」とは、「法律を遵守し日常生活においても住民として社会的に非難されることのない生活を営んでいること」とされている（法務省入国管理局「永住許可に関するガイドライン」〔2006年3月31日〕）。この点、逐条解説によれば、「外国人の素行が日本社会における通常人として非難されない程度であることという意味」であるとされ、その判断に当たって「納税義務等公的義務の履行状況、前科の有無、暴力団との関わりの有無等は重要な判断要素となる」とされている（434頁以下）。

また、入在要領第12編第2章第27節「第1　審査の基準」によれば、「素行が善良であること」とは、「次のいずれにも該当しない者であること」として、「日本国の法令に違反して、懲役、禁錮又は罰金（道路交通法違反による罰金を除く。以下同じ。）に処せられたことがある者」（ただし、懲役又は禁錮については、その執行を終わり若しくはその執行の免除を得た日から10年を経過し、又は、刑の執行猶予の言渡しを受けた場合で当該執行猶予の言渡しを取り消されることなく当該執行猶予の期間を経過したときを除く〔罰金については上記の「10年」を「5年」とする以外は同様〕）、「少年法による保護処分……が継続中の者」及び「日常生活又は社会生活において、違法行為又は風紀を乱す行為を繰り返し行う等素行善良と認められない特段の事情がある者」が掲げられている。

(2) 「素行の善良性」の判断方法

「素行の善良性」は抽象的で曖昧な要件であるが、その判断においては事実的基礎の存在が必要である。すなわち、まず素行が善良であることを裏付ける事実、あるいは不良であることを裏付ける事実を個々に認定した上で、次にこれらの事実に照らして当該申請者が「日本社会における通常人として非難されない程度である」かどうか、ないしは「日常生活においても住民として社会的に非難されることのない生活を営んでいる」といえるかどうかの評価判断が加えられて要件充足が判断されることになる。

したがって、「素行の善良性」要件の判断は、①判断の基礎となる事実の摘示と認定、②「素行の善良性」評価の基準の確定、③認定した事実に照らして当該申請者の素行が善良であるか否かの評価判断の3段階で行われることになる。

(3) 「素行の善良性」の要素

まず、①判断の基礎となる事実の摘示と認定の問題であるが、逐条解説434頁以下では、前科や保護処分歴の有無、納税義務等公的義務の履行状況、暴力団との関係の有無等が例として挙げられている。もとよりこれらに限られるものでは

ないが、一応その内容について吟味する。

　納税義務の履行とは、主に滞納の有無を問題とする趣旨であり、そもそも課税されていない場合や課税額の多寡を問題とする趣旨ではない（すなわち、納税額が少ないから素行が不良となるわけではない。日本人であっても無収入・低収入のために課税されていない者は多数存在し、しかもそのことがその者に対する社会的非難をもたらしている事実はない。収入の多寡は「独立生計維持能力」要件で吟味される）。

　前科の有無についても、入在要領のとおり、必ずしも前科があれば常に「素行の善良性」要件を欠くとは解されず、実務上もそのように扱われていない。例えば、超過滞在者が日本人との婚姻等を理由に在留特別許可によって「日本人の配偶者等」や「定住者」の在留資格を得る事例が近年多くなっているが、これらの者の中には在留特別許可を得る前に入管・難民法違反による有罪判決を受けている者も少なくない。しかし、これらの者も在留特別許可を得てから一定の期間を経過した後には永住許可を受けている。このことから、前科の有無が永住許可の許否に影響する度合いは、その犯した罪の種類や刑の軽重によるものとされている。また、入在要領のとおり、前科がある者は将来にわたって永久に永住許可を得ることができないわけではなく、罪責の軽重とその後の生活態度との総合判断によるものとされている。

　前科に関連し、交通違反等の行政取締法規違反がどのように評価されるかが問題であるが、入在要領のとおり、これらは法律上も実務上も前科とは区別されていること、交通違反等は日本人にも少なくなく、これを「素行の善良性」要件において考慮するならば外国人に対し日本人以上の「善良性」を要求することになること等から、繰り返し行う等の特段の事情のない限り、原則として素行の善良性要件の要素とはならないものと考えるべきである。

　これらのほかに、どのような事項が「素行の善良性」の判断要素となるかは必ずしも明確ではない。例えば、粗暴な性格であるといった主観的評価や、近隣住民とのトラブルが絶えないといった抽象的・曖昧な事情は、それだけで「素行の善良性」を否定するものとはできないと解するべきである。

(4)　「素行の善良性」の判断基準

　次に、素行が善良か否かの判断はどのような基準で行われるべきかを検討する。

　法文上、その判断基準は何も規定されていない。また、前記の「永住許可に関するガイドライン」等においても、「日本社会における通常人として非難されない程度である」かどうか、ないし「日常生活においても住民として社会的に非難されることのない生活を営んでいる」といえるかどうかの判断基準は何ら具体的に示されていない。

　「日本社会における通常人として非難されない程度」あるいは「日常生活におい

て住民として社会的に非難されることのない生活」という概念は、その文言からも明らかなとおり、法的概念ではなく、また、入管・難民法に固有のものではない。したがって、その判断基準は入管・難民法の解釈によって導かれるものではなく、法を離れた一般の社会生活における通常人の判断として、「日常生活において社会的に非難されることのない生活」といえるか否かという基準が用いられるべきである。

また、人が社会生活を営むに当たっては常に多少の人間関係の軋轢が存在するのであり、他者から全く非難の余地のない生活態度を維持することは日本人にとっても不可能ないし非常に困難である。したがって、「非難されない程度」「非難されることのない生活」とは一片の非難も存在しないことをいうのではなく、共に社会生活を維持することが困難と感じるほどの非難を受けているか否かという意味合いと理解すべきである。

したがって、日本の社会常識から見て、共に社会生活を維持することが困難であるとの非難を受けない程度の生活態度を営んでいるか否かが、「素行の善良性」要件の判断基準であると考えることができる。

なお、この「素行の善良性」要件が決して通常の日本人以上の「善良さ」を当該外国人に求めるものではないことに留意するべきである。

8　2項2号：独立生計維持能力

(1) 定義

行政実務においては、「独立の生計を営むに足りる資産又は技能を有すること」とは、「日常生活において公共の負担にならず、その有する資産又は技能等から見て将来において安定した生活が見込まれること」とされている（前記「永住許可に関するガイドライン」）。また、逐条解説によれば、「その有する資産又は技能により現に生活上公共の負担となっていないこと、及びその有する資産又は技能から見て将来も生計を維持し安定した生活を営むことができると見込まれることという意味である」とされている（435頁）。

入在要領第12編第2章第27節「第1　審査の基準」によれば、「日常生活において公共の負担となっておらず、かつ、その有する資産又は技能等から見て将来において安定した生活が見込まれることをいう」とされ、「この独立生計維持能力は、必ずしも申請人自身に完備している必要はなく、その者が配偶者等とともに構成する世帯単位で見た場合に安定した生活を今後とも続けることができると認められるときに、これを完備しているものとして扱う」とされている。

「資産又は技能」とあるが、主要な点は当該申請者が日本において生活を支える収入を継続的に得ていくことが見込まれるか否かである。また、「技能」は申請

者に収入をもたらすその者の能力を指し、特別な能力・資格等であることは必要ではない。

「公共の負担となっていないこと」とは、生活保護等公的扶助を受けていないことを指すものと解されるが、日本人と婚姻し、あるいは日本国籍の実子を養育するなどの事情によって長期間日本に在留し、安定した生活関係を形成している者についてまで、生活保護受給を理由に永住許可を否定するべきではないと考える。

(2) 基準

上記の定義からもわかるとおり、「独立生計維持能力」要件には具体的な金額的基準はない。また、日本人の平均的水準と比較してさらに高い資産・収入を得ていることも要求されない。要するに、現にその収入で日常差し支えない生活を維持できていれば、この要件を充足するものと考えてよい。

また、「公共の負担にならず、……将来において安定した生活が見込まれ」るか否かは法務大臣による特殊専門的な判断を要するものではなく、当該外国人のこれまでの生活状況、現在の収入とこれが将来にわたって維持される見通し等を踏まえ判断することが可能であるから、当該要件の判断には法務大臣の裁量権は存在しないと言うべきである。

9 「素行の善良性」及び「独立生計維持能力」の立証

(1) 必要な書類

規則22条1項は、申請者が「素行が善良であることを証する書類」「独立の生計を営むに足りる資産又は技能があることを証する書類」を提出すべき義務があることを定める。しかし、具体的にいかなる書類を提出すべきかは同規則には規定されていない。また、各要件の抽象性・曖昧さのゆえに、その文言から提出書類を具体的に推測することも必ずしも容易ではない（特に、「素行の善良性」という文言から提出書類を推測することはほとんど不可能である）。

(2) 「素行の善良性」の判断

本条解説7で検討した「素行の善良性」の判断要素とされる事実についてみても、納税義務の履行状況は納税証明書の提出等により証明が可能であるものの、「その他の公的義務の履行状況」については、対象となる公的義務が具体的でないので、履行状況を証明することはほとんど不可能である。また、前科の有無や暴力団と無関係であることについても、同様である。

(3) 「独立生計維持能力」の判断

「独立生計維持能力」についても、そもそもどの程度の資産・収入があり、あるいはどのような技能を有していれば独立生計維持能力ありとみなされるかが全く不明であるため、どのような資料を提出すればよいのか申請者には判断できない。

⑷　実務上の運用

　このような法令の規定の曖昧さを踏まえ、実務では永住許可申請に当たって提出するべき資料をあらかじめ列記して明確化している。この点、入在要領第12編第2章第27節「第2　立証資料」によれば、立証資料は以下のとおりである。

① 　素行が善良であることを証明する資料
　　　経歴書（賞罰の有無を記載すること。ただし、日本人の配偶者等を除く）
② 　独立生計維持能力があることを明らかにする資料
　・資産（不動産、預金等）を明らかにする文書
　・所得税、固定資産税、住民税、事業税等過去3カ年の公課の履行状況を明らかにする資料
　・主たる生計が法令上の許認可を要する営業等によっている者については、当該許認可証明書の写し
　・事業を営む者については、当該事業に係る登記簿謄本及び過去3カ年の損益計算書、営業報告書等の写し
③ 　我が国への貢献があることを証明する資料
　・我が国又は地域社会に貢献したことがある者については、これを証明する表彰状、感謝状、叙勲書、推薦状等の写し
④ 　身元保証に関する資料
　・身元保証書
　・身元保証人の在職証明書
　・身元保証人の住民税又は所得税納税証明書
⑤ 　身分関係を証明する文書
　・戸籍謄本、除籍謄本等（日本人の配偶者等）
　・国籍証明書、出生証明書等（法22条の2による在留資格の取得）
⑥ 　永住を希望する理由に関する陳述書（日本語によるもの）

　これらの中には、「素行の善良性」要件に関する書類と、「独立生計維持能力」要件に関する書類が包含されている。したがって、実務上、これらの書類を提出すれば素行の善良性及び独立生計維持能力に関する証明は一応なされたものと言うことができる。このことはまた、納税義務の履行状況等の証明は申請者側に課されているが、前科の有無や暴力団との関わり等については特に疑義のある場合に法務大臣側において調査することが予定されているというように個々の事項により証明の負担が分配されているものと言うこともできる。

10　2項本文「日本国の利益に合する」

(1) 定義

逐条解説によれば、「その者の永住が日本国の利益に合すると認めたとき」とは、「その者を日本社会に永住させることが日本国にとって有益であるという意味である」とされているが（435頁）、この「日本国の利益」の具体的な意味内容は必ずしも明確ではない。

(2) 実務上の運用

この点、行政実務においては、「その者の永住が日本国の利益に合すると認められること」について、次の要件を基準として審査されている（前記「永住許可に関するガイドライン」）。

① 原則として引き続き10年以上本邦に在留していること。ただし、この期間のうち、就労資格又は居住資格をもって引き続き5年以上在留していることを要する。
② 罰金刑や懲役刑などを受けていないこと。納税義務等公的義務を履行していること。
③ 現に有している在留資格について、規則別表第2に規定されている最長の在留期間をもって在留していること。
④ 公衆衛生上の観点から有害となるおそれがないこと。

(3) ガイドライン

他方、上記の「永住許可に関するガイドライン」は、原則10年在留が必要とする要件に関する特例として、次の基準を示している。

① 日本人、永住者又は特別永住者の配偶者の場合、実態を伴った婚姻生活が3年以上継続し、かつ、引き続き1年以上本邦に在留していること。その実子等の場合は1年以上本邦に継続して在留していること。
② 「定住者」の在留資格で5年以上継続して本邦に在留していること。
③ 難民の認定を受けた者の場合、認定後5年以上継続して本邦に在留していること。
④ 外交、社会、経済、文化等の分野において我が国への貢献があると認められる者で、5年以上本邦に在留していること（この点については、法務省入国管理局「『我が国への貢献』に関するガイドライン」〔2005年3月31日〕参照。同ガイドラインにおいては、各分野に共通、外交分野、経済・産業分野、文化・芸術分野、教育分野、研究分野、スポーツ分野及びその他の分野について、「我が国への貢献」に関する基準が示されている。また、我が国への貢献による永住許可・不許可事例が、法務省のウェブサイト上で50件紹介されている）。

(4) まとめ

もっとも、国際人流189号（2003年2月）によれば、上記は永住許可への第一ス

テップであり、これをクリアした上で「さらに申請人個々の在留状況等を総合的に判断」するとされているが、検討対象となる「在留状況等」の具体的な内容は不明である。

　この点、法文上は、「その者の永住が日本国の利益に合すると認めたときに限り」と規定されていることから、文言上は「日本国の利益に合する」の要件の立証責任は申請者側に課されているように読める。

　しかしながら、他の2要件と異なり、規則22条1項には本要件の証明資料に関する定めはなく、実務上も上記の点以外に本要件について具体的な証明を要求していない。このように、永住許可申請において、申請者側は、制度上も、実務上も、必ずしも「日本国の利益に合する」の要件の証明を課されていない。

　したがって、「日本国の利益に合する」ことという要件については、素行の善良性、独立生計維持能力という2つの要件を充足する者は類型的に「日本国の利益に合する」ものであり、これら2要件を具備すれば原則として永住許可を認めるとするのが法及び実務の考え方であるということができる。そして、「日本国の利益に合する」という要件は、むしろ例外的に日本国の利益を害する者に対しては永住許可をしないという消極要件ないし阻却要件と解釈するのが合理的である。

　なお、「日本国の利益に合する」ことを例外的に日本国の利益を害する者に対しては、他の要件を充たしても永住許可をしないという消極要件ないし阻却要件と解釈する場合、「日本国の利益を害する」との判断の根拠となる事実の存在は処分権者である法務大臣側が証明すべきことは当然である。

11　2項柱書「法務大臣は、……許可することができる」

　永住許可は、法務大臣の広範な裁量に委ねられているとするのが行政解釈である。例えば、逐条解説によれば、「法務大臣は、外国人から永住許可の申請があった場合には、その広範な自由裁量権に基づき、外国人の日本語能力、在日経歴及び在留中の一切の行状はもとより、国土の条件、人口の動向等日本社会の外国人受入れ能力、出入国管理を取り巻く国際環境その他の事情を総合的に勘案の上、その者を日本社会に永住させることが日本国にとって有益であると判断したときに限り、永住を許可する」とされている（435頁）。

　なお、法69条の2及び規則61条の2には、永住許可に関する権限の委任は規定されておらず、したがって永住許可は法務大臣が行うこととなっている。

　法務大臣に裁量権があることは法文上明らかであり、また「在留資格該当性」及び「相当性」要件によって判断される通常の在留資格変更許可処分や更新許可処分に比べて裁量の範囲が広いことも、法文及び処分の性格上否定し得ない。

　しかし、以下の点に留意する必要がある。

① 自由裁量の問題について一般的に言えることであるが、いかなる事項を考慮するかについての裁量権はあるものの、考慮の対象となる事実の認定については、証拠に基づき事実の認定を行うことが要求され、その認定の当否は司法判断に服する。
② 何を考慮するかが裁量に属することは上述のとおりであるが、何を考慮したかは事後の司法審査において明示される必要がある。
③ 「素行の善良性」要件は、「日本の社会常識から見て、共に社会生活を維持することが困難であるとの非難を受けない程度の生活態度を営んでいるか否か」という基準によって判断されるべきであり、この判断は事実の当てはめ行為であるから、「素行の善良性」要件について法務大臣に裁量権は存在しないことは前述したとおりである。
④ 「独立生計維持能力」についても、前述したとおり、その要件充足の有無は事実の当てはめ行為であるから、やはり法務大臣に裁量権は存在しない。なお、特定の申請者に対し特に高水準の資産や収入を要求することは違法である。
⑤ 逐条解説は、「国土の条件」その他の事情を挙げる。しかし、これらは個々の申請者の事情を超えた判断要素であり、これらの要素を理由として個別に永住許可をしたり不許可にしたりした場合は、判断に著しい差異が生じることになり、合理性があるとは言い難く、恣意的な処分として裁量権の濫用となり得る。

以上のとおり考えるならば、永住許可についても、法務大臣の裁量権は必ずしも広範なものではないと言うことができる。

12 2項柱書「その者が日本人、永住許可を受けている者又は特別永住者の配偶者又は子である場合」

日本人、永住者、特別永住者の配偶者又は子による永住許可申請については、「素行の善良性」「独立生計維持能力」の2要件の充足を不要とする。これを「簡易永住許可」という。

その趣旨は、これらの者はもともと日本国内に生活の本拠を有していることから、家族単位で安定した生活を営むことができるようにするのが相当であるとの点にあるとされている（逐条解説435頁以下）。

これらの者についても「日本国の利益に合する」ことという要件を充足することが要求されるが、同要件は消極要件・阻却要件であると解するべきであることは本条解説⑩にて述べたとおりであるから、同要件への抵触を理由に簡易永住許可が否定されるのはごく例外的な場面であり、単に素行不良であるとか、社会不適合であるといったことを超えて、国家的な観点から無視し難い影響を及ぼすような場合に限定されるべきである。

簡易永住許可では申請者個人の属性に関する「素行の善良性」「独立生計維持能力」の要件は排除され、「日本国の利益に合する」の要件もその内実は上記のとおりである。したがって、簡易永住許可において問題となる申請者個人の属性は、「日本人、永住者、特別永住者の配偶者又は子であること」のみである。それ以外の申請者個人の属性を裁量判断の考慮対象とし、それを根拠に不許可処分とすることは、「日本国の利益に合する」の要件への抵触が肯定される場合以外は許されないことになる。

したがってまた、簡易永住許可申請は、身分事項についての立証さえあれば、原則として許可されるべきこととなる。

13 難民認定者に対する永住許可

法61条の2の11では、難民認定者に対しては「独立生計維持能力」要件を不要とする。その趣旨は、難民として来日し滞在する者は経済的に安定していない場合が多いことに鑑み、日本に定住する難民の地位を早期に安定させるためであるとされる。

他方、「素行の善良性」要件の充足は必要であり、これに関する証明書類の提出も必要である。

14 3項の趣旨

永住許可をする場合の手続とともに、法務大臣が、入国審査官に、永住許可を受けた外国人に対して在留カードを交付させることを定めたものである。この場合において、永住許可は在留カードの交付時から発効する。

永住許可を受けた者(「永住者」の在留資格を得た者)には在留期間の制限がなく、また日本国内における活動にも制限がない。ただし、一時出国する際に再入国許可を得ておかないと在留資格を失う点は他の在留資格と同じであり、また、法24条の退去強制事由に該当する場合には退去強制となることがある(ただし、その場合でも、さらに在留特別許可が受けられる可能性がある〔法50条1項〕ことは他の在留資格同様である)。

第22条の2(在留資格の取得)

① 日本の国籍を離脱した者又は出生その他の事由により前章に規定する上陸の手続を経ることなく本邦に在留することとなる外国人は、第2条の2第1項の規定にかかわらず、それぞれ日本の国籍を離脱した日又は出生その他当該事由が生じた日から60日を限り、引き続き在留資格を有することなく本邦に在留することができる。
② 前項に規定する外国人で同項の期間をこえて本邦に在留しようとするものは、日本

> の国籍を離脱した日又は出生その他当該事由が生じた日から30日以内に、法務省令で定めるところにより、法務大臣に対し在留資格の取得を申請しなければならない。
> ③　第20条第3項本文及び第4項の規定は、前項に規定する在留資格の取得の申請（永住者の在留資格の取得の申請を除く。）の手続に準用する。この場合において、同条第3項本文中「在留資格の変更」とあるのは、「在留資格の取得」と読み替えるものとする。
> ④　前条の規定は、第2項に規定する在留資格の取得の申請中永住者の在留資格の取得の申請の手続に準用する。この場合において、同条第1項中「変更しよう」とあるのは「取得しよう」と、「在留資格への変更」とあるのは「在留資格の取得」と読み替えるものとする。

1　本条の趣旨

　外国人が日本に在留するに至る経緯には、国外から入国してくる場合と、はじめから日本に居住している場合とがある。後者の例として、日本国内で出生した者が外国籍を取得し日本国籍を取得しなかった場合や、もともと日本国籍を有していたがこれを失った場合などがある。これらの者には上陸行為がなく、上陸審査手続によって在留の許否を判断することができない。そこで本条は、このような日本に居住している状態で在留資格制度の適用を受けることになる外国人について、在留資格の取得の手続を別個に定めたものである。

2　1項「日本の国籍を離脱した者」

　「日本の国籍を離脱した者」とは、日本の国籍を失った者という意味である。平和条約の発効により日本国籍を離脱し外国人となった旧植民地出身者のほか（昭和27年4月19日法務省民事局長通達民事甲第438号「平和条約に伴う朝鮮人台湾人等に関する国籍及び戸籍事務の処理について」参照）、日本国民が外国の国籍を取得した場合（国籍法11条）、外国で出生して外国の国籍を取得した者が日本国籍の留保の手続をしなかった場合（同法12条）、外国の国籍を有する日本国民が国籍離脱の届出をした場合（同法13条）、二重国籍を有する者が外国籍を選択した場合（同法14条）及び二重国籍者が法務大臣から国籍の選択の催告を受けたにもかかわらず一定期間内に日本国籍の選択をしなかった場合（同法15条）がある。

3　1項「上陸の手続を経ることなく本邦に在留することとなる外国人」

　この典型例は出生である。日本の国籍法は血統主義を基本とするため、日本国内で出生した者であっても同法の定める要件を充足しない場合には日本国籍を取得し得ないことから、在留資格の付与が必要となる。

4 1項「当該事由が生じた日から60日を限り、引き続き在留資格を有することなく本邦に在留することができる」

これは、日本国籍を喪失し又は在留資格を有することなく日本に在留するに至った事情にはさまざまあり、かつ、その後比較的短期で日本から出国することを予定している者についてまでいちいち在留資格の取得を要求するのは煩頻であり、酷である場合もあり得ることから、60日間に限って在留資格なく日本に在留することを認めたものである。

ただし、この期間はあくまで出国を予定する場合に適用されるものであり、在留を希望する場合には、在留資格取得許可申請の期間はこれより短い30日以内とされている（2項）ことに留意すべきである。

2項の規定によって在留資格取得申請手続を行わず、本項規定の事由が発生してから60日を超えて日本に在留する場合には、不法残留となり、退去強制事由に該当し（法24条1項7号）、また刑事罰の対象ともなる（法70条1項8号）。

5 2項の趣旨

本項は、1項の事由により上陸手続を経ずに日本に在留することとなった外国人がその事由の生じた日から60日以上我が国に在留することを希望する場合には、その事由が発生した日から30日以内に在留資格取得申請を行わなければならないとするものである。在留資格取得申請の手続については、規則24条において定められている。

前述のとおり、出国を前提とする場合には在留資格を有しないまま日本に在留することができる期間として60日間の猶予が与えられるが、在留を前提とする場合には30日以内にその旨の申請を行わなければならない。したがって、法文上は、申請が当該事由の発生から30日を超え60日以内である場合には、退去強制事由には該当しないが在留資格取得申請をしても不許可となり、結局出国を余儀なくされることとなる。

この点については、かつては、事由が発生してから30日を相当程度徒過した後に申請した場合であっても、「特別受理」によって在留資格取得を許可するという方法で実務上比較的緩やかに取り扱われてきた（新生児だけをその本国に帰国させることは現実的でないとの考慮も存したものと思われる）が、その後、特別受理の扱いはほぼ廃止され、上記のような場合においても、一律不許可として不法残留とし、在留を認めるべき事案については、在留特別許可により在留資格を付与するという処理がされるようになった。

このような硬直的な運用の問題点については、法21条の解説9参照。

6　3項：手続

在留資格取得許可申請の手続は、在留資格変更許可申請の手続（法20条3項・4項）に準じて行われる。新たに在留資格を得て日本に在留する点は上陸許可に共通する部分もあるが、従前日本に在留していた事実や日本での活動の継続性などを考慮し得ることから、在留資格変更許可申請手続の規定を準用したものと解される。

法20条3項の解釈として、在留資格変更許可の要件は「在留資格該当性」と「相当性」の2つであること、「在留資格該当性」要件には法務大臣の裁量権はないこと、「相当性」要件には法務大臣の裁量権が認められるものの消極的・阻却的要件であることからその裁量権の範囲は限定的なものと解すべきであることについては、本条で準用する場合にも共通である（法20条の解説8～11参照）。

また、本条が適用される主要な場面は、①外国人が日本で出生した場合、②日本国民が外国籍を選択したことによって日本国籍を喪失した場合であるが、これらの実情からみても、やはり在留資格取得の許否を法務大臣の広範な裁量に委ねることには問題がある。

(1)　外国人が日本で出生した場合

この場合、当該外国人である子ども（乳幼児である）を養育する者が同居しているのが通常であり、子どものみ帰国を要求することは全く非現実的であるから、在留資格を有する外国人親から出生した子どもに対しては原則的に在留資格を付与するべきである。この場合には法務大臣の裁量権は相当程度制約されるものと解される。

これに対し、在留資格を有しない外国人の子どもであっても、当該親の手元から離れ、児童相談所等に保護されている子どもの場合には別途の考慮が必要である。このような子どもについては仮に在留資格の取得を否定しても親による監護養育が期待できない場合が多く、また子どものみを単身で本国に送還することも全く現実的ではない。このような場合にも在留資格の取得を肯定するべきである。

(2)　外国籍の選択によって日本国籍を喪失した場合

この場合には、従前日本人として我が国に長期間生活の基盤を形成してきた事実が存在するのであり、かつその生活実態は日本国籍を喪失した後も全く変わることがない場合が多い。このような場合に、日本国籍の喪失という観念的な法的地位の変動によって生活基盤を著しく不安定にすることを認めるべきではない。この点で法務大臣の相当性判断に関する裁量権はやはり相当程度制約されるものと解すべきであり、当該外国人が日本で行おうとする活動にかかわらず（それが例えば会社経営であっても「投資・経営」の在留資格ではなく）、「定住者」など長期在留を予定した在留資格の取得が認められるべきである。

7　4項の趣旨

本項は、在留資格取得許可申請手続により「永住者」の在留許可を申請しようとするときの手続について、永住許可に関する法22条の規定を準用することを定めたものである。

第22条の3

前条第2項から第4項までの規定は、第18条の2第1項に規定する一時庇護のための上陸の許可を受けた外国人で別表第1又は別表第2の上欄の在留資格のいずれかをもつて在留しようとするものに準用する。この場合において、前条第2項中「日本の国籍を離脱した日又は出生その他当該事由が生じた日から30日以内」とあるのは、「当該上陸の許可に係る上陸期間内」と読み替えるものとする。

1　本条の趣旨

本条は、一時庇護のための上陸の許可を受けた者の在留資格取得の手続について、法22条の2の在留資格取得手続を準用することを定めるとともに、その申請期間について定めた（法22条の2第2項を読み替えた）ものである。

法第3章第4節「上陸の特例」中の法14条ないし18条の2に規定された上陸許可は、一時的な上陸を想定したものであるから、これらの上陸許可を得た者がさらに法別表第1又は第2に規定する在留資格を取得することは原則として予定されていない。しかしながら、難民条約に定める理由その他これに準ずる理由により迫害を受けるおそれのあった領域から逃れて本邦に入り、一時庇護のための上陸許可を得た者の中にはそのまま日本に滞在することを希望する場合もあり得る。そこで法は一時庇護上陸許可に限り、在留資格の取得に関する法22条の2の規定を準用して、在留資格を得て日本に在留する途を開いたものである。

2　対象者

法18条の2第1項に規定する一時庇護のための上陸許可を得た外国人であって、法別表第1又は第2に規定する在留資格のいずれかをもって在留しようとする者である。

3　申請期間

本条第2文において前条第2項の「日本の国籍を離脱した日又は出生その他当該事由が生じた日から30日以内」を、「当該上陸の許可に係る上陸期間内」と読み替えて、一時庇護上陸許可に係る期間中はいつでも取得許可申請ができることと

している。

④ 難民認定手続との関係

本条による許可と難民認定申請とは別個の手続であるから、難民認定申請をしつつ、本条による在留資格取得許可申請をすることには何ら支障はない。ただし、通常、当該外国人の難民性の判断には長時間を要することから、本条によって(当該外国人が難民であることを前提とした)「定住者」などの長期在留を予定した在留資格の取得を許可することは考え難く、「特定活動」などの在留資格をいわば暫定的に許可することになると推測される。

ただし、それが就労を認めない在留資格である場合は難民認定手続を受ける間の生活維持の上で困難が生じる(仮滞在許可と同じ問題が生じる。法61条の2の4の解説⑯参照)。

他方、一時庇護上陸許可を受けた外国人が、上陸期間内に難民の認定を受けた場合には、原則として一律に「定住者」の在留資格を取得できることになる(法61条の2の3)。

第22条の4（在留資格の取消し）

① 法務大臣は、別表第1又は別表第2の上欄の在留資格をもって本邦に在留する外国人（第61条の2第1項の難民の認定を受けている者を除く。）について、次の各号に掲げるいずれかの事実が判明したときは、法務省令で定める手続により、当該外国人が現に有する在留資格を取り消すことができる。

1 偽りその他不正の手段により、当該外国人が第5条第1項各号のいずれにも該当しないものとして、前章第1節又は第2節の規定による上陸許可の証印（第9条第4項の規定による記録を含む。）又は許可を受けたこと。
2 偽りその他不正の手段により、上陸許可の証印等（前章第1節若しくは第2節の規定による上陸許可の証印若しくは許可（在留資格の決定を伴うものに限る。）又はこの節の規定による許可をいい、これらが二以上ある場合には直近のものをいうものとする。以下この項において同じ。）の申請に係る本邦において行おうとする活動が虚偽のものでなく、別表第1の下欄に掲げる活動又は別表第2の下欄に掲げる身分若しくは地位を有する者としての活動のいずれかに該当するものとして、当該上陸許可の証印等を受けたこと。
3 前2号に掲げるもののほか、偽りその他不正の手段により、上陸許可の証印等を受けたこと。
4 前3号に掲げるもののほか、不実の記載のある文書（不実の記載のある文書又は図画の提出又は提示により交付を受けた第7条の2第1項の規定による証明書及び不実の記載のある文書又は図画の提出又は提示により旅券に受けた査証を含む。）又は図画の提出又は提示により、上陸許可の証印等を受けたこと。

5 偽りその他不正の手段により、第50条第1項又は第61条の2の2第2項の規定による許可を受けたこと（当該許可の後、これらの規定による許可又は上陸許可の証印等を受けた場合を除く。）。
6 前各号に掲げるもののほか、別表第1の上欄の在留資格をもって在留する者が、当該在留資格に応じ同表の下欄に掲げる活動を継続して3月以上行わないで在留していること（当該活動を行わないで在留していることにつき正当な理由がある場合を除く。）。
7 日本人の配偶者等の在留資格（日本人の配偶者の身分を有する者（兼ねて日本人の特別養子（民法（明治29年法律第89号）第817条の2の規定による特別養子をいう。以下同じ。）又は日本人の子として出生した者の身分を有する者を除く。）に係るものに限る。）をもって在留する者又は永住者の配偶者等の在留資格（永住者等の配偶者の身分を有する者（兼ねて永住者等の子として本邦で出生しその後引き続き本邦に在留している者の身分を有する者を除く。）に係るものに限る。）をもって在留する者が、その配偶者の身分を有する者としての活動を継続して6月以上行わないで在留していること（当該活動を行わないで在留していることにつき正当な理由がある場合を除く。）。
8 前章第1節若しくは第2節の規定による上陸許可の証印若しくは許可、この節の規定による許可又は第50条第1項若しくは第61条の2の2第2項の規定による許可を受けて、新たに中長期在留者となつた者が、当該上陸許可の証印又は許可を受けた日から90日以内に、法務大臣に、住居地の届出をしないこと（届出をしないことにつき正当な理由がある場合を除く。）。
9 中長期在留者が、法務大臣に届け出た住居地から退去した場合において、当該退去の日から90日以内に、法務大臣に、新住居地の届出をしないこと（届出をしないことにつき正当な理由がある場合を除く。）。
10 中長期在留者が、法務大臣に、虚偽の住居地を届け出たこと。
② 法務大臣は、前項の規定による在留資格の取消しをしようとするときは、その指定する入国審査官に、当該外国人の意見を聴取させなければならない。
③ 法務大臣は、前項の意見の聴取をさせるときは、あらかじめ、意見の聴取の期日及び場所並びに取消しの原因となる事実を記載した意見聴取通知書を当該外国人に送達しなければならない。ただし、急速を要するときは、当該通知書に記載すべき事項を入国審査官又は入国警備官に口頭で通知させてこれを行うことができる。
④ 当該外国人又はその者の代理人は、前項の期日に出頭して、意見を述べ、及び証拠を提出することができる。
⑤ 法務大臣は、当該外国人が正当な理由がなくて第2項の意見の聴取に応じないときは、同項の規定にかかわらず、意見の聴取を行わないで、第1項の規定による在留資格の取消しをすることができる。
⑥ 在留資格の取消しは、法務大臣が在留資格取消通知書を送達して行う。
⑦ 法務大臣は、第1項（第1号及び第2号を除く。）の規定により在留資格を取り消す場合には、30日を超えない範囲内で当該外国人が出国するために必要な期間を指定するものとする。

⑧　法務大臣は、前項の規定により期間を指定する場合には、法務省令で定めるところにより、当該外国人に対し、住居及び行動範囲の制限その他必要と認める条件を付することができる。
　⑨　法務大臣は、第6項に規定する在留資格取消通知書に第7項の規定により指定された期間及び前項の規定により付された条件を記載しなければならない。

1　本条の趣旨

　外国人は、上陸時に決定された在留資格・在留期間の範囲内において、自由に活動することが可能であり、在留期間中に一定の身分等を喪失したとしても、在留期間内はそのままの在留資格で日本に在留できるのが原則である。しかし、不正手段により在留資格の許可を受けた者等については、一定の手続の下に在留資格を取り消すのが相当な場合もあることから、2004年改正法により本条が新設され、在留資格取消制度が設けられた。その後、2009年改正法において、5号・7号～10号が取消事由として追加されている（2012年7月9日施行）。

　この制度が設けられる以前には、行政上の一般原則に基づく取消しとして、遡及的に在留資格を取り消す運用がみられたが、この制度が設けられた以上、このような運用は行われるべきではないし、法改正の審議でも、当時の法務省入国管理局長が本制度に一本化する旨述べている（第159回国会衆議院法務委員会〔2004年5月26日〕）。

　なお、本条に定める法務大臣の権限の地方入国管理局長への権限の委任につき、法69条の2、法20条の解説5参照。

2　1項の趣旨

　本項は、法務大臣が本邦に在留する外国人の在留資格を取り消すことができることを定めたものである。

3　1項柱書「別表第1又は別表第2の上欄の在留資格をもつて本邦に在留する外国人（第61条の2第1項の難民の認定を受けている者を除く。）」

　取消しの対象となり得るのは、特別永住者以外の在留資格をもって本邦に在留する外国人である。ただし、難民の認定を受けている者については、別途在留資格の取消しの定めがあることから（法61条の2の8）、本項の対象から除外されている。

4　1項柱書「事実が判明したとき」

　取消しの対象となるのは、在留資格が付与された以降に新たに本項各号の事

実が判明した場合である。したがって、本項各号の事実があったとしても、上陸不許可事由があることが判明したものの、上陸特別許可を受けて在留している場合など、すでに当該事実が入国管理局に判明している場合には、取消しの対象にならないことは言うまでもない。

5　1項柱書「法務省令で定める手続」
　取消しの手続については、規則25条の13に定められている。

6　1項柱書「現に有する在留資格を取り消す」
　取消しの効果は、現に有する在留資格のみに限られ、かつ、遡及するものではない。したがって、在留資格が取り消されたとしても、上陸許可時等から不法に在留していたことになるものではない。

7　1項1号の趣旨
　本号は、不正手段によって上陸拒否事由（法5条1項各号）がないと偽って上陸許可を受けた場合について、在留資格の取消しの対象としたものである。

8　1項1号「偽りその他不正の手段により」
　「偽りその他不正の手段」とは、申請人が故意をもって行う偽変造文書・虚偽文書の提出・提示又は虚偽の申立等不正行為の一切をいうとされているが（逐条解説449頁）、不正の手段「により」とされていることから明らかなように、取消しの対象となるためには、不正行為と上陸許可との間に因果関係があることが必要である。したがって、本号にいう「不正の手段」とは、上陸拒否事由の存否の判断に影響を与える程度の重大な不正行為をいうものと解される。
　具体的には、過去に退去強制歴があるにもかかわらず、これが存在しないように装うため、退去強制時以降に本国で氏名を変更して旅券を取得し、退去強制歴がないと申告して上陸許可を受けるような場合が考えられる。
　もっとも、提出・提示した文書又は申立の一部に事実と異なる記載があったとしても、これが上陸拒否事由の判断に必ずしも影響しない軽微なものである場合は、本号に該当するものではない。

9　1項1号「前章第1節又は第2節の規定による上陸許可の証印（第9条第4項の規定による記録を含む。）又は許可を受けたこと」
　入国審査官の行う上陸許可の証印（法9条1項）、特別審理官の行う上陸許可の証印（法10条8項）若しくは主任審査官の行う上陸許可の証印（法11条4項）、又

は、法務大臣の行う上陸特別許可（法12条1項）をいい、自動化ゲートにおける上陸許可に関する記録も含まれる。

10　1項2号の趣旨

本号は、不正手段によって在留資格該当性（法別表第1又は第2）があると偽って上陸許可等を受けた場合について、在留資格の取消しの対象としたものである。

11　1項2号「偽りその他不正の手段により」

「偽りその他不正の手段」の意義については、本条解説8参照。

本号にいう「不正の手段」とは、在留資格該当性の判断に影響を与える程度の重大な不正行為をいう。具体的には、真実は日本人と婚姻をしていないにもかかわらず、本国で婚姻関係書類を偽造して在留資格認定証明書を取得し、在留資格「日本人の配偶者等」の上陸許可を受けるような場合が考えられる。

もっとも、提出・提示した文書又は申立の一部に事実と異なる記載があったとしても、これが在留資格該当性の判断に必ずしも影響しない軽微なものである場合は、本号に該当するものではない。

12　1項2号「前章第1節若しくは第2節の規定による上陸許可の証印若しくは許可（在留資格の決定を伴うものに限る。）」

入国審査官の行う上陸許可の証印（法9条1項）、特別審理官の行う上陸許可の証印（法10条8項）若しくは主任審査官の行う上陸許可の証印（法11条4項）、又は、法務大臣の行う上陸特別許可（法12条1項）をいう。

ただし、本号が在留資格該当性に関する取消事由を定めたものであることから、在留資格の決定を伴わない再入国による上陸許可は取消しの対象とならない。

13　1項2号「この節の規定による許可」

在留資格変更許可（法20条3項）、在留期間更新許可（法21条3項）、永住許可（法22条2項）又は在留資格取得許可（法22条の2第3項）をいう。

14　1項2号「これらが二以上ある場合には直近のものをいう」

本条による取消しの効果は遡及するものではないことから、直近の許可のみを取消しの対象にしたものである。したがって、上陸許可を受けた後、在留資格変更許可又は在留期間更新許可を受けている場合には、直近の変更許可又は更新許可のみが取り消されることになる。

15　1項3号の趣旨

　本号は、上陸拒否事由又は在留資格該当性以外の上陸許可の要件となる事由について、不正手段によって上陸許可等を受けた場合を取消しの対象としたものであり、具体的には、上陸許可基準を充たしていないにもかかわらず、これを充たしていると偽って上陸許可等を受けた場合が考えられる。

16　1項3号「前2号に掲げるもののほか、偽りその他不正の手段により」

　「偽りその他不正の手段」の意義については、本条解説8参照。
　本号にいう「不正の手段」とは、上陸拒否事由又は在留資格該当性以外の上陸許可の要件となる事由に影響を与える程度の重大な不正行為をいう。具体的には、「技能」の在留資格を得るためには、基準省令では10年以上の実務経験を必要とされているところ、本当は3年しかないのに10年とする文書を提出して同在留資格で上陸許可を受けるような場合である。
　もっとも、提出・提示した文書又は申立の一部に事実と異なる記載があったとしても、これが上陸拒否事由又は在留資格該当性以外の上陸許可の要件となる事由の判断に必ずしも影響しない軽微なものである場合は、本号に該当するものではない。

17　1項3号「上陸許可の証印等」

　「上陸許可の証印等」の意義については、本条解説9及び12参照。

18　1項4号の趣旨

　本号は、前3号に掲げる事由以外の事由について、虚偽の文書等を提出することによって上陸許可等を受けた場合を取消しの対象としたものであり、前3号と異なり、「偽りその他の不正の手段」が要件となっていないことから、申請者が故意をもって虚偽の文書等を提出したのではない場合、例えば、受入れ機関が虚偽の文書を提出した場合であって、申請者がこれに関与していない場合であっても、取消しの対象となる。

19　1項4号「前3号に掲げるもののほか、不実の記載のある文書……又は図画の提出又は提示により」

　「不実の記載のある文書……又は図画」とは、「真実と異なる記載のある在留資格認定証明書交付申請書その他の各種申請書及びそれらに付随する関係資料をいう」とされているが（逐条解説452頁）、不実の記載のある文書又は図画の提出又は提示「により」とされていることから明らかなように、取消しの対象となるためには、

虚偽の文書等の提出と上陸許可等との間に因果関係があることが必要である。したがって、本号にいう「不実の記載のある文書……又は図画の提出又は提示」とは、上陸許可等の判断に影響を与える程度の重大な不正行為をいうものと解される。

この点、逐条解説は、「虚偽文書等を提出又は提示して上陸許可の証印等を受けたことが判明した外国人を在留資格の取消しの対象としたものである」としており、それがどのような内容であったとしても、提出又は提示された文書に虚偽があった場合は、取消しの対象となると解しているかのようである（452頁）。

しかし、上記で述べたところからすれば、提出・提示した文書の一部に事実と異なる記載があったとしても、これが上陸許可等の判断に必ずしも影響しない軽微なものである場合は、本号に該当するものではないと解される。本号は、申請者に故意がなくても、受入機関が虚偽の資料を提出したような場合に適用される。

[20] 　1項4号「上陸許可の証印等」

「上陸許可の証印等」の意義については、本条解説[9]及び[12]参照。

[21] 　1項5号の趣旨

本号は、不正手段によって在留特別許可を受けた場合について、在留資格の取消しの対象としたものである。2009年改正法により追加された事由である（2012年7月9日施行）。

[22] 　1項5号「偽りその他不正の手段により」

「偽りその他不正の手段」の意義については、本条解説[8]参照。

本号にいう「不正の手段」とは、在留特別許可の判断に影響を与える程度の重大な不正行為をいう。具体的には、真実は日本人と婚姻をしていないにもかかわらず、婚姻関係書類を偽造して婚姻届を提出し、在留資格「日本人の配偶者等」をもって在留特別許可を受けるような場合が考えられる。

もっとも、提出・提示した文書又は申立の一部に事実と異なる記載があったとしても、これが在留特別許可の判断に必ずしも影響しない軽微なものである場合は、本号に該当するものではない。

[23] 　1項5号「第50条第1項又は第61条の2の2第2項の規定による許可を受けたこと」

法務大臣の行う法49条1項の異議の申出に理由がないと認める場合の在留特別許可（法50条1項）又は難民認定手続の中での在留資格未取得外国人に対する在留特別許可（法61条の2の2第2項）をいう。

24　1項5号「当該許可の後、これらの規定による許可又は上陸許可の証印等を受けた場合を除く」

　本号括弧書について、立法担当者は、本条による取消しの効果は遡及するものではないことから、直近の許可のみを取消しの対象にしたものであり、在留特別許可を受けた後、これらの規定による許可又は上陸許可を受けている場合には、直近の許可のみが取り消されることになるとしている(山田ほか72頁)。

　しかしながら、仮に不正の手段によっていったん在留特別許可を受けたとしても、その後、再度在留特別許可を受けたり、上陸許可を受けたりした場合においては、これらの許可や上陸許可が直ちに取消しの対象になるものではなく、取消事由があるかどうかは個別の許可ごとに検討されるべきものであって、上記の説明には疑問があるものと言わざるを得ない。

　したがって、本号括弧書については、仮に不正の手段によっていったん在留特別許可を受けたとしても、その後に上陸許可等を受けた場合においては、以前の在留特別許可は在留資格の取消しの対象にならないことを定めたに過ぎないと解するべきであり、法文上も、そのように読むのが自然である。

25　1項6号の趣旨

　本号は、法別表第1の在留資格をもって在留する者が、その在留資格の活動を継続して3カ月以上行わないで在留している場合を取消しの対象としたものであり、具体的には、留学生が非違行為を行ったとして大学から退学処分を受け、学籍のない状態が継続している場合が挙げられる。

26　1項6号「別表第1の上欄の在留資格をもつて在留する者」

　本号による取消しの対象となり得るのは、法別表第1の在留資格をもって在留する者、すなわち、一定の活動を目的として在留する者のみであり、法別表第2の在留資格をもって在留する者、すなわち、一定の身分又は地位に基づき在留する者については、その対象とならない。

27　1項6号「活動を継続して3月以上行わないで在留していること(当該活動を行わないで在留していることにつき正当な理由がある場合を除く。)」

　「継続して3月以上」とあることから、活動を行わない期間が3カ月を経過するまでに当該活動を再開している場合は、このような期間が通算して3カ月以上になったとしても、本号による取消しの対象にはならない。

　また、「当該活動を行わないで在留していることにつき正当な理由がある場合

とは、病気による入院などの場合や、内定取消し、解雇処分又は退学処分を争っている場合、就職、再就職又は再入学の努力を行っている場合なども含まれると解される。

28　1項7号の趣旨

2009年改正法により追加された事由である（2012年7月9日施行）。

本号は、「日本人の配偶者等」又は「永住者の配偶者等」の在留資格を有する者のうち、日本人の配偶者又は永住者の配偶者の身分をもって在留する者が、その身分を有する者としての活動を継続して6カ月以上行わないで在留している場合を在留資格の取消しの対象としたものであり、具体的には、日本人又は永住者と離婚又は死別等した後、そのままの状態が継続している場合が挙げられる。

しかし、「日本人の配偶者等」又は「永住者の配偶者等」の在留資格をもって在留していた者については、日本社会との結び付きがより深いものと考えられるところ、日本人又は永住者と離婚又は死別等したことを理由として、その在留資格を取り消し得るとすることについては、これらの者の地位をいたずらに不安定にするおそれがあるという指摘がされてきたところであり（日弁連意見書⑤等）、本号の該当性の判断については、慎重かつ厳格になされるべきである。

29　1項7号「日本人の配偶者等の在留資格……をもって在留する者又は永住者の配偶者等の在留資格……をもって在留する者」

本号による取消しの対象となり得るのは、「日本人の配偶者等」又は「永住者の配偶者等」の在留資格をもって在留する者のうち、日本人の配偶者又は永住者の配偶者の身分のみを有する者であり、日本人の子若しくは永住者の子として出生した者、又は、日本人の特別養子である者は含まれない。

30　1項7号「配偶者の身分を有する者としての活動」

本号は、「配偶者の身分を有する者としての活動」を行わないで在留している場合を取消しの対象としている。

このような場合として、立法担当者は、配偶者と離婚又は死別した場合のほか、婚姻の実態が存在しない場合も含まれるものであり、婚姻の実態が存在するか否かについては、同居の有無、別居の場合の連絡の有無及びその程度、生活費の分担の有無及びその状況、別の異性との同居の有無、就労活動の有無、職種等種々の事情を総合的に考慮して判断することになるとしている（山田ほか73頁）。

このような立法担当者の見解は、法別表第2の在留資格についても、法別表第1の在留資格と同様に、日本で行う活動の内容に着目して外国人の受入れの範

囲を定めたものであり、一定の身分又は地位を有していることに加えて、これらの身分又は地位を有する者が社会通念上行うものとされている活動を行って類型化したものであるという判例及び行政解釈に基づくものと考えられる（逐条解説102頁以下参照）。

しかしながら、「配偶者の身分を有する者としての活動」という文言自体からは、どのような活動が当該活動に該当するのかを観念ないし想定することが困難であり、仮にこのような身分に基づく活動を観念し得たとしても、夫婦により千差万別である婚姻の実態を入国管理局が審査して判断することは、憲法24条並びに自由権規約17条及び同23条によって保障される家族の保護及び家族の結合の保護に反することになるものである（法別表第2「日本人の配偶者等」の解説を参照）。

したがって、配偶者としての活動を行わない場合については、原則として配偶者と離婚又は死別した場合に限るべきであり、婚姻の実態が存在しない場合が含まれるとしても、婚姻無効をもたらすような重大な瑕疵が当初から存在していた場合に限定すべきであって、このような事由がないにもかかわらず、入国管理局において婚姻の実態が存在しなくなったとして在留資格を事後的に取り消すことについては、上記のとおり、憲法24条並びに自由権規約17条及び同23条の観点から問題があるものと言わざるを得ない。

この点に関し、2009年改正法の国会審議（第171回）においても、衆議院法務委員会及び参議院法務委員会において、本号による在留資格の取消しについては、「その弾力的な運用を行う」ことという内容の附帯決議が付されているところ、これらの委員会で附帯決議が付されるに至った経緯からすれば、これを抑制的に行うべきことを述べたものであり、このような附帯決議の趣旨からしても、本号による在留資格の取消しの運用は極めて慎重にされるべきものである。

31　1項7号「継続して6月以上行わないで在留していること」

本号は、配偶者としての身分に基づく活動を「継続して6月以上行わないで在留していること」を在留資格の取消しの要件としている。

この点に関し、2009年改正法の政府原案においては、「3月」とされていたが、前記のとおり、「日本人の配偶者等」又は「永住者の配偶者等」の在留資格をもって在留していた者の地位をいたずらに不安定にするおそれがあるという指摘を受け、2009年改正法の国会審議（第171回）において、衆議院法務委員会により、「6月」に修正された。

32　1項7号「当該活動を行わないで在留していることにつき正当な理由がある場合を除く」

　本号は、配偶者としての身分に基づく活動を行わないで在留していることにつき「正当な理由」がある場合には、在留資格の取消しの対象から除外したものであり、上記の「3月」から「6月」への修正と同様の理由により、2009年改正法の国会審議（第171回）において、衆議院法務委員会によって追加されたものである。

　上記の「正当な理由」がある場合について、立法担当者は、日本国籍を有する子どもの親権を争って離婚調停中の場合等があるとしているが（山田ほか74頁）、離婚に関する協議や調停、訴訟が係属している場合については、本条解説30のとおり、配偶者としての活動を行っているものと解すべきであって、そもそも在留資格の取消しの対象とならないものである。その上で、「正当な理由」がある場合については、離婚後に養育費や子の面接交渉に関する協議等が行われている場合なども含め、広く解されるべきである。

　この点に関し、2009年改正法の国会審議（第171回）においても、衆議院法務委員会及び参議院法務委員会において、本号による在留資格の取消しについては、「配偶者からの暴力等により当該活動を行わないことに正当な理由がある場合には、在留資格の取消しの対象とならない旨の周知徹底を図ること」という内容の附帯決議が付されているところである。

33　1項8号の趣旨

　本号は、上陸許可等によって新たに中長期在留者となった者が住居地の届出をしなかった場合を在留資格の取消しの対象としたものである。2009年改正法により追加された事由である（2012年7月9日施行）。

　新たな在留管理制度においては、法務大臣が外国人の在留管理に必要な情報を継続的に把握する制度を構築することを目的としているところ、外国人による在留状況の届出に関し、住居地については、在留管理上法務大臣が随時的確に把握しておくべき情報とされたものであり、中長期在留者に対し、在留期限を定めて住居地の届出義務を課しているところである。

　このような中長期在留者の住居地の届出義務の履行を担保するため、中長期在留者が届出義務を履行しなかった場合や虚偽の届出をした場合については、刑事罰が科されるとともに、在留資格の取消しの対象とされたものであり、本号、9号及び10号は、これらの場合を在留資格の取消事由として定めたものである。

　しかし、日本人の場合における同様の制度である住基法に定める転入届については、転入した日から履行期限内に転入届を届け出なかった場合であっても、過料が課されるに過ぎないところ、中長期在留者については、刑事罰が科されるの

みならず、在留資格の取消しの対象にもなるものである。

　このことは、外国人に著しい不利益を課すことになるおそれがあるものであって、本号、9号及び10号の該当性の判断を行うに当たっては、7号の日本人又は永住者の配偶者としての身分を有する者の在留資格の取消しの場合と同様に、慎重かつ厳格に行われるべきである。

34　1項8号「前章第1節若しくは第2節の規定による上陸許可の証印若しくは許可、この節の規定による許可又は第50条第1項若しくは第61条の2の2第2項の規定による許可を受けて、新たに中長期在留者となった者」

　本号による取消しの対象となり得るのは、新たに中長期在留者となった者であり、このような場合としては、上陸許可の証印（法9条1項、10条8項、11条4項）又は上陸特別許可（法12条）を受けて新たに中長期在留者となった場合、在留資格変更許可（法20条3項）、在留期間更新許可（法21条3項）、永住許可（法22条2項）又は在留資格取得許可（法22条の2第3項）を受けて新たに中長期在留者となった場合、在留特別許可（法50条1項、法61条の2の2）を受けて新たに中長期在留者となった場合がある。

35　1項8号「当該上陸許可の証印又は許可を受けた日から90日以内に、法務大臣に、住居地の届出をしないこと」

　本号は、新たに中長期在留者となった者が、上陸許可等を受けた日から90日以内に、新規上陸後の住居地の届出（法19条の7第1項）又は在留資格変更等に伴う住居地の届出（法19条の8第1項）をしないことを取消しの要件としている。

　これらの新規上陸後の住居地の届出又は在留資格変更等に伴う住居地の届出においては、住居地を定めた日から14日以内に届け出なければならないと定められているが、本号においては、住居地を定めた日にかかわらず、上陸許可等を受けた日から90日以内に届出をしないことが要件とされている。

36　1項8号「届出をしないことにつき正当な理由がある場合を除く」

　本号は、住居地の届出をしないことにつき「正当な理由」がある場合には、在留資格の取消しの対象から除外したものであり、前号における除外事由と同様に、2009年改正法の国会審議（第171回）において、衆議院法務委員会によって追加されたものである。

　上記の「正当な理由」がある場合に関し、立法担当者は、「上陸直後に傷病により長期入院し、かつ、代理人等に届出を依頼することもできない場合」など、やむを得ない事由により住居地の届出ができない場合であるとしているが（山田ほか75

頁）、本号による取消しが外国人に著しい不利益を課すことからすれば、このように限定的に解すべきではなく、合理的な理由によって住居地の届出ができない場合には、「正当な理由」があると解すべきである。

　この点に関し、2009年改正法の国会審議（第171回）においても、衆議院法務委員会及び参議院法務委員会において、本号による在留資格の取消しについては、「その弾力的な運用を行うとともに、正当な理由がある場合には、在留資格の取消しの対象とならない旨の周知徹底を図ること」という内容の附帯決議が付されているところであり、このような附帯決議の趣旨からしても、本号による在留資格の取消しの運用は極めて慎重にされるべきものである。

37　1項9号の趣旨

　本号は、中長期在留者が、法務大臣に届け出た住居地から退去した場合に新住居地の届出をしなかった場合を在留資格の取消しの対象としたものである。2009年改正法により追加された事由である（2012年7月9日施行）。

　中長期在留者による住居地の届出に関する在留資格の取消事由の趣旨及び問題点については、本条解説 33 ～ 36 を参照。

38　1項9号「法務大臣に届け出た住居地から退去した場合において、当該退去の日から90日以内に、法務大臣に、新住居地の届出をしないこと」

　本号は、中長期在留者が、法務大臣に届け出た住居地から退去した日から90日以内に、住居地の変更の届出（法19条の9第1項）をしないことを取消しの要件としている。

　住居地の変更の届出においては、新住居地に移転した日から14日以内に届け出なければならないと定められているが、本号においては、新住居地に移転した日にかかわらず、退去した日から90日以内に届出をしないことが要件とされている。

39　1項9号「届出をしないことにつき正当な理由がある場合を除く」

　本号は、新住居地の届出をしないことにつき「正当な理由」がある場合には、在留資格の取消しの対象から除外したものであり、7号における除外事由と同様に、2009年改正法の国会審議（第171回）において、衆議院法務委員会によって追加されたものである。

　上記の「正当な理由」がある場合に関し、立法担当者は、「経済的に困窮するなどして定まった住居地を有しなくなった場合」を挙げており（山田ほか76頁）、それ以外にもDV等で別居した場合で住居地の変更届出を行うことができない場合が考えられるが、本号による取消しが外国人に著しい不利益を課すことに鑑み、広

く解すべきものである。

2009年改正法の国会審議（第171回）における衆議院法務委員会及び参議院法務委員会による附帯決議の内容については、本条解説33～36を参照。

40　1項10号の趣旨

本号は、中長期在留者が虚偽の住居地を届け出たことを在留資格の取消しの対象としたものである。2009年改正法により追加された事由である（2012年7月9日施行）。

中長期在留者による住居地の届出に関する在留資格の取消事由の趣旨及び問題点については、本条解説33～36を参照。

41　1号10項「法務大臣に、虚偽の住居地を届け出たこと」

本号は、新規上陸後の住居地の届出、在留資格変更等に伴う住居地の届出又は住居地の変更の届出のいずれであるかにかかわらず、中長期在留者が、法務大臣に虚偽の住居地を届け出たことを在留資格の取消しの要件としている。

本号においては、7号及び前号と異なり、「正当な理由」がある場合を在留資格の取消しの対象から除外していないところ、立法担当者は、「虚偽の住居地を届け出ることについて正当な理由がある場合は、一般的には想定し難いことから、そのような場合を在留資格取消しの除外事由とはしていない」としている（山田ほか76頁）。

しかし、本号による取消しが外国人に著しい不利益を課すことからすれば、虚偽の住居地の届出があった場合に常に取り消すものとすることは妥当ではなく、本号による在留資格の取消しについても、抑制的な運用が行われるべきである。

42　2項の趣旨

本項は、在留資格の取消しが、当該外国人に重大な影響を与えるものであることから、その手続的権利を保障するために意見聴取をしなければならないと定めたものであり、本項による意見聴取は必要的なものである。

本項を受け、法務大臣（又は地方入国管理局長）は、意見の聴取について必要な知識経験を有すると認められる入国審査官のうちから、意見聴取担当審査官を指定することとされている（規則25条の2）。

43　3項の趣旨

本項は、在留資格の取消しという外国人の地位に重大な影響を与える処分に関し、対象となる外国人の手続的権利を保障するため、事前に意見聴取の期日や

場所、取消しの原因となる事実を記載した意見聴取通知書を当該外国人に送達しなければならないことを定めたものである。

44 　3項「あらかじめ、意見の聴取の期日及び場所並びに取消しの原因となる事実を記載した意見聴取通知書を当該外国人に送達しなければならない」

　本項による通知は、規則別記37号の3様式による意見聴取通知書によって行われ、意見の聴取を行う期日までに相当な期間を置くものとするとされている（規則25条の3）。

　対象となる外国人の手続的権利を保障するという本項の趣旨からすれば、上記の通知に記載する取消しの原因となる事実については、当該外国人が意見の陳述及び証拠の提出の準備を十分に行えるよう具体的なものでなければならない。

　当該外国人は、法22条の4第3項の規定による意見聴取通知書の送達又は通知があったときから意見の聴取が終結するまでの間、法務大臣に対し、当該事案についてした調査の結果に係る調書その他の当該在留資格の取消しの原因となる事実を証する資料の閲覧を求めることができ、法務大臣は、第三者の利益を害するおそれがあるときその他正当な理由があるときでなければ、その閲覧を拒むことができない（規則25条の12第1項）。

　なお、送達については、法61条の9の2の解説を参照。

45 　3項「急速を要するときは、当該通知書に記載すべき事項を入国審査官又は入国警備官に口頭で通知させてこれを行うことができる」

　本項但書は、急速を要する事情がある場合は、入国審査官又は入国警備官による口頭の通知をもって、意見聴取通知書の送達に代えることができることを定めている。立法担当者は、「急速を要するとき」に該当する場合について、「入国審査官が実態調査等のために臨場した現場に、当該外国人が偶然居合わせた場合等」を挙げている（山田ほか77頁）。

　しかし、本項が、在留資格の取消しの対象となる外国人の手続的権利を保障するため、意見聴取通知書による送達を求めている趣旨に鑑みれば、「急速を要するとき」に該当するかどうかは慎重かつ厳格に解すべきであり、意見聴取通知書による送達が事実上不可能な例外的な場合に限られるべきである。

　また、口頭による通知を行った後であっても、その後、意見聴取通知書による送達が可能となった場合には、対象となる外国人に対し、あらためて意見聴取通知書による送達を行うべきものと考えられる。

46　4項の趣旨

本項は、対象となる外国人の意見陳述及び証拠提出の権利を定めたものである。

47　4項「当該外国人又はその者の代理人」

当該外国人は、意見聴取に代理人を出頭させることができるほか、意見聴取担当調査官の許可を受け、利害関係人を参加させることができる（規則25条の5）。

48　4項「意見を述べ、及び証拠を提出することができる」

当該外国人又は代理人は、意見の聴取の期日に出頭して、意見を述べ、及び証拠を提出し、並びに意見聴取担当入国審査官に対し質問を発することができ、意見聴取担当入国審査官は、最初の意見の聴取の期日の冒頭において、取消しの原因となる事実を意見の聴取の期日に出頭した者に対し説明しなければならない（規則25条の9第1項）。

意見の聴取を行った意見聴取担当入国審査官は、一定の事項を記載した意見の聴取調書を作成するとともに、自らの意見等を記載した報告書を作成し、これらを速やかに法務大臣に提出することとされている（規則25条の11）。

49　5項の趣旨

本項は、対象となる外国人が、正当な理由なく意見の聴取に応じない場合には、意見の聴取を行うことなく取消しをすることができることを定めたものである。

この点、逐条解説は、「『正当な理由がなくて意見の聴取に応じない』とは、交通手段の途絶、疾病等真にやむを得ないと認められる理由がないのに、指定された期日に出頭しないことをいう」（456頁）とし、規則25条の6も、意見の聴取の期日の変更を申し出ることができる場合について、「やむを得ない理由があるとき」としている。

しかし、本項の文言に加えて、在留資格の取消しが当該外国人に与える影響の重大性に鑑みれば、上記の事由を「やむを得ない理由」があるときに限るのは、当該外国人の手続的権利の保障を損なうおそれがある。少なくとも、対象となる外国人から事前に意見聴取の期日の変更の申出があった場合は、その理由が合理的なものであると認められる限り、これを許可すべきである。

50　6項の趣旨

本項は、在留資格の取消しの対象となる外国人の手続的権利を保障するため、在留資格の取消しの処分については、在留資格取消通知書の送達をもって行うことを定めたものである。

51　7項の趣旨

　本項は、1項3号ないし5号の事由により在留資格を取り消す場合には、30日を超えない範囲で出国期間を指定することを定めたものである。これに応じて出国する場合、その出国及びそれまでの在留は適法なものであって、上陸拒否事由となるものではない。

　他方、1項1号及び2号の事由による在留資格の取消しは、退去強制事由とされており（法24条2号の2）、出国期間が指定されることはなく、直ちに退去強制手続が開始されることになる。

52　8項の趣旨

　本項は、出国期間を指定する場合に住居及び行動範囲の制限その他の条件を付することができることを定めたものである。

　規則25条の13第2項は、これらの条件について、次のとおり規定している。

① 　住居は、法務大臣が出国するための準備を行うための住居として適当と認める施設等を指定する（1号）。

② 　行動の範囲は、法務大臣が特別の事由があると認めて別に定めた場合を除き、指定された住居の属する都道府県の区域内及びその者が出国しようとする出入国港までの順路によって定める通過経路とする（2号）。

③ 　前2号のほか、法務大臣が付するその他の条件は、収入を伴う事業を運営する活動又は報酬を受ける活動の禁止その他特に必要と認める事項とする（3号）。

53　9項の趣旨

　本項は、法務大臣は、在留資格の取消しの処分を行うに当たり、本条7項によって指定された出国期間及び8項によって指定された住居及び行動範囲の制限その他必要と認める条件について、在留資格取消通知書に記載しなければならないことを定めたものである。

第22条の5（在留資格の取消しの手続における配慮）

　法務大臣は、前条第1項に規定する外国人について、同項第7号に掲げる事実が判明したことにより在留資格の取消しをしようとする場合には、第20条第2項の規定による在留資格の変更の申請又は第22条第1項の規定による永住許可の申請の機会を与えるよう配慮しなければならない。

本条の趣旨

　2009年改正法により新設された（2012年7月9日施行）。もともと政府原案にはなかった規定であるが、自由民主党、民主党・無所属クラブ、公明党からの修正提案がなされ、可決した。

　「日本人の配偶者等」の在留資格該当性が認められなくなった外国人でも、「定住者」など他の在留資格に該当する場合、あるいは永住許可が認められる場合もある。そのような場合に、当該外国人に対して、機械的に在留資格取消しの手続のみを進めるのではなく、在留資格の変更や永住許可申請をする機会を与えるよう配慮することを義務付けたものである。

第3節　在留の条件

第23条（旅券等の携帯及び提示）

① 本邦に在留する外国人は、常に旅券（次の各号に掲げる者にあつては、当該各号に定める文書）を携帯していなければならない。ただし、次項の規定により在留カードを携帯する場合は、この限りでない。
　1　仮上陸の許可を受けた者　仮上陸許可書
　2　乗員上陸の許可を受けた者　乗員上陸許可書及び旅券又は乗員手帳
　3　緊急上陸の許可を受けた者　緊急上陸許可書
　4　遭難による上陸の許可を受けた者　遭難による上陸許可書
　5　一時庇護のための上陸の許可を受けた者　一時庇護許可書
　6　仮滞在の許可を受けた者　仮滞在許可書
② 中長期在留者は、法務大臣が交付し、又は市町村の長が返還する在留カードを受領し、常にこれを携帯していなければならない。
③ 前2項の外国人は、入国審査官、入国警備官、警察官、海上保安官その他法務省令で定める国又は地方公共団体の職員が、その職務の執行に当たり、これらの規定に規定する旅券、乗員手帳、許可書又は在留カード（以下この条において「旅券等」という。）の提示を求めたときは、これを提示しなければならない。
④ 前項に規定する職員は、旅券等の提示を求める場合には、その身分を示す証票を携帯し、請求があるときは、これを提示しなければならない。
⑤ 16歳に満たない外国人は、第1項本文及び第2項の規定にかかわらず、旅券等を携帯することを要しない。

1　本条の趣旨

　本邦に在留する外国人は、法に定める上陸・在留に関する許可を得て在留することとなっている（例外として、特別永住者は入管特例法により自動的に〔特別の行政処

分を要せずに〕在留が許可されている）。在留に関するこの許可は、中長期在留者に該当する場合は許可された在留の内容が記載された在留カードが交付され、それ以外の場合において、旅券を有している場合にはその旅券に記載され、旅券を有していない場合には許可された在留の内容が記載された在留資格証明書が交付される（在留資格変更について法20条4項、在留期間更新について法21条4項、永住許可について法22条3項、在留資格取得について法22条の2第3項、一時庇護上陸許可を受けた者の在留資格取得について法22条の3）。同様に寄港地上陸許可（法14条2項）、通過上陸許可（法15条3項）も旅券に証印がなされる。他方、仮上陸許可（法13条2項）、乗員上陸許可（法16条3項）、緊急上陸許可（法17条2項）、遭難による上陸許可（法18条3項）、一時庇護許可（法18条の2第2項）の場合には、それぞれ許可書を交付することとされている。

　本条は、本邦に在留する外国人が適法な在留資格を有しているか、またいかなる在留資格を有しているかを当局がいつでも調べることができるよう、外国人に対する在留管理の便宜のために、上記の旅券、在留カード又は上陸許可書等の常時携帯及び提示義務を設けたものである。

2　1項の趣旨

　本項は、外国人の旅券又は仮上陸許可書等の携帯義務を規定したものである。本項では旅券と仮上陸許可書等とが選択的に規定されているが、その趣旨は前述のとおり、法9条による上陸許可がなされた者及び在留資格が付与された者は旅券にその旨の記載があるのに対し、法13条の仮上陸許可及び法14条以下の上陸の特例に当たる上陸許可を受けた外国人は各種上陸許可書に許可内容が記載されていることから、それぞれの書類を携帯すべきことを義務付けたものである。したがって、後者の各種上陸許可書のいずれかを携帯する外国人は、旅券の常時携帯義務はないと解される。

　また、中長期在留者は、2項の規定により在留カードを携帯していれば、旅券の携帯義務を免除される。

3　2項の趣旨

　本項は、中長期在留者の在留カードの受領及び携帯義務を規定したものである。

　法19条の4の解説②記載のとおり、在留カード制度の目的は、不法滞在者に身分を証明する文書を交付しないこと、就労可能な外国人かどうかを明らかにすることなどによって、不法滞在者の摘発や不法就労の防止等を容易にしようとすることにある。このような目的の達成のためには、中長期在留者が在留カードを受領し、常時携帯していることが必要であることから、中長期在留者においては、在

留カードを受領及び常時携帯しなければならないとされたものである。

　しかし、この受領及び常時携帯義務については、本条解説⑦記載のとおり、罰則をもって強制されているところ、このように罰則をもって在留カードの常時携帯を義務付けることは、合理的な根拠なくして日本に中長期在留する外国人に過度の負担を負わせるものであり、また、このような外国人があたかも犯罪の温床となるものとして、監視の対象とすべきであるかのような偏見を生じさせる差別的取扱いとなるとの指摘がされている（日弁連意見書⑤参照）。

　この点については、外国人登録証明書の常時携帯義務についてではあるものの、自由権規約委員会も、第3回政府報告書に対する最終見解以後、日本政府に対し、永住外国人が外国人登録証明書を常時携帯しないことに対して刑事罰を科すことは、同規約26条に適合しない差別的な制度であり、これを廃止すべきであると繰り返し勧告しているところである。

　このような指摘をも踏まえ、2009年改正法の国会審議（第171回）では、衆議院法務委員会及び参議院法務委員会において、永住者のうち特に日本への定着性の高い者についての在留管理のあり方の検討に当たっては、その歴史的背景をも踏まえ、在留カードの常時携帯義務及びその義務違反に対する刑事罰のあり方について広範な検討を行うことという内容の附帯決議がなされている。

４　3項の趣旨

　本項は、入国審査官その他一定の公務員から、旅券、在留カード又は上陸許可書等の提示を要求された場合の提示義務を定めている。

　「その他法務省令で定める国又は地方公共団体の職員」とは、税関職員、公安調査官、麻薬取締官、住民基本台帳に関する事務に従事する市町村の職員、職業安定法8条に規定する公共職業安定所の職員である（規則26条）。

　提示が義務付けられるのは、当該公務員が「その職務の執行に当たり」提示を求めた場合に限られている。しかしながら、当該公務員による提示要求が「その職務の執行に当たり」行われているものであるか否かを提示要求を受けた外国人がその場で判断することは不可能に近く、この要件により公務員による権限濫用を事前に抑制する機能はほとんど期待できない。

　また、この「職務の執行に当たり」の内容が広く解釈されるおそれがあり、例えば、警察官が通りすがりの外国人（"外国人風"の人物）を呼び止めて提示要求することも本条により認められると説明されるおそれがある。これは、通りすがりの日本人を呼び止めて氏名や住所を聴取しようとするのと何ら変わりがない。そもそも外見のみで日本人と外国人との区別がなし得ない以上、本項の提示を求める前提であっても、呼止めや質問行為については職務質問に関する警察官職務執行法上の

議論と同様の規制が及ぶと言うべきである。

さらに、公共職業安定所の職員など外国人の在留許可と必ずしも関係のない業務に従事する公務員が、「職務の執行」を理由に旅券等の提示を要求し、在留資格を有しない場合にこれを摘発する場合等のように、本条が安易に流用される危険性も否定できない。

5　4項の趣旨

本項は、前項の提示要求を行う公務員に対し、その身分を示す証票を携帯すること及び当該外国人から請求があったときにはその証票の提示を義務付けたものである。権限のない者（規則26条に定める公務員以外の公務員も含む）による提示要求を封じるとともに、権限のある者による提示要求もそれが職務の執行と関係なく行われることのないようにいささかなりとも抑止的効果を期待するものと思われる。

しかし、提示要求を受けた外国人からすれば、どのような公務員が適法に旅券の提示要求をする権限を有するのか知らないのが通常であるし、提示要求に当たって証票の提示を求めることができることを知らないのが一般であるから、本項の実効性は乏しいものにならざるを得ないと思われる。

6　5項の趣旨

本項は、16歳未満の外国人の旅券等の携帯義務を免除したものである。

7　罰則

本条の定める旅券又は上陸許可書等の携帯義務・提示義務に違反した者は、10万円以下の罰金に処するものとされている（法76条2号）。

他方、本条の定める在留カードの携帯義務・提示義務に違反した者は、1年以下の懲役又は20万円以下の罰金に処せられることになる（法75条の2、75条の3）。

第24条（退去強制）

次の各号のいずれかに該当する外国人については、次章に規定する手続により、本邦からの退去を強制することができる。
1　第3条の規定に違反して本邦に入つた者
2　入国審査官から上陸の許可等を受けないで本邦に上陸した者
2の2　第22条の4第1項（第1号又は第2号に係るものに限る。）の規定により在留資格を取り消された者
2の3　第22条の4第7項（第61条の2の8第2項において準用する場合を含む。）の規定により期間の指定を受けた者で、当該期間を経過して本邦に残留するもの

3 他の外国人に不正に前章第1節若しくは第2節の規定による証明書の交付、上陸許可の証印（第9条第4項の規定による記録を含む。）若しくは許可、同章第4節の規定による上陸の許可又は第1節、第2節若しくは次章第3節の規定による許可を受けさせる目的で、文書若しくは図画を偽造し、若しくは変造し、虚偽の文書若しくは図画を作成し、若しくは偽造若しくは変造された文書若しくは図画若しくは虚偽の文書若しくは図画を行使し、所持し、若しくは提供し、又はこれらの行為を唆し、若しくはこれを助けた者

3の2 公衆等脅迫目的の犯罪行為のための資金の提供等の処罰に関する法律（平成14年法律第67号）第1条に規定する公衆等脅迫目的の犯罪行為（以下この号において「公衆等脅迫目的の犯罪行為」という。）、公衆等脅迫目的の犯罪行為の予備行為又は公衆等脅迫目的の犯罪行為の実行を容易にする行為を行うおそれがあると認めるに足りる相当の理由がある者として法務大臣が認定する者

3の3 国際約束により本邦への入国を防止すべきものとされている者

3の4 次のイからハまでに掲げるいずれかの行為を行い、唆し、又はこれを助けた者
　イ 事業活動に関し、外国人に不法就労活動（第19条第1項の規定に違反する活動又は第70条第1項第1号から第3号の2まで、第5号、第7号、第7号の2若しくは第8号の2から第8号の4までに掲げる者が行う活動であつて報酬その他の収入を伴うものをいう。以下同じ。）をさせること。
　ロ 外国人に不法就労活動をさせるためにこれを自己の支配下に置くこと。
　ハ 業として、外国人に不法就労活動をさせる行為又はロに規定する行為に関しあつせんすること。

3の5 次のイからニまでに掲げるいずれかの行為を行い、唆し、又はこれを助けた者
　イ 行使の目的で、在留カード若しくは日本国との平和条約に基づき日本の国籍を離脱した者等の出入国管理に関する特例法第7条第1項に規定する特別永住者証明書（以下単に「特別永住者証明書」という。）を偽造し、若しくは変造し、又は偽造若しくは変造の在留カード若しくは特別永住者証明書を提供し、収受し、若しくは所持すること。
　ロ 行使の目的で、他人名義の在留カード若しくは特別永住者証明書を提供し、収受し、若しくは所持し、又は自己名義の在留カードを提供すること。
　ハ 偽造若しくは変造の在留カード若しくは特別永住者証明書又は他人名義の在留カード若しくは特別永住者証明書を行使すること。
　ニ 在留カード若しくは特別永住者証明書の偽造又は変造の用に供する目的で、器械又は原料を準備すること。

4 本邦に在留する外国人（仮上陸の許可、寄港地上陸の許可、通過上陸の許可、乗員上陸の許可又は遭難による上陸の許可を受けた者を除く。）で次のイからヨまでに掲げる者のいずれかに該当するもの
　イ 第19条第1項の規定に違反して収入を伴う事業を運営する活動又は報酬を受ける活動を専ら行つていると明らかに認められる者（人身取引等により他人の支配下に置かれている者を除く。）
　ロ 在留期間の更新又は変更を受けないで在留期間（第20条第5項の規定により

本邦に在留することができる期間を含む。第26条第1項及び第26条の2第2項において同じ。）を経過して本邦に残留する者

ハ　人身取引等を行い、唆し、又はこれを助けた者

ニ　旅券法（昭和26年法律第267号）第23条第1項（第6号を除く。）から第3項までの罪により刑に処せられた者

ホ　第74条から第74条の6の3まで又は第74条の8の罪により刑に処せられた者

ヘ　第73条の罪により禁錮以上の刑に処せられた者

ト　少年法（昭和23年法律第168号）に規定する少年で昭和26年11月1日以後に長期3年を超える懲役又は禁錮に処せられたもの

チ　昭和26年11月1日以後に麻薬及び向精神薬取締法、大麻取締法、あへん法、覚せい剤取締法、国際的な協力の下に規制薬物に係る不正行為を助長する行為等の防止を図るための麻薬及び向精神薬取締法等の特例等に関する法律（平成3年法律第94号）又は刑法第2編第14章の規定に違反して有罪の判決を受けた者

リ　ニからチまでに掲げる者のほか、昭和26年11月1日以後に無期又は1年を超える懲役若しくは禁錮に処せられた者。ただし、執行猶予の言渡しを受けた者を除く。

ヌ　売春又はその周旋、勧誘、その場所の提供その他売春に直接に関係がある業務に従事する者（人身取引等により他人の支配下に置かれている者を除く。）

ル　他の外国人が不法に本邦に入り、又は上陸することをあおり、唆し、又は助けた者

ヲ　日本国憲法又はその下に成立した政府を暴力で破壊することを企て、若しくは主張し、又はこれを企て若しくは主張する政党その他の団体を結成し、若しくはこれに加入している者

ワ　次に掲げる政党その他の団体を結成し、若しくはこれに加入し、又はこれと密接な関係を有する者

　(1)　公務員であるという理由により、公務員に暴行を加え、又は公務員を殺傷することを勧奨する政党その他の団体

　(2)　公共の施設を不法に損傷し、又は破壊することを勧奨する政党その他の団体

　(3)　工場事業場における安全保持の施設の正常な維持又は運行を停廃し、又は妨げるような争議行為を勧奨する政党その他の団体

カ　ヲ又はワに規定する政党その他の団体の目的を達するため、印刷物、映画その他の文書図画を作成し、頒布し、又は展示した者

ヨ　イからカまでに掲げる者のほか、法務大臣が日本国の利益又は公安を害する行為を行つたと認定する者

4の2　別表第1の上欄の在留資格をもつて在留する者で、刑法第2編第12章、第16章から第19章まで、第23章、第26章、第27章、第31章、第33章、第36章、第37章若しくは第39章の罪、暴力行為等処罰に関する法律第1条、第1条ノ2若しくは第1条ノ3（刑法第222条又は第261条に係る部分を除く。）の罪、盗犯等の防止及び処分に関する法律の罪又は特殊開錠用具の所持の禁止等に関する法律第15条若しくは第16条の罪により懲役又は禁錮に処せられたもの

4の3　短期滞在の在留資格をもつて在留する者で、本邦において行われる国際競技会等の経過若しくは結果に関連して、又はその円滑な実施を妨げる目的をもつて、当該国際競技会等の開催場所又はその所在する市町村の区域内若しくはその近傍の不特定若しくは多数の者の用に供される場所において、不法に、人を殺傷し、人に暴行を加え、人を脅迫し、又は建造物その他の物を損壊したもの

4の4　中長期在留者で、第71条の2又は第75条の2の罪により懲役に処せられたもの

5　仮上陸の許可を受けた者で、第13条第3項の規定に基づき付された条件に違反して、逃亡し、又は正当な理由がなくて呼出しに応じないもの

5の2　第10条第10項又は第11条第6項の規定により退去を命ぜられた者で、遅滞なく本邦から退去しないもの

6　寄港地上陸の許可、通過上陸の許可、乗員上陸の許可、緊急上陸の許可、遭難による上陸の許可又は一時庇護のための上陸の許可を受けた者で、旅券又は当該許可書に記載された期間を経過して本邦に残留するもの

6の2　第16条第9項の規定により期間の指定を受けた者で、当該期間内に帰船又は出国しないもの

7　第22条の2第1項に規定する者で、同条第3項において準用する第20条第3項本文の規定又は第22条の2第4項において準用する第22条第2項の規定による許可を受けないで、第22条の2第1項に規定する期間を経過して本邦に残留するもの

8　第55条の3第1項の規定により出国命令を受けた者で、当該出国命令に係る出国期限を経過して本邦に残留するもの

9　第55条の6の規定により出国命令を取り消された者

10　第61条の2の2第1項若しくは第2項又は第61条の2の3の許可を受けて在留する者で、第61条の2の7第1項（第1号又は第3号に係るものに限る。）の規定により難民の認定を取り消されたもの

1　本条の趣旨

　本条は、外国人を退去強制することができる場合を規定したものである。入管特例法に定める特別永住者については、同法9条で、本条の特例が定められている。

　刑事事件と異なり、本条は行政処分の対象となる者を定めるものであるから、退去強制事由該当性が認められるためには、特に主観的要件が定められている場合を除き、いずれかの事由に該当することについて故意・過失は要件とされない。

2　柱書「退去を強制することができる」：比例原則との関係

　本条は、1号以下に列挙する事由の1つに該当する外国人は「退去を強制することができる」と定めるものであり、これらの事由に該当するからといって、必ず退去強制をされるわけではない。

退去強制事由に該当する場合であっても、法務大臣等により在留特別許可（法50条1項）が認められる場合がある。また、法務大臣等が在留特別許可を認めなかった場合でも、その後の退去強制令書発付処分について主任審査官の裁量を認める見解もある（東京地判平15・9・19判時1836号46頁）。

そして、退去強制は外国人から生活の基盤を根こそぎ奪うことによって、その者の移動の自由や、財産権を奪うという重大な結果をもたらすだけでなく、退去強制令書の効果として事実上無期限の収容が可能となり（法52条5項「送還可能のときまで」）、これによりすべての人権の根源である人身の自由を奪うことができるのであるから、その発動に当たっては、比例原則が厳格に適用されることが要求される（村田斉志「行政法における比例原則」藤山・村田編79頁以下参照）。比例原則は、自由主義に基づく普遍的性格から、権力行政一般に適用されることについては異論がないとされており（川上宏二郎「行政法における比例原則」ジュリスト増刊『行政法の争点〔新版〕』〔有斐閣、1990年〕19頁）、ドイツにおいては国外退去命令に比例原則が適用されることについてほとんど異論はみられない（山下義昭「ドイツ外国人法の国外退去命令(Ausweisung)と比例原則（2・完）」福岡大学法学論叢46巻1号〔2001年〕41頁）。

③ 統計

法務省が発表している統計（同ウェブサイトから閲覧可能）から明らかなとおり、最も多いのが4号ロのいわゆる不法残留と呼ばれる場合である。次いで、不法入国（1号）、4号イ（資格外活動）、6号（寄港地上陸許可等、特例上陸により上陸した者でその期間を経過した者）、7号（在留資格取得手続などをしないで、認められている在留期間を超えて在留した者）である。6号・7号も在留期間を超えた者ということでは、4号ロと同形態といえるので、いわゆるオーバーステイの場合が退去強制事由の大半を占めているということがわかる。

④ 1号・2号：不法入国者・不法上陸者

1号はいわゆる不法入国を、2号は不法上陸を退去強制事由としたものである。「入国」概念と「上陸」概念の違いは、法第2章の冒頭解説及び法6条の解説①②を参照。

⑤ 2号の2：在留資格を取り消され出国猶予期間を与えられない者

2004年改正法によって設けられた在留資格取消制度により在留資格を取り消された者のうち、法22条の4第1項及び第2号に該当する場合であり、これらの者は直ちに退去強制事由に該当することになる。1号は、不正の手段を使って上陸

拒否事由があるのにないとして上陸許可を受けた場合で、例えば退去強制歴がある者が本国に戻って名前を変え、新しいパスポートを使って、上陸拒否期間内に上陸したような場合が該当する。2号は、偽りその他の不正手段によって、本来在留資格該当性がないのにあるものとして上陸許可の証印等を得た場合で、偽装結婚による上陸をした場合が典型例である。

6　2号の3：在留資格を取り消され出国猶予期間を与えられた者

在留資格取消制度では、上記1号・2号以外の理由で在留資格を取り消す場合には、出国に必要な期間を定めることになった（法22条の4第7項）。上記制度の新設に伴い、同期間内に出国しなかった場合には、退去強制事由に該当することを定めたものである。

7　3号：偽造変造文書作成・提供者

2002年改正法で定められ、2009年改正法で一部追加されたものであり、他の外国人に不正に上陸許可（「前章第1節若しくは第2節の規定による証明書の交付、上陸許可の証印……若しくは許可、同章第4節の規定による上陸の許可」）、在留資格取得、変更、更新の許可（「第1節」）、在留特別許可（「次章第3節の規定による許可」）を取得させる目的で、偽造変造文書を作成・提供等をした者を退去強制できるようにしたものである。「他の外国人」に許可を得させる目的で行った場合であるから、自らが許可を得る目的の場合は本号の適用場面ではない。

8　3号の2の趣旨と問題点

本号は、米国で2001年に発生したいわゆる同時多発テロ事件を契機に、テロ対策の法制の整備が進められる中で、2006年改正法により、「公衆等脅迫目的の犯罪行為のための資金の提供等の処罰に関する法律」1条が定義する公衆等脅迫目的の①犯罪行為、②その予備行為、③その実行を容易にする行為について、それらのいずれかを「行うおそれがあると認めるに足りる相当の理由がある者として法務大臣が認定する者」を退去強制対象とすべく新設された条文である。

本号の要件は、他の本条各号の要件と比較するまでもなく極めて特異である。すなわち、公衆等脅迫目的の犯罪行為等を「行うおそれがあると認めるに足りる相当の理由がある者」という要件だけでも相当程度広範であるところ、「行うおそれがあると認めるに足りる相当の理由がある者として法務大臣が認定する者」と定義したことにより、法務大臣に「認定」された以上は、認定の当否・是非にかかわらず形式的には退去強制事由に該当してしまうという、極めて異例な要件設定となっているものである。

この点に関しては、立法に係る審議当時から問題視されており、例えば日本弁護士連合会は、「……本改正案は、……いわゆるテロ資金提供処罰法所定の犯罪行為……を行うおそれがあると認めるに足りる相当な理由があるとして法務大臣が認定した者について、日本からの退去を強制することができるとするものである。しかし、日本に定住している外国人の生活の本拠を奪う重大な結果を生じさせうるにもかかわらず、認定要件が極めて曖昧かつ広範で、退去強制手続の中で、自己がテロ関係者として疑われた具体的な事情やその根拠が明示されず、十分な不服申立の機会が制度的に担保されないことも審議の中で明らかになった。当連合会は、このような多くの問題点を持ち、市民生活に重大な影響を与えることが審議の中で明らかになってきた本改正案が、このまま採決に至ることには反対であり、なお徹底した審議を行うよう求めるものである」との会長声明を発表した（日弁連会長声明①）。最終的には、改正案は原案どおり可決されて現在の条文の文言となっているものの、同様の懸念に基づく附帯決議が衆参両院で付される結果となっていることに留意が必要である（「政府は、本法の施行に当たり、次の事項について格段の配慮をすべきである。……4　新たに退去強制の対象とするテロリストの認定については、恣意的にならないよう厳格に行うこと」第164回国会衆議院法務委員会〔2006年3月29日〕、「政府は、本法の施行に当たり、次の事項について格段の配慮をすべきである。……5　新たに退去強制の対象となる『テロリスト』の認定に当たっては、恣意的にならないよう厳格に行うとともに、退去強制手続きを行うに当たっては、適正手続きの保障の理念に照らし、『テロリスト』と認定するに至った事実関係等を明確かつ具体的に示し、退去強制を受けようとする者が十分に反論を行う機会を与えること」同参議院法務委員会〔2006年5月16日〕）。

9　3号の2に基づく認定

　本号においては、前掲のとおり「公衆等脅迫目的の犯罪行為」等を「行うおそれがあると認めるに足りる相当の理由がある者として法務大臣が認定する者」を対象とすることから、この法務大臣の「認定」行為の性質が問題となる。
　この点、入管六法は、「認定」行為には「退去強制手続がとられてはじめて退去強制されるという効果を生じるものであり、認定自体が外国人の権利ないし法律上の地位に直接影響を及ぼすものとは認められないので、行政処分ではなく、当該認定に対し、行政不服審査法上の不服申立てや、認定に対する取消訴訟を提起することはできない」（処分性がない）とする。しかしながら、この見解は妥当ではない。
　入管六法の見解によれば、「認定」は本人が知らない間に行われ、「処分」としての告知も行われないことになると思われるが、認定と同時に当該外国人には本

号の退去強制事由が発生することになり、以後はいつ退去強制手続が開始されるかわからない状態に置かれる上に、退去強制手続の過程においても「認定」の存在自体を争うことは困難と言える (つまり、「認定」自体を争う方法がないとすれば、形式的に認定を受けた以上、退去強制手続の中でも退去強制事由の存在を争えないということになりかねないのである)。

この点、区画整理事業に関する最大判平20・9・10 (民集62巻8号2029頁・判時2020号21頁・判タ1280号60頁) の判旨が参考になろう。同判決は、土地区画整理事業の事業計画の決定の処分性が争われた事案であるが、最高裁は判例を変更して、市町村の施行に係る土地区画整理事業の事業計画の決定は、施行地区内の宅地所有者等の法的地位に変動をもたらすものであって、抗告訴訟の対象とするに足りる法的効果を有するものということができ、実効的な権利救済を図るという観点から見ても、これを対象とした抗告訴訟の提起を認めるのが合理的であるという理由により、行訴法3条2項の「行政庁の処分その他公権力の行使に当たる行為」に当たると解するのが相当であると判断したものである。この考え方を敷衍すれば、本号で問題となっている法務大臣の「認定」も、対象外国人に退去強制事由が発生するという点で極めて重大な法的地位の変動をもたらすものであって、実効的な権利救済を図るという観点からは処分性が認められるべきことになる。

そして、「認定」は上記のとおり処分性が肯定されるべきものであるばかりでなく、本人に退去強制事由を発生せしめる極めて重大な不利益処分であることに鑑みれば、「認定」に至る手続においては適正手続の保障が及ぼされるべきである

10　3号の4：不法就労活動をさせる行為、教唆行為、幇助行為等

2009年改正法により付加された部分である。ここで「不法就労活動」という用語が新たに使用され、その定義は、①資格外活動 (法19条1項)、または、②法70条1項1号〜3号の2、5号、7号、7号の2、8号の2〜4の活動のうち収入を伴う活動、とされている。これら活動を自ら行うことは別途の退去強制事由として取り上げられていたところ、本改正ではさらに「事業活動に関し」これらの活動をさせ、教唆し、または幇助した外国人についても、退去強制事由として新設した (本号イ)。また、不法就労活動をさせるために外国人を支配下に置き、置くことを教唆し、または幇助した外国人も退去強制対象とした (本号ロ)。さらには、「業として」、外国人に不法就労活動をさせる行為及び同活動をさせる目的で支配下に置く行為の、「あっせん」を行い、教唆し、または幇助した外国人も退去強制対象として付加された (本号ハ)。

しかし、例えば、本号ロによれば、外国人に不法就労活動をさせる目的で支配

下に置くことをあっせんすることを教唆する行為までが独立した退去強制事由とされることとなり、退去強制事由があまりにも広範囲に無制約に拡大されているとの誹りを免れないであろう。

11　3号の5：在留カード等の偽変造等又はその教唆若しくは幇助

本号は、2009年改正法において新たな在留管理制度が導入されたことを受け、同制度の根幹とされる制度である在留カード及び特別永住者証明書（以下、本号の解説において「在留カード等」という）の社会的信用を保護するため、在留カード等の偽変造等又はその教唆若しくは幇助を退去強制事由としたものである。

本号は、柱書において、イないしニに掲げられた行為を行い、教唆し、又は幇助したことを退去強制事由としている。そして、本号イでは、在留カード等の偽変造又は偽変造された在留カード等の提供、収受又は所持、本号ロでは、他人名義の在留カード等の提供、収受若しくは所持又は自己名義の在留カードの提供、本号ハでは、偽変造又は他人名義の在留カード等の行使、本号ニでは、在留カード等の偽変造の用に供する目的での器械又は原料の準備の行為をそれぞれ対象としている。

本号イ又はロは、「行使の目的」という主観的要件を定めており、本号ハは、「行使」が客観的要件となっている。ここにいう「行使」とは、偽変造された在留カード等を真正なものとして使用することをいうと解される。したがって、真正なものとして使用しない場合は、本号ハにいう「行使」には該当せず、また、真正なものとして使用する目的がない場合は、本号イ又はロに掲げる行為を行い、教唆し、又は幇助したとしても、「行使の目的」を欠くことになる。

本号ニは、在留カード等の偽変造の予備的な行為のうち、器械又は原料の準備を対象とする規定である。ここにいう「準備」とは、在留カードの偽変造のための器械又は原料の購入などを意味するものであるが、このような行為の幇助まで一律に退去強制事由とすることについては、退去強制事由を著しく広範に拡大するものとして、疑問がある。

12　4号柱書

本号は、さらにイからヨまでの事由に細分化されているが、本邦にいる外国人のうち、仮上陸の許可、寄港地上陸の許可、通過上陸の許可、乗員上陸の許可又は遭難による上陸の許可を受けた者は除かれている。これらの特別な上陸許可を受けて在留する外国人は、在留活動及び行動範囲の制限を受け、滞在期間も短いので、本号に定める退去強制事由に該当することもほとんどないと考えられることから、適用対象外とされたものである。

[13] 4号イ「第19条第1項の規定に違反して収入を伴う事業を運営する活動又は報酬を受ける活動を専ら行つていると明らかに認められる者」

法務大臣等の資格外活動許可を受けることなく、在留資格外の活動として就労活動を行っていると明らかに認められる者である。

(1) 「専ら……明らか」の定義

2003年夏頃以後、入国管理局が繁華街の飲食店等を一斉摘発した際、就学生・留学生が資格外活動許可の範囲外であるスナックや風俗営業に関与していた事案が相当数発覚した。その中には、専門学校・大学への出席率もよく、成績も優秀な学生が多数含まれていた。ところが、入国管理局は、そのような学生についても、資格外活動を「専ら行つていると明らかに認められる者」として収容令書を発付し、法49条1項の異議の申出も、在留特別許可も認めずに退去強制令書を発付するという例が頻発した。

そこで、本来の「就学」や「留学」という在留資格に見合った活動を十分に行っている者が、資格外活動許可の範囲外の業務に関与しただけで、「専ら行つていると明らかに認められる」のかが問題となる。

(2) 解釈・見解

この点について逐条解説（482頁以下）は次のような見解を示している。「『専ら行つている』とは、資格外活動の継続性及び有償性、本来の在留資格に基づく活動をどの程度行っているか等を総合的に考慮して判断し、外国人の在留目的の活動が実質的に変更したといえる程度に資格外活動を行っているという意味である」。「『明らかに認められる』とは証拠資料、本人の供述、関係者の供述等から本号に定める資格外活動を専ら行っていることが明白であると認められることを意味する」。

つまり、この要件は、本来の在留資格で予定されていた活動が実質的に変更したということが証拠上明らかな場合を指すのであり、条文の文言に素直な見解と言える。

(3) 裁判例

(i) 大阪地判平16・10・19裁判所ウェブサイト登載

この論点に関して本案判決により判断が示された例は、当判決が初めてと思われる。

同判決は、まず、法24条4号イに該当するとの入国審査官の設定に違法があっても、後に続く退去強制令書発付処分に承継されない、との国の主張を排斥した。

その上で、同判決は「『専ら行つている』といえるためには、当該活動の継続性及び有償性、本来の在留資格に基づく活動をどの程度行っているか等を総合的

に考慮して判断し、外国人の在留目的の活動が実質的に変更したといえる程度に資格外活動を行っていることを要すると解される」。「以上によれば、報酬を受ける活動を専ら行っているといえるかどうかは、その活動の時間の程度、継続性、報酬の多寡、留学の目的である学業の遂行を阻害していないかなどを総合的に考慮し、在留目的たる活動が実質的に留学ではなく、就労その他の報酬を受ける活動に変更したといえる程度に達しているか否かをもって判断すべきものと解される」との一般論を示し、事実を詳細に認定した上で、「専ら行つている」との要件に該当しない、と判断した。

(ii) 大阪高判平17・5・19裁判所ウェブサイト登載

上記大阪地裁判決の控訴審判決であり、原審判断を是認した。その論理構造は、原審とほぼ同様であるが、国側が「本件クラブでの稼働は風俗営業が営まれている営業所において行う活動であり、そもそも資格外活動許可が得られる余地のないものであるから、このような資格外活動の内容も勘案すべきであるなどと主張」したのに対して「資格外活動の内容が資格外許可の得られない活動であることが、法73条の適用場面において違法性の程度の判断に影響し得るとしても、少なくとも本件クラブにおいて稼働中の被控訴人の仕事の内容それ自体が公序良俗に反するようなものではない本件においては、そのことをもって直ちに資格外活動を『専ら行っている』と推認すべきであるとか、その判断に決定的な影響を与えるものであるということはできないことが明らかである（控訴人の主張は、『専ら行っている』との要件と、これとは別個の要件である『法19条1項の規定に違反して』とを、混同したものと解される。）」とした。

上記大阪高裁判決に対し、国は上告受理申立をしたが、2007年7月、最高裁は上告を受理しない旨の決定をし、同判決は原告勝訴で確定した。

14　4号イ「人身取引等により他人の支配下に置かれている者を除く」

2005年改正法により、人身取引等の被害者対策のための法整備がされた。その一環として、資格外活動を専ら行ったことが明らかな者（法24条4号イ）、売春関連業務業務従事者（法24条4号ヌ）のうち、人身取引等により他人の支配下に置かれている者は退去強制事由に該当しないものとされた。人身取引等の定義は、法2条の解説9を参照。

しかし、人身取引等の被害者は、不法入国(法24条1号)、不法上陸(法24条2号)、不法滞在 (法24条4号ロ)にも該当している場合が多いのに、これらの場合には退去強制事由から除外されていない。その結果、入管の全件収容主義という解釈に従えば、これら被害者も退去強制事由に該当するものとして、収容することが可能となってしまう(法39条1項)。被害者保護の措置として不十分と言うほかない。

15　4号ロ：不法滞在者

いわゆるオーバーステイ（超過滞在）の場合である。

なお、従前有していた在留期間の期間内に、在留期間更新や在留資格変更申請をなして受理されながら、審査に時間を要した等の理由で、処分がなされない「申請中」の状態のままで、従前の在留期間が満了してしまうことがある。このような場合であっても、処分がなされるまでの間は、なお本号には該当しないとの扱いが実務上もされてきた（更新前の在留期間経過後は不法残留者としての責任を問われないとした大阪高判平7・10・27判タ892号172頁参照）。この点を明確化する趣旨で、2009年改正法で法20条5項の規定が新設され、「申請中」状態の地位が明確化されたが（同条項の問題点は、同条解説参照）、これに伴い、本号ロの条文も改正されている。

16　4号ハ「人身取引等を行い、唆し、又はこれを助けた者」

2005年改正法で、人身取引等の防止対策として新たに設けられた退去強制事由である。

17　4号ニ：旅券法23条違反で刑に処せられた者

旅券法23条1項（6号を除く）ないし3項までの罪により刑に処せられた者である。2005年に、「近年増加している旅券の不正取得等の旅券犯罪に対処」する目的で旅券法が一部改正されたが、それを受けて、旅券法違反の罪に処せられた者について、退去強制事由に該当するとしたものである。行政解釈では、「刑に処せられた者」とは、刑を言い渡した判決が確定した者をいうとしており、刑の執行猶予を受けた場合（執行猶予期間を経過した場合）もこれに含まれるという取扱いがされている。

本号ニ・ホ・ヘ・ト・リ、4号の2は、いずれも判決の確定が要件とされるため、判決言渡しがあっただけでは、退去強制事由に該当しない。したがって、在留資格がある場合には、判決言渡し後、直ちに退去強制手続を進めることはできないので、執行猶予付判決を受けた場合には、他の退去強制事由がない限りは一度解放され、判決確定後に退去強制手続が開始されることになる。

18　4号ホ：法74条から74条の6の3まで又は法74条の8の罪により刑に処せられた者

集団密航に関与した者、旅券等の不正受交付罪該当者である。

19　4号ヘ：資格外活動により禁錮以上に刑に処せられた者

2009年改正法で追加されたものであり、資格外活動に対する罰則で禁錮以上の刑に処せられた者が付加された。資格外活動処罰に関しては執行猶予の場合の除外もなく、退去強制事由の無制約な拡大傾向に拍車をかけている。

20　4号ト：長期3年を超える懲役又は禁錮に処せられた少年

少年法に規定する少年で、長期3年を超える懲役又は禁錮に処せられた者である。少年法は、少年に対して長期3年以上の有期懲役又は禁錮をもって処断すべき場合に、その刑の範囲内において長期と短期を定めてこれを言い渡す（少年法52条1項）。この場合に退去強制事由になることを定めたものである。したがって、少年に対して保護処分がされた場合には、それだけでは退去強制事由に該当しない。

また、少年法が適用される少年であっても、無期刑又は1年を超える定期刑に処せられ、執行猶予の言渡しを受けなかった場合には、本号リに該当することになる。昭和26年11月1日以後に限定されているのは、入管・難民法の前身である出入国管理令の施行日以後に限定するためである。

21　4号チ：薬物犯

薬物関連の法律に違反し、有罪の判決を受けた者である。4号ニなどが「刑に処せられた者」となっているのに対し、ここでは「有罪の判決を受けた」と異なる文言が用いられている。実質的な相違は、刑の免除を受けた者が含まれるか否かである。有罪判決で刑の免除を受けた者は、「有罪の判決を受けた」場合に該当するが、「刑に処せられた者」には当たらない。刑が確定していることを要するのは、他と同様である。刑の種類も禁錮や懲役といった自由刑に限らず、科料・罰金といった財産刑も含まれる。

刑の確定が退去強制事由の発生要件となっていることに伴う実務上の取扱いについては、本条解説17参照。

22　4号リ：その他1年を超える実刑判決確定者

ニからチに定める者のほか、無期又は1年を超える懲役若しくは禁錮に処せられた者で、執行猶予の言渡しを受けた者が除かれる。ただし、2002年改正法で4号の2が新設され、別表第1の上欄の在留資格をもって在留する者については、広範囲な刑法犯で懲役若しくは禁錮刑に処せられた場合にも、退去強制事由に該当することとなった。

その結果、4号の2と本号リの重複適用が発生することになるが、両条項の整

理は行われず、入管統計上も複数の退去強制事由の該当が認定された場合には「並立」として処理されている。

23　4号ヌ：売春関連業務従事者

売春関連業務に従事した者である。「従事」とは、職業その他社会生活上の地位に基づき、継続してこれらの行為に従事する者をいう。本号チないしリと異なり、刑事事件における判決の確定を要件としておらず、刑事手続を経ないで入国管理局が独自に本号該当性を判断して退去強制手続を進めることが可能である。したがって、また、刑事手続を経て執行猶予付判決を受けた場合には、判決確定を待たずに、一審判決言渡し後に直ちに収容される事案が多い。

なお、人身取引等の被害者の適用除外については、本条解説14参照。

24　4号ル：不法入国・不法上陸の助長等

他の外国人の不法入国・不法上陸を煽り、唆し、又は助けた者である。

25　4号オ・ワ・カ：暴力主義的破壊活動者

本号オないしカは、暴力主義的破壊活動者と呼ばれるが、近年の統計にはこれらに該当するものとして退去強制を受けた例はなく、おそらく出入国管理令施行後も全く存在しないであろう。実際に、これらの条項に該当する行為がなされた場合には、刑法の内乱・外患罪が適用され、他の刑罰法令違反の退去強制事由に該当することが多いはずである。極めて時代遅れな条文という印象が強い。

26　4号ヨ：利益公安条項該当者

4号イからカまでに列挙された活動以外の活動であっても、我が国の利益、公安を害する活動を行った場合に、これを退去させることとした規定であるが、やはり適用例はないと思われる。暴力主義的破壊活動者の場合と同様、他の退去強制事由によってカバーできると考えられるし、むしろ、「日本国の利益又は公安を害する行為を行つたと認定する者」という曖昧かつ政治的な要件を法務大臣の認定のみによってなし得ることに適正手続保障の観点から問題があることは、本条解説8・9で述べたとおりである。適用は制限的であるべきだし、立法論としては削除すべきである。

27　4号の2：別表第1の在留資格で在留する者で、刑法等に違反した者

2002年改正法によって設けられた退去強制事由である。

「懲役又は禁錮に処せられたもの」とあるので、本号ニ・ホ・ヘ・ト・リと同様、

判決の確定までが必要である。具体的な罪名は、法5条の解説24記載の表参照。

28　4号の3：国際競技会等に関連して暴行等を行った者

2002年改正法によって新設されたものである。同年に開催されたサッカー韓日ワールドカップ大会におけるいわゆるフーリガン対策のために設けられたといわれるが、「国際競技会等」とは法5条1項5号の2に定める「国際的規模若しくはこれに準ずる規模で開催される競技会若しくは国際的規模で開催される会議」のことであり、国際会議において暴行等を行った場合にも、本号違反となる可能性がある。

対象となるのは、「短期滞在」の在留資格をもって在留する者に限定される。

29　4号の4：虚偽届出罪・在留カードの受領等義務違反で懲役に処せられた中長期在留者

2009年改正法で新たな在留管理制度が導入されたことに伴って設けられた退去強制事由であり、法71条の2（虚偽の住所地、身分事項、所属機関等に関する届出、在留カードの有効期間の更新、再交付申請義務の違反）又は75条の2（在留カードの受領・提示義務の違反）により懲役に処せられた中長期在留者が対象となる（2012年7月9日施行）。

本号は、「懲役」に処せられたことが要件となっており、法71条の2又は75条の2により刑事罰を科せられたとしても、罰金刑にとどまる場合は、悪質性が低いものとして、退去強制事由となることはない。

懲役に「処せられた」の意義について、行政解釈では、刑を言い渡した判決が確定した場合をいい、刑の執行猶予を受けた場合（執行猶予期間を経過した場合）もこれに含まれるという取扱いがされていることについて、本条解説17参照。

新たな在留管理制度の導入に伴って設けられた罰則としては、これらの規定以外に、法71条の3（住所地、身分事項、所属機関等に関する届出を怠った場合）、75条の3（在留カードの携帯義務違反）があるが、これらの規定に違反して刑事罰を科せられたとしても、退去強制事由になるものではない。また、法73条の3ないし5（在留カードの偽変造等）、73条の6（他人名義の在留カードの行使等）については、本条3号の5により、これらの行為を行い、教唆し、又は幇助したこと自体が退去強制事由とされている。

30　5号：仮上陸許可の条件違反者

仮上陸許可を受けた者が、許可を受けた際に付された条件に違反して、逃亡し又は正当な理由がなく呼出しに応じない場合である。

31　5号の2：退去命令に応じない者

上陸を拒否され、法10条11項又は11条6項による退去命令を受けながら、遅滞なく本邦から退去しない者である。具体的には、退去命令を受けた場合で、正当な理由がないのに指定された日の出国便で出国しない場合である。

32　6号：特例上陸の期間を経過して残留する者

法第3章第4節「上陸の特例」に定める特例上陸許可を得ながら、期間を経過しても在留している場合である。

33　6号の2：数次乗員上陸許可を取り消された者

法16条9項は、数次上陸許可（法16条2項）を受けた乗員に対し、引き続き当該許可を与えておくことが適当でないと認める場合には、当該許可を取り消し、当該乗員が帰船又は出国するために必要な期間を指定するものとしている。この期間内に帰船又は出国しない場合に、退去強制事由に該当するとしたものである。

34　7号：在留資格の取得許可を受けない者

本号は、日本国籍を離脱した者又は出生その他の事由により法の定める上陸手続を経ることなく本邦に在留することになった外国人で、これらの事由が生じてから60日を経過した後も、在留資格取得手続をしないまま在留した者について、退去強制事由に該当することを定めたものである。

35　8号：出国命令に定められた期限内に出国しなかった者

2004年改正法によって設けられた出国命令制度により出国命令を受けた者で、命令に定められた出国準備期間を超えて在留を続けた者を退去強制の対象とするものである。

36　9号：出国命令を取り消された者

法55条の6の規定により、出国命令を取り消された者が退去強制の対象となるとしたものである。

37　10号：在留資格の許可を得た難民が難民認定を取り消された場合

2004年改正法で設けられた、難民として認定された者の在留資格取得制度（法61条の2の2第1項・2項、61条の2の3）によって在留資格を取得した者が、後に偽りその他不正の手段により難民の認定を受け（法61条の2の7第1項1号）、又は難

民認定を受けた後に難民条約上の除外条項（難民条約1条F(a)又は(c)）に掲げる行為を行った（法61条の2の7第1項3号）ことにより、難民認定を取り消された場合である。難民条約上の終止条項（難民条約1条C(1)から(6)）に該当することになったとして難民認定を取り消された場合（法61条の2の7第1項2号）は、退去強制事由に該当しない。

38 裁判例：東京地判平15・9・19判時1836号46頁

上記判決は、法24条を根拠として、退去強制令書発付における主任審査官の裁量を認めた。同判決の考え方によれば、主任審査官による退去強制令書発付処分自体に、独自の裁量権濫用・逸脱による無効・取消し原因が発生する余地が認められることになる。

「法24条は、同条各号の定める退去強制事由に該当する外国人については、法第5章に規定する手続により、『本邦からの退去を強制することができる』と定めている。そして、いかなる場合において行政庁に裁量が認められるかの判断において、法律の規定が重要な判断根拠となることに異論はないというべきであり、法律の文言が行政庁を主体として『……することができる』との規定をおいている際には、その裁量の内容はともかく、立法者が行政庁にある幅の効果裁量を認める趣旨であると解すべきものであって、同条が退去強制に関する実体規定として、退去強制事由に該当する外国人に対して退去を強制するか否かについてはこれを担当する行政庁に裁量があることを規定しているのは明らかであり、法第5章の手続規定においては、主任審査官の行う退去強制令書の発付が、当該外国人が退去を強制されるべきことを確定する行政処分として規定されている（法47条4項、48条8項、49条5項）と解されることからすれば、退去強制について実体規定である法24条の認める裁量は、具体的には、退去強制に関する上記手続規定を介して主任審査官に与えられ、その結果、主任審査官には、退去強制令書を発付するか否か（効果裁量）、発付するとしてこれをいつ発付するか（時の裁量）につき、裁量が認められているというべきである」。

第24条の2

① 法務大臣は、前条第3号の2の規定による認定をしようとするときは、外務大臣、警察庁長官、公安調査庁長官及び海上保安庁長官の意見を聴くものとする。
② 外務大臣、警察庁長官、公安調査庁長官又は海上保安庁長官は、前条第3号の2の規定による認定に関し法務大臣に意見を述べることができる。

1 本条の趣旨

本条は、いわゆるテロリストの認定及び退去強制に関する法24条3号の2の新設に伴い、法務大臣が同号の「認定」を行うに当たって、テロ問題に関する所管事務を有する関係各官庁の長に対して事前に意見を聞くことを義務付け、恣意的判断に一定の歯止めをかけようとするものであると解される。法61条の8の情報提供依頼制度は任意であるが、本条の意見聴取は義務的である。

2 本条の問題点

1項は法務大臣の意見聴取義務、2項は前項の意見聴取対象者の意見陳述権を定めているが、当事者あるいは第三者の意見聴取の機会は全く保障されていない。恣意的な判断を防止する方策としては甚だ不完全であるばかりか、かえって、外交や治安といった観点からの意見に引きずられて正確な認定がなおざりにされるおそれすらあると言えよう。

第24条の3(出国命令)

第24条第2号の3、第4号ロ又は第6号から第7号までのいずれかに該当する外国人で次の各号のいずれにも該当するもの(以下「出国命令対象者」という。)については、同条の規定にかかわらず、次章第1節から第3節まで及び第5章の2に規定する手続により、出国を命ずるものとする。
1　速やかに本邦から出国する意思をもつて自ら入国管理官署に出頭したこと。
2　第24条第3号から第3号の5まで、第4号ハからヨまで、第8号又は第9号のいずれにも該当しないこと。
3　本邦に入つた後に、刑法第2編第12章、第16章から第19章まで、第23章、第26章、第27章、第31章、第33章、第36章、第37章若しくは第39章の罪、暴力行為等処罰に関する法律第1条、第1条ノ2若しくは第1条ノ3(刑法第222条又は第261条に係る部分を除く。)の罪、盗犯等の防止及び処分に関する法律の罪又は特殊開錠用具の所持の禁止等に関する法律第15条若しくは第16条の罪により懲役又は禁錮に処せられたものでないこと。
4　過去に本邦からの退去を強制されたこと又は第55条の3第1項の規定による出国命令により出国したことがないこと。
5　速やかに本邦から出国することが確実と見込まれること。

---

1 本条の趣旨

この制度は、2004年改正法によって新設されたものである。従来の退去強制事由のある者はすべて収容すべし、という全件収容主義(法39条の解説4 5参照)の建前が崩れた点で注目される。ただ、実務上は、この出国命令制度が設けられ

る以前から、いわゆるオーバーステイの外国人が出国を希望して地方入国管理局に自主出頭した場合には、実際に収容することなく仮放免の上で帰国を認めるという運用がされていた。運用で行われていたことを法制度として整備したといえる。

出国命令制度はいわゆるオーバーステイの者のみを対象とし、不法上陸や不法入国の者は対象外とされている。この点、実務上、少なくとも法改正当時、在留特別許可の許否判断に当たってはオーバーステイか、不法上陸・不法入国かで特に差を設けていなかったこととの比較上、出国命令制度においてのみこのような差異を設ける必然性があるかどうかについては、疑問がある。

2 出国命令対象者

出国命令が認められるためには、本条1号から5号に定める要件のすべてを充たす必要があり、かつ、退去強制事由も、法24条2号の3(在留資格取消後の猶予期間経過)、4号ロ(在留期間経過)、6号(特例上陸の期間経過)、7号(在留資格取得未了の場合の在留期間経過)のいずれかに該当する場合に限定されている。これらは、いずれも一度は適法な在留資格を有していたが、その期間を経過して本邦に在留するに至った場合、すなわちいわゆるオーバーステイを指す。

3 1号「速やかに本邦から出国する意思をもつて自ら入国管理官署に出頭したこと」

出国命令が認められるためには、本邦から出国する意思をもって自ら入国管理局に出頭したことが必要である。したがって、摘発が先行して収容され退去強制手続が開始した場合や、在留特別許可を求めて違反申告をした場合は、本号の要件を充たさず、出国命令は認められないことになる。

4 2号：他の退去強制事由が存在しないこと

2号は「第24条第3号から第3号の5まで、第4号ハからヨまで、第8号又は第9号のいずれにも該当しないこと」を要件としている。つまり、オーバーステイ等以外の退去強制事由がないことが必要である。法24条4号イ(資格外活動を専ら行ったことが明らかな場合)が入っていないのは、資格外活動は在留資格があることが前提であって、オーバーステイの者には適用する余地がないため、除外されたものである。なお、2009年改正法による法24条3号の4(不法就労を助長等した者)及び3号の5(在留カード等の偽変造又はその教唆若しくは幇助)の新設に伴い、本号も改正されている(すでに存在した法24条の3号の2・3号の3も本改正で本号に付加されているが、この両者に関しては前回本号を同時に改正すべきであったところが、改正漏れとなったので付加されたものと思われる)。

5 3号：本邦に入った後に、一定の犯罪により懲役又は禁錮に処せられたものでないこと

　3号に列挙された犯罪は、法24条4号の2で掲げているものと同じである。ただし、法24条4号の2は、別表第1の在留資格で在留している者を対象とするので、在留資格がない者を対象とする出国命令制度の要件では「24条4号の2に該当する者」といった定め方をすることができない。そのため、あらためて本号では犯罪の種類を列挙したものである。

6 4号：過去に本邦からの退去を強制されたこと又は出国命令により出国したことがないこと

　出国命令制度が利用できるのは、いわば初めてのオーバーステイの際のみと言えそうであるが、一度退去強制事由に該当しながら在留特別許可（法50条1項）を得た外国人が、その後何らかの事情でオーバーステイになった場合には、退去強制歴や出国命令による出国歴はないことになるから、本号の要件は充足することになろう。

7 5号「速やかに本邦から出国することが確実と見込まれること」

　具体的には、パスポートや、航空チケットあるいは帰国費用を準備している場合である。第159回国会参議院法務委員会（2004年4月13日）で増田暢也法務省入国管理局長（当時）は、「その本人が帰国のために必要な渡航文書、パスポートなどですね、それを持っている、あるいは帰国の費用、また交通手段等が確保されると」と答弁している。

　また、同衆議院法務委員会（2004年5月26日）においては、同局長が、帰国費用が準備できない場合には出国命令対象者とはならない旨を答弁している。

8 出国命令の手続

　出国命令が認められるための手続は、法55条の2以下で新設された。同条の解説を参照。

9 出国命令の効果

　出国命令には、15日を超えない範囲内で出国期限が定められる（法55条の3第1項）。

　出国命令をする場合には、住居及び行動範囲の制限その他必要な条件を付すことができる（法55条の3第3項）。条件違反があったときは、出国命令が取り消

されることもある(法55条の6)。

　出国命令に定められた期間内に出国することができないという申出があった場合には、船舶等の運行の都合その他その者には責任がない事情があると認めるときに限り、出国期限を延長することができる(法55条の5)。第159回国会衆議院法務委員会(2004年5月26日)で増田暢也法務省入国管理局長(当時)は、この具体的な事例として、「本人の責めに帰すことのできない事由としては、例えば、天候不良で数少ない飛行機が飛ばなかった、次に飛ぶまで待っていたらその期限を過ぎてしまうような場合、こういったことが考えられますし、あるいは病気であるとか不慮の事故に遭った、そのためにやむを得ずその期限内に出国できなかったような場合が考えられます」というケースを挙げている。

　出国命令によって出国した場合の上陸拒否期間は出国した日から1年間になる(法5条1項9号ニ)。

　一度出国命令によって出国した者は、再度出国命令を受けることはできない(法24条の3第4号)。

第4節　出国

第25条(出国の手続)
① 本邦外の地域に赴く意図をもって出国しようとする外国人(乗員を除く。次条において同じ。)は、その者が出国する出入国港において、法務省令で定める手続により、入国審査官から出国の確認を受けなければならない。
② 前項の外国人は、出国の確認を受けなければ出国してはならない。

1　本条の趣旨

(1) 本条の趣旨全般

　外国人に対する出入国の管理とは、外国人の日本への入国、日本国内での在留、日本からの出国の一連の過程のすべてを管理し掌握することを内容とする。出国に関する管理は、当該外国人が依然として日本に在留しているか、それとも日本から離れているかを明らかにするために必要であるとともに、当該外国人が退去強制事由に該当する場合には退去強制手続に則って退去強制処分に付することによって、同人が将来再び日本に入国しようとした際に上陸許可をするか否かの判断材料となる情報を確保することともなる。

　本条は、日本に(適法、違法を問わず)在留する外国人が出国する際の確認手続を定めるとともに、この確認手続を経ずに出国することを禁止するものである。本

条は上陸許可と異なり、出国について許可制を採用するものではないが、外国人の出国の自由(憲法22条2項)に対し一定の制約を課すものである。この点に関し、最大判昭32・12・25(刑集11巻14号3377頁)は、本条と同趣旨の出入国管理令25条1項の規定による出国確認手続が、外国人の出入国管理という公共の福祉のために必要であり、憲法22条2項に反しない、と判断している。

本条は、適法に入国したか違法に入国したかを問わず、日本国内に在留する外国人が国外に出ようとする場合にはすべて適用があるとされている(最三小決昭32・7・9刑集11巻7号1813頁)。

なお、2009年改正法より前には、再入国許可を受けて出国する外国人についても本条の出国確認を必要としていたが、法26条の2によるみなし再入国許可の制度が新設された結果、本条の適用対象外とされた。

(2) 本条の出国確認と在留資格等消滅との関係

入管六法によると、行政解釈としては、外国人の出国の法的効果として、当該外国人が在留中に有していた在留資格や上陸許可の効力が消滅すると解するようである。しかし、そもそもこのような効果は明文上何らの定めもない。また、少なくとも、在留資格の消滅を出国確認に係らしめることは、明らかに不合理な解釈と思われる(そうでなければ出国確認の手続をとらずに本邦から出た者についてその後も日本での在留資格が存続しているという矛盾が生じる)。したがって、出国による在留資格の消滅は本条の効果ではないと考えるべきである。

在留資格を有した状態での(単純)出国の結果として直ちに在留資格が喪失されることについては、その効果の重大性に鑑みて、明文が置かれて然るべきであろう。

2 1項「本邦外の地域」

日本の領域(法第2章の冒頭解説参照)に属さない「地域」を意味し、外国の領域であることを要しないが、水域は含まれない(したがって、土地のある南極は「本邦外の地域」に該当するが、「公海」や「外国の領海」はこれに該当しない)とされる(入管六法の本条解説)。ここで「水域」を「地域」と区別する理由は明確ではないが、次の「赴く意図」との関連で、一般的に水域はあくまで通過場所に過ぎず最終的な目的地であることは想定されないという前提に基づくものと推測される。

3 1項「出国」

「本邦外の地域に赴く意図をもつて」日本の領域から外に出る行為をいうとされる。したがって、上記の例の「南極」へ向かう場合は「出国」に当たるが、「公海」や「外国の領海」に向かう場合は「出国」に当たらず、出国確認の手続を要しない。

したがって、例えば日本の領土以外の土地に上陸することなく、一定期間を公海及び外国の領海において航海し、再び日本に戻ってくることを予定している場合には、出国確認を要しないことになる（日本の領域から外に出た後に方針を変更して本国に帰国してしまったような場合には、「意図」が欠ける以上、結果的に適法に出国確認を回避したことになる）。

「本邦外の地域に赴く」場合には、それが一時的な外国旅行であっても、あるいは永久的に日本を離れる予定であっても、出国確認が必要である。また再入国許可を得ている場合にも「本邦外の地域に赴く」場合には本条の適用がある。

「赴く意図」とは文言上は主観的要件であるが、本人の意思のみならず、出国時の状況（航空券等の所持の有無、船舶・航空機の行先、旅券所持の有無）などの客観的状況を総合的に考慮するとされている（入管六法の本条解説）。

4　1項「出国の確認」

出国しようとする外国人が「外国人出国記録」カード（規則別記37号の18様式）に必要事項を記入して入国審査官に提出し（規則27条1項）、入国審査官が旅券に出国の証印（規則別記38号様式）をすることによって行う（規則27条4項本文）。なお、自動化ゲートを利用する外国人については、規則27条5項の規定による記録により行うことになる。また、緊急上陸許可（法17条）、遭難上陸許可（法18条）、一時庇護許可（法18条の2）を受けている者の出国確認は、当該許可書の回収という方法で行う（規則27条4項但書）。

出国をしようとする者が、在留資格の取消しを受けその出国までの期間の指定を受けた者（法22条の4第7項）である場合には当該指定に係る在留資格取消通知書を提示しなければならず（規則27条2項）、出国期限を定めて出国命令を受けた者（法55条の3第1項）である場合には出国命令書を提出しなければならない（規則27条3項）。

5　2項の趣旨

本項は、出国確認を経ない出国の禁止を規定する。この規定に固有の意味は見出し難いが、法71条の罰則の前提としての規定と解される。

第25条の2（出国確認の留保）

① 入国審査官は、本邦に在留する外国人が本邦外の地域に赴く意図をもつて出国しようとする場合において、関係機関から当該外国人が次の各号のいずれかに該当する者である旨の通知を受けているときは、前条の出国の確認を受けるための手続がされた時から24時間を限り、その者について出国の確認を留保することができる。

> 1 死刑若しくは無期若しくは長期3年以上の懲役若しくは禁錮に当たる罪につき訴追されている者又はこれらの罪を犯した疑いにより逮捕状、勾引状、勾留状若しくは鑑定留置状が発せられている者
> 2 禁錮以上の刑に処せられ、その刑につき執行猶予の言渡しを受けなかつた者で、刑の執行を終わるまで、又は執行を受けることがなくなるまでのもの（当該刑につき仮釈放中の者を除く。）
> 3 逃亡犯罪人引渡法（昭和28年法律第68号）の規定により仮拘禁許可状又は拘禁許可状が発せられている者
> ② 入国審査官は、前項の規定により出国の確認を留保したときは、直ちに同項の通知をした機関にその旨を通報しなければならない。

1　本条の趣旨

　法25条に基づく出国確認手続を経る限りにおいては外国人の出国を一切止めることができないとすると、刑罰の対象となり得る外国人について刑罰権行使を確保することに支障が生じることが予想される。他方で、法25条の解説①(1)のとおり、外国人の出国の自由は憲法上の権利であり（憲法22条2項）、国際法上の権利でもあって、安易な制約は許されない。

　そこで、本条は、刑罰権行使が予定されるような外国人について、一定時間に限って前条の出国確認を留保できる制度を設けたものである。具体的には、重大な犯罪について訴追され又は逮捕状等が発せられている外国人、刑の執行が未了の外国人、逃亡犯罪人引渡法による引渡しの対象となる外国人の国外逃亡を可及的に防止すべく、これらに該当する外国人が出国しようとするときに、24時間に限って出国確認を留保するという内容の制度を定めている。

　本条に基づく出国確認の留保は、直接には当該外国人の身体を拘束する効果を有するものではないが、出国の自由を制約する効力を有する以上（しかも司法審査を経ない以上）、入国審査官の裁量に委ねることは相当ではなく、本条に基づく要件は厳格に充足されなければならない。

2　1項柱書「本邦外の地域に赴く意図をもつて出国しようとする場合」：出国確認留保の要件①

　法25条の「出国」に該当する場合に限定され、「本邦外の地域」（法25条の解説②参照）でない場所に赴く意図をもって日本の領域から出る場合には出国確認の留保は認められない。

③ 1項柱書「関係機関から当該外国人が次の各号のいずれかに該当する者である旨の通知を受けているとき」：出国確認留保の要件②

　本制度が外国人の自由な出国の制限に当たることに鑑み、出国確認留保の対象となる外国人の範囲は、重大犯罪を犯した者など刑事司法の執行にとって重要な影響を持つ場合に限られるべきである。かかる趣旨から、出国確認留保の対象となる外国人は、本項1号ないし3号のいずれかに該当する者に限定されており、これら以外の者について出国確認を遅滞させることは許されない。

　本項1号ないし3号のいずれかに該当する者である旨の「通知」は、入国審査官が関係機関から事前に受けていることを要する。本項1号ないし3号に該当する外国人であるらしいとの単なる噂や見込み、憶測などによって出国確認を留保し、事後に各号への該当性を関係機関に問い合わせることは、仮に結果として各号のいずれかへの該当性が認められたとしても、その出国確認の留保は違法である。

④ 1項柱書「前条の出国の確認を受けるための手続がされた時から24時間を限り」：出国確認留保の要件③

　「出国の確認を受けるための手続」とは、出国しようとする出入国港において、「外国人出国記録」カード（規則別記37号の18様式）に必要事項を記入して入国審査官に提出したときであり、具体的には提出のために同カードを窓口の入国審査官の面前に提示したときである。入国審査官がその受領を拒んでも提出行為はあったものとされるべきである。

　また「外国人出国記録」カードの記載に若干の不備があっても、記載内容から「本邦外の地域へ赴く意図」が明らかである場合には、このカードの提示をもって「提出」とみなすべきである。

⑤ 1項柱書「出国の確認を留保することができる」：出国確認の手続

　出国確認の留保は出国確認留保通知書（規則別記39号様式）を当該外国人に交付して通知する（規則28条）。出国確認を留保するとは、具体的には、「外国人出国記録」カードを提出した外国人に対し、その旅券に出国の証印を押捺することを留保し、あるいは特例上陸許可の許可書等の回収を留保することである。本条に基づいてさらに当該外国人の身体を拘束するなどの手段をとることは許されない。

　出国確認を留保できるのは24時間以内である。これを超えて出国確認を行わない場合には、それ自体違法となるばかりでなく、外国人の出国の自由に対する重大な侵害となり、当該外国人は出国確認を要せずに出国できるものと解すべきである。

　なお、入管六法は、24時間経過後においては、「同一の出入国港から再度出国

しようとする場合は、もはや再度の出国確認の留保はできない」とするが、一度出国確認留保がなされて24時間が経過した以上は、同一の出国意図に基づくものである限り、他の出入国港においてももはや出国確認の留保はできないと解するべきである。

6　1項1号の趣旨
　一定の重要な犯罪の捜査、訴追、裁判及び刑の執行という国家刑罰権の実施を確保するためとされる（入管六法の本条解説）。任意捜査を受けているにとどまる外国人について出国確認を留保することは許されない。

7　1項2号の趣旨
　いわゆる実刑判決を受けた者である。適正な刑の執行を確保するために執行機関が必要な手続をとるまでの間その出国を留保する。本号の対象となる外国人は、保釈中又は在宅で起訴され実刑判決が確定し収監前の者、あるいは勾留場所から逃走中の者などである。

8　1項3号の趣旨
　逃亡犯罪人引渡法は、日本との間で逃亡犯罪人の引渡しに関する条約を締結した外国で犯罪を犯して日本に逃亡してきた外国人を、当該国に引き渡す要件及び手続について定めた法律である。2011年12月現在、日本が逃亡犯罪人の引渡しに関する条約を締結しているのは米国及び韓国のみである。逃亡犯罪人引渡条約及び逃亡犯罪人引渡法に基づく引渡しを円滑に実施するために出国を留保することができる。
　逃亡犯罪人引渡法において、条約締結相手国から犯罪人引渡しの請求を受けたとき、令状は一定の場合に当該外国人を拘禁（同法5条）又は仮拘禁（同法25条）することができるとされているが、本条に基づく出国確認留保はその前提となる制度として位置付けられる。

9　2項「直ちに」
　本項は、入国審査官が出国確認を留保した場合の関係機関への通報義務を定めたものである。この通報は「直ちに」行われなければならない。
　なお、この通知又はこの通知を受けた関係機関の対処が遅滞し、出国確認を受けるための手続がされてから24時間以内に当該外国人の逮捕・勾引などが行われないときは、理由の如何を問わず出国確認がなされなければならない。

第26条（再入国の許可）

① 法務大臣は、本邦に在留する外国人（仮上陸の許可を受けている者及び第14条から第18条までに規定する上陸の許可を受けている者を除く。）がその在留期間（在留期間の定めのない者にあつては、本邦に在留し得る期間）の満了の日以前に本邦に再び入国する意図をもつて出国しようとするときは、法務省令で定める手続により、その者の申請に基づき、再入国の許可を与えることができる。この場合において、法務大臣は、その者の申請に基づき、相当と認めるときは、当該許可を数次再入国の許可とすることができる。

② 法務大臣は、前項の許可をする場合には、入国審査官に、当該許可に係る外国人が旅券を所持しているときは旅券に再入国の許可の証印をさせ、旅券を所持していない場合で国籍を有しないことその他の事由で旅券を取得することができないときは、法務省令で定めるところにより、再入国許可書を交付させるものとする。この場合において、その許可は、当該証印又は再入国許可書に記載された日からその効力を生ずる。

③ 法務大臣は、再入国の許可を与える場合には、当該許可が効力を生ずるものとされた日から5年を超えない範囲内においてその有効期間を定めるものとする。

④ 法務大臣は、再入国の許可を受けている外国人から、第20条第2項又は第21条第2項の規定による申請があつた場合において、相当と認めるときは、当該外国人が第20条第5項の規定により在留できる期間の末日まで、当該許可の有効期間を延長することができる。

⑤ 法務大臣は、再入国の許可を受けて出国した者について、当該許可の有効期間内に再入国することができない相当の理由があると認めるときは、その者の申請に基づき、1年を超えず、かつ、当該許可が効力を生じた日から6年を超えない範囲内で、当該許可の有効期間の延長の許可をすることができる。

⑥ 前項の許可は、旅券又は再入国許可書にその旨を記載して行うものとし、その事務は、日本国領事官等に委任するものとする。

⑦ 法務大臣は、再入国の許可を受けている外国人に対し、引き続き当該許可を与えておくことが適当でないと認める場合には、その者が本邦にある間において、当該許可を取り消すことができる。

⑧ 第2項の規定により交付される再入国許可書は、当該再入国許可書に係る再入国の許可に基づき本邦に入国する場合に限り、旅券とみなす。

1 本条の趣旨

入管実務は、在留資格を有して在留している外国人であっても日本から出国（実務上の用語としては「単純出国」）する場合には直ちにその在留資格を失うとの取扱いを原則として運用されている（法25条の解説 1 (2)参照）。そして、当該外国人が一時的に日本から出国しつつも、その後にその在留資格で認められた期間内に再び入国して従前の在留資格を維持することを希望する場合には、出国前にあらかじめ再入国許可を得ておくことを要求している。本条は、この再入国許可に関する

内容や手続を定めたものである。

　再入国許可を得ずに出国した場合、実務上その在留資格は失われたものとされるから、再度入国する場合には新規の上陸許可申請として扱われる。もちろん従前の在留歴は考慮されるであろうが、以前と同じ在留資格が認められるとは限らず、ことに「永住者」・特別永住者といった在留資格が失われることは当事者にとって重大な結果をもたらす。

　なお、再入国許可に関する処分権限は法務大臣が有するが、このうち1項ないし3項及び6項に規定する権限は地方入国管理局長に委任されている（法69条の2、規則61条の2第9号）。これに対し、4項の権限（再入国許可の有効期間延長）は委任がない。

2　1項：再入国許可を受けることができる者

　まず、法別表第1若しくは第2の在留資格又は特別永住者の在留資格のいずれかを有して日本国内に在留する外国人が、これに含まれる。本条解説1のとおり、「永住者」・特別永住者の在留資格を有する者であっても、再入国許可を得ずに出国した場合にはその在留資格を失う。また、一時庇護上陸許可を受けた者（法18条の2）も、その性質上長期滞在となる事態が想定される点で在留資格を有する者に準じることから、再入国許可を得て一時出国することが認められている。

　これに対し、法13条（仮上陸許可）、法14条ないし18条（特例上陸許可）のいずれかを有する外国人については、その上陸許可が一時的なものであることから、いったん出国し再度入国することを認める必要がないものとして再入国許可の対象外とされている。

3　1項：再入国許可が認められる場合

　再入国許可が認められるのは、その有する在留期間中に再入国の意思をもって出国する場合である。

　「在留期間……の満了の日以前に本法に再び入国する意図」との文言は主観的要件を示すが、単純な内心の意図だけではなく、客観的事情も考慮して判断される。例えば、渡航目的、渡航先、残存在留期間等の関係で期間内に再入国することが客観的に不可能な場合には許可されないこともあり得るものと解される。

4　1項：再入国許可の申請

　再入国許可は、一時出国しようとする外国人からの申請に基づき行われる。その手続の細目は、規則29条1項ないし5項において定められている。申請は、規則別記40号様式による申請書を提出して行う。申請書には、人定に関する事項、

在留資格に関する事項、渡航先、一時出国目的、出国及び再入国予定年月日等を記入する。ただし、渡航先、出国目的及び再入国予定年月日はその記載内容に厳格に拘束されるものではなく、出国後の事情の変更に伴う変更は許容されるものと解される。

申請者は、申請書の提出とともに①旅券及び②在留資格証明書、在留カード、特別永住者証明書又は一時庇護上陸許可書のいずれかを提示する（規則29条2項1文。2012年7月9日施行）。旅券を提示することができない場合は、旅券を取得できない理由を記載した書類を提出する（同2文）。これは本条2項の再入国許可書交付の許否を判断するための資料であるから、「旅券を取得することができない理由」を記載しなければならず、旅券を紛失したとか期限切れになったなどの理由で旅券を有していないために提示できないにすぎない場合には、再入国許可書の交付を受けることはできない。

5 再入国許可を受けた者の出国手続

再入国許可を受けた者の出国手続は、通常の出国の手続と同じである。

再入国許可を受けて出国した者が再入国する場合にも、上陸手続を経る必要があるが、上陸許可手続ないし要件の一部が省略される。具体的には、有効な旅券の所持（法6条1項）、上陸許可申請（法6条2項）、個人識別情報の提供（法6条3項）、上陸拒否事由（法5条、7条1項4号）の審査は適用があるが、旅券不所持については再入国許可書をもって有効な旅券とみなされ（本条8項）、査証は不要である（法6条1項但書）。また、上陸許可の際に証印を受ける（法9条1項）が、在留資格及び在留期間を新たに定める必要はない（法9条3項但書）。

なお、上陸不許可とされた場合の不服申立の手続（法9条5項、同10条ないし同12条）は、適用がある。

6 数次の再入国

再入国許可は原則として1回の出国についてのみ有効とされているが、在留期間中に頻繁に出入国をする必要がある外国人の存在に鑑み、法務大臣は当該外国人の申請に基づき、相当と認めるときには数次の再入国を許可することもできる（法26条1項）。

数次再入国許可が認められる例として、入管六法では、「外交官、公用旅行者、報道関係者、国際線の航空機の乗員、商用活動者など」を挙げているが、実務ではこれらに限られず広く認められる。なお、規則別記40号様式で定める申請書には、「1回限りの再入国許可」「数次の再入国許可」いずれかを選択する項目があるが、後者を選択する理由について記述する欄はなく、規則29条にも数次再入国

許可を希望する理由や必要性の証明を要求する規定はない。

7　2項：方式

　再入国許可処分は、申請者が旅券を所持する場合には旅券に証印を押捺し、旅券を所持せずかつ旅券を取得できない場合には再入国許可書を交付してこれを行う。なお、前述のとおり、旅券を有しないが取得できないわけではない場合には、再入国許可書の交付を受けることはできず、旅券の取得を待って再入国許可申請をすることとなる。

　再入国許可は証印の押捺若しくは再入国許可書の交付がなされたときにその効力を生じる。

8　3項：有効期間

　再入国許可の有効期間は、その「許可が効力を生ずるものとされた日」すなわち旅券に証印が押された日又は再入国許可書が交付された日（本条2項）から5年以内の定められた日までである（有効期限は証印に記載される）。特別永住者については6年以内の定められた日までとされる（入管特例法23条1項）。2009年改正法施行（2012年7月9日）以前はそれぞれ3年、4年であったが、外国人の利便性向上のため、期間が延ばされた。また、在留期間の定めのある在留資格を有する者については、その在留期限も再入国許可の有効期限を画する要素となる。

　この有効期間内であれば、いつでも（数次再入国許可であれば何回でも）出国・再入国することができる。

9　4項：在留期間までの有効期限の延長

　2009年改正法により新設された規定である（2012年7月9日施行）。法務大臣は再入国許可を受けている外国人から、在留資格の変更（法20条2項）又は在留期間の更新（法21条2項）の申請があった場合には、相当と認めるときは、在留期間の末日まで当該許可の有効期間を延長できるものとしたものである。

10　5項の趣旨

　再入国許可を受けて出国した者が何らかの事情でその有効期間内に再入国することができなくなった場合に、日本国外に滞在したままで有効期間の延長の手続をとるための規定である。

　有効期間の延長は本人の申請に基づき法務大臣が許否を判断して行う。前述のとおり、この処分権限は地方入国管理局長に委任されていないが、次項のとおり、在外領事官等に包括委任される。

有効期間の延長は当初の期間内に再入国することができない相当の理由があると法務大臣が認めるときに許可される。「相当の理由」の内容は不明確であるが、広い裁量があるとされているものと解され、実務上は比較的緩やかに認められているようである。

延長が認められる期間は1年以内とされ、かつ、再入国許可の期間の合計は6年以内とされる。ただし、特別永住者については、期間の合計は7年以内とされる（入管特例法23条1項）。

11　6項の趣旨

前項の延長許可申請は日本国外で行われるため、その事務は在外領事官等に委任される（処分そのものは法務大臣が行うことは前述のとおりである）。

延長許可は当該外国人が所持する旅券又は再入国許可書に記載することによって行われる。

12　7項の趣旨

再入国許可をその期間中に取り消す手続に関する規定である。2009年改正法施行（2012年7月9日）以前は、「数次入国の許可」を受けている外国人に限定されていたが、改正により、再入国許可を受けている者全般に拡大された。

本項では、「その者が本邦にある間において」としていることから、出国中の再入国許可取消しは許されない（出国中の再入国許可の取消しは、再入国〔「帰国」〕を不可能ならしめるという著しい不利益処分となるため、認められていない）。

「引き続き当該許可を与えておくことが適当でないと認める場合」の具体的内容については、日本国内での行為及び国外での行為が考慮の対象となり得るが、不利益処分である以上は、適正手続が保障されなければならないところ、入管・難民法及び施行規則においてはそのような規定は見当たらない。

13　8項の趣旨

本条2項により再入国許可書の交付を受けて出国した者がその期間内に再入国する際には、再入国許可書をもって旅券とみなすこととし、法6条1項の要件の不足を補う規定である。

なお、再入国許可書は旅券としての性格を有しないから、本項の規定にかかわらず、外国においては旅行文書として取り扱われるとは限らないが、実際には相当数の国において日本の再入国許可書は旅行文書として取り扱われているようである。

第26条の2（みなし再入国許可）

① 本邦に在留資格をもって在留する外国人（第19条の3第1号及び第2号に掲げる者を除く。）で有効な旅券（第61条の2の12第1項に規定する難民旅行証明書を除く。）を所持するもの（中長期在留者にあつては、在留カードを所持するものに限る。）が、法務省令で定めるところにより、入国審査官に対し、再び入国する意図を表明して出国するときは、前条第1項の規定にかかわらず、同項の再入国の許可を受けたものとみなす。ただし、出入国の公正な管理のため再入国の許可を要する者として法務省令で定めるものに該当する者については、この限りでない。
② 前項の規定により外国人が受けたものとみなされる再入国の許可の有効期間は、前条第3項の規定にかかわらず、出国の日から1年（在留期間の満了の日が出国の日から1年を経過する日前に到来する場合には、在留期間の満了までの期間）とする。
③ 第1項の規定により外国人が受けたものとみなされる再入国の許可については、前条第5項の規定は、適用しない。

1 本条の趣旨

2009年改正法によって新設された制度である。

第171回国会衆議院法務委員会(2009年4月24日)において、森英介法務大臣(当時)による答弁では、「中長期間在留する外国人について、在留期間の上限を3年から5年へ延ばすこと、また、1年以内の出国については原則として再入国許可を不要とすることといったような外国人の利便性を向上させるための施策は、法務大臣が外国人の在留管理に必要な情報を継続的に把握する制度が構築されることを不可欠の前提として実施されるものであります」と説明がされている。同時に成立した在留管理制度（法19条の3以下）とのセットで導入されたものであり、アメとムチの「アメ」に相当するものであることを、国務大臣自らが認めたものと言える。

2 1項：みなし再入国許可とその適用除外

本法に在留資格をもって在留する外国人で有効な旅券を所持する者が、法務省令で定めるところにより、入国審査官に対し、再び入国する意図を表明して出国するときは、法26条1項の再入国許可を得ていない場合でも、同項の再入国許可を受けたとみなすものとした。このうち、中長期在留者については法19条の3に定める在留カードを所持する者に限られ、また、3月以下の在留期間が決定された者、「短期滞在」の在留資格が決定された者についても適用除外とされる。また、ここにいう「有効な旅券」には、法61条の2の12第1項に規定する難民旅行証明書は含まれない。

出入国の公正な管理のため再入国の許可を要するものとして法務省令で定めるものに該当する者についても、本項の適用対象外とされる（本項但書）。

③ 2項：みなし再入国許可の期間

　前項の規定により当該外国人が受けたものとみなされる再入国の許可の有効期間は、出国の日から1年とされる。ただし、在留期間の満了の日が出国の日から1年を経過する前に到来する場合は、在留期間の満了までの期間とされる。

④ 3項：みなし再入国許可の延長不許可

　本条1項により受けたとみなされる再入国許可については、法26条5項による延長申請をすることはできないことを定めるものである。

第5章
退去強制の手続

1 退去強制手続の概要

　本章（法27条～55条）は、退去強制の手続を定めている。この退去強制の手続においては、入国警備官の違反調査（法27条）→入国審査官の違反審査（法45条）→特別審理官の口頭審理（法48条）→法務大臣への異議申出＋法務大臣裁決（法49条）という手続の流れが定められている。この手続の流れが上陸審査手続の流れと類似していることについては、法第3章の解説を参照。

　この退去強制の手続に関しては、それぞれ独立の機関が担当する三審制により慎重にされることになっているとして、外国人の権利が手厚く守られる手続構造となっているとか、これらの機関相互間のチェック機能が働くようになっているなどと説明されることがある（逐条解説543頁）。

　しかし、実際には同一の行政庁内部での審査であり、必ずしもチェック機能が働くとは言い難い。加えて、外国人は一般に退去強制手続に関する十分な知識を有していないところ、いずれの手続も対審構造ではなく、糾問的で非公開であり、特別審理官の口頭審理以外の手続には本人以外の者の立会いが認められていないことなどからすれば、外国人に十分な反論・反証の機会が与えられておらず、十分な外国人の権利の救済手段となっているとは言えないとの疑問が示されている（入管実務研究会『入管実務マニュアル〔改訂第2版〕』〔現代人文社、2007年〕155頁）。

　立法論としては、第三者機関の導入等の法整備が必要であると考えられる。

　退去強制の手続の概要については、次頁の図のとおりである。

2 退去強制規定制定の歴史的経過

　1949年8月、出入国管理に関する政令が制定され、連合国軍総司令部の行う出入国管理の下に不法入国の取締りその他国内行政機関の行う事務及び実施に必要な機構が定められた。

　連合国軍最高司令官から、1950年2月20日、入国管理に関する既存の法令及び機構を再検討し、これを一般に認められた国際慣行に一致させるために必要な措置をできるだけ早くとるべきことを指令した覚書が出された。また同年9月15日、不法入国者又は不法在留者を司法組織又は警察組織と関係のない別個の機構に収容して所定の手続をとるべきことを要請する出入国管理に関する覚書が出された。これらを受けて、政府は、1950年9月30日、ポツダム政令の形式をもって

図　退去強制手続の流れ

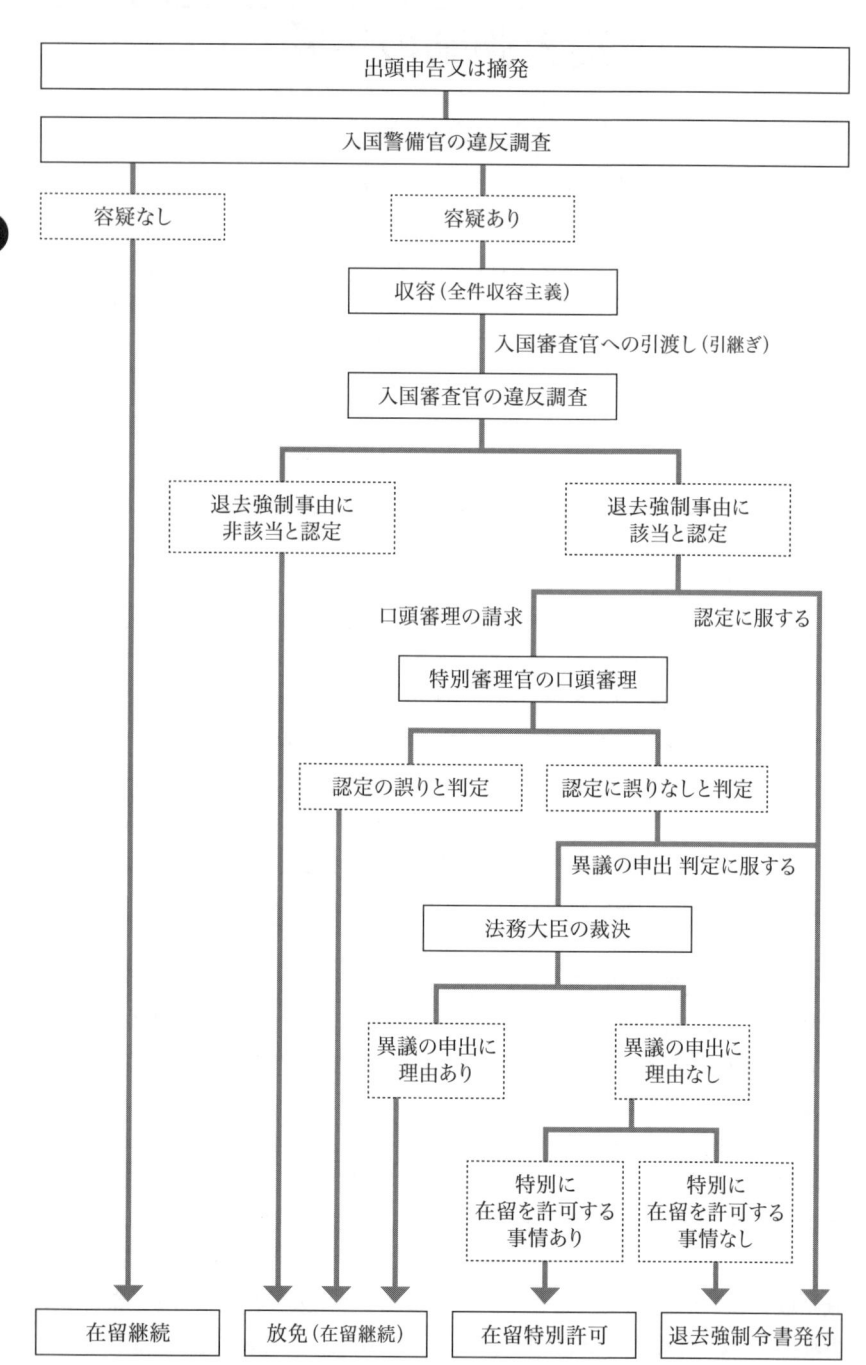

```
出頭申告又は摘発
        ↓
入国警備官の違反調査
   ↓           ↓
容疑なし      容疑あり
                ↓
          収容（全件収容主義）
                ↓ 入国審査官への引渡し（引継ぎ）
          入国審査官の違反調査
           ↓              ↓
    退去強制事由に    退去強制事由に
    非該当と認定      該当と認定
                    ↓口頭審理の請求  ↓認定に服する
              特別審理官の口頭審理
               ↓              ↓
        認定の誤りと判定   認定に誤りなしと判定
                              ↓異議の申出  ↓判定に服する
                        法務大臣の裁決
                         ↓         ↓
                  異議の申出に   異議の申出に
                  理由あり      理由なし
                              ↓         ↓
                         特別に       特別に
                         在留を許可する 在留を許可する
                         事情あり     事情なし
   ↓           ↓          ↓          ↓         ↓
在留継続    放免（在留継続）          在留特別許可  退去強制令書発付
```

第5章　退去強制の手続

280

出入国管理庁設置令を制定した。

　さらに総司令部側から、不法入国者に対する退去強制などの手続が依然として司法手続を基礎にしている点は一般国際慣行に合致していないとの理由で、あらためて新手続令を制定すべき旨の要望があり、これを受け、政府は1951年2月28日、ポツダム政令の形式をもって不法入国者等退去強制手続令を制定した。これが、出入国管理令のうち退去強制手続に関する規定の前身である。

　ところが、総司令部が米国から招聘した顧問から、この手続令の実行上の難点及び講和を控えて出入国全般にわたっての手続を含んだ包括的管理令を制定すべき旨の勧告を受け、総司令部もその勧告を採用した結果、1951年10月4日、ポツダム政令として、出入国管理令の公布をみるに至った。

　不法入国者等退去強制手続令の収容に関する規定を見ると、地方入国管理審査会を設置し、入国審査官の収容令書発付には同審査会の承認を要することとしていたことが特徴的である。そして、同審査会は嫌疑の有無のみならず収容を必要とする十分な理由の有無をも審査することが明確に定められていた。

　不法入国者等退去強制手続令のほとんどの規定は実施に至らなかったが、その理由は財政的事情によるとされており、同令を完全に実施するためには相当の予算・人員を要するところ、当時の財政事情から直ちにこれを認められなかったことにあった。

　出入国管理令は、サンフランシスコ講和条約発効後の第13回国会において、「ポツダム宣言の受諾に伴い発する命令に関する件に基づく外務省関係諸命令の措置に関する法律」（昭和27年4月28日法律第126号）によって法律としての効力を有することとなる存続措置がとられた。

第1節　違反調査

第27条（違反調査）

　入国警備官は、第24条各号の一に該当すると思料する外国人があるときは、当該外国人（以下「容疑者」という。）につき違反調査をすることができる。

1　本条の趣旨

　本条は、退去強制手続の最初の段階である違反調査について、入国警備官（法61条の3の2）がその権限を有していることを定めた規定である。

2 「第24条各号の一に該当すると思料する外国人」

「法24条各号の一に該当すると思料する外国人」とは、不法入国、不法上陸、不法残留等の特定の退去強制事由のいずれかに該当する疑いがあると認められる外国人を意味する。

容疑の有無を認定する権限は入国警備官にあるということはできるが、その恣意的な判断で認定することはできず、特定の退去強制事由があることを疑わしめるに足る客観的事情を必要とする。この点、ある特定の退去強制事由についての容疑ではなく、「何らかの退去強制事由に該当する疑いがある」というにすぎないときは、当該外国人は本条の違反調査の対象とならない。

入国警備官が容疑を有するに至る端緒としては、入国管理局が有している出入国記録、在留資格関係申請記録等の関係資料、入国警備官による旅券・外国人登録証明書等の現認、当該外国人による出頭申告、一般人・関係機関からの通報、情報提供等がある。もっとも、一般人からの情報提供が匿名でなされた場合、入国警備官がこれを契機として容疑を抱くに至ることはあるとしても、その内容の信用性については、慎重に検討すべきものであることは言うまでもない。

3 「容疑者」

容疑者とは、法24条各号の退去強制事由のいずれかに該当する疑いがある外国人であって、違反調査の対象となっている者をいう。一般的には犯罪の疑いのある者を容疑者というが、刑訴法では被疑者という用語が法令上用いられているのに対し、入管・難民法においては法令上の用語として容疑者という用語が使用されている点に注意を要する。

4 「入国警備官は、……違反調査をすることができる」

本条は、「入国警備官は、……違反調査をすることができる」と規定しており、その文言上、入国警備官に違反調査の権限があることを明らかにするとともに、違反調査をするか否か及びその時期の如何について、入国警備官に一定の裁量の余地を与えたものと解される。すなわち、入管・難民法は、入国警備官に対し、いやしくも退去強制事由があると思料する場合には、それがいかに軽微なものであっても、直ちに違反調査をしなければならない義務を課しているものではなく、入国警備官の合理的な考慮の余地を認めていると解すべきである。

これに対し、入国警備官に違反調査をするか否かの裁量権は与えられていないとして、入国警備官は、ある外国人が退去強制事由の一に該当する疑いがあると考えるときには、その外国人について違反調査を行わなければならないという見解もあるが（逐条解説547頁）、条文の文言に明らかに反するものであり、妥当では

ない（収容については、法39条の解説4参照）。

> **第28条**（違反調査について必要な取調べ及び報告の要求）
> ① 入国警備官は、違反調査の目的を達するため必要な取調べをすることができる。ただし、強制の処分は、この章及び第8章に特別の規定がある場合でなければすることができない。
> ② 入国警備官は、違反調査について、公務所又は公私の団体に照会して必要な事項の報告を求めることができる。

1 本条の趣旨
本条は、違反調査の方法に関する総則的な規定である。

2 1項の趣旨
違反調査の方法は、一般に任意調査と強制調査に分けられるが、強制の処分を用いない調査が任意調査であり、これを用いる調査が強制調査である。

本項は、違反調査の方法については、任意調査が原則であり、強制調査は特別の規定がある場合でなければすることができないことを規定したものである。なお、刑事手続における任意捜査の原則及び強制処分法定主義（刑訴法197条1項）と同様ないし類似の趣旨の規定と考えられることから、強制調査・強制処分の範囲（任意調査・任意処分の限界）については刑訴法上の議論が参考になろう。

3 1項「取調べ」
本項にいう取調べとは、法29条1項、30条1項にいう取調べが人を対象としてその者に供述を求める行為を意味するのと異なり、違反調査の目的を達するために必要な調査活動一般を意味する（刑訴法197条1項本文の「取調」と同様）。

本項但書において、強制調査がこの章及び第8章に特別の規定がある場合に限定されていることから、調査はできる限り任意調査によるべきものと解されることになる（「任意調査の原則」）。

このように、違反調査の方法については、任意調査が原則となるが、その実質的な根拠は、強制調査がこれを受ける者の人権に対する侵害を伴うものであるから、できる限りこれを避けるのが望ましいという点にある。

4 1項「強制の処分」「特別の規定」
任意調査と強制調査の区分の基準については、処分を受ける者の意思の如何を問わず、直接公権力をもって入国警備官の欲する状態を生じさせる処分をいう

とする見解もある（逐条解説549頁）。

　しかしながら、この見解は、写真撮影などのように個人のプライバシー侵害をもたらす行為まで任意調査となってしまう点で妥当でない。

　したがって、刑訴法上の任意処分と強制処分との区別基準の議論と同様、直接強制の行われる場合や間接強制を伴う場合のみならず、処分を受ける者にプライバシー侵害を含む権利侵害を来す場合についても、強制処分となり得るものと解すべきである（最三小決昭51・3・16刑集30巻2号187頁・判時809号29頁・判タ335号330頁参照）。

　「この章及び第8章に」置かれた「特別の規定」は、臨検、捜索及び押収（法31条）、必要な処分（法32条）、出入禁止（法36条）並びに収容（法39条、43条）であり、違反調査としてこれら以外の強制処分を行うことは、本項に反するものとして許されない。

5　任意調査の方法と限界

(1)　任意調査

　任意調査については、強制調査と異なり、入国警備官の判断で行うことができるが、入管・難民法は、任意調査に属する処分についても、手続を明らかにして濫用を防ぐため、容疑者の出頭要求及び取調べ（法29条）、証人の出頭要求（法30条）という明文の規定を置いている。

　また、任意調査といっても、無制限に認められるものではなく、容疑者その他の者の名誉を不当に害するような調査は許されないほか（刑訴法196条参照）、その程度及び方法において必要な限度を超えてはならない（同法197条1項）という点において、刑事手続と同様と解される。

(2)　同行・取調べ

　入管実務においては、入国警備官が不法滞在者の摘発を実施する際、自宅又は就業場所から入国管理局への同行を求め、施設内で違反調査のための取調べを行った後、収容令書の発付を受けてこれを執行するという手続がとられる例が多い。

　これらの同行・取調べは、入管・難民法上、任意調査として行われているが、上記のとおり、任意調査も必要な限度を超えてはならないと解されていることから、その手段・方法において限界が問題となる。

　この点については、捜査機関による任意同行・任意の取調べの限界と同様に、容疑者の主観や客観的状況を総合的に考慮し、実質的には逮捕であったと評価し得るか否かによって判断すべきである。特に、これらの同行・取調べが外国人を対象としてされる任意調査においては、適正な通訳の同行の有無、容疑者の日

本語の能力の程度等が、その判断に当たって重視されるべきである。

6　2項の趣旨
　本項は、入国警備官が違反調査のための任意処分として、公務所等に照会して必要な事項の報告を求めることができることを定めた規定である。刑訴法197条2項とほぼ同じ文言であり、同条を参照して作られた条文である。

7　2項「公務所又は公私の団体」
　刑訴法197条2項の場合と同様、「公務所」とは、国家機関、地方自治体の機関を問わず、公務員その他法令により公務に従事する者がその職務を行っている場所をいい、「団体」とは、法人格の有無を問わず、公的又は私的な目的のために複数の人が結合したものをいう。
　もっとも、個人に対しては、本項による照会を行うことはできず、また、私的団体とはいっても、社会的機能において実質的に個人と同視されるような団体については除外されるものと解される。

8　2項「報告を求めることができる」
　入国警備官は、本項の規定に基づき、公務所又は公私の団体に照会して必要な事項の報告を求める権限を有するところ、入国警備官から照会を受けた公務所又は公私の団体は、報告する義務を負うか否かが問題となる。
　この点、公務所又は公の団体であるか、私の団体であるかを問わず、この規定に基づき入国警備官から報告を求められた公務所又は公私の団体は、報告する義務があるという見解がある（逐条解説549頁）。
　もっとも、上記の見解においても、この義務の履行を強制する方法はなく、不履行について制裁する規定もないことから、守秘義務等が問題になる事案においては、報告を求められた団体等の慎重な判断が求められるとされている。
　しかし、本項に基づく照会は、入国警備官が自らの判断のみで行うことができるところ、その照会の当否については何らの審査も経る必要がないのであって、このような照会についてまで私の団体に包括的な報告義務が課されているとすることには疑問の余地もある。そうとすれば、本項の規定は、私の団体に対しては報告義務を課すものではなく、協力要請の意味しかないものと解する（本項と同様の規定である刑訴法197条2項に関し、田宮裕『刑事訴訟法〔新版〕』〔1996年、有斐閣〕139頁参照）。
　入管実務上、入国警備官が、捜査機関の作成した当該外国人や証人からの事情聴取書等を含む刑事記録（未確定のものを含む）の写しの交付を受けることが日

常的に行われている。刑事記録の目的外使用は厳しく禁じられている（刑訴法281条の4参照）のであるから、明文の規定（法65条1項）がある場合のほかは、刑事記録の交付を受けることはできないはずである。本条や通報（法62条2項）は、刑事記録の引渡しを規定していないのであるから、刑事記録の写しの交付を受ける根拠とすることはできない。

9 裁判例

本条に関する裁判例としては、東京地判平14・12・20及び東京高判平17・1・20がある。

(1) 東京地判平14・12・20LEX/DB登載

この判決は、総勢10名以上の入国警備官・警察官が、午前6時30分、難民認定申請中であったトルコ国籍の原告ら3名の自宅に臨場して事前の予告なしに摘発を開始し、通訳を介することなく、旅券の提示、警察署・入管への同行を求めたのに対して、原告ら3名のうち1名が、東京入管入国警備官に対し、「私は難民の申請をしています」と述べ、入管の取調べにおいては、原告と同居していたトルコ人が通訳を行い、食事も施設内でとらせ、取調べ終了後も収容令書の執行時まで施設内に留め置いたという事案において、原告が収容令書の執行前に原告に対し違法な拘束をしたと主張したのに対し、次のとおり判示している。

「前記1の認定事実によれば、東京入管入国警備官等は、入管法上の違反調査という正当な目的のために、原告に同行を求め、その取調べをしたものであるといえる。そして、前記1の認定事実によれば、原告は、当時、来日してから既に2年以上を経ており、簡単な日常会話程度の日本語は話すことができ、東京入管入国警備官等から同行を求められた際にも、同行を拒絶する意思を伝達する程度の日本語の会話能力はあったと推認されるところ、本件全証拠によっても、原告が、自宅から移動する際や、庁用車に乗車する際などに、同行について異議を述べたり、抵抗を示したりしたとの事実、あるいは、東京入管入国警備官等が、原告の同行及び取調べに際し、ことさらに原告の意思を抑圧するような言動をとったり、原告に対して有形力を行使したなどの事実を窺わせるものはない。したがって、上記①ないし⑦その余の各事実をもって直ちに、東京入管入国警備官等が本件収容令書の執行前に原告に対し違法な拘束をしたとはいうことができない」。

上記の判決は、違反調査における任意同行及び取調べの限界を判断するに当たって、入国警備官等による摘発を受けた原告らが難民認定申請をしており、摘発の際もその旨を述べていたことや、原告が簡単な日常会話程度の日本語の能力を有するにとどまっていたこと、摘発に当たっては通訳が同行されていなかったこと等を考慮していないものであり、疑問があると言わざるを得ない。

(2) 東京高判平17・1・20公刊物未登載

　この判決は、トルコ国籍の被控訴人が、入国警備官に対し、難民申請中であるから連行される理由はない旨訴え、任意同行を拒否する旨記載した被控訴人代理人作成の文書を示したにもかかわらず、同警備官らは3名で被控訴人を包囲し、うち1人が被控訴人のズボンのベルトを掴んで物理的にも拘束し、「行こう」と命じて連行したものであり、連行の現場には通訳もいなかったことから、収容令書執行前の時点で被控訴人に対する事実上の逮捕がなされていたと主張したのに対し、概ね次のとおり判示している。

　「前記前提事実に証拠……を総合すると、東京入国管理局警備第2課の担当官において、……警察本部外事課等と合同で、……事業所に対する立入検査を実施した際に、同担当官の質問に対し、被控訴人が在留資格がないことを述べたため、同担当官は、被控訴人に対し、東京入国管理局の庁舎まで任意同行を求めたこと、……被控訴人は、同担当官の同行の下に、その当時の……居宅に荷物整理のために立ち寄り、その際、同担当官は、被控訴人代理人弁護士作成に係る被控訴人が難民認定申請者であって、任意同行の要請には拒否する旨を記載した書面を確認したが、同担当官が被控訴人に対し、同庁舎へ同行を求めたところ、被控訴人はこれに応じ、その後、被控訴人は上記東京入国管理局の庁舎に到着したこと……が認められる」。

　「また、被控訴人は、『任意同行の要請は拒否します。』との記載のある被控訴人代理人弁護士作成の書面によって、被控訴人が上記担当官による任意同行の求めを拒否した旨主張するかのようであるが、上記担当官により任意同行を求められた以降の被控訴人の行動は上記認定のとおりであって、上記書面の存在のみをもって、被控訴人が任意同行に応じたとの上記認定を左右するに足りない」。

　上記の判決は、被控訴人が任意同行を拒否する旨記載した被控訴人代理人作成の文書を示しているという事情があるにもかかわらず、容易に被控訴人が任意同行に応じたという認定を行っているものであって、妥当でない。

第29条（容疑者の出頭要求及び取調）

① 入国警備官は、違反調査をするため必要があるときは、容疑者の出頭を求め、当該容疑者を取り調べることができる。
② 前項の場合において、入国警備官は、容疑者の供述を調書に記載しなければならない。
③ 前項の調書を作成したときは、入国警備官は、容疑者に閲覧させ、又は読み聞かせて、署名をさせ、且つ、自らこれに署名しなければならない。
④ 前項の場合において、容疑者が署名することができないとき、又は署名を拒んだとき

> は、入国警備官は、その旨を調書に附記しなければならない。

1 本条の趣旨

本項は、入国警備官による容疑者の出頭要求及び取調べに関する手続を定めた規定である。

2 1項の趣旨

本項は、入国警備官が違反調査のため容疑者の出頭を求め、容疑者を取り調べることができることを定めたものである。本項における取調べは、法28条1項にいう取調べとは異なり、容疑者を対象としてその供述を得る目的で行われるものである。

もっとも、これは任意調査であり、容疑者に出頭拒否・退去・取調べ拒否を行う自由があることは言うまでもない。

なお、以上の理解は、あくまでもいわゆる在宅事件を念頭に置いているが、入管・難民法において収容下にある容疑者の取調べの条文が別途存在しないこと、収容下にあっても取調べの必要性自体は否定できないことからすれば、本項は、収容下の容疑者取調べにも適用されるものと解するべきであろう。

3 1項「出頭を求め」

出頭要求は、規則30条により、規則別記45号様式に定める呼出状による。

出頭を求める場所は入国警備官の所属する地方入国管理局が原則であるが、容疑者の事情等を考慮し、社会通念に照らし適当と認められるその他の場所における取調べも許されると解される。

4 1項「取り調べることができる」

(1) 取調べの方法

本項における取調べは、法28条1項にいう「取調べ」（違反調査の目的を達するために必要な調査活動一般を意味する）とは異なり、容疑者を対象としてその供述を得る目的で行われるものであって、任意調査として行われるものである。この取調べを行うに当たっては、強制・拷問・脅迫等や供述の任意性に疑いを生じさせるような方法が許されないことは言うまでもない（同行・取調べの限界については、法28条の解説5(2)参照）。

現在の入管実務においては、この取調べに弁護士が立ち会うことは認められていないが、任意調査の一環に過ぎないこと、退去強制が外国人に与える影響の重大性に鑑みれば、弁護士の立会いを認めるべきである（弁護士の立会いについては、

法45条の解説①参照)。

(2) 通訳

　本条にいう取調べは外国人を対象とするが、日本語の理解が十分でないことが通常であることからすれば、入国警備官との意思疎通を図るため、適正な通訳を確保する必要があることは当然である。

　また、外国人である容疑者の手続上の権利が保障されることなく、退去強制という重大な不利益を被ることがあってはならないことからすれば、日常会話程度の日本語ができる容疑者であったとしても、母語ないし第一言語による通訳が確保されるべきである。

　入管実務上は、通訳人が立ち会った上で、通訳人を介して取調べ・読み聞かせを行い、これにより録取された日本語の調書について、通訳人を介して正確に録取されたことを担保するため、通訳人の署名等を求めているのが通常である。ただし、通訳人の手配ができないときは、電話による通訳を行うこともある。

　しかし、電話による通訳については、必ずしもその正確性が担保されるとは言えず、少なくとも、あらためて通訳人が立ち会った上で、通訳人を介して録取された内容を読み聞かせなければならないものと解される。

(3) 供述拒否権

　現行法上、容疑者にいわゆる供述拒否権を告知することは義務付けられていない。

　しかし、憲法38条1項の規定によるいわゆる供述拒否権の保障は、純然たる刑事手続においてのみならず、それ以外の手続にも及ぶ。すなわち、対象となる者が自己の刑事上の責任を問われるおそれのある事項について供述を求めることになるものである以上、刑事責任追及のための資料の取得収集に直接結びつく作用を一般的に有する手続には等しく及ぶと解するべきである（最大判昭47・11・22刑集26巻9号554頁等）。

　そうとすれば、本条における取調べが、入管・難民法違反という刑事上の責任を問われるおそれのある事項について、供述調書という刑事責任追及のための資料の取得収集に直接・間接に結び付く作用を有することからすれば、憲法に規定する供述拒否権の保障は、この取調べに及ぶものと解すべきである。

　入管実務上も、この供述拒否権の保障を実質化するため、本条にいう取調べに際しては、容疑者に対し、あらかじめ自己の意思に反して供述をする必要がない旨を告げるべきである。

⑤　2項の趣旨

　本項は、入国警備官が容疑者を取り調べた場合の供述調書の作成義務につい

ての規定である。容疑者の取調べの経過等を明らかにする必要があるとともに、違反審査以降の手続においての証拠方法となるものであるから、これを調書の形式で記録することとした。

6　2項「容疑者の供述を調書に記載しなければならない」

本項は、「容疑者の供述を調書に記載しなければならない」とされていることから、入国警備官は、容疑者を取り調べた場合は必ず容疑者の供述を録取した供述調書を作成しなければならない。

このように、容疑者の供述の調書への記載が義務的であることからすれば、入国警備官は、容疑者の供述を客観的かつ正確に調書に記載しなければならず、要旨にとどめるなどの裁量を有するものではないと言うべきである。

また、入国警備官が取調べを行った場合は、その都度供述調書を作成しなければならないものであり、数日間にわたって取り調べた結果を一括して録取するなどの方法によることも許されないと解される。

7　3項の趣旨

本項は、入国警備官が容疑者を取り調べた場合の供述調書の作成方法についての規定である。

8　3項「容疑者に閲覧させ、又は読み聞かせて」

本条の取調べによって作成された供述調書は、容疑者に閲覧させるか、読み聞かせ、誤りがないかどうかを確認した上、誤りがない旨を容疑者が申し立てた場合には、その旨を記載し、容疑者の署名を求めることになる。

しかし、本条の取調べは外国人を対象としているところ、日本語で作成された調書を閲覧することが事実上困難であることからすれば、通訳人による読み聞かせが正確に行われることが極めて重要となる。

刑事手続においていわゆる「取調べの全過程の可視化」の必要性が指摘されているが、その必要性は違反調査等の入管手続においても何ら変わることがない。退去強制手続における取調べについても、全過程を録画すべきである。

9　4項の趣旨

本項は、入国警備官が容疑者を取り調べた場合に供述調書を作成するに当たって、容疑者が署名を拒んだとき等のその旨の調書への記載についての規定である。

刑事手続同様に、退去強制手続においても「証拠能力」というべき概念の検討

は必要である。供述調書について供述者の署名を得ることが前項で要件とされている以上、署名を欠いた供述調書は原則として退去強制手続において証拠能力を有しないと言うべきである。

本項はその例外を定めた規定と解されるが、まず、容疑者が供述調書に署名することを承諾したものの、身体障害等の事情で署名することができない場合は、入国警備官がその旨を調書に付記することで、証拠能力が認められることになると解される。

これに対し、容疑者が署名を拒んだ供述調書については、本人の同意がなければ、退去強制手続における証拠能力を認めることはできないが、その経緯を明らかにするため、入国警備官がその旨の調書に付記することとされたものである。

なお、口頭審理において、違反調査・違反審査段階の各調書の作成の真正及び取り調べることについての同意の有無を確認するべきであると解され、口頭審理調書の末尾に各調書の認否一覧表が添付されるが、実務上、各調書につき、その読み聞かせはなされず、作成の真正や同意の有無も尋ねないのがほとんどである。それにもかかわらず、認否一覧表には「認める」と記載している。不健全かつ違法な運用と言うべきである。

第30条（証人の出頭要求）

① 入国警備官は、違反調査をするため必要があるときは、証人の出頭を求め、当該証人を取り調べることができる。
② 前項の場合において、入国警備官は、証人の供述を調書に記載しなければならない。
③ 前条第3項及び第4項の規定は、前項の場合に準用する。この場合において、前条第3項及び第4項中「容疑者」とあるのは「証人」と読み替えるものとする。

1 本条の趣旨

本条は、入国警備官による証人の出頭要求及び取調べに関する手続を定めた規定である。

2 1項の趣旨

本項は、入国警備官が違反調査のため証人の出頭を求め、証人を取り調べることができることを定めたものである。

本項における取調べが、法28条1項にいう取調べとは異なり、証人を対象としてその供述を得る目的で行われるものであることは、容疑者の取調べについての法29条1項と同様である。これが任意調査であり、証人に出頭拒否・退去・取調べ拒否の自由があることは言うまでもない。

③　1項「出頭を求め」

　出頭を求める場所は、入国警備官の所属する地方入国管理局が原則であるが、証人の事情等を考慮し、社会通念に照らし適当と認められるその他の場所における取調べも許されると解されることは、容疑者の取調べについての法29条の解説③と同様である。

④　1項「取り調べることができる」

　証人の取調べについては、容疑者の取調べとは異なり、供述拒否権を告知する必要がないのが通常であるが、客観的に見てその取調べの結果が証人自身の違反事実の立証に利用される可能性があれば、供述拒否権(法29条の解説④(3)参照)を告知するのが望ましい。

⑤　2項の趣旨

　本項は、入国警備官が証人を取り調べた場合の供述調書の作成義務についての規定であり、その趣旨は容疑者の取調べについての法29条2項と同様である。
　本項は、入国警備官が、証人を取り調べた場合は必ず証人の供述を録取した供述調書を作成しなければならないこと等についても、法29条2項と同様である。

⑥　3項の趣旨

　本項は、入国警備官が証人を取り調べた場合の供述調書の作成方法等についての規定である。容疑者の取調べについての法29条3項と同様である。

第31条（臨検、捜索及び押収）

① 　入国警備官は、違反調査をするため必要があるときは、その所属官署の所在地を管轄する地方裁判所又は簡易裁判所の裁判官の許可を得て、臨検、捜索又は押収をすることができる。
② 　前項の場合において、急速を要するときは、入国警備官は、臨検すべき場所、捜索すべき身体若しくは物件又は押収すべき物件の所在地を管轄する地方裁判所又は簡易裁判所の裁判官の許可を得て、同項の処分をすることができる。
③ 　入国警備官は、第1項又は前項の許可を請求しようとするときは、容疑者が第24条各号の一に該当すると思料されるべき資料並びに、容疑者以外の者の住居その他の場所を臨検しようとするときは、その場所が違反事件に関係があると認めるに足りる状況があることを認めるべき資料、容疑者以外の者の身体、物件又は住居その他の場所について捜索しようとするときは、押収すべき物件の存在及びその物件が違反事件に関係があると認めるに足りる状況があることを認めるべき資料、容疑者以外の者の物件

を押収しようとするときは、その物件が違反事件に関係があると認めるに足りる状況があることを認めるべき資料を添付して、これをしなければならない。
④　前項の請求があつた場合においては、地方裁判所又は簡易裁判所の裁判官は、臨検すべき場所、捜索すべき身体又は物件、押収すべき物件、請求者の官職氏名、有効期間及び裁判所名を記載し、自ら記名押印した許可状を入国警備官に交付しなければならない。
⑤　入国警備官は、前項の許可状を他の入国警備官に交付して、臨検、捜索又は押収をさせることができる。

1　本条の趣旨
　本条は、入国警備官が強制調査として行う臨検、捜索及び押収に関する規定である。
　ところで、臨検、捜索及び押収に関する違反調査の規定のうち、本条、法33条（証票の携帯）、36条（出入禁止）及び38条（調書の作成）は、臨検もその対象としているが、法32条（必要な処分）、34条（捜索又は押収の立会）及び35条（時刻の制限）では、臨検のみ対象から除外して規定されている。その理由について、逐条解説557頁は、臨検は一定の場所に立ち入るだけであるから、捜索又は押収と比べて権利侵害の程度が低いことを考慮し、法32条、34条及び35条の規定を臨検には適用しないこととしたものと考えられるとする。
　しかし、法32条の解説2(3)のとおり、法32条については、臨検に許容された権利侵害の程度が低いことから、錠を外す等の必要な処分を行うことを禁止したものとして理解可能であるが、法34条及び35条については、これらの規定の趣旨は臨検にも同様に該当するものであって、臨検のみその対象から除外されているのは、立法上妥当性を欠くと言わざるを得ない。

2　1項の趣旨
　本項は、入国警備官が、違反調査のため必要があるときは、裁判官の許可を得て、臨検、捜索又は押収をすることができる旨を定めたものである。
　憲法35条は、住居・書類・所持品の侵入・押収・捜索につき、原則として令状によるという令状主義を規定しているところ、本項は、行政調査として行われる入国警備官の臨検、捜索又は押収についても、憲法35条の定める令状主義の趣旨を尊重して裁判官の許可によるべき旨を定めたものである。

3　1項「臨検」「捜索」「押収」
　本項にいう「臨検」とは、入国警備官が退去強制事由に該当する容疑に関連性がある現場に立ち入り、人、物又は場所の状態を五感の作用で認識することをいう。

「捜索」とは、入国警備官が退去強制事由に該当する容疑に関連性がある人又は物の発見を目的として必要な措置をとることをいう。

「押収」とは、退去強制事由に該当する容疑に関連性がある証拠物の占有を取得することをいう。

④　1項「違反調査をするため必要があるとき」
(1)　臨検・捜索・押収の理由

臨検・捜索・押収は、「違反調査をするため必要があるとき」に許されるのであるから、臨検・捜索・押収の理由として、まず、具体的な退去強制事由に該当する容疑を要することは言うまでもない。

次に、押収についてみるに、押収はあくまで証拠物を対象とするものであるから、押収の対象となる物件については、違反事件との関連性がなければならない。

他方で、臨検・捜索については、人、物又は場所が容疑者の所有又は占有に属する場合は、原則としてその対象となると解されているが、対象となる人又は物が存在する蓋然性がない場合にまで、臨検・捜索をすることは許されない。これに対し、容疑者以外の住居その他の場所を臨検しようとするとき、又は、容疑者以外の者の身体、物件又は住居その他の場所について捜索しようとするときは、これらが違反事件に関連性があると認めるに足りる状況があるときに限って、臨検・捜索の対象となる。

(2)　臨検・捜索・押収の必要性

臨検・捜索・押収を行うについては、前記の理由のほかに、それらを行う必要性も存在しなければならない。

したがって、違反事件の態様や軽重、対象の重要性の程度、処分を受ける者の不利益の大小などを考慮し、明らかに必要性がないと認められるときは、臨検・捜索・押収は許されないものというべきである。特に、臨検・捜索・押収を受ける者が第三者である場合は、その者が処分の結果として被る不利益をも慎重に考慮することが求められるものである。

⑤　1項「裁判官の許可」

裁判官の許可は、裁判官が許可状を発することによって行われるが、許可状の発付に当たっては、前記の臨検・捜索・押収の理由及び必要性の有無を判断しなければならないものと解される（捜査機関における差押えの必要性につき、最三小決昭44・3・18刑集23巻3号153頁参照）。

これに対し、4項の文言を根拠として、裁判官は、臨検・捜索・押収の理由があるときは、「必ず許可状を発付しなければならず、自ら臨検等の必要性を判断して

発付を差し控えることはできない」(入管六法の本条解説)という見解もある。

　しかし、同項は、本条解説⓭のとおり、憲法35条1項の趣旨を尊重すべく、裁判官が臨検、捜索又は押収に関する許可状を発付するに当たり、一定の方式を遵守しなければならない旨規定したものであって、上記の見解は形式的な条文文言のみに拘泥するものであり、同項の解釈を誤っているものと言わざるを得ない。

　また、上記の見解によれば、3項の請求を受けた裁判官としては、明らかに臨検・捜索・押収の必要性がないと認められる場合であったとしても、必ず許可状を発付しなければならないことになるが、このような解釈は令状主義の趣旨にもとるものとして、妥当でない。

⑥　2項の趣旨

　前項において、臨検・捜索・押収をしようとする入国警備官は、通常の場合、その所属官署の所在地を管轄する地方裁判所又は簡易裁判所の裁判官の許可を得なければならないとされているところ、本項は、急速を要するときは、臨検すべき場所、捜索すべき身体若しくは物件又は押収すべき物件の所在地を管轄する地方裁判所又は簡易裁判所の裁判官の許可を得てこれらの処分をすることができる旨規定したものである。

⑦　2項「急速を要するとき」

　「急速を要するとき」とは、入国警備官の所属官署の所在地を管轄する地方裁判所又は簡易裁判所の裁判官の許可を請求していたのでは、現場の状況の変化、証拠物の隠滅のおそれなどがあり、緊急に臨検、捜索又は押収を行う必要がある場合をいう。

⑧　3項の趣旨

　本項は、入国警備官が、臨検、捜索又は押収をするための裁判官の許可を請求する場合において、これに添付すべき資料について規定したものである。

⑨　3項「第1項又は前項の許可を請求しようとするとき」

　臨検、捜索又は押収の許可状の請求は、規則31条1項により、規則別記46号様式による許可状請求書によって行うこととされる。

　上記様式によれば、「容疑者氏名」「容疑事実の要旨及び該当法条」「臨検すべき場所、捜索すべき場所、身体若しくは物件又は押収すべき物件」「必要とする有効期間及びその事由」「日の出前、日没後に行う必要があるときはその旨及び事由」を記載するものとされている。

10　3項「容疑者が第24条各号の一に該当すると思料されるべき資料」

臨検・捜索・押収が許されるためには、具体的な退去強制事由に該当する容疑がなければならないことから、これの根拠となる資料を添付すべきことを定めたものである。

11　3項：容疑者以外の者の住居・身体等を臨検・捜索する際の資料

容疑者以外の住居その他の場所を臨検しようとするとき、又は容疑者以外の者の身体、物件又は住居その他の場所について捜索しようとするときは、その場所が違反事件に関連性があると認めるに足りる状況があるときに限って、臨検・捜索の対象となることから、その根拠となる資料を添付すべきことを定めたものである。

12　3項：容疑者以外の者の物件を押収する際の資料

物件の押収を受けるのが第三者である場合は、その者が処分の結果として被る不利益を慎重に考慮することが求められることから、特に、その物件が違反事件に関連性があると認めるに足りる状況があることについて、その根拠となる資料を添付すべきことを定めたものである。

もっとも、押収の対象となるのはあくまで証拠物であることからすれば、違反事件との関連性がなければならず、およそ容疑者が所有又は占有する物件であるというのみで、これを押収することが許されないことは言うまでもない。

13　4項の趣旨

本項は、裁判官の発する臨検、捜索又は押収に関する許可状の方式について規定したものである。

憲法35条1項は、住居・書類・所持品の侵入・押収・捜索につき、捜索する場所及び押収する物を明示する令状によるべき旨を規定しているところ、本項は、この規定の趣旨を尊重し、臨検すべき場所、捜索すべき身体又は物件、押収すべき物件等を許可状に記載すべきことを規定したものである。

14　5項の趣旨

本項は、臨検、捜索又は押収に関する許可状の交付を受けた入国警備官が、他の入国警備官をしてこの許可状により臨検、捜索又は押収をさせることができることを注意的に規定したものである。

第32条（必要な処分）

入国警備官は、捜索又は押収をするため必要があるときは、錠をはずし、封を開き、その他必要な処分をすることができる。

1 本条の趣旨

本条は、入国警備官が強制調査として行う捜索又は押収に伴う必要な処分に関する規定である。刑訴法の捜索・差押えに関する条文（同法111条）と類似の文言であり、同条を参照して定められた条文であると認められるから、同条に関する議論が参考になろう。

2 「必要な処分」

(1) 「必要な処分」の時間的・場所的限界

「捜索又は押収をするため」とは、捜索又は押収そのものより広いが、それに接着しかつ執行をするのに不可欠な行動に限定すべきである。したがって、捜索・押収のための処分であるとしても、捜索又は押収の執行自体と時間的・場所的に離れた処分を行うことは許されない。

なお、刑訴法は、この部分に関しては「差押状又は捜索状の執行については、錠をはずし、封を開き、その他必要な処分をすることができる。公判廷で差押又は捜索をする場合も、同様である」（同法111条1項）、「前項の処分は、押収物についても、これをすることができる」（同条2項）という文言となっており、本条とは表現が異なっている。

(2) 「必要な処分」の内容・方法の限界

「錠をはずし、封を開」くのは、その例示であるとされている。しかし、捜索・押収のための処分であるから、その性質上限界があることは言うまでもない。執行の目的達成のため、必要かつ妥当で、方法も社会的に相当なものでなければならない。

また、相手方に損害を与えるものについては、やむを得ない場合において、かつ、必要最小限度の方法によるべきである。

この点について、「処分の内容及びその方法が公序良俗に反せず、かつ、社会的に相当なものでなければならない」（入管六法の本条解説）という見解もあるが、広きに失するものであり、疑問であると言わざるを得ない。やはり、同様の文言を用いる刑訴法111条の解釈に鑑みても、必要性と相当性の要件での限定が必要である。

また、物を破壊する等強制力を伴う処分については、目的を達するため必要な最小限度に限られるべきである。相手方が協力を拒否し、かつ、代替的な方法が

ない緊急の事情がある場合はともかく、このような合理的な理由が存しない場合には、物を破壊する等の強制力を行使することは許されないものと言うべきである。
(3) 臨検の場合
　本条では臨検が除かれていることから、臨検の処分のみが行われる場合には、錠をはずし、封を開く等の必要な処分を行うことはできない。
　臨検が一定の場所に立ち入るのみの処分であることから、権利侵害がその限度に限られていることを考慮したものである。

第33条（証票の携帯）

> 入国警備官は、取調、臨検、捜索又は押収をする場合には、その身分を示す証票を携帯し、関係人の請求があるときは、これを呈示しなければならない。

1　本条の趣旨

　本条は、取調べ、臨検、捜索又は押収をする場合の入国警備官の身分証明書の携帯及び呈示の義務に関する規定である。
　行政解釈によれば、入国警備官の取調べ、臨検、捜索又は押収は公権力の行使として行われるものであるから、入国警備官は、関係人に対して正当な職務権限に基づく職務執行であることを明らかにするため、身分証明書を携帯し、関係人からの請求があるときはこれを呈示すべきことを義務付けたものであると解されている（逐条解説562頁）。

2　「身分を示す証票」

　入国警備官の身分を示す証票は、「入国審査官及び入国警備官の証票の様式に関する省令」（昭和56年12月19日法務省令第63号）により定められている。

3　「関係人の請求があるとき」

　本条は、臨検、捜索又は押収についても、「関係人の請求があるとき」は、身分証明書を呈示しなければならないと規定している。
　しかし、臨検、捜索又は押収が、住居等の不可侵という重大な権利に対する侵害であることからすれば、手続の公正を確実に担保するためにも、実務上も、「請求」を待たずに、原則として身分証明書の呈示を行うべきであろう。

4　臨検、捜索又は押収令状の呈示

　本条は、取調べ、臨検、捜索又は押収を行う入国警備官に、身分証明書の携帯ないし関係人の請求があるときの呈示を義務付けるものであるが、このうち取

調べを除く手続を行うに際しては、規則31条2項により、立会人（法34条）に対して臨検、捜索又は押収令状を示さなければならないとされている。

上記令状の呈示が義務付けられている趣旨は、手続の公正を担保するためであることからすれば、処分を受ける者が外国人である場合には、添付した翻訳文を閲覧させ、あるいは、通訳人に令状の内容を通訳させる等の措置を講じなければならないものと解すべきである。

> **第34条**（捜索又は押収の立会）
> 　入国警備官は、住居その他の建造物内で捜索又は押収をするときは、所有者、借主、管理者又はこれらの者に代るべき者を立ち会わせなければならない。これらの者を立ち会わせることができないときは、隣人又は地方公共団体の職員を立ち会わせなければならない。

1　本条の趣旨

本条は、建造物内で捜索又は押収が行われる場合において、その建物等の管理者等の責任者を立ち会わせることにより、執行を受ける者の権利の保護を図るとともに、その手続の公正を担保しようとするものである。捜索・差押えに関する刑訴法114条2項類似の規定である。

2　「住居その他の建造物内」

住居は、人の起臥寝食等の日常生活に使用される場所をいい、建物のみならずそれに付属する施設・囲繞地を含むとされる。

本条の「住居」には、船員の起臥寝食の場所である船室及びこれに付随する施設を含む。

「その他の建造物」は、住居以外の建造物及びそれに付属する施設・囲繞地をいう。

3　「立ち会わせることができないとき」

「立ち会わせることができないとき」とは、所有者等が不在の場合のみならず、これらの者が立会いを明白に拒否する意思を表示した場合も含むとされる。ただし、上記意思の確認については、所有者等に十分な説明を行った上で、慎重に行うべきものである。

4 「隣人又は地方公共団体の職員」

(1) 隣人

所有者等を立ち会わせることができないときには、隣人又は地方公共団体の職員を立ち会わせなければならない。これらの者の立会いを求めることの趣旨は、手続の公正の監視という点のみならず、一定の場所的な関係を有する者に執行を受ける本人の利益を代替させて保護するところにある。

したがって、隣人とは、文言のとおり、近接して居住する者である必要は必ずしもなく、手続の対象となる住居等に関する事情を一定程度了知し得る範囲の場所に居住する者で足りるものである。

なお、立会人は、手続の公正の監視という目的で要求されているのであるから、捜索又は押収について事理弁別能力を有する者でなければならないことは言うまでもない。

(2) 地方公共団体の職員

地方公共団体の職員とは、捜索又は押収の対象となる住居等の所在地を管轄する地方公共団体の職員をいう。もっとも、手続の公正の担保という観点からすれば、地方公務員である警察官については、ここにいう地方公共団体の職員に含まれないと解すべきである。

実務上は、消防職員等に立会いを委ねるべきであろう。

5 臨検への本条の適用

本条においては、文言上臨検が除かれていることから、入国警備官が立会人を付さなければならないのは捜索又は押収をする場合のみであり、臨検の処分のみが行われる場合は立会人を付す必要がないようにも解され得るところである。

しかしながら、臨検も、一定の場所に立ち入るという強制処分であることからすれば、被執行者の権利の保護及び執行手続の公正の担保という本条の趣旨は同様に妥当するものと言うべきである。そうとすれば、本条の文言の如何にかかわらず、入国警備官は、臨検の処分のみを行う場合であったとしても、立会人を付する義務があるものと言うべきであり、少なくとも、実務上は、このような場合も立会人を付すよう配慮すべきである。この点は、法38条1項において、「入国警備官は、臨検、捜索又は押収をしたときは、……立会人に閲覧させ、又は読み聞かせて、署名をさせ……」と規定されていることからも裏付けられるところである（法38条の解説3参照）。

立法論としては、本条に臨検も加えられるべきである。

> **第35条**(時刻の制限)
> ① 入国警備官は、日出前、日没後には、許可状に夜間でも執行することができる旨の記載がなければ、捜索又は押収のため、住居その他の建造物内に入ってはならない。
> ② 入国警備官は、日没前に捜索又は押収に着手したときは、日没後でも、その処分を継続することができる。
> ③ 左の場所で捜索又は押収をするについては、入国警備官は、第1項に規定する制限によることを要しない。
> 1 風俗を害する行為に常用されるものと認められる場所
> 2 旅館、飲食店その他夜間でも公衆が出入することができる場所。但し、公開した時間内に限る。

1 本条の趣旨

本条は、夜間における私生活の平穏を保護するために設けられた規定である。刑訴法116条、117条とほぼ同内容の条文であるため、両条に関する解釈が参照されるべきである。

2 1項の趣旨

本項は、入国警備官が捜索又は押収を行う場合の時刻の制限について規定したものである。夜間や未明の捜索・押収が関係者の私生活の平穏をとりわけ害することから、制限するものである。

3 1項「日出前、日没後」

「日出前、日没後」の時刻は、捜索又は押収の対象となる住居等の所在地における暦上の日の出時刻・日の入り時刻をもって判断される。

4 承諾による夜間の執行の可否

日出前、日没後に捜索又は押収のため住居等に立ち入るためには、法31条4項に規定する許可状に夜間でも執行することができる旨の記載がなければならない(規則別記46号様式の許可状請求書にも、「日出前、日没後に行う必要があるときはその旨及び事由」の欄が設けられている)。

したがって、住居等の所有者の承諾があったとしても、許可状に上記の記載がなければ、夜間の執行は許されないものである。

5 臨検への本条の適用

本条においても、文言上臨検が除かれていることから、時刻が制限されるのは捜索又は押収をする場合のみであり、臨検の処分のみが行われる場合は時刻の

制限がないようにも解され得るところである。

しかしながら、臨検も、一定の場所に立ち入るという強制処分であることからすれば、夜間における私生活の平穏の保護という本条の趣旨は同様に妥当するものと言うべきである。そうとすれば、本条の文言の如何にかかわらず、入国警備官は、臨検の処分のみを行う場合であったとしても、時刻が制限されるものと解すべきであり、少なくとも、実務上は日出前、日没後に臨検の処分を行わないよう配慮すべきである。

立法論としては、本条に臨検も加えられるべきである点も、前条同様である。

6 2項の趣旨

本項は、日没前に捜索又は押収に着手した場合の時刻の制限の例外について規定したものである。入国警備官は、日没前に捜索又は押収に着手したときは、裁判官の許可状に「夜間でも執行することができる」旨の記載がなかったとしても、日没後もそれらの処分を継続することができる。

7 3項の趣旨

本項は、1項の時刻の制限に対する例外を規定したものである。

8 3項1号「風俗を害する行為」

「風俗を害する行為」とは、社会道徳上いかがわしい行為をいうとされる。刑法第22章に規定されている各条に該当する行為、売春防止法に違反する行為、都道府県条例によって処罰の対象となっているいかがわしい行為のみならず、必ずしも犯罪を構成する行為である必要はないと解されている。

夜間の執行を禁止する趣旨は、私生活の平穏を保護することにあるところ、このような風俗を害する行為に常用されている場所は、住居ないし私生活の平穏を保護する必要性に乏しいと考えられることによる。

もっとも、風俗を害する行為という文言が、曖昧かつ漠然としていることからすれば、本項に該当するというためには、私生活の平穏を保護する必要性のないことが客観的に明白であることを要するものと解すべきである。

9 3項2号「その他夜間でも公衆が出入することができる場所」

「その他夜間でも公衆が出入することができる場所」とは、パチンコ店、映画館、劇場等一般人が夜間でも自由に出入することができる場所をいう。

ただし、「公開した時間内」に限定される。つまり、いわゆる閉店・閉鎖時間後、開店・開場時間前については、時刻制限の例外条項の適用がない。

第36条（出入禁止）

　入国警備官は、取調、臨検、捜索又は押収をする間は、何人に対しても、許可を得ないでその場所に出入することを禁止することができる。

1　本条の趣旨

　本条は、取調べ、臨検、捜索又は押収を行う入国警備官に対し、その場所への人の出入を禁止する権限を認めたものである。刑訴法112条1項と類似した規定である。

2　「取調、臨検、捜索又は押収をする間」

　この部分は、刑訴法とは表現が異なる。ここにいう内容は、取調べ、臨検、捜索又は押収の開始後終了までの間を意味する。

　取調べ、臨検、捜索又は押収の開始とは、入国警備官がこれらの開始を宣言した時点をいう。臨検、捜索又は押収については、入国警備官が令状を呈示した時点が上記時点になると解される。

　取調べ、臨検、捜索又は押収の終了の時点についても入国警備官の意思表示により判断されるが、外形的事情により終了したと認められる場合には、特段の意思表示のない限り終了したものと判断すべきである。

3　「何人に対しても」：出入を禁止される者

　何人に対しても出入を禁止できるとされるが、捜索又は押収の立会権者（法34条）については、出入を禁止することはできない。

4　出入の禁止の場所・方法

(1)　出入の禁止の場所

　出入の禁止の場所は、取調べの場合は実際に行っている場所、捜索すべき場所として記載されている場所、差押物の現在する場所をいう。これらの場所への出入の禁止の目的を達するための近接の場所も含まれるが、最小限度必要不可欠と考えられる場所に限定すべきである。

(2)　出入の禁止の方法

　出入の禁止の方法について特に制限はないとされているが、社会的に相当と認められない方法によることは許されない。規則32条1項によれば、本条の規定により「出入を禁止する場合には、出入を禁止する場所に施錠し、出入を禁止する旨を表示し、又は看守者を置くものとする」とされている。

出入の禁止に従わない者に対しては、規則32条2項により、「出入を禁止した場所からの退出を命じ又はその者に看守者を付する」ものとするとされている（刑訴法112条2項と同様の規定）。

入国警備官による出入の禁止に従わない者に対する実力行使については、社会通念上相当と考えられる範囲内で行う実力行使は許されると解されているが（逐条解説567頁）、出入しようとする者の肩を押さえ、あるいは、手で引き止める等の程度に限定されるべきであり、身体の自由を拘束することは許されないと言うべきである。

5 取調べをする間の出入禁止

本条は、取調べを行う入国警備官に対しても、その場所への人の出入を禁止する権限を認めているが、臨検、捜索又は押収が強制調査であるのに対し、取調べが任意調査であることからすれば、上記の権限まで認められることには疑問がある。刑訴法の規定と比較すると、なお疑問は強まる。

また、仮に本条により取調べの対象となっている者の出入（とりわけ「出」ること）を禁止することまで認められるとすれば、その者に取調受忍義務を認めることと同様の結果となり、取調べが任意調査であることと矛盾することになる。

したがって、取調べをする間の出入を禁止される者には、取調べの対象となっている者は含まれないと解さざるを得ず、このような者には取調べの場所からの退去の自由が認められなければならない。

立法論としては、本条から取調べをする間の出入禁止の部分を削除すべきである。

第37条（押収の手続）

① 入国警備官は、押収をしたときは、その目録を作り、所有者、所持者若しくは保管者又はこれらの者に代るべき者にこれを交付しなければならない。
② 入国警備官は、押収物について、留置の必要がないと認めたときは、すみやかにこれを還付しなければならない。

1 本条の趣旨

本条は、入国警備官が押収を行った場合の押収目録の交付及び押収物の還付の手続について規定したものである。本条1項は刑訴法120条と、2項は同法123条1項と類似の規定である。

2　1項の趣旨
　本項は、入国警備官による押収が行われた場合、目録を作成して交付し、押収物を特定して明らかにすることにより、押収を受けた者の財産権を保障し、かつ、押収の公正を担保するために設けられた規定である。

3　1項「押収をしたとき」
　強制調査としての押収が行われた場合のほか、容疑者等が任意に提出した物を「領置」する場合も含むと解されている。

4　1項：目録の作成及び交付の手続
(1)　作成及び交付者
　押収を執行した入国警備官が作成及び交付を行う。
(2)　交付の相手方
(i)　「所有者、所持者若しくは保管者」
　所有者とは当該物件について所有権を有する者、所持者とは自己のために当該物件を占有する者をいい、保管者とは他人のために当該物件を占有する者をいう。
　本項における目録の交付の相手方は、これらの者のうち直接に押収を受けた者をいう。
(ii)　「これらの者に代るべき者」
　原則として直接に押収を受けた所有者等に交付するが、これらの者が不在等の場合、所有者等に代わるべき者に目録を交付しなければならない。
　「これらの者に代るべき者」とは、代わって目録を受領することが適切な者であれば、資格に制限はないとされており、立会人に交付することも許される。
(3)　交付の請求の要否
　目録は、所有者等の請求の有無にかかわらず、交付しなければならない。
(4)　交付の時期
　目録の交付の時期については、上記の目録を交付する趣旨からすれば、押収を終了した後に直ちに交付しなければならない。直ちに交付することができない特段の事情がある場合でも、押収後できる限り速やかに交付しなければならないものと言うべきである。
(5)　目録の様式・内容
　目録の様式については、規則33条1項により、規則別記47号様式（「押収物件目録書」）によるものとされている。
　上記様式によれば、押収物の「品名」「数量」「差出人住所・氏名」「所有者住所・氏名」、押収の日時・場所、事件名を記載するものとされている。

5　2項の趣旨

　入国警備官が押収した物件は、容疑者の引渡しが行われる際に入国警備官から入国審査官に違反審判手続の資料として引き渡されるのが原則である。
　しかし、合理的に必要な限度を超えて押収を継続することは、押収を受けた者に不利益になることから、押収を受けた者の財産権の保護のため速やかに還付しなければならないとしたものである。

6　2項「留置の必要がないと認めたとき」

　留置の必要がないとは、退去強制事由の容疑の立証に必要がない場合、すなわち、事件に関連がないか、あるいは、事件に関連があるとしても証拠価値の低い場合等、入国警備官が占有を継続する必要が認められない場合をいう。

7　2項「還付」

　還付とは、物件を元の持主または本来受け取るべき者に返還することをいう（刑訴法123条の規定参照）。
　還付の相手方については、特段の事由のない限り、押収を受けた者に還付すべきである。還付とは押収による占有を継続することなく、占有を取得する以前の状態に回復するのみであり、実体上の権利関係について判断を行うものではないからである。特段の事由とは、被押収者に還付すると、かえって押収当時の占有に変動を来す結果になる場合をいう。
　なお、逐条解説569頁には、「還付の対象者は、還付を受けるべき正当な権利を有する者である」という記載があるが、前記の還付の法的性質に整合しない解釈と言わざるを得ない。

8　2項「すみやかにこれを還付しなければならない」

　上記の本項の趣旨からすれば、入国警備官は、押収した物件について留置の必要の有無を検討し、留置必要がないと認めたときは、可及的速やかに被押収者に物件を還付しなければならないものと言うべきである。
　なお、規則33条2項により、本項の規定により押収物を還付したときは、その者から規則別記48号様式による「押収物件還付請書」を提出させるものとされている。

第38条（調書の作成）

① 入国警備官は、臨検、捜索又は押収をしたときは、これらに関する調書を作成し、立会人に閲覧させ、又は読み聞かせて、署名をさせ、且つ、自らこれに署名しなければならない。
② 前項の場合において、立会人が署名することができないとき、又は署名を拒んだときは、入国警備官は、その旨を調書に附記しなければならない。

1 本条の趣旨

本条は、入国警備官が臨検、捜索又は押収を行った場合の調書を作成すべきこと及び立会人の閲覧・署名等を得るべきことについて規定したものである。

2 1項の趣旨

本条は、入国警備官が臨検、捜索又は押収を行った場合の調書の作成及び立会人の閲覧・署名等を義務付けることにより、その手続の公正を担保するとともに、後日の紛争を防止するために設けられた規定である。

3 1項「臨検、捜索又は押収をしたとき」

「入国警備官は、臨検、捜索又は押収をしたときは、……立会人に閲覧させ、又は読み聞かせて、署名をさせ……」と規定されていることからも明らかなように、本項は、入国警備官が臨検のみの処分を行った場合も立会人の閲覧・署名等を義務付けている。

そこで、法34条の立会人に関する規定において、文言上臨検が除かれていることとの関係が問題になる。

この点、臨検のみを独立して行う場合には、法34条の文言上立会人を付ける義務はないが、臨検という強制処分の性格に照らすと、法34条は任意に関係人を立ち会わせることを禁止する趣旨ではないと解されるとして、本項は、入国警備官が適当と認めて任意に立会人を付けた場合に、立会人の閲覧・署名等を義務付けたものであるという見解がある（逐条解説570頁以下）。

しかしながら、臨検も一定の場所に立ち入るという強制処分であることからすれば、被執行者の権利の保護及び執行手続の公正の担保という法34条の趣旨は同様に妥当するものと言うべきであって、同条の文言の如何にかかわらず、入国警備官は、臨検の処分のみを行う場合であったとしても、立会人を付する義務があるものと言うべきであり、本項は、入国警備官のこのような義務を前提として、立会人の閲覧・署名等を義務付けたものと解すべきである（法34条の解説5参照）。

4 「調書」の内容

調書の様式については、規則34条により、規則別記49号様式（甲）、同（乙）、同（丙）によるとされており、それぞれに臨検調書、捜索調書又は押収調書の様式を定めているところである。

臨検調書には臨検の日時・場所・結果を、捜索調書には捜索の日時・場所、身体又は物・捜索の目的たる人物又は物・捜索の結果を、押収調書には押収の日時・場所、押収物の「品名」「数量」「差出人住所・氏名」「所有者住所・氏名」を記載するものとされている。

5 2項の趣旨

本項は、入国警備官が臨検、捜索又は押収を行った場合において、立会人が署名することができないとき、又は署名を拒んだときのその旨の調書の記載について規定したものである。

もっとも、本条が立会人の署名を義務付けた趣旨は、臨検、捜索又は押収という処分の手続の公正を担保することにあることからすれば、本項は慎重に適用されるべきものである。

第2節　収容

第39条（収容）

① 入国警備官は、容疑者が第24条各号の一に該当すると疑うに足りる相当の理由があるときは、収容令書により、その者を収容することができる。
② 前項の収容令書は、入国警備官の請求により、その所属官署の主任審査官が発付するものとする。

1 本条の趣旨

入国警備官は所属官署の主任審査官（法2条11号参照）から収容令書の発付を受けた上で、令書に基づいて退去強制事由該当容疑者を収容することができる。すなわち、収容を行うには、その者に容疑があることを疑うに足りる相当の理由があると認められるほか、主任審査官の発付する収容令書によらなければならない旨規定して、収容すべきかどうかを主任審査官の判断に委ねることによって、容疑者の人身の自由を保障せんとする趣旨であると解されている（東京地決昭44・9・20判時569号25頁・判夕240号194頁、東京高判昭47・4・15判時675号100頁・判夕279号359頁参照）。

2 収容令書による収容の目的

(1) 執行保全説と在留活動禁止説

　入管・難民法上の収容令書による収容の規定の趣旨について、退去強制手続の執行の保全のための身柄確保の必要から収容するものであるとの見解（以下、執行保全説）と、送還のための身柄確保の必要に加え、不法入国者のみならず、不法上陸者及び不法残留者は、本邦において在留活動をすることは許されないものであるところ、その身柄を収容し在留活動を禁止するものとする見解（以下、在留活動禁止説）とがある。

　前説は、執行の保全のためには必要のない収容の合理性を認めない立場（以下、収容謙抑主義）と結び付くものであり、後説は、執行の保全のための身体拘束の必要がない場合における収容を正当化する立場（以下、収容前置主義ないし全件収容主義）と結び付くものである。

(2) 検討

　在留活動禁止説は、入管・難民法上の収容令書による収容の規定の趣旨について、送還のための身柄確保の必要があるほか、外国人は法2条の2第1項に定める在留資格をもって在留するものとするとの原則から、元来、不法入国者のみならず、不法上陸者及び不法残留者は、本邦において在留活動をすることは許されないものであるところ、その身柄を収容し在留活動を禁止し得ないとすれば、事実上在留活動を容認することとなって、在留資格制度の建前を紊乱することとなるとし、外国人の入国及び在留が在留資格制度の枠内において認められるに過ぎないことから、不法残留者等の退去強制事由該当者について、退去強制手続において在留活動を禁止してすべて身柄を収容して行うことが原則であると論じる。

　しかし、立法当時の国の説明によれば、「収容と申しますのはこれは極く一時的なものでございまして、身柄の拘束をするということには変りないのでありますが、審査のために必要な収容ということでございます」（第13回国会参議院外務・法務委員会連合審査会〔1952年4月15日〕における鈴木一入国管理庁長官の答弁）とあり、執行保全説を前提としていたことが窺える。さらに、以下に述べるところからすれば、執行保全説が相当であると言うべきである。

(i) まず、収容令書は、法24条各号の一に該当すると疑われる者に対して発付されるところ、同条各号が定めるのは、不法入国・不法上陸・不法滞在者だけではない。例えば、同条4号イ、ハないしヨ等は、在留資格を有する者であっても、これらに該当することがある。後に在留資格が取り消されるかどうかは別として、収容令書発付の段階ですべての者が在留資格を取り消されているものでもないし、

法もそのようなことを規定していない。

　つまり、収容令書の発付は、当該外国人が在留活動を禁止されていることを前提としていない。この点で在留活動禁止説は法の規定に沿わない。

(ii)　そして、不法入国・不法上陸・不法残留の事由についてみても、収容令書は、未だ違反調査・違反審査・口頭審理などの調査手続中の者に対して発付されるのであるから、行政手続上においてすら未だ不法入国・不法上陸・不法残留者と確定していない者を対象とすることになる。この点でも、不法入国・不法上陸・不法残留者が在留が許されないことを収容令書による収容の根拠とする在留活動禁止説は、法の規定に沿わない。

(iii)　また、在留活動禁止説は、不法上陸・不法入国・不法残留者については本邦において在留活動をすることは許されないことを前提としている。

　ここにいう「在留活動」が、就労などの何らかの特定の活動のことをいうのか、それとも在留中の身体活動一般をいうのかは不明だが、就労などの何らかの特定の活動を行うことを防ぐために身体の自由を奪う制度は、予防拘禁に当たる。これが許容されるとしても極めて謙抑的でなければならず、厳格な要件の下でのみであり、全件を収容するなどは到底許容されない。

　また、在留中の身体活動一般を意味するとすれば、不法上陸・不法入国・不法残留者について身体の自由を否定する主張となるが、これは妥当ではない。本邦にいる外国人は、基本的人権たる人身の自由を享受する。このことは憲法31条・33条・34条が「何人も」と定めることに明らかである。入国・上陸ないし在留が行政上無許可のものであることによって退去強制の対象となり得るとしても、それによって人身の自由が消滅するものではなく、退去強制に必要な限度で人身の自由を制約することが根拠付けられるに過ぎないのである。

　なお、退去強制令書に基づく収容に関する同様の議論につき、法52条の解説6参照。

3　1項「相当の理由」

　収容令書は、30日の身体拘束（延長された場合60日）の根拠となる。これは、刑事手続における逮捕・起訴前勾留と比べても、相当長期の身体拘束である。身体拘束の要件として、逮捕でも勾留でも、これについての相当の理由を要件としている。

　刑事手続よりも長期の身体拘束を行う以上、収容令書発付については、逮捕・勾留に比しても、より高い程度の嫌疑を要すると解するべきである。特に法24条4号イ（資格外活動）、同号ヌ（売春など）など、刑事事件類似の事実認定を入国管理局が行う場合に、嫌疑について相当の理由がない場合にも収容を認めることは、

均衡を失することが明らかである。

4　1項「することができる」

　収容するか否かについて、入国警備官に一定の裁量があることを示す。

　この裁量権は、容疑者が法24条各号の一に該当すると疑うに足りる相当の理由がある場合に、なお収容するべきことを入国警備官が義務付けられているものではないという意味の裁量であり、講学上の不利益処分の効果裁量である。

　2項の関係で後述する収容の要件についての収容前置説は、全件について主任審査官らが容疑者を収容する権限を有するのみならず、全件収容するべき義務を負っていると解する（逐条解説574頁）。しかし、全件を収容すべき義務を明示した規定は入管・難民法上存在せず、本項の「収容することができる」との文言にも反する（違反調査については、法27条の解説4参照）。

　もとより、身体を拘束するという最も人権侵害性の高い処分を、違反が疑われる全件について義務的に行うとの解釈が、刑事手続等と比較しても著しく妥当性を欠くことは明白であろう。

5　2項「主任審査官が発付する」
(1)　令状主義との関係

　憲法33条は、何人も、権限を有する司法官憲が発した令状によらなければ、逮捕されない旨規定する。

　同条が行政手続上の収容にも適用されるか否かにつき、第90回帝国議会衆議院委員会（1946年7月18日）において、青木泰助委員の「此ノ条文ガアリマシテモ、……行政執行法ノ検束ト云フコトガ存置サレテ居リマスルナラバ、30条（引用者注：現在の憲法33条）ノ条文ハ下級公務員ニ依ツテ蹂躙サレツツアルシ、又今後蹂躙サレル虞ガアルノデハナイカ、之ヲ此ノ機会ニ明確ニ存廃ノ御答弁ヲ願ヒタイ」との質問に対し、木村篤太郎司法大臣は「行政執行法モ恐ラク是ハ廃止ノ運命ニナルモノデハナカラウカト存ジテ居リマス、今確言ハ申サレマセヌガ、若シモ是カ存置サレルトシテモ、大幅ノ修正ガアツテ、御心配ノヤウナ点ハ是正サレテ行クモノダト存ジテ居リマス」と述べていることをみると、憲法33条の適用が予定されていたとみるべきである。よって、本条は、憲法33条に違反する疑いが生じる。

　裁判例は、事後的にせよ究極的には司法裁判所による救済の方途が存置されていることを理由のひとつとして合憲としているが（東京地判昭49・7・15判時776号61頁・判タ318号180頁）、違法な収容に対する救済として司法手続が機能していない現状に鑑みて疑問があるし、令状主義の本旨が事前の司法的チェックにあることに鑑みても、妥当な解釈とは言えない。

(2) 収容を必要とする合理的な理由の必要性（収容の必要性要件）

本条の収容令書を発付する要件について、2項は明文を置かないものの、1項との体系的解釈から、容疑者が法24条各号の一に該当すると疑うに足りる相当の理由があることが要件であると解することができる。

これに加えて、逃亡のおそれなど収容を必要とする合理的理由が存在することが必要であるかについては、収容謙抑主義の観点から、これを必要と解する見解（前掲東京高判昭47・4・15。以下、収容謙抑説）と、収容前置主義ないし全件収容主義の観点から、これを必要としないと解する見解（以下、収容前置説）があることから、以下、検討する。

(i) 裁判例

下級審裁判例は分かれるが、前掲東京地決昭44・9・20は、「出入国管理令三九条が、入国警備官が退去強制事由該当容疑者を収容するには、その者に右の容疑があることを疑うに足りる相当の理由があると認められるほか、所属官署の主任審査官の発付する収容令書によらなければならない旨規定しているのは——もつとも、司法官憲の発する令状によらしめていない点において、違憲の問題が生ずるであろうが、この問題はしばらくおくこととし、少なくとも——収容すべきかどうかを主任審査官の判断に委ねることによつて、容疑者の人身の自由を保障せんとする趣旨に出たものというべきである。したがつて、主任審査官は、収容令書の発付にあたつては、単に容疑者が退去強制事由に該当すると疑うに足りる相当の理由があるかどうかを判断するばかりでなく、さらに収容の必要の有無についても判断をなすべきであり、収容を必要とする合理的理由の認められない場合又はその理由が消滅するに至つたと認められる場合においては、当該収容又は収容の継続は、それが収容令書によつてなされているとはいえ、違法たるを免かれないものと解するのが相当である」として、収容謙抑説をとった。

前掲東京高判昭47・4・15も、「収容の必要性は別段これを明文上規定していなくても、立法の趣旨に照らし、当然収容の必要性の存在を前提とする」と判示している。

(ii) 出入国管理令以前の経緯

当時の連合国軍総司令部からの示唆に沿って1951年2月28日に「不法入国者等退去強制手続令」が制定されたが、これに先立って総司令部から提示された退去強制手続法制についての項目の2項には、「入国審査官は、必要あるときは長官の承認を受け収容令書を発付し」とあり、総司令部が「必要あるとき」に収容するという法制を示唆していたことがわかる（川上巌「出入国管理の歩ゆみ(14)」外人登録102号〔1966年〕31頁）。

そして不法入国者等退去強制手続令の収容に関する規定を見ると、同令5条1

項は「入国審査官は、登録令第3条又は臨時措置令第1条の規定に違反した者がある場合において、その者を退去強制するかどうかを決定するために必要があるときは、第7条に規定する収容令書を発付して入国警備官にその者を収容することを命ずることができる」とし、同令7条1項に「収容令書を発付する場合においては、あらかじめ当該入国審査官が地方審査会に収容を必要とする充分な理由を明示してその承認を得なければならない」と規定され、収容の必要性がある場合にのみ収容令書を発付して収容することとし、収容の必要性につき入国審査官が判断した上、地方審査会という新機構に示して承認を得ることとして、収容謙抑主義に立つことが明文上明らかであった。

(ⅲ) 立法者意思

「ポツダム宣言の受諾に伴い発する命令に関する件に基づく外務省関係諸命令の措置に関する法律」に関する第13回国会の同法律案の審議に立法者意思を見てとることができる。

その際、参議院外務・法務委員会連合審査会（1952年4月15日）において伊藤修委員等より、収容につき、行政権のみの判断に基づいて30日から60日にも及ぶ身体拘束を許すことの問題が強く指摘された。これに対し、佐藤達夫法制意見長官が「もとより自由に、その疑われた個人の人を自由に置いておくことは勿論かまわないと、むしろそれが原則でございますが、どうしてもやはり或る種の拘束を加えて置かないと危険であるという場合に限つてこの収容の條文が働くわけでございますから、そのようなことを彼此勘案して考えますというと、人権を保障しつつ、而も我が国としては止むを得ざるこの退去の措置というものをやつて行こう、そういうあらゆる観点から総合して適当な妥当なところをここで規定しておるというふうに言い得る」、「十分な審査をするために必要なる期間というものは当然予想されるわけであります。而してその疑われた人によつては、その間どうしても放任して置けない人もある。従つてそういう人たちにつきましては、収容することができると書いてあるのでありまして、すべてを収容するわけでないことは明瞭であります。収容せざるを得ないような人たちについては、その審査の間収容しなければならん、止むを得んというそれは趣旨でできておるわけであります」と答弁して、収容謙抑主義に立つ立法であることを明らかにしている。

(ⅳ) 自由権規約との関係

収容前置説をとると、逃亡のおそれなどの収容を必要とする事由がない場合にも収容をすることになるが、このような処分は自由権規約に違反する。

ア　自由権規約9条1項は、「何人も、恣意的に逮捕され又は抑留されない」と定める。そして、この「恣意的（arbitary）」という概念は、「違法」ということとは必ずしも同義ではなく、不適切、予測不可能性や正義に反するという要素をも含む広

い概念であり、拘禁は合法的なだけでなくすべての状況を考慮して合理的なものでなければならない(宮崎繁樹編著『解説国際人権規約』〔日本評論社、1996年〕155頁)。

イ 「A対オーストラリア事件」における規約人権委員会の1997年4月30日決定は、1989年にオーストラリアに入国し、難民申請を行ったカンボジア国籍のAが、長期にわたり収容を受けた事案について、収容が自由権規約9条1項に反するかどうかという点に関し、次のとおり判断している。

「再勾留は、事件のすべての状況に照らして不必要な場合、例えば逃走や証拠の隠滅を防止する場合(この文脈においては、比較の要素として適切である)以外には、『恣意的』と見なされる」。「収容は国が適切な弁明ができる期間を超えては継続すべきではない。例えば、不法入国の事実は、調査の必要性を示すものかもしれないし、その他、逃亡の蓋然性が高いことや非協力的だということなどの個々の特性があるかもしれず、そのような場合にはある期間の収容は正当化されよう。そのような要素がない収容は、たとえ入国が不法であっても恣意的なものと見なされる」。

この判断に照らすと、収容前置主義による収容は、自由権規約違反となると解される。

(v) 子どもの権利条約との関係

子どもの権利条約37条(b)は、いかなる子どもも、不法にまたは恣意的にその自由を奪われないこと、子どもの逮捕、抑留又は拘禁は、法律に従って行うものとし、最後の解決手段として最も短い適当な期間のみ用いることを定める。

本条の子どもへの適用について収容前置主義をとるときは、子どもの収容についても収容の必要性を要件としないこととなり、同条約に違反する。

(vi) 収容前置説の論拠の検討

ア 収容前置説は、その根拠として

① 法44条・45条1項が入国警備官が容疑者を収容して違反事件を入国審査官に引き渡す手続を定めるのみで、容疑者を収容しないで違反事件を入国審査官に引き渡す手続を定めた規定がないこと
② 法47条1項が容疑者がすべて収容されていることを前提にしていること
③ 法48条3項に出頭要求の規定がないこと
④ 法48条6項は、容疑者がすべて収容されていることを前提としていること
⑤ 法63条1項が「その者を収容しないときでも」と規定するのは、容疑者がすべて収容されていることを前提としてその唯一の例外を規定するものであること

を挙げる(逐条解説574頁以下)。

イ しかし、そもそも、法28条1項が、「強制の処分は、この章及び第8章に特別の規定がある場合でなければすることができない」と定め、任意の調査が原則で

あることを明らかにし、例外としての強制処分は、「特別の規定」がある場合にのみなし得ると定める趣旨からすると、法44条、45条、47条、48条及び63条をもって「特別の規定」たる明示的な根拠規範と認めることはできない。

もともと入管・難民法は、強制処分にわたらない手続について必ずしも刑訴法ほどの詳細な規定を置いていない。例えば、法62条の通報を受けた場合の入国審査官又は入国警備官の処置につき刑訴法241条2項、242条、243条の規定に対応する規定を置いていない。詳細な規定のない部分は強制処分によるのだという解釈は、法28条1項の趣旨に照らし失当である。

ウ　収容前置説の論拠とする各条文について、以下、個々に検討する。

①　法44条、45条1項、47条1項についての収容前置説の主張は、収容謙抑主義をとる法律においてはすべからく、容疑者を収容しないで違反事件を取り扱う手続を詳細に定めるべきことを論理の前提としている。しかし、明らかに収容謙抑主義をとっていた不法入国者等退去強制手続令の条文を見ても、入管・難民法と同様、入国警備官が収容令書を発付した場合の手続を同令8条に定めるのみで、収容令書を発付しなかった場合の審査手続を定めた規定がないし、口頭審理手続の規定も収容令書の発付を受けた者についてのものしかなかった。

このことは、上記の前提がないことを示すものである。

入管・難民法の前身たる不法入国者等退去強制手続令が容疑者を収容する場合の事件の取扱いについて詳細な規定を持たなかったことが、入管・難民法に受け継がれていると考えられる。

収容前置説は、法48条3項に出頭要求の規定のないことを根拠とするが、口頭審理は容疑者が当事者として請求する審理であって取調べではないことから、出頭要求という規定の体裁をとらなかったものであろう。時刻と場所の通知によって、呼出しはなされるのである。

収容前置説の主張はあたかも口頭審理は収容場に身体拘束された者に対してのみなしうるかのような主張であるが、言うまでもなく、仮放免許可がされている者も口頭審理を受ける。

②　収容前置説は、法48条6項が容疑者がすべて収容されていることを前提としていると主張するが、同条項は、法45条を引き継ぎ、容疑者が収容された場合につき規定したものであるに過ぎない。

③　収容前置説は、法63条1項が「その者を収容しないときでも」と規定するのは、容疑者がすべて収容されていることを前提としてその唯一の例外を規定するものであると主張する。

この説は、全件について主任審査官らが容疑者を収容する権限を有するのみならず、全件収容するべき義務を負っていることを前提にして、法63条1項をその

義務を免除する規定と解するものである。しかし、全件を収容すべき義務を明示した規定は入管・難民法上存在しない。

同規定は、入管・難民法の前身である出入国管理令の制定時から同令63条として存在した。出入国管理令制定当時、不法入国・不法滞在者に対する刑事手続と行政手続との関係については、刑事手続前置主義がとられていた。このことは、出入国管理行政の人員及び設備の不備に基づくものであった（前掲川上「出入国管理の歩ゆみ(14)」）。この刑事手続前置主義との関係をみるとき、出入国管理令63条は、上記の刑事手続前置主義の例外を許容したものとなり、この例外の場合においては、収容された場合の規定を適用するか、収容されない場合と同様に扱うかを立法上選択することになるところ、前者を選択したのが同規定であると解される。

エ　以上からすれば、収容前置説はとる余地がなく、収容謙抑説が妥当である（さらに詳細は、大橋毅・児玉晃一「『全件収容主義』は誤りである」移民政策研究創刊号〔2009年〕85頁以下参照）。

(3)　収容の相当性

以上から、逃亡のおそれなど収容を必要とする合理的理由があってはじめて収容令書の発付が可能となる。

ところで、本条に基づく収容については、明文上、刑事手続における勾留のような医療上の必要や人道上の理由による執行停止（刑訴法95条参照）がない。また、子どもについて、刑訴法に対する少年法に該当する特別規定がない。しかし、収容は、それが不相当な場合は禁じられるべきである。

また、UNHCR結論44号「難民および庇護希望者の拘禁」及び「庇護希望者の拘禁に関する適用可能な判断の基準と尺度についてのUNHCRガイドライン・改訂版」（1999年2月）は、難民認定申請者（庇護希望者）について、一般原則として、庇護希望者の拘禁は本質的に望ましくないとの立場をとるが、法39条には、難民認定申請者であることを考慮するという規定はない。

とはいえ、権力行政に適用される基本的法原理である警察比例の原則（比例原則）からは、たとえ行政上の必要性があっても、目的と手段が比例していなければならず、過剰規制は禁じられるべきである（塩野宏『行政法Ⅰ〔第5版〕』〔有斐閣、2009年〕84頁以下参照）。上記のような特に配慮が必要な類型に属する人については、収容という手段の伴う侵益の程度が高く、収容の目的に対して比例しない。それ故、仮に収容について行政上の必要性があっても、少年・医療上収容が相当でない者・難民認定申請者については、原則として収容をするべきでないと解される。

(4)　事実上の収容との区別

違法な逮捕に引き続く勾留請求が却下されるべきことは、争いがない。同様に、違法な逮捕に引き続き収容令書発付請求がなされても、これを却下すべきであり、

逮捕の違法性を看過してなされた収容は違法である。
　そして、たとえ表面上任意同行の形式がとられていたとしても、実質的に逮捕と同視すべき強制が被疑者に加えられているときは、任意同行でなく逮捕であると評価すべきであること、実質的に逮捕に至ったことの判断においてどのような事情が考慮されるべきかにつき、刑事手続におけるものと別に解する理由はない。このような任意同行の問題点については、法28条の解説5(2)参照。

⑸　訴訟及び執行停止
　収容令書による収容からの司法的救済としては、行訴法に基づく手続（取消訴訟及びそれを本案とする執行停止。なお、収容の執行停止につき、法52条の解説8 9参照）と、人身保護請求とがあり得るが、これら手続に要する時間と比して、収容令書の有効期間が30日間（＋延長30日間）と短いことから、救済の実効性に乏しい。やはり、刑事の起訴前勾留に対する準抗告（刑訴法429条1項2号）のような迅速な救済制度が必要であろう。

第40条（収容令書の方式）

　前条第1項の収容令書には、容疑者の氏名、居住地及び国籍、容疑事実の要旨、収容すべき場所、有効期間、発付年月日その他法務省令で定める事項を記載し、且つ、主任審査官がこれに記名押印しなければならない。

1　本条の趣旨

　法39条の解説5(1)にあるとおり、そもそも収容令書発付を主任審査官が行うこと自体、憲法33条に違反する疑いがあり、仮に是認されるとしても重大な例外となる。そうすると、収容令書においては、少なくとも令状の要件を厳格に備えることを要求するべきである。
　本条は、かような要請から、収容令書の記載事項を定めたものである。

2　「容疑事実の要旨」

　憲法33条は、身体拘束について、理由となっている犯罪の明示を求める。本条が「容疑事実」の記載を要求するのは、この要請に沿うものである。
　「容疑事実」とあるから、文言解釈からして、法条の挙示では足りず、法条に該当する事実を記載することが必要であると解される。
　事実の記載は、容疑事実を具体的に特定するに足りる程度であることが必要である。

③ 「収容すべき場所」

収容すべき場所は、法41条2項に定める「収容することができる場所」の中から指定することとなる。

その要件に該当しない場所を指定した場合には、収容令書全体が違法であり、無効ないし取消事由となると解される。この点、刑事手続で警察留置施設から拘置所への移送の申立が、警察留置施設を勾留場所とした勾留状も一応適法であることを前提としてなされるのとは異なると思われる。

④ 「その他法務省令で定める事項」

規則35条及び規則別記50号様式により、容疑者の職業・性別及び生年月日が定められている。

⑤ 収容令書の有効期間

有効期間の長さについては、法に定めがない。実務上は10日間とされることが多いようである（入管六法の本条解説）。

第41条（収容の期間及び場所並びに留置の嘱託）

① 収容令書によつて収容することができる期間は、30日以内とする。但し、主任審査官は、やむを得ない事由があると認めるときは、30日を限り延長することができる。
② 収容令書によつて収容することができる場所は、入国者収容所、収容場その他法務大臣又はその委任を受けた主任審査官が指定する適当な場所とする。
③ 警察官は、主任審査官が必要と認めて依頼したときは、容疑者を留置施設に留置することができる。

---

① 本条の趣旨

本条は、収容令書による収容の場合の収容期限及び収容場所を規制して、収容の目的と被収容者の人権との調和を図るものである。

出入国管理令の退去強制に関する規定の前身である不法入国者等退去強制手続令では、収容の期間は原則として14日以内とされ（同令7条3項）、差戻しに基づく審理又は不可抗力による事由のために必要な最小限度の期間を限って延長ができることとされていた（同条4項）。

これを現行のとおり30日とし、30日の延長を可能としたのは出入国管理令からであるが、同令に法律の効力を付与するにつき審議した第13回国会参議院外務・法務委員会連合審査会（1952年4月15日）で、刑訴法における起訴前勾留の期間との対比において、行政権に過度に長期の身体拘束の権限を付与するものでは

ないかとの批判もあったところである。

2 1項「やむを得ない事由」

　実務上、特別審理官の判定に対する異議の申出の手続を経る場合には、延長を行う場合が多いと認められ、やむを得ない事由は緩やかに解されているようである。

　確かに、在留特別許可（法50条）の許否が微妙な案件などは、ある程度の時間をかけて審査をすることが要請されることは否めない。しかし、審査に時間を要する場合、仮放免許可（法54条）をした上で、収容を延長せず審理をすることも可能である。実際、在留特別許可を求めている案件では、仮放免を許可しても逃亡することなどは稀であり、収容の延長を否定しても行政目的は阻害されない。したがって、やむを得ない事由は不可抗力による事由に限られると解すべきである。

　なお、当事者側が仮放免申請しないことは、「やむを得ない事由」とはならない。適宜申請を促し、あるいは職権（法54条2項参照）で仮放免を行えば足りる。

3 1項「期間」

　収容期間の起算点は、収容令書を執行して容疑者の身体を拘束した時点である。期間を計算する場合、初日を算入しないのが原則であるが（民法138条、140条）、身体拘束は人権に対する重大な侵害であるから、より緩やかな方向に解釈するべきである（刑訴法208条1項の勾留の期間の起算日も、勾留請求日〔初日〕を算入する扱いである）。行政解釈も初日を算入する（入管六法の本条解説）。

4 2項「入国者収容所、収容場その他法務大臣又はその委任を受けた主任審査官が指定する適当な場所」

(1) 「適当な場所」

　適当な場所とは、単に身体拘束が可能な設備があるのみならず、適法・妥当な処遇が可能な場所を意味すると解される。

　適法・妥当な処遇の基準の如何は、自由権規約10条、被拘禁者処遇最低基準規則、被拘禁者保護原則などの国連諸規定及び法務省令である被収容者処遇規則等の解釈によって具体的に判断する必要がある。

　適当な場所か否かは、当該被収容者の属性との関係で決まるものであるから、法務大臣又はその委任を受けた主任審査官が指定した場所であっても、当該被収容者の属性との関係で適当でない場所は、収容することができる場所に該当しない。

(2) 「入国者収容所・収容場」

「適当な」という要件は、文言の体裁上、法務大臣又はその委任を受けた主任審査官が指定した場所についてのみ係る要件である。しかしこれは、いやしくも収容所・収容場であれば、単に身体拘束が可能な設備があるのみならず、適法・妥当な処遇が可能な場所であるべきことを前提としている故と解される。すなわち、ここにいう「収容所・収容場」は、単に形式上のそれではなく、身体拘束が可能な設備があるのみならず、適法・妥当な処遇が可能な場所であるという実質的な要素を備えた実質的な意味の収容所・収容場であると解すべきである。

例えば、2003年まで使用されていた東京入国管理局第二庁舎の収容場では、被収容者処遇規則28条に定めている毎日の運動の機会を与えられるような施設がなかった（法61条の7の解説③参照）。したがって、同収容場は、本条にいう「適当な場所」とは到底言えなかったものである。

(3) 「その他法務大臣……が指定する」

「出入国管理及び難民認定法による収容令書又は退去強制令書によって収容することができる場所を指定する件」（昭和28年6月24日法務省告示第368号）によって、医療法にいう病院、診療所又は助産所、検疫所、留置施設、収容される者が乗っていた船舶等とされている。

(4) 未成年者の適切な処遇が可能な場所

我が国は、未成年者を身体拘束する場合には成年と分離する原則をとっている。

子どもが発展途上で可塑性に富み、他からの悪い影響・感化を受けやすい傾向にあることを考慮して、その取扱いを成人と分離するのが、子どもの法制の大勢であり、原理的な法理である（田宮裕・廣瀬健二編『注釈少年法〔第3版〕』〔有斐閣、2009年〕459頁参照）。

国連総会が1990年に採択した「自由を奪われた少年の保護のための国連規則」29項は、「少年は、家族の一員である場合を除いて、大人から分離されなければならない」と定める。少年法49条、56条はこの趣旨に沿う。

ところが、現状では、地方入国管理局の収容場及び入国者収容所には未成年者収容に適切な施設がない。少年である外国人も成人の雑居房に一緒に収容されている状態である。収容場及び収容所以外の収容場所として、上記昭和28年法務省告示第368号が、医療法にいう病院、診療所又は助産所、検疫所、留置施設、収容される者が乗っていた船舶等と定めているのであるから、現状では乳児（及び妊婦ないし乳児の母）は原則として医療法にいう助産所に収容するほかはないと思われるが、その他の未成年者については、適当な収容場所がない。

いずれにせよ、未成年者について、成人と未分離の場所あるいは未成年者に適した設備のない場所を収容場所として指定することは、違法と考えられる。

(5) 女性の適切な処遇が可能な場所

　国連被拘禁者処遇最低基準規則53条は、女性と男性のほぼ完全な分離を前提としているが、収容所及び収容場においては、必ずしもこのような分離が実現されていないのが現状である。

　この点、第4回日本政府報告書に対する自由権規約委員会の最終所見においても、「委員会は、……出入国管理手続中に収容されている者に対する……セクシュアル・ハラスメントに関する申立てについて懸念を有する」と指摘されているところである。

(6) 「適当な場所」指定の裁量逸脱

　収容場所の指定は、収容の目的であるところの、退去強制手続の執行保全のための逃亡防止と、他方で身体拘束の間の処遇の適正性の確保を目的としてなされるべきものである。それ故、指定の際の裁量権は、このような目的で行使する限度で認められる。このような目的以外の目的で、収容場所を指定し、あるいは収容場所を変更して移収することは、収容場所指定権の目的外行使に当たり裁量を逸脱するものである。

　例えば、収容設備の違法や違法・不当な処遇を指摘した集団に属する者に対し、そのような指摘を抑圧・隠蔽する目的で収容場所を変更することは、収容場所指定権の目的外行使に当たると考えられる。

第42条（収容の手続）

① 入国警備官は、収容令書により容疑者を収容するときは、収容令書を容疑者に示さなければならない。
② 入国警備官は、収容令書を所持しない場合でも、急速を要するときは、容疑者に対し、容疑事実の要旨及び収容令書が発付されている旨を告げて、その者を収容することができる。但し、収容令書は、できるだけすみやかに示さなければならない。

1　1項「収容令書により容疑者を収容するとき」

　要急事件における収容にも準用されると解すべきことについて、法43条の解説4参照。

2　1項「収容令書を容疑者に示さなければならない」

　収容令書を容疑者に示さなければならないとされている趣旨については、容疑者に収容の理由（容疑事実の要旨）を知らせることにより、入国審査官の審査以後の手続において容疑者の弁解、防御等に資するようにするためであると解されている（逐条解説586頁）。

そうとすれば、当該容疑者の母語ないし第一言語（これらが不明の場合、母国語ないし国籍国の主要言語）への翻訳文を収容令書に添付して、これを示すようにすべきであり、少なくとも、通訳人に収容令書の内容を上記の言語に通訳させる等の措置を講じなければならないものと解すべきである。

3 　2項の趣旨

本項は、収容令書がすでに発付されているが、入国警備官がこれを所持していない場合であって、かつ、急速を要する場合に容疑者を収容することができることを定めたものである。

しかし、そもそも、法39条が憲法33条の令状主義との関係で違憲の疑いが濃いところ（法39条の解説5(1)参照）、収容の手続が厳格にされるべきものであることに鑑みれば、「急速を要する場合」とは、収容令書の取寄せを待っていては容疑者が逃亡する具体的かつ現実的なおそれがある場合をいうものと解すべきである。

第43条（要急事件）

① 　入国警備官は、第24条各号の一に明らかに該当する者が収容令書の発付をまっていては逃亡の虞があると信ずるに足りる相当の理由があるときは、収容令書の発付をまたずに、その者を収容することができる。

② 　前項の収容を行つたときは、入国警備官は、すみやかにその理由を主任審査官に報告して、収容令書の発付を請求しなければならない。

③ 　前項の場合において、主任審査官が第1項の収容を認めないときは、入国警備官は、直ちにその者を放免しなければならない。

1 　本条の趣旨

本条は、法39条の例外として、退去強制事由に明らかに該当し、収容令書の発付を待っていては逃亡のおそれがあると信ずるに足りる相当の理由がある容疑者について、収容令書の発付を待たずに収容措置をとることができるという要急収容について規定している。

しかし、もともと法39条が憲法33条の令状主義との関係で違憲の疑いが濃いのであるから、法39条の手続を簡便にする本条には、さらに立法論上の疑問がある。

要急収容は、刑事手続における緊急逮捕（刑訴法210条）に類似しているので、緊急逮捕における議論を参考にするべきであろう。緊急逮捕については、憲法33条の令状主義との関係で違憲の疑いがあり、「合憲性の根拠を強いて求めるとすれば、社会秩序に対する重大な侵害を排除する緊急の措置としての緊急行為た

るところにあると解さざるをえない」。それゆえ、「重大な犯罪の場合に限定さるべきで、この点現行刑事訴訟法が緊急逮捕を認める範囲は広汎に失する」との指摘がある（佐藤幸治『憲法〔第3版〕（現代法律学講座5）』〔青林書院、1995年〕593頁）。最高裁も、「罪状の重い一定の犯罪のみについて、緊急已むを得ない場合に限り、逮捕後直ちに裁判官の審査を受けて逮捕状の発行を求めることを条件とし、被疑者の逮捕を認めることは、憲法三三条規定の趣旨に反するものではない」としている（最大判昭30・12・14刑集9巻13号2760頁）。

　この点、法24条各号に定める退去強制事由は、重大な犯罪を内容とするわけではない。不法入国・不法残留といえども、罰則は3年以下の懲役若しくは禁錮若しくは300万円以下の罰金、またはその懲役若しくは禁錮及び罰金の併科であるから（法70条1項）、緊急逮捕の要件にある「死刑または無期若しくは長期3年以上の懲役若しくは禁錮に当たる罪」の最低限に過ぎず、緊急逮捕についてすら前述の批判のあること、まして入管・難民法上の収容にはそもそも令状主義との関係で違憲の疑いがあること、収容の期間が30日以内と長いことに鑑みると、緊急の身体拘束を正当化できるかという点に、強い疑いがある。法24条4号チ・リなどの該当者の中には罪状の重い一定の犯罪と見得るものもあろうが、これらはすでに刑罰を受けた者たちであり、緊急に収容すべき事情があるとも思えない。

　ただし、緊急逮捕の規定が「罪を犯したことを疑うに足りる充分な理由」がある場合としているのに対し、本条の規定は「第24条各号の一に明らかに該当する者」とあるから、本条の規定は、緊急逮捕ではなく現行犯逮捕に類するものと解する余地がある。この観点からすれば、むしろ、本条を現行犯逮捕に準じた制度として、その要件を厳格に解釈する必要があると思われる。

2　1項「第24条各号の一に明らかに該当する者」

　本条解説1で述べたとおり、要急収容制度を現行犯逮捕手続に準じるものと解するべきであるから、「明らかに該当する」とは、法24条各号に該当する行為を現に行い、又は現に行い終わった者、若しくは行い終わってから間がないと明らかに認められる場合に限定するべきものと解される。

3　1項「収容令書の発付をまつていては逃亡の虞があると信ずるに足りる相当の理由」

　単に逃亡のおそれがあるというだけでなく、収容令書の発付に通常要する期間の間に逃亡が実行されるであろうことについても信じるに足る相当の理由が必要であるとの趣旨である。

4　1項「収容することができる」

収容の際の手続について、明文の規定はないが、法42条の趣旨からして、入国警備官は、要急収容を行う場合には、容疑者に対して容疑事実を告げることを要し、収容令書が発付されたときは、速やかにこれを容疑者に示すこと（法42条の解説②参照）を要するものと解される。

5　3項の趣旨

要急収容の場合、本条1項の要件のいずれをも充たす必要がある。いずれか1つの要件でも欠ければ、収容することはできない。主任審査官は本項により、これら要件の充足の有無を厳格に審査することが義務付けられている。

第44条（容疑者の引渡）

> 入国警備官は、第39条第1項の規定により容疑者を収容したときは、容疑者の身体を拘束した時から48時間以内に、調書及び証拠物とともに、当該容疑者を入国審査官に引き渡さなければならない。

本条の趣旨

本条は、収容の期間を最小限にすべき趣旨から、収容した場合の時間の制限を規定したものである。入国警備官及び入国審査官に対し、その権限行使に当たり守らなければならない手続（この場合は時間的制約など）を定めた手続規範であり、容疑者を収容する場合において、容疑者の人権に配慮して手続を定めようとしたものである。

本条及び次条を収容前置主義（全件収容主義）の根拠とする解釈が誤っていることについては、法39条の解説⑤(2)(vi)参照。

第3節　審査、口頭審理及び異議の申出

第45条（入国審査官の審査）

> ①　入国審査官は、前条の規定により容疑者の引渡しを受けたときは、容疑者が退去強制対象者（第24条各号のいずれかに該当し、かつ、出国命令対象者に該当しない外国人をいう。以下同じ。）に該当するかどうかを速やかに審査しなければならない。
> ②　入国審査官は、前項の審査を行つた場合には、審査に関する調書を作成しなければならない。

1 本条の趣旨

　本条は、退去強制手続の第一審に当たる入国審査官の審査について規定したものである。

　この審査は、違反調査を担当する入国警備官から引渡しを受けた調書及び証拠物に基づいて行われるものであるが、同一の行政機関内部の手続であって、必ずしも客観的な判断は期待できない。

　この点、入国審査官の審査(法45条以下)・特別審理官による口頭審理(法48条)・法務大臣に対する異議申出(法49条以下)をもって、三審制をとり、「退去強制の手続がとられる外国人の権利が手厚く守られる手続構造となっている」と評価する考えもあるが(逐条解説543頁)、入国管理局内部だけでの審査を三重に重ねたとしても、公正さは担保されない。実務上も、入国審査官の審査と特別審理官による口頭審理は、ほとんど同じ内容の調査を繰り返すものとなっている。本章冒頭で述べたとおり、公正判断を求めるための第三者機関の導入等の法制度の整備が必要とされる所以である。

　また、違反審査は、容疑者にとっては、異国の地で自らに不利益処分を課されるものであるから、自己の主張を代弁するべき者として、代理人(弁護士)の選任権を明文で保障すべきである。この点、資格外活動の許可に関する規則19条3項や本人の出頭義務と代理制度に関する法61条の9の3及び規則59条の6を根拠として、一部の手続を除き、弁護士による代理を必ずしも正面から認めない実務が散見されるが、問題である。弁護士法3条1項は、「弁護士は、当事者その他関係人の依頼又は官公署の委嘱によつて、訴訟事件、非訟事件及び審査請求、異議申立て、再審査請求等行政庁に対する不服申立事件に関する行為その他一般の法律事務を行うことを職務とする」と定めている。ここでいう「その他一般の法律事務」には、「事件性」は不要と解すべきであるから(詳細は、日本弁護士連合会調査室編著『条解弁護士法〔第4版〕』〔弘文堂、2007年〕615頁以下参照)、当然に入国管理局における諸手続も弁護士業務に含まれることになる。なお、規則19条3項等は、届出を行った弁護士や行政書士による手続の代理(実務上の呼称は「取次」)を認めるが、これはもともと行政書士のみについて規定されていたところ、2005年1月の同規則改正で弁護士が付加されたものである。弁護士の代理権について直接定めたものではなく、代理事務に関する手続的規定に過ぎないから、これをもって弁護士の代理権の範囲を画する根拠と解することはできない。

　この点、現在の入管・難民法の前身ともいうべき出入国管理令を審議対象とした第13回国会参議院外務・法務委員会連合審査会(1952年4月3日)では、羽仁五郎委員から呈された「いやしくも人の自由を拘束する、或いは人について取調べを行うというような場合に、そうした自由の拘束というものが万一不当な自由の拘

束が行われる場合には、これを救済すべき十分な法的手続というものの保証（ママ）がなければならないということが、民主主義の法のやはりこれも最も貴重な原則の一つであります。然るに今提案されております出入国管理令などを拝見いたしますと、その第五章などにおいては、民主主義の法が期待しておるような、そういう要件を果しておられない。それでこれは非常に重大な問題である」との指摘に対して、鈴木一入国管理庁長官は「やはり裁判手続と同じような鄭重な三段階の手続によりまして、本人が納得するまでは強制退去しない、最後に三段階の審査の結果、どうしても退去するということにきまりましたものにつきましては強制退去をするということになつておりまして、その間に本人が承認を求めて証人或いは弁護士、代理人というようなものを付けることもできます」と回答している。このことからも、立法者は弁護士による代理を予定していたということができよう。

② 1項「前条の規定により容疑者の引渡しを受けたとき」：収容前置主義との関係

本条が、法44条を受けて、「入国審査官は、前条の規定により容疑者の引渡しを受けたときは、容疑者が退去強制対象者……に該当するかどうかを速やかに審査しなければならない」と規定するのみで、入国警備官が容疑者を収容しないで違反事件を入国審査官に引き渡す手続を定めた規定がないことから、退去強制事由該当容疑者の退去強制手続を進めるに当たり、容疑者をすべて収容する制度（収容前置主義＝全件収容主義）を採用していることの根拠として挙げている見解もあるが（逐条解説574頁）、この見解が誤りであることにつき、法39条の解説⑤(2)(vi)参照。

③ 1項・2項「審査」：取調べの可否と限界

入国審査官は、入国警備官から容疑者の引渡しを受けたときは、①収容の適法性の確認（違反事実の有無、引渡しが身体拘束から48時間以内に行われたか）、②容疑者の同一性の確認等を行う。

ここで、違反事実がないことが明らかになったときには、容疑者を放免しなくてはならないものと法により定められているが（法47条1項）、それ以外の手続の違法性があることが明らかになったときにも、直ちに容疑者を放免しなくてはならないものと解すべきである。なぜなら、たとえ違反事実が存在したとしても、人身の自由が保障されるのが大原則であり、ただ、法の要件に合致し、手続を履践してはじめてその制限（収容）が認められているに過ぎないのだから、その手続に瑕疵があれば、自由を奪う根拠は失われ、原則どおりの自由を回復させなくてはならないからである（聴聞が公正に行われなかったなどの理由で退去強制命令を取り消した米

国の裁判例がある〔Yiannnopoulos v. Robinson, 247 F.2d 655 -1957〕)。

　この審査は、基本的には入国警備官から引渡しを受けた書類及び証拠資料に基づくものとなる。

　これに加え、「入国審査官は、容疑事実に関し直接に心証を得るため必要があると認める場合には、任意の方法により、容疑者又は参考人の供述を求め、鑑定、通訳、翻訳を依頼し、容疑者その他の者が任意に提出した証拠物を領置し、公私の団体に対して必要な照会を行い、その他必要な取調べをすることができるものと解される」という見解がある（逐条解説595頁）。

　しかし、実務上は、むしろ入国審査官が容疑者から事情聴取を行うのが通例であり、原則と例外は逆転している。

　ここでいう「任意」が、文字どおり、容疑者・参考人の完全な自由意思に基づくものであれば、そのような手法の審査を否定するものではないが、弁護士による代理も認めておらず、さらに、通訳人を介した審査も必ずしも保障されていない現在の手続では、真に手続が任意に行われることを保障することは、むしろ極めて困難である。一般人が公務員から供述を求められたり、証拠物の提出を求められたりした場合に、それが強制力を持たないものと判断して、それに応じるかどうかを自由意思で判断することは、日本人でも困難である。まして、日本の法制度や慣習に疎い外国人ではなおさらである。

　入国警備官に取調べ権限を特に認めた法28条の反対解釈からしても、また、入国警備官が遂げた違反調査の結果を入国審査官がレヴューすることにより違反調査手続の公正を担保するという構造をとった本来の趣旨からしても、入国審査官の補充調査は例外的かつ限定的な性質を有すると言うべきであろう。

　したがって、現在の運用を前提にすると、「任意の手続」という名の下で、強制処分の潜脱がなされる危険性が極めて高く、上記の見解には賛成できない（もっとも、容疑者が自らの容疑を晴らすため、全くの自由意思から証拠資料等を提出することを否定するものではなく、あくまで「任意」という名の下で入国審査官が資料収集を積極的に図ることに反対するものである)。

4　1項「速やかに」

　本条は、審査の時間的な制限について、単に「速やかに」とするだけで、具体的な時間を挙げていない。この点について、特に争いになった裁判例等は存在しないようであるが、法47条1項では、容疑事実がないと認定されたときには直ちに放免されなくてはならないとしているので、その間の無用な身体拘束の時間は極力排除すべきである。身体拘束期間に直結する問題であるから、立法論としては、期間を明示するよう改正すべきである。

なお、法52条3項の「速やかに」の解釈に関して、同条の解説3参照。

5 審査結果の開示

本条2項により、審査の結果は調書にしなくてはならないとされる。

この調書に記載されたことが正確かどうかは、容疑者にとって重大な利害関係がある。

難民認定手続に関しては、異議申立があった場合に、第一次手続の過程で作成された本人の供述調書が、行政機関の保有する情報の公開に関する法律の定める手続によって、通訳人名部分を除いて開示される実務が定着している。開示の必要性と相当性において難民認定手続と別異に解する合理性がない以上、同様の手続により、本条2項並びに法29条2項及び30条2項の調書についても開示を求めることは可能と解するべきである。

6 裁判例：福岡地判平4・3・26判時1436号22頁・判タ787号137頁

上記判決は、いわゆるベトナム難民を偽装して日本に入国した中国人女性の原告に対する退去強制手続における手続の適法性を争った事件であるが、その理由中において、退去強制手続における適正手続保障の要請を強く要求しているので、特に引用しておく。なお、法47条の解説8の裁判例も参照。

(1) 退去強制手続と憲法31条

「退去強制の手続は、法二四条所定の退去強制事由の有無を明らかにして最終的には行政処分である退去強制処分を行うことを目的とする手続であるから、刑事責任追求を目的とする手続に適用される憲法三一条が当然には適用されない。しかし、退去強制の手続がその過程においては容疑者の身体の自由を拘束し最終的には退去強制処分という容疑者の身体の自由に重大な影響を与える不利益処分を実施するための手続であることからすれば、憲法三一条が刑罰という同じく身体の自由等に重大な影響を与える不利益処分を行うについて適正な手続によるべきであると規定した趣旨は、退去強制の手続においても十分に生かされるべきである」。

(2) 入国審査の対面手続における告知義務

「対面審査を行う場合の容疑者に対する手続の概要等についての事前告知義務の存否等であるが、この点に関しては、右のような告知等を義務付ける法の明文の根拠はないものの、まず、前述した退去強制手続の性格及び同手続中における入国審査の第一審的な審判手続としての機能や位置付けに照らし、容疑者の主張、弁解の機会を適正に保障するという観点から、入国審査官は、その冒頭において、容疑者に対して少なくともこれから始まる入国審査手続の目的及びそれ

の結果としてもたらされる効果を理解させ、容疑者に十分な主張、弁解を行う機会を与えるべきものと解するのが相当である」。

(3) 入国審査官の難民認定申請手続の存在に関する告知義務の有無

「難民認定申請手続は退去強制事由の有無にかかわらず一定の事由の認められる者に日本への在留を許可する手続であり、退去強制手続とは法体系上別個の目的に立脚する手続と見るのが相当である。したがって日本への外国人の出入国に関する法体系について必ずしも十分な知識を有しているとは限らない退去強制手続上の容疑者に対して日本の法体系の概要についての理解を提供することは、将来不利益処分を受けるかもしれない同人の地位を考慮すると望ましいこととは考えられるものの、退去強制手続上の入国審査において、難民認定申請手続の存在及びその概要等について当然に告知義務が存するとまで解するのは困難というべきである。

ただし、入国審査の過程において、当該容疑者に難民認定の対象となり得る事由の存在が明らかに窺われ、容疑者としても難民認定申請手続の存在について知識があればこれを行うであろうことを窺わせる相当の事情がある場合には、単に外国人の日本の法体系についての知識の不足のみを理由に難民認定申請を行う機会を奪う結果となることは、同手続の基礎となっている難民条約等に我が国も加盟しておりその遵守義務も負っていることに照らして公正とはいえないから、当該入国審査官は、右の告知をすべき法律上の義務を負担する場合もあると解される」。

(4) 口頭審理請求権等の告知義務

「……口頭審理の請求は、右請求を行わせるために法務大臣が特に指定した入国審査官たる特別審理官（法二条一二号）が、必ず容疑者に対面し、その面前で容疑者に弁解、防御の機会を与えて行うべきものとされている（法四八条三項）。したがって、口頭審理請求権を告知するには、少なくとも、特別審理官が容疑者に直接対面して弁解、防御の機会を与えつつ入国審査官の認定の当否を審理する不服申立手続である程度のことは説明を要するものと解される。

これに対し、口頭審理の結果下された判定に対する不服申立手続である異議の申出及び右異議の申出に対する法務大臣の裁決に際して例外的に適用されることのある特別在留許可制度については、口頭審理請求権告知の段階においてこれを容疑者に告知するよう義務付ける明文の規定はないものの、必ずしも我が国の法手続について詳しい知識を有しているとは限らない外国人の容疑者に対して、手続の全体像に対する理解を深めさせることによって、その主張、弁解の機会を適正に保障することを確保するという観点からは、これらについても早い時期に理解の機会が与えられることが望ましいものと言える。

しかし、……右制度を含む口頭審理手続以後の手続についてまで告知しなければ口頭審理請求権の告知としては不十分であるとまで解するのは困難である。
　もっとも、法務大臣の特別在留許可を受け得る利益は、容疑者の手続上の地位の一つに含まれていると考えられ、この利益を現実に受け得るようになるには、口頭審理を経ること及びその結果としての判定が不利な場合には異議の申出をすることが手続的前提として要求されているから、入国審査の過程において、容疑者か特別在留許可を受けることも考えられるような特殊事情の存在が相当程度濃厚に窺われるような場合には、容疑者の法手続に対する単なる知識の不足ゆえに前記のような容疑者の手続上の地位に付随する利益を喪失させることが公正に反することもあると考えられるので、このような場合には、入国審査手続を主宰する入国審査官は後見的立場から、右制度を含む以後の手続につき告知・説明すべき義務が生ずることもあると解する余地もある」。

⑸　入国審査官が口頭審理権放棄請求書に署名させたことの違法性
　「容疑者が入国審査官の認定に服したとして口頭審理の放棄書に署名するに当たり、これを当該容疑者に対する入国審査の実施に当たった入国審査官自らが行うことを許容すると、自己の認定を押しつける結果ともなって適正でなく、また仮にその入国審査の手続及び認定に問題があったとしても、口頭審理の放棄書の作成により認定は確定することとなって、主任審査官に期待された適正手続保障のためのチェック機能が働かなくなる。
　……前記……認定の事実のとおり、本件口頭審理請求権の放棄は、原告に対する入国審査を担当したC入国審査官において、入国審査の前に主体不詳の者から包括的な指示を受けて……、その入国審査終了直後に原告に口頭審理の放棄書に署名させるという形で行われたのであり、このような口頭審理の放棄手続は、叙上の法の趣旨に違背するものというべきである」（ただし、この瑕疵が本件退去強制手続における原告の容疑事実の認定ひいては本件退去強制令書の発付という結果に影響を及ぼしてはいないものと理解されるので、その瑕疵は適正手続保障の趣旨が実質的に侵害されたとは言えず、処分の取消しを必要とすべき程度の違法となる瑕疵とは判断できないとして、請求は棄却）。

第46条（容疑者の立証責任）
　前条の審査を受ける容疑者のうち第24条第1号（第3条第1項第2号に係る部分を除く。）又は第2号に該当するとされたものは、その号に該当するものでないことを自ら立証しなければならない。

1 本条の趣旨

本条は、不法入国又は不法上陸に係る容疑者に対し、自らが不法入国者又は不法上陸者でないことの立証責任を課する旨を規定したものである。

2 「前条の審査」

入国警備官から容疑者の引渡しを受けた入国審査官による違反事実に関する審査をいう。

3 「第24号第1号（第3条第1項第2号に係る部分を除く。）」に該当するとされた者

「第3条の規定に違反して本邦に入った者」のうち、有効な旅券も有効な乗員手帳も所持しないで入国した者である。

なお、1997年改正法により、法3条1項2号に「入国審査官から上陸許可の証印若しくは第9条第4項の規定による記録又は上陸の許可（以下「上陸の許可等」という。）を受けないで本邦に上陸する目的を有する者」について、上陸を禁止する旨の規定が新設されたが、この者については、本条解説 5 で述べているような立証責任転換の趣旨が妥当しないことから、本条の適用対象外とされた。

4 「〔第24条〕第2号」に該当するとされた者

法9条6項の規定に違反して本邦に上陸した者、すなわち、上陸の手続において審査の結果、入国審査官が行う上陸許可の証印（法9条1項）、口頭審理の結果特別審理官が行う上陸許可の証印（法10条8項）又は法務大臣の裁決の結果主任審査官が行う上陸許可の証印（法11条4項）のいずれをも受けないで本邦に上陸した外国人をいう。

5 立証責任の程度

本条において容疑者が負うべき立証の程度は、真正な外観を有する旅券等ないしは上陸許可の証印等を示す程度で足り、それらが真正であることまでの立証責任は負担しないものと解すべきである。以下、理由を述べる。

本条の立証趣旨は、次のように説明されている。

「一般に、不利益処分を行う場合には、その要件事実に該当することの立証責任は処分を行う側に課すのが原則であり、不利益処分を受ける側にこれを立証させることは許されないとされている。これは、ある事実の『存在』を立証することは比較的容易であるが、その『不存在』を立証することは困難であるという論理法則から導かれる帰結である。しかし、第二十四条第一号該当の容疑者については有

効な旅券又は乗員手帳を所持していないこと、同条第二号該当の容疑者については上陸許可書の認証を受けていないことを入国審査官が立証することは極めて困難であるのに対し、容疑者本人が正規に入国・上陸している場合には有効な旅券又は乗員手帳を所持していること、上陸許可等を受けていることを容易に立証することができる。本条は、このような事実に着目した規定であって、形式的には立証責任を転換しているが、右に述べたような合理的理由に基づくものであり、決して容疑者に対し不可能や困難を強いるものではない」（逐条解説598頁以下）。

しかし、本条の文言に単純に従えば、例えば上陸を希望する者が所持する旅券が偽造ではないかとの疑いを持たれた場合にも、容疑者が当該旅券が真実有効なものであることを立証しなくてはならないことになる。容疑者はこの時点で収容されていること、言語にも通じない場合が多いであろうことを考えると、立証責任を転換させることは、極めて酷な場合もある。

さらに、法45条1項は、「入国審査官は、前条の規定により容疑者の引渡しを受けたときは、容疑者が退去強制対象者……に該当するかどうかを速やかに審査しなければならない」とするのみで、審査の時間に制限を設けていない。入国審査官は、「審査の結果、容疑者が第24条各号のいずれにも該当しないと認定したとき」にはじめて、その者を放免するのであるから（法47条1項）、容疑者は自ら立証を尽くして、違反事実がないことを立証しなければ、身体拘束を受け続けることになるのである。

また、報45条の解説①で言及したように、容疑者には弁護士等による代理人によって、証拠収集をする機会が全く保障されていない。言語にも通じず、立証に協力してもらえる知人の数も極めて限られていることの方が、圧倒的に多いと思われる。

このような調査能力の差からすれば、本条所定の事実のうち、旅券等の有効性に関しては、むしろ国（入国管理局）側に当該旅券が有効ではないことの立証責任を負わせることが公平である。

そして、もし、容疑者側に旅券等の有効性まで立証責任を負わせるとすれば、その結果、立証するまでの身体拘束を可能にするという意味において、本条は憲法34条2文（「何人も、正当な理由がなければ、拘禁され」ない）及び自由権規約9条1項（「すべての者は、身体の自由及び安全についての権利を有する。何人も、恣意的に逮捕され又は抑留されない」）に違反することになると解される。

したがって、本条の立証責任は冒頭に述べた限度で転換されていると解するべきである。

第47条（審査後の手続）

① 入国審査官は、審査の結果、容疑者が第24条各号のいずれにも該当しないと認定したときは、直ちにその者を放免しなければならない。
② 入国審査官は、審査の結果、容疑者が出国命令対象者に該当すると認定したときは、速やかに主任審査官にその旨を知らせなければならない。この場合において、入国審査官は、当該容疑者が第55条の3第1項の規定により出国命令を受けたときは、直ちにその者を放免しなければならない。
③ 入国審査官は、審査の結果、容疑者が退去強制対象者に該当すると認定したときは、速やかに理由を付した書面をもって、主任審査官及びその者にその旨を知らせなければならない。
④ 前項の通知をする場合には、入国審査官は、当該容疑者に対し、第48条の規定による口頭審理の請求をすることができる旨を知らせなければならない。
⑤ 第3項の場合において、容疑者がその認定に服したときは、主任審査官は、その者に対し、口頭審理の請求をしない旨を記載した文書に署名させ、速やかに第51条の規定による退去強制令書を発付しなければならない。

1 本条の趣旨

本条は、入国審査官が審査を行った結果、容疑事実に該当しないと認定したとき又は出国命令対象者に該当すると認定したときの、それぞれの場合におけるその後の手続について規定したものである。

2 1項の趣旨

「直ちにその者を放免しなければならない」とあるので、入国審査官は一切の遅滞なく、その者を放免しなければならない。

そして、この場合、容疑者は、全く不要の身体拘束を受けたことになるが、現行法上、これによる不利益を賠償するには、国家賠償請求によるほかない。国家賠償請求は、公務員の故意・過失の立証責任が請求する側に課せられるし、相互主義の規定（国賠法6条）によって、請求が排斥される場合もある。そこで、立法論としては、刑事事件における刑事補償法や被疑者補償規程（法務省訓令）のような相当額の補償をする制度を設けるべきである。

3 2項の趣旨

本項は、出国命令制度の新設（2004年12月2日施行）に伴い、新設された条文である。出国命令対象者（法24条の3、55条の2以下参照）には、退去強制手続ではなく出国命令手続が優先的に適用されることから、入国審査官の審査によって出国命令対象者であることが判明した場合には、それ以上退去強制手続を進めること

なく出国命令手続に移行するべきことを定めている。

　本来であれば、入国警備官が、違反調査の結果として、容疑者に退去強制事由（法24条各号）があるものの、出国命令対象者（法24条の3）に該当すると認めるに足りる相当の理由があると思料した場合には、収容令書の発付（法39条）を受けない状態で、当該容疑者に係る違反事件を入国審査官に引き継ぐべきところである（法55条の2第1項）。

　しかし、入国警備官において——あるいはその後の各手続段階においても——、出国命令非対象者（退去強制対象者）であると判断されて退去強制手続が進められたが、いずれかの手続段階で実は出国命令対象者であることが判明するという事態も想定しなければならない。そこで、法は、退去強制手続の過程で、当該外国人が実は退去強制対象者ではなく出国命令対象者であることが判明した場合には、判明した手続段階において主任審査官への通知がなされるものとし（本項、法48条7項、49条5項各前段）、この通知を受けた主任審査官は、速やかに出国命令をしなければならないとした（法55条の3第1項）。そして、この場合は、当該容疑者は通常の退去強制手続の中で収容状態にあるのが通常であるから（法39条以下）、出国命令発令後直ちに当該容疑者を放免することにしたものである（本項、法48条7項、49条5項各後段）。

　なお、出国命令手続の流れにつき、法第5章の2の冒頭解説参照。

④　3項の趣旨

　本項は、入国審査官が審査の結果、違反事実があると認定したときには、「速やかに理由を付した書面をもつて、主任審査官及びその者にその旨を知らせなければならない」とするものである。

　ここで容疑者に書面による認定結果の通知を定めているのは、認定の理由を明示することによって、容疑者がその後の口頭審理手続（法48条）において意見を述べ、弁解し又は反証することを容易にするためである。また、主任審査官に対して認定の結果を知らせるのは、主任審査官は退去強制手続全般の統括者の地位にあり、かつ、容疑者の収容に際して収容令書を発付した責任者でもあるからであると説明されている（逐条解説608頁）。

⑤　3項「理由を付した書面」：理由付記の程度

　上記の本条3項の趣旨からすれば、容疑者に対する認定結果の通知において付される理由は、反論・弁解を十分になし得るほどの詳細なものでなくてはならない。

　ところが、規則37条2項によって定められている認定通知書（規則別記53号様式）

では、数行ばかりの「認定要旨」を記載すれば足りるような書式となっている。

これに対し、主任審査官に対して提出する認定書（規則別記52号様式）においては、少なくとも、「認定要旨」欄が「1　事実の認定」と「2　証拠」とに分かれている。

主任審査官に対して認定結果を知らせることは、取り立てて法律で定める必要もなく、内規により報告の仕方を定めれば済む程度の問題である。したがって、本項の定めで重要なのは、容疑者に自らの処分理由を明らかにする通知である。

ところが、規則では、容疑者に対して交付される通知書の方が、主任審査官に対して提出される認定書よりも、形式上、詳細な理由を付さないでよいかのような形式となっている。本末転倒であり、条文上は差異を設けることは予定されていないのであるから、少なくとも前者においても規則別記52号様式と同等以上の「認定要旨」欄を設け、理由告知をなすべきである。

6　言語的デュー・プロセス（適正手続保障）の要請

また、本条2項の通知、3項の口頭審理ができる旨の教示（上記の規則別記53号様式に不動文字で記載がある）及び5項の口頭審理を請求しない旨の文書への署名を求める際に、実務上は、容疑者の母語により行われていない場合もしばしばあるが、問題である。

退去強制手続は、長期間にわたる身体拘束を課され、最終的には国外へ退去され、しかも一定期間は再上陸を禁止されるという著しい不利益を当該外国人にもたらすものであるから、刑事手続に関する自由権規約14条3項(a)の趣旨は、ここにも妥当する。いずれの手続においても、翻訳文を添付するか、あるいは最低限でも通訳人を介して説明をし、その説明状況の全過程を録画するよう運用の改善をすべきである。

なお、退去強制手続における適正手続保障全般について述べた裁判例につき、法45条の解説6参照。

7　5項「主任審査官は……退去強制令書を発付しなければならない」

退去強制令書の発付に際して、少なくとも送還先指定の裁量の余地がある以上、同発付処分独自の違法性を観念し得ることにつき、法53条の解説78参照。

8　5項裁判例：東京地判平17・1・21判時1915号3頁

口頭審理請求権放棄があったとして法48条9項により退去強制令書が発付された事件で、同項による退去強制令書発付処分の前提となる違反審査手続に違法事由がある場合には退去強制令書発付処分も違法になるとした上で、①違反審査手続において正規の通訳人を介した手続が行われていない点、②口頭審理

請求権の告知がされていない点において不十分かつ違法なものであり、その結果、③原告の真意を十分に確認しないまま口頭審理請求権放棄書に署名をさせた上、その放棄があったものとして、退去令書発付処分がなされたのであるから、その処分は違法で取り消されるべき、と判断した。

第48条（口頭審理）

① 前条第3項の通知を受けた容疑者は、同項の認定に異議があるときは、その通知を受けた日から3日以内に、口頭をもつて、特別審理官に対し口頭審理の請求をすることができる。
② 入国審査官は、前項の口頭審理の請求があつたときは、第45条第2項の調書その他の関係書類を特別審理官に提出しなければならない。
③ 特別審理官は、第1項の口頭審理の請求があつたときは、容疑者に対し、時及び場所を通知して速やかに口頭審理を行わなければならない。
④ 特別審理官は、前項の口頭審理を行つた場合には、口頭審理に関する調書を作成しなければならない。
⑤ 第10条第3項から第6項までの規定は、第3項の口頭審理の手続に準用する。
⑥ 特別審理官は、口頭審理の結果、前条第3項の認定が事実に相違すると判定したとき（容疑者が第24条各号のいずれにも該当しないことを理由とする場合に限る。）は、直ちにその者を放免しなければならない。
⑦ 特別審理官は、口頭審理の結果、前条第3項の認定が事実に相違すると判定したとき（容疑者が出国命令対象者に該当することを理由とする場合に限る。）は、速やかに主任審査官にその旨を知らせなければならない。この場合において、特別審理官は、当該容疑者が第55条の3第1項の規定により出国命令を受けたときは、直ちにその者を放免しなければならない。
⑧ 特別審理官は、口頭審理の結果、前条第3項の認定が誤りがないと判定したときは、速やかに主任審査官及び当該容疑者にその旨を知らせるとともに、当該容疑者に対し、第49条の規定により異議を申し出ることができる旨を知らせなければならない。
⑨ 前項の通知を受けた場合において、当該容疑者が同項の判定に服したときは、主任審査官は、その者に対し、異議を申し出ない旨を記載した文書に署名させ、速やかに第51条の規定による退去強制令書を発付しなければならない。

1 本条の趣旨

本条は、特別審理官が行う口頭審理の手続について規定したものである。

口頭審理とは、口頭主義による審理方式をいい、行政上の争訟に関する書面審理と対比されるものである。上陸手続における口頭審理（入国審査官から上陸許可の証印を受けられなかった外国人が上陸条件に適合しているかどうかを審理する手続）と異なり、退去強制手続における口頭審理は、入国審査官の認定に誤りがないかど

うかを審理する手続である。入国審査官の行った事実認定に対する不服申立という意味を持ち、特別審理官が容疑者から口頭による意見・弁解・反論を聴取するものである。

　やはり、本章の冒頭及び法45条の解説①で述べたように、違反事実があると認定した入国審査官と異なる部署であっても同一の地方入国管理局内の職員によるものであること、特別審理官自身が入国審査官の中から指名されるものであるに過ぎないこと（法2条12号参照）等に鑑みれば、その審査の公正さ・透明さには重大な疑義がある。

　なお、口頭審理請求が行政法上の不服申立という性質を有するとはいえ、行服法4条1項10号で「外国人の出入国又は帰化に関する処分」が適用除外になっている以上、口頭審理は入管・難民法独自の制度であるとみざるを得ない。

② 1項「その通知を受けた日から3日以内に」
(1) 起算日と末日
　この「その通知を受けた日から3日」の起算日について、入管・難民法は特に規定を置いておらず、また、前述のとおり、「外国人の出入国又は帰化に関する処分」が行服法の適用除外とされている以上（同法4条1項10号）、行服法14条（審査請求期間）や同法45条（異議申立期間）の規定も適用されない。そこで、起算日については、一般法に戻って民法第1編第6章の期間の計算に関する規定が適用されることになると解される。この点、民法140条は期間計算における初日不算入を定めているので、本項の「3日」の起算日についても初日不算入ということになる。

　他方、末日に関しては、民法は末日の終了（すなわち、24時になること）をもって期間の満了としており（同法141条）、これも本項の「3日」の末日の判断の際に適用される。問題は、民法142条である。同条によれば、末日が休日に当たる場合、「その日に取引をしない慣習がある場合に限り」、期間はその翌日に満了するとされる。この点は、行服法の適用のある処分とはいえ行政処分の不服申立等に関して満了日が休日である場合には民法142条を適用する解釈が定着している以上、入管手続においても行服法の適用が排除されていることの一事をもって別異に解すべき合理性は認められないというべきである。したがって、本項の「3日」の末日の判断の際にも民法142条の適用があると解される。

(2) 「3日間」の性質
　また、この3日間は不変期間とされている。しかも、期間が極端に短いにもかかわらず、例外規定が欠けているため、不服申立の機会保障という観点から大きな問題を孕む。

　このような問題点を踏まえて実務では、例えば、在留特別許可（法50条1項）の

付与を希望している案件については、認定の通知と同時にその場で口頭審理請求書を書かせる取扱いがよくみられる。他方で、口頭審理請求権放棄書という書式も存在し、入管当局が送還を急ごうとする案件では3日間の不服申立の考慮期間さえも実質的に与えずに、認定通知後間もなく口頭審理請求権の放棄をさせてしまい、直ちに送還を実施するという実務も時折確認されている（法45条の解説6で引用した福岡地判平4・3・26及び法47条の解説8で引用した東京地判平17・1・21等参照）。日本からの退去とその後の上陸禁止（法5条）という重大な結果を招来する処分である一方、極端に短い不服申立期間をさらに短縮すべき合理性も乏しいこと、さらには言語的・制度的ギャップの下で当該外国人が真にその効果を理解した上で真意に基づいて放棄しているかどうかという点に常に疑問が残ること等にも鑑みれば、このような口頭審理請求権の放棄という取扱いは、原則として適正手続保障（憲法31条）に反するものと認識すべきであろう。

3　1項「口頭をもつて」

「口頭をもつて」と定めたのは、煩雑な文書によりその意思表示を行わせるのは適当ではないので、口頭で意思表示をすることをもって足りるとしたものである。

簡便に請求ができる点は評価できるが、他方で、規則の下では、口頭審理の請求を行ったかどうかが書面で残されることが保障されていない。規則において、口頭審理の請求があった場合には、主任審査官が調書を作成し、請求者の署名を徴するなどの手続規定を設けるべきである。

4　2項「第45条第2項の調書その他の関係書類」

入国審査官の作成に係る審査調書（法45条の解説35参照）のほか、入国警備官作成の供述調書（法29条2項、30条2項）やその他の証拠書類等一式を指すと解するべきである。

5　3項「速やかに」

法45条の解説4参照。
なお、法52条3項の「速やかに」の解釈に関して、同条の解説3参照。

6　4項「口頭審理に関する調書」

実務上「口頭審理調書」という様式が定められており、これに記載（パソコンで入力）する方法で作成される。

規則40条1項で口頭審理調書の必要的記載事項について定めがあるほか、同条2項で特別審理官の署名・押印について定める。この点、対審構造をとらない

口頭審理の調書は、実質的には供述調書にほかならない。したがって、供述者の署名・押印についての規定を欠いているのはいかにも不合理と言わざるを得ない。

7　5項「第10条第３項から第６項までの規定」
　　上陸手続における口頭審理と共通する部分が多いことから、上陸時の口頭審理に関する規定のうち、代理人、立会人、証拠提出、証人尋問、公務所等照会について準用している。

8　6項・7項「前条第３項の認定が事実に相違すると判定したとき」
　　口頭審理の結果として、「退去強制対象者に該当する」との認定が事実に反することが判明した場合を指している。具体的には、退去強制事由が存在する旨の入国審査官の認定が誤っていることが判明した場合（6項）と、当該容疑者が出国命令対象者であることが判明した場合（7項）を指すことになる。

9　8項に基づく判定通知書
　　本項は、違反審査の結果、違反事実がある旨の認定に誤りがないと判定したときには、主任審査官と当該容疑者にその旨を知らせることを要求しているが、違反審査の場合と異なり、理由の付記を要求しておらず（法47条の解説5参照）、容疑者への判定通知書（規則別記58号様式。規則41条2項）においても、単に「判定要旨」という欄がわずかに存在するのみである。
　　ところが、規則41条1項により特別審理官が作成することを義務付けられている判定書（規則別記57号様式）では、「１　事実の認定」「２　証拠」「３　適用法条」の記載が義務付けられている。ここも、本末転倒であるし、わざわざ別の様式を用いる必要がどこにあるのか、理解に苦しむところである。立法論として、理由の付記を義務付けるとともに、少なくとも規則別記57号様式と同等以上に詳細な理由を記載した判定書を容疑者に対して交付すべきであろう（判定書と判定通知書とを同一書式としてしまえば、異なる書類を作成する必要もなく、事務処理上も効率的である）。

10　9項「主任審査官は……退去強制令書を発付しなければならない」
　　退去強制令書の発付に際して、少なくとも送還先指定の裁量の余地がある以上、同発付処分独自の違法性を観念し得ることにつき、法53条の解説7 8参照。

11　裁判例：東京高判昭50・11・26判時814号109頁
　　本条に関し、「憲法三四条所定の弁護人を依頼する権利は、直接的には刑事

手続における身体の拘束の際の適用を予定した規定であつて、前記認定の如き外国人の出入国の適正な管理という行政目的のための手続である収容令書による収容およびその前後の審査手続には適用がないと解すべきであるから、入国警備官、入国審査官、特別審理官によつて弁護人に依頼する権利を告げられず、口頭審理に際し、特別審理官が控訴人および弁護士……が同弁護士を控訴人の弁護人として立会わせることを要求したのに対し規定がないとの理由で拒絶したからといつて、右各処置を違法ということはできない。なお、令一〇条三項は、前記口頭審理手続において身体を拘束されている者について弁護人を依頼する権利を定めた規定とは解し得ず、右規定は主として本人が代理人を出頭させることができ、代理人が出頭したときは、本人と同様の立証活動が認められる趣旨の規定と解すべきであるから、右令一〇条三項に基き弁護人としての立会の要求を拒否したからといつて、違法とはいえず、本件においては控訴人が自ら出頭し、なお弁護士が令一〇条四項の知人として口頭審理への立会を認められている以上、控訴人の保護に欠くるところはなかつたといわざるを得ない」とする判決がある。

　しかし、憲法34条は、身体を拘束された者が自らの不利益処分に対して十分な弁明をするために、法律専門家を依頼することに主眼があり、それは刑事手続であろうが、入管手続であろうが異ならない。立法目的によって差異があるかのように論じるのは、全く本質を理解していないと言わざるを得ない。

第49条（異議の申出）

① 前条第8項の通知を受けた容疑者は、同項の判定に異議があるときは、その通知を受けた日から3日以内に、法務省令で定める手続により、不服の事由を記載した書面を主任審査官に提出して、法務大臣に対し異議を申し出ることができる。

② 主任審査官は、前項の異議の申出があつたときは、第45条第2項の審査に関する調書、前条第4項の口頭審理に関する調書その他の関係書類を法務大臣に提出しなければならない。

③ 法務大臣は、第1項の規定による異議の申出を受理したときは、異議の申出が理由があるかどうかを裁決して、その結果を主任審査官に通知しなければならない。

④ 主任審査官は、法務大臣から異議の申出（容疑者が第24条各号のいずれにも該当しないことを理由とするものに限る。）が理由があると裁決した旨の通知を受けたときは、直ちに当該容疑者を放免しなければならない。

⑤ 主任審査官は、法務大臣から異議の申出（容疑者が出国命令対象者に該当することを理由とするものに限る。）が理由があると裁決した旨の通知を受けた場合において、当該容疑者に対し第55条の3第1項の規定により出国命令をしたときは、直ちにその者を放免しなければならない。

⑥ 主任審査官は、法務大臣から異議の申出が理由がないと裁決した旨の通知を受け

たときは、速やかに当該容疑者に対し、その旨を知らせるとともに、第51条の規定による退去強制令書を発付しなければならない。

1　本条の趣旨

　本条は、容疑者が特別審理官のした判定に異議がある場合の法務大臣に対する異議の申出、これに対する法務大臣（又は権限委任を受けた地方入国管理局長。法69条の2。以下同じ）の裁決、法務大臣の裁決があった場合の主任審査官のとるべき措置等について規定したものである。

　容疑者の法務大臣への異議の申出は、特別審理官のした口頭審理の結果としての判定に対する不服申立であり、法務大臣の裁決は、容疑者が退去強制事由に該当するか否かについて、行政庁における最終段階の審理として行われる建前となっている。

　本章の冒頭、法45条の解説①、法48条の解説①でも述べたとおり、退去強制手続はいわば三審制というべき過程を有しており、外国人の権利が手厚く守られる構造になっていると説明されることがあるが、最終段階まで単一の行政機関内部でレビューが行われることになっており、必ずしもチェック機能が働くとは言い難い現状にある。立法論としては、第三者機関の導入等の法整備が必要であると考えられる。

2　1項「判定に異議があるとき」

　「判定に不服があるとき」の意味である。2通りの不服が考えられ、1つは容疑事実そのものについて争う場合、もう1つは容疑事実は認めるが、特別審理官の判定に服せば退去強制令書が発付されるので、退去強制されることについて不服がある場合である。実務上はほとんどが後者の場合であり、実質的には在留特別許可（法50条1項）を求めるために異議申出段階に手続を進めるというものである。

3　1項「通知を受けた日から3日以内に、法務省令で定める手続により、不服の事由を記載した書面を主任審査官に提出して」：異議申出の方式

　異議申出は、通知を受けた日から3日以内に、法務省令所定の手続により、不服事由を記載した書面を主任審査官に提出するという方式で行わなければならないとされる。

　しかし、弁護士への依頼権も保障されていない容疑者に、わずか3日以内に理由を記載した書面の提出を求めるのは苛酷である。その上、規則42条は、異議申出に際して、不服の理由を示す資料の提出を要求している。代理人の選任も保障されない容疑者が、わずか3日という短期間に、同条が要求する資料を添付して

異議申出を行うことはおよそ不可能である。

また、規則42条の定める規則別記60号様式では、「不服の事由」として記載可能なのは数行でしかない。手続に習熟した代理人がいれば、別紙を用いて詳細な主張をするなどの方法を用いることは可能であろうが、代理人を選任する機会がなかった容疑者は、限られたスペース内ですべてを書ききらなくてはならないと誤信するおそれもある。期間制限といい、書式といい、容疑者が自らの不服理由を主張する機会を事実上奪いかねない。

異議申出期間を延長すること、異議申出時には理由を明示する必要はなく、一定の合理的な期間内（例えば、民事訴訟の控訴理由は、控訴後50日間である。民事訴訟規則182条）に理由を主張すること、様式には「書ききれない場合には、適宜別紙を用いて記載して下さい」等の注意文を加えることなど、改善すべき点は多い。

なお、「3日」の起算日及び末日の解釈に関しては、法48条の解説②(1)参照。

④ 異議申出の理由

規則42条は、異議の申出に際し、次のいずれかに該当する不服の理由を示す資料を提出して行わなければならないと定めている。

① 審査手続に法令の違反があってその違反が判定に影響を及ぼすことが明らかであることを理由として申し出るときは、審査、口頭審理及び証拠に現われている事実で明らかに判定に影響を及ぼすべき法令の違反があることを信ずるに足りるもの（1号）

② 法令の適用に誤りがあってその誤りが判定に影響を及ぼすことが明らかであることを理由として申し出るときは、その誤り及び誤りが明らかに判定に影響を及ぼすと信ずるに足りるもの（2号）

③ 事実の誤認があってその誤認が判定に影響を及ぼすことが明らかであることを理由として申し出るときは、審査、口頭審理及び証拠に現われている事実で明らかに判定に影響を及ぼすべき誤認があることを信ずるに足りるもの（3号）

④ 退去強制が著しく不当であることを理由として申し出るときは、審査、口頭審理及び証拠に現われている事実で退去強制が著しく不当であることを信ずるに足りるもの（4号）

ここで、注目すべき点は4号である。異議の理由として、同号に定める「退去強制が著しく不当であること」を申し出、それが理由があるとされた場合には、本条4項により「放免しなければならない」とされるだけであって、放免された外国人が在留資格を取得できるのか、できるとしていかなる在留資格となるのかという点が全く不明確なままである（次条の在留特別許可は、「異議の申出が理由がないと認める場合」になされるものであり、本条の場合には適用がないと解される〔この点に関する問

題点につき、法50条の解説7参照〕)。規則制定上の不備と言わざるを得ない。

5 2項・3項の期間の定め

 主任審査官が法務大臣に対して関係書類を提出すべき期間及び法務大臣の裁決までの期間の定めはない。容疑者に対する身体拘束を伴うものである以上、できる限り迅速に行わなければならず、立法論として期間制限を設けるべきである。

6 3項：裁決の要式性

 規則43条1項は、「法第49条第3項に規定する裁決……は、別記第61号様式による裁決・決定書によつて行うものとする」と定めている。

 ところが、かつて異議の申出が理由がない旨の裁決の取消しを求める複数の行政訴訟において、法務大臣は上記の裁決・決定書を作成していなかったことが明らかとなった。

 これは、手続上極めて重大な瑕疵であり、取消訴訟においては取消事由の1つに該当すると考えられる(神長勲「在留特別許可を与えなかった裁決と裁決書」青山法学論集42巻4号〔2001年〕270頁以下参照)。

 この点、最一小判平18・10・5(判時1952号69頁・判タ1227号140頁)は、多数意見で取消事由に当たらないとしているが、泉徳治裁判長は、「法49条3項の法務大臣の裁決は、容疑者の権利利益に重大な影響を与えるものであるところから、規則43条は、法務大臣の判断を慎重かつ的確にさせるとともに、手続の履践を明確にし、後続する機関への事件の引渡し(主任審査官に、容疑者に対する退去強制令書を発付させること又は容疑者を放免させること)を確実に行わせるため、法務大臣の裁決は裁決書によって行うものとすると明記しているのである。その裁決書を作成しなかったことは、明文の規定に違反し、裁決を取り消すべき違法事由に当たるというべきである」と反対意見を述べている。

 なお、2000年頃から多くの訴訟でこの問題点が指摘されて以後、少なくとも東京入国管理局では裁決・決定書を作成しているようである。

7 3項：裁決・決定書における理由付記

 裁決・決定書(規則別記61号様式。規則43条1項)には、退去強制対象者に該当する理由・在留特別許可に関する理由について、それぞれ記載する欄があるが、実務上、前者は法24条の退去強制事由のいずれかに該当する旨が、後者については、「在留を特別に許可すべき事情は認められない」と記載されることがほとんどである。これでは、具体的にいかなる事実を認定した上で在留特別許可を認めなかったのか全くわからず、理由付記としては極めて不十分である。

在留特別許可をするかどうか判断するに当たり、入国管理局内部では事実関係を確定し、その評価をしているのであるから、その過程を記載するのは決して難しいことではないはずである。

この点、東京高判平19・11・21（公刊物未登載）は、裁量処分に対する司法審査は、処分をした行政庁と同一の立場に立って行政庁の判断に置き換えて結論を出すことではなく、あくまで行政庁の裁量権の行使としてされたものであることを前提として、その判断要素の選択や判断過程に著しく合理性を欠くところがないかどうかを審査すべきものであるという国の主張に対して、「本件裁決・決定書においては、在留特別許可を付与しない理由としては『在留を特別に許可すべき事情は認められない。』と記載されているのみであり、その実質的な理由が明らかにされていない……のであるから、この裁量判断が裁量権の逸脱又は濫用に当たるかどうかを司法審査するに当たっては、いきおい具体的な事実経過を審理し、これを踏まえて、在留特別許可を付与しなかった判断の結論を左右するだけの重要な事実が認められるのか、また、この事実を前提とした場合には当該結論が社会通念上著しく妥当性を欠くことが明らかであるといい得るかを検討せざるを得ず、その過程で在留特別許可に関する積極要素と消極要素を審理検討することもまた必然であるというべきである」として、裁決・決定書の理由記載が不十分であることを指摘している。

8　4項の問題点

本項に基づく放免がなされた場合の刑事補償と同等の制度の整備の必要性について、法47条の解説2参照。

9　6項：異議に理由がない旨の裁決の告知

本項は、主任審査官が、法務大臣等から異議の申出が理由がないと裁決した旨の通知を受けたときに当該容疑者に対してその旨を知らせることにつき定める。これを受け、規則43条2項は、本項に規定する主任審査官による容疑者への通知は裁決通知書（規則別記61号の2様式）によることを定めている。しかし、この裁決通知書には、「あなたからの異議の申出については、東京入国管理局長から理由がないと裁決した旨の通知を受けましたので、通知します」などと記載されているのみであり、不許可となった理由が明らかにされないことから、容疑者の防御に著しい支障を来している。

異議の申出に理由がない旨の裁決をするに当たっては、法務大臣等は必ずその理由を明示した裁決書を作成し、さらには、その正本を交付するよう運用を改善すべきである。

なお、処分内容告知に当たっての言語的デュー・プロセス(適正手続保障)につき、法47条の解説6参照。

10　6項「主任審査官は……退去強制令書を発付しなければならない」
　退去強制令書の発付に際して、少なくとも送還先指定の裁量の余地がある以上、同発付処分独自の違法性を観念し得ることにつき、法53条の解説78参照。

第50条（法務大臣の裁決の特例）

① 法務大臣は、前条第3項の裁決に当たつて、異議の申出が理由がないと認める場合でも、当該容疑者が次の各号のいずれかに該当するときは、その者の在留を特別に許可することができる。
　1　永住許可を受けているとき。
　2　かつて日本国民として本邦に本籍を有したことがあるとき。
　3　人身取引等により他人の支配下に置かれて本邦に在留するものであるとき。
　4　その他法務大臣が特別に在留を許可すべき事情があると認めるとき。
② 前項の場合には、法務大臣は、法務省令で定めるところにより、在留資格及び在留期間を決定し、その他必要と認める条件を付することができる。
③ 法務大臣は、第1項の規定による許可（在留資格の決定を伴うものに限る。）をする場合において、当該外国人が中長期在留者となるときは、入国審査官に、当該外国人に対し、在留カードを交付させるものとする。
④ 第1項の許可は、前条第4項の規定の適用については、異議の申出が理由がある旨の裁決とみなす。

1　本条の趣旨

　本条は、容疑者からの異議の申出に対する裁決の特例、すなわち在留特別許可について規定したものである。
　立法論としては、少なくとも許可される定型的・典型的事例として実務上定着している、①日本人や永住者と婚姻した場合や、②日本人や永住者の子を養育している場合等については、別個の在留資格付与の手続を設け、「申請権」があることを明確にし、法務大臣の裁量の幅も限定されるよう、法整備をするべきである。

2　本条の在留特別許可の法的性質

　本条で在留特別許可は法務大臣の裁決（異議申出に理由があるか否かを判断する、法49条3項の裁決）の特例と位置付けられている。

3　1項1号の趣旨

　本号は、厳格な要件を充たしていったん永住許可を受けた者が、退去強制事由に該当する場合において、日本への定着度等を踏まえて在留特別許可の判断に当たって特別に考慮することができる旨を定めたものである。

4　1項2号の趣旨

　本号は、過去に日本国籍をもって本邦内に本籍を有したことがある者について、日本との特別な関係を踏まえて在留特別許可の判断に当たって特別に考慮することができる旨を定めたものである。

5　1項3号の趣旨

　2005年改正法により、人身取引等の被害者に在留特別許可を認めるため新設された条項である。ただし、法24条の解説14でも述べたとおり、人身取引等の被害者の多くが退去強制事由に該当するものとして収容される可能性があり、退去強制手続の最終段階で在留特別許可の途が残されているとはいえ、被害者保護の制度としては不十分である。

6　1項4号の趣旨

(1)　本号の判断基準と性質

　本号はいわゆる包括条項として定められており、実務上も在留特別許可の多くの事案を本号による許可ケースが占めると思われる（なお、統計上、法49条1項の異議の申出がなされた場合に、約9割につき在留特別許可が認められているが、その多くを本号事案が占めていると思われる）。

　条文の文言は抽象的であり、それを根拠に、国側は法務大臣に自由裁量ともいうべき広範な裁量権が存在する旨を行政訴訟において主張し続けている。確かに、とりわけ本号の場合においては法務大臣に相当程度の裁量権が存することは条文の文言上も否定できないが、他方で、本号に係る判断の当否が問われた相当数の行政訴訟において、法務大臣の裁量権の逸脱・濫用が認定された上で裁決が取り消されていることから、その裁量権に一定の制約があることは、すでに実務上も裁判例上も揺るぎない前提となっていると言うべきであろう。

　このような実務の流れを受けて、2006年10月には、法務省は「在留特別許可に関するガイドライン」を作成した上でホームページ上で公開するとともに、在留特別許可がなされた事例を公開するようになった。これによって、本号に基づく在留特別許可に関しても相当程度の基準が明らかになってきたと言える。そして、2009年7月には、入管特例法の改正を受け、ガイドラインの見直しがされた。

すなわち、上記のガイドラインを参考にすると、在留特別許可をなすか否かの判断をする際の考慮要素を積極要素と消極要素に分類し、次のように示している。

積極要素については、入管法第50条第1項第1号から第3号に掲げる事由のほか、次のとおりとする。
1　特に考慮する積極要素
　(1)　当該外国人が、日本人の子又は特別永住者の子であること
　(2)　当該外国人が、日本人又は特別永住者との間に出生した実子（嫡出子又は父から認知を受けた非嫡出子）を扶養している場合であって、次のいずれにも該当すること
　　ア　当該実子が未成年かつ未婚であること
　　イ　当該外国人が当該実子の親権を現に有していること
　　ウ　当該外国人が当該実子を現に本邦において相当期間同居の上、監護及び養育していること
　(3)　当該外国人が、日本人又は特別永住者と婚姻が法的に成立している場合（退去強制を免れるために、婚姻を仮装し、又は形式的な婚姻届を提出した場合を除く。）であって、次のいずれにも該当すること
　　ア　夫婦として相当期間共同生活をし、相互に協力して扶助していること
　　イ　夫婦の間に子がいるなど、婚姻が安定かつ成熟していること
　(4)　当該外国人が、本邦の初等・中等教育機関（母国語による教育を行っている教育機関を除く。）に在学し相当期間本邦に在住している実子と同居し、当該実子を監護及び養育していること
　(5)　当該外国人が、難病等により本邦での治療を必要としていること、又はこのような治療を要する親族を看護することが必要と認められる者であること
2　その他の積極要素
　(1)　当該外国人が、不法滞在者であることを申告するため、自ら地方入国管理官署に出頭したこと
　(2)　当該外国人が、別表第2に掲げる在留資格で在留している者と婚姻が法的に成立している場合であって、前記1の(3)のア及びイに該当すること
　(3)　当該外国人が、別表第2に掲げる在留資格で在留している実子（嫡出子又は父から認知を受けた非嫡出子）を扶養している場合であって、前記1の(2)のアないしウのいずれにも該当すること
　(4)　当該外国人が、別表第2に掲げる在留資格で在留している者の扶養を受けている未成年・未婚の実子であること
　(5)　当該外国人が、本邦での滞在期間が長期間に及び、本邦への定着性が認められること
　(6)　その他人道的配慮を必要とするなど特別な事情があること

消極要素については、次のとおりである。
1 特に考慮する消極要素
(1) 重大犯罪等により刑に処せられたことがあること
〈例〉
・ 凶悪・重大犯罪により実刑に処せられたことがあること
・ 違法薬物及びけん銃等、いわゆる社会悪物品の密輸入・売買により刑に処せられたことがあること
(2) 出入国管理行政の根幹にかかわる違反又は反社会性の高い違反をしていること
〈例〉
・ 不法就労助長罪、集団密航に係る罪、旅券等の不正受交付等の罪などにより刑に処せられたことがあること
・ 不法・偽装滞在の助長に関する罪により刑に処せられたことがあること
・ 自ら売春を行い、あるいは他人に売春を行わせる等、本邦の社会秩序を著しく乱す行為を行ったことがあること
・ 人身取引等、人権を著しく侵害する行為を行ったことがあること
2 その他の消極要素
(1) 船舶による密航、若しくは偽造旅券等又は在留資格を偽装して不正に入国したこと
(2) 過去に退去強制手続を受けたことがあること
(3) その他の刑罰法令違反又はこれに準ずる素行不良が認められること
(4) その他在留状況に問題があること
〈例〉
・ 犯罪組織の構成員であること

　ガイドラインは、これらの要素を掲げた上で、「第2　在留特別許可の許否判断」として、「在留特別許可の許否判断は、上記の積極要素及び消極要素として掲げている各事項について、それぞれ個別に評価し、考慮すべき程度を勘案した上、積極要素として考慮すべき事情が明らかに消極要素として考慮すべき事情を上回る場合には、在留特別許可の方向で検討することとなる。したがって、単に、積極要素が一つ存在するからといって在留特別許可の方向で検討されるというものではなく、また、逆に、消極要素が一つ存在するから一切在留特別許可が検討されないというものでもない」とし、主な例を次のとおり挙げている。

〈「在留特別許可方向」で検討する例〉
・ 当該外国人が、日本人又は特別永住者の子で、他の法令違反がないなど在留の状況に特段の問題がないと認められること

- 当該外国人が、日本人又は特別永住者と婚姻し、他の法令違反がないなど在留の状況に特段の問題がないと認められること
- 当該外国人が、本邦に長期間在住していて、退去強制事由に該当する旨を地方入国管理官署に自ら申告し、かつ、他の法令違反がないなど在留の状況に特段の問題がないと認められること
- 当該外国人が、本邦で出生し10年以上にわたって本邦に在住している小中学校に在学している実子を同居した上で監護及び養育していて、不法残留である旨を地方入国管理官署に自ら申告し、かつ当該外国人親子が他の法令違反がないなどの在留の状況に特段の問題がないと認められること

〈「退去方向」で検討する例〉
- 当該外国人が、本邦で20年以上在住し定着性が認められるものの、不法就労助長罪、集団密航に係る罪、旅券等の不正受交付等の罪等で刑に処せられるなど、出入国管理行政の根幹にかかわる違反又は反社会性の高い違反をしていること
- 当該外国人が、日本人と婚姻しているものの、他人に売春を行わせる等、本邦の社会秩序を著しく乱す行為を行っていること

　このガイドライン公表後は、「2　その他の消極要素」として「(1)　船舶による密航、若しくは偽造旅券等又は在留資格を偽装して不正に入国したこと」が挙げられたことにより、それまでは在留特別許可が認められていた不法上陸案件でも認められないという運用の混乱があった。しかし、2009年11月頃からは、不法上陸案件でも在留特別許可が認められるようになってきている。

　今後は、このガイドラインを参照しつつ、本号に基づく処分が行われ、同処分の当否が裁判上も判断されていくであろうと予測される。

(2)　本号の許可の典型的事例

　本号の許可事例の中には、事案としての個別事情が特徴的で、まさに個別の総合判断によって許可（不許可）の判断がなされる事例もあるが、他方で、高い確率で許可がなされる典型的な事案も存在する。

① 　いわゆる不法入国あるいは不法滞在の外国人で、日本人や永住者と婚姻し同居している者（他の法令違反がある場合、同居の実績が乏しい場合などについては個別判断）
② 　日本人や永住者の子を養育する外国人親（定住通達〔法別表第2「定住者」の解説⑤参照〕は、他の在留資格を有する外国人について、日本人の子であり、当該外国人親がその子に対する親権を有し、かつ、現実にその子を養育していれば、子どもには「日本人の配偶者等」、母親には「定住者」の在留資格を認めるものとしており、同通達が出された当時の新聞報道によれば、法務省では在留特別許可の場面でも同様の取扱いをする旨明言している）

(3) 本号の許可の「非」典型的事例

　上記の実務上定着した典型的な許可類型以外でも、許可事例は当然存在する。

　例えば、在留資格を有していない難民認定申請者が、難民認定処分をされたことに伴い、あるいは、難民不認定処分をされたが「人道配慮」に基づく取扱いとして、在留特別許可を受ける例がある（これに関しては、2004年改正法施行以降は、難民申請者に対する在留特別許可は、原則として難民認定手続の中で行われることとなったため、法50条1項4号ではなく、法61条の2の2第1項・2項に基づいて在留特別許可処分がなされるようになったことに注意が必要である〔法61条の2の6の解説⑤参照〕）。

　また、在留資格のない外国人の両親に連れられて入国し、日本において長期間教育を受けた子どもや、その家族のような、人道上本国へ送還することが許されないようなケースでも、広く本条の適用を認めていくべきであろう（学齢期に達した在留資格がない子どものいる家族全員に在留特別許可が認められた例は、A.P.F.S.編『子どもたちにアムネスティを—在留特別許可一斉行動の記録』〔現代人文社、2002年〕や、法務省入国管理局のウェブサイトを参照）。

7　1項4号と規則42条4号との関係

　規則42条4号は、口頭審理の結果に対する異議申出の資料について、「退去強制が著しく不当であることを理由として申し出るときは、審査、口頭審理及び証拠に現われている事実で退去強制が著しく不当であることを信ずるに足りるもの」の提出を求めている（法49条の解説④参照）。

　つまり、同規則によれば、「退去強制が著しく不当であること」は、異議を認容すべき理由となり得ることになる。そうすると、法務大臣は、上記の異議を受けて、「退去強制が著しく不当である」と認めたときには、「異議の申出に理由がある」と裁決した上で（法49条3項）、その者を放免しなくてはならない（法49条4項）。

　これが、在留資格がありながら資格外活動などにより退去強制手続に付された者であれば問題はない。問題となるのは、在留資格がない者についてである。

　在留資格がない者について、「退去強制が著しく不当であること」を理由に「異議の申出に理由がある」と裁決されたときには、法49条4項によって放免されるのみで、その後の在留資格は当然には付与されないこととなる。この場合には、本条1項が異議の申出が理由がないと認める場合「でも」としていることから、異議の申出に理由がある場合（在留資格のないとき）はなおさら在留特別許可がされるべきものと解されよう。

　なお、本条1項4号の「その他法務大臣が特別に在留を許可すべき事情があると認めるとき」に該当するかどうかの判断に先立って、法務大臣は「退去強制が著しく不当」とは認められないとの判断＝法49条3項の裁決をしなくてはならないこ

とになる。そして、この裁決においては、自由裁量はなく、専ら事実の判定をするのみである（名古屋地判昭45・7・28訟月16巻12号1453頁参照）。自由裁量が問題となるのは、本条の許可をするかどうかの場面である（上記名古屋地判は、出入国管理令24条1項が「左の各号の一に該当する外国人については……本邦からの退去を強制することができる」と規定していることから、退去強制令書を発付するかどうかは行政庁の裁量に属するものとし、その上で、原告に退去強制令書を発付した処分には裁量の濫用ないし逸脱があると主張したのに対して、上記のように判断した。なお、このような不整合が生じたのは、米国移民法を参考に出入国管理令を制定する際、退去強制手続と在留特別許可の制度が米国では別に規定されていたのを1つにまとめたことからではないか、という意見がある）。

したがって、在留特別許可の不許可を争う訴訟でも、「在留特別許可をしなかったこと」については、法務大臣の自由裁量という大きな壁があるものの、その前段階である、「退去強制が著しく不当であること」の認定判断については自由裁量がないので、事実誤認の違法を主張することは比較的容易になるものと考えられる（この点に関し、東京高判平16・3・30〔公刊物未登載〕は、「容疑者による異議の申出に理由があるか否か、すなわち、退去強制事由が存するか否かに関するものであること」であり、「退去強制が著しく不当」というのは、異議の申出の理由にならないと判断しているが、これは明らかに文理から離れた解釈である）。

これに対して、国は法49条1項の異議の申出に理由がない旨の裁決は退去強制事由該当性があるかどうかのみを判断するもので、規則42条4号の「退去強制が著しく不当」かどうかは、在留特別許可の判断に当たって参考にするための規定であると主張している。

しかし、かかる解釈は文理に反する。また、国は他方で裁決と在留特別許可の関係について、法49条1項の異議の申出に理由がない旨の裁決をするに当たり、在留特別許可をするかどうかの判断を必ずしも経るものではないなどと主張しているが、その主張と、「退去強制が著しく不当」という事実を在留特別許可のための参考にするという主張とは整合しない。

この点に関連し、大阪高判昭53・11・30（判タ378号130頁）も、出入国管理「令四九条五項にいう『異議の申出が理由がないとの裁決』においては、①容疑者の異議の申出に対応して特別審理官の判定を審査し、その結果これを是認する判断と、②不服審査とは別個に職権をもつて容疑者の在留を特別に許可すべきかどうか検討し、裁量の結果これを許可しない判断とがなされ、申立事項と職権事項とについての二つの判断が不可分的に一体となつて一個の裁決が成立するものと解すべく、後者の判断に違法の瑕疵があるときは、右裁決全体が違法となるといわざるをえない」としている。

8　3項の趣旨

本項は、在留カードが交付される場面として、法務大臣が在留特別許可をする場面において、外国人が中長期在留者となるときは、入国審査官に、その外国人に対して在留カードを交付させることを定めたものである。

9　4項の趣旨

本項は、法務大臣のした裁決の特例による在留特別許可は、異議の申出が理由がある旨の裁決とみなされ、その通知を受けた主任審査官は直ちに容疑者を放免しなければならないことを定めたものである。

10　再審情願

入管・難民法の明文にはないものの、実務上長年にわたって定着している制度としていわゆる「再審情願」制度が存在する。これは、すでに退去強制令書が発付されているものの送還が未執行の案件について、あらためて在留特別許可の付与を求める手続として位置づけられる。

明文がない以上、その申立方法についても定めがないが、実務慣行では、「再審情願申立書」等の適宜の表題・様式の書面に、必要な資料を添付して提出するのが一般的である。受付窓口は、管轄の地方入国管理局の審判部門となっている。

再審情願が"認容"された場合には、法務大臣は在留特別許可をなし、主任審査官は退去強制令書発付処分を職権撤回することになる。他方、再審情願が認められない場合には、実務上は、口頭で申立人に対してその旨の伝達がなされる。

再審情願が"認容"される典型的事例としては、退去強制令書発付時点以降に新たな事情が発生あるいは判明した場合である。例えば、上記発付時点では、婚姻が成立していなかったが、その後これが成立し（さらに子どもも生まれ）た、というような事案において、再審情願に基づく在留特別許可がなされた実例が存在する。

11　裁判例

本条による在留特別許可を認めず、退去強制令書を発付した処分が違法であるとして取り消された主な裁判例は、以下のとおりである。

これらの裁判例のほか、難民該当性が認められて、退去強制令書発付処分が取り消されたり、あるいは無効と確認された事例が2002年以後急増している。詳細は、児玉晃一編『難民判例集』（現代人文社、2004年）を参照されたい。

(1)　東京地判昭46・3・29判時624号18頁・判夕260号186頁

台湾に送還された場合には、政治犯として刑事訴追を受け、少なくとも相当長

期間の懲役刑ないし禁錮刑に処せられることが必至な原告らに対する退去強制令書発付処分等を取り消した事例。

(2)　札幌地判昭49・3・18判時734号12頁・判夕306号167頁

　日本に来てから40年近く平穏に善良な市民として生活し、日本人女性と結婚している在日朝鮮人が、実弟の勉学の希望を叶えてやりたいと考え、その不法入国を助けたことを理由にして在留特別許可を認めず、退去強制令書を発付した各処分を違法として取り消した事例。

(3)　大阪地判昭59・7・19判時1135号40頁・判夕531号255頁

　日本で韓国人の両親の下に生まれた原告は、幼少時に母親と別れた父親に連れられ韓国に渡ったが、その後父親が死亡したため、永住権を持ち日本で生活保護を受けて暮らす母と生活することを願い、日本に密入国した。原告は、母と同居生活しながら縫製業を営み、一定の収入を得られるようになって母子の生活は安定し、原告は病身の母を物心両面で支えていた。ところが原告の密入国の事実が入管に発覚し、在留特別許可が認められず、退去強制令書が発付された。

　本判決は、原告の経歴、来日の目的、来日後母親を支えていること、母親も原告の物心両面の援助を必要としていること等を勘案すると、「原告に対して被告大臣が特在許可を付与せず、その結果原告と母とを引き裂き、彼らの築きあげた平穏な生活を破壊することは、これをもやむを得ないとする特段の事情が存しない限り、人道に悖る苛酷な行為であり正義に反するというべきである」として、裁決・退去強制令書発付処分を違法と判断した。

(4)　東京地判昭61・9・4判時1202号31頁・判夕618号50頁

　イラン国籍の原告は米国留学中の前妻の日本人女性Cと知り合い、本国で婚姻後に来日し、「日本人の配偶者等」の在留資格を得て日本に在留していたが、前妻との婚姻関係が破たんし、同女から提起された離婚訴訟において離婚を認める判決が確定した。その後、原告は在留期間更新申請をしたが、これが不許可となり、収容されて退去強制手続に付された。原告は、法務大臣に対し異議の申出を行い、別の日本人女性Bと同居し、収容後に婚姻意思を生じて婚姻届出を提出していること及び自らがイランの反政府組織に所属し活動していたため送還されれば生命に危険の及ぶ可能性があることを主張したが、法務大臣は在留特別許可を認めず、退去強制令書が発付された。

　本判決は、裁決に裁量権の逸脱又は濫用があるとして、裁決を取り消し、退去強制令書発付処分も取り消した。

(5)　大阪高判平7・10・27判夕892号172頁

　「日本人の配偶者等」の在留資格での在留期間更新申請を不許可とされた外国人女性に対し、主任審査官がした退去強制令書発付処分につき、同不許可処

分は違法として取り消されるべきものであるところ、同処分の取消し後、法務大臣は上記女性よりされている在留期間更新申請に対し、新たな処分をすべき状態にあるのであり、同処分がされるまでの間、上記女性は、更新前の在留期間経過後も不法残留者としての責任を問われないという意味において日本に残留することができるものと解すべきであるから、同人は法24条4号ロに該当する者ということはできないとして、退去強制令書発付処分も違法とした事例。

(6)　東京地判平11・11・12判時1727号94頁

　婚姻の準備中に、入管・難民法違反で逮捕され、起訴された後に婚姻届を提出したバングラデシュ人男性について、在留特別許可をしない旨の裁決をした件につき、自由権規約23条の趣旨を援用して、法務大臣裁決及び退去強制令書発付処分を取り消した事例。

(7)　東京地判平13・3・15判時1784号67頁

　原告は、中国人父母の間に1979年に中国で出生したが、1990年9月に父親に連れられボリビアに渡航し、同年11月11日、不正の手段によって取得した出生証明書と身分証明書を利用して、ボリビアの旅券を取得した。ボリビアでは不正な手段で取得した出生証明書・身分証明書であっても当局によって取り消されない限りは有効とされ、それに基づく旅券も有効とされる。そこで、原告はこれによって、ボリビア国籍を取得するとともに、中国籍を喪失した。

　原告は、1990年11月26日、父とともに日本に上陸し、その際、在留期間は15日間とされたが、これを超えて在留した。その後、原告は1996年に自ら入国管理局に出頭し、違反調査が開始された。原告は1997年には日本の中学校を卒業し、服飾専門学校に入学した。

　しかし、1998年4月14日に、法務大臣は在留特別許可を認めず、東京入国管理局主任審査官は送還先をボリビアとする退去強制令書を発付した。

　上記事案において、裁判所は、在留特別許可を認めなかった法務大臣裁決及びこれに続く退去強制令書発付処分を違法として取り消した。

(8)　東京地判平15・9・19判時1836号46頁

　退去強制令書発付時点で小学校6年生であった長女を含むオーバーステイのイラン人一家4名について、退去強制によって家族が被る不利益と、この家族を退去強制することによって得られる国益とを比較衡量し、前者が上回るものと認めて、退去強制令書発付処分を取り消した事例。

(9)　東京地判平15・10・17裁判所ウェブサイト登載

　処分当時小学校2年生（8歳）であった長女のいるオーバーステイの韓国人親子3名に対する退去強制令書発付処分の違法性を争った事件で、退去強制によって家族が被る不利益と、家族を退去強制することによって得られる国益とを比較

衡量し、前者が上回るものと認めて、退去強制令書発付処分を取り消した事例。
　とりわけ、以下の判示部分は名文である。
　「適式な手続きを経ないで他国に入国することは、現在の主権国家を中心とする国際秩序を前提とする限り、違法なものといわざるを得ないが、より良き生活を求めて他国に移住しようとすることは、人間として自然の情に基づくものであり、他国に移ったのちに先住者と平和裡に共存をし得るものならば、そのような行為は何ら人倫に反するものではないというべきである。原告夫妻は、在留資格を有しないことによる多くの不利益の中、自己や家族の生活の維持に努めながら、帰国しなければという思いと本邦での生活に完全にとけ込みながら成長していく子供の成長等の狭間で長期間にわたり自らの状態等に悩みながら生活していたものとうかがわれ、その心中は察するにあまりあるものであり、当人らとしても違法状態を認識しながらもいずれの方法も採り得なかったというのが正直なところであると思われる」。

⑩　大阪地判平16・4・7公刊物未登載
　中国国籍を有する原告一家（両親及びその間に生まれた未成年の子2人）に対する退去強制令書発付処分の違法性が争われた事件である。妻の母親が日本国籍かどうかが争点となり、この点について「父カ知レサル場合又ハ国籍ヲ有セサル場合ニ於テ母カ日本人ナルトキハ其子ハ之ヲ日本人トス」という旧国籍法3条により日本国籍を取得していたことを認めた上で、大阪入国管理局長の裁決及び退去強制令書発付処分を取り消した。

⑪　東京地判平16・9・17判時1892号17頁・判タ1209号113頁
　国費留学生として「留学」資格で来日し、その後同国人と日本で結婚して「家族滞在」資格で滞在したが、その夫とは離婚した女性が日本人男性と結婚前提の交際をし、かつ「人文知識・国際業務」への在留資格変更を行ったところ不許可とされ、その後不法滞在状態になった後に在留特別許可が認められなかった事例で、東京入国管理局長の裁決及び退去強制令書発付処分を取り消した事例。

⑫　東京地判平16・11・5判タ1216号82頁
　在留資格のないフィリピン人両親の下で、日本で生まれ、処分当時中学校2年生（14歳）だった長女を含むフィリピン人家族6名のうち、長女だけについて在留特別許可を認めなかった東京入国管理局長の処分に裁量権の逸脱ないしは濫用があるとして、同裁決及び退去強制令書発付処分等を取り消した事例。

⑬　福岡高判平17・3・7判タ1234号73頁
　中国残留孤児の家族7人の退去強制令書発付処分等の取消しを求めた事件で、原告らの請求を全部棄却した一審判決を取り消し、自由権規約や子どもの権利条約の趣旨を十分尊重すべきとした上で、在留特別許可を認めなかった法務大

臣の裁決等は裁量の逸脱ないし濫用があるとして取り消した事例。

(14) 横浜地判平17・7・20判タ1219号212頁
　70歳代の日本人女性と養子縁組した不法残留の30歳代の外国人女性が、安定した同居生活を送っていたのに、東京入国管理局長が在留特別許可を認めない裁決をしたのは違法として、裁決及び退去強制令書発付処分の取消しを認めた事例。

(15) 大阪地判平17・11・18裁判所ウェブサイト登録
　中国の国籍を有する外国人であるとされ、架空人名義を用いるなどして日本人の孫ないしその妻子に当たるなどと偽り、「定住者」の在留資格を取得して不法上陸し、若しくはその子として日本で生まれ「定住者」の在留資格を取得した原告らが、その事実が発覚して上陸許可ないし在留資格が取り消された事例である。妻の父親が日本人であったことから妻及びその子はいずれも日本国籍を有しているのであるから、退去強制に付すことは許されず、また、夫も妻子が日本国籍を有していることを看過してなされた裁決は違法であると主張された事件である。
　本判決は、妻の父親が日本国籍であることを詳細な証拠評価を加えた上で認定し、妻子は日本国籍を有するのであるから、妻子に対する各裁決は「違法であるにとどまらず、無効というべきである」と判断した。
　また、中国国籍を有する夫についても、その妻や子が日本国籍を有する者である事実を全く考慮されずにされたものであることから、同原告に対し在留特別許可を付与するか否かを判断するに当たり重要な考慮要素となるべき事実の基礎を欠くものというほかないことなどから、裁決及び退去強制令書発付処分を違法として取り消した。

(16) 東京地判平18・3・28判時1952号79頁・判タ1236号126頁
　父母に連れられて9歳のときに日本に不法上陸し、その後約8年間日本において教育を受けていた原告について、在留特別許可を付与しなかった東京入国管理局長の裁決及び主任審査官の退去強制令書発付処分が違法であるとして、各処分が取り消された事例。

(17) 名古屋地判平18・6・29判タ1244号94頁
　日本人女性と結婚していたパキスタン人男性に対してなされた在留特別許可を認めない旨の裁決が裁量権の逸脱ないし濫用に当たるとして、同裁決及び退去強制令書発付処分が取り消された事例。

(18) 東京地判平18・6・30判タ1241号57頁
　日本人女性の配偶者を有するパキスタン人男性に対し、在留特別許可を付与しないでされた法49条1項に基づく異議の申出は理由がない旨の裁決には裁量権の逸脱があって違法であるとして、同裁決及びこれに基づく退去強制令書発付

処分が取り消された事例。

⒆　東京地判平18・7・19判夕1301号130頁

　中国残留日本人との親子関係を偽装して我が国の在留資格を得た父とともに一家で来日した原告（当時7歳）が、上陸許可・在留期間更新許可を受けて日本で生活していたところ、父が日本人との親子関係を偽装した者で、原告も上陸条件に適合しないにもかかわらず上陸許可を受けていた者であることが判明したとして、東京入管入国審査官が上陸許可を取り消し、東京入国管理局長が法49条1項の異議の申出は理由がない旨の裁決を、東京入管主任審査官が退去強制令書の発付処分を行ったことにつき、裁量権の逸脱ないし濫用があるとして、裁決及び退去強制令書発付処分を取り消した事例。

⒇　福岡高判平19・2・22公刊物未登載

　オーバーステイのナイジェリア国籍の男性が日本国籍の女性と比較的短期間の交際の後婚姻したが、婚姻届が警察署に逮捕された後だったことから、福岡入国管理局長は在留特別許可を認めず、一審の福岡地裁も男性の訴えを棄却した事件につき、「婚姻は、両性の合意のみに基いて成立し、夫婦が同等の権利を有することを基本として、相互の協力により、維持されなければならない」とする憲法24条及び「家族は、社会の自然かつ基礎的な単位であり、社会及び国による保護を受ける権利を有する」とする自由権規約23条を引用して、男性に在留特別許可を認めなかった国の判断は違法であるとして、一審判決を取り消した事例。

㉑　東京高判平19・2・27裁判所ウェブサイト登載

　判例⒃の控訴審判決。原告に対する入国管理局長裁決及び退去強制令書発付処分は違法とした原審の判断を是認し、国側の控訴を棄却した。

㉒　名古屋高判平19・3・19公刊物未登載

　判例⒄の控訴審判決。原審の判断を維持した。

㉓　東京地判平19・6・14LLI/DB登載

　オーバーステイのミャンマー国籍男性と日本人女性が同居を続けてきたが、婚姻届を提出する前に在留特別許可を認めない裁決が出され、退去強制令書が発付されてしまった事案。本判決は、「真しな共同生活」あるいはこれに準じた関係が存在した場合、その事実は原告に対し在留特別許可を与える方向に働く有力な事情になり得るとし、本件では、裁決時に婚姻届は出していなかったが、婚姻関係に準ずるような共同生活を送っており、内縁関係を形成していたとして、在留特別許可を認めなかった裁決及び退去強制令書発付処分を違法とした。

㉔　東京高判平19・11・21公刊物未登載

　判例㉓の控訴審判決。国側の控訴を棄却し、在留特別許可を認めなかった東京入国管理局長の裁決及び退去強制令書発付処分を取り消した原審の判断を

是認した。

㉕　東京地判平19・8・28判時1984号18頁

　麻薬等の犯罪で実刑判決を受け、約9年服役したタイ人女性に日本人夫と子どもが3人いるなどの諸事情から退去強制令書発付処分を取り消した事例。

㉖　東京地判平20・2・29判時2013号61頁

　約16年にもわたり日本人女性と共同生活を続けてきたが婚姻届を出していなかった外国人男性に対してなされた在留特別許可を認めない裁決及び退去強制令書発付処分を取り消した事例。

㉗　大阪高判平20・5・28判時2024号3頁

　日本に上陸後約8年後に、在留資格を偽って上陸許可を受けていたことが判明した中国人一家につき、未成年の子（上陸時8歳）についてのみ、在留を特別に許可すべき事情があったとして、原告ら全面敗訴の一審判決を、子の部分について取り消し、大阪入管局長の裁決及び退去強制令書発付処分が取り消された事例。

㉘　東京地判平21・3・6裁判所ウェブサイト登録

　ミャンマー国籍の男性が、日本人の子であることを看過してなされた在留特別許可を認めない裁決及び退去強制令書発付処分が、全く事実の基礎を欠いてなされた違法なものであるとして取り消された事例。

㉙　東京地判平21・3・27裁判所ウェブサイト登載

　著名な飲食店からのれん分けを認められた韓国人夫婦について、退去強制によって失われる経済的な利益が一身専属的であること、自ら出頭して違反事実を申告したという積極的な要素を考慮しなかったことが、裁量権の逸脱又は濫用に当たるとして、在留特別許可を認めない裁決及び退去強制令書発付処分が取り消された事例。

第4節　退去強制令書の執行

第51条（退去強制令書の方式）

　第47条第5項、第48条第9項若しくは第49条第6項の規定により、又は第63条第1項の規定に基づく退去強制の手続において発付される退去強制令書には、退去強制を受ける者の氏名、年齢及び国籍、退去強制の理由、送還先、発付年月日その他法務省令で定める事項を記載し、かつ、主任審査官がこれに記名押印しなければならない。

1　本条の趣旨

　本条は、退去強制手続において主任審査官が発付する退去強制令書の方式に

ついて規定したものである。

　退去強制令書に基づき送還が実施されるため、その対象者が誰か、退去強制の理由は何か、送還先はどこか、どのような方法で執行されるのか等については、送還の実施を担当する入国警備官のみならず、退去強制を受ける外国人にとっても重大関心事である。したがって、退去強制令書の方式も重要である。

　本条は、退去強制令書の方式として、退去強制を受ける者の身分事項、退去強制の理由等のほか、法務省令（規則45条、規則別記63号様式）で定める事項を記載し、かつ、主任審査官がこれに記名・押印しなければならないことを定めたものである。

2　「第47条第5項、第48条第9項若しくは第49条第6項の規定により、又は第63条第1項の規定に基づく退去強制の手続において」

　①入国審査官による認定に服する場合（法47条5項）、②特別審理官による判定に服する場合（法48条9項）、③異議の申出に理由なしとの裁決がなされた場合（法49条6項）、又は④刑事手続、刑の執行等により身体拘束がなされている状況下で退去強制手続が行われた場合（法63条1項）を指す。

3　「退去強制の理由」：退去強制の理由の記載

　退去強制令書の様式は、規則45条及び規則別記63号様式により定められているが、ここでの「退去強制理由」の欄は1～2行しか書けないスペースであり、実務上も詳細な理由が付されることはない。

　しかし、少なくとも、法務大臣に対して異議の申出を行い、理由がないとして退去強制令書が発付された場合においては、行政訴訟において十分な防御と弁明の機会を与える必要がある。そうだとすると、同様式による理由の記載だけでは不十分であり、より詳細な理由を付記しなくてはならない。

　この点、退去強制令書発付に先立って、法務大臣による裁決・決定書（規則別記61号様式）が作成され（規則43条）、そこでは、在留特別許可についての決定に関する事項として、その理由を記載することとなっている。したがって、退去強制令書にも同様の記載をするものとしても、実務上特にさらなる過大な負担を課すことにもならない。

　なお、退去強制手続における適正手続保障に関する裁判例につき、法45条の解説6、法47条の解説8参照。裁決書の理由付記につき、法49条の解説7参照。

> **第52条**（退去強制令書の執行）
>
> ① 退去強制令書は、入国警備官が執行するものとする。
> ② 警察官又は海上保安官は、入国警備官が足りないため主任審査官が必要と認めて依頼したときは、退去強制令書の執行をすることができる。
> ③ 入国警備官（前項の規定により退去強制令書を執行する警察官又は海上保安官を含む。以下この条において同じ。）は、退去強制令書を執行するときは、退去強制を受ける者に退去強制令書又はその写しを示して、速やかにその者を次条に規定する送還先に送還しなければならない。ただし、第59条の規定により運送業者が送還する場合には、入国警備官は、当該運送業者に引き渡すものとする。
> ④ 前項の場合において、退去強制令書の発付を受けた者が、自らの負担により、自ら本邦を退去しようとするときは、入国者収容所長又は主任審査官は、その者の申請に基づき、これを許可することができる。この場合においては、退去強制令書の記載及び次条の規定にかかわらず、当該申請に基づき、その者の送還先を定めることができる。
> ⑤ 入国警備官は、第3項本文の場合において、退去強制を受ける者を直ちに本邦外に送還することができないときは、送還可能のときまで、その者を入国者収容所、収容場その他法務大臣又はその委任を受けた主任審査官が指定する場所に収容することができる。
> ⑥ 入国者収容所長又は主任審査官は、前項の場合において、退去強制を受ける者を送還することができないことが明らかになつたときは、住居及び行動範囲の制限、呼出に対する出頭の義務その他必要と認める条件を附して、その者を放免することができる。

1 本条の趣旨

本条は、退去強制令書の執行について規定したものである。

2 3項「退去強制令書又はその写しを示して」

本項は、退去強制令書を執行するときは、退去強制を受ける者に退去強制令書又はその写しを呈示すれば足りるとし、その交付までは要求していない。

しかし、退去強制令書は、これにより退去強制を受ける者を収容して身体の自由を奪い、かつ、これにより国外退去という著しい不利益処分を与えるものであるから、その執行を受ける者がこれに対して不服があるときに、その防御権を全うさせるためには、いかなる理由によって退去強制がなされるのか、防御の対象を明確に把握させなくてはならない。これは、自由権規約2条3項(a)(b)の要請である。

そこで、少なくとも請求があった場合には、退去強制を受ける者に謄本の交付を認めるべきであるし、実務上も、一部の者には謄本の交付がされているとのことである。この点、刑事手続における逮捕状の謄本請求は、刑訴法40条若しくは46条の訴訟書類の閲覧・謄写請求権を拠り所としているようである。

なお、自由権規約9条についての一般的意見8(16)は、「委員会は、第1項が、

刑事事件においてであれ、又はその他の場合、例えば、精神病、放浪、麻薬中毒、教育目的、出入国管理等においてであれ、あらゆる自由の剥奪に適用されるものであることを指摘する。確かに、第9条のいくつかの規定（第2項の一部及び第3項全体）は、刑事上の罪が問われた者に適用されるに過ぎない。しかしその他の規定、特に第4項に定められた重要な保障たる、抑留の合法性について裁判所により確認してもらう権利は逮捕又は抑留によりその自由を奪われたすべての者に適用される。更に、締約国は、第2条第3項に基づき、個人が規約の侵害によりその自由が奪われたと主張するその他の場合に実効的な救済措置が与えられることをも確保しなければならない」（1項）としている。

③ 3項「速やかに」と5項「直ちに」の関係

本条3項は「速やかに」という用語を用いるが、退去強制令書発付告知後、訴訟提起等を行う猶予を当該外国人に全く与えずに直ちに送還を執行してしまう事案があり、そのような執行方法が適法か否かが問題となる場合がある。

この点、本条3項は、退去強制令書の発付を受けた者を「速やかに」強制送還すべきとは規定しているが、「直ちに」とはしていない。本条5項では、退去強制を受ける者を「直ちに」本邦外に送還することができないときには送還可能のときまで収容できると定めており、「速やかに」と「直ちに」とは明確に区別されていると言うべきである。

加えて、本条4項は、いわゆる自費出国許可の申請を認めているが、これは、退去強制令書発付を告知された後でも、少なくとも自費出国許可の申請と、その許否判断に要するまでの時間は本邦に留まることができることを前提にした規定と言える。

さらに、法54条1項は、退去強制令書によって収容されている場合でも、仮放免の申請を認めており、これも、退去強制令書発付を告知された後、少なくとも仮放免申請とその許否判断に要する時間は本邦に留まることができることを前提にした規定と言わなければならない。

これらに加え、退去強制令書発付処分の取消訴訟の出訴期間が6カ月間と定められ（行訴法14条1項）、送還が執行停止制度（同法25条）の対象となっていることに鑑みても、「速やかに」とは、送還執行までの収容継続による不利益を可及的に少なくすることを要請しつつ、他方で裁判を受ける権利等を十全に保障することをも求める趣旨であると解するべきである。

難民申請者の事案ではあるが、権利保障なき即時送還執行については、自由権規約委員会の第5回日本政府報告審査に係る総括所見（2008年）においても、「難民不認定となった者が退去強制命令の執行停止申立てに対する不利な決定に対

して異議を申立てうる前に強制送還されたという報告事例に、懸念を有する」（25項）旨が明記されている。

4　4項：自費出国許可

本項は、いわゆる自費出国許可を認める規定であるが、現在の実務では、この方法による出国（送還の実施）が圧倒的に多く、日本政府が費用を負担して、文字どおり「強制」的に退去させる例は極めて少ない。つまり、原則と例外とが逆転しているのが実情である。退去強制令書の発付を受けた者が旅費相当の現金を持っていない場合には、入国管理局は知人・友人から借金をさせたり、本国の家族から送金させたりして、どうにかして自費出国させるよう努力しているようである。しかしながら、それによって送還執行までの収容期間が延びていることは否定し難く、本末転倒と言うべきである。

5　5項「送還可能のときまで」

本項は、退去強制を受ける者を直ちに送還することができないときは、「送還可能のときまで」収容をすることができる旨定めている。

この規定により、事実上無期限の収容が許容されてしまう。極めて異常な規定と言うほかない。人身の自由に対する無限定の制約を認めるものであり、憲法・国際人権法上到底許されるものではないと言うべきであろう。刑事手続においてさえ、起訴後の勾留の効力は2カ月間とされ、その後1カ月ごとに更新をしなければ、身体拘束を継続できない（刑訴法60条2項）。この退去強制令書に基づく長期収容については、自由権規約委員会の第4回日本政府報告審査に係る総括所見（1998年）が、「入国者収容所の被収容者は、6ヶ月間まで、また、いくつかの事例においては2年間もそこに収容される可能性がある。委員会は、締約国が収容所の状況について再調査し、必要な場合には、その状況を規約第7条及び第9条に合致させるための措置をとることを勧告する」（19項）としたが、その後も法改正はなされていない（なお、同委員会の第5回日本政府報告審査に係る総括所見〔2008年〕においても「第4回政府報告書の審査後に出された勧告の多くが履行されていないことに、懸念を有する」〔6項〕旨が表明されている）。

自由権規約委員会の勧告も踏まえるならば、退去強制令書による収容についても、少なくとも刑事手続同様の期間制限を設け、一定期間ごとに、収容の必要性を司法的にチェックする手続を設ける必要がある。さらに、刑事手続では認められていないが、更新時においては、被収容者に意見を述べる機会を保障し、更新決定に対しては独自に不服の申立を認める制度が創設されるべきである。

6　退去強制令書に基づく収容の目的

　退去強制令書に基づく収容の目的については、①強制送還を円滑に進めるために身柄を確保するためのものであり、これによる収容は暫定的な措置であるとする見解（執行保全説）と、②それのみにとどまらず、退去強制される者の在留活動を禁止することをも目的とするものであるという見解（在留活動禁止説）がある。

　この点、在留活動禁止説では、次のような点について、合理的な説明がつけられない。

　すなわち、退去強制令書の発付を受ける者には、在留資格がない場合（法24条4号ロ）だけではなく、在留資格がありながら資格外活動を行った者（法24条4号イ）など、一定範囲の在留活動は認められている者も含まれる。そうすると、退去強制令書の発付によって、許可されている在留活動まで禁止されるいわれはない。

　また、在留資格がない者について、就労など一定の在留活動をすることを妨げる必要性はあるとしても、身体の自由を完全に奪うことは、その目的との関連性で、明らかに過度な制約である。

　さらに、退去強制令書に基づく収容がされたときでも、仮放免が認められている（法54条）。この場合には、一定の在留活動が認められることになるのであるが、在留活動禁止説では、その正当性を説明できない。「仮放免された者が逃亡し、逃亡すると疑うに足りる相当の理由があり、正当な理由がなくて呼出に応」じなかった場合に仮放免が取り消され、収容される（法55条）ことからすると、収容はあくまで逃走防止のための手段と解するほかはない。

　したがって、執行保全説が妥当である。

　なお、収容令書による収容についても同様の議論がある（法39条の解説 2 参照）。

7　6項「放免することができる」：特別放免

　本項は、退去強制を受ける者を送還することができないことが明らかとなったときには、諸条件を付した上でその者を放免することができる、とするものである。いわゆる特別放免の条文である。

　条文の文言上は、放免をするかどうかの判断が、入国収容所長または主任審査官の裁量に委ねられているようにもみえる。しかしながら、退去強制令書による収容は、退去強制手続を円滑に行うための保全的な措置として許されているのであるから、送還が不能となったときには、その根拠を失う。人身の自由の剥奪という強度の人権制約を継続する根拠が喪失されている以上、特別放免は裁量によるのではなく、義務的なものと解されるべきである。なお、裁判所により送還部分のみの執行が停止された場合（実務上は、退去強制令書の効力を二分し、送還部分の執行停止を認容し、収容部分は却下する決定例が多い）、その決定の効力がある限り（通

常は判決確定又は一審判決まで)、送還の実施が不能であるから、特別放免がなされるべきである。

8 退去強制令書の執行停止

　退去強制令書が発付されたときには、国は強制的に送還を執行することができ、当該退去強制令書の取消訴訟を提起しただけでは、その執行を止めることはできない（行訴法25条1項）。そのため、執行を止めるためには、同条2項の執行停止の申立を行い、執行停止決定を得なくてはならない。

　この執行停止が認められるには、現行法においては、
① 「処分、処分の執行又は手続の続行により生ずる重大な損害を避けるため緊急の必要があるとき」（同条2項）
② 「公共の福祉に重大な影響を及ぼすおそれ」がないとき（同条4項前段）
③ 「本案について理由がないとみえるとき」とはいえないとき（同条4項後段）
という3要件を充たす必要がある。

　裁判例は数多く、その結論に応じて、次の3類型に分類できる。
① 「本案について理由がないとみえるとき」として、執行停止申立が全部却下されたもの
② 退去強制令書による執行のうち、送還部分については執行停止を認めたが、収容部分については認めなかったもの
③ 送還部分、収容部分ともに執行停止を認めたもの

　2001（平成13）年以降の全面執行停止の決定例は、以下のとおりである。

	裁判日	裁判所	掲載	備考
①	平13・12・3	東京地裁	裁判所ウェブサイト登載	日本人の配偶者に対する退去強制令書
②	平13・12・27	東京地裁	判時1771号76頁	日本人の配偶者に対する退去強制令書
③	平14・3・1	東京地裁	判時1774号25頁	アフガニスタン人難民7名（うち4名は、2001年11月6日の収容令書執行停止決定によって解放された後、東京高裁の逆転決定によって再収容された者たち）
④	平14・6・20	東京地裁	公刊物未登載	パキスタン人難民申請者
⑤	平15・6・11	東京地裁	判時1831号96頁	収容中に統合失調症を発症したタイ人女性（日本人と婚約中）
⑥	平15・8・8	東京地裁	公刊物未登載	アフガニスタン人難民
⑦	平15・9・17	東京地裁	公刊物未登載	留学生。資格外活動が「専ら明らか」と入国管理局に認定され退去強制令書が発付されたもの

⑧	平15・10・17	東京地裁	公刊物未登載	就学生。資格外活動が「専ら明らか」と入国管理局に認定され退去強制令書が発付されたもの
⑨	平15・10・24	名古屋地裁	公刊物未登載	ビルマ難民。退令発付取消訴訟一審勝訴後の申立で、全面執行停止
⑩	平15・12・1	大阪地裁	公刊物未登載	留学生。資格外活動が「専ら明らか」と入国管理局に認定され退去強制令書が発付されたもの
⑪	平15・12・24	大阪地裁	公刊物未登載	タイ人女性。幼い2人の子どもが仮放免されており、養育の必要性大
⑫	平15・12・26	東京高裁	公刊物未登載	⑧の抗告審決定。収容執行停止を維持。確定
⑬	平16・2・2	名古屋高裁	公刊物未登載	⑨の抗告審決定。収容執行停止を維持。確定
⑭	平16・2・2	大阪高裁	公刊物未登載	⑩の抗告審決定。収容執行停止を維持
⑮	平16・2・20	大阪高裁	公刊物未登載	⑪の抗告審決定。収容執行停止を維持
⑯	平16・3・19	東京高裁	LEX/DB登載	高裁段階での執行停止申立を認容したもの
⑰	平16・4・14	東京地裁	公刊物未登載	イラン人難民申請者
⑱	平17・3・29	広島地裁	公刊物未登載	アフガニスタン人難民申請者。本案勝訴判決と同日に出される
⑲	平17・11・16	大阪高裁	公刊物未登載	⑪⑮事件の本案事件で一審敗訴後、高裁であらためて収容も含めた執行停止決定がされる。改正行訴法の下での決定
⑳	平17・12・13	東京高裁	裁判所ウェブサイト登載	中国人留学生について収容部分について執行停止を認めた原決定を維持した事例
㉑	平18・10・17	広島地裁	公刊物未登載	中国人留学生(大学院生)について収容部分についても「重大な損害」があるとして執行停止を認めた事例
㉒	平18・10・27	広島地裁	公刊物未登載	㉑事件の妹で専門学校学生について、収容部分についても「重大な損害」があるとして、執行停止を認めた事例
㉓	平18・12・8	広島高裁	公刊物未登載	㉑事件の抗告審。原審の判断を維持
㉔	平19・3・30	大阪地裁	判タ1256号58頁	中国人留学生について収容部分についても執行停止が認められた事例

9 収容に伴う通常の損害が「回復困難な損害」に該当するか？

　現行の行訴法は、執行停止の要件として「重大な損害」を避けるための緊急の

必要性を挙げているが、2005年4月の改正法施行以前は、「回復の困難な損害」という文言であった。

改正行訴法は、従来の執行停止の要件が厳格に過ぎ、その結果仮の救済としての機能不全に陥っていたことを理由に、要件を緩和して文言を「回復の困難な損害」から「重大な損害」に改めたものである。したがって、改正趣旨に鑑み、改正行訴法の下では改正前よりも要件は緩やかに解されるべきである。

退去強制令書による収容が「回復の困難な損害」に当たるかどうか、という点については、被収容者が収容に伴う自由の制限や精神的苦痛等の不利益を受けることを法は当然に予定しているので、その不利益が退去強制令書の執行による収容に通常伴う程度のものにとどまる限りにおいては、「回復の困難な損害」ということはできず、被収容者の身体的状況、収容所等の環境に照らして被収容者に収容に通常伴う不利益を超えるような損害が生ずるおそれがあるなど、収容の維持を不相当とする特別の損害が生ずることが予想される場合にはじめて「回復の困難な損害を避けるため緊急の必要があるとき」に該当するとする立場がある（例えば、前掲表の裁判例⑧など）。この説の根拠は、①処分又は処分の執行を受けること自体は損害ではないことは、例えば刃物による傷害事件についての損害賠償訴訟において、財産的・精神的損害のほかに創傷自体による損害などというものは観念しないことと同じであること、②誰彼の例外なく当然に生ずる範囲の損害を「回復の困難な損害」と認めることは処分の内容自体が回復困難な損害に当たるとの解釈と実質上変わらないことになり、執行不停止の原則（行訴法25条1項）を破壊する不合理な解釈である、との点にある。

しかし、①に対しては、処分自体が損害でないということは理論上当然のことであり、そのこと自体が、処分の効力によりほとんどの人が受ける不利益が回復困難な損害に該当しないとする根拠にはならない。損害賠償法においても創傷自体は損害ではないが、創傷によって人間ならば誰彼なく生ずる苦痛は損害と評価されている。

また、②に対しては、「誰彼なく生ずる損害」であっても、それが常に「回復の困難な損害」に当たるものではなく、処分の性格や申立人の事情などによって異なるものだし、しかも執行停止が認められるには、本案の理由とか公共の福祉といった他の要件を充足する必要もあるので、「誰彼なく生ずる損害」が「回復の困難な損害」に当たるとしたところで、執行不停止の原則を破壊することにはならない、という指摘がなされるべきである。

さらに、上記の説は、処分から生ずる最も大きい損害を除くことになり、実際上は執行停止の必要性が極めて高いと考えられている場合を除外することになってしまい、結論的にも妥当ではない（以上につき、藤田耕三ほか『行政事件訴訟法に基づ

く執行停止をめぐる実務上の諸問題(司法研究報告書34輯1号)』〔司法研修所、1983年〕49頁以下参照)。

　そして、退去強制令書の執行停止では、上記理論を用いて収容部分の執行停止を否定しながら、他方で送還部分の執行停止を認める事例も多いが、送還によって訴訟追行上の著しい不利益や、再上陸を希望する以外には退去強制令書の執行によって訴えの利益が失われてしまうこと等は「誰彼なく生ずる損害」であって、送還部分の執行停止に関してはこれを「回復の困難な損害」に該当するというのに、収容部分は「誰彼なく生ずる損害」だから「回復の困難な損害」に該当しないとすることは、同じ決定中に明白な論理矛盾が存在するとの批判は免れないであろう(出口尚明「執行停止」藤山・村田編442頁以下)。

　しかも、次に述べるとおり、収容令書や退去強制令書に基づく収容に係る回復困難な損害は、他の行政処分の場合と比べ要件を緩やかに解すべきといえる。

(1) 法的安定の要請が低いこと

　すなわち、行訴法が一般の民事保全法の適用を排除して(同法44条)、単なる保全の必要性だけではなく、「回復の困難な損害の生じるおそれのある場合」に執行停止を認めたのは、一般的にみて行政処分は、いったんそれがなされると多数の者に対して効果を生じるものであり、これを前提として手続が積み重ねられていくものであるため、その法的安定性を確保する要請が、一般私人間の行為に比べ大きいからである。

　しかるに、退去強制手続は、当該外国人を収容し、退去させるか否か、というすぐれて個別的な作用であり、その後の手続の積み重ねもない。したがって、例えば区画整理事業の仮換地指定処分や、土地収用法に基づく事業認定などの行政処分に比較して、その安定性を確保する要請は高くない。

　他方で、このような「行政作用の安定性」という抽象的な要請により制限されるのは、身体の自由というあらゆる人権の中でも最も基本的なものであって、これが最大限尊重されるべきであることは、多くを論じるまでもない。

　このように、収容令書の執行停止の場面においては、執行停止により保全されるべき権利の重大性と、執行を停止されることにより行政が被る不利益とを比較すれば、前者の方がはるかに大きな比重を有することは、誰の目にも明らかである。

(2) 裁判所による積極的な救済が期待されること

　また、退去強制手続における収容については、執行停止の場面において、裁判所がその適法性・必要性につき、積極的に審査することが要請されている。

　すなわち、収容手続と同様に、国家により人の身体を拘束する刑事手続においては、逮捕状発付・勾留状発付の段階で、身体拘束を認めるべきかどうかという点について、裁判所の事前審査がある。そして、逮捕状の発付・勾留決定に対し

ては、事後的にも、準抗告により速やかにその適法性につき司法のチェックを受けることができる。さらに、いったん身体を拘束された後にも、その本案たるべき公訴事実の存否とは制度上独立して、保釈や勾留取消請求により身体の拘束からの解放を求める手続が整備されている。

さらに、勾留の期間は起訴前においては原則として10日間であり、「やむを得ない事由」がある場合に限り、裁判官の決定をもって、最長で10日間延長することができる（刑訴法208条）。起訴後においても、一定期間（当初2カ月、以後1カ月）ごとに更新するかどうか、裁判所（裁判官）のチェックを受けなくてはならない（刑訴法60条2項）。

これに対し、収容令書は、入国警備官の請求により、その所属官署の主任審査官が発付するものであり（法39条2項）、この収容手続においては、身体の拘束という重大な人権制限を課すものであるにもかかわらず、司法の事前関与は一切排除されている。しかも、その期間も、刑事の起訴前勾留の最長期間よりも長い30日間が原則で、さらに30日間を延長することができる（法41条1項）。この延長決定に関しても、司法の事前関与は存在しない（収容令書と令状主義の関係につき、法39条の解説⑤(1)参照）。

さらに、収容令書による収容に引き続き、退去強制令書に基づく収容がなされると、被収容者を直ちに送還することができないときは、「送還可能のとき」という不確定な期限にわたり収容を継続することができる（法52条5項）。退去強制令書の発付、これに基づく収容の執行、被収容者を直ちに送還することができないかどうかという事実や「送還可能」かどうかという事実の判断という、身体の拘束に関する節目・節目について、司法の事前審査権は一切認められていない。

しかも、身体拘束そのものについての独自の不服申立の手続は存在しない。仮放免についても、その許否を決定するのは入国者収容所長又は主任審査官であり（法54条）、司法の関与は認められない。

このような、手続保障などないに等しい入管・難民法上の収容から、事後的にせよ、被収容者の身体を解放するために司法が関与し得る最も迅速な手続が、本案訴訟に伴う執行停止なのである。よって、少なくとも、退去強制手続における収容に対しては、執行停止制度の活発な運用が必要不可欠なのであり、回復困難な損害の要件を、法文以上に厳格に解することは許されない。

⑶　金銭賠償が不能もしくは極めて困難なこと

そして、収容による損害は、金銭賠償による回復が不可能若しくは著しく困難である。

(i)　侵害される権利の性質

まず、身体の自由や、生命の自由が奪われた場合に、その回復を金銭によって

行うというのは、そもそも事後的な代替的手段であるに過ぎない。身体拘束によって失われた時間や、その間に受けた肉体的・精神的ダメージは、後にいかなる金銭を受け取ったとしても、本来は決して取り返すことはできないものである。収容や送還による損害を事後的に金銭賠償することで回復可能とする議論は、収容される者が血の通った人間であるということを無視した暴論である。

(ⅱ) 制度としても賠償が不能若しくは著しく困難であること

さらに、現在の日本では、そもそも事後的な賠償による回復を担保する制度すら存在しない。

ア　補償制度の欠如

まず、刑事事件で身体拘束を受けた者が後に無罪等で釈放された場合ならば、刑事補償・被疑者補償制度により、不十分ながら拘束期間に応じて補償がなされるが、入管・難民法に基づく収容の場合には、そのような補償制度は存在しない。

イ　国家賠償法について

さらに、国家賠償法による賠償については、公務員が職務上行った行為が事後的に違法と判断されたからといって、直ちに公務員に過失があったとすることはできず、法や規則に従って職務を執行した場合に、その行為が過失によるものと認められることは、ほとんど期待できない（例えば、最三小判平3・7・9民集45巻6号1423頁・判時1399号27頁・判タ769号84頁等）。

ウ　まとめ

以上から、執行停止申立人たる外国人が後日、本案訴訟に勝訴したとしても、身体拘束や送還による損害を賠償する手段がそもそも存在せず、「金銭賠償による回復が可能」という論理は、砂上の楼閣でしかない。

(4) まとめ

以上から、収容された者については、すべて「回復の困難な損害」が生じるものと解すべきである。逃亡の危険の有無は行訴法25条4項の「公共の福祉に重大な影響を及ぼす」かどうかの点で判断すべきである。

第53条（送還先）

① 退去強制を受ける者は、その者の国籍又は市民権の属する国に送還されるものとする。
② 前項の国に送還することができないときは、本人の希望により、左に掲げる国のいずれかに送還されるものとする。
　1　本邦に入国する直前に居住していた国
　2　本邦に入国する前に居住していたことのある国
　3　本邦に向けて船舶等に乗つた港の属する国

>   4　出生地の属する国
>   5　出生時にその出生地の属していた国
>   6　その他の国
> ③　前2項の国には、次に掲げる国を含まないものとする。
>   1　難民条約第33条第1項に規定する領域の属する国（法務大臣が日本国の利益又は公安を著しく害すると認める場合を除く。）
>   2　拷問及び他の残虐な、非人道的な又は品位を傷つける取扱い又は刑罰に関する条約第3条第1項に規定する国
>   3　強制失踪からのすべての者の保護に関する国際条約第16条第1項に規定する国

1　本条の趣旨

本条は、退去強制される者の送還先に関する規定である。

2　2項「送還することができないとき」

事実上送還が不可能な場合（例えば、送還先が戦争状態にある場合）のほか、帰国すれば迫害を受けるおそれがあると客観的に認められる場合も含まれると解される。

3　2項「本人の希望により」

本国に送還することができない場合であっても、本人の意向を全く踏まえずに送還先となる第三国を選択することは、本人に対して著しい不利益をもたらす結果となるばかりか、場合によっては生命・身体に対する直接的な危険を生ぜしめかねない。

そこで、本条2項においては、いわゆる第三国出国という形での退去強制を執行するに当たっては、本人の希望を聞いた上で最も適当な送還先を決定することを明らかにしている。

ただし、いかに本人が希望したところで、当該国が受入れを拒否したときには、日本の領域外には出たが、他国に入国できないという不測の事態も予想される。そこで、本項により送還先を決定するに当たっては、受入先となる第三国の査証の取得その他これに準じた条件整備が前提となろう。

4　3項1号の趣旨

本号は、難民条約33条に定める迫害国向けの追放及び送還の禁止（ノン・ルフールマン原則）を明文化したものである。ただし、本項の適用は難民認定者（法61条の2以下の規定に基づく難民認定を受けた者）に限定されず、難民該当性のある者全般が対象となる。

5 3項2号の趣旨

　日本は1999年6月29日に拷問等禁止条約に加入し、同年7月29日にその効力が発生した。同条約3条1項は「締約国は、いずれの者をも、その者に対する拷問が行われるおそれがあると信ずるに足りる実質的な根拠がある他の国へ追放し、送還し又は引き渡してはならない」と定めている。その結果、前号の「難民」に該当しない者であっても、本国に帰国すれば拷問を受ける危険がある者であれば、拷問等禁止条約により送還は禁じられることになる。

　このため、本来であれば、本条の規定も早急に改正されるべきであったが、その改正が行われないまま長期間経過していた。このため、拷問禁止委員会による日本政府報告書に対する結論及び勧告（「条約第19条に基づき締約国から提出された報告書の審査　拷問禁止委員会の結論及び勧告」2007年8月7日、CAT/C/JPN/CO/1）においても、明示的に本条の改正が求められていた。これを受けて、ようやく2009年改正法によって本号が新設され、公布と同時の2009年7月5日から施行されたものである。

6 3項3号の趣旨

　日本は、強制失踪条約に、2007年2月6日署名し、2009年7月23日批准して締約国となった。同条約は、拉致を含む強制失踪が犯罪として処罰されるべきものであることが国際社会において確認される点に意義があるとされている（日本の外務省ホームページ）。同条約16条は「締約国は、ある者が強制失踪の対象とされるおそれがあると信ずるに足りる実質的な理由がある他の国へ当該者を追放し、若しくは送還し、又は当該者について犯罪人引渡しを行ってはならない」としており、このような事情が存在する外国人については、退去強制先として「当該国」を送還先とした退去強制は許されないこととなる。

　同条約批准を踏まえて、本号も前号と同時に新設されたが、同条約自体が発効していなかったことから、本号は同条約発効日である2010年12月23日に施行された。

7 送還先に不服があるとき

　退去強制はやむを得ないとしても、送還先の指定に違法があると解される場合には、退去強制令書の発付処分自体に瑕疵があるものとして、同処分の取消しを求めることになろう。例えば、帰国すれば拷問を受ける危険性が高い国を送還先と指定した場合である。

8 送還先の指定に関する裁量論（退去強制令書発付処分独自の違法性を観念できるか）

　退去強制令書発付をするか否かについての主任審査官の裁量の有無については、東京地判平15・9・19（法50条の解説11(8)参照）のようにこれを認める裁判例もあるが、相対的には少数説のようである。しかし、本条3項の送還先指定に関しては、国も主任審査官の裁量を認めている。主任審査官の裁量が認められる根拠は次のとおりである。

(1) 退去強制令書発付までの手続

　法務大臣は、法49条1項の異議の申出に理由がないという裁決をしたときには、その結果を主任審査官に通知する（法49条3項）。その通知書の書式は、規則43条1項、規則別記61号様式で定められている。これを見ればわかるとおり、法務大臣等から主任審査官に対して、裁決結果が通知されるときに、送還先の指定はされていない。

　その後、「退去強制を受ける者の氏名、年齢及び国籍、退去強制の理由、送還先、発付年月日その他法務省令で定める事項を記載し」た退去強制令書に主任審査官が記名・押印をして、同令書を発付することになる（法51条、49条6項）。

　上記の「その他法務省令で定める事項」とは、規則45条、規則別記63号様式で定められており、その中に「(3) 送還先」が記載されている。

(2) 退去強制令書の記載内容の最終決定者

　退去強制令書の作成名義人は主任審査官であるから（法51条）、その記載内容を最終的に決定するのも主任審査官でしかあり得ない。

　そして、法53条1項は「退去強制を受ける者は、その者の国籍又は市民権の属する国に送還されるものとする」と定め、同条2項は「前項の国に送還することができないときは、本人の希望により、左に掲げる国のいずれかに送還されるものとする」とし、同条3項は、難民条約、拷問等禁止条約等から送還することのできない国を定めている。

　したがって、原則として送還先は国籍国若しくは市民権の属する国だとしても、①「送還することができないとき」かどうかの判断、②本人の希望で、法53条2項に列挙するいずれの国を送還先とするかの判断、③送還先に指定された国が難民条約33条1項に規定する国に属するかどうか等、法53条3項各号該当性について、主任審査官が判断した上で、退去強制令書に「送還先」を記載して、同令書を発付しなくてはならないのである。

　よって、主任審査官には送還先を決定するに当たり裁量がある。そこで、「送還することができないとき」であるのに、国籍国若しくは市民権の属する国を送還先と指定した場合には、主任審査官による退去強制令書発付処分に裁量逸脱・濫

用が認められる。

(3) 議論の実質的意義

この議論が実質的に意味を持つのは、退去強制令書の発付を受けた者について、規則42条4号の「退去強制が著しく不当であること」とまでは認められず、かつ、法50条1項4号の「その他法務大臣が特別に在留を許可すべき事情があると認めるとき」にも当たらないけれども、「送還することができないとき」である。具体的には、裁決から退去強制令書発付までに事情変更（ただし、時間的に近接しているのが通常なのでほとんど想定できないが）が生じた場合や、あるいは戦争避難民のような場合が考えられる。

逐条解説でも「『送還することができないとき』には、事実上送還が不可能な場合（例えば、送還先が戦争状態にある場合）のほか、帰国すれば迫害を受けるおそれがあると客観的に認められる場合など次項に規定する場合も含まれると解される」としている（656頁）。

9 裁判例

(1) 東京地判昭52・10・18行裁例集28巻10号1102頁

「令第五一条、令施行規則第三八条が退去強制令書に送還先を記載すべきことを定めた趣旨は、退去強制令書発付の段階で送還先を定め、これをあらかじめ被退去強制者に知らしめることにあるものと解せられる。

そして、送還先につき定めた令第五三条にいう国とは、一般的には『国家』を指称し、退去強制令書に記載する送還先は『国家』名をもつて表示するのが通例といえようが、未承認国の国籍を有する者の退去を強制する場合等を考慮すると、必ずしも『国家』名をもつて表示しなければならないものではなく、一定の『地域』名をもつて特定し表示することを妨げず、右の国とは『地域』をも含むものと解するのが相当である。けだし、そのように解するのでなければ、未承認国の国籍を有する者に対しては退去強制を命ずることが不可能となつてしまうし、またそのように解しても退去強制令書に送還先を記載することにしたのは法の趣旨に違背するところはないからである」。

「したがつて、『朝鮮』という『地域』を表示した本件令書の送還先の表示は令第五一条、令施行規則第三八条、令第五三条に違反することもないし、送還先の特定を欠くものでもない」。

(2) 東京地判昭54・2・19訟月25巻6号1626頁

「原告らは、本件各令書発付処分後に原告ら全員が中国国籍を離脱し無国籍となつたことにより送還先がなくなつたから、右処分は執行不能として取り消されるべきであると主張する。しかし、無国籍者に対する退去強制処分が執行不能で

ないことは令五三条の規定からも明らかであり、右主張は採用することができない」。

第5節　仮放免

第54条（仮放免）

① 収容令書若しくは退去強制令書の発付を受けて収容されている者又はその者の代理人、保佐人、配偶者、直系の親族若しくは兄弟姉妹は、法務省令で定める手続により、入国者収容所長又は主任審査官に対し、その者の仮放免を請求することができる。
② 入国者収容所長又は主任審査官は、前項の請求により又は職権で、法務省令で定めるところにより、収容令書又は退去強制令書の発付を受けて収容されている者の情状及び仮放免の請求の理由となる証拠並びにその者の性格、資産等を考慮して、300万円を超えない範囲内で法務省令で定める額の保証金を納付させ、かつ、住居及び行動範囲の制限、呼出しに対する出頭の義務その他必要と認める条件を付して、その者を仮放免することができる。
③ 入国者収容所長又は主任審査官は、適当と認めるときは、収容令書又は退去強制令書の発付を受けて収容されている者以外の者の差し出した保証書をもって保証金に代えることを許すことができる。保証書には、保証金額及びいつでもその保証金を納付する旨を記載しなければならない。

1　本条の趣旨

　収容中に収容継続の必要が少なくなる場合や、他方で被収容者の事情で解放する必要が生じる場合がある。この場合に、なお退去強制手続の進行の円滑を確保しつつ、人身の自由の制約を必要な範囲にとどめるため、仮に放免する制度が仮放免である。

　仮放免には、収容令書によって収容されている者（法39条1項）に対するものと退去強制令書によって収容されている者（法52条5項）に対するものとがある。法務省入国管理局の内部規定である「仮放免取扱要領」（仮放免要領）をはじめとする実務においては、前者を収令仮放免、後者を退令仮放免と呼んで区別することが多い。

2　1項「法務省令で定める手続」

　規則49条1項により、仮放免許可申請書（規則別記66号様式）1通を提出しなければならないとされている。なお、条文の文言が「請求」となっているにもかかわらず、規則の規定では「申請」書とされており、不整合が認められる。

提出の方法は、収容施設（入国者収容所や、収容場の存する地方入国管理局）に持参する方法と、郵送による方法がある。実務において、郵送による方法は認めない取扱いをする地方入国管理局等も存在するようであるが、法及び規則に定めのない制限であり、かかる取扱いは仮放免の請求（申請）権を侵害する違法なものである。

　政府によるいわゆる電子政府推進を図るため、2002年には「行政手続等における情報通信の技術の利用に関する法律」（平成14年12月13日法律第151号）が制定され、国民の利便性の向上と行政運営の簡素化及び効率化を図るべく、電子申請の推進に関する法律が設けられている時代に、郵便による受付すら認めないという扱いは時代錯誤も甚だしい。郵便による申請を認めるのは当然であるし、さらに電子申請を受け付けるための制度整備も速やかに行うべきである。

③　2項「法務省令で定めるところにより」

　仮放免許可をする際には、規則49条2項により仮放免許可書（規則別記67号様式）の交付をする。

　なお、仮放免の請求を受けた後の具体的な手続について、法や規則は定めを置いていないが、仮放免要領（2006年6月13日最終改正版）は、次のとおり定めている。

> 第8条①　仮放免に関する事務を担当する入国審査官（入国者収容所にあっては、法務事務官。以下同じ。）は、仮放免許可申請書を受理したときは、当該申請書を仮放免関係決裁書（別記第3号様式）により首席審査官（仮放免に関する事務をつかさどる首席審査官（出張所にあっては、仮放免に関する事務を担当する統括審査官、入国者収容所にあっては、総務課長）。以下同じ。）、首席入国警備官（収容令書又は退去強制令書の執行に関する事務をつかさどる部門の首席入国警備官（出張所にあっては、統括入国警備官が配置されているときは統括入国警備官、それ以外のときは上席の入国警備専門官）。以下同じ。）、警備監理官（警備監理官が置かれていない地方入国管理局を除く。以下同じ。）及び次長（出張所を除く。以下同じ。）を経由し、主任審査官又は入国者収容所長に提出する。
> ②　前項の場合において、仮放免に関する事務を担当する入国審査官、首席審査官、首席入国警備官、警備監理官及び次長は、仮放免関係決裁書に仮放免の許否、仮放免の保証金（以下「保証金」という。）の額、条件及び期間等に関する意見を付さなければならない。
> ③　主任審査官は、前項の規定によるほか、被収容者が現に審査又は口頭審理を受けているときは、求意見書（別記第4号様式）により審査又は口頭審理を担当している入国審査官又は特別審理官に対して意見を求めなければならない。ただし、第5条第2項ただし書の場合は、これを省略することができる。

> ④　入国審査官又は特別審理官は、前項の意見を求められたときは、仮放免申請書類を検討するとともに、被収容者の容疑事実及び第9条各号を勘案し、容疑者の身体の拘束を解くことが審査又は口頭審理の遂行を妨げるおそれがないかどうかを十分に考慮して、意見を付す。
> 第9条　入国者収容所長又は主任審査官は、仮放免許可申請書並びに第6条及び第7条に規定する書類の提出又は送付を受けたときは、被収容者の容疑事実又は退去強制事由及び前条に定める入国審査官等の意見のほか、次の点を勘案し、仮放免を許可することができる。
> (1)　仮放免請求の理由及びその証拠
> (2)　被収容者の性格、年齢、資産、素行及び健康状態
> (3)　被収容者の家族状況
> (4)　被収容者の収容期間
> (5)　身元保証人となるべき者の年齢、職業、収入、資産、素行、被収容者との関係及び引受け熱意
> (6)　逃亡し、又は仮放免に付す条件に違反するおそれの有無
> (7)　日本国の利益又は公安に及ぼす影響
> (8)　人身取引等の被害の有無
> (9)　その他特別の事情

4　2項「職権で」

　入国者収容所長等は、請求による場合以外にも、職権で仮放免を行うことができる。

　逐条解説によれば、「退去強制手続において収容が原則であり仮放免は例外的措置とされていることからすると、職権による仮放免は、被収容者の急病等、仮放免請求者による仮放免の請求が困難であり、緊急かつ真にやむを得ない場合に限られると解するのが相当である」(663頁以下)と解説されているが、実務の運用はこれよりも広い範囲で職権仮放免が認められている実情にあると思われる。

5　2項「収容されている者の情状及び仮放免の請求の理由となる証拠並びにその者の性格、資産等を考慮」

　法及び規則は、仮放免の許否を判断するに当たって抽象的な定めを置いているだけだが、仮放免要領9条の規定に沿って実務は運用されているようである。

6　2項「必要と認める条件」
(1)　条件

　仮放免に許可条件を付すについては、何らの制約もない裁量に委ねることなく、

必要と認められる条件に限定することによって、自由の制約を最小限にとどめようとする趣旨である。

　ここでいう「その他必要と認める条件」とは何か。収容という人身の自由に対する重大な制限が合理性をもつのは、少なくともそれが退去強制手続を円滑に進めるために必要なことである場合に限られ、収容は決して在留活動の禁止自体を目的とするものではない。したがって、収容状態から解く仮放免を許可するに当たって付すことのできる「その他必要と認める」条件とは、出頭を確保し逃亡を防止することにより退去強制手続を円滑に遂行するために「必要」なものに限定される。このことは、法54条2項の文言が、「300万円を超えない範囲内で法務省令で定める額の保証金を納付させ」「住居及び行動範囲の制限」「呼出しに対する出頭の義務」と、あくまで出頭の確保のための方策・条件を列挙し、これに続けて「その他必要と認める条件」と続けていることからも裏付けられる。また、仮放免に付けされた条件違反があった場合には、仮放免が取り消されることがあるが（法55条1項）、その取消事由として例示されているのは「仮放免された者が逃亡し、逃亡すると疑うに足りる相当の理由があり、正当な理由がなくて呼出に応ぜず」というものである。このことも、仮放免許可に付すことのできる「その他必要と認める条件」が、出頭確保のためのものに限定されることの根拠となる。したがって、出頭確保に必要ではない条件は、「その他必要と認める条件」とは言えず、当該条件は行政処分の付款として独立に行政訴訟の対象となる。

　この点で近時問題となっているのが、仮放免の条件に明文で就労禁止を付する例である。上記のとおり、仮放免に当たって付すことのできる「必要」な条件は、退去強制手続を円滑に進めるためのものに限定されるのであるから、就労禁止条件は、法の予定する「必要」な条件とは言えない。在留資格のない外国人には、1990年10月25日付の厚生省の口頭指導により生活保護の適用すら認められていないのであるから、就労を禁止することは文字どおりの死活問題であり、勤労の権利（憲法27条1項、社会権規約6条1項）を侵害するばかりか、生存権（憲法25条）をも侵害するものであって、許されない。逐条解説でも、本項により必要と認める条件を付するのは「その者の出頭を確保し逃亡を防止するための担保措置として必要であるからである」（663頁）とのみ解説がされており、在留活動を禁止する目的のために条件を付することができるとは一言も書いていない。

　この点、規則49条3項は、「所長等が付するその他の条件は、職業又は報酬を受ける活動に従事することの禁止その他特に必要と認める事項とする」と定める規則48条2項4号所定の特別放免に付する条件を、仮放免の条件について準用しているが、法の趣旨を逸脱した違法な規定であると言わざるを得ない。

(2) 仮放免中の者の就労

　仮放免許可を受けた者が就労をすることが、法律上許容されているかどうかについては争いがある。

　この点、法が在留資格制度を設けた趣旨や、在留資格を有する者であっても資格外の就労活動は原則として禁止されていること（法19条1項）からすれば、在留資格のない者が就労活動をすることは当然禁止されているとする考えもある。

　しかし、かかる見解は誤りである。仮放免許可を受けた者は一定の条件の下で在留活動をすることが認められているものであるところ、前記のとおり、在留資格のない外国人には生活保護の適用すら認められていないのであるから、多額の資産を有する等の場合以外は、就労するということは生存するということと同義である。まして、仮放免許可により収容施設外での生活が認められた者について、就労が認められないとすることは、民間人による施しを受けるか、若しくは餓死せよということにほかならない。実務上も、仮放免請求に当たって、職場の経営者が身元保証人となることは頻繁にあるが、ほとんど問題視されることはない。仮放免許可を受けた者が就労することは、法律上も禁止されておらず、実務上も少なくとも黙示的に許容されているとみるべきである。

7　2項：仮放免の期間

　仮放免に期間を付しうるとする根拠規定は法には存在せず、規則49条2項で、許可の際交付すべきとされる仮放免許可書（規則別記67号様式）に「期間」の欄があるだけである。この期間の定めが、法54条2項の「必要と認める条件」の一つと解する見解もあるが（逐条解説663頁）、仮放免許可の条件違反があったときには仮放免許可を取り消し得るにとどまる（法55条1項）のだから、期間満了後仮放免許可は当然失効するという解釈との整合性を保つには、法54条2項の「必要と認める条件」の一つではなく、行政処分の付款として捉えるほかない（神戸地判昭52・11・11判時902号52頁・判タ365号337頁における解説参照）。仮放免要領19条1項は退令仮放免の期間を原則として1カ月以内と、同条2項は収令仮放免の期間を原則として認定若しくは判定の確定又は大臣裁決結果の告知までとしている。ただし、2003年頃から、入国管理局の窓口事務負担を軽減するために、在留資格を争っている訴訟中の者で長期間の審理が見込まれる者などについては、期間を2カ月ないし3カ月とする運用がなされている。

8　2項「仮放免することができる」

　仮放免の許否については、法文上、一定の裁量があると読める。しかし、その裁量にも限界があり、仮放免を許可しないことが違法となる場合があると解する

べきである。すなわち、収容継続の必要性、つまり収容を継続しなければ、出頭を確保し逃亡を防止することにより退去強制手続を円滑に遂行することができないかどうかという点は、仮放免の許否判断において重要な事由として考慮されるべきである。収容継続の必要性がないのに、仮放免不許可処分をすることは、裁量の逸脱又は濫用があり、違法となる。

　この点は、次のような政府委員の国会答弁からも明らかである。すなわち、現在の入管・難民法の前身である出入国管理令が、「ポツダム宣言の受諾に伴い発する命令に関する件に基く外務省関係諸命令の措置に関する法律」により、法律としての効力を有するに至った際、第13回国会参議院外務・法務委員会連合審査会（1952年4月15日）における同法律案の審議において、佐藤達夫法制意見長官が政府委員として次のとおり答弁している。

　「もとより自由に、その疑われた個人の人を自由に置いておくことは勿論かまわないと、むしろそれが原則でございますが、どうしてもやはり或る種の拘束を加えて置かないと危険であるという場合に限つてこの収容の條文が働くわけでございますから、そのようなことを彼此勘案して考えますというと、人権を保障しつつ、而も我が国としては止むを得ざるこの退去の措置というものをやつて行こう、そういうあらゆる観点から総合して適当な妥当なところをここで規定しておるというふうに言い得る」。

　この答弁について、国は訴訟において法54条に定められた仮放免手続による対応を念頭に置いた上で述べているものと主張している（東京地裁平成10年(ワ)第3147号国家賠償請求事件〔東京地判平14・12・20〕における主張）。そうだとすると、収容継続の必要性がない者については仮放免許可をすることが義務付けられていると解される。なお、上記の佐藤答弁は仮放免の運用についてのみ言及したものではなく、収容謙抑主義全般について述べたものであると解するべきである。

9　3項の趣旨

　本項は、入国者収容所長等が仮放免を許可する場合において適当と認めるときは、被収容者以外の者からの保証書をもって保証金に代えることを許可することができることを定めたものである。実務上は、保証金の一部を現金、残りを保証書で賄うという取扱いも行われている。

10　仮放免期間延長請求手続

　仮放免期間（本条解説7）の満了日の到来によって仮放免の許可は効力を失うが、期間満了後も引き続き仮放免を継続する必要性が認められ、延長することを相当とするときは、仮放免期間を延長することができる。ただし、法や規則では、

「仮放免期間延長」という手続は定められておらず、「仮放免期間の延長」という語は、仮放免要領において用いられているだけである（同23条）。同要領23条1項では、「入国者収容所長又は主任審査官は、被仮放免者から仮放免期間の延長許可の申出があったときは、第7条に規定する書類並びに延長を求める必要性及び延長の期間等を疎明するに足りる書類を添付した身元保証人連署による仮放免期間延長許可申請書（別記第13号様式）を提出させるものとする」と定めているが、実務上は仮放免要領7条に定める複数の書類を延長の都度すべて提出することはなく、上記の要領の別記13号様式の申請書のみを提出することで足りている。

仮放免延長の法的性質は、期間の満了により仮放免の許可は当然に失効し、また新たに仮放免の許可を与える行為であると解されている（神戸地決昭51・8・6訟月22巻9号2205頁、神戸地判昭52・11・11）。しかし、本条解説[7]で述べたとおり、仮放免の期間は行政処分の付款と捉えるべきであるから、期間延長も単なる付款の変更とみるべきである。

[11] 仮放免手続と行政手続法

仮放免請求手続にも行政手続法が適用されるべきである。

(1) 神戸地判昭52・11・11判時902号52頁・判タ365号337頁

仮放免期間延長請求に対する不許可処分取消請求訴訟の係属中、他の理由（病気）により仮放免が許可された場合、上記取消請求は訴えの利益を欠くとされた事例。

(2) 大阪地判平16・4・7公刊物未登載

同じ平成16年4月7日に退去強制令書発付処分取消判決を受けた収容中の中国残留邦人の子である原告らについて、「社会通念に照らし著しく妥当性を欠くものというべきであって、裁量の逸脱ないし濫用に当たり、違法と解するのが相当である」として仮放免不許可処分をも取り消した。

公刊されている裁判例の中では、唯一、主任審査官の仮放免不許可処分を取り消した事例であり、結論においては妥当であるが、理由中で法が全件収容主義（法39条の解説[5]参照）をとっていることを肯定するなど理論的な問題点は多い。

第55条（仮放免の取消）

① 入国者収容所長又は主任審査官は、仮放免された者が逃亡し、逃亡すると疑うに足りる相当の理由があり、正当な理由がなくて呼出に応ぜず、その他仮放免に附された条件に違反したときは、仮放免を取り消すことができる。

② 前項の取消をしたときは、入国者収容所長又は主任審査官は、仮放免取消書を作成し、収容令書又は退去強制令書とともに、入国警備官にこれを交付しなければなら

ない。
③　入国者収容所長又は主任審査官は、逃亡し、又は正当な理由がなくて呼出に応じないことを理由とする仮放免の取消をしたときは保証金の全部、その他の理由によるときはその一部を没取するものとする。
④　入国警備官は、仮放免を取り消された者がある場合には、その者に仮放免取消書及び収容令書又は退去強制令書を示して、その者を入国者収容所、収容場その他法務大臣又はその委任を受けた主任審査官が指定する場所に収容しなければならない。
⑤　入国警備官は、仮放免取消書及び収容令書又は退去強制令書を所持しない場合でも、急速を要するときは、その者に対し仮放免を取り消された旨を告げて、その者を収容することができる。但し、仮放免取消書及び収容令書又は退去強制令書は、できるだけすみやかに示さなければならない。

1　本条の趣旨

本条は、仮放免許可の取消しの要件と手続について定めたものである。

2　1項「逃亡すると疑うに足りる相当の理由」

本項は仮放免取消しの理由を定めている。ここで、「逃亡すると疑うに足りる相当の理由」がある場合にも仮放免許可を取り消し得るとしているが、仮放免の取消しは収容という人身の自由に対する重大な侵害に直結するものである。加えて、他に列挙されている取消事由は、逃亡した場合及び正当な理由がなくて呼出しに応じなかったという比較的客観的に認定可能な事実であることから、これらとの対比においても、「相当の理由」の認定は厳格かつ抑制的になされるべきである。

3　1項「正当な理由がなくて呼出に応ぜず」

入国者収容所長等の呼出しという行為が前提として必要であり、呼出状（規則別記68号様式）が本人に到達していることが必要である。また、本条解説4記載のとおり、取消しをするかどうかについて入国者収容所長等には裁量があるものの、その裁量は比例原則によって厳格に統制されると解するべきである。したがって、「正当な理由」という要件の解釈も厳格であるべきである。

この点、保釈取消事由としての不出頭（刑訴法96条1項1号）に関する東京高決昭50・12・24（東高刑時報26巻12号228頁）は、保釈取消しをするか否かを判断するに当たっては出頭に至らなかった具体的事情、不出頭の回数など諸般の事情を十分に参酌して、慎重に決定すべきであり、上記裁量が客観的相当性に反する場合には、保釈取消決定は違法であると判断している。裁判所が関与する司法手続においてすらこのような厳格さが要求されているのであるから、行政手続のみにおいてなされる仮放免取消しの手続では、より一層の厳格さが求められる。

④　1項「取り消すことができる」

　本項は、所定の仮放免取消事由があった場合であっても、「取り消すことができる」と定めるのみであるから、入国者収容所長等は取消事由が認められる場合であっても、取り消すかどうかについて裁量を有する。

　この点、逐条解説は、本条が入国者収容所長等の裁量を定めたものではなく権限があることを規定したものであって、取消事由に該当すると認めるときは「仮放免を取り消さなければならない」と解説しているが（668頁）、仮放免要領42条4項も「入国者収容所長又は主任審査官は、……その他の条件に違反し、又は逃亡すると疑うに足りる相当の理由があると認めるときは、仮放免の理由、違反の程度その他の情状を勘案し、相当と認めたときは、仮放免を取り消す」と定めており、裁量があることを前提にしている。

　そして、仮放免の取消しがされると被収容者は収容されてしまい（法55条4項）、すべての人権の根源である人身の自由を奪うことにつながるのであるから、その発動に当たっては、比例原則が厳格に適用されることが要求される（村田斉志「行政法における比例原則」藤山・村田編79頁以下参照）。

⑤　動静監視

　仮放免要領39条、40条では、仮放免許可をされた者の動静監視をすることができ、さらにこれを警察や麻薬取締官に依頼することができるものとされている。これは、明らかなプライバシー権の制約であるが、法及び規則に何ら根拠がない。法の根拠がないのに、このような動静監視を行うことができるとすることは、憲法上も重大な疑義がある。

⑥　違法性の承継

　法54条の解説⑥(1)の記載のとおり、仮放免に当たって付すことのできる「その他必要と認める条件」とは出頭確保のためのものに限定される。したがって、本来であれば「その他必要と認める条件」には当たらない条件を付された者が同条件違反として仮放免許可の取消しをされた場合には、前提条件の違法性を承継するので、そのことをも理由として仮放免許可取消処分の取消しを求めることができる。

第5章の2

出国命令

　本章（法55条の2〜55条の6）は、2004年改正法で出国命令制度（法24条の3）が新たに設けられたことに伴って新設された章である。出国命令の審査、要件及び方式並びにその出国準備期間の延長及び出国命令の取消しに関する手続を定めたものである。

出国命令の手続の流れ

① 　退去強制事由に該当する外国人が、「速やかに本邦から出国する意思をもって自ら入国管理官署に出頭」する（法24条の3第1号）。なお、この「出頭」は、「行政機関の休日を除く執務時間中」に行うことを要し（規則50条の2第1項）、出頭した場合には出頭確認書（規則別記71号の2様式）が交付される（規則50条の2第2項）。

② 　入国警備官は、当該外国人が退去強制事由（法24条各号）に該当すると思料した場合、当該容疑者外国人を違反調査する（法27条）。

③ 　入国警備官は、②の違反調査の結果、容疑者に退去強制事由（法24条各号）があるものの出国命令対象者（法24条の3）に該当すると認めるに足りる相当の理由があるときは、収容令書の発付（法39条2項）を受けずに、当該容疑者に係る違反事件を入国審査官に引き継ぐ（法55条の2第1項）。

③' 　他方、②の違反調査の結果、容疑者に退去強制事由があり、かつ出国命令対象者に該当しない（＝「退去強制対象者」に該当する）と疑うに足りる相当の理由があるときには、入国警備官は収容令書の発付を受けて当該容疑者を収容し（法39条以下）、拘束時から48時間以内に当該容疑者と調書・証拠物等を入国審査官に引き渡す（法44条）。以降は通常の退去強制手続の流れに移る。

④ 　③の引き継ぎを受けて、入国審査官が審査し、出国命令対象者であると認定したときは、主任審査官にその旨を通知する（法55条の2第2項・3項）。

④' 　③の引き継ぎを受けて入国審査官が審査したところ、出国命令対象者ではないと疑うに足りる相当な理由があるときは、入国警備官に差し戻し（法55条の2第4項）、以後、③'の流れに移る。

⑤ 　④の通知を受けた主任審査官は、速やかに出国命令をしなければならないものとされ（法55条の3第1項）、出国命令を行う際には出国命令書（規則別記71号の3様式）を交付しなければならない（法55条の3第2項、55条の4、規則50条の4）。

⑤' なお、退去強制手続の過程で、当該外国人が退去強制該当者ではなく出国命令対象者であることが判明した場合には、判明した手続段階において主任審査官への通知がなされ（法47条2項前段、48条7項前段、49条5項）、この通知を受けた主任審査官は、速やかに出国命令をしなければならない（法55条の3第1項）。そして、この場合は、当該容疑者は通常の退去強制手続の中で収容状態にあるのが通常であるから（法39条以下）、出国命令発令後直ちに当該容疑者を放免する（法47条2項後段、48条7項後段、49条5項）。

⑥　出国命令には、15日を超えない範囲内で出国期限が定められ（法55条の3第1項）、また、住居及び行動範囲の制限その他必要な条件を付することができる（同条第3項）。そして、条件違反があったときは、出国命令が取り消されることもある（法55条の6）。

⑦　出国命令で期間内に出国することができないという申出があった場合には、船舶等の運行の都合その他その者には責任がない事情があると認めるときに限り、出国期限を延長することができる（法55条の5）。

⑧　出国期限内に出国した者については、上陸禁止期間が短縮され、出国した日から1年間となる（法5条1項9号ニ）。

⑧'　出国期限内に出国しなかった場合には、それ自体が退去強制事由に該当するところとなり（法24条8号）、退去強制手続に移行する。

⑧"　条件違反で出国命令を取り消された場合にも（法55条の6）、それ自体が退去強制事由に該当するところとなり（法24条9号）、退去強制手続に移行する。

> **第55条の2**（出国命令に係る審査）
> ①　入国警備官は、容疑者が出国命令対象者に該当すると認めるに足りる相当の理由があるときは、第39条の規定にかかわらず、当該容疑者に係る違反事件を入国審査官に引き継がなければならない。
> ②　入国審査官は、前項の規定により違反事件の引継ぎを受けたときは、当該容疑者が出国命令対象者に該当するかどうかを速やかに審査しなければならない。
> ③　入国審査官は、審査の結果、当該容疑者が出国命令対象者に該当すると認定したときは、速やかに主任審査官にその旨を知らせなければならない。
> ④　入国審査官は、当該容疑者が退去強制対象者に該当すると疑うに足りる相当の理由があるときは、その旨を入国警備官に通知するとともに、当該違反事件を入国警備官に差し戻すものとする。

1　本条の趣旨

本条は、出国命令の審査について規定している。

出国命令制度の新設に伴い、出国命令対象者については退去強制手続に優先

して出国命令手続が適用されることになったが、その前提としては対象者か否かの判別が必要である。本条1項の段階で通常の退去強制手続とは異なる取扱いとされることから、出国命令対象者か否かの判別は、実務的には入国警備官の段階で行われることになる。

　入国警備官の段階で出国命令の非対象者と判断された場合及び入国審査官の審査の結果、出国命令の対象外と判断された場合には、退去強制手続に移行する。

② 1項「出国命令対象者」

　退去強制事由のうち、法24条2号の3（在留資格取消後の出国準備期間徒過）、4号ロ（在留期間徒過＝オーバーステイ）、6号（特例上陸期間徒過）、6号の2（数次乗員上陸許可取消後の出国等準備期間徒過）又は7号（在留資格取得期間徒過）のいずれかに該当する外国人で、法24条の3各号のいずれにも該当する者を指す（法24条の3柱書）。

③ 1項「第39条の規定にかかわらず、……入国審査官に引き継がなければならない」

　出国命令の対象者は、あくまでも退去強制事由（ただし、上述のとおり、法24条2号の3、4号ロ、6号、6号の2又は7号のいずれか）に該当することが前提であるから（法24条の3柱書）、本来であれば「第24条各号の一に該当すると疑うに足りる相当の理由」（法39条1項）があることとなり、そうすると全件収容主義（なお、同条をこのように解釈することの是非については、法39条の解説⑤(2)参照）の対象となるのが原則である。出国命令制度は、この全件収容主義に対して明示的な例外を設けた点に大きな特徴がある。

　なお、通常の退去強制手続においては、収容（法39条）を前提として、入国警備官から入国審査官への引渡しは「容疑者の引渡」という形式で容疑者の身体と調書、証拠物等が一括で引き継がれることとされているので（法44条）、本項は直接には法44条の例外規定と位置付けられる。

第55条の3（出国命令）

① 主任審査官は、第47条第2項、第48条第7項、第49条第5項又は前条第3項の規定による通知を受けたときは、速やかに当該通知に係る容疑者に対し、本邦からの出国を命じなければならない。この場合において、主任審査官は、15日を超えない範囲内で出国期限を定めるものとする。

② 主任審査官は、前項の規定により出国命令をする場合には、当該容疑者に対し、次

> 条の規定による出国命令書を交付しなければならない。
> ③ 主任審査官は、第1項の規定により出国命令をする場合には、法務省令で定めるところにより、当該容疑者に対し、住居及び行動範囲の制限その他必要と認める条件を付することができる。

1 本条の趣旨

本条は、出国命令の要件と方式について規定している。

2 1項「第47条第2項、第48条第7項、第49条第5項又は前条第3項の規定による通知」

本章冒頭の出国命令の手続の流れの部分で解説したとおり、通常の出国命令の流れによる場合には、前条（法55条の2）3項による通知がなされるが、退去強制対象者（出国命令非対象者）であると考えて退去強制手続を進めていたところ、その過程で実は出国命令対象者であったことが判明した場合には、その段階で通知がなされ（法47条2項、48条7項、49条5項）、直ちに出国命令手続に移行することになる。

3 1項「本邦からの出国を命じなければならない」

出国命令の発令は、条文の文言上は義務的であるが、法47条5項、48条9項及び49条6項の退去強制令書の発付においても、「退去強制令書を発付しなければならない」との文言が用いられており、発令の裁量権に関しては退去強制令書の発付の場合と同様であると解される。

4 2項「出国命令書」

法55条の4の解説参照。

5 3項「法務省令で定めるところにより、当該容疑者に対し、住居及び行動範囲の制限その他必要と認める条件を付することができる」

規則50条の3において、詳細な条件規定が定められている。

なお、本項の表現上は「当該」容疑者の個別の状況に応じて必要最小限の条件を付することができる旨の規定と理解できるが、上記規則の規定では住居、行動範囲、出頭の義務、報酬を受ける活動等の禁止等が定型的に定められ、出国命令書（規則別記71号の3様式）の書式においても同様の定型文言が記載されている点で、法の規定との整合性に疑問がある。条件違反が出国命令の取消事由ともなることからすれば（法55条の6）、条件を付する判断も厳格に行われる必要がある。

第55条の4（出国命令書の方式）

　前条第2項の規定により交付される出国命令書には、出国命令を受ける者の氏名、年齢及び国籍、出国命令の理由、出国期限、交付年月日その他法務省令で定める事項を記載し、かつ、主任審査官がこれに記名押印しなければならない。

1　本条の趣旨
　本条は、出国命令発令の際に容疑者に対して交付することが義務付けられている出国命令書の方式について規定している。

2　「出国命令を受ける者の氏名、年齢及び国籍、出国命令の理由、出国期限、交付年月日その他法務省令で定める事項」
　前条解説のとおり、人定事項と規則50条の3に定める条件とが、規則別記71号の3様式に記載されることになる（規則50条の4）。

第55条の5（出国期限の延長）

　主任審査官は、法務省令で定めるところにより、第55条の3第1項の規定により出国命令を受けた者から、当該出国命令に係る出国期限内に出国することができない旨の申出があつた場合には、船舶等の運航の都合その他その者の責めに帰することができない事由があると認めるときに限り、当該出国期限を延長することができる。

1　本条の趣旨
　出国命令の出国期限は15日間以内と短い期間で指定されるため（法55条の3第1項）、出国予定便の欠航等によって期限内に出国することが不可能ないし困難となる場合が発生することが予想される。そこで、本条により、当該出国命令対象者の責めに帰さない事由による出国期限の延長制度を設けたものである。

2　「出国期限内に出国することができない旨の申出」
　規則別記71号の4様式による出国期限延長申出書に記載して提出する方法で行う（規則50条の5第1項）。

3　「船舶等の運航の都合その他その者の責めに帰することができない事由」
　この事由は例示列挙と解するべきであり、出国命令対象者の故意又は過失によらない事由を広く含むと解されるべきである。
　この点に関し、第159回国会衆議院法務委員会（2004年5月26日）において、増田暢也法務省入国管理局長（当時）は、「本人の責めに帰すことのできない事由と

しては、例えば、天候不良で数少ない飛行機が飛ばなかった、次に飛ぶまで待っていたらその期限を過ぎてしまうような場合、こういったことが考えられますし、あるいは病気であるとか不慮の事故に遭った、そのためにやむを得ずその期限内に出国できなかったような場合が考えられます」という事例を挙げている。

4 「当該出国期限を延長することができる」

延長の期間については、特に上限の定めはない。延長を必要とする事由に応じて合理的な期間が定められるべきである。

なお、延長後の期限とその理由は、当初交付した出国命令書（規則別記71号の3様式）の末尾の「出国期限の延長」欄に記載する様式となっている（規則50条の5第2項）。

第55条の6（出国命令の取消し）

主任審査官は、第55条の3第1項の規定により出国命令を受けた者が同条第3項の規定に基づき付された条件に違反したときは、当該出国命令を取り消すことができる。

1 本条の趣旨

出国命令に付した条件への違反があった場合の出国命令の取消しについて定めている。なお、法55条の3第3項の条件の付与が厳格かつ限定的になされるべきであることにつき、同条の解説5参照。

2 「取り消すことができる」

本条は、出国命令の取消しという重大な不利益処分を行うものであるが、その取消しに関する手続規定を欠いている。条件違反の判断は必ずしも一義的にはなし得ない場合が多いことにも鑑みれば、本条による取消しは、違反が明白かつ重大である場合にのみ限定して許容されると言うべきであるし、対象外国人への弁明の機会付与などの適正手続保障に努めるべきである。

3 取消しの効果

本条により取消しが行われた場合、出国命令は将来に向けて効力を失う。

出国命令は、発令時以降の対象者の在留を適法化する効果を有するところ、仮に出国命令が本条により取り消されても、発令時以降取消時までの在留が適法であった事実に変動は生じないことになる。他方、出国命令の取消しを受けたこと自体が退去強制事由とされたことから（法24条9号）、実務上は出国命令取消しと同時に退去強制手続に移行することになる。

第6章
船舶等の長及び運送業者の責任

　本章（法56条～59条）は、外国人を乗せて本邦に入って来る船舶等の長及び運送業者に対して、出入国管理業務に関する協力義務や一定の行為の義務を課することにより、出入国管理業務の円滑化・容易化を図るとともに、テロリスト等の入国を防止するという趣旨から規定されたものである。

　確かに、入管当局からすれば、本章の規定によって船舶等の長や運送業者に多くの負担を課すことによって、結果的に自らの負担を大幅に軽減することに成功したと言うことができる。しかし、以下個別に検討するとおり、本章の規定で「船舶等の長及び運送業者の責任」とされた内容の中には、本来民間人又は民間業者がなし得ないと解されるもの、あるいは、本来国家が自ら国家作用としてなすべきものが含まれていると言え、その意味で本章の規定内容については批判的な検討が必要である。

第56条（協力の義務）
　本邦に入る船舶等の長及びその船舶等を運航する運送業者は、入国審査官の行う審査その他の職務の遂行に協力しなければならない。

1　本条の趣旨
　本条は、船舶等の長及び運送業者に対して、出入国管理業務についての一般的協力義務を課する。

　このような義務を課することは、出入国管理の強化という面では効果を発揮すると認められる反面、本来ならば国家がその主権に基づいて自ら行政作用として行うべき業務を民間業者の責任と費用負担によって行わせること自体の適否及び民間人又は民間業者に対して不当に過大な負担を課することの是非が問題となる。

2　「本邦に入る」
　日本の領域内に入ること（入国）を指す。「上陸」との差異については、法第2章の冒頭解説参照。

3　「入国審査官の行う審査その他の職務」
　上陸審査（法7条）、船舶等への乗込（法8条）、上陸許可（法9条）のほか、口頭

審理 (法10条)、退去命令 (法10条7項、11条6項)、仮上陸許可 (法13条)、特例上陸許可 (法14条以下) 及び退去命令を受けた者がとどまる場所の指定 (法13条の2) 等を指す (ここにいう「入国審査官」の定義は、法61条の3第2項1号参照。なお、「主任審査官」及び「特別審理官」を含む。法2条11号・12号)。

4 「協力しなければならない」

一般的な協力義務を定めたものであり、代行すべきことや自ら行うべきことを定めたものではない。具体的内容として、規則51条に、①入港前の到着時刻、外国人乗客・乗員数等の通報（1号）、②到着時の到着時刻等の届出（2号）、③出発時の出発時刻等の届出（3号）、④臨船その他の職務執行への便宜供与（4号）、⑤上陸許可を受けていない者の上陸防止のための十分な注意・監督（5号）、⑥その他協力事項として指示された事項に従うこと（6号）が定められている。ただし、この規則51条も、「次の各号に定めることについて入国審査官の行う審査その他の職務の遂行に協力しなければならない」と定めているので、結局、例えば①の通報自体や③の上陸防止へ向けた注意・監督そのものが運送業者等の義務となっているわけではない。これらに関する「入国審査官の……職務の執行に協力」する義務があるだけである。

なお、協力義務違反に対しては、50万円以下の過料の規定がある(法77条1号)。

第56条の2（旅券等の確認義務）

本邦に入る船舶等を運航する運送業者（運送業者がないときは、当該船舶等の長）は、外国人が不法に本邦に入ることを防止するため、当該船舶等に乗ろうとする外国人の旅券、乗員手帳又は再入国許可書を確認しなければならない。

1 本条の趣旨

本条は、2005年改正法によって新設された条文である。従来から存在した前条の船舶等の長及び運送業者に係る出入国管理業務への一般的協力義務に加え、運送業者等の義務を大幅に加重し、不法上陸防止のための旅券等確認義務を課するものである。

これにより、運送業者等は外国人旅客等を出発地・経由地において乗機・乗船させる際に旅券等の確認をする義務を負うことになる。本来ならば国家が自ら行政作用として行うべき業務を民間業者の責任と費用負担によって行わせる点と民間業者に過大な負担を新たに課する点は、前条同様に問題である。しかも、この義務を怠った者に対しては、50万円以下の過料の制裁が規定されている (法77条1号の2)。

2 「確認しなければならない」

「確認」の程度が、問題である。仮に、「不法に本邦に入る」(不法入国)ことを防止するという目的を貫徹するならば、結局、法3条1項1号「有効な旅券を所持しない者」・2号「上陸許可の証印……又は上陸の許可……を受けないで本邦に上陸する目的を有する者」の発生を防止するべき旅券等の「確認」を行うこととなる。そうなると、旅券の偽造・変造の有無及び有効性、所持人(旅客等)の同一性確認から所持人が内心有する目的までをも「確認」することになりかねないが、すでに述べたとおり、そのような過重な負担を民間業者に負担させるわけにはいかないから、結局一見して明らかにわかる程度の問題点を外観上チェックする程度の義務にとどまると言うべきであろう。

第57条（報告の義務）

① 本邦に入る船舶等の長は、法務省令で定めるところにより、あらかじめ、その船舶等が到着する出入国港の入国審査官に対し、その乗員及び乗客に係る氏名その他の法務省令で定める事項を報告しなければならない。
② 本邦から出る船舶等の長は、その船舶等が出発する出入国港の入国審査官の要求があつたときは、その乗員及び乗客に係る前項に規定する事項を報告しなければならない。
③ 本邦に入る船舶等の長は、有効な旅券、乗員手帳又は再入国許可書を所持しない外国人がその船舶等に乗つていることを知つたときは、直ちにその旨をその出入国港の入国審査官に報告しなければならない。
④ 本邦に入る船舶等の長は、当該船舶等に第16条第2項の許可を受けている乗員が乗り組んでいるときは、当該船舶等が出入国港に到着する都度、直ちに、当該乗員の氏名その他法務省令で定める事項をその出入国港の入国審査官に報告しなければならない。
⑤ 本邦から出る船舶等の長は、その船舶等の出発する出入国港の入国審査官の要求があつたときは、第15条第1項の規定による通過上陸の許可を受けた者がその船舶に帰船しているかどうか、乗員上陸の許可を受けた者で当該船舶等に乗り組むべきものが乗り組んでいるかどうか及び第25条第2項又は第60条第2項の規定に違反して出国しようとする者が乗つているかどうかを報告しなければならない。

1 本条の趣旨

本条は、出入国管理業務の円滑化・容易化を図るとともに、テロリストの入国を防止するという観点から、外国人を乗せて本邦に出入りする船舶等の長及び運送業者に対して、乗客及び乗員等に関する情報の報告を義務付けたものである。全般的な問題点については、本章の冒頭解説参照。

本条違反に対しては、50万円以下の過料が課される（法77条2号）。

2 1項「本邦に入る船舶等の長は、……あらかじめ……報告しなければならない」

　本邦に入る船舶等の長は、乗員及び乗客に係る氏名その他の事項について、一律に事前に入国管理当局に報告をしなければならないとされており、2006年改正法によって新設された規定である。

　入国管理当局は、これらの情報を要注意人物リストと照合することにより、テロリスト等の入国を防止する等の目的で利用するものとされており（逐条解説690頁）、このようなシステムはAPIS（事前旅客情報システム）と呼ばれている。

3 1項「その乗員及び乗客に係る氏名その他の法務省令で定める事項」

　規則52条3項に定められる記載事項を記したものを適宜様式で提出することになる。

4 2項「その船舶等が出発する出入国港の入国審査官の要求があつたときは」

　本邦に入る場合と異なり、本邦から出る船舶等の長については、入国審査官からの求めがあったときに限り、報告義務が課されることになる。

5 3項「有効な旅券、乗員手帳又は再入国許可書を所持しない外国人」

　法3条1項1号の入国の条件を充たさない外国人がその船舶等に乗っている場合、その外国人は本来退去強制事由（法24条1号）及び不法入国罪（法70条1項1号）に該当するため、上陸審査段階で確実にその事実を捕捉する必要があるという観点から、船舶等の長の報告義務の対象とされたものである。

　なお、法3条1項2号では、「上陸許可の証印……又は上陸の許可……を受けないで本邦に上陸する目的を有する者」も入国禁止対象者としているが、この「目的を有する者」であるか否かの判断は、船舶等の長にとっては困難であることから、報告対象から外されたものとみられる。いずれにせよ、出入国管理業務の容易化のためとはいえ、民間人たる船舶等の長に過重な負担を課しているものと言わざるを得ない規定である。

6 4項「第16条第2項の許可を受けている乗員」

　いわゆる数次乗員上陸許可を受けている乗員については、船舶の場合には船舶の長又はその運送業者が（法16条2項1号）、航空機の場合にはその運送業者が（法16条2項2号）、数次乗員上陸許可申請を行う。

しかし、いったん数次乗員上陸許可書（規則別記22号の3様式）の交付を受けた乗員は、個々の入出国の際には、許可書の呈示のみで入出国するから、個々の乗員の入出国情報を把握するために規則52条5項に規定する事項を報告させるものである。

なお、航空機の場合でも、本項の報告義務の主体は「船舶等の長」（機長）である。

7　5項「本邦から出る船舶等の長は……報告しなければならない」

通過上陸（法15条）及び乗員上陸（法16条）した者の不法残留並びに出国確認（外国人につき法25条、日本人につき法60条）を受けない不法出国を防止するために、本邦から出る船舶等の長にも報告義務を課したものである。

第58条（上陸防止の義務）
本邦に入る船舶等の長は、前条第3項に規定する外国人がその船舶等に乗つていることを知つたときは、当該外国人が上陸することを防止しなければならない。

1　本条の趣旨

本条も、不法入国・上陸の防止の容易化を図ろうとする観点から、外国人を乗せて本邦に入国する船舶等の長に対して、入国禁止対象者の上陸を防止する義務を課したものである。問題点については、本章の冒頭解説参照。

2　「前条第3項に規定する外国人」

有効な旅券、乗員手帳又は再入国許可書を所持しない外国人を指す。なお、法57条の解説5参照。

3　「当該外国人が上陸することを防止しなければならない」

ここにいう上陸の防止が具体的にいかなる意味を有するか不明であるが、積極的に上陸を容易にする行為（入国警備官等がすぐに到着する見込みであるのにこれを待たずにあえてタラップを降ろす等）を行わないという程度にとどまるとみるべきであろう。民間人である船舶等の長に対して、当該外国人を部屋に閉じこめたり縛り上げたりする行為（逮捕・監禁罪の構成要件に該当するような行為）を義務付けていると解することはできないからである。

なお、この点に関しては、上陸拒否後の運送業者の送還義務の範囲及び内容の解釈とも関わってくるので、法59条の解説も参照。

第59条（送還の義務）

① 次の各号の一に該当する外国人が乗つてきた船舶等の長又はその船舶等を運航する運送業者は、当該外国人をその船舶等又は当該運送業者に属する他の船舶等により、その責任と費用で、速やかに本邦外の地域に送還しなければならない。
　1　第3章第1節又は第2節の規定により上陸を拒否された者
　2　第24条第5号から第6号の2までのいずれかに該当して本邦からの退去強制を受けた者
　3　前号に規定する者を除き、上陸後5年以内に、第24条各号の一に該当して退去強制を受けた者のうち、その者の上陸のときに当該船舶等の長又は運送業者がその者について退去強制の理由となつた事実があることを明らかに知つていたと認められるもの
② 前項の場合において、当該運送業者は、その外国人を同項に規定する船舶等により送還することができないときは、その責任と費用で、すみやかに他の船舶等により送還しなければならない。
③ 主任審査官は、前2項の規定にかかわらず、これらの規定により船舶等の長又はその船舶等を運航する運送業者が負うべき責任と費用の負担のうち、第13条の2第1項の規定によりとどまることができる場所として法務省令で定める施設（第61条の7の6において「出国待機施設」という。）の指定を受けている第1項第1号に該当する外国人を当該指定に係る施設にとどめておくことに伴うものについては、有効な旅券で日本国領事官等の査証を受けたものを所持する外国人に係るものに限り、その全部又は一部を免除することができる。

1　本条の趣旨

　本条は、上陸拒否された外国人等の「送還」義務を当該外国人を乗せてきた船舶等の長又は運送業者（以下、本条解説では便宜上「運送業者等」と呼ぶ）に対して負担させるものである。

　本邦で上陸拒否された外国人等を日本国の費用と責任において送還すると国にとって大きな負担となる反面、運送業者等は本邦との間の国際運送で利益をあげていて、かつ当該外国人の本邦への搭乗手続等の際にあらかじめ上陸拒否等を予測できる場合も多いこと、そして現実に輸送手段を有していることに鑑みて、送還に係る費用と責任を運送業者等に負担させて国家の負担を軽減しようとするのが本条の趣旨と解される。

　しかし、本条については、以下に解説するような問題が多く存在することから、その規定内容自体に疑問がある。

2　1項「次の各号の一に該当する外国人が乗つてきた船舶等の長又は……運送業者」

「次の各号の一」には、

① 「第3章第1節又は第2節の規定により上陸を拒否された者」(具体的には、上陸許可を受けられずに法10条11項又は法11条6項で退去命令を受けた者を指すことになる)

② 「第24条第5号から第6号の2までのいずれかに該当して本邦からの退去強制を受けた者」(具体的には、仮上陸条件違反者〔同条5号〕、退去命令を受けながら遅滞なく退去しない者〔5号の2〕、特例上陸の期間を徒過した者〔6号〕、乗員上陸取消しを受けて指定期間内に帰船・出国しない者〔6号の2〕を指すことになる。なお、本条解説3参照)

③ 「前号に規定する者を除き、上陸後5年以内に、第24条各号の一に該当して退去強制を受けた者のうち、その者の上陸のときに当該船舶等の長又は運送業者がその者について退去強制の理由となつた事実があることを明らかに知つていたと認められるもの」(運送業者等において当該外国人が退去強制事由に該当すると明らかに知っていたと認められるのに、本邦に運送し上陸させた場合には、上陸後5年間は送還の責任を負担させるというもの)

が含まれる。これらの外国人が乗ってきた船舶等の運送業者等に、送還義務を課するのが本条である。

なお、「乗つてきた」という文言には、船舶等の長の意思によらずに乗ってきた(典型的には、当該外国人が密かに船底の隠れて「乗つてきた」)場合も含まれるように読めるが、本条が課する責任の大きさに鑑みて、少なくとも当該外国人が「乗つてきた」ことにつき運送業者等に故意又は過失がある場合にのみ適用されるべきであろう。

3　1項「その責任と費用で、速やかに本邦外の地域に送還しなければならない」

本条解説1記載の立法趣旨に鑑みれば、運送業者等に対してその乗せてきた外国人乗客等の送還の責任及び費用を一定程度負担させることは立法政策上不合理とは言えず、国際慣行にも合致する制度であると言うことができる。

しかし、具体的にいかなる範囲の「責任と費用」を負担させるかは、問題である。この点、入管六法は、「上陸を拒否した外国人については、当該外国人の送り返しに加え、送り返しを確実にするためにその者の行動の自由を制限し、送り返しに備えること(身柄の確保)も必要である。したがって、本条でいう『送還』は送り返しと身柄の確保の両方の意味を含むものである」と説明し、現在の入管実務もこれに従う。しかし、これは明らかに誤った解釈と言うべきであり、現実にも非常に多くの問題がこの解釈運用のために発生していることから、早急に解釈運用を改

める必要がある（併せて、本条3項は、運送業者の「身柄の確保」義務を前提とするものであることから改正を要する）。

　少なくとも、「身柄の確保」に関しては、「費用」はともかく「責任」は運送業者等に負担させるべきではない。以下にその理由を示す。

(1)　「送り返し」と「身柄の確保」の関係

　入管六法は、「送り返し」のために「身柄の確保」が必要であることから、「本条でいう『送還』は送り返しと身柄の確保の両方の意味を含む」とするが、それがすなわち運送業者等に「送り返し」業務に加えて「身柄の確保」までも負担させる直接的な理由にはならず、論理的に飛躍がある。しかも「送り返し」業務と「身柄の確保」業務とが可分であり、両業務の性質も大きく異なる。すなわち、実際に、輸送は運送業者が、身柄監視は警備業者が、それぞれ国内法上も全く異なる法規制と資格のもとに実施していることからも明らかであって、そうである以上、運送業者等が「身柄の確保」業務を負担させられるべきではない。

(2)　運送業者等に「身柄の確保」を負担させる不合理性①

　そもそも運送業者等に送還義務を負担させた趣旨は、「運送業者は独自の運送手段を持っているので、……送還に協力させることとすれば、送還は容易かつ確実に実施されることが期待できる」（入管六法の本条解説）ことに基づくというのであれば、独自の身柄確保手段を持たない運送業者等に「身柄の確保」を負担させるのは不合理であるというのが、論理的帰結である。

(3)　運送業者等に「身柄の確保」を負担させる不合理性②

　実務の現状でも、「身柄の確保」を無理やり運送業者等の負担として課する結果、不合理な状況が発現している。

　現在、日本の国際空港で上陸を拒否され即日送還できない外国人については、「出入国港の近傍にあるその（＝特別審理官又は主任審査官が）指定する施設」（法13条の2）において当該外国人を送還機の出発までの間監禁（軟禁）している取扱いが通常である。多くの事案においては、空港ターミナルビル内に常設された国の施設である「出国待機施設」（従前の上陸防止施設。本条解説6参照）が指定されているが、この場合でも上陸拒否時に上陸審査手続を行う事務室から出国待機施設まで当該外国人を連行する業務及び送還日に出国待機施設から航空機まで当該外国人を連行する業務は、航空会社の責任とされる。また、一部の事案では空港近傍の民間ホテル（例えば、成田国際空港の場合には「エアポートレストハウス」という民間ホテル）が特別審理官又は主任審査官により指定される。このような場合には、現実には当該民間ホテルの一室に当該外国人を入室させた上で、24時間ホテルの廊下（当該客室前）に航空会社が委託する民間警備員による見張りをつける方法によって閉じこめるといった事実上の監禁（軟禁）が実施されているのが実

情である。仮に、このような取扱いが本条に基づく義務として行われているとすれば、本条の解釈を誤ったものというべきであり、いずれにしても刑法上も違法行為（逮捕・監禁罪）と評価せざるを得ないであろう。なお、退去命令を受けて送還されるまでの間に、運送業者（航空会社）委託の警備会社社員から「警備料」請求名目で暴行を受けた事案において、運送業者に対する損害賠償が認められた裁判例として、東京地判平16・10・14判時1901号77頁・判タ1188号271頁（その後、控訴棄却で確定）参照。

そもそも、上陸の防止につき有効な手段を持たないはずの運送業者に対してあえて「身柄の確保」義務まで課するという解釈をとるのであれば、逃亡による不法上陸がある程度発生することは入管・難民法自体が予定するところと言わざるを得ないが、果たしてそれが妥当か大いに疑問が残る。

なお、この上陸防止の問題全般については法13条の2の解説及び『実務家のための入管法入門』も参照。

4　1項2号「第24条第5号から第6号の2までのいずれかに該当して本邦からの退去強制を受けた者」

具体的内容は、本条解説2のとおりである。退去強制を「受けた者」の意味につき、逐条解説699頁は「退去強制令書の発付を受けた外国人」であるとするが、入管法においては「退去強制を受けた（る）者」と「退去強制令書の発付を受けた者」とは明らかに区別されており（法52条等参照）、「退去強制令書の発付を受けた」だけでは「退去強制を受けた」といえないことは明らかである。したがって、逐条解説の上記解説には疑問がある。「退去強制令書……執行」（法52条1項）の意義が、「その者を次条〔第53条〕に規定する送還先に送還」（同条3項）することが本旨であることに鑑みれば（入管六法の同条解説）、「退去強制を受けた」というためには少なくとも送還に着手された、すなわち航空機に乗せられた等の事実が必要であろう。

実務上も、ある者に対して、法24条5号、5号の2、6号に基づいて退去強制令書が発付された場合でも、発付の瞬間から運送業者等の送還義務（身柄を確保する義務も含む）が発生するというのは不合理であり、退去強制令書に基づく収容も可能である以上、航空機に乗せる段階までは国の責任とすることに合理性がある。

5　2項「他の船舶等」

その運送業者等に属さない船舶等を指す。

6　3項の趣旨

前記のとおり、運送業者等に「身柄の確保」に関する責任と費用をほぼ全面的

に負担させてきた結果として運送業者等の負担が過重であることが認識されたため、これを一部緩和し、責任と費用を免除しようとするのが本項である。

本項の条文は際立った悪文であり、一読して理解することは困難であるが、要件を整理すると以下のようになろう。

① 本条1項・2項により、運送業者等が負担を課された責任と費用であること
② 法13条の2第1項の規定で留め置き場所として法務省令(規則52条の2第1項、規則別表第5)で定める施設を指定されている外国人を留め置くことに伴う責任と費用であること
③ 本条1項1号の規定(法第3章第1節又は第2節)による上陸拒否者(外国人)を留め置くことに伴う責任と費用であること
④ 当該上陸拒否者(外国人)が、有効な旅券で日本国領事官等の査証を受けたものを所持すること

以上の①〜④の4要件をすべて具備した事例につき、主任審査官が、運送業者等の責任及び費用の全部又は一部を免除することができるというものである。

免除の方法は、具体的には、国がその責任と費用によって運営する「出国待機施設」(成田国際空港、中部国際空港及び関西国際空港内に常設された施設)を、法13条の2の「その指定する施設」と指定することにより、同施設における滞在期間内は国の責任と費用において「身柄の確保」を実施するという形で行われている。

なお、このような出国待機施設(旧・上陸防止施設)の詳細に関しては、入管問題調査会編『入管収容施設—スウェーデン、オーストリア、連合王国、そして日本』(現代人文社、2001年)参照。退去命令を受けた外国人が出国待機施設等にいる場合に、弁護士その他の者との面会、電話連絡につき基本的に制約を課さないことについては、チュニジア人男性への警備員暴行事件(前掲東京地判平16・10・14の事件)における2004年2月5日証人尋問において、東京入管成田支局廣瀬邦彦統括入国審査官(当時)が証言している。

第6章の2

事実の調査

　本章(法59条の2)は、2001年改正法によって新設されたものである。

　実務上、入国・在留審査に関しては従前から入国審査官による事実の調査が実施されてきたが、その法的根拠を明文化したものと理解される。なお、新たな在留管理制度における届出事項における事実の調査については法第4章(法19条の19)に、難民審査に係る事実の調査については、法第7章の2(法61条の2の14)に、それぞれ同旨の規定が置かれている。

第59条の2（事実の調査）

① 法務大臣は、第7条の2第1項の規定による証明書の交付又は第12条第1項、第19条第2項、第20条第3項本文（第22条の2第3項（第22条の3において準用する場合を含む。）において準用する場合を含む。）、第21条第3項、第22条第2項（第22条の2第4項（第22条の3において準用する場合を含む。）において準用する場合を含む。）、第50条第1項若しくは第61条の2の11の規定による許可若しくは第22条の4第1項の規定による在留資格の取消しに関する処分を行うため必要がある場合には、入国審査官に事実の調査をさせることができる。

② 入国審査官は、前項の調査のため必要があるときは、外国人その他の関係人に対し出頭を求め、質問をし、又は文書の提示を求めることができる。

③ 法務大臣又は入国審査官は、第1項の調査について、公務所又は公私の団体に照会して必要な事項の報告を求めることができる。

1　本条の趣旨

　本条は、入国・在留審査における事実の調査について規定している。

　外国人の上陸又は在留に係る審査においては、申請者から提出された資料のみでは的確な判断が困難な場合があることから、必要に応じ法務大臣が入国審査官に事実の調査を行わせることができる旨の規定等を整備したものである。

2　事実の調査が行われる場合

　事実の調査が行われるのは以下の処分を行うために必要がある場合である。

① 在留資格認定証明書の交付（法7条の2第1項）
② 上陸特別許可（法12条1項）
③ 資格外活動許可（法19条2項）

④　在留資格変更許可（法20条3項本文）
　⑤　在留期間更新許可（法21条3項）
　⑥　永住許可（法22条2項）
　⑦　在留資格取得許可（法22条の2第3項）
　⑧　在留特別許可（法50条1項）
　⑨　難民に対する永住許可（法61条の2の11）
　⑩　在留資格の取消し（法22条の4第1項）

3　1項・3項「法務大臣」

　本条1項の権限は、地方入管局長に一律に委任されており（法69条の2、規則61条の2第12号）、法務大臣自らが行使することはない。

　これに対し、本条3項の権限は、法69条の2（規則61条の2第12号）の委任の対象とはなっていない（そうすると、条文を素直に読む限り、法務大臣は、本条3項に基づく公務所等照会を自らはなし得るのに対して、地方入管局長はこれをなし得ないことになるが、1項の委任との関係でバランスを欠いている印象である）。

4　「必要がある場合」

　「必要がある場合」とは、申請者から提出された資料のみでは「適正な処分をすることができないおそれがある場合」と解するべきである。

　これには、外国人から提出された資料では許可処分等をするのに足りないときなどに、外国人に有利な方向で調査を行う場合と、外国人から提出された資料の真正に疑義があるときなどに、外国人に不利な方向でする場合とがある。

5　調査の方法

　調査の方法については、①外国人その他の関係人に対して出頭を求め、質問をすること、②文書の提示を求めること、③公務所又は公私の団体に照会して必要な事項の報告を求めることが規定されている（新たな在留管理制度に関する法19条の19第2項・3項及び難民審査に関する法61条の2の14第2項、3項と同様）。①と②は入国審査官の権限であり、③はそれに加えて法務大臣もすることができる。

　なお、入国審査官が、外国人その他の関係人に出頭を求めて質問をしたときには、その供述を録取した調書を作成することができるとするが（規則52条の3）、調書の公正の担保の観点からもその作成は必要的とすべきであろう。

6　調査の程度

　調査の方法の選択、調査の程度については、入国審査官等の適正な裁量に一

応委ねられているものと解される。

 しかしながら、裁量に委ねられているといっても、どのような調査をしても違法にならないというのではなく、また逆に、職務上必要な調査を怠り、不十分な調査をして、誤った処分をした場合には、調査義務を尽くさなかったものとして違法になる。これは調査の目的が適正な入国・在留審査を行うことである以上、当然である。

 この点、事実の調査が、外国人本人に対する質問や文書の提示要求以外の方法で行われる場合は、特に注意を要する。これらの場合、事実の調査の結果が処分の資料として用いられることを、外国人本人は知り得ない。また、申請に関する事情については、本来は申請者本人に対して質問をし、文書の提示を求めるのが最も適した方法であり、それ以外の方法による調査には過誤が混入する可能性がある。そのため、入国審査官等は、これらの資料を、不許可（不利益処分）の判断の基礎として考慮する場合には、事実の調査によって得た資料に基づいて、外国人本人にあらためて事実について確認を行い、弁明の機会を付与するなど、適正な調査を尽くすべきであり、それを怠って、不適切な処分をした場合には、不十分な調査が違法になるものと言うべきである。

 これまでの実務では、日系人の在留期間更新、在留資格変更について、入国審査官等が、外国人から提出された出生証明書等の書類の真正について疑義を持ち、本国政府に報告を求め、本人に事実を確認することなく、その報告のみに依拠して、真実日系人で、真正な書類を提出した外国人に対して、誤った不許可処分をした事例が報告されている。

第7章
日本人の出国及び帰国

　本章（法60条、61条）は、日本人の出国及び帰国について定めるものである。
　本来であれば、憲法22条1項の居住・移転の自由と同条2項の外国移住の自由が保障されているほか、自由権規約12条2項の国を離れる自由及び同条4項の自国に戻る権利が保障されているのであるから、本章の規定によってこれら出国・帰国の自由が一定程度制約されているという関係になる。

第60条（日本人の出国）

① 本邦外の地域に赴く意図をもつて出国する日本人（乗員を除く。）は、有効な旅券を所持し、その者が出国する出入国港において、法務省令で定める手続により、入国審査官から出国の確認を受けなければならない。
② 前項の日本人は、出国の確認を受けなければ出国してはならない。

1　本条の趣旨

　本条は、日本人の出国手続に関する規定であり、出国確認制度について定める。
　出国「確認」の制度は、日本人の出国それ自体を許可に係らしめるものではなく、本邦から出国する日本人を的確に把握し、公正な出入国の管理を行うための制度である。
　本条と出国の自由との関係について、本条解説6参照。

2　1項「本邦外の地域に赴く意図をもつて」

　法25条の外国人の出国の場合と同様の意味と解される。同条の解説参照。

3　1項「日本人」

　入管法に直接の定義規定はないが、法2条2号の「外国人」の定義が「日本の国籍を有しない者をいう」とされていることに鑑みると、日本国籍を有する者と定義することになる。そして、憲法10条が「日本国民たる要件は、法律でこれを定める」と規定していることから、その「法律」、すなわち国籍法の定めに従って判断されることになる。
　なお、近時の国籍法3条についての最高裁大法廷判決（最大判平20・6・4民集62巻6号1367頁・判時2002号3頁・判タ1267号92頁）を引用するまでもなく、近時は

国籍法の解釈が争われる場面も相当数生じており、「日本人」と「外国人」の区別が必ずしも一義的に定まらない事案が存在することに注意を要する。

4　1項「**法務省令で定める手続により、……出国の確認を受けなければならない**」

出国の「確認」は、具体的には、規則53条1項の定める手続、すなわち、旅券に出国の証印（規則別記38号様式）をすることによって行われるのが原則であり、出国する日本人はこの手続を経ることを義務付けられている。

ただし、2007年にいわゆる「自動化ゲート」制度が開始されており、この制度の利用を希望する日本人は、あらかじめ規則54条の2の規定に従って指紋の登録を行った場合、出国の証印を受けることなく、自動化ゲートを通って出国することができる（規則53条2項）。

5　2項の趣旨

本条2項は、1項で出国確認の義務付けをしていることを受けて、義務を履行しない日本人の出国を禁止することを定めたものである。

ただし、外国人の場合と異なり、日本人の場合には出国留保制度（法25条の2）の適用はない。

6　出国の自由との関係

憲法22条1項は居住移転の自由を、同条2項は外国への移住の自由をそれぞれ定めており、また、自由権規約12条2項も「すべての者は、いずれの国（自国を含む。）からも自由に離れることができる」として、出国の自由を保障している。

しかし、本条は、本邦から出国しようとする日本人に対し、出国確認の義務を負わせ、確認義務を履行しない者は出国できないとし、これに反する者については刑事罰まで負わせている（法71条）。

このような制限を課すことについて、日本人の出国に対する制約として実体的制約と手続的制約が考えられ、本条の制約は手続的制約であるから、日本人の海外渡航の自由それ自体を直接制約するものではないとする説もあるが（逐条解説709頁）、疑問である。たとえ手続的な制約であったとしても、権利の制約であることには変わりない。

また、次条において帰国の場面では罰則の適用がないこととのバランスにも疑問がある。

7 裁判例

(1) 最大判昭37・11・28刑集16巻11号1633頁(「白山丸事件上告審判決」)

「出入国管理令六〇条は、出国それ自体を法律上制限するものではなく、単に出国の手続に関する措置を定めたに過ぎないのであつて、かかる手続のために、事実上、出国の自由が制限される結果を招来するような場合があるにしても、それは同令一条に規定する本邦に入国し、又は本邦から出国するすべての人の出入国の公正な管理を行なうという目的を達成する公共の福祉のために設けられたものであって、もとより憲法二二条二項に違反するものと解することはできない」。

(2) 東京高判昭55・5・14判時981号134頁・判タ426号196頁

本条の罪と旅券法23条1項1号の罪（旅券・渡航書の不正取得）とは、併合罪の関係にある。

第61条（日本人の帰国）

本邦外の地域から本邦に帰国する日本人（乗員を除く。）は、有効な旅券（有効な旅券を所持することができないときは、日本の国籍を有することを証する文書）を所持し、その者が上陸する出入国港において、法務省令で定める手続により、入国審査官から帰国の確認を受けなければならない。

1 本条の趣旨

本条は、日本人の帰国の手続に関する規定であり、帰国確認制度について定める。帰国「確認」の制度もまた、前条の出国「確認」制度同様、日本人の帰国それ自体を許可に係らしめるものではなく、本邦に帰国する日本人を的確に把握し、公正な出入国の管理を行うための制度である。

ただし、出国の段階では確認を受ける義務に違反した場合の罰則も規定されているのに対し、本条は帰国確認を受ける義務を定めつつも罰則の定めがない点に相違がある。

なお、帰国の権利は日本国憲法には明文規定はないが（22条1項の居住移転の自由に読み込むことになろう）、自由権規約では、12条4項において「何人も、自国に戻る権利を恣意的に奪われない」と明記されている。

2 「日本人」

法60条の解説3参照。

3 「有効な旅券(有効な旅券を所持することができないときは、日本の国籍を有することを証する文書)」

「有効な旅券」については、法3条の解説6参照。

本条においては、括弧書で、有効な旅券を所持しない場合の救済規定が置かれているのが特色である。つまり、有効な旅券を所持していない状態で出入国港に到着しても、何らかの証明文書により日本国籍を有することが認められる場合には「帰国の確認」を受けることになるが、この場合には、旅券上に帰国の証印をなすことができないことから、代替措置として、入国審査官から帰国証明書(規則別記73号様式)の交付を受けることとされている(規則54条1項但書)。

4 「法務省令で定める手続により、……帰国の確認を受けなければならない」

帰国の「確認」は、具体的には、規則54条1項本文の定める手続、すなわち、旅券に帰国の証印(規則別記72号様式)をすることによって行われるのが原則であり、帰国する日本人はこの手続を経ることを義務付けられている。

ただし、「自動化ゲート」制度は帰国にも適用され(制度内容は法60条の解説4参照)、事前登録した日本人は自動化ゲートを通って帰国することができる(規則54条2項)。

5 裁判例：鹿児島地決昭43・8・22判時540号30頁(「ベ平連沖縄帰航者上陸拒否・人身保護請求事件決定」)

「出入国管理令第六一条……規定は行政上の必要から出たものであつて直ちに違憲無効と断定することはできない」。

「右規定に従つて所定の帰国手続をとるべき義務を有する被拘束者等が、右手続をとりうる状態にありながら、自らの意思により敢えてこれをとらなかつたことが前記認定のとおりである以上、仮りに請求者主張のように被拘束者らが入国できない結果が生じたとしても、それは自ら招いた結果であつて、これを以て人身保護法第二条にいわゆる『法律上正当な手続によらないで、身体の自由を拘束されている』に該当するとはいえない」。

第7章の2

難民の認定等

1 難民の国際的保護の歴史と日本における難民制度の創設

(1) 難民条約制定に至るまで

　難民は有史以来存在するが、難民問題が国際社会の関心事になったのは、20世紀に入ってからのことである。ロシア革命によるロシア難民の発生、トルコからのアルメニア難民の大量流出などにより、大量に難民が発生するようになったことによる。そして、この問題に対応するため、国際連盟の下において、ロシア難民高等弁務官事務所など、個別的な難民保護機関が設けられるとともに、1922年7月5日の「ロシア難民に対する身分証明書発給に関する取極」をはじめとする、特定の難民集団に関する数多くの個別的な協定と条約が締結された。

　ナチスのユダヤ人迫害など第2次世界大戦前後の混乱は、さらに大量の難民を生み出すことになった。国際連合の下に設立された国際難民機関(IRO)は、当初、連合国救済復興機関が行っていた出身国への帰還作業を引き継いだが、東欧における社会主義政権の成立という戦後ヨーロッパの政治情勢の変化から、再定住に重きを置くことになった。こうして、難民の保護のために、継続的な国際的行動が必要であることが明らかになり、1950年12月の国連総会決議に基づき、1951年1月1日、国連難民高等弁務官事務所(UNHCR)が発足し、難民に対する種々の保護活動を行うこととなった。

　さらに、難民の再定住という問題は、特定の難民の状況に関して採択される個別的協定ではなく、どのような者が難民と考えられるべきであるかという一般的な定義を定めた上で難民の法的地位を規定する、新たな国際文書の必要性を痛感させることとなった。そこで、「いかなる政府からも保護を享受していない者の法的地位」に関して早急に検討すべしという国連人権委員会からの勧告を受け、1947年から検討がされた結果、1951年7月28日、ジュネーブで開催された「難民及び無国籍者の地位に関する国連全権会議」で「難民の地位に関する条約」(難民条約)が採択され、1954年4月22日に発効した。

(2) 難民条約の限界と難民議定書の制定

　難民条約は、その前文において「締約国は、……世界人権宣言が、人間は基本的な権利及び自由を差別を受けることなく享有するとの原則を確認していることを考慮し、国際連合が、種々の機会に難民に対する深い関心を表明し並びに難民に対して基本的な権利及び自由のできる限り広範な行使を保証することに努力

してきたことを考慮し、……次のとおり協定した」と定めているように、基本的には、難民の人権を国際的に保護するということを目的とするものである。

しかし、第2次世界大戦終了後間もない1951年当時の各国の経済的状況などの限界が、難民条約に2つの大きな制約をもたらした。

1つは、難民条約1条A(2)が、「1951年1月1日前に生じた事件の結果として」迫害を受けるおそれがあるという時間的限定を設けていたことである。

もう1つは、難民条約1条B(1)が、各締約国において、同条A記載の「事件」について、「1951年1月1日前に欧州において生じた事件」又は「1951年1月1日前に欧州又は他の地域において生じた事件」のいずれを適用するか選択できるとしていたことである。つまり、締約国は、難民条約に、署名、批准又は加入する際に、この条約における自国の義務の対象を欧州地域の難民に限定するという宣言をすることができたのである。

しかし、1950年代後半から1960年代にかけて、アフリカ地域などで新たな難民集団が発生し、条約を新たなすべての難民に適用する必要が痛感されることとなった。そこで、国連総会による検討を経て、1967年1月31日、国連総会議長及び事務総長が署名した「難民の地位に関する議定書」に加入の途が開かれ、同年10月4日に発効した。

難民議定書1条2は、「この議定書の適用上、『難民』とは、……条約第1条を同条A(2)の『1951年1月1日前に生じた事件の結果として、かつ、』及び『これらの事件の結果として』という文言が除かれているものとみなした場合に同条の定義に該当するすべての者をいう」と定め、1条1において、「この議定書の締約国は、2に定義する難民に対し、条約第2条から第34条までの規定を適用することを約束する」と定めている。これによって、難民条約の時間的限定は取り除かれることになった。また、難民議定書1条3は、「この議定書は、この議定書の締約国によりいかなる地理的な制限もなしに適用される」としており、難民条約のような地理的限定も有していない（例外は、すでに難民条約の締約国となっていて、自国の義務の対象を欧州地域の難民に限定するという宣言をしていたものであるが、当初、この宣言をしていた諸国も相次いでその地理的制約を撤回することとなった）。

(3)　日本が難民条約及び難民議定書に加入した経緯

日本は前述の「ロシア難民に対する身分証明書発給に関する取極」をはじめとする、特定の難民集団に関する個別的な協定に参加したことはあったが、難民条約については原則的にはヨーロッパの事態を対象にしたものと捉えて、長らく加入してこなかった。

しかし、1975年4月に南ベトナム（ベトナム共和国）の首都とされていたサイゴン（現ホーチミン市）が陥落し、ベトナム、カンボジア及びラオスのインドシナ3国に体

制の変動が生じた結果、これら3国から小船で脱出し、通りがかりの船舶に救助される、いわゆるボート・ピープルと呼ばれた人々が急増してその救済が大きな国際問題となった。インドシナ3国から脱出して他国に庇護を求める者は、144万人以上にも上り、日本政府は、閣議決定に基づいて定住枠(当初は500人であったが、最終的には1万人とされた)を設け、その範囲内で、ボート・ピープルとして日本に到着した者や東南アジア諸国の難民キャンプに一時滞在中のインドシナ難民の定住を認めることとした。

しかし、ボート・ピープル発生の初期において船籍国の引取保証がなければ一時上陸を許可しないという厳しい対応をとったことや、日本に定住した者が当初は100人程度(最終的には約6,800人であった)と非常に少なかったことから、日本は難民に対して冷淡であるという非難を内外から浴びることとなった。そして、日本が難民に対して冷淡であることの象徴が、まさに日本が難民条約に加入していないことにほかならないとみなされたのである。このような内外の非難を浴び、1981年にようやく日本も難民条約に加入(効力発生は1982年1月1日)するに至り、1982年には難民議定書にも加入した。

2 日本の難民認定制度の現状と課題
(1) 出入国管理令から出入国管理及び難民認定法への改正

難民認定の制度については、フランスやドイツのように難民認定のために独立の官庁が設けられている国もあるが、日本においては、外国人の出入国管理を司る法務省入国管理局が難民認定業務を所管することとなった。独立の官庁を設けることによる財政負担を考慮した結果ともいわれている。そして、これに伴い、1981年には難民条約施行に必要な国内法を整備するため、それまでの日本の外国人管理法令であった出入国管理令を改正し、難民の認定に関する規定を新設し、法令名も「出入国管理及び難民認定法」と改めた(出入国管理令から現在に至るまでの経過全般は、法1条の解説2参照)。

しかし、出入国管理行政とは、本邦に入国し、又は本邦から出国するすべての人の出入国の公正な「管理」を図ることを目的とするものである(法1条)。出入国管理行政は、本質的には国家が主権に基づいて外国人の出入国管理を自由に決し得るという原則に基づいており、上陸、在留、退去強制に関する諸規定は、日本国にとって好ましいと認める外国人の上陸・在留を許可し、好ましくないと認める外国人の上陸・在留を拒否するという形で、日本国にとっての利益が第一義的に考慮された形で規定されていることは否めない。

これに対して難民として保護されることは、世界人権宣言14条1が、「すべて人は、迫害を免れるため、他国に避難することを求め、かつ、避難する権利を有する」

と規定しているように、本質的には個人の尊厳の原理に基づく人権である。他方で、少なくとも難民条約に加入した以上は、難民を保護することは国家の国際法上の義務である。

このように全く異なる根本原理に基づく制度が同一の法令の中に規定され、同一の官庁が所管していることに、日本の難民認定制度が十分に機能していないことの最大の原因がある。入管・難民法のうち、難民認定に関する部分は、難民条約上の難民に該当する者は、漏らさず難民として認定し、庇護を与えなければならないということを基本原則として解釈運用されなければならないのである。

(2) 2004年の大幅改正

入管・難民法の難民認定に関する規定は、制定後20余年にわたって改正されることがなかったが、2004年に大幅改正され、2005年5月16日に施行された。難民認定に関する規定の主要な改正点は、次の3点である。

まず、第1に、改正前の法61条の2第2項は、難民申請について、原則として本邦に上陸するなどした日から60日以内に行わなければならないという制限を設けていたが（いわゆる「60日要件（60日ルール）」）、2004年改正法によって、この申請期間の制限規定を撤廃した。改正前においては、現実に多くの申請者がこの期間制限に違反したことを理由に不認定処分を受けていたが、難民条約上は難民に該当する者が申請期間の制限の違反を理由に難民として認定されないのは条約違反ではないかということが大きな問題となっていた。そして、改正前においては、この問題こそが、難民不認定処分取消請求訴訟の重要な争点のひとつであった。しかし、2004年改正法によって、この問題は解消された。

第2に、改正前は、難民認定手続と退去強制手続は全く別個独立の手続であり、在留資格を有しない難民申請者の処遇は、専ら実務の運用（言い換えれば入管当局の裁量）に委ねられていたが、2004年改正法は、両手続の調整を図るいくつかの規定を設けた。すなわち、在留資格未取得外国人について、一定の要件を充たした場合に、仮滞在の許可を与えることによって、その在留を適法化したこと（法61条の2の4）、さらに、在留資格未取得外国人が難民認定を受けた場合に、一定の要件を充たした場合には羈束的に「定住者」の在留資格の取得を許可することとしたこと（法61条の2の2第1項）、仮滞在許可を受けた者について退去強制手続を停止し、さらに仮滞在許可を受けられなかった在留資格未取得外国人についても、難民認定手続が終了するまで送還を停止することとしたこと（法61条の2の6第1項ないし第3項）などである。

第3に、難民不認定処分等に対する異議申立手続について、難民審査参与員制度を導入したことである（法61条の2の9及び10）。従来の不服申立制度（名称は「異議申出」）は、難民調査官が調査を行い法務大臣が決定するという、一次申請と全

く同じ過程を経るだけの手続であり、しかも、難民調査官とは、法務大臣が指定する入国審査官であるところ(法2条12号の2)、入国審査官の主たる職務は、上陸、在留、退去強制の諸手続を通じての外国人の管理であるから、異議手続の公正性・中立性・透明性及び実効性のいずれにも疑問を呈さざるを得なかった。そこで、法務大臣が異議申立の決定を行うに当たっては、人格が高潔であって、異議申立に関し公正な判断をすることができ、かつ、法律又は国際情勢に関する学識経験を有する者のうちから、法務大臣が任命した難民審査参与員の意見を聴かなければならないこととしたのである。

(3) 日本の難民認定制度の現状と問題点

(i) 日本の難民認定制度の現状

日本が1982年から条約難民の具体的な受入れを開始してから、2011年12月末までの難民認定数は598人(申請者数11,754人)である。ただし、そのうちの少なくとも150人前後はベトナム、ラオス、カンボジアから来たインドシナ難民からの申請者といわれており、認定されたインドシナ難民の中には、すでに日本政府によって定住を認められている者も少なくなかった。しかも、1989年から1997年までの認定数は年間1～6人という状況であり、その後、2000年、2001年には認定数が20人を超えたこともあったが、2002年から2004年までは再び10人台に減少した。それが法改正のあった2005年には46人となり、2006年が34人、2007年が41人、2008年が57人、2009年が30人、2010年が39人、2011年が21人と、かつてより増加はしているものの(法務省入国管理局作成「難民認定申請及び処理数の推移」及びプレスリリースによる)、主要先進国とは比較にならない少なさである。2008年の難民認定数(括弧内は同年の申請者数)は、アメリカ16,742人(39,362人)、ドイツ7,291人(28,018人)、イギリス4,752人(30,547人)、フランス9,648人(42,599人)である(UNHCR統計による)。これら先進国と比較すると、日本は難民条約締約国としての国際的期待に応えているとは到底言い難い状況にある。

(ii) 日本の難民認定制度の問題点

ア 専門性の欠如

難民認定は、決して単純な行為ではない。難民認定は、事実の評価や異文化コミュニケーションなどの面で極めて高度な判断力を要する行為である。諸外国での難民認定の実情や、難民条約の解釈、国際法、さらに国際情勢にも通じていなくてはならない。その意味で、難民認定をする者には十分な経験及び見識が必要とされる。

UNHCRハンドブックも、その190項で、次のように指摘している。

「難民の地位の認定を申請する者は、通常、非常に不利な状況に置かれていることが想起されねばならない。そのような者は慣れない環境の中にあって、しばし

ば母国語以外の言葉で、外国の当局に自らの事案を申請するについて技術的及び心理的な重大な困難を経験するかもしれない。従って、その申請は、必要な知識及び経験を有し、申請人の格別の困難さ及び必要性を理解できるような資格のある人間により特に定められた手続の中で審査されなければならない」。

　ところが、前述のように、難民調査官とは、法務大臣が指定する入国審査官であるところ（法2条12号の2）、入国審査官の主たる職務は、上陸、在留、退去強制の諸手続を通じての外国人の管理であり、入管内部の人事異動で、入国審査官がある時期（通常は数年間）、難民調査官を務めているにすぎない。前述のように、出入国管理の実務は、日本国にとって好ましいと認める外国人の上陸・在留を許可し、好ましくないと認める外国人の上陸・在留を拒否するという形で、日本国にとっての利益が第一義的に考慮された形で運用されている。そのような運用下で実務経験を積んできた入国審査官が、ある一定期間だけ難民調査官を務めるという人事制度において、難民調査官が、難民認定に必要な十分な経験及び見識を有している者といえるかどうかは極めて疑問と言わざるを得ない。

　異議手続については、前述のように2004年改正法によって、法務大臣が異議申立に係る決定を行うに当たっては、人格が高潔であって、異議申立に関し公正な判断をすることができ、かつ、法律又は国際情勢に関する学識経験を有する者のうちから、法務大臣が任命した難民審査参与員の意見を聴かなければならないということになった。難民審査参与員にふさわしい人材が任命され、また、法務大臣がその意見を十分に尊重することによって、異議手続が十分な専門性に裏付けられた制度として運用されることが期待された。しかし、前述のとおり、年間の認定数は、主要各国に比べて文字どおり桁違いという状況は変わっていないし、日本弁護士連合会も難民参与員の専門的知見に疑問を投げかけている（日弁連意見書④）。期待に十分応えているとは言い難い状況である。

イ　独立性の欠如

　前述のように、出入国管理の実務は、好ましくないと認める外国人の上陸・在留を拒否するという形で、日本国にとっての利益が第一義的に考慮された運用がされている。そして前述のように、難民調査官は、入国審査官が一時的に務めているだけであるから、しばしば不法入国者・不法在留者である難民申請者の庇護に関して適切な判断を下せるかどうかは極めて疑問である。しかも、難民調査官から法務大臣への進達の過程も入国管理局の内部で決せられており、出入国管理業務についての配慮が難民認定業務に影響を及ぼしているのではないかというおそれを払拭できない。

　異議手続については、前述のように2004年改正法によって難民審査参与員の制度が導入されたが、事務局を入管が担っていることから、独立性の確保は不十

分なままである（日弁連意見書④参照）。

ウ　難民認定手続の不透明性

　難民認定手続において、難民調査官による調査を経て、地方入国管理局としての意見が固められ、それが本省の入国管理局長に進達された後は、どのような過程を経て認定が行われるのか、誰が決定権を持っているのかといった手続の枠組みについては全く開示されておらず、認否に至るプロセスは不透明と言わざるを得ない（川島慶雄「日本における難民保護制度とその運用——アムネスティ・インターナショナルの調査報告をめぐって」阪大法学43巻2・3号444頁）。不透明であるがために、認定過程に政治的・外交的配慮が働いているのではないかといった懸念は一層増幅されることになる。難民申請者としても、不透明なプロセスによって自らの運命を左右され、ましてや判断が出るまでに数年かかるという現状は不安この上ないと言うべきであろう。

　また、現在の実務の運用においては、不認定通知書（規則別記76号様式。規則55条6項）に記載される理由もほとんどの場合、別紙とした上で、1頁に満たない量の記載にとどまるのが通例であり、申請者を納得させるような説得力を備えてはいない。逆に、記載されない別の理由で不認定になったのではないかという懸念すら呼んでいる（この点の詳細は、法61条の2の解説4(2)参照）。行手法においては、難民の認定は外国人の出入国・帰化と並んで同法の適用除外とされている（同法3条1項10号）。その理由として、国は「外国人の出入国について、これを認めるかどうかといいますのは本来国家の自由裁量に属する、そういう事項であると言われておるものでございます。したがいまして、今回の行政手続法が対象としております一般国民に対する処分というものとは性質を異にしているということで、本法の適用除外ということで考えておるわけでございます」と説明している（第126回国会内閣委員会〔1993年4月27日〕における増島俊之総務庁行政管理局長〔当時〕の答弁）。しかし、すでに論じたように、難民の認定は事実の当てはめ、若しくは羈束裁量行為なのであって、裁量性の強い入国管理行政一般とは明らかに性質が異なる。適用除外を直ちに解除することは難しいとしても、難民認定手続及び異議手続に行手法を少なくとも「準用」することにより、透明性の向上が図られて然るべきである。

　なお、異議手続においては、難民審査参与員の意見が決定書にある程度詳細に記載されるようになっており（ただし、異議の棄却又は却下の場合のみであり、法61条の2の9第4項による参与員の意見の要旨の開示義務の履行方法としてとられているものである）、一定の改善がみられる。

エ　難民申請者の処遇——収容問題、就労問題等

　2004年改正法によって、在留資格を持たない者が難民申請を行った場合に、

一定の要件を充たしていれば仮滞在許可によってその在留が適法化されることになったが、その要件が厳格に過ぎるため、仮滞在許可を受けることのできない難民申請者が数多く残ることになってしまった。このような申請者は収容の危険と隣り合わせに生活を送らざるを得ず、そもそも本国で迫害を受けてきたという精神的な抑圧に加えて、日本での生活の中で身体拘束の不安を抱えながら日々の時間を過ごさなければならず、その精神的ストレスから心因性の疾患に罹患する者が多いという報告例もある（市川政雄「難民トラウマと精神的ストレス―在日ビルマ人難民申請者の場合」法と民主主義1998年11月号52頁以下）。ましてや現実に収容という事態になれば、帰国という選択をしない限り数カ月はおろか1年以上の収容を覚悟しなければならない。

　難民条約に加入し国内法を整備したと言いながら、難民としての保護を求める者を収容して退去させるのでは難民保護の制度を設けた意味がない。収容は原則として避けられるべきであるし、在留資格がないことを収容の理由とするべきではない（UNHCR「庇護希望者の収容に関する適用可能な基準と規範に関するUNHCRガイドライン〔修正版〕」1999年2月）。

　また、法61条の2の4第3項は、法務大臣が仮滞在許可の際に住居及び行動範囲の制限、活動の制限、呼出しに対する出頭の義務その他必要と認める条件を付することができることとし、規則56条の2第3項第3号は、活動の制限として、「収入を伴う事業を運営する活動又は報酬を受ける活動の禁止とする」と定めていることを受けて、現在の実務は、仮滞在許可に際してこの就労禁止条件を付している。しかし、難民申請者が在留資格を欠くため就労が困難になっている現状を踏まえ、すべての難民申請者に条件付き若しくは無条件で就労を許可すべきである。就労が許可できないのであれば、行政の責任において、最低限の生活保障を申請者に行うべきである。

　難民条約は、難民についての各種保護規定を置いているところ、難民は難民認定を受けてはじめて難民となるものではなく、難民条約1条A(2)及びこれを修正する難民議定書で定義する難民は、難民認定を受けなくとも難民なのであり、難民申請者の中には難民として認定されるべき者が相当数含まれているわけであるから、難民条約の各種保護規定の趣旨はできる限り難民申請者にも及ぼされるべきなのである。

第61条の2（難民の認定）

① 法務大臣は、本邦にある外国人から法務省令で定める手続により申請があつたときは、その提出した資料に基づき、その者が難民である旨の認定（以下「難民の認定」という。）を行うことができる。

② 法務大臣は、難民の認定をしたときは、法務省令で定める手続により、当該外国人に対し、難民認定証明書を交付し、その認定をしないときは、当該外国人に対し、理由を付した書面をもつて、その旨を通知する。

1 本条の趣旨

本条は、外国人が難民である旨の認定は、本邦にある外国人からの申請に基づき、法務大臣がこれを行うことを規定したものである。

2 1項「本邦にある外国人」

難民認定申請ができるのは、条文上「本邦にある」外国人に限定されている。その趣旨は、「難民条約が締約国の領域内にある難民に対して各種の保護を与えることを締約国に義務付けるにとどまり、難民の受入れを締約国に義務付けていないことに対応するもので、日本の国外にいる外国人からの難民認定申請を認めないこととしたものである」と説明されている(逐条解説717頁)。

確かに、難民条約が締約国に義務付けているのは、領域内にあることを前提としているものが多い(同条約15条、17条、18条等)。しかし、最も重要なノン・ルフールマン原則(同条約33条1項)は、「難民を、いかなる方法によつても、人種、宗教、国籍若しくは特定の社会的集団の構成員であること又は政治的意見のためにその生命又は自由が脅威にさらされるおそれのある領域の国境へ追放し又は送還してはならない」と定めており、「領域内」の難民には限定していない。

したがって、例えばA国所在の在外日本公館に第三国B国からの庇護希望者が訪れた際に、A国がその者を審査なく出身国B国に送り返す危険が高いのに保護を怠れば、日本国が難民条約33条違反と評価される余地も生じる。

よって、「本邦にある」という文言は例示と解するべきであり、上記のような場合には、本邦外にある場合でも、難民認定申請を認めるべきである(阿部浩己『国際人権の地平』〔現代人文社、2003年〕72頁以下参照)。

3 1項「難民」

法2条3号の2は、難民とは、「難民の地位に関する条約(以下「難民条約」という。)第1条の規定又は難民の地位に関する議定書第1条の規定により難民条約の適用を受ける難民をいう」とする。すなわち、どのような者を難民と定義するかについては、全面的に難民条約の解釈によることになる。

(1) 難民条約上の難民の定義

難民とは、「人種、宗教、国籍若しくは特定の社会的集団の構成員であること又は政治的意見を理由に迫害を受けるおそれがあるという十分に理由のある恐怖

を有するために、国籍国の外にいる者であつて、その国籍国の保護を受けることができないもの又はそのような恐怖を有するためにその国籍国の保護を受けることを望まないもの及びこれらの事件の結果として常居所を有していた国の外にいる無国籍者であつて、当該常居所を有していた国に帰ることができないもの又はそのような恐怖を有するために当該常居所を有していた国に帰ることを望まないもの」をいう(難民条約1条A(2)、難民議定書1条2項。難民議定書は、難民の地位に関する条約に付されていた時間的・地理的制限を取り払ったものである)。

しかしながら、難民条約は、1条Cにおいて難民が難民でなくなる場合について定め(終止条項)、また、同条DないしFにおいて条約が適用されない者について定めており(除外条項)、1条Aの難民の定義に当てはまる者のすべてを保護の適用対象としているわけではないことに注意が必要である。以下、難民条約の解釈の指針について述べた後、本条解説④〜⑧において、難民条約1条A、難民議定書1条2で規定される難民の定義・要件について論じ、続いて、本条解説⑨⑩において、消極的要件である終止条項及び除外条項について検討することとする。

(2) 解釈の指針

難民の認定行為は事実の確認行為に過ぎないとされる。すなわち、難民条約の定義に当てはまる難民は、難民と認定される前から難民なのである。難民の認定は事実の確認行為であり、難民としての適格要件に該当する事実が申請者に具備されていると認められるときは、羈束的に難民の認定が行われなければならない。したがって、同じ締約国でありながら、ある国では難民とされ、ある国では難民ではないとされる、という事態はあってはならない。このことは、難民条約上難民の意義について締約国は何らの留保を認められていない(同条約42条1項)ことからも明らかであり、1998年の規約人権委員会において、日本政府代表も「わが国の難民認定の基準でありますが、これは入管法によるものでありますが、難民条約および難民に関する議定書の基準とまったく同一でございます」と明確に述べているところである(日本弁護士連合会編『日本の人権 21世紀の課題』〔現代人文社、1999年〕185頁)。

そこで、この難民認定という事実の確認行為を誤りなく行うために、解釈のための明確かつ客観的な基準が不可欠であり、締約国間で統一的に難民の意義を解釈することが必要となる。

では、どうすれば難民の意義を統一的に誤りなく解釈することができるか。以下、1980年に発効し、日本も批准している「条約法に関するウィーン条約」(条約法条約)31条及び32条で定められている国際法の解釈準則とも照らし合わせながら検討する。

(i) 難民条約の趣旨、目的

条約法条約31条1項が、「条約は、文脈によりかつその趣旨及び目的に照らして与えられる用語の通常の意味に従い、誠実に解釈するものとする」と定めるとおり、条約は、まずその趣旨・目的に照らして解釈されなければならない。この31条1項は文言解釈ないし文理解釈と称される原則に依拠しており、条約の文言は、明らかに不合理な結果や条約の他の部分と整合性を有しない結果を来したり、締約国の意図するところを明らかに逸脱する場合を除いては、普通の意味に解釈されなければならないと理解されている。

　そこでこれを難民条約に当てはめると、難民条約はその条約文（前文及び付属文書を含める）や締約国間でなされた難民条約の関係合意である「難民及び無国籍者の地位に関する国際連合全権会議の最終文書」の規定に従い、かつ難民の人権の広範な保障という難民条約の前文等趣旨・目的に照らして解釈されることがまず必要とされるということになる。

(ⅱ)　解釈の指針

ア　UNHCRの見解やUNHCR執行委員会の結論

　次に、解釈の指針とすべきものとして、UNHCRの見解やその執行委員会の結論が挙げられる。

　UNHCRは、難民条約35条1項において、「この条約の適用を監督する」責務を与えられており、難民条約の締約国は、UNHCRに協力し、条約の実施状況等について必要な情報を提供する義務を負っている。

　そして、難民条約の解釈についてのUNHCRの見解はさまざまな形で表明されるが、特に重視すべきは、難民認定基準を明らかにしたUNHCRハンドブックとUNHCR執行委員会の「難民の国際的保護に関する結論」（UNHCR結論）であり、両者は各国の裁判所においても頻繁に引用されている。

　このうち、UNHCRハンドブックは、次に述べるUNHCR執行委員会が、第28回会合において、難民高等弁務官に対し、「政府の指針とするために、難民の地位を認定するための手続及び基準に関する手引きを発刊する可能性を検討するよう」要請したのに応えて作成されたものである（UNHCRハンドブック「はじめに」より）。

　次に、UNHCR結論は、UNHCR執行委員会の審議の結果をまとめたものである（主要なものの邦文は、UNHCR Japanのウェブサイトで閲覧可能である）。このUNHCR執行委員会はUNHCRの諮問機関であり、実質的意思決定機関として、UNHCRの活動計画・予算や政策を討議・承認するものである。2011年現在、日本を含め85カ国がメンバーであり、毎年10月に開催されている。UNHCR結論の採択は、概ねコンセンサスによる。UNHCR結論の内容は、難民保護に関わる規範的価値を持つものが少なくなく、そこには国際社会の集合的見識が表明されており、難民条約の解釈に関して極めて重要な基準を提供している。

イ　難民条約締約国の間で形成された判例法や裁判例

　さらに、難民条約締約国で形成された、日本を含む難民条約締約国における難民認定に関する裁判例も、難民条約の重要な解釈の指針となる。

　すでに述べたように、難民条約は、その条約において「難民」を定義し、我が国を含めた難民条約締約国は、この難民条約上の「難民」を誤りなく難民と認定することが求められている。そのため、締約国の判例を見ると、条約と国内法の関係についていわゆる一元論を採用するか否かにかかわらず、「難民」の意義や、難民性の立証責任・立証基準、信憑性等の難民認定に関する諸原理につき、国内法の解釈というよりも難民条約そのものを解釈するという姿勢で判決を下しているものが多い。そして、難民条約締約国の判決は、相互の裁判例を非常に頻繁に引用し、それらを自らの判断の重要な資料としている。

　なお、我が国における裁判例も、以前は見るべきものがなかったが、次第に先例的価値を有するとみられるものも出てきている。すでに述べたように、難民の認定は難民条約の解釈そのものであって、国内法の解釈ではないから、解釈の指針としては我が国における裁判例を他国の判例法や裁判例に優先させる理由は見当たらないが、他国の裁判例と同様に解釈の指針となると考えてよいと思われる。ただし、日本の裁判例の中には、条約の趣旨、目的、UNHCRの見解、執行委員会の結論、難民条約締約国及びその間で形成されてきた判例法等、これまで述べてきた解釈の指針と相反するものもあるので、注意が必要である。

ウ　上記ア・イが「解釈の補足的な手段」又は解釈の指針に当たること

　条約法条約32条は、以下のように規定する。

　「前条の規定の適用により得られた意味を確認するため又は次の場合における意味を決定するため、解釈の補足的な手段、特に条約の準備作業及び条約の締結の際の事情に依拠することができる。

(a)　前条の規定による解釈によつては意味があいまい又は不明瞭である場合

(b)　前条の規定による解釈により明らかに常識に反した又は不合理な結果がもたらされる場合」。

　そして、上記ア・イともに、この「解釈の補足的な手段」に該当すると考えられる。UNHCRハンドブックの作成に至る経緯は、条約法条約31条の規定による解釈によっては意味が曖昧又は不明瞭であるからこそUNHCR執行委員会が解釈の指針を欲したことを示しており、また、難民条約を解釈しようとする各締約国の判例の集積は、まさに「解釈の補足的な手段」として締約国が難民条約の意味を明確にするものにほかならないからである。

　また、すでに、日本の裁判例においても、自由権規約の定める受刑者の裁判を受ける権利につき、ヨーロッパ人権裁判所の判断や国連決議である被拘禁者保

護原則は、少なくとも同権利の解釈の指針とすべきである旨判示したもの（高松高判平9・11・25判時1653号117頁・判タ977号65頁）、同規約の解釈に当たり、条約法条約32条の趣旨を尊重し、同規約の規約人権委員会が採択した一般的意見等も補足的手段となる旨判示したもの（広島高判平11・4・28高刑速平成11年136頁）などがある。これらの日本の裁判例に照らしても、ハンドブック等UNHCRが示している見解やその執行委員会の結論、条約締約国の判例法や裁判例が、条約解釈の補足的手段、少なくとも解釈の指針として用いられるべきであることには疑いがない。

　以上より、難民条約締約国の国内の裁判所や認定機関が行った、難民条約に関する解釈を含む裁判例も、日本における難民認定に当たり、解釈の補足的手段となるものと言うべきである。同様の見解は、難民認定を取り扱う司法機関及び準司法機関の裁判官からなる「難民法裁判官国際協会」（International Association of Refugee Law Judges、以下「IARLJ」）の1998年のプレセミナーにおいても次のように明確にされている。「（難民の定義に関する）本章は、難民の認定基準について、UNHCRハンドブックやその後の法の発展の中から一般的に受容されている原則や解釈に基づいた国際的アプローチを提示する。このアプローチが世界各地における難民認定基準を一貫させるのに貢献することが望まれる」。

４　難民の要件①「迫害」（難民条約１条Ａ）

　難民条約は、「迫害」を難民である要素の中核に据えつつ、その具体的意味については何ら規定していない。そこで、具体的にどのような事実が「迫害」に当たるかは、解釈に委ねられている。

(1)　迫害の意義

　迫害の意義については、生命又は身体の自由に限定しようとする狭義説と、それ以外の重大な人権侵害を含むとする広義説が対立してきた。

　その中で、UNHCRは早くから広義説を採用してきた。UNHCRは、ハンドブック51項において「普遍的に受け入れられる『迫害』の定義は存在しておらず、また、そのような定義を定立しようという様々な試みもあまり成功していない」としつつ、難民条約が列挙する5つの理由に基づく「生命又は自由に対する脅威は常に迫害にあたると推論される」とし、「同様な理由によるその他の人権の重大な侵害もまた迫害を構成するであろう」とする。

　UNHCRハンドブックの上記のような指摘にもかかわらず、迫害の体系的定義付けを試みたのは、ジェームス・C・ハサウェイである。ハサウェイは、「国による保護の懈怠を明らかにする、基本的人権の持続的または組織的侵害」と定義し（ハサウェイ125頁）、かかる定義付けは、困難とされてきた迫害の包括的理解に資す

るものとなった。

　このような研究者や専門機関の研究成果を取り入れ、カナダやオーストラリアでは、難民認定機関が策定する難民認定のガイドライン等で、迫害とは重大な人権侵害を指し、生命又は身体の自由の侵害に限られないという立場を明確にしている(カナダ移民難民委員会難民保護部門"Interpretation of the Convention Refugee Definition in the Case Law" 2005年、オーストラリア難民再審査審判所"A Guide to Refugee Law in Australia" 2006年等)。2005年の制度発足時の難民審査参与員でもあった新垣修は、北米やオセアニア諸国、欧州の主要先進諸国においては、直接的、間接的に、迫害の定義を生命又は身体の自由の剥奪・抑圧と制限的に解釈する考え方は否定されてきたと指摘している(新垣修「難民条約における『迫害』の解釈―国際社会と日本」志學館法学3号〔2002年〕165頁以下)。

　これに対し、日本の裁判例では、狭義説が優勢であり、迫害について「通常人において受任し得ない苦痛をもたらす攻撃ないし圧迫であって、生命又は身体の自由の侵害又は抑圧」と極めて狭く解釈されることが多かった。しかしながら、近時の裁判例の中には、「生命、身体又は重要な自由権の侵害」(名古屋地判平16・3・18判タ1248号137頁)、「生命又は身体の自由の侵害又は抑圧並びにその他の人権の重大な侵害」(東京高判平17・5・31公刊物未登載)など、迫害の意義を広義に解するものもみられるようになっている。

(2)　差別と迫害

　差別は必ずしも迫害に当たらないというのが難民条約の「迫害」についての伝統的な解釈と言える(例えば、UNHCRハンドブック54項)。しかし、差別が甚大な形態をとる場合、又は継続して一貫した差別が累積する場合には、差別は迫害に相当すると考えられる(UNHCR「1951年難民の地位に関する条約第1条の解釈」〔UNHCR 1条解釈. http://www.unhcr.or.jp/protect/pdf/apr2001_intart1_j.pdf〕17項)。新垣は、カナダ、ベルギー、ニュージーランド、スイス、英国等の例を引いて、申請者に対してなされ得る複数の差別行為やハラスメントについて、個々の行為は迫害に相当しないものの、差別行為やハラスメントの累積又は総和が迫害を構成することがあり、反復性、執拗性といった要素が一見軽度であるようにも見える差別やハラスメントを迫害に相当させるおそれがあるとする(前掲新垣186頁)。

(3)　訴追・処罰と迫害

　普通犯罪に対する訴追や処罰は、迫害とは区別される。「難民は、不正義の被害者(又は潜在的な被害者)であって、正義からの逃亡者ではない」(UNHCRハンドブック56項)。

　しかしながら、このことは、普通犯罪に対する訴追や処罰が常に迫害とはならないということを意味するものではないことに留意すべきである。例えば、普通犯

罪を犯したことを理由に、実際には条約上列挙された5つの理由に基づいて過酷な取扱いや処罰を科される場合や、「違法」な宗教教育を行ったことを理由に訴追、処罰されるなど、条約上列挙された5つの理由そのものによる訴追や処罰がなされる場合には、一見普通犯罪に対する訴追や処罰に当たるように見えても、それは迫害に該当すると考えられる（UNHCRハンドブック57項参照）。

ハサウェイやガイ・S・グッドウィン＝ギル等著名な難民法学者も同様の見解をとる。例えば、グッドウィン＝ギルは、法律も迫害の手段となりうると指摘した上で、どのような場合が迫害の手段となり得るかにつき、次のように述べる。「立法の分野における合法性の推定にもかかわらず、法の差別的適用や、差別を助長する法の使用は、迫害となるであろう」。そして、権利の絶対性、民主的な社会にとって合理的に必要な制限か否か、処罰とそれによって達成しようとする目的が釣り合うものであるかといった点が、その判断の指標となるとする（Goodwin-gill, Guy S. "The Refugee in International Law", Second Edition, Oxford University Press, 1988, pp.52-53）。また、ハサウェイも、Richard Plenderの論文を引用する形で以下のように述べている。「迫害と訴追は重なり合わないが相互に排他的であるわけでもない……迫害の意図を有する政府が反対派を抑圧する手段として刑法を利用することは可能である」（ハサウェイ202頁）。

日本の裁判例においても、政治的な動機に基づいたある行為が、その行為の性質に照らし、民主主義国家における刑罰と比較して著しく重い刑罰が科されるおそれがあることなどを理由として迫害を肯定している裁判例があり（名古屋地判平16・4・15裁判所ウェブサイト登載等）、このような考え方は日本の裁判所にも取り入れられていると言うことができよう。

(4) 迫害の主体

迫害は、国や権限ある当局によって行われるものに限られるかという問題につき、UNHCRは、迫害は国家主体によるものに限られず、非国家主体による迫害も含まれるとの見解をとってきた。例えば、UNHCRハンドブックにおいては、迫害は、「当事国の法令により確立された基準を尊重しない一部の人々によって引きおこされることもある」とし、また、「地域住民により重大な差別的又はその他の攻撃的な行為が行われる場合であって、それが当局により故意に容認され、又は当局が効果的な保護を与えることを拒否し若しくはできないときは、そのような行為は迫害に当たると考えることもできよう」とする（UNHCRハンドブック65項）。そして、かかるUNHCRの見解は、少数の国を除き、世界の国家慣行の中で圧倒的に支持されているとされる（UNHCR1条解釈19項）。

日本の裁判例においても、非国家主体による迫害に相当する行為を国家が効果的に防止する措置を講じていない場合やこれを放任するような場合は、難民条

約上の迫害に該当するとの判断が示されている（前掲名古屋地判平16・4・15、広島地判平17・3・29公刊物未登載、東京地判平19・2・2判タ1268号139頁等）。

5 難民の要件②「（迫害を受けるおそれがあるという）十分に理由のある恐怖」（難民条約1条A）

(1) 意義：主観説と客観説

　難民の認定において、立証の対象となるのは、迫害そのものの存否ではなく、「迫害を受けるおそれがあるという十分に理由のある恐怖」である。しかし、一見したところ、「恐怖」というのは個々人の主観的感情のように思われるので、これをどのように解釈すべきかが議論されてきている。

　これについては、「恐怖」とは主観的な感情であるから、難民の地位の認定に当たってはかかる主観的要素が認められる必要があり、これに「十分に理由のある」という制限を付すことによって、それが客観的な状況により裏付けられていることが求められると解し、「おそれがあるという十分に理由のある恐怖」には主観的要素と客観的要素の双方を含む、というのが伝統的な解釈であった（ここでは主観説と呼ぶ。例えば、UNHCRハンドブック37項）。日本の裁判例においても同様であり、「当該人が迫害を受けるおそれがあるという恐怖を抱いているという主観的事情のほかに、通常人が当該人の立場に置かれた場合にも迫害の恐怖を抱くような客観的事情が存在していることが必要である」との解釈がほぼ一致して採用されている。

　ただし、主観説といっても考え方は一様ではない。大きく分けると、①客観的事情が「十分に理由のある」とまでは言い難い場合でも、恐怖感情の強さが客観的事情の不十分性を補うならば「十分に理由のある恐怖」を認めてよいとする考え方、②「十分に理由のある」といえるほどの客観的事情に加えて、主観的恐怖の存在を求める考え方の2通りあるように思われる。例えば、ニュージーランド難民の地位控訴局は、主観説を①のように解した上、そのようなアプローチは誤りであって、定義に主観的要素を含むとするならば、それは難民申請という行為をもって通常推測されうるものであり、客観的要素がより重要であるとする（難民の地位控訴局1996・9・17決定）。他方、主観的事情のほかに客観的事情が必要であるとする日本の裁判例は、②説に属するように思われる。

　この点につき、主観説を採用するUNHCRは、近時、主観的感情と客観的裏付けのどちらがどの程度重要であるかはケースによって異なるとし、「主観的な恐怖をうまく表すことができなかったケースでも、主観的恐怖の不存在が重要でなくなるほど、その状況になれば誰だって逃げ出すような明らかな危険性があれば、客観的状況が十分に認定を正当化しうる。逆に、客観的状況に説得力を見出せない状況であっても、個人の背景、信念、活動を考慮すれば、同様の客観的状況

が他の人にはそのように考えられなくとも、当該個人に限っては実は十分に理由のある恐怖が立証されると考えられることもある」との見解を示している（UNHCR1条解釈1項）。かかる見解は、上記のうち①の立場に近いように思われる。

　これに対し、ハサウェイは、難民条約の起草過程を検証した上、「十分に理由のある恐怖」とは、おそれという将来予測という意味で使われているものであるとし、その判断には主観的要素は含まれないとする客観説を主張する（ハサウェイ83〜93頁）。そして、ハサウェイは、難民条約の起草過程という歴史的理由に加え、実際的な理由からも主観説に疑問を呈する（ハサウェイ86〜87頁）。すなわち、なぜ同様の迫害の危険にある者につき、その者の主観的恐怖の度合いにより、国際的保護の享受可能性が異ならなければならないのか、という疑問であり、そのような方法で国際的な法的保護を定義付けるとすれば、それは国際的な法的保護の方法としては特異と言わざるを得ないと批判する。

　主観説のうち①②どちらを採用するにしても、上記のハサウェイの疑問に答えることは困難であるように思われる。特に、②の考え方は、客観的に迫害の危険が認められるものでも、本人の心情次第で保護をしないことを正当化することとなり、難民の人権の広範な保障という難民条約の趣旨に照らしても、その解釈は妥当とはおよそ言い難い。また、日本の裁判例の中には、入国後申請まで時間が経っていたことをもって主観的恐怖がなかったとし、それを難民該当性を否定する一事由とする例がみられるが、このような問題は、むしろ客観的事情の認定に当たっての信憑性判断の文脈（本条解説⑫(5)参照）で考慮するべき事柄であろう。

(2) 「十分に理由のある恐怖」の判断要素

　次に、「十分に理由のある恐怖」か否かの判断にとって重要な事項について検討する。

(i)　出身国の人権状況（申請者の供述の信憑性判断との関連につき、本条解説⑫(5)参照）

　「十分に理由のある恐怖」か否かの判断に当たっては、出身国の人権状況を詳細かつ正確に把握しておくことが必須である。出身国の人権状況に照らしてはじめて、申請者の個別的状況に「迫害を受けるおそれがあるという十分に理由のある恐怖」が存するか否かの判断を行うことが可能となる。

　法務省入国管理局が難民認定を行う際の職員の要領として作成した「難民認定事務取扱要領」（難民認定要領）にも、難民調査官の「調査のための基本通則」中、基礎調査としてとられる措置の中に、調査に必要な申請者の出身国情報の入手が定められている。このことは、実質的に難民認定を担っている法務省入国管理局も、出身国情報が「十分に理由のある恐怖」の存否の判断において、出身国の人権状況の重要性を認識していることを示すものといえよう。

(ii)　個別的把握

迫害を受けるおそれがあるという恐怖に十分な理由があると認めるには、当該申請者が個別に迫害主体から把握されていることは必要ではない。このことは、難民条約は欧州で一般化した迫害状況から逃れて来た集団をそもそも保護対象として想定していたこと、迫害主体が当該申請者を個別に把握しているか否かは迫害主体しか知り得ない事実であるにもかかわらず、迫害主体による個別の把握の立証を申請者に求めることは、本来課されるべき立証基準（本条解説⑫(4)参照）を超えた証明を申請者に求めることになること、ジェノサイドの例に明らかなように、残忍な人権侵害は一個人ではなく集団に対してなされることも多く、個別的把握を必要とすれば条約の存在価値に疑問が生まれること、といった点からも明らかである。

　したがって、北米やオセアニア諸国などの裁判例では、個別的に把握されていることが難民認定の要件ではないと明確に位置付けられている。他方、日本の難民認定実務では、難民不認定処分又はそれに対する異議申立に対する棄却処分をする際、「個別に把握されているとは認められない」という理由付けが頻繁に見られる。かかる誤った実務は早急に改められる必要がある。

(iii)　過去の迫害

　過去の迫害体験は、「十分に理由のある恐怖」か否かの重要な判断要素となり得る。UNHCRも「申請人が既に1951年の条約に規定するような理由の一により迫害の被害者となっているのであれば、迫害を受けるおそれがあるという十分に理由のある恐怖を有する者ということになろう」とする（UNHCRハンドブック45項）。

　しかしながら、難民の認定とは、「迫害を受けるおそれ」という将来予測であって、過去の迫害はそのためのひとつの指標に過ぎない。したがって、過去の迫害は恐怖が「十分に理由のある」というための必須の要素ではない。他方で、過去に迫害を受けた経験があっても、その後出身国の情勢が変化していたり、その後の事情で当該人が再び迫害を受けるおそれはなくなったと判断される場合もあるから、過去の迫害の存在が必ず難民認定につながるわけではないことにも注意が必要である。

(iv)　同様の状況にある者の状況

　これまでに述べてきたとおり、迫害のおそれの判断は将来予測である。したがって、申請者を取り巻く状況から合理的な予測を行うことが必要となるが、その予測のための有益な情報を与えるのが、同様の状況にある者の状況である。例えば、特定の社会的集団の構成員であることを理由とする迫害のおそれを主張する場合には、その同一の社会的集団の構成員、できれば同じような立場、地位にある者が本国においてどのような取扱いをされているかは、申請者の迫害のおそれの「十分に理由のある恐怖」の判断において、重要な要素となる。このような情報は、一

般的な出身国情報から得られる場合もあれば、申請者やその知人等の陳述・証言等によって裏付けられる場合もあろう。

　このように同様の状況にある者の状況が重要な判断要素となることは、北米、欧州、オセアニアにおける主要締約国においては明確に認められている（ハサウェイ89頁以下）。日本の裁判例において、同様の状況にある者の状況が判断要素となることを明示的に述べた裁判例はないようであるが、実際の判断の過程においては、日本の難民認定実務・裁判においても、同様の状況にある者の状況は重要な判断要素として用いられていると言ってよいように思われる。

(v)　真正な旅券・合法的出国

　難民とは、その本国からの保護を受けることができない、又は受けることを望まない者である。他方で、真正なパスポートを有していることや、合法的に出国をしていることは、当局が当該申請者を迫害しようという意図を有しないことを示すという主張がなされることがある（UNHCRハンドブック47項）。

　しかし、難民を送り出す国においては、しばしば賄賂が横行し、正規の手続の旅券発給がむしろ例外化していたり、出国審査場を通過しないで出国をすることが容易になっていることもある。そのような場合には、有効にみえる旅券の所持や合法的出国が、当局の迫害の意図の不存在を必ずしも意味しないことは明白であるし、そもそも、旅券の「真正」「合法」な出国の判断自体がほとんど不可能であることに留意すべきである。仮に権限ある当局が名義人に向けて発給したものを「真正」とするならば、旅券が真正かどうかは、ブローカーの動き次第（ブローカーが当局と結託して発給を行わせているのか、それとも手持ちの旅券を使って偽造しているのか）ということになる。そこに差異を設けることの不合理性は明らかである。

　したがって、真正な旅券・合法的出国が難民認定を左右するような事由ではないことは、すでに国際的にほぼ争いのないものとなっている。

　日本の難民認定実務では、難民不認定処分又はそれに対する異議申立に対する棄却処分をする際に、真正な旅券の発行を受けているとか合法的に出国しているという理由を付されている例が頻繁にみられる。裁判所も当初はかかる実務を追認していたが、その後、真正な旅券・合法的出国は、難民認定の妨げとならないとする高裁判例が続けて出されるなど、その考え方を変えてきている（大阪高判平17・6・15判時1928号29頁、東京高判平17・12・1裁判所ウェブサイト登載等）。

(vi)　その他

　このほか、特に日本で恐怖に「十分な理由のある」ことの否定要素として使われることが多い事情として、①就労動機の存在、②申請の遅延、③本国で平穏に生活する家族の存在、が挙げられる。

　このうち、①については、専ら就労目的であればともかく、来日目的の中に就労

目的が含まれること自体は難民性の否定にはつながらない。このことは、日本の裁判例においても、出国当時、就労して家族に送金したいとの気持ちを有し、現に送金している場合にも、そのことと当該人が難民であることとは直ちに矛盾するものではないとして、就労動機を認めつつ、難民該当性を認めた判決が、前掲東京高判平17・12・1、広島地判平14・6・20（判時1814号167頁）、広島高判平14・9・20（判時1814号161頁）をはじめとして複数存する。

　次に、②について言えば、申請の遅延は確かに一般的には申請の信憑性判断における否定的要素であるとされる（カナダ移民難民委員会難民保護部門"Assessment of Credibility in Claims for Refugee Protection"〔2004年〕等）。しかし、難民申請が遅れたという理由だけで信憑性は否定されるべきではなく、状況をケースごとに考察する必要がある（同）。特に、日本においては、空港において難民認定の広報が十分にされていないためか、到着時にすぐに申請するケースが他国と比べ極端に少なく、また、言語が日本語という少数言語であり、申請者も少ないことなどから、難民認定申請の方法を知ることも容易でないという特殊事情がある。そのため、認定された多くの難民が入国後相当の時間が経過してから申請をしている。また、裁判例においても、入国後数年経ってから難民認定申請を行った者で難民該当性を認められた者が少なくない（東京地判平16・5・28〔同日に2件。うち1件は判タ1189号195頁、もう1件は公刊物未登載〕、東京高判平18・3・7公刊物未登載等）。

　最後に、③について検討すると、確かに、難民該当性を基礎付ける理由が人種である場合等、家族がまさに「同様の状況に置かれた者」であるといえる場合には、家族の状況は参考要素となると思われる。しかし、難民該当性を基礎付ける理由が政治的意見である場合等、当該個人固有の事情によって難民該当性が基礎付けられる場合には、家族のうちの一人が難民であれば他の家族も迫害を受けるのが通例であるというような信頼できる出身国情報があるといった場合を除き、難民の家族が本国で迫害を受けずに生活しているという理由は、当該個人の難民該当性の否定理由とはならないと解される。日本の裁判例でも、家族が本国で特に迫害を受けることなく暮らしていれば難民ではないとする考え方は採用されているとは言い難い（家族が本国で迫害を受けることなく生活していることは当該個人が難民であることとは矛盾しないとした前掲東京高判平17・12・1、原告の家族が現に迫害されていないことをもって原告に対する迫害の虞を否定することはできないとした前掲東京地判平16・5・28〔判タ1189号195頁〕等）。

6　難民の要件③「人種、宗教、国籍若しくは特定の社会的集団の構成員であること又は政治的意見を理由に」（難民条約1条A）

　難民条約上の難民と認められるためには、「迫害を受けるおそれがあるという十

分に理由のある恐怖」が、「人種」「宗教」「国籍」「特定の社会的集団の構成員であること」「政治的意見」の少なくとも1つを理由とすることが認められなくてはならない。

(1) 「……を理由に」(for the reason of)

難民条約上の難民と認められるためには、「人種」等の5つのカテゴリー「を理由に」した迫害を受けるおそれがあるという十分に理由のある恐怖が認められなくてはならない。

(i) 複数の理由

迫害がこれらの理由の1つから生じているか、それとも2つ以上の組合せで生じているかは重要ではない。恐れている迫害の理由を申請人自身が知らないこともしばしばある。

(ii) 寄与的要因

また、この「……を理由に」というためには、「人種」等の要素が主要な要因である必要もないし、唯一の原因である必要はなく、寄与的な要因が認められれば十分である。

ここで特に問題となるのは、内戦下における迫害の問題である。

この点、UNHCR1条解釈は21項において、「紛争が、避難する人を明確に被害者とするような民族的、宗教的、政治的な違いを根源に持つものであれば、そのような紛争から避難する人々は難民条約上の難民であると見なされる」と述べている。

また、本間も「ソマリア内戦の場合のように、すべての部族が暴力的侵害者と犠牲者の双方の側面を帯びることもある。そこでもう1つの非比較論的規準といわれるアプローチでは、危機状態に置かれる違いが決め手になるのではなく、難民条約の迫害理由に結びつけられる重大な危害が認められるかどうかが決め手とされる。したがって、内戦の当事者のモチベーションが民族・人種的、政治的な憎しみにある場合、その攻撃の危険を逃れてきた者に難民性が認められる」と説明している（本間浩『国際難民法の理論とその国内的適用』〔現代人文社、2005年〕204頁）。

したがって、内戦下における迫害を受けた者であっても、「……を理由に」迫害を受けるおそれがあるものとして、難民該当性が認められる場合は十分あり得る。

日本の裁判でこの文言が問題になったのは、アフガニスタン国籍のハザラ人の難民該当性である。

アフガニスタンにおいてタリバン政権がハザラ人を迫害対象としたことについて、国は、内戦下における報復的な要素があるので、条約上の理由に基づく迫害ではないと主張した。

東京地判平17・9・27（LLI/DB登録）は、1998年8月8日、アフガニスタンの北

部都市マザリシャリフで一説によると8,000人が殺害された（その大多数がシーア派のハザラ人）「マザリシャリフの大虐殺」時に、銃弾で狙撃を受けたシーア派ハザラ人男性のケースで、タリバン政権下において、ハザラ人が、タリバンから、支配争奪を巡る戦闘時の対立状況を離れて、単にその民族及び宗教を理由に、生命、身体に対して危害を加えられ、迫害されていたとは認め難いとして難民該当性を否定した。

その控訴審である東京高判平18・6・12（公刊物未登載）も、「ハザラ人は、戦闘状態の下で様々な迫害を受けることがあったもので、その民族及び宗教が遠因となってそうした迫害を受けたとは認められるものの、さらにすすんでそうした点が迫害を受けるについての寄与的要因にまで達していたと認めるに足りる的確な証拠はない」として一審判決を支持している。

これに対して、大阪高判平18・6・27（公刊物未登載）は、「1998年（平成10年）8月ころの虐殺は、これまで認めた事実（引用略）や証拠（引用略）によれば、戦闘後の敵に対する報復であり、人種や宗教による迫害とはいえないかのようにもみえる。しかし、もともとタリバンはパシュトゥーン人主体の組織であり、マザリ派などはハザラ人が多い組織であり、これらの対立の背景には、人種間、宗教観の対立感情も相当程度存在すると推認することができる。そうすると、人種、宗教という原因だけで迫害が生じるとはいえないが、迫害の背景には、人種や宗教は相当程度存在するということができ、迫害の理由が法や難民条約所定のものでないともいえない」と、全く逆の判断をし、申請者の難民該当性を認めた。

(iii) 「帰属された又は認知された根拠」(imputed or perceived grounds)

申請者本人は特段の政治的意見を有していないのに、当局から政治的意見を有しているとみなされている場合に、条約上の理由による迫害といえるかが問題となるケースがある。

UNHCR1条解釈25項では、「今日では帰属された又は認知された根拠、又は単なる政治的中立も、難民としての主張の基礎を成しうることは一般的に認められている。例えば、実際には何ら政治的意見を持っておらず、いかなる特定の宗教も支持していないかもしれない人が、迫害の主体により、政治的意見を持ち、あるいは特定の宗教に属していると認識されうる。そのような場合には、その人の迫害の危険性を高める帰属又は認知が同様に、条約上の理由の要求を十分満たす。なぜならこの点において決定力をもつのは迫害主体の視点であるからである」とされている。

日本の事例では、タリバン政権下におけるシーア派ハザラ人が、本人は政治的意見を有していないが、タリバン政権に反対するイスラム統一党親派という政治的意見を有するものとみなされ、「政治的意見」を理由とする迫害を受けるおそれ

があるという主張をしているものがある。

(2) 「人種」

UNHCRハンドブック68項によれば、「人種は、現在の状況下において、通常の言葉の用語法において『人種』と言及されるすべての種類の民族的集団を含む最も広義な意味で理解されなければならない。しばしば大きな人口の中に少数者を構成する共通の子孫から成る特定の社会的集団を残している。人種を理由とする差別は、最も衝撃的な人権違反の一つとして世界中で非難されてきている。したがって、人種差別は、迫害の存在を認定する上での重要な要素となっている」と説明されている。

(3) 「宗教」

宗教を理由とする迫害としては、ある宗教団体の構成員となること、公的又は私的に礼拝すること、宗教上の教育をすることを禁止したり、その宗教を実践していることや特定の宗教的社会に属していることを理由として重大な差別を課されたりしているような場合が挙げられる（UNHCRハンドブック72項）。

日本で問題となったものとして、アフガニスタンのシーア派ハザラ人や、キリスト教に改宗したイラン人のケースなどがある。

(4) 「国籍」

UNHCRハンドブック74項によれば、ここでの「国籍」という概念は、単なる市民権と理解されるべきではなく、民族的又は言語的集団の構成員にも及ぶのであって、しばしば「人種」という用語と重なり合うであろう、とされている。

また、UNHCR1条解釈26項では、次のとおり説明されている。

「国籍という理由は、同用語が人の民族性又は民族的起源と、市民権又は個人と国家の間の法的紐帯の双方を示すのに使われるため、時に何らかの混乱を生じてきた。いかなる国家とも市民権という法的紐帯を持たない人、すなわち無国籍者が直面する問題を扱うためには、別個の国際法の枠組みが存在する。無国籍者もその他の人と同様の理由で条約難民になり、また、例えば市民権の欠如自体が迫害に至る深刻な差別に影響している場合にも難民になりうることは想起する価値がある。しかしながら、国家による該当性審査の慣行において、国籍の最もよく使われる意味は民族性又は民族的帰属である。民族を基調とする紛争が一般的な今日的な文脈では、国家の理由はかなりの重要性を持つ」。

(5) 「特定の社会的集団の構成員であること」

(i) 社会的集団の2つの定義方法

2002年に発表されたUNHCRの「国際的保護に関するガイドライン―特定の社会的集団への帰属」（http://www.unhcr.or.jp/protect/pdf/020507_psg.pdf）によれば、諸国で行われている特定の社会的集団の定義方法は2通りあるが、UNHCR

は2つの方法は調和されるべきとして、以下の定義を採用している。

「特定の社会的集団とは、迫害のおそれ以外に共通の特性を共有する者、あるいは、社会により一つの集団として認識される者の集団をいう。ここにいう特性とは、多くの場合、生来の、変更不可能な特性若しくはアイデンティティ、良心又は人権の行使の根源をなすものを指す」(29項)。

つまり、「特定の社会的集団」というためには、①生来のもの(innate)、②変更不可能なもの(unchangeable)、③個人のアイデンティティや良心若しくは人権の行使にとって根源的なもののいずれかについて、共通の性質を有すればよい。

(ii) ジェンダーに関する迫害

特定の社会的集団の構成員の理由において多く議論がなされてきた領域のひとつとして、ジェンダーに関する迫害が挙げられる。

難民条約の定義は男性の経験に基づいて制定・発展してきたのであって、女性への暴力の多くが庇護の対象となると考えられていなかった。しかし、1980年代以降、多くの学者や人権団体によって議論されるようになり、カナダ、アメリカにおいては性器切除(FGM)を理由に難民申請した女性が認定されたケースがある。オーストラリアでは、シングル・マザーの日本人女性が難民と認定されたケースもある。

そして、1985年のUNHCR結論39号では、「居住する社会のしきたりから逸脱したために過酷なまたは非人道的な取扱いを受ける女性の庇護申請者を1951年国連難民条約第1条A(2)の意味における『特定の社会的集団』とみなしうるという解釈を各国が主権的権利を行使して採用することができることを認めた」(k項)とされている。

その後、1993年にはカナダ、1995年にはアメリカ、1996年にはオーストラリアで女性難民申請者に関するガイドラインが発行されている(高見智恵子「女性難民申請者の認定手続きの現状と諸問題」難民問題研究フォーラム編『難民と人権―新世紀の視座』〔現代人文社、2001年〕145頁以下、長島美紀「ジェンダーに基づく迫害の視点―庇護をめぐる新たな領域」法学セミナー600号〔2004年〕52頁以下)。

日本の裁判例でも、アフガニスタン国籍のハザラ人女性が「特定の社会的集団」に該当し得るとしたものがある(東京地判平17・8・31公刊物未登載。その控訴審判決である東京高判平18・4・12〔公刊物未登載〕も原審のこの部分に関する判断を是認している)。

(iii) その他の社会的集団

その他日本では、イスラム教徒の同性愛者や、中国の法輪功の学習者が「特定の社会的集団」に属することを理由として迫害を受けるおそれがあるという主張がされたことがある。

⑹ 「政治的意見」

　政府の見解と異なる政治的意見を有することだけでは、難民の地位を主張する根拠とはならない。申請者はそのような意見を有していることにより迫害を受けるおそれがあるという恐怖を有することを示さなければならない（UNHCRハンドブック80項）。

　そうすると、典型的な場面としては、申請者が当局により容認されない意見を有しており、その政策や方法に批判的であって、それが当局の知るところとなった場合が挙げられる。

　ただし、必ずしも政治的意見を表明していない場合であっても、その確信の深さによってはその意見が早晩表明されることになり、その結果申請者が当局と衝突することになると考えることが合理的なこともあろう。この場合には、申請者は政治的意見を理由として迫害を受けるおそれがあると考えられることになろう（UNHCRハンドブック82項）。

　また、申請者が実際には政治的意見を有していないのに、当局から反政府の意見を有しているようにみなされている場合にも、「政治的意見」を理由とする迫害に当たる場合がある（前記⑴ⅲ参照）。

　政治的意見を理由とする迫害が、「意見」の故であることを明示して行われることは滅多にない。むしろ、政権に対する犯罪行為に対する制裁という形態をとることの方が多い（UNHCRハンドブック81項）。

　人が政治的犯罪の故に訴追又は刑罰の対象となっている場合が「迫害」に該当するかどうか議論があることについては、本条解説４⑶参照。

7　難民の要件④「国籍国（常居所を有していた国）の外にいる」（難民条約１条Ａ）

　難民は、その出身国に留まる限りは難民条約上の保護の対象にはならない。ただし、難民は、その出身国を出る際にすでに難民である必要はない。ある者がその出身国を出た後に、出身国における事情の変化等により迫害を受けるおそれのある十分に理由のある恐怖を有するに至った場合、後発的難民（Refugee Sur Place）として、同様に難民条約上の難民となる。

8　難民の要件⑤「国籍国の保護を受けることができないこと又は望まないこと」
（難民条約１条Ａ）

　ここにいう「保護」は、当初は、出身国国内の国家機構による保護ではなく、出身国の外にいる国民が本来受けることができる外交的保護や領事的保護を指していたとされる。しかし、難民法の発展とともに、出身国国内での国家による保護を受けることができない場合もこの要件に該当すると解されるようになってきてい

る（UNHCR１条解釈35・36項）。かかる解釈は、特に、迫害の主体が非国家主体であるときにも難民条約を適用することについて理論的な一助となっている。

9　難民の消極的要件①：終止条項
(1)　終止条項概観（難民条約１条Ｃ）

　難民条約１条Ｃは、以下のとおり、同条約１条Ａに該当する者であっても、一定の場合には、難民条約の適用を終止するとする。

　「Ａの規定に該当する者についてのこの条約の適用は、当該者が次の場合のいずれかに該当する場合には、終止する。
(1)　任意に国籍国の保護を再び受けている場合
(2)　国籍を喪失していたが、任意にこれを回復した場合
(3)　新たな国籍を取得し、かつ、新たな国籍国の保護を受けている場合
(4)　迫害を受けるおそれがあるという恐怖を有するため、定住していた国を離れ又は定住していた国の外にとどまつていたが、当該定住していた国に任意に再び定住するに至つた場合
(5)　難民であると認められる根拠となつた事由が消滅したため、国籍国の保護を受けることを拒むことができなくなつた場合

　ただし、この(5)の規定は、Ａ(1)の規定に該当する難民であつて、国籍国の保護を受けることを拒む理由として過去における迫害に起因するやむを得ない事情を援用することができるものについては、適用しない。

(6)　国籍を有していない場合において、難民であると認められる根拠となつた事由が消滅したため、常居所を有していた国に帰ることができるとき。

　ただし、この(6)の規定は、Ａ(1)の規定に該当する難民であつて、常居所を有していた国に帰ることを拒む理由として過去における迫害に起因するやむを得ない事情を援用することができるものについては、適用しない」。

　これらのいずれも、難民条約に定義する難民となるべき条件が消滅した場合である。このうち、(1)～(4)については難民自らの任意の行為の結果として難民となる条件が消滅するのに対し、(5)及び(6)については難民であると認められる根拠となった事由の消滅の結果として難民となる条件が消滅する点に違いがある。

(2)　「任意に国籍国の保護を再び受けている場合」（難民条約１条Ｃ(1)）

　この条項に該当するためには、①任意性（難民が任意に行動するものであること）、②意思（難民はその行動により国籍国の保護を再び受けることを意図するものでなければならないこと）、③再び保護を受けること（難民は現にそのような保護を受けるのでなければならないこと）という３つの要件を充たす必要がある（UNHCR "The Cessation Clauses: Guidelines on their Application" 1999等）。

例えば、離婚を本国で申請せざるを得ないというような行為は、①の任意性又は②の意思の要件を充たさない。また、現実に再び保護を受けることと、国の当局との臨時の又は偶然の接触とは区別される必要があり、難民の行動が②の意思を伴っているか否かが判断されなければならない。さらに、在外公館でのサービスの享受は保護を再び受ける行為としてなされたものでなければならず、難民が旅券やその延長を申請する行為等が直ちに③の要件である再び保護を受けることとみなされるわけではない。在外公館職員によって迫害を受けるおそれがあるという場合は通常は想定し難く、また、現実の生活上の必要性から真に迫害の危険のある者が必要書類を得るために在外公館に接触するという場合も考えられるからである。加えて、難民が居住国により発給された渡航文書を所持して故国を訪問する場合、高齢や病気の親を訪問することは、故国の保護を受けることとは区別されるべきである（ハサウェイ229～234頁）。

また、国籍国の当局の保護を要請している難民は、その要求が現に与えられてはじめてその保護を再び受けることになる。例えば、帰国を申請したことのみをもって難民でなくなるわけではない（前掲UNHCR "The Cessation Clauses"）。

(3) 「国籍を喪失していたが、任意にこれを回復した場合」（難民条約1条C(2)）

本条項は、難民のうち、国籍を剥奪された者、及び、国籍を放棄した者にのみ適用される。国籍の回復は任意のものでなければならず、法律の施行や布告による国籍の付与は、その国籍が明示的に又は黙示的に受け入れられるのでなければ任意の回復を意味しない（前掲UNHCR "The Cessation Clauses"）。

(4) 「新たな国籍を取得し、かつ、新たな国籍国の保護を受けている場合」（難民条約1条C(3)）

国籍の回復の場合と同様、国民的保護を享受する者は国際的保護の必要はないという原則に由来している。難民が取得する国籍は、通常居住国のものであろうが、別の国の国籍を取得することもあり得る。このような場合は、その国籍の取得が新しい国の保護を伴うときは、難民の地位が終了することになろう（UNHCRハンドブック130項）。

(5) 「迫害を受けるおそれがあるという恐怖を有するため、定住していた国を離れ又は定住していた国の外にとどまつていたが、当該定住していた国に任意に再び定住するに至つた場合」（難民条約1条C(4)）

ここでいう「再定住」とは、再び居住する意図をもって国籍国又は常居所を有していた国へ帰還するものと理解される。したがって、居住国により発給された渡航文書を所持して故国を一時的に訪問することは、「再定住」には当たらず、1年間のうちの相当程度、出身国において居住するのが通常であるという場合には、保護の必要性と相容れないと推定されることになろう（ハサウェイ235～237頁）。

(6)　「難民であると認められる根拠となつた事由が消滅したため、国籍国の保護を受けることを拒むことができなくなつた場合」（難民条約1条C(5)）及び「国籍を有していない場合において、難民であると認められる根拠となつた事由が消滅したため、常居所を有していた国に帰ることができるとき」（難民条約1条C(6)）

　難民条約1条C(5)(6)は、難民であると認められる根拠となった事由が消滅したために、出身国の保護を受けることを拒むことができなくなった者について、難民条約の適用の終止を認める。終止条項のうち、最も問題となることが多いのが、この(5)及び(6)の規定である。(5)及び(6)は、本人の任意の行為を要件としていないため、国籍国等におけるささいな変化等のみを理由として機械的に(5)又は(6)の要件を適用することは、時に難民に酷な結果となる。したがって、どのような場合に(5)又は(6)（「事由の消滅に基づく終止（停止）条項」）の適用が認められるべきかが重要な問題となる。

　なお、難民条約1条C(5)及び(6)の但書は、難民条約A(1)の規定に該当する難民であって、国籍国の保護を受けることを拒む理由、あるいは常居所地を有していた国に帰ることを拒む理由として、過去における迫害に起因するやむを得ない事情を援用することができる者については適用しないとする。ここにいう「過去における迫害に起因するやむを得ない事情」とは、例えば迫害及びその期間が長かったことの心理的効果として自らその国の社会の構成員とみなすことができず、したがって従前の国による保護を要請することを差し控えざるを得ないと感じるような場合等をいう。これら但書は、文言上、A(1)に規定される難民条約以前の国際条約によって難民として認められている者を適用対象としており、A(2)に規定される新規の難民については適用対象としていないが、一般的な人道の原則から、締約国の国家慣行としてすでにA(2)に規定される難民もその適用対象とされている（UNHCR「国際的保護に関するガイドライン―難民の地位に関する1951年条約第1条C(5)(6)に基づく難民の地位の停止（「事由の消滅」に基づく終止条項）」。以下、UNHCR終止条項ガイドライン。2003年2月10日）。

　終止条項を実際に適用するに際しては、難民条約の目的である難民の保護に鑑み、要件を厳格に解釈しなければならず、出身国における状況の変化は抜本的かつ永続的なものでなければならない（いわゆる「本質的な変化」）と解されている（UNHCR結論69号、UNHCR終止条項ガイドライン）。

　具体的な事由の消滅に基づく終止条項適用の要件としては、①本質的な変化の存在（すなわち、第1に、出身国における状況の変化が、迫害がもはやあり得ないというような根本的なものでなければならないこと、第2に、変化が形式的なものではなく実効的なものであること、第3に、変化が一時的なものではないこと）、②保護の回復、③適正

手続の実施が挙げられる。

　変化の根本的性格の指標としては、迫害政権の崩壊は、新政権が、真に自由で民主的な選挙を実施すること、人権に力を注ぐ政府が政権をとること、及び恩赦又はその他の手段で迫害政権の敵に対し公正な扱いを保障することなどの点が挙げられる。逆に言えば、新政権が上記のような要件を充たさない限り、迫害政権の崩壊というだけでは、本質的な変化があったとはいえない。

　大規模な難民の自発的帰還は、出身国において起こりつつある又は起きている変化の指標となり得るが、難民の帰還が出身国において新たな緊張状態を生み出すといった可能性がある場合には、有効で根本的な変化が存在するとはいえない。

　また、形式的に政治的変化があっても、権力が正式に移行し、かつ、その結果、真の難民保護能力や難民保護の意欲が生まれ、警察や軍事組織が民主主義を遵守し、人権が尊重される状態とならなければ、根本的な変化とは評価されない。

　根本的な変化が永続的であるか否かを査定するのにどのくらいの時間を要するかは一定ではないが、UNHCRは、変化が生じた後12〜18カ月の期間が最低必要であるとし、また、UNHCRによる終止条項の最近の適用では、本質的な変化が始まってから4〜5年ほどが平均的な期間であるとされている。UNHCR終止条項ガイドラインは、変化が平和的で憲法の定める過程に従って発生した場合、自由で公正な選挙により基本的人権を尊重することを約束する政府への本当の変化が起きた場合、及び国に相対的に政治的及び経済的な安定が存在する場合などは、比較的短期間に変化の永続性を査定できるとしている。逆に、変化が暴力的に発生した場合、例えば体制の転覆を通じて発生した場合には、変化の永続性を試験するため、より長い時間の経過が必要とされている。また、新しい政権が全土をまだ実効的に支配していない場合や、人権の保障が欠如している場合は、変化が確立しているとはいえず、評価期間はより長くなるとされている。

　さらに、事由の消滅に基づく停止を正当化する状況の変化があったか否かを決定するに際しては、難民が効果的に自分の国の保護を再度利用できるか否かが重要である。効果的な保護が利用可能であるためには、法制度や司法制度が機能していること、住民による基本的な生存権を含む権利行使が可能な十分な社会インフラが整っていることを前提として、政府及び行政機関が機能していることが必要である。この点に関する重要な指標のひとつは、当該国における一般的な人権状況であり、自由かつ公正な選挙の実施、国際人権規約の支持及び人権の尊重を確認するために国内又は国際組織に自由にアクセスできることなどを含む、出身国の民主的な発展のレベル、生命及び自由に対する権利の尊重と拷問の禁止、独立した司法組織、公正な裁判と裁判所へのアクセスの確立における著しい進歩、

人権とりわけ表現、結社及び信教の自由に対する基本的人権の保護、特赦（アムネスティ）、過酷な法律の廃止及び旧治安部隊の解体などが指標となり得る。

こうした難民の地位の付与を正当化する状況の消滅については、客観的かつ立証可能な方法で確かめなければならず、変化の根本的、安定的かつ永続的な性格の評価は、UNHCRを含む関連する専門的機関から得られたこの点に関する情報に基づく結果でなければならないとされている（UNHCR結論69号）。

(7) 難民認定申請手続中における事由の変化

これまで述べてきたことは、難民認定後に事由の変化があった場合のことであるが、難民認定手続の最中に申請者の出身国状況に何らかの変化があった場合において、その変化を理由に申請者の迫害の恐怖を否定する際にも、終止条項の場合と同様の考慮がなされるべきである。特に1条C(5)(6)に関する事由が疑われる場合にも、終止条項の適用の場合と同様、本質的な変化が必要であり、かつ本質的な変化があったかどうかの評価に際しては、以下に述べるとおり、終止条項の適用の場合と同様の適正手続の保障が必要であると考えられる（ハサウェイ226頁以下参照）。

終止条項の適用に際しては、終止条項を厳密に解釈し、停止を決定する手続が公正、明確かつ透明なものでなければならないとされているが、その趣旨は、終止条項の実践が、難民に対し、難民の地位及びこれに伴う権利を終了させ、出身国への帰還を促進することにつながるため、時期尚早な段階で終止条項が適用されたり、十分な根拠に基づかずに適用され、難民にとって重大な結果が生じることを回避する点にある。そして、この趣旨は、難民認定手続中の難民申請者に妥当する。すなわち、難民認定自体は宣言的行為であって、難民は、難民として認定される前から、難民条約で認められた難民としての権利を有している。その最も重要な権利がノン・ルフールマンの原則であることは言うまでもない。難民認定手続中の難民が、出身国の状況の変化が本質的なものではないにもかかわらず、何らかの変化があったということで難民不認定処分を受け、出身国への帰還を強制されることは、結局のところ、迫害のおそれが消滅していない国へ送還されることであり、難民であるにもかかわらずノン・ルフールマンの適用を受けられないということになる。その結果の重大性は、認定された難民が難民としての地位を停止され、出身国へ帰還する場合と変わりがない。したがって、この点からも、難民認定手続中における出身国状況の変化について、本質的な変化があったかどうかの検討と手続の適正が不可欠である。

さらに、事由の消滅に基づく終止条項の適用に先立ち、出身国における状況の変化が本質的なものでなければならないとされる趣旨は、難民条約の目的である難民の保護及び問題の永続的解決にあるが、この趣旨も等しく難民申請者に当て

はまる。

　このように、難民認定手続の最中に申請者の出身国状況に関する変化を理由に申請者の迫害の恐怖を否定する際にも、終止条項の場合と同様の考慮がなされるべきであるという考え方は、国際難民法における通説となっている。

　例えば、2001年5月に発表された、難民の国際的保護に関する世界協議（UNHCRグローバル・コンサルテーション）第2部会リスボン専門家円卓会議「総括的結論—難民の地位の終止」（http://www.unhcr.org/3baf306d4.html）26項及び27項は、難民認定手続と適用終止手続はプロセスとしては区別されるべきであるとしつつ、庇護手続の間に出身国に根本的な変化が発生した場合、「庇護手続を行う当局が、その変化が根本的かつ永続的であることにつき立証責任を負担しなければならない」として、難民認定手続の間に出身国に変化があった場合にも、本質的変化の原則が適用されるべきであるとしている。

　また、各国の難民認定実務においても、本質的変化の原則は導入されている（例えば、オーストラリア最高裁判所1989・12・9判決、ニュージーランド難民の地位控訴局1994・5・12決定）。日本においても、前掲広島地判平17・3・29及び東京地判平18・6・13（判時1957号26頁、判タ1262号107頁）が、アフガニスタン難民について、本質的変化論を適用して難民該当性を認めている。

10　難民の消極的要件②：除外条項

(1)　除外条項概観（難民条約1条D〜F）

　難民条約1条DないしFは、難民条約を適用しない者として、以下を挙げている。

　「D　この条約は、国際連合難民高等弁務官以外の国際連合の機関の保護又は援助を現に受けている者については、適用しない。

　これらの保護又は援助を現に受けている者の地位に関する問題が国際連合総会の採択する関連決議に従つて最終的に解決されることなくこれらの保護又は援助の付与が終止したときは、これらの者は、その終止により、この条約により与えられる利益を受ける。

E　この条約は、居住国の権限のある機関によりその国の国籍を保持することに伴う権利及び義務と同等の権利を有し及び同等の義務を負うと認められる者については、適用しない。

F　この条約は、次のいずれかに該当すると考えられる相当な理由がある者については、適用しない。

(a)　平和に対する犯罪、戦争犯罪及び人道に対する犯罪に関して規定する国際文書の定めるこれらの犯罪を行つたこと。

(b)　難民として避難国に入国することが許可される前に避難国の外で重大な犯

罪（政治犯罪を除く。）を行つたこと。
(c) 国際連合の目的及び原則に反する行為を行つたこと」。

このうち、D及びEは、難民条約は真に保護を欲している者のみを対象としていることから、すでに国際的又は国内的に代理保護を受けている者を難民条約上保護される難民の対象外としたものである。他方、Fは、仮に真に保護を欲しているとしても、重大な犯罪を行った者など一定の者は難民条約上の保護を受けるに値しないとしたものであり、その趣旨は、国際的倫理の促進、及び、このような者まで保護するという体制には各国の同意を得難いという現実認識に根差していると解されている（ハサウェイ253〜254頁）。

(2) 「国際連合難民高等弁務官以外の国際連合の機関の保護又は援助を現に受けている者」（難民条約1条D）

この規定は、具体的にはパレスチナ難民を対象にした規定であり、UNHCR事務所規程作成の際にすでに存在していた国連パレスチナ難民救済事業機関（UNRWA）の保護又は援助を受けている難民を難民条約上の難民から除外したものである。UNRWAは現在に至るまで活動を続けているため、本項は未だ効力を有している。

かかる規定が設けられたのは、UNHCRとUNRWAとの業務の重複を避けるという実際的な理由のみならず、国連によるイスラエルの承認がパレスチナ難民の苦境を産んだのであって、国連がより直接的に責任を負うべきだというアラブ諸国の考えが強く反映された結果であった。他方で、かかるアラブ諸国の懸念は、パレスチナ難民による庇護請求を避けようとする西側諸国の利害と一致したという側面もあった。しかしながら、難民条約上の難民の定義に当てはまる者まで一律に対象外とするのは、世界的保護制度の構築という難民条約の趣旨に反するものであるとの批判が強い。そのため、現にカナダなどこの除外条項を国内法に取り入れない国も存し、またUNHCRも、パレスチナ難民は一律に対象外との解釈は採用していない。

日本では、すでに述べたとおり、難民条約上の難民の定義をそのまま取り入れているため、この1条Dに該当する者は原則として難民認定の余地がないこととなるが、仮にパレスチナ難民が日本において難民認定申請を行った場合には、直ちに不認定とせず、1条Aの該当性判断を行うべきであろう。

(3) 「居住国の権限のある機関によりその国の国籍を保持することに伴う権利及び義務と同等の権利を有し及び同等の義務を負うと認められる者」（難民条約1条E）

本項は当初、第2次大戦中又はその後にドイツに居住するに至った中東欧出身のドイツ系難民につき、彼らを国際的保護から排除することを意図して置かれた

規定であった。こうした者については、ドイツが倫理的に責任を負うべきであると考えられたのである。

　この適用除外は、現在、必ずしも上記の者だけに当てはまるものとは解されていないが、当該外国人が事実上国籍を保持していると言うべき状態にあるときのみ適用が可能であり、長期在留とは質的な違いがあることに留意しなければならない。具体的には、入国と出国の自由、退去強制されない自由が明確な形で与えられていなければならず、さらには、選挙権、被選挙権への可能性も必要とされるなど(カナダ)、その適用要件は厳しく解されている。

(4)　「(a)平和に対する犯罪、戦争犯罪及び人道に対する犯罪に関して規定する国際文書の定めるこれらの犯罪を行つたこと。(b)難民として避難国に入国することが許可される前に避難国の外で重大な犯罪（政治犯罪を除く。）を行つたこと。(c)国際連合の目的及び原則に反する行為を行つたこと」(難民条約1条F)

(i)　1条F(a)は、各国間の意見の対立の妥協点として、「平和に対する犯罪、戦争犯罪及び人道に対する犯罪に関して規定する国際文書の定めるこれらの犯罪を行つたこと」という、中立的な、しかし曖昧な定義の仕方により除外条項を定めた。ここにいう国際文書に当たるものは多数存し、これまで1945年のロンドン協定及び国際軍事裁判所憲章が最も包括的とされてきた(UNHCRハンドブック150項)。しかし、1998年に戦争犯罪や人道に対する罪を犯した者を処罰することを目的とした国際刑事裁判所規程が発効しており、これが現時点で最もわかりやすい指針を示すものと考えられる。

(ii)　1条F(b)は、「難民として避難国に入国することが許可される前に避難国の外で重大な犯罪(政治犯罪を除く。)を行つたこと」を難民条約の適用除外要件とする。本項の趣旨は、犯罪を行った場合であっても難民に対し適正な正義を与えることと、保護国のコミュニティを正義を逃れてきた犯罪者の危険から守るという矛盾する目的の調整にあるとされる。

　ここで問題となるのは、①「重大な犯罪」とは何か、②普通犯罪と政治犯罪の区別、である。

　まず、「重大な犯罪」という用語の意味は、法システムごとに異なる。犯罪人引渡条約の対象となる犯罪というだけでは、除外条項適用の根拠とはならない。

　UNHCRハンドブックは、「重大な」とは、死刑をもって臨み得るような犯罪又は重大な罰すべき行為を指すとしている(UNHCRハンドブック155項)。具体的には、殺人、強姦、放火、強盗等がこれに当たり、これ以外の犯罪であっても、致死的な武器の使用、人に対する重大な傷害、常習的な犯罪行為の証拠等は、重大とみなされる可能性がある。犯罪の重大性は、行為の性質、結果の重大さ、犯罪者

の動機等、複数の要素から導かれる。本条項は、難民条約33条2項（保護国の安全にとって危険であると認めるに足りる相当な理由がある者又は特に重大な犯罪について有罪判決が確定し当該締約国の社会にとって危険な存在となった者は、ノン・ルフールマン原則が適用されない）とパラレルに考えるべきである。また、UNHCRハンドブックやハサウェイが指摘するように、本条項についての主要な問題は、難民の犯罪的な性格が、その者の国際的保護の必要性又は真正な難民としての性格より重要か否かであり、犯罪の性質と、申請者が恐れている迫害とのバランスをとることが必要である。極めて重大な迫害を受けるおそれについて理由があるときは、その申請者を除外するためには犯罪は極めて重大なものでなければならない。

　次に、本項は政治犯罪を適用対象外としており、非政治犯罪と政治犯罪の区別が重要となる。現実には、難民に対する迫害が普通犯罪に対する処罰という形で行われることも多く、普通犯罪と政治犯罪の区別は容易ではないが、一般に、本項の適用の対象となる非政治的犯罪とは、犯罪の動機において、個人的な理由や利得などの政治的でない動機が支配的であることを意味する。犯罪人引渡条約においては、いわゆるテロ行為など特定の犯罪について、当該条約の適用に際して非政治的とみなされる例が増えているが、難民に関する保護条項を入れていることが多い。難民の認定に際しても、各事例において犯罪の性質が慎重に検討される必要がある。ただし、犯罪が政治的とみなされる場合、その政治的目的は、人権及び基本的自由と一致するものでなければならない。

　さらに、本条項は罪の償いについて直接触れていないが、申請者が重大な非政治的犯罪の故に有罪判決を受けて刑の執行を終え、恩赦を受け又はアムネスティを受けたという場合、恩赦又はアムネスティにもかかわらず、申請者の犯罪的性格がなお支配的であることが示されるような場合を除き、除外条項はもはや適用されないという推定が働く（UNHCRハンドブック157項）。

(iii)　1条F(c)にいう「国際連合の目的及び原則」は、国際連合憲章前文に規定されているが、それ自体、非常に抽象的であり、何が「国際連合の目的及び原則に反する行為」であるのかについては、第2次世界大戦時戦争協力者を意味し現在の文脈ではほとんど意味を持たないという見解、平和と安全に対する罪を犯した者を指すという見解、庇護国あるいは難民の出身国の転覆を図る（図った）者を指すという見解、基本的人権に反する行動をとった者を指すという見解など、意見が分かれている。

　しかしながら、条約の起草過程や、国連の目的や原則を規定した国連憲章の1条及び2条等が加盟国の行動を律すべき基本的な原則を列挙していることからすると、同規定は、自らの地位や役割の濫用がこれらの基本的原則の違反へとつながるような加盟国内で相当な地位にある者を対象とし、かつ、適用除外となる場

合の影響の大きさに鑑み、その対象となる行為の範囲も限定的に考えるのが妥当である(UNHCRハンドブック162〜163項、ハサウェイ271頁)。

11　1項「申請があつたとき」

(1) 難民認定申請の方法

難民認定申請は、地方入国管理局に申請者自らが出頭し、必要事項を記載した難民認定申請書(規則別記74号様式)を提出して行う。ただし、申請書を作成できない特別の事情がある者は、申請書に記載すべき事項を入国審査官又は難民調査官に陳述してもよいことになっている(規則55条1項)。このほか、難民に該当することを証する資料及び写真の提出と、旅券等の提示も求められる(規則55条2項)。

(2) 申請から処分までの流れ

申請者は、申請書を提出した後、やがて入国管理局への出頭を命じられ、そこで難民調査官から直接に事情聴取を受ける。難民調査官は、事情聴取の結果を調書にまとめ、それを本人に閲覧又は読み聞かせ、誤りがないことを確認させた上で署名させることになっている(規則59条の2第2項)。

難民調査官によって調査が進められた後は、地方入国管理局としての意見が固められ、それが本省の入国管理局長宛てに進達される。難民認定に関わる実質的な決定はここで行われる。進達までの標準処理期間は、難民認定要領によると在宅案件で受理から2カ月以内とされているが、実際には、この期間内で結果が出される場合は少ない。2008年3月25日の参議院法務委員会における政府参考委員による答弁によれば、異議段階の結論が出るまでに平均で602日を要している。この点、法務省入国管理局の2010年7月16日付の報道発表資料「難民認定審査の処理期間に係る目標の設定と公表について」によれば、2011年3月までに原則として全案件を6カ月という標準処理期間内に処理する体制とすることに努める旨が公表されている。

なお、入国管理局は難民認定申請を代理人によって行うことは、一定の場合に親族が行うときを除き認めておらず(外国人が16歳に満たない者であるとき又は疾病その他の事由により自ら出頭することができないとき。規則55条3項)、上記の難民調査官による事情聴取にも代理人が立ち会うことはできない。しかしながら、弁護士法3条1項は、「弁護士は、……その他一般の法律事務を行うことを職務とする」旨規定していることからすると、本来、弁護士は一般の法律事務に属するものとして難民認定申請における代理人としての活動を認められるべきである。にもかかわらず、法律より下位の規範である規則を根拠に弁護士の代理人としての活動を認めないのは、弁護士法違反ではないかとの指摘も根強い。実際にも、難民申請

者は難民として認定されるための正確な要件や外国の法的システムに精通していないことから、代理人による援助を得る必要性が高いとして、UNHCRも難民認定申請時点での弁護士による代理を認めるべきであると指摘している（UNHCR「公正かつ効率的な庇護申請手続き―適用可能な国際基準の非包括的概観」〔http://www.unhcr.or.jp/protect/pdf/0509_rsd.pdf〕2005年9月2日等）。

(3) 難民認定申請者の地位

1982年の難民認定制度施行以後、日本においては、難民認定申請を行っても、それ自体によっては何らの地位も与えられることがなかった。そのため、在留資格を有していない者は、難民認定申請を行ってもその地位に何ら変化がなく、極めて不安定な在留を強いられていた。この点については、2004年改正法において、部分的に改正された。すなわち、処分が下されるまでの間、難民認定申請者に在留資格が付与されることはないが、申請者のうち一定の要件を充たす者については仮滞在許可が認められるようになった（詳しくは法61条の2の4の解説参照）。

(4) 認定後の在留資格

また、2004年改正法により、難民と認定された場合には、一定の要件を充たした者には自動的に「定住者」の在留資格が付与されるようになった（詳しくは法61条の2の2の解説参照）。

12　1項「その者が難民である旨の認定……を行うことができる」

(1) 難民認定行為の性質

「法務大臣は……その者が難民である旨の認定……を行うことができる」とあるが、これは法務大臣の裁量行為について定めたものではない。難民認定行為は、裁量行為ではなく事実の認定行為だからである。すなわち、UNHCRハンドブックが指摘するように、「人は、1951年の条約の定義に含まれている基準をみたすや否や同条約上の難民となる。これはその難民の地位が公式に認定されることより必ず先行しているものである。それ故、難民の地位がその者を難民にするのではなく、認定は難民である旨を宣言するものである。認定の故に難民となるのではなく、難民であるが故に難民と認定されるのである」(28項)。

このように、難民認定行為が裁量行為でなく事実の認定行為であること自体については、異論はない。例えば、逐条解説においても、難民認定の性質につき、以下のように述べられている。「法務大臣は、申請人が難民条約上の難民の要件を満たすものであると認めるときは、必ず難民の認定をしなければならない。この行政行為に裁量の余地はない」(715頁)。

したがって、難民認定に当たっては、難民の要件に該当する事実を具備しているか否かを誤りなく判断することが要求される。また、それ以外の要素（例えば政

治的・外交的配慮）は本来的に難民認定過程からは排除されるべきものとなる。

　しかしながら、いかに難民認定行為に覊束性を認めたとしても、その困難さに任せて前提行為としての事実の認定が全く無原則に恣意的に行われたならば、難民認定行為の覊束性は無に帰してしまう。そこで、難民とは何か、また、誤りのない判断を導くためにはどのような難民該当性判断方法が求められるかを検討することが、難民認定における重要な課題となる。

(2)　難民該当性判断を困難にするいくつかの要因

　このように誤りのない判断が求められる難民該当性判断であるが、その特殊性ゆえ、判断を困難にするいくつかの要因があるとされる。新垣は、主に信憑性判断の阻害要因として、以下の物理的要因、心理的要因、文化的・言語的要因、構造的要因を指摘している（新垣修「難民認定における証拠とその信憑性評価─ニュージーランド難民の地位控訴局」明治学院論叢635号〔1999年〕253頁以下）。

(i)　物理的要因

　難民該当性判断に特徴的なことのひとつとして、証拠収集の困難性が挙げられる。

　難民申請者は、すでに迫害のおそれの存する本国を出国しており、また、本国政府に対立する立場にある者であるので、その対立関係を示す証拠を所持しながら海外に出国することは危険であり、通常考えられない。そのため、証拠の確保や証人とのコンタクトが困難である。

　また、難民を流出させる諸国で健全かつ多元的な報道体制が確立している例はほとんどないから、正確で公正な人権状況に関する情報を入手し、分析することは容易でない（もっとも、この問題は、アムネスティ・インターナショナルやヒューマンライツ・ウォッチ等の信頼できるNGOやアメリカ国務省の国別報告等により、一定程度は克服されている）。特に、難民申請者は、自らの体験した出来事等を述べることはできても、一般情勢に通じているわけではなく、情報にアクセスすることも言語の問題等から容易でないことが多く、難民申請者の側でこれを行うことは困難である。

(ii)　心理的要因

　難民申請者は本国において迫害を現実に受けてきたか、あるいは迫害の危険を有しているものである。このことに起因する難民申請者の心的問題のために、供述内容が事実から乖離するなどして、正確な事実の聴取や信憑性の評価が困難となることがある。出身国における投獄や拷問、逃亡過程での強烈な恐怖体験から急性障害等の外傷性精神障害を負っている場合等は、その顕著な例である。また、難民申請者の中には、出入国管理職員、難民認定手続機関及び通訳者など、官憲側と見える者に対する不信感や警戒心があることが多い。出身国に残っている親類や知人に危険が及ぶことを避けようとする意識が、真実を隠し、虚偽の供

述の原因となることもある。さらに、真の難民であればなおさら、迫害の待つ母国への送還を避けるためになんとか自らの申請を認めてもらおうと、自らの難民該当性を実際以上に大きく見せようとするという心理が働く場合もある。

(iii)　文化的・言語的要因

　多くの場合、難民認定手続は通訳という媒介を通して進められるために、聴取における取り違い、誤訳・不適切な訳を完全に避けることは不可能である。また、言語は文化とも不可分のものであり、ある表現に対する特定の文化圏出身者の理解が必ずしも別の文化圏の者の理解に適合するわけではなく、ある言葉の定義や概念についての審査官の解釈が難民申請者のそれに常に合致しているわけではない。当然、この文化・言語の相対性は信憑性等の難民該当性の判断に影響を与えることになる。「兄弟」という言葉の概念は、日本のそれよりも広い国・地域が多いことなどがその一例である。

(iv)　構造的要因

　日本においてもそうであるように、難民認定手続は対審構造がとられていない場合が多い。認定機関は、難民申請者の主張を補強し、他方で反証を提出し、さらにはすべての証拠を取り調べて判断を下す。このような権限が集中している制度の下では、ともすればその判断が事実上裁量的なものとなり、難民認定行為の覊束性は何ら保証されないこととなるおそれがある。難民該当性判断の基準を形成しなければならない所以でもある。

(3)　立証責任

(i)　一般原則

　難民認定手続における立証責任は、一般的に申請者が負うと表現されることが多い。例えば、UNHCRハンドブックは「申請を提出する者に立証責任があるのが一般の法原則である」(196項)とする。

　本条が、「法務大臣は、本邦にある外国人から法務省令で定める手続により申請があつたときは、その提出した資料に基づき、その者が難民である旨の認定……を行うことができる」と規定しているのも、かかる一般的理解を条文化したものということができる。

(ii)　難民認定手続における立証責任の考え方の特殊性

　しかしながら、すでに述べたとおり、難民は難民条約上の定義を充たすや難民となるところ、難民該当性判断には、これを正確に行うことを困難とする諸要因が存する。したがって、「立証責任」を通常の立証責任と同様に解し、申請者が、自らが難民であることを完全に立証しなくては難民の認定を受けることができないとすれば、難民条約上の難民がその立証の負担ゆえに難民と認定されないという事態が多数生じることとなる。このような事態を避けるため、上記のような一般的

理解にかかわらず、難民認定に必要な事実の確認や評価を行う義務は、申請者と認定者がともに負うとされている。

(iii) UNHCRや専門家の解釈

例えばUNHCRハンドブックは、前項の引用箇所に続けて、「しかしながら、申請人は書類やその他の証拠によって自らの陳述を補強することができないことも少なくなく、むしろ、その陳述のすべてについて証拠を提出できる場合のほうが例外に属するであろう。大抵の場合、迫害から逃亡してくる者はごく最少の必需品のみを所持して到着するものであって身分に関する書類すら所持しない例も多い。こうして、立証責任は原則として申請人の側にあるけれども、関連するすべての事実を確認し評価する義務は申請人と審査官の間で分かちあうことになる」（196項）としており、難民認定の要件たる事実について申請者と審査官が立証の負担を分かち合うことが明示されている。同様に、難民法の第一人者とされるグッドウィン＝ギルも、「明らかに、立証責任は自分のケースを認めさせるべき申請者にあるが、実際的配慮や逃亡中に直面し得るトラウマから、申請者の関連要因と信憑性を確認し、評価する義務を負う者は皆、その義務を負うことになる」（前掲Goodwin-Gill, "The Refugees in International Law", Second Edition, pp.34-35）とする。

(iv) 日本における解釈

日本の入管・難民法も、基本的に同様の理解に立っているように思われる。すなわち、法61条の2の14第1項は「法務大臣は、難民の認定……に関する処分を行うため必要がある場合には、難民調査官に事実の調査をさせることができる」とし、これを実効あらしめるため「難民調査官は、前項の調査のため必要があるときは、関係人に対し出頭を求め、質問をし、又は文書の提示を求めることができる」（法61条の2の14第2項）、「法務大臣又は難民調査官は、第1項の調査について、公務所又は公私の団体に照会して必要な事項の報告を求めることができる」（法61条の2の14第3項）としている。そして、その趣旨は、難民の陳述だけでは資料として不十分な場合に、難民調査官の調査によってこれを補い、あるいは裏付けることにある。このことは、難民条約加入に伴う法改正時の議論において、立法担当者により繰り返し述べられている（難民条約の加入が論議された第94国会衆議院法務委員会〔1981年5月22日〕における、申請者と難民調査官との役割分担に関する大鷹弘法務省入国管理局長〔当時〕の答弁等）。

国は訴訟において、立証責任は申請者にあるから、何らの責任も負わないかのごとく主張するものの、裁判所はこのような理解には立っていない。例えば、東京高判平15・2・18（判時1833号41頁・判タ1156号135頁）は「（改正前の法61条の2の3に基づく）職権による調査は難民認定申請者の利益のためにも運用されるべきであるから、申請者が難民であるとの証明責任のすべてを果たさなければ、必ず不

利益に認定される手続となっていないと解すべきである」と述べ、東京地判平15・4・9（判時1819号24頁・判タ1175号152頁）は、さらに踏み込んで「法務大臣においても、難民認定申請者自身の供述内容や、その提出資料に照らし、必要な範囲での調査を行う義務」を認めている（もっとも、その控訴審である東京高判平16・1・14〔判時1863号34頁・判タ1175号145頁〕は、「法務大臣は、難民調査官に必要な資料の収集を適切に行わせた上で、これらの資料をもとに公正かつ慎重に吟味、評価し、その真偽を判断すべき」としつつも、調査の義務性についてはこれを否定した）。また、大阪地判平16・6・24（公刊物未登載）も、「難民調査官による職権調査は、難民認定申請者の利益のためにも運用されるべきもの」と判示している。

(v) まとめ

このように考えると、例えば、申請者が最もよく知っているところの身分事項、経歴、自らの体験を申請者が立証すべきことはもちろんであるが、出身国情報、同様の状況に置かれている者の事情、客観的な事件や出来事の有無、内容等については、むしろ申請者よりも認定機関側の方が、その立場を利用してよく資料を集め得る立場にあるから、認定機関側による積極的な証拠の収集・分析がなされるべきである。

(4) 立証基準——どのような場合に「迫害を受けるおそれがあるという十分に理由のある恐怖」が認められるか

(i) 立証基準の意義

難民認定手続における「立証基準」とは、難民認定申請者がその主張の真実性について、審判者を説得するためにどの程度まで立証をしなければならないかの基準をいう。言い換えれば、難民とは、「（人種、宗教、国籍、政治的意見、特定の社会的集団の構成員であることを理由として）迫害を受けるおそれがあるという十分に理由のある恐怖を有する」者であるから、立証基準とは、どの程度の事実が認められれば「迫害を受けるおそれがあるという十分に理由のある恐怖」があるといえるかという問題であるとも言える。したがって、この問題を、立証基準という手続法上の独自の論点ではなく、「十分に理由のある恐怖（well-founded fear）」という実体要件の解釈として捉える考え方も有力である（新垣修「国際難民法の開発と協力—難民認定における証明について」難民問題研究フォーラム編『難民と人権—新世紀の視座』〔現代人文社、2001年〕163頁、ハサウェイ93頁以下参照）。

(ii) 難民認定手続における立証基準の独自性

難民認定手続は、言うまでもなく、訴訟手続でなく行政手続である。したがって、一般に民事・刑事で言われる立証基準には縛られない。また、難民認定手続は、条約に基づく制度であり、かつ、その目的は条約上定められた難民を誤りなく判断することにあるから、どの国で難民認定申請がされようと、同じ結論が等しく出

ることが求められる。このことからすると、難民認定手続の立証基準は、むしろ日本の法制度には縛られるべきではない。

このように日本の法制度上言われるところの立証基準に縛られるべきでないとすると、どのような立証基準が求められるのか。このことを考えるに当たっては、以下の2点が重要となる。

まず、証明対象が「迫害のおそれ」ないしその「おそれがあるという十分に理由のある恐怖」であり、将来予測に係るものであることである。それゆえ、難民認定手続における立証は、不可避的に未来予測的・不確定的なものとなる。ここでは、過去の迫害の事実は将来の迫害の可能性を裏付ける資料のひとつに過ぎない。難民法の大家であったグラール=マッセンの、「申請者の国籍国において10人に1人の成人男性が死刑あるいは人里離れた強制労働収容所に送られると知られていると仮定した場合、当国からなんとか脱出してきた者は誰でも、当国に帰国した場合、迫害を受けるおそれがある十分に理由のある恐怖を有するであろうことは当然に思える」（Grahl-Madsen, Atle, The Status of Refugees in International Law, 1966, p.18）との例示は、この難民の立証基準の特殊性をよく表している。

もう1点は、難民認定手続の保護法益の重大性である。難民条約が保護をしようとしているのは、難民の生命、身体などの基本的人権であり、難民認定手続における誤判によって難民とされるべき者が難民と認定されずに本国に送還された場合、その者が被る損害は著しく重大となる。しかも、いったん送還された後に迫害を受けてしまったら、その人権侵害を回復することは全く不可能であり、誤判は取り返しの効かない重大な結果を招来する。したがって、難民認定手続においては認定の厳密性を確保することよりも重大な法益を確実に保護することに重点が置かれるべきであり、立証基準を訴訟手続におけるそれよりも緩和されたものとする必要が存在する。

(iii) 諸外国における立証基準

日本では、残念ながら裁判所が立証基準につき言及した例はない。他方、豊富な難民認定の実例を有する難民条約締約国は、上記のような独自性を踏まえ、主に訴訟を通じ、立証基準につき規範を定立してきた。「合理的可能性（reasonable possibility）」「合理的見込み（reasonable chance）」「現実的見込み（real possibility）」など、使われている語はさまざまであるものの、各国判例は、一致して、例えば英米法の民事の一般的立証基準と言われる「50％以上の蓋然性」は必要がなく、迫害を受ける可能性がごくわずかではない限り、「迫害を受けるおそれがあるという十分に理由のある恐怖」はあるとしている。

以下、立証基準に関する規範を定立した各国の裁判例を挙げる。

ア　カルドザ・フォンセカ事件（米国、1987年連邦最高裁判所判決）

すでに指摘したグラール＝マッセンの例示を引用し、ある出来事が起こる確率が50％以下であっても十分に理由のある恐怖は持ち得るとして、十分に理由のある恐怖を認めるのに「起こる確率が起こらない確率より高い」必要はないとした。
　同判決は、1946年国際難民機関憲章の解釈（同判決は、難民条約の前身であり少なくともそれと同程度の保護を与えられることを意図して難民条約が起草された点で、同憲章の解釈は重要であると指摘する）、UNHCRハンドブックによる解釈を示した上、これらの解釈や多くの研究者の解釈は自らの解釈と一致するとし、「国連（注：難民条約の意）の定義について、ある申請者が撃たれ、拷問され、あるいは迫害されるおそれが10％しかないという理由で、当該申請者が起こり得る出来事に対して『十分に理由のある恐怖』を持っていないと結論付ける余地は全くない」、「『十分に理由のある恐怖』の穏当な解釈は、客観的状況が証拠によって認められる限り、その状況がおそらく迫害をもたらすであろうことを証明する必要はなく、迫害に合理的な可能性があることが示されれば十分である」とした。
イ　アジェイ事件（カナダ、1989年ブリティッシュコロンビア州バンクーバー連邦控訴裁判所判決）
　「迫害の蓋然性を要求するほどに厳格に解されるものではない。むしろ、そこには合理的見込みあるいはそう信じる『十分な基盤』がなければならない。……最小限の可能性以上のものは必要である」と判示し、迫害の可能性について最小限の可能性があれば、その恐怖には十分な理由があるとした。
ウ　シヴァクマラン事件（英国、1988年貴族院判決）
　カルドザ・フォンセカ事件においてアメリカ最高裁によって採用されたテストに賛同して、これを引用した上で以下の基準を提示した。「申請者の迫害の恐怖が十分に理由がなければならないという要求は、その者が帰国すれば、条約上の理由によって迫害されるであろう見込みの合理的な程度が立証される必要があるという意味であると考える」（なお、同事件の控訴裁判所判決は、「覆面をした男に銃を突きつけられ、金庫の中身を渡すよう要求された銀行の出納係が、『十分に理由のある恐怖』を経験したと主張できることには疑いの余地がない。たとえその1分後にその銃がプラスチック製の偽物あるいは水鉄砲であったことが判明したとしても、彼の恐怖に十分な理由があったことは少しも変わらない」と述べ、主観的恐怖があり、それが妄想とみなされるものでなければ、その状況においては何かを恐れる個人に恐怖をもたらしたであろうと完全に正当化される場合、客観的に見て誤解であるとされるものまでをも排除しないとしたが、かかる主観を重視する考え方は、貴族院によって退けられた）。
エ　チャン事件（オーストラリア、1989年最高裁判所判決）
　前述のシヴァクマラン判決とカルドザ・フォンセカ判決を引用し、本国に帰れば迫害される「現実的見込み」があれば、迫害の恐怖は「十分に理由のある」ものとし、

現実的見込みは「わずかな見込み」と区別されるべきものとした。

(iv) まとめ

このように、難民条約締約国の諸判例は、いずれも「十分に理由のある恐怖」の立証について、極めて緩やかな基準を定立している。それは単に迫害の可能性が50％以下でも足りるといったものではなく、迫害の危険性が10％しかない場合でも、本人が抱く恐怖に十分な理由がないとする根拠とはならないとされている。

なお、これらの判決のいくつかにおいて、「50％」という数字が議論の対象となっている。これは、英米法の訴訟制度での立証基準が一般的に「均衡の原則」ないしは「証拠の優越の原則」に基づいていることに起因するものと推測されるが、いずれの判例も、その議論の焦点は50％以上か以下かにあるのではない。アジェイ事件判決における「最小限の蓋然性以上のものが必要」との判示、チャン事件の「現実的見込み」は「わずかな見込み」とは区別されるとの判示等に示されるように、いずれの裁判例も、客観的な迫害の危険性が50％はおろか10％あるかないかであっても、その本人が真実恐怖を感じ、その恐怖がその置かれた状況下に立った他の誰にとっても合理的なものであれば、それは「十分に理由のある」ものということができると明確に判断している。このことは、すでに述べたグラール＝マッセンの有名な例示を思い起こしてもごく当然の結論といえる。

以上のとおり、「十分に理由のある恐怖」の立証基準としては、当該申請者が置かれた状況に立ち、当該申請者が「帰国したら迫害を受けるかもしれない」と感じ、国籍国への帰国をためらうであろうと評価することができ、それが客観的状況からも不合理でないと考えられる場合には、その恐怖が立証されたと解してよいものと考えられる。

(5) 信憑性

難民該当性の判断に当たり、その要となるのが、信憑性の判断である。しかしながら、信憑性判断は、難民該当性判断の阻害要因について述べたところからも明らかなとおり、困難な作業でもあり、信憑性判断は、難民申請者の置かれている状況に思いを致しながら、慎重に行う必要がある。

そこで、難民認定を多数取り扱う難民条約の主要締約国は、誤りなく信憑性判断を行うために留意すべき注意点を引き出してきた（例えば、カナダ移民難民委員会難民保護部門 "Interpretation of the Convention Refugee Definition in the Case Law" 2004年、IARLJ "1998 IARLJ Conference: Pre-Conference Workshop for New Refugee Law Judges" 1998年）。その他、グッドウィン＝ギル、ハサウェイをはじめとする海外における難民法研究者も、信憑性に関して論文等において注意点を述べてきた。

これらが指摘する点は相当程度共通しており、難民認定をすでに多く取り扱っ

ている国の間では共通した信憑性評価原則が形成されていることが看取される。そして、日本でも難民不認定処分関連の訴訟が増えるにつれ、裁判所も難民該当性判断の困難性、特殊性に理解を示すようになっており、これらの海外文献で指摘されていた点は、少なくとも裁判実務ではかなり取り入れられていると言うことができる。

　以上を踏まえ、信憑性判断の際に必要な留意点を、信憑性判断における裁判所の傾向とともに検討する。

(i)　一般情勢との一致

　難民申請者の出身国における客観的情勢については、その収集の困難性にもかかわらず、アムネスティ・インターナショナル、ヒューマンライツ・ウォッチ、アメリカ国務省によるそれぞれの国別の年次レポートなど、いくつかの信頼性があるとみなされているものが存する。難民申請者の信憑性判断に当たっては、その者が語る内容と、かかる信頼性のある情報から認められる客観的情勢が一致するか否かに留意することは極めて重要である。通常、裁判所も、まず難民申請者の出身国の情勢に関する事実を認定し、その上で難民申請者に迫害のおそれが存するかを、認定された客観情勢と原告の供述や証拠を重ね合わせながら判断するという手法をとっている。例えば、東京地判平17・11・11（公刊物未登載）は、認定された客観情勢と原告の供述とを丁寧に突き合わせながら事実認定をしている。したがって、客観情勢を常に参照しながら難民申請者の供述や証拠を検討することが必要である。

(ii)　供述の一貫性、変遷の有無、程度

　難民申請者の語る供述が、その核心部分においてぶれがないかという点も信憑性判断において重要な点である。裁判所の傾向を見ても、ある程度の供述の変遷があっても、難民申請者の心理的要因や文化的要因等を考慮し、必ずしも信憑性は否定されておらず（前掲広島高判平14・9・20、名古屋地判平15・9・25判タ1148号139頁、東京地判平16・2・26裁判所ウェブサイト登載等）、また、変遷がみられても、その部分が難民該当性判断の上で重要な点ではなく、核心部分が信用できる場合には、全体の信憑性は失われないとされている（前掲名古屋地判平15・9・25、東京地判平16・2・19裁判所ウェブサイト登載、東京地判平17・3・25判タ1210号98頁、大阪地判平17・4・7公刊物未登載、名古屋地判平18・3・23判タ1259号212頁、東京地判平19・3・28LLI/DB登載、東京地判平19・4・27LLI/DB登載等。児玉晃一編『難民判例集』〔現代人文社、2004年〕掲載の各裁判例も参照）。他方で、核心部分において供述が二転、三転し、かつそれについて合理的な説明が得られない場合には、信憑性は否定される傾向にあるようである（名古屋地判平15・3・7裁判所ウェブサイト登載等）。

(ⅲ) 難民申請者の供述以外の証拠の必要性

難民申請者の供述を裏付ける物証や書証を過度に要求することは、不可能を求めることでしかなく、結果として事実の確定を誤ったものとしかねず、矛盾がなく合理性のある供述には必ずしも独立した裏付けは必要でないとされる。裁判例においても、特に本国における活動等については、供述が全体として信用でき、かつ客観的情勢との間でも矛盾がない場合には、他の証拠がなくともその供述に信憑性があるとして、その事実を認定し、それをもとに難民該当性が肯定されている（前掲東京地判平16・5・28判タ1189号195頁等）。

(ⅳ) 物的証拠の信憑性

難民申請者の供述を裏付けるとされる物的証拠として、逮捕状、政府と反対する政党の党員証、知人の供述などを難民申請者が提出しようとする場合がある。

この点、物的証拠の一部が信用できない場合にも、裁判所は必ずしも難民申請者の申立全体の信憑性を否定していないことは注目すべきである（東京地判平16・5・27判時1875号24頁、前掲大阪地判平17・4・7、前掲東京地判平17・11・11等）。

(ⅴ) 釈明の機会の保障の重要性

信憑性について疑問がある場合、その疑問を難民申請者や証人に提示し、釈明の機会を与えることが、正しく信憑性の判断を行う上で極めて重要である。裁判所も、供述や証拠に虚偽や変遷がみられる場合であっても、直ちに難民でないとするのは相当でなく、そのような虚偽、変遷がみられた理由等について十分な吟味が必要であるとしている（前掲広島高判平14・9・20、前掲大阪地判平17・4・7等）。

ところが、日本の手続においては、異議申立手続は法改正により一定程度改善されたものの、特に一次の難民認定申請において、この釈明の機会の保障はなされているとは言い難い。実際に、難民申請者に釈明の機会を与えなかったことにより、当初、誤った難民不認定処分や難民に対する退去強制令書発付処分がなされ、その後、法務大臣や入国管理局によって取り消されている例が多く存する。例えば、難民不認定処分取消等請求訴訟の結審直前になって法務大臣自らが難民不認定処分を取り消した件につき、被告（国）は、取り消した理由として、「原告本人尋問の結果を踏まえ、その内容及び本件不認定処分時の供述調書等の関係資料を調査及び検討した結果……難民性があると認めた」とし、その具体的理由として、原告が難民該当性を基礎付ける事実につき、原告本人尋問において具体的かつ詳細に述べ、また、矛盾と思われる点につき合理的な説明がなされたことを挙げている（前掲東京地判平15・4・9事件における被告の主張）。

(ⅵ) 灰色の利益 (Benefit of the Doubt)

難民法独自の考え方として、「疑わしきは難民申請者の利益に」（以下「灰色の利益」という）という原則が存在する。この「灰色の利益」は、UNHCRハンドブックで

も言及されており(203、204項)、難民法裁判官国際協会(IARLJ)の1998年に開かれた総会の新任難民法裁判官のためのプレ会議ワークショップにおいて、以下のように説明されている。

「技術的に言えば立証責任は難民申請者にあるが、難民申請の性質を考えると、難民が主張の全部分を『証明』することはほとんど不可能である。したがって、疑いがある場合には難民申請者の利益になるよう判断することがしばしば必要となる。この原則は主張の実質的本案審議と難民申請者の信憑性評価との双方に適用される」(IARLJ "1998 IARLJ Conference: Pre-Conference Workshop for New Refugee Law Judges" Ch. 6, p.3)。なお、「双方に適用される」の意味は、1つの案件について、信憑性判断と、信憑性判断を経た後の難民該当性判断の2度にわたって灰色の利益を受ける機会を有すると解釈されるべきではなく、案件ごとに、信憑性判断において灰色の利益が考慮される場合と、難民該当性判断において考慮される場合があると解釈されるべきであろう。

この基準は、真の難民の生命、身体を含む人権という難民法における保護法益の重大性との均衡や、前記(2)で述べた信憑性判断の阻害要因のうち、特にその物理的要因から要請される。すでに述べた難民固有の立証の困難性を無視して、安易に難民認定申請を認めずに難民申請者の本国への送還を実施するならば、それはとりもなおさず、不可能を強要して真の難民の人権を侵害し、時には死の危険にさえさらすことになるからである。

かかる考え方については、入国管理上の被害増大の防止からの反対論が予想されるが、入国管理上の観点が灰色の利益を適用せずに難民申請者を送還することを正当化し得るものではない。この点、ジョアンナ・ルッペルは、刑事事件における立証責任が、有罪者を自由にするよりも無罪者を有罪とする方がはるかに悪いという基本的価値判断の反映であるように、難民の資格を有しない者が難民認定手続を悪用して在留するよりも、真の難民が迫害のおそれのある国に帰される方がはるかに悪いという基本的価値判断に疑いの余地はないことをその理由として挙げる(Ruppel, Joanna, The Need for a Benefit of the Doubt Standard in Credibility Evaluation of Asylum Applicants, Columbia Human Rights Law Review, Vol. 23:1, 1992, p.34)。

この「灰色の利益」原則が適用される結果、認定機関が「真実ではない」という確信の域に達しない限り難民申請者には灰色の利益が与えられるべきであり、信憑性なし、あるいは難民非該当と結論付けられるべきではないことになる。

この原則は、カナダ、ニュージーランド、オーストラリアなど各国の実務・判例で取り入れられている。例えば、ニュージーランドの難民の地位控訴局は、以下のように述べて難民申請者に灰色の利益を与えている。「もちろん難民申請者の話

や、また悲しみの表現さえもすべてが作り事で当局が騙されている可能性もある。しかし、難民申請者の話の中心的な部分については、当局はほとんど疑いを持っていない。我々の先例からすると、難民申請者は『灰色の利益』が与えられるべきである」(Refugee Appeal No. 71077/98, Auckland, New Zealand (17 December 1998))。

　日本の裁判所では、未だ「灰色の利益」に明示的に言及したものはないが、大阪地判平15・3・27（判タ1133号127頁）は、身分を偽っていると「断定するに足りる証拠はない」ことをもって原告に有利な判断をしていることから、実質的に「灰色の利益」の考え方を採用したと評価することもできる。

13　2項「難民の認定をしたときは、法務省令で定める手続により、当該外国人に対し、難民認定証明書を交付し」

(1)　統一認定方式と個別認定方式

　法務大臣が難民の認定をしたときにいかなる効果が生ずるか。これは、日本の難民認定制度が個別認定方式と統一認定方式のいずれを採用するか、という点についての理解によっても異なることになる。個別認定方式は、難民条約に定める個々の保護措置等を講ずる際、これを行うそれぞれの行政庁がその対象者が難民であるか否かを個々に認定する方式であり、他方、統一認定方式は、国の特定の機関が難民認定機関の行った認定に従って個々の保護措置等を実施するものであって、日本は、このうち統一認定方式を採用したと解説されてきた（逐条解説715頁）。ところが、日本では、2004年改正法施行以前は、いわゆる後発的難民及びやむを得ない事情を有する者を除き、難民申請者は日本上陸後60日以内に難民申請を行わなければならないという、いわゆる「60日ルール」（改正前の法61条の2第2項）が存在した。そのため、条約上の難民でありながら、この手続条項に反するために多くの者が難民不認定処分を下されていた。この結果、条約上の難民が、難民条約上締約国が難民に与えることが義務付けられている各種保護措置が受けられず、ひいては日本が難民条約に違反する可能性が生じた。このことが争われた難民不認定処分取消訴訟で、法務大臣は、従来の法務省の解釈とは異なり、日本は実際は個別認定方式であり、各種保護措置は個々の行政庁が当該外国人を難民であると認定することによって受けることが可能であるから、難民条約違反はないとの主張をするに至った。

　そこで、この点をどのように考えるかが問題となるが、裁判所は、個別認定方式か統一認定方式かにかかわらず、独自の判断ができることが前提となろう。三権分立の制度の下、行政庁が裁判所を拘束するということは理論的に考え難いからである。また、実際にも、訴訟の中で難民か否かが争点となる刑事裁判におけ

る刑の免除（法70条の2）、国家賠償法における相互主義（国賠法6条）に関しては、裁判所が独自に法務大臣が下した処分と異なる判断をする場合、又は裁判所が法務大臣が処分をする前に判断に迫られる場合が存し、その限りにおいては、法務大臣と裁判所の判断が異なる可能性がある。

その上で、さらに行政庁については、個別認定方式か統一認定方式かが問題となるが、まず、法務大臣の判断前は独自に認定できることは疑いがない。もっとも、その他の場合には、法務大臣に対する難民認定申請に関する処分が下される前に法務大臣に先行して他の行政庁が難民認定／不認定の判断をすることは実際上あまりないと考えられる。また、法務大臣による処分後に、他の行政庁が難民認定機関として専門性を有するはずの法務大臣の判断とあえて違う判断をすることも、60日ルールの存在下で60日ルール違反を理由として難民不認定処分を受けた者に対するものを除いては、通常考えられない。このことからすると、60日ルールを撤廃した2004年改正法の後に難民認定／不認定処分を受けている者については、その処分は、統一認定方式としての効果を有するようにも思われる。とはいえ、個別に具体的な資料がある場合にまで、個別認定方式を禁じる趣旨ではないと解される。

(2) 難民認定の具体的効果

難民認定された場合の効果としては、難民認定されたことから直接に発生するものと、難民認定の結果として「定住者」の在留資格を付与されたことに伴うものに大別される。

ここでは、難民認定されたことによる直接の効果について述べることとし、難民認定の結果として「定住者」等の在留資格を付与されたことによる効果については、法61条の2の2の解説に譲る。

(i) 難民認定証明書の交付（法61条の2第2項）

難民認定がされた場合には、難民認定証明書が交付される（法61条の2第2項）。難民認定証明書の効果は、日本が統一認定方式を採用していると考えれば、他の行政庁等に対しても当該外国人を難民として取り扱うよう拘束する意味を持つことになるし、個別認定方式を採用していると考えれば、他の行政庁等に対し、当該外国人が難民であることの極めて重要な立証資料となる。

(ii) 在留資格の付与（法61条の2の2、61条の2の3）

2004年改正法は、一定の要件を充たす在留資格未取得外国人が難民認定を受けた場合には、一律に「定住者」の在留資格を許可するものとした（法61条の2の2第1項）。また、要件を充たさない場合でも、法務大臣は、当該在留資格未取得外国人の在留を特別に許可する事情があるときは、在留を特別に許可することができると定めている（同2項）。難民の認定を受けながら法61条の2の2第1項又

は2項による在留許可を受けられなかった在留資格未取得外国人は退去強制の対象となることになるが、ノン・ルフールマン原則（難民条約33条1項、法53条3項）及び従来の実務からみて、実際にはそのようなケースは想定できないものと考える。

　また、難民認定時に在留資格を有していた外国人が「定住者」への在留資格変更を申請した場合には、難民認定申請を上陸後（又は難民となる事由が生じたことを知った日）から6カ月を過ぎて行った場合を除き、許可される（法61条の2の3）。

(iii)　難民旅行証明書の交付（法61条の2の12）

　難民条約28条1項が、「締約国は、合法的にその領域内に滞在する難民に対し、国の安全又は公の秩序のためのやむを得ない理由がある場合を除くほか、その領域外への旅行のための旅行証明書を発給する」としていることを受け、難民認定を受けた外国人は、難民旅行証明書の交付を受けることができる。この点につき、詳しくは法61条の2の12の解説を参照されたい。

(iv)　永住許可要件の緩和（法61条の2の11）

　永住許可については、通常、①素行が善良であること（法22条2項1号）及び②独立の生計を営むに足りる資産又は技能を有すること（同項2号）という要件が必要である。しかし、難民については、法61条の2の11により、上記②の要件が免除されている。詳しくは法61条の2の11の解説を参照されたい。

(v)　社会福祉等

ア　生活保護

　生活保護法は、その保護の対象者を日本国民に限定し、一定の外国人（別表第2の在留資格を有する者、特別永住者、難民認定を受けた者）について法の準用を認める。

　したがって、難民の認定を受けた者であれば、その在留資格の如何を問わず生活保護の対象となる（昭和57年1月4日社保第2号厚生省社会局長通知「難民等に対する生活保護の措置について」、昭和29年5月8日社発第382号厚生省社会局長通知「生活に困窮する外国人に対する生活保護の措置について」）。

イ　国民健康保険

　難民認定を受けた難民について国民健康保険の加入を認めた通達が存在する。

　ただし、難民認定の有無を問わず、1年以上の在留資格を有する外国人には加入が認められており、難民認定を受けた者が1年以上の在留資格を付与されない可能性は想定し難いので、通達をあえて適用する場面もないと思われる。

(vi)　相互主義の適用免除

　難民条約7条2項により、難民は、いずれかの締約国の領域内に3年間居住した後は、当該締約国の領域内において立法上の相互主義を適用されることはない。

　例えば、国賠法6条は相互主義を定めるが、難民認定を受けた者は、3年間の

居住の要件を充たせば、同条の適用を受けない。

　なお、国家賠償請求訴訟において、原告が難民認定を受けていなくても裁判所が独自に難民と認定すれば、同様に国賠法6条の適用を排除することができる。

(vii)　刑の免除

　不法入国、不法上陸、不法残留罪等において、難民が一定の要件を充たす場合には、刑が免除される（法70条の2）。難民の認定を受けた者が不法入国等で起訴されるということは実際には想定し難いが、仮にそのような場合、難民認定を受けていれば、刑事事件において、難民であることの立証が事実上不要となる。

　なお、逆に起訴された外国人が難民不認定処分を受けていたとしても、刑事事件を審理する裁判所は法務大臣の判断に拘束されず、裁判所自身が難民であるとの判断を行うことができる。この点につき、詳しくは法70条の2の解説を参照されたい。

(viii)　卒業証明書に代わる本人の申請

　難民として認定された者が、出身国での卒業証明書等を入手できない場合は、本人の申請をもって卒業証明書等に代える扱いを行う。具体的には、本人の学歴に関する申請については、難民認定申請書の関係部分と同一の事項を記載した書面を提出させる（昭和57年2月12日学大第34号各国公私立大学長・大学入試センター所長宛て通達「認定難民等の大学及び大学院入学資格の確認方法について」）。

(ix)　船員手帳の交付

　難民が船員手帳の交付を求める場合は、通常外国人に求められる領事官の証明書の提出に代え、難民認定証明書の提示で足りる（船員法施行規則29条6号）。

(x)　属人法の決定

　難民条約12条1項は、「難民については、その属人法は住所を有する国の法律とし、住所を有しないときは、居所を有する国の法律とするものとする」と定める。実際の戸籍実務においては、戸籍届出事件の事件本人又は届出人が、その届出書に、難民認定証明書の写し又はこれに準じるものを添付したときに限り、その者を難民として取り扱うものとしている（昭和57年3月30日法務省民2第2495号各法務局長、地方法務局長宛て民事局長通達「難民の地位に関する条約等の発効に伴う難民に関する戸籍事務の取扱」）。

14　2項「その認定をしないときは、当該外国人に対し、理由を付した書面をもつて、その旨を通知する」

(1)　本項により要請される所為

　本項は、法務大臣が難民の認定をしないときは、当該外国人に対し、理由を付した書面（規則別記76号様式。規則55条6項）をもって、その旨を通知する旨定めて

いる。

　このことは、適切かつ的確な信憑性判断、ひいては難民該当性判断を行う上でも要請される。具体的な理由が付されてはじめて信憑性判断や難民該当性判断が恣意的なものに流れることを防ぎ、また、その後の不服申立手続を実効性のあるものにすることができるからである。

　したがって、認定機関は、信憑性や難民該当性の判断について明確な判定をなし、それについて具体的な理由を付さなければならない。例えば、理由を説明せずに申請者の供述を「信用できない」とするだけでは不十分であって、その供述の信用性を否定すべき具体的根拠が説明されなければならない。そうでなければ、申請者の供述が排除された理由が、単なる憶測や推測に過ぎないのか、その判定に至る明確な根拠があるか否かが不明となってしまうからである。

(2) 　日本における理由の通知

　ところが、日本の難民不認定処分に記載されている不認定理由は、従来あまりに短く、かつ実質的な内容も乏しかったため、具体的な不認定理由がわからないとして強く批判されてきた。例えば、上陸後60日を過ぎて難民申請を行った者については、「貴殿からの難民認定申請は、出入国管理及び難民認定法第61条の2第2項所定の期間を経過してなされたものであり、かつ、貴殿の申請遅延の申立は、同項但書きの規定を適用すべき事情とは認められない」、つまり、単に60日ルールに違反しているということが書かれているに過ぎなかった。また、難民該当性が判断された者についても、「『特定の社会的集団の構成員であること』及び『政治的意見』のために迫害を受けるおそれがあるという貴殿の申立については、これを立証する具体的な証拠がないので、難民の地位に関する条約第1条A(2)及び難民の地位に関する議定書第1条2に規定する『特定の社会的集団の構成員であること』及び『政治的意見』を理由として迫害を受けるおそれは認められず、同条約及び同議定書にいう難民とは認められない」、つまり、あなたの申立には「具体的証拠がない」のであなたは難民ではない、と書かれるだけというものであった。

　この理由の記載内容は、実務家やNGOからの強い批判を受け、徐々に改善されてきた。特に、2004年改正法の施行後は、理由はより詳しく記載されるようになった。現在では複数頁にわたる不認定理由記載も珍しくなくなっており、当該外国人が難民不認定とされた実質的理由をある程度知ることができるようになった。この点は大きな改善であるが、難民認定につき実績を有する諸外国と比べれば未だ十分とは言い難い。

　また、本条の規定ぶりからもわかるとおり、法律上は、難民不認定処分をする際に不認定理由を告知することが求められており、実務上も、難民認定処分の際には認定理由は一切告知されていない。しかしながら、難民認定理由と難民不認

定理由の双方が明らかにされてはじめて難民認定の基準が明らかになり、難民認定が公平になされているか否かが明らかになる。例えば、法務大臣は、旅券の所持、合法的な出国や入国後申請までの長期間の経過を、多くの不認定事例で不認定の理由に掲げているが、他方で、旅券を所持、あるいは合法的に出国している者や、入国後申請まで長期間経過している者の中にも難民認定されているものがある。これでは、結局何が難民認定と不認定を分けているのかを知ることができず、理由を恣意的に用いているとの疑念を拭えない。早急に認定理由も開示するように運用が改められるべきである。

第61条の2の2（在留資格に係る許可）

① 法務大臣は、前条第1項の規定により難民の認定をする場合であつて、同項の申請をした外国人が在留資格未取得外国人（別表第1又は別表第2の上欄の在留資格をもつて本邦に在留する者、一時庇護のための上陸の許可を受けた者で当該許可書に記載された期間を経過していないもの及び特別永住者以外の者をいう。以下同じ。）であるときは、当該在留資格未取得外国人が次の各号のいずれかに該当する場合を除き、その者に定住者の在留資格の取得を許可するものとする。

1　本邦に上陸した日（本邦にある間に難民となる事由が生じた者にあつては、その事実を知つた日）から6月を経過した後前条第1項の申請を行つたものであるとき。ただし、やむを得ない事情がある場合を除く。

2　本邦にある間に難民となる事由が生じた場合を除き、その者の生命、身体又は身体の自由が難民条約第1条A(2)に規定する理由によつて害されるおそれのあつた領域から直接本邦に入つたものでないとき。

3　第24条第3号から第3号の5まで又は第4号ハからヨまでに掲げる者のいずれかに該当するとき。

4　本邦に入つた後に、刑法第2編第12章、第16章から第19章まで、第23章、第26章、第27章、第31章、第33章、第36章、第37章若しくは第39章の罪、暴力行為等処罰に関する法律第1条、第1条ノ2若しくは第1条ノ3（刑法第222条又は第261条に係る部分を除く。）の罪、盗犯等の防止及び処分に関する法律の罪又は特殊開錠用具の所持の禁止等に関する法律第15条若しくは第16条の罪により懲役又は禁錮に処せられたものであるとき。

② 法務大臣は、前条第1項の申請をした在留資格未取得外国人について、難民の認定をしない処分をするとき、又は前項の許可をしないときは、当該在留資格未取得外国人の在留を特別に許可すべき事情があるか否かを審査するものとし、当該事情があると認めるときは、その在留を特別に許可することができる。

③ 法務大臣は、前2項の許可をする場合には、在留資格及び在留期間を決定し、次の各号に掲げる区分に応じ、当該各号に定める措置をとるものとする。この場合において、その許可は、それぞれ当該各号に定める在留カード又は在留資格証明書の交付のあつた時に、当該在留カード又は在留資格証明書に記載された内容をもつて効力を生ず

> る。
> 1 当該許可に係る外国人が中長期在留者となるとき　入国審査官に、当該外国人に対し、在留カードを交付させること。
> 2 前号に掲げる場合以外の場合　入国審査官に、当該外国人に対し、在留資格及び在留期間を記載した在留資格証明書を交付させること。
> ④ 法務大臣は、第1項又は第2項の許可をする場合において、当該在留資格未取得外国人が仮上陸の許可又は第3章第4節の規定による上陸の許可を受けているときは、当該仮上陸の許可又は上陸の許可を取り消すものとする。

1 本条の趣旨

本条は、2004年改正法により新設された条文である。

本条1項は、難民として認定されたもののうち一定の要件を充たす者については一律に在留を認めるものとした。これまでも、難民として認定された外国人が在留資格を有しないときには、実務上例外なく「定住者」の在留資格が付与されてきたものであるが、これを法的に明確化したこと自体は評価できる。しかしながら、期間要件や直接来日要件を付加したことにより、せっかくの改正が無意味になるおそれが生じてしまった。

期間要件や直接来日要件が不合理であることは、同じく改正法により新設された仮滞在の許可（法61条の2の4）についても同様であるが、その不合理性は、難民として認定された場合の在留資格の付与については一層際立つことになる。そもそも、法務省は、仮滞在の許可について期間要件や直接来日要件を設けた趣旨を、難民認定制度の濫用防止や難民認定申請事案の迅速かつ適正な処理に資するためと説明しているが、すでに難民として認定された場合には、このような趣旨は当たらない。

さらに、法務省は、本条において、難民として認定された者について一律に在留資格を付与する場合と付与しない場合との区別を設けた趣旨として、難民条約31条を挙げる。しかしながら、難民条約31条は、刑事罰を科さない要件を定めるものであって、在留の要件を定めるものではない。むしろ、難民条約33条1項（ノン・ルフールマンの原則）が、すべての難民について迫害のおそれがある領域への追放又は送還を禁止している以上、難民として認定された者については一律本邦での在留を認めることとすべきであった。UNHCRも、こうした条件により難民のうち10人中8人が在留資格の改善から事実上排除されることになる可能性があり、少なくともその一部は難民条約に反する可能性があるとしている。

以上のとおり、本条は、難民として認定されたにもかかわらず本邦での在留が認められない難民を生じさせる可能性を残す点で、問題であると言わざるを得ない。

もっとも、現実には、上記難民条約33条1項及びこれまでの実務に鑑み、難民

として認定されながら在留資格を何ら付与されないという事態は考えられないであろう。

2　1項柱書「在留資格未取得外国人……であるときは……その者に定住者の在留資格の取得を許可するものとする」

「在留資格未取得外国人」という用語は、本条新設に伴って初めて入管・難民法に登場した用語であり、本条1項柱書ではその定義が示されている。「定住者」の在留資格は、入管・難民法の定める27種の在留資格のうちでも、活動範囲に制限のない数少ない資格であり、難民認定を受けた者は本国に戻ることはなく日本に長期在留することが予定されることから、この「定住者」の資格を必要的に付与することとしたものである。

3　1項1号「本邦に上陸した日……から6月を経過した後前条第1項の申請を行つたものであるとき。ただし、やむを得ない事情がある場合を除く」

難民と認定された者について、その難民認定申請が上陸後（上陸後に難民となる事由が生じた者については、その事実を知った日から）6カ月以内になされたかどうかによって、在留資格の付与に差をつける合理性は全く存在しない。

本号は将来的には削除されるべきであると考えるが、それ以前であっても、「やむを得ない事情」を広く解し、できる限り本条1項柱書による自動的な在留資格の付与を認めるべきである。

この点、2004年改正法施行以前の法61条の2第2項は、難民認定申請期限としていわゆる60日ルールを設け、ただし「やむを得ない事情」がある場合は除くとしていた。国側は、この「やむを得ない事情」を病気、交通の途絶等極めて限定的な場合に限ると主張していたが、裁判例の中には、客観的事情により物理的に入国管理官署に出向くことができなかった場合に限らず、本邦において難民認定の申請をするか否かの意思を決定することが、出国の経緯、日本の難民認定制度に対する情報面や心理面における内容と程度、証明書類等の所持の有無及び内容、外国人の解する言語、申請までの期間等を総合的に検討し、期間を経過したことに合理的理由があれば「やむを得ない事情」があるとしているものがあり（東京高判平15・2・18判時1833号41頁・判タ1156号135頁）、このような柔軟な運用が求められる。

この点、2004年改正法審議における参議院附帯決議（2004年4月15日）は、仮滞在許可との関連においてではあるが、「難民認定手続における仮滞在許可に当たっては、……上陸後6か月以内……等の要件について、申請者の事情を十分斟酌し、実情に即した運用が行われるよう留意すること」としている。また、同じく衆

議院附帯決議（2004年5月26日）は、仮滞在許可との関連において、「難民認定申請者に対する仮滞在許可制度については、……上陸後6ヶ月経過後の申請の場合も申請者の事情を十分斟酌し実情に即して但し書きを適用するように……努めること」としている。

この附帯決議の趣旨は、本条1項に基づく在留許可の付与の判断の際にも、十分に尊重されるべきである。

④ 1項2号「生命、身体又は身体の自由が難民条約第1条A(2)に規定する理由によつて害されるおそれのあつた領域から直接本邦に入つたものでないとき」

日本の地理的条件を考えた場合、「直接本邦に入つたものでないとき」を字義どおりに解した場合には、ほとんどがこの除外事由に該当する結果となりかねない。

少なくとも、直接来日性に関して、難民条約31条1項にいう「その生命又は自由が第1条の意味において脅威にさらされていた領域から直接来た」と同様に解釈し、第三国を短期間経由した者や、（迫害から）逃れて最初に行った国（国々）において有効な保護が得られなかった者を除外するものではないと解すべきである。難民条約31条の解釈は国際法上かなり柔軟であるし、国内法上も緩やかに解釈されている。例えば、東京地決平13・11・6（訟月48巻9号2298頁）、広島地判平14・6・20（判時1814号167頁）、広島高判平14・9・20（判時1814号161頁）がある。広島高裁判決は、「出身国から、あるいは庇護希望者の保護、安全や安定が保障されないかも知れない他国から、直接本邦に入った場合であって、庇護申請をせず、あるいは庇護を受けることなく短期間で中継国を通過した場合を含む」と判示しており、同判決は国側も上告することなく確定している。

具体的には、難民条約の締約国以外を経由している場合はもちろん、難民条約の締約国であっても現実には難民認定の実績がないような国を経由している場合においても、「有効な保護」を得られたものと考えるべきではない。

UNHCRは、2004年5月19日に発した「日本国・出入国管理及び難民認定法の一部を改正する法律案に関する国連難民高等弁務官事務所の見解」において、難民条約31条1項について、「第三国を短期間で経由した者又は第一庇護国で有効な保護を受けられない者を排除しないよう解釈されてきた」としている。そして、第159回国会参議院法務委員会（2004年4月8日）政府参考人答弁において、増田暢也法務省入国管理局長（当時）は、仮滞在要件としての直接性について、「UNHCRと同じ解釈を取るであろうと考えております」と答弁している。

他方、難民認定要領では、「そのような（難民条約上の理由による迫害の）おそれのない領域を経由して本邦に入った場合であっても、本邦に入国するために当該

領域を単に通過したに過ぎない場合や、当該領域において予定された滞在期間及び現に滞在した期間が非常に短く、当該領域の属する第三国から庇護を与えられなかった場合等には『直接本邦に入った』に該当する」とされている。2004年改正法の審議過程では、法61条の2の4の解説①のとおり、衆参両院の法務委員会で、直接性の解釈を緩やかにすべきとの附帯決議がされている。上記要領は、明らかに狭きに失すると思われる。

5　1項3号「第24条第3号から第3号の5まで又は第4号ハからヨまでに掲げる者のいずれかに該当するとき」

　退去強制事由のうち、①上陸又は在留のための申請手続に際し不正に許可を得るために偽造文書・変造文書を作成・提供した者（法24条3号）、②公衆等脅迫目的の犯罪行為等を行うおそれがあると認めるに足りる相当の理由があると法務大臣が認定する者（同条3号の2）、③国際約束により本邦への入国を防止すべきものとされている者（同条3号の3）、④事業活動に関して不法就労活動をさせる等の行為を行い、唆し、又はこれを助けた者（同条3号の4）、⑤在留カード等の偽変造等又はその教唆若しくは幇助をした者（同条3号の5）、⑥人身取引等を行い、唆し、又はこれを助けた者（同条4号ハ）、⑦一定の刑罰法規違反者（同条4号ホ・ヘ・ト・チ・リ）、⑧売春関係業務従事者（同条4号ヌ。人身取引等により他人の支配下に置かれている者を除く。刑に処せられたことは要件ではない）、⑨不法入国・不法上陸を教唆・幇助した者（同条4号ル）、⑩暴力主義的破壊活動者（同条4号オ・ワ・カ）、⑪日本国の利益又は公安を害する行為を行ったと認定する者（同条4号ヨ）については、一律の在留資格付与の対象から外した。なお、④は2009年改正法による法24条3号の4自体の新設に伴って同改正で本号で付加されたものであり、また、②③は従前から法24条に存在した条文を同改正で本号に付加したものである。

6　1項4号「本邦に入つた後に、……の罪により懲役又は禁錮に処せられたものであるとき」

　日本入国後に一定の刑事犯罪により懲役又は禁錮の刑に処せられた者には、本条1項柱書に基づく在留資格の自動付与は行わないこととした。除外事由に当たる犯罪は、住居を侵す罪、通貨偽造の罪、文書偽造の罪、有価証券偽造の罪、支払用カード電磁的記録に関する罪、印章偽造の罪、賭博及び富くじに関する罪、殺人の罪、傷害の罪、逮捕及び監禁の罪、略取・誘拐及び人身売買の罪、窃盗及び強盗の罪、詐欺及び恐喝の罪、盗品等に関する罪、暴力行為等処罰に関する法律の一部の罪、盗犯等の防止及び処分に関する法律の罪、特殊開錠用具の所持の禁止等に関する法律の一部の罪である。

法文上、執行猶予の言渡しがあった場合でも、本除外条項に該当するものと解される。

なお、「処せられた」の意味につき、法5条の解説⑮参照。

7　2項「難民の認定をしない処分をするとき」

本項は、難民認定申請をした在留資格未取得外国人に対し難民の認定をしない処分をするときは、当該外国人の「在留を特別に許可すべき事情があるか否か」を審査し、当該事情があると認めるときは、その在留を特別に許可することができるものとした。難民認定申請をしている在留資格未取得外国人に対しては、法50条1項（法務大臣の裁決の特例）の適用がないため（法61条の2の6第4項）、難民認定申請の審査において、例えば日本人との婚姻等、難民該当性以外の在留特別許可を与えるべき事情の有無についても判断されることになる。したがって、難民認定申請者には、難民認定に際し資料の提出を行ったり難民調査官による調査に応じたりするときは、難民該当性のみならず、他の在留特別許可を与えるべき事情についても主張・立証を求められることになる。

また、本項は、「難民の認定をしない処分をするときは、……その在留を特別に許可することができる」とのみ定めており、異議申立の段階で異議が棄却ないし却下される場合でも、あらためて在留特別許可の許否についての判断が必要的になされるのか否かという点については、必ずしも明確ではない。実務上は判断をしている事例（例えば、異議申立棄却と同時に在留特別許可がなされる事案等）が認められるが、訴訟における国の主張では、全件につき必要的に処分しているわけではないとしており、解釈が分かれている。

難民として認定をされなかった者に対し在留特別許可がなされるときは、法別表第1ないし第2の在留資格のうち、「外交」「公用」「短期滞在」を除く在留資格が付与される。実務では、国籍国又は居住国に帰国することが困難であるとして在留を認められる場合には、「特定活動（期間1年）」の在留資格が付与される。ただし、入国後10年を経過し、入管・難民法違反以外の法令違反がなく安定した生活をしている場合には、「定住者」の在留資格が付与されている。

8　2項「前項の許可をしないとき」

本項は、難民認定を受けたにもかかわらず本条1項に基づき「定住者」の在留資格を許可されなかった在留資格未取得外国人に対しては、当該外国人の「在留を特別に許可すべき事情」があるか否かを審査し、当該事情があると認めるときは、その在留を特別に許可することができるとした。

しかしながら、そもそも難民である場合には、難民であること以上に「在留を特

別に許可すべき事情」を要求することは必要でないはずである。また、難民であること以上に必要とされる「在留を特別に許可すべき事情」とは何か、基準が不明確である。

　難民条約33条1項がある以上、難民を迫害国へ送還することはできないのであるから、第三国がすでに受入れを表明しているなどの特殊な事情がない限り、日本としては当該難民の在留を認めざるを得ないはずであり、従来も難民認定を受けた場合には例外なく「定住者」の在留資格が付与されてきた実務と整合しない。したがって、本項に基づく難民認定者への在留特別許可は、「許可することができる」との文言にかかわらず、義務的であると解するべきである。

　なお、本項に基づく許可がなされる場合には、実務上、「定住者（期間3年）」の在留資格が付与されるようである。

9　3項の趣旨

　本項は、在留資格に係る許可の処分の方式及び効力の発生時期について定めるとともに、在留カードが交付される場面として、法務大臣が入国審査官に、新たに中長期在留者となる者に対し、在留カードを交付させることを定めた規定である。

　在留資格に係る許可の処分は、従前は在留資格未取得外国人に対する在留資格証明書の交付によってされていたが、当該外国人が中長期在留者となる場合には在留カードが交付されることになり、それ以外の場合に在留資格証明書が交付されることになる。

　在留資格に係る許可処分は、在留カードの交付又は在留資格証明書の交付をもって効力が発生することになる。また、処分の内容も、在留カード又は在留資格証明書に記載された内容による。

第61条の2の3

　法務大臣は、難民の認定を受けている外国人（前条第2項の許可により在留資格を取得した者を除く。）から、第20条第2項の規定による定住者の在留資格への変更の申請があつたとき、又は第22条の2第2項（第22条の3において準用する場合を含む。）の規定による定住者の在留資格の取得の申請があつたときは、第20条第3項本文（第22条の2第3項本文（第22条の3において準用する場合を含む。）において準用する場合を含む。）の規定にかかわらず、当該外国人が前条第1項第1号に該当する場合を除き、これを許可するものとする。

1　本条の趣旨

　法61条の2の2第2項に基づく在留特別許可を受けた者以外の難民認定者から、「定住者」への在留資格変更申請があったとき又は「定住者」の在留資格の取得申請があったときは、難民認定申請を上陸後(上陸後に難民となる事由が生じた者については、その事実を知った日から)6カ月以内に難民認定申請をしている場合に限り、一律に許可するものとした。

　在留資格未取得外国人が難民認定をされれば、除外事由がない限り、「定住者」の在留資格が認められる(法61条の2の2第1項)。法61条の2の2第1項各号の除外事由がある者に対しては実務上はほぼもれなく同条2項による在留特別許可がされるべきであることから(法61条の2の2の解説⑧参照)、実質的には、本条は、在留資格未取得外国人ではない者が難民認定をされた際に、それまで別の在留資格(例えば「特定活動」「短期滞在」)だった場合において、「定住者」への変更を認める趣旨の規定である。

2　「第20条第2項」

　在留資格変更申請の手続について定めた規定である。

3　「第22条の2第2項」

　日本の国籍を離脱した者又は出生その他の事由により上陸許可手続を経ることなく日本に在留することになった外国人が、日本の国籍を離脱した日又は出生その他当該事由が生じた日から60日を超えて在留しようとする場合には、日本の国籍を離脱した日又は出生その他当該事由が生じた日から30日以内に在留資格の取得の申請を行うことになる。法22条の2第2項は、その手続について定めた規定である。

　法22条の2第2項の要件に該当する者は、法61条の2の2第1項にいう在留資格未取得外国人の定義にも該当することになるため(同条の条文参照)、この者が難民認定を受けた場合、法61条の2の2第1項による在留資格付与の対象になるのか、本条に基づく在留資格付与の対象となるのか、判然としない。

4　「第22条の3」

　一時庇護のための上陸許可を得た者が法別表第1又は第2の上欄の在留資格のいずれかをもって在留しようとする場合には、上陸許可の期間内に在留資格取得の申請を行うことを定めた規定である。

5 「第20条第3項」
　法20条2項に基づく在留資格の変更の申請があった場合の許可の要件（在留資格の変更又は取得を適当と認めるに足りる相当の理由。「短期滞在」からの変更については、やむを得ない特別の事情）について定めた条文である。法22条の2第2項に基づく在留資格の取得の申請の場合は、同条3項により、法22条の3に基づく在留資格の取得の申請の場合は、同条により、それぞれ準用されている。

6 「当該外国人が前条第1項第1号に該当する場合を除き」
　難民の認定を受けた者が、難民認定申請を上陸した日（上陸後に難民となる事由が生じた者については、その事実を知った日）から6カ月を経過して行っていた場合には、やむを得ない事情がある場合を除き、本条に基づく「定住者」の在留資格への変更の一律許可の対象から除かれることになる。
　その場合には、法20条3項の要件（在留資格の変更を適当と認めるに足りる相当の理由。ただし、「短期滞在」からの変更についてはやむを得ない特別の事情）を充たす場合に「定住者」への資格変更が認められることになろう。とはいえ、難民と認定された者については、難民であること以上に「在留資格の変更を適当と認めるに足りる相当の理由」は必要ないと解すべきであろう。
　なお、そもそも難民と認定された者の在留資格について、難民認定申請の時期により区別する合理性は存在しない。したがって、本除外事由は削除されることが望ましい。

7 「これを許可するものとする」
　前述の要件を充たす者について、「定住者」の在留資格への変更又は取得を一律に許可するものとした。裁量の余地は全くない。

第61条の2の4（仮滞在の許可）

① 法務大臣は、在留資格未取得外国人から第61条の2第1項の申請があつたときは、当該在留資格未取得外国人が次の各号のいずれかに該当する場合を除き、その者に仮に本邦に滞在することを許可するものとする。
1　仮上陸の許可を受けているとき。
2　寄港地上陸の許可、通過上陸の許可、乗員上陸の許可、緊急上陸の許可又は遭難による上陸の許可を受け、旅券又は当該許可書に記載された期間を経過していないとき。
3　第22条の2第1項の規定により本邦に在留することができるとき。
4　本邦に入つた時に、第5条第1項第4号から第14号までに掲げる者のいずれかに該当していたとき。

5 第24条第3号から第3号の5まで又は第4号ハからヨまでに掲げる者のいずれかに該当すると疑うに足りる相当の理由があるとき。
6 第61条の2の2第1項第1号又は第2号のいずれかに該当することが明らかであるとき。
7 本邦に入つた後に、刑法第2編第12章、第16章から第19章まで、第23章、第26章、第27章、第31章、第33章、第36章、第37章若しくは第39章の罪、暴力行為等処罰に関する法律第1条、第1条ノ2若しくは第1条ノ3（刑法第222条又は第261条に係る部分を除く。）の罪、盗犯等の防止及び処分に関する法律の罪又は特殊開錠用具の所持の禁止等に関する法律第15条若しくは第16条の罪により懲役又は禁錮に処せられたものであるとき。
8 退去強制令書の発付を受けているとき。
9 逃亡するおそれがあると疑うに足りる相当の理由があるとき。
② 法務大臣は、前項の許可をする場合には、法務省令で定めるところにより、当該許可に係る滞在期間（以下「仮滞在期間」という。）を決定し、入国審査官に、当該在留資格未取得外国人に対し当該仮滞在期間を記載した仮滞在許可書を交付させるものとする。この場合において、その許可は、当該交付のあつた時に、その記載された内容をもつて効力を生ずる。
③ 法務大臣は、第1項の許可をする場合には、法務省令で定めるところにより、当該在留資格未取得外国人に対し、住居及び行動範囲の制限、活動の制限、呼出しに対する出頭の義務その他必要と認める条件を付し、かつ、必要があると認める場合は、指紋を押なつさせることができる。
④ 法務大臣は、第1項の許可を受けた外国人から仮滞在期間の更新の申請があつたときは、これを許可するものとする。この場合においては、第2項の規定を準用する。
⑤ 第1項の許可を受けた外国人が次の各号に掲げるいずれかの事由に該当することとなつたときは、当該外国人に係る仮滞在期間（前項の規定により更新された仮滞在期間を含む。以下同じ。）は、当該事由に該当することとなつた時に、その終期が到来したものとする。
1 難民の認定をしない処分につき第61条の2の9第1項の異議申立てがなくて同条第2項の期間が経過したこと。
2 難民の認定をしない処分につき第61条の2の9第1項の異議申立てがあつた場合において、当該異議申立てが取り下げられ、又はこれを却下若しくは棄却する旨の決定があつたこと。
3 難民の認定がされた場合において、第61条の2の2第1項及び第2項の許可をしない処分があつたこと。
4 次条の規定により第1項の許可が取り消されたこと。
5 第61条の2第1項の申請が取り下げられたこと。

1 本条の趣旨

本条は、2004年改正法により新設された仮滞在許可の要件等を定めるもので

ある。

　2001年10月に起きた、難民認定申請中のアフガニスタン人を一斉収容した事件は、従来から指摘されていた難民認定申請中の者の不安定な法的地位について、世間の注目を集める大きな契機となった。そして、2002年5月に中国瀋陽の日本総領事館で発生した脱北者駆け込み事件を機に、難民認定制度は、1982年の施行以来初めての大きな改正が検討されるに至った。

　この「仮滞在許可」制度は、法務大臣の私的諮問機関である第4次出入国管理政策懇談会が2003年12月24日に発表した「難民認定制度に関する検討結果（最終報告）」で、「現行法の下では、難民認定を申請した者が不法滞在者であれば、退去強制事由該当者として退去強制手続が進められることとなる。そのため、申請者が不法滞在者の場合、難民認定申請手続と退去強制手続が同時に進行することとなり、申請者が退去強制手続のため当局に収容されることについて人権上問題であるとの批判があることも事実である」との指摘を踏まえて設けられたものである。その結果、在留資格を有していない外国人であっても、本条1項各号に該当しない限りは、仮滞在が許可され、許可が認められている間は退去強制手続が進行しないこととされた（法61条の2の6第1項）。

　しかし、本条1項各号は、極めて広範な不許可事由を定めており、そのため、仮滞在許可をするか否かの判断に数カ月を要するという例も報告されている。そして、実務上、入管当局は仮滞在許可をするかどうかの審査中に退去強制手続を進行させている（そのため、いったん仮放免許可〔法54条〕した事案につき、その後本条の許可に切り替える事案も存在する）。これは、上記出入国管理政策懇談会の報告書が指摘した問題点について何ら配慮をしていない運用である。仮滞在の運用状況は、毎年法務省ウェブサイトで公表されているが、2011年中は、仮滞在の可否を判断した人数は689人、うち許可されたのは71人であり、許可率は1割程度である。

　この仮滞在許可制度制定に当たり、衆参両議院で、第三国経由で上陸した者を許可の対象から排除しないこと、上陸後6カ月を経過したのちの申請の場合も実情に即して但書を運用するなどの柔軟な運用をするよう努めること、運用状況を勘案し、必要があれば速やかに再検討を行うことを求めるなどの附帯決議がされている（衆議院2004年5月27日、参議院2004年4月16日）。

　なお、類似の制度として、2005年施行改正前より存在する一時庇護上陸許可制度があるが、本条の仮滞在制度との関係については法18条の2の解説⑫参照。

2　1項の趣旨

　本項は、1号ないし9号までに規定する除外事由が認められない「在留資格未取得外国人」が難民認定申請を行ったときには、仮滞在許可を羈束的に認めると

するものである。

ここにいう「在留資格未取得外国人」の定義は、法61条の2の2の解説②参照。

③　1項「第61条の2第1項の申請があつたとき」

在留資格未取得外国人が難民認定申請を行った場合には、自動的に仮滞在不許可事由の審査がなされ、これらに該当する事由がないときには仮滞在許可がされる。別途、仮滞在許可の申請をする必要はない。

④　1項「許可するものとする」

法文上は、例外に当たらない限りは「許可するものとする」とされており、原則許可・例外不許可とするように読める。しかし、本項1号ないし9号の除外事由が極めて広範であり、かつ、曖昧な解釈を許す文言のものもある。先に述べた法改正をされるに至った経緯や附帯決議の趣旨（本条解説①参照）を踏まえ、除外事由に当たるかどうかの判断は限定的に行うべきである。

⑤　除外事由（1項1～9号）の概要

本条1項1号ないし3号は、いずれも「在留資格未取得外国人」（法61条の2の2第1項柱書括弧書）を対象とするが、仮上陸許可等により日本に在留することを適法に認められている場合には、重ねて仮滞在許可を認める必要がないために適用対象外とされている。

また、4号ないし9号に定める者が仮滞在の適用除外とされる趣旨について、逐条解説は次のとおり解説している。

「これらの除外事由のうち、第4号から第9号までは、不法滞在者が難民認定の申請を行ったことのみを理由としてその者に仮滞在許可を与えた場合には、悪質な犯罪者等にまで滞在を認めることとなって、我が国の安全又は公の秩序に重大な影響を与えるのみならず、退去強制を免れる目的での難民認定手続の濫用を招き、その結果、手続の遅延をもたらすなど、真の難民に対する難民認定手続を阻害するおそれがあることを考慮して設けられたものである」（736頁。なお、入管六法の本条解説も同旨）。

上記の趣旨のうち首肯できる部分がないではないが、実際に除外事由とされた事由はあまりにも広範であり、上記の趣旨とは沿わない規定も相当数見受けられる。さらに、「悪質な犯罪者等にまで自由な活動を認めると」とあるが、仮滞在許可をする場合に行動に制限を付すことができ、指紋を押捺させることもできる（本条3項）のであるから、決して「自由な活動を認める」ことにはならない。よって、逐条解説の指摘を踏まえてもなお、本条1項1～9号の除外事由は広範に過ぎることが明

らかであって、見直しが必要である。

6　1項1号・2号：仮上陸許可及び特例上陸許可を受けた者

　本条1項1号は仮上陸許可（法13条）を受けた者を、同2号は法第2章第4節「上陸の特例」に定める規定によって上陸許可を受けた者を、それぞれ仮滞在許可の適用対象外としている。これらの者は、上陸は許可されるものの、法別表第1及び第2の上欄に掲げる在留資格を取得するわけではない（法9条2項参照）。したがって「在留資格未取得外国人」には該当するが、当該上陸許可の効力として日本に適法に上陸している者であって、仮滞在許可を認める必要がないので、適用対象外としたものである。

7　1項3号「22条の2第1項」

　法22条の2第1項は、日本の国籍を離脱した者又は出生その他の事由により上陸手続を経ることなく日本に在留することとなった外国人については、それぞれ、国籍を離脱した日若しくは出生その他の事由が生じた日から60日間に限って、引き続き在留資格を有することなく日本に在留できることを定めている。このような者も「在留資格未取得外国人」ではあるが、仮滞在許可を認める必要がないことから、適用対象外としたものである。

8　1項4号：一定の上陸拒否事由該当者

　本邦に入ったときに、法5条1項4号ないし14号のいずれかに該当していた者については、仮滞在許可は認められない。

　なお、本号では法5条1項1号から3号（1号は感染症の患者等、2号は精神上の障害により事理弁識能力を欠くか著しく不十分で補助者が随伴しない者、3号は貧困者等）に該当する者は仮滞在許可の除外事由としていない。この点について、入管六法は、「迫害から逃れてきた難民が、感染症に感染していたり、貧困であることなどがあり得ることを考慮したものである」と説明している。そうであれば、法5条1項4号以下に該当する場合であっても、難民であることは全く別概念として十分両立し得るものであるから、法5条1項4号以下を仮滞在許可の除外事由とすることには、立法論として大きな疑問がある。公の秩序維持等について懸念があるとしても、仮滞在許可をした上で行動範囲等の制限をすることにより対処可能である。

　仮滞在許可が得られなければ退去強制手続が進行し、収容することも可能となってしまうのであるが（法61条の2の6第1項参照）、そのような事態は難民条約31条2項が「締約国は、1の規定に該当する難民の移動に対し、必要な制限以外の制限を課してはなら」ないとしていることにも反する。改正が望まれる。

9　1項5号：一定の退去強制事由該当者

(1) 本号の趣旨

本号は、法24条3号から3号の5まで又は4号ハからヨまでに掲げる者のいずれかに該当すると疑うに足りる相当の理由があるときを除外事由としている。これが立法論として問題があることは、本条解説8で指摘したのと同様である。

(2) 退去強制事由（法24条）に該当するが仮滞在許可が認められる場合

以下の場合には、退去強制事由があっても仮滞在許可が認められ得る。

① 不法入国（同条1号）
② 不法上陸（同条2号）
③ 在留資格取消制度によって在留資格を取り消された者（同条2号の2）
④ 在留資格取消制度によって出国留保の期間指定を受けながらその期間を経過して留まる者（同条2号の3）
⑤ 専ら資格外活動をしたことが明らかに認められる者（同条4号イ）
⑥ 不法残留（同条4号ロ・6号・6号の2・7号）
⑦ 仮上陸許可を受けたが条件違反等をした者（同条5号）
⑧ 退去命令に応じない者（同条5号の2）
⑨ 出国命令による猶予期間を経過した者（同条8号）
⑩ 出国命令を取り消された者（同条9号）

法文上は上記以外にも退去強制事由は存在するが、法24条4号の2については、同種類型の行為を本条1項7号によって不許可事由と定めている（法24条4号の2を直接引用していないのは、同号が「別表第1の上欄の在留資格をもつて在留する者」を対象としているため、仮滞在の対象となる「在留資格未取得外国人」の概念とは両立しないからである）。

いわゆるフーリガン対策で盛り込まれたとされる法24条4号の3も仮滞在不許可事由とされていない。法24条4号の3は、「短期滞在」の在留資格を有していることを前提としているからであり、在留資格未取得外国人には当たらないからである。また、在留資格未取得外国人が法24条4号の3で定められている行為を行っただけでは、仮滞在不許可事由にはならない。

新たな在留管理制度の導入によって設けられた法24条4号の4についても、「中長期在留者」であることを前提としており、在留資格未取得外国人には当てはまらないから、仮滞在不許可事由とはされていない。

10　1項6号の趣旨

本号は、法61条の2の2第1項1号又は2号のいずれかに該当することが明らか

であるときを除外事由に掲げている。

　法61条の2の2第1項1号は、「本法に上陸した日（本邦にある間に難民となる事由が生じた者にあつては、その事実を知つた日）から6月を経過した後前条第1項の申請を行つたものであるとき。ただし、やむを得ない事情がある場合を除く」である。法61条の2の2第1項2号は「本邦にある間に難民となる事由が生じた場合を除き、その者の生命、身体又は身体の自由が難民条約第1条A(2)に規定する理由によつて害されるおそれのあつた領域から直接本邦に入つたものでないとき」である。これらの者を在留資格許可の除外事由に掲げるのが不当であること、その解釈も厳格にすべきことは、すでに述べたとおりである。

　また、本条解説①のとおり、衆参両議院で本号の適用には特段の配慮をすべき旨の附帯決議があったことには十分留意する必要がある。

　なお、法61条の2の2第1項2号の「直接本邦に入った」の要件については、同条の解説④参照。

61-2-4

⑪　1項7号：本邦に入った後に一定の犯罪により懲役刑又は禁錮に処せられた者

　本邦に入った後に、一定の罪により懲役又は禁錮に処せられた者である場合を除外事由とするものである。これらを仮滞在不許可事由に挙げることが立法論として問題であることは、本条解説⑧と同様である。

⑫　1項8号「退去強制令書の発付を受けているとき」

　本号は、退去強制令書の発付を受けていることを仮滞在許可の除外事由としている。しかし、退去強制令書発付後に後発的な事情で難民となる場合もある。難民条約31条2項の趣旨からして、退去強制令書発付後の者を一律に除外することには疑問がある。

⑬　1項9号「逃亡するおそれがあると疑うに足りる相当の理由があるとき」

　本号は、逃亡するおそれがあると疑うに足りる相当の理由があるときを仮滞在の適用対象外としている。

　収容される前に自発的に出頭して難民申請をした者については、本号の該当性がないことを原則とし、別途逃亡のおそれを裏付ける具体的な資料がない限り、仮滞在許可をするという運用にするべきである。この点、難民認定要領では、「逃亡についての抽象的なおそれでは足りず、具体的根拠に基づいて、逃亡の蓋然性が認められる場合を意味する」と説明されている。

　また、収容後に申請をした場合であっても、それだけで一律に「逃亡するおそれ」

を認めるべきではない。入国管理局の解釈では、収容令書は逃亡の危険性といった収容の必要性を考慮せず、退去強制事由があれば一律発付することができるとしているので（全件収容主義。法39条の解説④⑤参照）、収容された後に難民申請があった場合でも、真に「逃亡するおそれ」があるかどうかを、具体的資料に基づいて検討すべきである。難民認定要領でも、「収容令書に基づき収容中の申請者については、収容の経緯等を十分に考慮することとし、必要に応じ審判部門及び警備部門の意見を参考にすることとする」と説明されている。

⑭　2項：仮滞在の許可手続・効力発生時

　法務大臣が仮滞在を許可する場合は、当該許可に係る滞在期間を決定し、仮滞在期間を記載した仮滞在許可を交付する。仮滞在許可の効力は、許可書の交付を受けたときに発生する。

⑮　2項「仮滞在期間」

　仮滞在許可の期間は、6カ月を超えない範囲で定められる（規則56条の2第2項）。

⑯　3項：仮滞在許可の条件

　法務大臣は、本項に基づき、仮滞在許可を受けた者に対し、住居及び行動範囲の制限、活動の制限、呼出しに対する出頭の義務その他必要と認める条件を付し、かつ、指紋を押捺させることができる。

　その具体的な条件等は、次のとおりである。
① 　住居は、法務大臣が指定する（規則56条の2第3項1号）。
② 　行動の範囲は、法務大臣が特別の事由があると認めて別に定めた場合を除き、指定された住居の属する都道府県の区域内とする（同2号）。
③ 　活動の制限は、収入を伴う事業を運営する活動又は報酬を受ける活動の禁止とする（同3号）。
④ 　出頭の要求は、出頭すべき日時及び場所を指定して行う（同4号）。
⑤ 　前各号のほか、法務大臣が付するその他の条件は、法務大臣が特に必要と認める事項とする（同5号）。

　この中では、特に規則56条の2第3項3号で、活動の制限として就労禁止を定めていることが問題である。在留資格のない外国人には生活保護も適用されず、唯一あるのは生活保護よりも水準の低い外務省外郭団体による保護費支給だけであり、それもすべての難民認定申請者に行き渡っているわけではない。したがって、就労できないということは、生存を許さないということに直結する。この点、本項はこのような条件を付すことが「できる」と定めているだけで、条件を付すこと

を義務付けているわけではないから、条件を付さないこともできる。

そもそも、就労する権利は憲法27条1項及び社会権規約6条1項で保障されている基本的人権である。憲法27条1項は「すべて国民は」としているが、その性質からして、勤労の権利は、少なくとも国家から差別や干渉なしに自由に労働する権利としての側面（自由権的側面）については外国人にも保障されていると解すべきである。また、社会権規約6条1項は「すべての者が自由に選択し又は承諾する労働によつて生計を立てる機会を得る権利」を保障している。社会権規約委員会の「一般的意見3」5項の司法機関による効果的な救済の要請をも踏まえれば、在留資格がない外国人であっても憲法及び社会権規約に基づいて、原則として勤労の権利が認められるのである。

したがって、このような基本的人権である勤労の権利を制限する就労禁止条件は、真に就労を禁止すべき必要性があり、かつ就労を禁止しても生活を維持できると認められるごく限定的な場合にのみ付すことが許されると解すべきである。

61-2-4

17　**4項「仮滞在期間の更新」**

仮滞在期間満了前には、更新申請をすることができる。

18　**5項：仮滞在期間満了前の終期**

仮滞在期間満了前であっても、行政手続としての難民認定申請手続が終了したときには、仮滞在期間は終期が到来したものとされる。具体的には次のとおりである。

① 難民認定をしない処分について異議申立がないまま、法61条の2の9第2項所定の異議申立期間（1次不認定の通知を受けた日から7日）を経過したとき（本項1号）

② 難民認定をしない処分について異議申立をしたが、その異議申立が取り下げられたり、又は異議が却下若しくは棄却されたとき（本項2号）

③ 難民認定がされた場合において、法61条の2の2第1項に定める在留資格許可も、同条2項に定める在留特別許可もしない旨の処分があったとき（本項3号）

④ 法61条の2の5の規定により仮滞在許可が取り消されたとき（本項4号）

⑤ 難民認定申請が取り下げられたとき（本項5号）

なお、法61条の2の2第1項若しくは2項により在留資格が認められた場合には、文言上も本条1項の「在留資格未取得外国人」ではなくなり、かつ、継続させる必要もないので仮滞在許可は終期を迎えることになるが、当然のことなのであえて規定を設けなかったものと思われる。

> **第61条の2の5**（仮滞在の許可の取消し）
>
> 　法務大臣は、前条第1項の許可を受けた外国人について、次の各号に掲げるいずれかの事実が判明したときは、法務省令で定める手続により、当該許可を取り消すことができる。
> 　1　前条第1項の許可を受けた当時同項第4号から第8号までのいずれかに該当していたこと。
> 　2　前条第1項の許可を受けた後に同項第5号又は第7号に該当することとなつたこと。
> 　3　前条第3項の規定に基づき付された条件に違反したこと。
> 　4　不正に難民の認定を受ける目的で、偽造若しくは変造された資料若しくは虚偽の資料を提出し、又は虚偽の陳述をし、若しくは関係人に虚偽の陳述をさせたこと。
> 　5　第25条の出国の確認を受けるための手続をしたこと。

1　本条の趣旨

本条は、仮滞在許可の取消しについて定めるものである。

2　柱書「取り消すことができる」

本条柱書では、本条各号に掲げるいずれかの事実が判明したときは、法務大臣が「当該許可を取り消すことができる」と定めており、必ず取り消さなくてはならないと定めているのではないことには注目すべきである。

行政処分全般には比例原則が適用され、行政目的とその達成のために課される不利益とが比例していなくてはならないという要請がある。本条各号に定めている取消事由は、立法論としてその存在自体に問題があるものや、本来であれば付すべきではない条件などもある。さらに、取消しの効果は収容という身体の自由に対する重大な制限に直結しかねず（法61条の2の6第1項参照）、加えてすでに許可された仮滞在を取り消すという不利益処分なのであるから、その権限行使に当たってはより一層の慎重さが要求されるべきである。したがって、比例原則も厳格に適用されるべきである。

3　柱書「法務省令で定める手続により」

仮滞在許可の取消しは、「法務省令で定める手続により」行うとされているが、規則では、56条の3で、「法第61条の2の5の規定による仮滞在の許可の取消しは、別記第76号の7様式による仮滞在許可取消通知書によつて行うものとする」と定めるのみで、告知・聴聞などの具体的手続について何ら定めていない。つまり、規則56条の3は書式を決めただけであって、「手続」と呼べるようなものではないのである。

いったん許可したものを取り消すという不利益処分を課す手続であるのに、告

知・聴聞の機会すら保障されていないのは、適正手続保障という観点から重大な疑義がある。これでは、憲法31条が準用されるべき行政手続において、法の要求する「法務省令で定める手続により」行われたものとは評価できない。手続に瑕疵があるとして、取消処分を訴訟で争うことも可能であろう。

④ 1号：一定の仮滞在不許可事由に該当していたことが後日判明した場合

仮滞在許可を受けた時点では判明していなかったが、後日、一定の不許可事由に該当していたことが判明した場合に、仮滞在許可の取消しを認める規定である。

具体的には、①一定の上陸拒否事由該当事実（法61条の2の4第1項4号）、②一定の退去強制事由該当事実（同5号）、③上陸後6カ月経過後の申請（同6号）、④迫害国から直接本邦に入った者ではないとき（同6号）、⑤本邦に入った後に一定の犯罪によって懲役又は禁錮に処せられたとき（同7号）、⑥退去強制令書の発付を受けていたとき（同8号）である。

⑤ 2号：仮滞在許可後一定の仮滞在不許可事由が生じることとなったとき

本号は、仮滞在許可時点では問題なかったが、許可後、一定の退去強制事由該当事実が生じたとき（法61条の2の4第1項5号）若しくは本邦に入った後に一定の犯罪によって懲役又は禁錮に処せられたとき（同7号）を仮滞在許可の取消事由とするものである。

しかし、これらの場合を不許可事由にすること自体、そもそも問題があることについては、法61条の2の4の解説⑧と同様である。

⑥ 3号：仮滞在許可条件に違反したとき

本号は、仮滞在に際して付された条件に反したときには、仮滞在許可を取り消すことができる旨定めているが、条件違反であってもその程度が軽微と評価できる場合（例えば、制限行動範囲を許可なく越えた場合や、あるいは出頭日を1回間違えた場合等）もあり、また、そもそも条件を付すこと自体や条件の内容が合理性を欠く場合もある。

さらに、すでになされた許可を取り消すという不利益処分であること、身体拘束という重大な効果をもたらすことからしても、条件違反を理由に仮滞在許可を取り消すに当たっても、比例原則が厳格に適用されるべきである。

7 4号：不正に難民認定を受ける目的で書類等を提出したり、虚偽陳述等をした場合

本号は、「不正に難民の認定を受ける目的で、偽造若しくは変造された資料若しくは虚偽の資料を提出し、又は虚偽の陳述をし、若しくは関係人に虚偽の陳述をさせた」ことが判明した場合に、仮滞在許可の取消しを認めるものである。

しかしながら、真の難民であっても、認定を受けやすいようにするために親族やブローカーが虚偽の資料を準備したり、あるいは自らの話を誇張することはむしろ一般的なことである。それだけで供述の信憑性がないと判断することは許されないことは、難民認定申請者の供述評価における常識的な手法である（法61条の2の解説⑫(5)参照）。したがって、本号を仮滞在許可取消事由と定めることは、立法論として問題があるし、本号による取消しをするに当たっても比例原則が厳格に適用されるべきである。

8 5号：出国確認の手続をしたこと

法25条の出国の確認を受けるための手続をした場合には、仮滞在許可を認める必要がないことから取消事由としたものである。

第61条の2の6（退去強制手続との関係）

① 第61条の2の2第1項又は第2項の許可を受けた外国人については、当該外国人が当該許可を受けた時に第24条各号のいずれかに該当していたことを理由としては、第5章に規定する退去強制の手続（第63条第1項の規定に基づく退去強制の手続を含む。以下この条において同じ。）を行わない。

② 第61条の2第1項の申請をした在留資格未取得外国人で第61条の2の4第1項の許可を受けたものについては、第24条各号のいずれかに該当すると疑うに足りる相当の理由がある場合であつても、当該許可に係る仮滞在期間が経過するまでの間は、第5章に規定する退去強制の手続を停止するものとする。

③ 第61条の2第1項の申請をした在留資格未取得外国人で、第61条の2の4第1項の許可を受けていないもの又は当該許可に係る仮滞在期間が経過することとなつたもの（同条第5項第1号から第3号まで及び第5号に該当するものを除く。）について、第5章に規定する退去強制の手続を行う場合には、同条第5項第1号から第3号までに掲げるいずれかの事由に該当することとなるまでの間は、第52条第3項の規定による送還（同項ただし書の規定による引渡し及び第59条の規定による送還を含む。）を停止するものとする。

④ 第50条第1項の規定は、第2項に規定する者で第61条の2の4第5項第1号から第3号までのいずれかに該当することとなつたもの又は前項に規定する者に対する第5章に規定する退去強制の手続については、適用しない。

1 本条の趣旨

　本条は、難民認定申請者に対する退去強制手続の関係について整理したものである。

　法務大臣の私的諮問機関である第4次出入国管理政策懇談会が2003年12月24日に発表した「難民認定制度に関する検討結果（最終報告）」では、「現行法の下では、難民認定を申請した者が不法滞在者であれば、退去強制事由該当者として退去強制手続が進められることとなる。そのため、申請者が不法滞在者の場合、難民認定申請手続と退去強制手続が同時に進行することとなり、申請者が退去強制手続のため当局に収容されることについて人権上問題であるとの批判があることも事実である」との指摘がなされたことを受けて、2004年改正法により、従来法文上は全く関連付けられていなかった難民認定申請手続と退去強制手続の関係について整理したものである。

2 1項：在留資格許可等を受けた者

　難民認定申請者が法61条の2の2第1項による在留資格許可若しくは法61条の2の2第2項の在留特別許可を受けた場合には、その許可時点で退去強制事由（法24条各号）に該当していたことを理由としては、退去強制手続（第5章）を行わないことを定めたものである。在留資格が許可された以上、当然のことを注意的に記したに過ぎない。

3 2項：仮滞在許可を受けた者

　法61条の2の4により仮滞在許可を受けた者については、退去強制手続が停止される。その結果、退去強制手続が始まっていなかった者については、仮滞在許可が認められている間は退去強制手続は始まらず、進行中の者については停止される。したがって、収容令書や退去強制令書が発付されることはないし、すでに収容されている者についても仮滞在許可がされれば収容令書の執行が停止され、収容が解かれることになる。

　他方、すでに退去強制令書発付処分を受けているときは、仮滞在許可の除外事由となっているので（法61条の2の4第1項8号）、仮滞在許可はされず、本項が適用されることはない。

4 3項：難民認定申請手続中で仮滞在許可がない者

　難民認定申請をしたが、そもそも仮滞在の不許可事由（法61条の2の4第1項各号）に該当し仮滞在許可を得られなかった者、及び、仮滞在許可の取消しにより仮滞在期間の終期を迎えた者（法61条の2の4第5項4号）については、退去強制手続を

進めることは可能であるが、難民認定手続が継続しているときには退去強制令書による送還の効力は停止される。

したがって、逆に言えば、これらの者に対しては、法文上、収容令書による収容（法39条1項）や、退去強制令書による収容（法52条5項）は可能である。ただし、難民条約31条1項は、「生命又は自由が第1条の意味において脅威にさらされていた領域から直接来た難民」の移動に対し、必要な制限以外の制限を課してはならないとしている。したがって、これらの者を収容することは難民条約31条2項違反となり得るし、その旨を示した収容令書の執行停止決定も存在する（東京地決平13・11・6訟月48巻9号2298頁）。

本項の反対解釈として、難民認定申請手続が異議棄却等で終了したときは、退去強制令書の執行による強制送還も可能となる。

5　4項：難民認定申請者に対する退去強制手続と在留特別許可の関係

本項は、①本条2項に該当していったん退去強制手続が停止されたものの、その後法61条の2の4第5項1号から3号までの事由が生じたことによって進行することとなった退去強制手続、及び、②在留資格未取得外国人である難民申請者が仮滞在許可を有していない場合に難民審査と並行して行われる退去強制手続（本条3項）については、法50条1項による在留特別許可の判断はされないとしたものである。

上記①は、難民認定申請をして仮滞在許可を受けたが、難民不認定処分を受け異議期間が経過したり（法61条の2の4第5項第1号）、異議を取り下げたり（同2号）、異議が却下若しくは棄却されたり（同2号）、あるいは難民認定がされたが法61条の2の2第1項・2項による在留資格許可も在留特別許可も受けられなかった者（同3号）のことである。

また、上記②は、難民認定申請をした在留資格未取得外国人で、仮滞在許可を受けていないか、あるいは仮滞在許可を取り消された者のことである（本条3項）。

その結果、法49条1項の異議の申出に対しては、規則42条1号ないし3号が定める異議理由（退去強制事由についての事実誤認、法令解釈違背、手続違背。難民該当性とは無関係）がない限りは、異議の申出に理由がない旨の裁決及び退去強制令書発付処分が行われる（法49条6項）ことになろう。

6　まとめ

難民認定申請手続と退去強制手続の関係をまとめると、結局、次の表のとおりとなる。

	難民認定申請中		難民不認定処分後 （異議も含めてすべて終了した場合）
	仮滞在あり	仮滞在なし	
収容	できない （法61条の2の6 第2項）	できる （法61条の2の6 第3項）	できる
送還	できない （法61条の2の6 第2項）	できない （法61条の2の6 第3項）	できる

第61条の2の7（難民の認定の取消し）

① 法務大臣は、本邦に在留する外国人で難民の認定を受けているものについて、次の各号に掲げるいずれかの事実が判明したときは、法務省令で定める手続により、その難民の認定を取り消すものとする。
 1 偽りその他不正の手段により難民の認定を受けたこと。
 2 難民条約第1条C(1)から(6)までのいずれかに掲げる場合に該当することとなつたこと。
 3 難民の認定を受けた後に、難民条約第1条F(a)又は(c)に掲げる行為を行つたこと。
② 法務大臣は、前項の規定により難民の認定を取り消す場合には、当該外国人に対し、理由を付した書面をもつて、その旨を通知するとともに、当該外国人に係る難民認定証明書及び難民旅行証明書がその効力を失つた旨を官報に告示する。
③ 前項の規定により難民の認定の取消しの通知を受けたときは、難民認定証明書又は難民旅行証明書の交付を受けている外国人は、速やかに法務大臣にこれらの証明書を返納しなければならない。

1 **本条の趣旨**

　本条は、難民認定の取消しの要件、手続、効果について規定したものである。
　2004年改正法施行以前の法61条の2の7は、難民条約1条C(1)から(6)までのいずれかに掲げる場合、又は、難民条約1条F(a)又は(c)に掲げる行為を行った場合には、難民の認定を取り消すものとしていた。これは、①難民の認定は、難民条約に定める保護を難民に与える前提として、本邦に在留する外国人が難民条約に定める難民に該当することを確定する処分であるが、難民条約に定められた難民の要件に該当しなくなれば難民としての保護を与える必要もなくなるので、難民の認定を取り消すことになること、②難民条約は、一定の場合に難民の定義には該当しても難民として保護するに値しないものとしているので、難民認定後であっても、難民として保護するに値しない事由が発生した者については、難民の

認定を取り消すことになること、によるものである。

これに対し、偽りその他不正の手段により難民の認定を受けたこと(本条1項1号)を難民認定の取消事由としたのは、2004年改正法による新設規定である。しかし、法61条の2の解説⑫及び本条解説②③に記載のとおり、難民の特殊性に鑑み、ただ単に難民認定手続において虚偽の供述を行ったり虚偽の証拠を提出したりしたことが判明したからといって難民認定を取り消すのではなく、あくまで他の証拠も併せて検討し、「偽りその他不正の手段」以外の証拠によってなお難民該当性が肯定される場合には、難民認定を取り消さないものとすべきである。

なお、本条による難民認定の取消しに対しては、法務大臣に対する異議の申立が可能である(法61条の2の9第1項2号)。異議申立に関する解説は、同条に譲る。

② 1項柱書の趣旨

本条は、難民認定後に生じた事由に基づき、難民の認定の効力を将来に向かって取り消すものであり、既往の効力を遡って消滅させるものではない。

なお、難民の認定を受けて法61条の2の2第1項・2項、又は61条の2の3の許可を得て在留する者が、偽りその他の不正の手段により難民の認定を受けたこと、又は、難民認定後に除外条項1条F(a)又は(c)に該当する行為を行ったことを理由として難民の認定を取り消された場合には、法24条に定める退去強制事由に該当することになる。

ただ、偽りその他の不正の手段により難民認定を受けた者が、難民認定前は別の在留資格で在留し、難民認定後に「定住者」への在留資格変更を認められていたような場合、「定住者」の在留資格を取り消されるのはやむを得ないとしても、変更前の在留資格該当性について判断されないまま退去強制手続が開始されることの妥当性には、疑問がある。

他方、本条1項2号による難民認定の取消し(終止条項によるもの)については、退去強制事由には該当しないことになるので、在留期間まで在留することは可能であり、在留期間更新の際に今後の在留の可否を判断されることになる。

なお、規則57条は、難民認定取消しについては、「法第61条の2の7第2項の規定による難民の認定の取消しは、別記第77号様式による難民認定取消通知書によつて行うものとする」とするのみである。法61条の2の5の仮滞在許可取消しの解説(同条の解説③)でも述べたが、難民認定の取消しという極めて重大な不利益を課す手続規定につき、様式を定めただけというのはお粗末と言うほかない。適正手続が保障された手続によらなければ、憲法31条違反として、難民認定取消処分は違法となるであろう。

3　1項1号「偽りその他不正の手段により難民の認定を受けたこと」

　本号の適用に当たり、難民の特殊性に考慮が必要なことにつき、本条解説1参照。

　なお、「偽りその他不正の手段により」というためには、申請者の故意が必要とされる。

4　1項2号「難民条約第1条C(1)から(6)までのいずれかに掲げる場合に該当する」

　いわゆる終止条項への該当を指す。法61条の2の解説9参照。

5　1項3号「難民条約第1条F(a)又は(c)に掲げる行為」

　いわゆる除外条項のうちの一部を指す。法61条の2の解説10(4)参照。

6　2項「理由を付した書面をもつて」

　理由付記の趣旨は、処分庁の判断の慎重・合理性を担保してその処分を受けた者が、その当否を判断し、不服申立に便宜を与えることにあるから、それに必要な程度の記載を欠くときは、理由付記の要件を充たしているとは認め難い。

　詳細は、法61条の2第2項の「理由を付した書面」についての同条の解説14を参照。

7　2項「官報に告示する」

　難民認定証明書及び難民旅行証明書が効力を失った旨を官報に告示するのは、難民認定の効果としてさまざまな保護措置等が実施されているため、当該外国人が難民認定を取り消されていることを一般に公示するためである。

第61条の2の8（難民の認定を受けた者の在留資格の取消し）

① 法務大臣は、別表第1又は別表第2の上欄の在留資格をもつて本邦に在留する外国人で難民の認定を受けているものについて、偽りその他不正の手段により第61条の2の2第1項各号のいずれにも該当しないものとして同項の許可を受けたことが判明したときは、法務省令で定める手続により、当該外国人が現に有する在留資格を取り消すことができる。

② 第22条の4第2項から第9項までの規定は、前項の規定による在留資格の取消しに準用する。この場合において、同条第2項中「入国審査官」とあるのは「難民調査官」と、同条第7項中「第1項（第1号及び第2号を除く。）」とあるのは「第61条の2の8第1項」と読み替えるものとする。

1　本条の趣旨

　本条は、難民の認定を受けた者が偽りその他不正の手段により法61条の2の2第1項各号のいずれにも該当しないものとして在留資格の付与を受けたことが判明した場合には、在留期間の途中で在留資格を取り消すことができることを定めたものである。

2　1項の趣旨

　法61条の2の2第1項各号とは、
① 本邦に上陸した日（本邦にある間に難民となる事由が生じた者にあっては、その事実を知った日）から6カ月を経過した後前条1項の申請を行った者であるとき。ただし、やむを得ない事情がある場合を除く
② 本邦にある間に難民となる事情が生じた場合を除き、その者の生命、身体又は身体の事由が難民条約1条A(2)に規定する理由によって害されるおそれがあった領域から直接本邦に入ったものではないとき
③ 法24条3号から3号の4まで又は4号ハからヨまでに掲げる者のいずれかに該当するとき
④ 本邦に入った後に、刑法第2編第12章、第16章から第19章まで、第23章、第26章、第27章、第31章、第33章、第36章、第37章若しくは第39章の罪、暴力行為等処罰に関する法律1条、1条の2若しくは1条の3（刑法222条又は261条に係る部分を除く）の罪、盗犯等の防止及び処分に関する法律の罪又は特殊開錠用具の所持の禁止等に関する法律15条若しくは16条の罪により懲役又は禁錮に処せられたものであるとき

である。
　2004年改正法は、難民として認定された者が在留資格を有しない場合、上記①から④に該当しない場合には、「定住者」の在留資格を自動的に付与するものとしている（詳しくは61条の2の2の解説参照）。本条は、上記①ないし④のいずれにも該当しない者として「定住者」の在留資格を許可された外国人について、偽りその他不正の手段により許可を受けたことが判明したときは、在留期間の途中であっても、在留資格を取り消すことができると定めている。
　しかしながら、そもそも、法61条の2の2の解説1で述べたとおり、難民である者について在留資格を付与するに際し、6カ月以内の申請期間や直接来日要件等で区別する合理性はなく、難民であれば自動的に在留資格が付与されるべきである。
　したがって、仮に6カ月以内の申請期間や直接来日要件について偽りその他の不正が存在したとしても、その者が難民である限り、在留資格の取消しを行う必

要はないし、また、ノン・ルフールマンの原則（難民条約33条）がある以上、取消しを認めるべきではない。他方、仮に難民該当性そのものに偽りその他不正が存在し、その者が難民ではないというのであれば、それは難民の認定の取消しの問題として考えるべきである。

　よって、本条は、そもそも不必要かつ不適切であると評価せざるを得ない。法文上は「できる」としているのだけで、必ず在留資格の取消しを行わなくてはならないわけではないことを踏まえれば、この規定を極力用いない運用とすべきである。

3　2項の趣旨

　法22条の4第2項から9項までの規定は、一般の外国人の在留資格取消しに関する手続規定であり、これを難民の在留資格取消しに準用している。
　法22条の4第2項から9項までの内容は次のとおりである。
① 　法務大臣は、本条に基づいて在留資格の取消しをしようとするときは、その指定する入国審査官に、当該外国人の意見を聴取させなければならない（当該外国人が正当な理由なく意見の聴取に応じないときを除く）。その際には、あらかじめ、意見の聴取の期日及び場所並びに取消しの原因となる事実を記載した意見聴取通知書を当該外国人に送達しなければならない（法22条の4第2項・3項・5項）。
② 　当該外国人又はその者の代理人は、意見聴取期日に出頭して意見を述べ、及び証拠を提出することができる（同条4項）。
③ 　在留資格の取消しは、法務大臣が在留資格取消通知書を送達して行う（同条6項）。
④ 　法務大臣は、在留資格を取り消す場合には、30日を超えない範囲で出国するために必要な期間を指定する。その場合には、住居及び行動範囲の制限その他必要と認める条件を付することができる（同条7項ないし9項）。

4　在留資格取消後の取扱い

　本条により在留資格が取り消され、出国準備期間を指定された者が、当該期間を経過して本邦に残留するときは、退去強制事由に該当する（法24条2号の3）。
　しかし、前述のとおり、難民である者について、あらためて退去強制手続を開始する必要はなく、そもそも在留資格の取消しを認めるべきではない。

第61条の2の9（異議申立て）

① 　次に掲げる処分に不服がある外国人は、法務省令で定める事項を記載した書面を提出して、法務大臣に対し異議申立てをすることができる。
　1　難民の認定をしない処分

2　第61条の2の7第1項の規定による難民の認定の取消し
② 　前項の異議申立てに関する行政不服審査法（昭和37年法律第160号）第45条の期間は、第61条の2第2項又は第61条の2の7第2項の通知を受けた日から7日以内とする。
③ 　法務大臣は、第1項の異議申立てに対する決定に当たつては、法務省令で定めるところにより、難民審査参与員の意見を聴かなければならない。
④ 　法務大臣は、第1項の異議申立てについて行政不服審査法第47条第1項又は第2項の規定による決定をする場合には、当該決定に付する理由において、前項の難民審査参与員の意見の要旨を明らかにしなければならない。
⑤ 　難民審査参与員は、法務大臣に対し、異議申立人又は参加人に口頭で意見を述べる機会を与えるよう求めることができる。この場合において、法務大臣は、速やかにこれらの者に当該機会を与えなければならない。
⑥ 　難民審査参与員は、行政不服審査法第48条において準用する同法第25条第1項ただし書又は前項の規定による異議申立人又は参加人の意見の陳述に係る手続に立ち会い、及びこれらの者を審尋することができる。

1　本条の趣旨

　本条は、難民の認定をしない処分又は難民の認定の取消し（以下には、この両者を、「難民の認定に関する処分」という）についての異議の申立の手続を定めた規定である。本条に定める異議の手続の特徴は、異議申立の期間を7日間と短く制限していることと、難民審査参与員制度という難民認定の特殊性に配慮した特別の制度を設けたことである。本条の不服申立規定が特則に当たることから、難民の認定に関する処分については、行政不服審査法（行服法）ではなく、本条に基づく不服申立を行うことになるが、難民異議手続のうち入管・難民法に特則がない部分については、行服法の適用がある。

　行服法4条1項は、原則として、行政庁の処分について不服のある者は、同法の定めるところにより、審査請求又は異議の申立をすることができることを定めているが、同項10号により、「外国人の出入国又は帰化に関する処分」については、この限りでないとされている。

　「外国人の出入国又は帰化に関する処分」が除外されているのは、「外国人の出入国又は帰化に関する処分」が、国の自由裁量に委ねられていることによるものと説明されることがあるが、難民の認定に関する処分は、本邦にある外国人について、難民条約に定める難民の要件を具備しているか否かを判断し、難民であることを有権的に確定する行為であって、行政庁の裁量の余地はない。したがって、難民の認定に関する処分は、行服法4条1項10号にいう「外国人の出入国又は帰化に関する処分」には含まれず、本来は行服法による不服申立の対象となる処分である。しかし、同法1条2項は、それぞれの行政処分等の根拠法令中に当該行

政処分に相応した不服申立制度が設けられている場合には行服法は適用されないものとしている。本条は、難民の認定に関する処分に対する不服申立の特別規定であり、具体的には異議申出期間を短縮した点に行服法の一般規定との差異がある。逆に言えば、その他の点（教示など）については、行服法の適用がある。

2 不服の理由

　異議を申し出た者は、一般法である行服法の原則どおり、不服申立を基礎付ける、新たな主張及び新たな証拠を提出することができる（同法26条ないし30条、48条参照）。行政不服審査は、厳密に原処分時点の資料にのみ依拠して原処分の当否・適法性を判断するものではなく、裁決・決定時において存在する主張・証拠を広く検討し、行政庁の違法・不当な処分に対する個人の権利・利益の救済を図るべきものだからである。難民の認定に関する処分について言えば、例えば、難民該当性を基礎付ける事実や、これを裏付ける証拠について、原処分時には主張・提出していなかったものを主張・提出することは制限されない。

　もっとも、そもそも原処分後になって初めて発生した事実については問題がある。特に、原処分後に新たに難民となる事情が生じた場合には、もはや、原処分に対する不服申立の手続で処理されるべき問題ではなく、新たに難民認定を申請すべきであるとも考えられる。

　この点、同種の問題として、行政訴訟については、当該処分の違法判断の基準時について、処分時説と判決時説が対立しており、処分時説が判例の立場である。その理由は「裁判所が行政処分を取り消すのは、行政処分が違法であることを確認してその効力を失わせるのであつて、弁論終結時において、裁判所が行政庁の立場に立つて、いかなる処分が正当であるかを判断するのではない」というものである（最二小判昭28・10・30行裁例集4巻10号2316頁）。

　しかし、三権分立の原則により、司法権が第一次的判断をすべきでないという制約がある行政訴訟と異なり、行政上の不服申立については、裁決・決定時において、いかなる処分が正当であるかを判断することに原則的な制約があるわけではない。また、行政訴訟における処分時説の有力な根拠のひとつが裁判所の構成・能力による事実調査の制約という点にあるのに対して、行政庁にはそのような制約がないこと、特に審査請求において審査庁が処分庁の上級行政庁である場合、及び処分庁自らが不服申立について裁断する異議申立においては、原処分を変更することができること、違法・不当な処分について簡易・迅速に個人の権利・利益の救済を図るという制度目的等からすれば、原処分後になって初めて発生した事実も含めて原処分の適法性・当否を検討し、原処分を変更すべきときには裁決・決定において変更するのが妥当であるということができる。

もっとも、ある行政処分を求める側からすれば、第一次判断とそれに対する不服申立手続を通じて自己の申立を慎重に判断してもらう利益があると言うべきであるから、原処分後に新たに難民となる事情が生じた場合については、異議についての判断が未だなされていない段階においても、新たに難民認定を申請することを選択することもできると言うべきである。

③　2項「通知を受けた日から7日以内」

　行服法45条は、「異議申立ては、処分があつたことを知つた日の翌日から起算して60日以内にしなければならない」としているが、本条はこれを大幅に短縮している。行服法45条所定の60日の異議申立期間を特別法により変更している例はほかにもあるが、本条の7日というのは、その中でも最も短い。

　これは、難民の認定に関する処分の当否は早期に決着をつける必要があること、難民であるか否かは本人が最もよくこれを知り得る立場にあることなどによるものとされている（逐条解説766頁、入管六法の本条解説）。難民認定申請に関して、2004年改正法施行以前にあった60日条項（改正前の法61条の2第2項）と共通する理由付けであるが、難民審査に極めて長期の時間を要している実務の現実があること、またその現実に問題があるにしても、難民認定は慎重な判断の必要、資料収集の困難さなどから、その性質上ある程度の時間がかかることはやむを得ない面があることからすると、不服申立期間について、一般法である行服法45条の不服申立期間60日を延長するならまだしも、短縮する合理性は全く認められない。加えて、外国人である難民認定申請者には、異議申立の意義を十分に理解し、不服の理由を記載した書面を用意して異議申立をするのに時間がかかること、7日という期間はあまりにも短期で、何らかの事情により徒過してしまう可能性が少なくないことなどに鑑みると、立法論として疑問はさらに大きい。また、解釈論としても、次に述べる「天災その他異議申立てをしなかつたことについてやむを得ない理由があつたとき」の該当性の判断を、少なくとも緩やかに解するべきである。

　なお、行服法45条については、請求期間についての同法14条1項但書・2項・3項が準用されるが（同法48条）、これは、当然、本条にも準用される。したがって、天災その他異議申立をしなかったことについてやむを得ない理由があるときには、7日以内に異議申立ができなくても、その理由がやんだ日の翌日から起算して1週間以内に異議申立をすれば適法な申立となる。また、異議申立は、処分があった日の翌日から起算して1年を経過したときはすることができないが、正当な理由があるときはこの限りでない。

　「処分があつたことを知つた日」とは、当事者が現実に知った日であって、抽象的な知り得べかりし日ではない。したがって、難民認定申請者のように、外国人

の場合には、日本語や英語で処分を記載した書類が申請者に交付されても、当該外国人の理解できる言語で告知されなければ、処分があったことを知ったことにならないのは言うまでもない。また、「処分があつた日」とは行政行為の効果の発生した日であるから、告知によって効果が発生する処分については告知があってはじめて処分があったということができる。

④ 3項の趣旨

　従来の異議申出制度は、難民調査官が調査を行い法務大臣が決定するという、1次申請と全く同じ過程を経るだけの手続であった。しかも、難民調査官とは、法務大臣が指定する入国審査官であるところ（法2条12号の2）、入国審査官の主たる職務は、上陸、在留、退去強制の諸手続を通じての外国人の管理であるから、異議手続の公正性・中立性・透明性及び実効性のいずれにも疑問を呈さざるを得なかった。

　そこで、2004年改正法により、法務大臣が異議申立の決定を行うに当たっては、人格が高潔であって、異議申立に関し公正な判断をすることができ、かつ、法律又は国際情勢に関する学識経験を有する者のうちから、法務大臣が任命した難民審査参与員(法61条の2の10)の意見を聴かなければならないこととしたのである。

　これによって、異議手続に一定の独立性を確保し、もってその公正性・中立性・透明性及び実効性を図り、さらには、法律又は国際情勢に関する学識経験を有する者のうちから難民審査参与員を任命することによって、従来の難民認定手続の問題点として指摘されていた専門性の欠如を補わんとするところに、難民審査参与員制度を設けた意義がある。

　法文上は、意見を聴かなければならないという文言となっているため、制度上の位置付けは諮問機関ということになり、法務大臣が難民審査参与員の意見と異なる結論を出すことは違法ではないことになりそうである。

　しかし、上述のような難民審査参与員制度を設けた趣旨からすれば、難民審査参与員が異議申立が理由がある（つまり、結論としては難民認定すべきである）という判断をしたときには、難民審査参与員の結論が一見明白に不合理であるなどの特段の事情がない限り、法務大臣が異議申立を棄却することは、難民審査参与員制度を設けた趣旨に反するものとして、許されないと言うべきである。実際、制度発足後、難民審査参与員が異議申立が理由があるという判断をしたにもかかわらず、法務大臣が異議申立に理由がないとして異議申立を棄却した例は、1件も報告されていない。

　本条3項の、難民審査参与員の意見を聴く手続について定めた法務省令として、具体的には、規則58条の3以下に規定が置かれている。これによると、法務大臣

は当該異議申立に係る処分の理由を明らかにした書面並びに当該処分の基礎とした書類及び資料の写しを示すものとされ（規則58条の3）、また、難民審査参与員は、意見を提出するため必要があると認めるときは、法務大臣に対し、当該異議申立に係る説明又は資料の提出を求めることができる（規則58条の4）。そして、意見の提出は、各難民審査参与員において、当該異議申立に対する意見及びその理由を記載し、署名した書面を提出して行うことを原則とするが、必要と認める場合には、難民審査参与員が相互に協議を行って得られた一の意見及びその理由を記載し、連署した1通の書面によってすることもできる（規則58条の7）。実際には、1通の書面で意見が提出されるのが通常である。

5　4項の趣旨

　2004年改正法施行以前の異議申出制度は、理由についても、異議を棄却する場合においても、1次不認定のときとほとんど同一の理由を付するのみであった。行服法47条1項又は2項の規定による決定とは、すなわち、異議を却下する場合と棄却する場合であるが、この場合に難民審査参与員の意見の要旨を明らかにすることによって、難民認定手続の不透明性（本章冒頭解説2(3)(ii)ウ）という従来から指摘されてきた問題点を異議段階において克服しようとしたものである。

　異議申立に対する審理が適正に行われたことを担保するためにも、また、申請者が処分の取消訴訟を提起すべきか否かを判断し、取消訴訟提起に際して有効な請求原因を構成することを可能にするためにも、本項に基づいて開示される難民審査参与員の意見の要旨には、難民該当性を裏付ける具体的事実のどこが立証できなかったのか、申請者供述の信憑性のどこが欠如していたのか、どうしてそういう判断に至ったのかという点が明らかにされていなければならないと言うべきである。なお、実務上は、異議棄却ないし却下の決定書（規則別記79号の2様式）の理由の記載の末尾に、「なお、難民審査参与員も上記同様の意見を述べています」といった表記が付され、本項にいう「参与員の意見の要旨」の告知を、事実上不認定理由の告知と兼用（共通）にするという取扱いがなされている。

6　5項・6項の趣旨

　本条の趣旨において述べたように、難民の異議手続については、入管・難民法に特則なき限り行服法の規定に従うことになるから、同法48条において準用される同法25条の規定の適用がある。したがって、異議の審理の手続は書面によるのを原則とするが、異議申立人又は参加人の申立があったときは、その申立人に口頭で意見を述べる機会を与えなければならない。本条5項は、入管・難民法の特則として、異議申立人又は参加人だけでなく、難民審査参与員にもその申立権を

付与したものである。

　一般に行政不服審査は、司法手続に比して手続の簡易性と迅速性が要求されるため書面審理を原則としているが、関係者が当事者の真意を把握し、新鮮な印象に基づく心証形成を可能にするという口頭主義の長所を取り入れるため、行服法25条1項但書は口頭意見陳述の機会を権利として保障した。

　2004年改正法施行以前の異議申出制度においても、異議手続を担当する難民調査官は異議申出人に対して口頭で意見を述べる機会をインタビューという形で付与していたが、決定権者である法務大臣に対して直接に口頭で意見を述べる機会を付与されていたわけではなかったから、口頭主義の意義は半減していた。

　これに対して、難民審査参与員は、決定権者ではないものの、法務大臣がその意見を十分に尊重しなければならない立場にあるものであり、難民審査参与員が異議申立人又は参加人の意見の陳述に係る手続に立ち会い、及びこれらの者を審尋することができることとしたほか、さらに、異議申立人又は参加人に口頭意見陳述の機会を与えるよう求める独自の権利を難民審査参与員に与えることによって、口頭主義の実を上げようとしたところに本条5項及び6項の意義がある。

　なお、ここでいう「参加人」とは、行服法48条において準用される同法24条の「参加人」と同義であり、処分庁から異議手続に参加することの許可を得、あるいは処分庁から異議手続に参加することを求められた利害関係人である。したがって、いかなる者が利害関係人となるかという点についても、同法の解釈に従うべきところ、同法24条の利害関係人とは「広く審査請求の結果によって（係争の処分が取り消されることによって、あるいは処分が維持されることによって）直接自己の権利利益に実質的な不利益を蒙る者すべてを含む」（原田尚彦『行政法要論〔全訂第7版補訂版〕』〔学陽書房、2011年〕337頁）ものと言うべきである。難民の認定に関する処分について、直接自己の権利利益に実質的な不利益を被る者としては、当該難民の日本における家族等が考えられる。

　なお、難民審査参与員が立ち会う口頭意見陳述の機会のほかに、異議申立人は、異議申立書を提出して異議の理由を述べるとともに、自己の難民該当性を立証するための書証を提出することもできる。他方、法務大臣は、難民調査官に対して、異議の申立に関する異議申立人若しくは参加人の意見の陳述を聞かせ、参考人の陳述を聞かせ、検証をさせ、又は異議申立人若しくは参加人の審尋をさせることができる（規則58条の10）とされている。

　しかし、1次認定手続からの一定の独立性を確保し、もって異議手続の公正性・中立性・透明性及び実効性を図り、さらには、法律又は国際情勢に関する学識経験を有する者のうちから難民審査参与員を任命することによって、従来の難民認定手続の問題点として指摘されていた専門性の欠如を補わんとするところに難民

審査参与員制度を設けた意義があり、手続的には、直接主義・口頭主義の原則に則った口頭意見陳述の手続に難民審査参与員が立ち会って心証を形成し、難民審査参与員の意見を法務大臣は十分に尊重しなければならないという制度設計がなされている。その趣旨に照らせば、難民調査官が難民審査参与員の立会いなしで、異議申立人若しくは参加人の意見の陳述を聞いたり、参考人の陳述を聞いたり、検証をしたり、又は異議申立人若しくは参加人の審尋をしたりすることは、例外的かつ補充的なものにとどめるべきであり、異議の審理において、重要な点についてこれらの手続を行う場合には、難民審査参与員の立会いの下で行うこととすべきである。

第61条の2の10（難民審査参与員）

① 法務省に、前条第1項の規定による異議申立てについて、難民の認定に関する意見を提出させるため、難民審査参与員若干人を置く。
② 難民審査参与員は、人格が高潔であつて、前条第1項の異議申立てに関し公正な判断をすることができ、かつ、法律又は国際情勢に関する学識経験を有する者のうちから、法務大臣が任命する。
③ 難民審査参与員の任期は、2年とする。ただし、再任を妨げない。
④ 難民審査参与員は、非常勤とする。

1 本条の趣旨

本条は、前条3項ないし6項に定められた難民審査参与員について、その人数、任命手続、任期、常勤・非常勤の別について規定したものである。

2 1項「難民審査参与員若干人を置く」

規則58条の9第1項は、「法務大臣は、3人の難民審査参与員によつて構成する複数の班を設け、意見を聴くべき班の順序を定めるものとする。この場合において、法務大臣は、異なる専門分野の難民審査参与員によつて班が構成されるよう配慮するものとする」と定めているところ、2005年5月16日の改正法施行と同時に任命された参与員は16人（東京3人組×5班、大阪3人組×1班、予備1人）であった。

しかし、これに対して異議申立人の数は、2003年度が226人、2004年度が209人、2005年度が183人であったのが、2006年度が340人、2007年度が362人、2008年度が429人、2009年度が1,156人、2010年度が859人と急増している。約1,000人の異議申立人について、1班当たり3人で手続を処理するということは、1班の処理数が年間約48件ということであり、非常勤の難民審査参与員の負担が過大になってしまっているのではないかと考えられる。負担が過大であれば、

適正かつ迅速な処理は困難にならざるを得ないから、難民審査参与員の総数をもっと増加させる必要がある。

参与員1班当たり2週間に2件程度の処理が通例（隔週の特定曜日午後に口頭意見陳述を開催して2件ずつ処理する班が大部分）である実務の実情からすると、1年当たり約50週として処理件数は1班当たり年間約50件という計算となる。とはいえ、事案内容によっては審尋が2期日以上に及ぶこともあり、また意見書の起案が容易ではない事案もあろうから、1班当たりの年間処理件数は40件が限界であろう。そうすると、仮に60人（20班）の参与員を確保しても年間処理総数は800件が限界ということにならざるを得ない。

2012年2月15日現在の難民審査参与員は55名となっているが、異議申立数に比してなお不足していることは確実であり、非常勤参与員で運営するという制度設計自体の是非も問われかねない状況となっている。

3　2項「人格が高潔であつて、前条第1項の異議申立てに関し公正な判断をすることができ、かつ、法律又は国際情勢に関する学識経験を有する者」

難民審査参与員は、人格が高潔であって、前条1項の異議申立に関し公正な判断をすることができ、かつ、法律又は国際情勢に関する学識経験を有する者のうちから、法務大臣が任命するものとされているところ、2012年2月現在、現実に難民審査参与員として選任されているのは、法律に関する学識経験を有する者として、元裁判官、元検察官、弁護士、大学教授、元外交官、国際情勢に関する学識経験を有する者として、大学教授、元外交官、海外特派員経験者、難民問題や海外援助協力に関係するNGOの出身者、商社等の海外勤務経験者等である。

なお、1次認定手続からの一定の独立性を確保し、もって異議手続の公正性・中立性・透明性及び実効性を図るという難民審査参与員制度の趣旨に照らすと、入国管理局のOBは、難民審査参与員として適切とは考えられない（2012年2月までに、このような者は選任されてはいない）。

4　4項「非常勤」

その問題点につき、法61条の7の3の解説4参照。

第61条の2の11（難民に関する永住許可の特則）

難民の認定を受けている者から第22条第1項の永住許可の申請があつた場合には、法務大臣は、同条第2項本文の規定にかかわらず、その者が同項第2号に適合しないときであつても、これを許可することができる。

本条の趣旨

　永住許可については、本条により、その要件が緩和されている。法22条2項は、永住許可の要件として、「素行が善良であること」（1号）及び「独立の生計を営むに足りる資産又は技能を有すること」（2号）を規定している。しかし、難民条約34条の趣旨に照らせば、難民については、たとえ独立の生計を営むに足りる資産又は技能を有しない場合であっても、安定した在留上の地位を取得できるようにすべきであり、そのために法22条2項2号の要件を免除したものである。「これを許可することができる」という文言からすれば、永住許可が法務大臣の裁量にかかっていることは通常の外国人と変わらないが、その裁量も以下に述べる難民条約34条によって制約されていると言うべきである。

　すなわち、難民条約34条は、「締約国は、難民の当該締約国の社会への適応及び帰化をできる限り容易なものとする。締約国は、特に、帰化の手続が迅速に行われるようにするため並びにこの手続に係る手数料及び費用をできる限り軽減するため、あらゆる努力を払う」と定めている。しかるに、国籍法は、難民について特別に適用のある規定を何ら定めておらず、通常の外国人と同じ扱いをし、時間をかけて審査している。国籍法5条1項の厳格な要件を（同条2項で緩和される同条1項5号の要件を除いて）難民にも適用するのは、難民条約34条に違反すると言うべきである。少なくとも運用において、難民の帰化の手続が迅速に行われるようにしなければならず、かつ帰化許可要件も実質的に緩和しなければならない。

第61条の2の12（難民旅行証明書）

① 　法務大臣は、本邦に在留する外国人で難民の認定を受けているものが出国しようとするときは、法務省令で定める手続により、その者の申請に基づき、難民旅行証明書を交付するものとする。ただし、法務大臣においてその者が日本国の利益又は公安を害する行為を行うおそれがあると認める場合は、この限りでない。
② 　前項の規定により難民旅行証明書の交付を受ける外国人で、外国の難民旅行証明書を所持するものは、その交付を受ける際に当該外国の難民旅行証明書を法務大臣に提出しなければならない。
③ 　第1項の難民旅行証明書の有効期間は、1年とする。
④ 　第1項の難民旅行証明書の交付を受けている者は、当該証明書の有効期間内は本邦に入国し、及び出国することができる。この場合において、入国については、第26条第1項の規定による再入国の許可を要しない。
⑤ 　前項の場合において、法務大臣が特に必要があると認めるときは、3月以上1年未満の範囲内で、当該難民旅行証明書により入国することのできる期限を定めることができる。
⑥ 　法務大臣は、第1項の難民旅行証明書の交付を受けて出国した者について、当該証

明書の有効期間内に入国することができない相当の理由があると認めるときは、その者の申請に基づき、6月を超えない範囲内で、当該証明書の有効期間を延長することができる。
⑦　前項の延長は、難民旅行証明書にその旨を記載して行うものとし、その事務は、日本国領事官等に委任するものとする。
⑧　法務大臣は、第1項の難民旅行証明書の交付を受けている者が日本国の利益又は公安を害する行為を行うおそれがあると認めるときは、その者が本邦にある間において、法務省令で定めるところにより、その者に対して、期限を付して、その所持する難民旅行証明書の返納を命ずることができる。
⑨　前項の規定により返納を命ぜられた難民旅行証明書は、その返納があつたときは当該返納の時に、同項の期限までに返納がなかつたときは当該期限を経過した時に、その効力を失う。この場合において、同項の期限までに返納がなかつたときは、法務大臣は、当該難民旅行証明書がその効力を失つた旨を官報に告示する。

1　本条の趣旨

　本章冒頭でも述べたとおり、難民の地位に関する問題が国際的な問題となったのは、第1次世界大戦後のロシア及びトルコ両帝国の劇的な崩壊に伴うロシア人難民及びアルメニア人難民の大量の出現であり、そこで最も急を要すると考えられた問題は、その身分証明書及び旅行証明書の発給の問題であった。1922年7月5日の「ロシア難民に対する身分証明書発給に関する取極」をはじめとする難民についての3つの国際文書は、専ら身分証明書及び旅行証明書に関するものであった。
　難民条約も、27条において身分証明書について規定し、28条において旅行証明書について規定しているほか、旅行証明書の発給及び有効性に関する詳細について16項からなる附属書を定めている。
　法においては、難民であることを証明するものとしては、法61条の2第2項前段の難民認定証明書を交付すべきことを定めているが、もともと、在留資格の有無を問わず、本邦に在留する外国人には外国人登録法によって外国人登録を義務付け、外国人登録をした外国人には外国人登録証明書を交付するという制度をとっていたため、特に難民について、同一人性を証明するための身分証明書についての規定は設けていなかったものと認められる。
　これに対して、難民は、その国籍国又は常居所を有していた国から旅券等の旅行文書を入手することができないのが通常であることから、海外渡航を可能とするためには、難民が今いる国が旅行証明書を交付するしかない。しかし、難民条約附属書13条1項が、「締約国は、第28条の規定により発給した旅行証明書の名義人に対し、その旅行証明書の有効期間内のいずれの時点においても当該締

約国の領域に戻ることを許可することを約束する」と定め、旅行証明書の発給国に対してその有効期間中はその難民の再入国を認める義務を課していることの反面として、旅行証明書の義務的な発給は、その領域内に合法的に滞在している難民に対してのみ認められ、合法的に滞在しているのではない難民、すなわち、一時的に領域内にいる難民、又は不法に滞在している難民に対して旅行証明書を発給するかどうかは、締約国の裁量に委ねられている。この点、本条は、「本邦に在留する外国人で難民の認定を受けているもの」に対して法務大臣が難民旅行証明書を交付することなどを定めた規定である。よって、直接には当該難民認定者の在留資格に関する制約は設けていないものの、法61条の2の2及び61条の2の3の規定に基づいて「定住者」等の在留資格を付与されていることが予定される以上、結局、一時的に領域内にいる難民や不法に滞在する難民に本条が適用される場面は想定し難いということになろう。

なお、この難民旅行証明書は、本法上の旅券であり（法2条5号）、難民条約の締約国において有効な旅行文書として認められる（附属書7項）。

② 1項「日本国の利益又は公安を害する行為を行うおそれがあると認める場合」

これは、旅行証明書の発給について定める難民条約28条1項が、「国の安全又は公の秩序のためのやむを得ない理由がある場合を除くほか」という除外事由を設けていることに対応するものであり、その解釈もこれと同じでなければならない。同項において、「やむを得ない理由」という用語は「国家の安全と公の秩序のため」という理由に係る制限であるから、「国家の安全と公の秩序のため」という概念に通常該当するであろうすべての場合について旅行証明書の交付を拒否することができるわけではなく、重大な理由のある事案に限定されることを意味している。したがって、「日本国の利益又は公安を害する行為を行うおそれがあると認める場合」という要件も、その者が海外に渡航して、日本国の安全を脅かす現実の危険を有する行為を行う可能性が極めて高い場合、又は日本国の公の秩序を著しく侵害する行為をする可能性が極めて高い場合に限定されるのであって、広く日本国の国益に反するような行為をする可能性がある場合に、旅行証明書の交付を拒否することができるわけではない。

なお、上記の要件に該当する場合であって、その者が本邦にある間においては、法務大臣は、その者に対して、すでに交付した難民旅行証明書の返納を命ずることもできる（本条8項）。本邦にある間に限定されているのは、その者の出国中に返納命令によりこれを返納させることとすると、本邦で交付した難民旅行証明書を有効なものと認めてその者の入国・滞在を許可している国との信頼関係を損なうおそれもあるからである。

3　4項「入国については、第26条1項の規定による再入国の許可を要しない」

　難民旅行証明書の交付を受けている外国人は、その有効期間内であれば、再入国の許可を受けることなく、日本国旅券を所持する日本人と同様、自由に本邦から出国し、本邦に入国することができるのであって、本邦に上陸しようとする場合に査証を必要とせず（法6条1項但書）、上陸許可に際してあらためて在留資格及び在留期間の決定を受けることを要しない（法9条3項但書）。

4　5項の趣旨

　本項は、難民条約附属書13条3号が、「締約国は、例外的な場合又は難民の滞在が一定の期間に限って許可されている場合には、難民が当該締約国の領域に戻ることのできる期間を旅行証明書の発給の際に3箇月を下らない期間に限定することができる」と定めていることを受けたものである。したがって、「特に必要があると認めるとき」とは、まず第1に、難民の認定を受けている外国人の在留期間の残余が1年未満である場合が挙げられる。そのほかに当該難民旅行証明書により入国することのできる期限を3カ月を下らない期間に限定することができる例外的な場合の例としては、日本国の安全や公共の利益にとってその者に難民旅行証明書の交付をしないこととするほどの著しい支障はないが、長期間の海外滞在は好ましくないことから期限を付す必要があると認められる場合等があると言われる。ただ、あくまでも例外として認められるものであるから、その者の長期間の海外滞在によって、日本国の安全が脅かされ、あるいは日本国の公の秩序が侵害される可能性が高い場合でなければならない。

5　6項の趣旨

　本項は、難民条約附属書6条2号が、「外交機関又は領事機関で特にその権限を与えられているものは、自国の政府が発給した旅行証明書の有効期間を6箇月を超えない範囲で延長する権限を有する」と定めていることを受けた規定である。「相当の理由があると認めるとき」とは、法26条4項に定める再入国許可の延長の場合と同様、旅行に耐えられないほどの疾病や負傷、輸送機関の運行停止等、通常、有効期間内に再入国することが困難になると認められる事情である。「法務大臣は、……相当の理由があると認めるときは……当該証明書の有効期間を延長することができる」として、法務大臣の裁量事項として規定されているが、法務大臣の全くの自由裁量ではない。法26条4項に定める再入国許可の延長の場合と異なり、難民条約は、旅行証明書の発給国に対して、その有効期間中はその難民の再入国を認める義務を課していることからすれば、旅行に耐えられないほどの疾病や負傷、

輸送機関の運行停止のように、有効期間内に再入国することが不可能に近い場合には、旅行証明書の延長は義務的と言うべきである。

> **第61条の2の13**（退去強制令書の発付に伴う難民認定証明書等の返納）
>
> 　本邦に在留する外国人で難民の認定を受けているものが、第47条第5項、第48条第9項若しくは第49条第6項の規定により、又は第63条第1項の規定に基づく退去強制の手続において退去強制令書の発付を受けたときは、当該外国人は、速やかに法務大臣にその所持する難民認定証明書及び難民旅行証明書を返納しなければならない。

1　本条の趣旨

　難民認定証明書は、法務大臣が、当該外国人を難民として認定し、当該外国人が本邦において難民条約に定める各種の保護措置等を受けるべき立場にあることを証明する書類であり、また、難民旅行証明書は、難民条約27条に基づき、難民についても日本から海外への渡航を可能とするために日本国が発給するものである。しかるに、難民の認定を受けている者であっても、退去強制の手続において退去強制令書の発付を受けたときは、日本から難民条約に定める各種の保護措置等を受けるべき立場になくなるので、その所持する難民認定証明書及び難民旅行証明書を速やかに返納させるものとしたものである。

2　「本邦に在留する外国人で難民の認定を受けているものが、……退去強制令書の発付を受けたとき」

　本邦に在留する外国人で難民の認定を受けている者について、退去強制令書が発付される場合というのは、現行法上、次のいずれかの場合である。

(1)　難民の認定を受ける以前から在留資格を有しており、又は、難民の認定を受けたことにより、法61条の2の2第1項の在留資格の取得の許可又は同条2項の在留特別許可を受けて在留資格を有するに至った者が、退去強制事由に該当することになった場合

　この場合は、さらに次のような場合に分けられる（これ以外の場合も形式的にはあり得るが、難民の認定を受けている者については現実にはほとんどあり得ない）。

① 　難民の認定を受ける以前から在留資格を有している者、又は、難民の認定を受けたことにより、法61条の2の2第1項の在留資格の取得の許可又は同条2項の在留特別許可を受けて在留資格を有するに至った者が、在留資格を有するに至った後に、法24条3号又は4号ハからヨまでのいずれか又は法24条4号の2に該当することになった場合

② 　偽りその他不正の手段により法61条の2の2第1項各号のいずれにも該当し

ない者として同項の許可を受けたことなどを理由として、現に有する在留資格が取り消され、法24条2号の2又は2号の3の不法滞在・不法残留に該当することになってしまった場合（法61条の2の8、法22条の4等）
③ 在留資格を有する外国人（あるいは一時庇護の上陸の許可を受けた者）が難民認定を申請し、難民の認定を受けた後、法20条2項ないし法22条の3によって準用する法22条の2第2項に基づいて、「定住者」の在留資格への変更ないし取得の申請をしたにもかかわらず、法61条の2の2第1項1号に該当し（法61条の2の3）、かつ裁量判断の結果、その許可を受けることができず、また、法21条に基づく在留期間の更新の許可を受けることもできずに法24条4号ロないし同条6号の不法残留に該当することになってしまった場合

しかし、難民条約32条1項は「締約国は、国の安全又は公の秩序を理由とする場合を除くほか、合法的にその領域内にいる難民を追放してはならない」と定めており、さらに同条約33条2項は、ノン・ルフールマン原則の例外を「締約国にいる難民であつて、当該締約国の安全にとつて危険であると認めるに足りる相当な理由があるもの又は特に重大な犯罪について有罪の判決が確定し当該締約国の社会にとつて危険な存在となつたもの」に限定している。法24条3号又は4号ハからヨまでのいずれかに該当すること、法24条4号の2に列挙された犯罪を行ったこと、あるいは、偽りその他不正の手段により法61条の2の2第1項各号のいずれにも該当しない者として同項の許可を受けるなどしたことが、すべて、難民条約32条1項にいう「締約国は、国の安全又は公の秩序を理由とする場合」という規定に該当すると言うべきではないし、少なくとも、これらがすべて「当該締約国の安全にとつて危険であると認めるに足りる相当な理由があるもの又は特に重大な犯罪について有罪の判決が確定し当該締約国の社会にとつて危険な存在となつたもの」（難民条約33条2項）に該当するわけではないことは明らかである。ましてや、本邦に上陸した日（本邦にある間に難民となる事由が生じた者にあっては、その事実を知った日）から6カ月を経過した後に難民認定申請をしたということ（法61条の2の2第1項1号）は、難民条約32条1項、33条2項に定められた例外要件とは何の関係もないことは明らかである。

難民の認定を受ける以前から在留資格を有している者が退去強制事由に該当することになった場合についても、迫害を受けるおそれのある領域以外の第三国出国が可能である場合及び難民条約33条2項に定められた例外要件に該当する場合を除き、法50条1項4号の在留特別許可を付与すべきであって、退去強制令書を発付するべきではない。

(2) 在留資格を有しない外国人が難民認定を申請し、難民の認定を受けたにもかかわらず、法61条の2の2第1項の各号のいずれかに該当し、かつ、同条2項に定める在留特別許可を受けることができなかった場合

　在留資格を有しない外国人が難民認定を申請し、難民の認定を受けた場合には、法61条の2の2第1項の各号のいずれかに該当しても、迫害を受けるおそれのある領域以外の第三国への出国が現実的に可能である場合を除き、法61条の2の2第2項の在留特別許可を付与すべきであることは、難民条約33条1項に定めるノン・ルフールマン原則から明らかと言うべきである。実務においても、在留資格を有しない外国人が難民認定を申請し、難民の認定を受けたにもかかわらず、在留特別許可を受けられなかった例は報告されていない。

③ 「速やかに法務大臣にその所持する難民認定証明書及び難民旅行証明書を返納しなければならない」

　通常は、退去強制令書の発付を受ければその執行を受けるので、難民認定証明書等の返納をすることはやむを得ないであろう。しかし、例外的には、法54条に基づく仮放免や法52条6項の特別放免を受ける場合があり得る。その場合、国内において難民条約に定める各種の保護措置等を受けることがあり得るので、仮放免中や特別放免中は難民認定証明書等の返納義務はないし、いったん返納された難民認定証明書等は仮放免、特別放免に当たって再交付されるべきである。

第61条の2の14（事実の調査）

① 法務大臣は、難民の認定、第61条の2の2第1項若しくは第2項、第61条の2の3若しくは第61条の2の4第1項の規定による許可、第61条の2の5の規定による許可の取消し、第61条の2の7第1項の規定による難民の認定の取消し又は第61条の2の8第1項の規定による在留資格の取消しに関する処分を行うため必要がある場合には、難民調査官に事実の調査をさせることができる。
② 難民調査官は、前項の調査のため必要があるときは、関係人に対し出頭を求め、質問をし、又は文書の提示を求めることができる。
③ 法務大臣又は難民調査官は、第1項の調査について、公務所又は公私の団体に照会して必要な事項の報告を求めることができる。

1 **本条の趣旨**

　本条は、難民の認定（法61条の2）、在留資格に係る許可（法61条の2の2第1項・2項）、難民認定を受けている外国人の「定住者」の在留資格への変更許可（法61条の2の3）、仮滞在の許可（法61条の2の4第1項）、同許可の取消し（法61条の2の5）、難民の認定の取消し（法61条の2の7第1項）、難民の認定を受けた者の在留

資格の取消し（法61条の2の8第1項）を行うため必要がある場合における、事実の調査とその具体的方法について規定したものである。このうち、仮滞在の許可の取消し、難民の認定の取消し、難民の認定を受けた者の在留資格の取消しについては、ほとんど例がないものと思われる。

　なお、本条は、2004年改正法施行以前は、「法務大臣は、第61条の2第1項の規定により提出された資料のみでは適正な難民の認定ができないおそれがある場合その他難民の認定又はその取消しに関する処分を行うため必要がある場合には、難民調査官に事実の調査をさせることができる」と規定されていた（改正前の法61条の2の3）。2004年改正法では、仮滞在の許可等、同改正によって新設された処分についても事実の調査の規定を設けるに伴い、上記のように改正された。しかし、結局は「適正な」処分を行うことを担保するための制度という点に変わりはないというべきである。

61-2-14

2　1項「処分を行うため必要がある場合には、難民調査官に事実の調査をさせることができる」

　本項は、「法務大臣は、……必要がある場合には、難民調査官に事実の調査をさせることができる」としており、事実の調査が必要か否かの判断を法務大臣に委ねているようにもみえる。しかしながら、対象となる処分によっては、調査が実務上義務的なものとされるなど、処分ごとに調査の必要性は一定程度類型化されている。

(1)　難民の認定について

　法は、条文上、立証責任を難民認定申請者に負わせるかのような規定となっている（法61条の2参照）。しかしながら、法61条の2の解説で述べたように、難民該当性判断には、通常の事件ではみられない証拠収集の困難性が存する。にもかかわらず、難民認定申請者に一方的に立証責任を負わせ、立証がなければ不認定としたのでは、本来難民である者までが難民でないと認定され、正確な難民該当性判断を妨げるおそれがある。

　本条は、このように難民該当性判断に係る困難さが伴うことに鑑みて設けられた規定である。実際、難民条約の加入の際にも、難民調査官による調査の必要性、重要性は政府委員からも繰り返し述べられている。以下、審議過程における政府委員の発言をいくつか紹介する。

(i)　第94回国会衆議院法務委員会（1981年5月22日）

　「難民の認定に当たりましては、申請を行いました外国人がみずから自分は難民であるということを証明しなくてはならない……。もちろん、その場合、難民認定の手続の過程におきまして最も重要な資料は本人の陳述でございます。しかし、

その本人の陳述だけでは十分ではないという場合があろうかと思います。そういう場合に、十分ではないからといってすぐ難民ではないと認定するのはどうかと思いますので、その場合には、いろいろなほかの方法で、その難民の陳述をバックアップするということを考えなくちゃいけないだろうと思います。

　その一つの方法は、……外務省を通じて調査すること、さらに、難民の知人とか親戚がわが国におります場合には、そういう人から事情を聴取するとか、そういうことをやりまして、できるだけそういう難民認定に当たりまして証明がしやすいようにしてやりたい、こう考えているわけでございます」（大鷹弘法務省入国管理局長〔当時〕）。

(ⅱ)　同衆議院外務委員会（1981年5月28日）

　「……特定国の法律がどういう性格を有するとかそういうふうな点は、やはり他の官庁、たとえば外務省その他の協力によってその事実を正確に把握する必要がある……外務省その他の政府内の省庁が全面的に協力をして、その判定に対していろいろ助言をしたりあるいは情報を提供したりするということは非常に大事なことだと私は考えておるわけでございます」（賀陽治憲外務省国際連合局長〔当時〕）。

(ⅲ)　同衆議院法務委員会（1981年5月29日）

前川旦委員「……それから、『迫害を受けるおそれがあるという十分に理由のある恐怖』と条約にはありますね。これは、逃げてきた人が自分で証明してみせなければいかぬのでしょう、私は本国では迫害されましたし、されますと言う。だけれども、これを実際に実証するということは非常にむずかしいことだと思いますよ。一々これは言い分を聞くのでしょうけれども、それを客観的にどうやって認定するのですか。どんな方法でやりますか」。

大鷹弘法務省入国管理局長「もちろん、最初に当事者の陳述を詳しく聴取しなければなりません。その場合に、当事者の言い分をすでに一般に知られている事実に加えまして、大体これは難民であると認定できる場合もありましょうし、そうじゃない場合もあろうと思います。つまり、その申請した個人個人の主張、陳述だけでは難民と認定できないという場合には、それだけで難民と認定しないということではなくて、さらに私どもの方では調査を深めたいと思っております。

　そのために私どもは、難民調査官というものを指名することになっております。この難民調査官は、まず知人であるとか親戚であるとか、そういう人たちに出頭してもらって、いろいろその人たちの話を聞き取る場合もありましょうし、さらに、場合によっては現地の事情に詳しい国際機関、たとえば国連難民高等弁務官事務所の人たちに意見を聞くこともございましょうし、さらに、外務省に依頼して在外公館を通じて現地の事情を照会するとか、そういうことをやりまして、その難民の個人個人の方の立証ができやすいように、できるだけ私の方も協力すると申しま

すか、そういう姿勢でいきたいと思っております」。
前川委員「いまの答弁、結構です。できるだけ難民であることを認めてやろう、認めるような、立証できるような努力をしようというふうにいま受け取りました。それでよろしゅうございますか。よろしいですね」。
大鷹入国管理局長「そういう精神で対処したいと思っております」。
(中略)
大鷹入国管理局長「……難民認定に際しまして、難民であるということを証明する挙証責任と申しますか、それはもちろん申請する人にあるわけでございます。その申請する人が行った陳述を客観的に裏づけるというのが難民調査官の仕事であると御理解くださって結構でございます。……
　いずれにしましても、難民調査官の仕事は難民認定を申請した人の陳述を裏づけるためのいろいろな仕事をする、こうお考えくださって差し支えないと思います」。
(中略)
大鷹入国管理局長「難民申請した人は必ずしも常に十分自分たちの主張を証明できるとは限りません。彼らはいろいろと資料も不足でしょうし、なかなか証明はむずかしい場合もあろうと思います。その場合に直ちに、それではあなたは難民ではないというのはやや酷ではないかと思います。したがって、そういうときには、難民申請をした人の陳述の裏づけをとる措置が必要でございます。これを難民調査官がやるわけでございます。つまり、難民認定を申請した人の言っていることがどうもはっきりしない、しかし、これを客観的に証明するための資料をもっと手に入れる必要があるんじゃないか。
　その場合には、……難民の陳述を、これは補うと申しますか裏づけると申しますか、そういう活動をするわけでございます」。
(iv)　同参議院外務委員会(1981年6月4日)
　「……難民調査官というものを新たに設けましてこの難民認定の証拠収集に専属させたい、……大体は本人から詳細に事情を聞きまして、その供述を裏づける資料を外務省その他の御協力を得まして集めて、その上で認定することになるのではないかと考えております」(伊藤卓藏法務大臣官房審議官〔当時〕)。
(v)　同参議院法務委員会(1981年6月4日)
　「……難民の人たちは十分そういう資料を出さない、出せない場合が多いだろうと思います。そこで、ただいまお話のありました難民調査官が非常に大事な役割りを持ってくるようなわけでございます。……
　で、難民の方が十分に資料を出せないというときには、こういう難民調査官の人たちが、さらに難民に立証の機会を与えるためにその裏づけをするような調査を行います」。

(中略)

「この調査は、第一義的には申請した人の陳述を聴取するということでございます。しかし、それでは十分でないという場合もあろうかと思います。その場合には、調査官としてはさらに追加的な資料を手に入れるように努力するということになります」（大鷹弘法務省入国管理局長〔当時〕）

(vi) まとめ

このように難民調査官が果たす役割の重要性に鑑み、入国管理局が作成している難民認定要領には、難民調査官が行うべき調査につき詳細な定めが置かれている。すなわち、難民調査官は、出入国、在留状況、退去強制手続の状況に係る照会などを行うほか、外務省等の中央省庁、UNHCR等の関係行政機関、公私の団体等に対する照会、調査に必要な申請者の出身国情報の入手、申請者及び関係者に対する疎明資料の追加提出の指示を行わなければならず、さらに、原則として申請者又は関係者に対して面接による事情聴取を行わなければならないとされている。

(2) 難民認定手続以外の場合

(i) 在留資格に係る許可（法61条の2の2第1項・2項）

在留資格に係る許可については、法61条の2の2第1項に基づく在留資格の取得の許可と、同条2項に基づく在留特別許可の2種類がある（詳しくは法61条の2の2の解説参照）。このうち前者は、法定の除外事由がない場合に限って認められるものであることから、法定の除外事由の存否の判断において事実の調査が必要となると考えられる。

さらに、2004年改正法により、これまで別個に進行していた難民認定手続と在留特別許可の判断が、難民認定申請者に限り一本化された。これに伴い、難民認定申請者に関しては、在留特別許可の判断は難民認定手続の中においてのみなされることとなった（法61条の2の6第4項参照）。したがって、難民認定手続に関する事実の調査において、申請者側は在留特別許可の相当性に関する事由を主張・立証し、認定者側はこれを踏まえて十分に審理する必要がある。

(ii) 仮滞在の許可（法61条の2の4第1項）

仮滞在の許可については詳細な除外事由が設けられており（法61条の2の4第1項参照）、難民調査官はこの除外事由の存否についての調査を行うこととなる。事情聴取については、難民認定要領上、難民認定申請に際して可能な限り仮滞在許可の可否の判断に必要な情報を収集するための事情聴取を行うとされている。実務上、申請時と別個に仮滞在の許可の判断だけを目的として事情聴取の機会が設定されることは通常行われていない。

(iii) 難民の認定の取消し（法61条の2の7第1項）

この場合も、難民認定要領上、難民認定の規定に準じ、当該取消事由に該当するか否かについて調査しなければならないとされる。難民の認定の取消しについては取消事由が法定されているので（法61条の2の7第1項参照）、その存否の判断のために十分な調査が求められる。
(ⅳ)　仮滞在許可の取消し（法61条の2の5）、難民の認定を受けた者の在留資格の取消し（法61条の2の8第1項）
　いずれも取消事由が法定されているから、その存否の判断のために十分な調査が求められる。
(ⅴ)　難民認定を受けている外国人の「定住者」の在留資格への変更許可（法61条の2の3）
　法61条の2の3に当たらない場合になお法20条2項に基づく「定住者」への在留資格変更を許可すべきかにつき、調査が必要となると考えられる。

③　1項「事実の調査」

　難民の認定につき義務付けられている事実の調査の具体的内容は、すでに述べたとおりである。
　しかしながら、申請者や関係者に対する疎明資料の指示が難民調査官から自発的に行われる例はほとんどない。また、難民調査官が行った調査の結果は、収集した出身国情報も含めて申請者側に開示されることがなく、特に申請者に有利な情報をどの程度収集し、あるいは収集する努力を行っているのか全く不明である。このことは、仮に申請者側に不利な情報が含まれていても、申請者はそれに対する釈明の機会を奪われていることを意味し、武器対等原則を含む適正手続の観点、ひいては適正な難民認定を行うという観点から重大な問題を残している。
　事実の調査の中心をなしているのは、申請人からの事情聴取である。難民認定申請の事実の調査においては、難民調査官による事情聴取は通常複数回に及ぶ。すでに法61条の2の解説⑪(2)で述べたとおり、この事情聴取には代理人の立会いが認められていない。

④　2項「関係人に対し出頭を求め、質問をし、又は文書の提示を求めることができる」

　本項は、関係人に対して出頭を求め、質問をし、又は文書の提示を求めることができると定める。しかしながら、家族で難民認定申請を行っていて本人以外の家族に事情聴取をするような場合を除き、申請人以外の者に対して出頭を求めて質問をし、又は文書の提示を求めるということは通常行われていない。

5　3項「公務所又は公私の団体に照会して」

「公務所」とは、公務員その他法令により公務に従事する者がその職務を行っている場所を言い、「公私の団体」とは、公的又は私的な目的のために複数の人が結合したものを言い、法人格の有無を問わないとされる（逐条解説788頁）。

本条で掲げられている事実の調査に関連して重要な「公務所又は公私の団体」としては、条約の適用を監督する責務を負い、難民に関して専門的知見を有するUNHCRや、海外の情勢に精通する外務省等が挙げられる。なお、難民認定申請者は、本国政府と対立する立場にあるものであるから、申請者の出身国の政府関係者やその在外公館に安易に照会等を行うことは避けなければならない。仮に在外公館に照会の必要性が認められる場合にも、他の手段があればそれをとるべきであり、他の手段がない場合で何らかの照会をせざるを得ない場合にも、決して申請者が特定できないように十分に配慮することが不可欠である。

この点、2004年6月末から7月上旬にかけて、法務省入国管理局の職員が、トルコ国籍のクルド難民事件の現地調査のため、トルコ当局の職員と接触し、申請者の個人情報を開示したという事件があり、日本弁護士連合会は重大な人権侵害行為であるとして、法務省に警告を発した（2005年12月26日付）。論外な行為であり、最大級の非難が妥当する。

第8章

補則

　本章は、第7章（法61条の3～69条の3）までの規定の補則であり、内容は多岐にわたっている。

第61条の3（入国審査官）

① 入国者収容所及び地方入国管理局に、入国審査官を置く。
② 入国審査官は、次に掲げる事務を行う。
　1　上陸及び退去強制についての審査及び口頭審理並びに出国命令についての審査を行うこと。
　2　第22条の4第2項（第61条の2の8第2項において準用する場合を含む。）の規定による意見の聴取、第22条の4第3項ただし書（第61条の2の8第2項において準用する場合を含む。次条第2項第5号において同じ。）の規定による通知並びに第61条の9の2第4項及び第5項の規定による交付送達を行うこと。
　3　第19条の19第1項、第59条の2第1項及び第61条の2の14第1項に規定する事実の調査を行うこと。
　4　収容令書及び退去強制令書を発付すること。
　5　収容令書又は退去強制令書の発付を受けて収容されている者を仮放免すること。
　6　第55条の3第1項の規定による出国命令をすること。
③ 地方入国管理局に置かれた入国審査官は、必要があるときは、その地方入国管理局の管轄区域外においても、職務を行うことができる。

本条の趣旨

　入国審査官は、地方入国管理局、支局及び出張所、並びに入国者収容所に置かれ、入国審査・在留審査・違反審査等の業務に携わる。入国審査官は、国家公務員採用Ⅰ種、Ⅱ種又はⅢ種試験に合格し各地方入国管理局の面接を経て入国管理局職員として採用された者（当初は法務事務官として採用）の中から選考により任命される。Ⅰ種の採用者は採用研修修了後すぐに入国審査官選考の対象になるが、Ⅱ種は3～5年、Ⅲ種は8～10年程度の実務経験が必要とされている。
　本条2項は入国審査官が取り扱う事務を列記しているが、その中には入国審査官のうちさらに法務大臣によって指名された者（特別審理官、主任審査官、難民調査官、意見聴取担当入国審査官及び意見聴取担当難民調査官）が行う事務も少なくない。各号が規定する事務を行う権限を有する者は以下のとおりである。

1号	上陸許可の審査	入国審査官（法7条～9条）
	上陸許可に関する口頭審理及び認定	特別審理官（法10条）
	退去強制手続における違反審査及び認定	入国審査官（法45条～47条）
	退去強制手続における口頭審理及び判定	特別審理官（法48条）
	出国命令に関する審査	入国審査官（法45条、47条2項）
2号	在留資格の取消手続における意見聴取	意見聴取担当入国審査官（法22条の4第2項～5項）
	難民認定の取消手続における意見聴取	意見聴取担当難民調査官（法61条の2の8第2項）
	在留資格の取消手続における急速を要する場合の意見聴取の口頭での通知	入国審査官（法22条の4第3項但書）
	難民認定の取消手続における急速を要する場合の意見聴取の口頭での通知	入国審査官（法61条の2の8第2項）
	在留資格及び難民認定の取消手続における意見聴取の通知及び取消しの通知の交付送達	入国審査官（法61条の9の2第4項・5項）
3号	情報の継続的把握のための事実の調査	入国審査官（法19条の19）
	事実の調査	入国審査官（法59条の2）
	難民認定に関する事実の調査	難民調査官（法61条の2の14）
4号	収容令書の発付	主任審査官（法39条2項）
	退去強制令書の発付	主任審査官（法47条5項、48条9項）
5号	収容令書又は退去強制令書の発付を受けて収容されている者の仮放免許可	主任審査官（法54条2項・3項）
6号	出国命令	主任審査官（法55条の3）

　入国審査官の中から主任審査官、特別審理官、難民調査官、意見聴取担当入国審査官、意見聴取担当難民調査官を指定する基準については、「主任審査官、特別審理官、難民調査官、意見の聴取を行わせる入国審査官及び意見の聴取を行わせる難民調査官を指定する訓令」（平成13年1月6日法務省訓令第1号）に定められている。

主任審査官	入国審査官であって地方入国管理局の局長・次長、地方入国管理局の支局長・次長、別表に掲げる官職（主要出張所長・主要空港支局主席審査官・同審査監理官）にある者（上記訓令1号）
特別審理官	一般職の職員の給与に関する法律別表第1行政職俸給表㈠の3級以上の入国審査官で別に指定する者（上記訓令2号）

難民調査官	一般職の職員の給与に関する法律別表第1行政職俸給表㈠の4級以上の入国審査官で別に指名する者（上記訓令3号）
意見聴取担当入国審査官	一般職の職員の給与に関する法律別表第1行政職俸給表㈠の6級以上の入国審査官で別に指名する者。規則61条の2により「永住者」の在留資格に関するものを除き、その指名は地方入管局長に委任される（上記訓令4号）
意見聴取担当難民調査官	難民調査官の中から別に指名する者。規則61条の2により「永住者」の在留資格に関するものを除き、その指名は地方入管局長に委任される（上記訓令5号）

　前述のとおり、入国審査官は各地方入国管理局において採用されるが、その職務上の必要性から、所属する地方入国管理局の管轄外において職務を行うことができることを明文をもって規定した。地方入国管理局の管轄区域は法務省組織令72条に定められている。

第61条の3の2（入国警備官）

① 入国者収容所及び地方入国管理局に、入国警備官を置く。
② 入国警備官は、次に掲げる事務を行う。
　1　入国、上陸及び在留に関する違反事件を調査すること。
　2　収容令書及び退去強制令書を執行するため、その執行を受ける者を収容し、護送し、及び送還すること。
　3　入国者収容所、収容場その他の施設を警備すること。
　4　第19条の19第1項に規定する事実の調査を行うこと。
　5　第22条の4第3項ただし書の規定による通知並びに第61条の9の2第4項及び第5項の規定による交付送達を行うこと。
③ 前条第3項の規定は、入国警備官に準用する。
④ 入国警備官は、国家公務員法（昭和22年法律第120号）の規定の適用については、警察職員とする。
⑤ 入国警備官の階級は、別に政令で定める。

本条の趣旨

　入国警備官は、全国の地方入国管理局・支局・出張所及び入国者収容所に置かれる。入国警備官は一般の国家公務員とは別に法務省が実施する「入国警備官採用試験」に合格した者の中から採用される。
　入国警備官の職務は本条2項に定められており、具体的には次のとおりである。

1号	退去強制事由(法24条)に該当する違反事件の調査(法27条〜38条)
2号	収容令書及び退去強制令書に基づく収容(法39条1項、52条5項。具体的には収容令書・退去強制令書に基づく身柄の確保、地方入国管理局内の収容場又は入国者収容所への護送及びこれら施設での受入手続、収容場から入国者収容所への護送などの業務)
3号	送還(法52条2項・3項。具体的には収容場所から空港等までの護送及び運送業者への引渡しを指す)
3号	収容場及び入国者収容所の警備並びに被収容者の処遇(被収容者処遇規則14条、15条、17条の2、18条2項・3項、19条等)
4号	情報の継続的把握のための事実の調査(法19条の19)
5号	在留資格の取消手続における急速を要する場合の意見聴取の口頭での通知(法22条の4第3項但書)
5号	難民認定の取消手続における急速を要する場合の意見聴取の口頭での通知(法61条の2の8第2項)
5号	在留資格及び難民認定の取消手続における意見聴取の通知及び取消しの通知の交付送達(法61条の9の2第4項・5項)

　入国警備官も各地方入国管理局に所属するものであるが、必要上その管轄区域を越えて職務を行うことが認められる。

　入国警備官の階級は、現在、令4条により、警備監、警備長、警備士長、警備士、警備士補、警守長、警守の7階級とされている。

第61条の4(武器の携帯及び使用)

① 　入国審査官及び入国警備官は、その職務を行うに当り、武器を携帯することができる。
② 　入国審査官及び入国警備官は、その職務の執行に関し、その事態に応じ、合理的に必要と判断される限度において、武器を使用することができる。但し、左の各号の一に該当する場合を除く外、人に危害を加えてはならない。
　1 　刑法第36条又は第37条に該当するとき。
　2 　収容令書又は退去強制令書の執行を受ける者がその者に対する入国審査官若しくは入国警備官の職務の執行に対して抵抗しようとする場合又は第三者がその者を逃がそうとして入国審査官若しくは入国警備官に抵抗する場合において、これを防止するために他の手段がないと入国審査官又は入国警備官において信ずるに足りる相当の理由があるとき。

1　1項の趣旨

　本項は武器の携帯に関する規定であり、入国審査官及び入国警備官がその職務を行うに当たり武器の携帯が認められることを規定したものである。「入国審査官」には、その職務上被処分者たる外国人と直接対峙する特別審理官・難民調

査官も含まれると解されるが、職務上被処分者と対面することのない主任審査官にまで武器の携帯を認める必要性は見出せない。また、「その職務を行うに当り」とは法令上定められた職務の執行に当たりという意味であるから、法令上定められた職務以外の業務（例えば入国警備官による摘発業務に入国審査官が同行するなど）の際に武器を携帯することは認められない。

本項で定める「武器」として、小型拳銃及び警棒が備えられている。

2 2項の趣旨

本項は武器の使用に関する規定であり、武器の使用が認められる場面及び特に武器の使用によって人に危害を加えることが認められる場面について規定したものである。

ただし、武器の使用が許容される条件について、同項は「その職務の執行に関し、その事態に応じ、合理的に必要と判断される限度において」とするのみで、どのような場面でどの程度の武器の使用が許容されるのか、具体的な基準は示されていない。

しかし、武器の使用による人の生命身体への加害が許容される条件については、同項は2つの場面を定めている。
① 正当防衛（刑法36条）又は緊急避難（同法37条）に当たる場合（1号）
② 収容令書・退去強制令書の執行に当たり執行対象者又は執行対象者を逃走させようとする第三者の抵抗を防止するために他の手段がないと入国審査官又は入国警備官において信ずるに足りる相当の理由があるとき（2号）

入国警備官による臨検・捜索及び押収（法31条以下）の際には武器の携帯及び人に危害を加えない形での使用は認められるが、原則として、武器の使用により人に危害を加えることを本条は許容していない。また要急事件における収容令書発付前の収容（法43条）は、「収容令書……の執行」との要件を欠くので、武器の使用により人に危害を加えることは許されないと解される。

なお、2号にはいくつかの問題がある。
① 本号の「抵抗」の意味について、逐条解説は、「単なる座り込みなどの消極的な抵抗ではなく、収容令書又は退去強制令書の執行を著しく困難ならしめる程度に積極的かつ強度な抵抗という意味である」（805頁）としている。1号との対比上、この「抵抗」とは執行者に対する攻撃以外の行為を意味するものと解される。また単なる逃走も「消極的な抵抗」に当たると解されるから、逃走する執行対象者に対し逃走を阻止し身体拘束する目的で武器を使用し、その生命・身体に危害を加えることは許されないものと解される。
② 本号は、執行対象者又は第三者の「抵抗」を「防止するために他の手段がな

い」場合に武器使用による生命・身体への加害が許される、としている。したがって、身体拘束それ自体を目的とする武器使用による生命・身体への加害（単なる逃走を防止する目的とする場合など）は、許容されないことは当然である。さらに、抵抗防止目的といえども、生命・身体は極めて重要な法益であり、その侵害については最も抑制的でなければならないことを踏まえるならば、法益の比較考量が必要不可欠であり、抵抗排除のための必要性の観点からのみ生命・身体への加害が許容されると解することはできない。

③　本号は、「他の手段がないと入国審査官又は入国警備官において信ずるに足りる相当の理由があるとき」に武器使用による生命・身体への加害が認められる、としており、これは生命・身体侵害行為の違法性が阻却される、との趣旨と解される。しかし、他の手段がないと信ずるに足りる相当の理由があったか否かは、刑事責任や行政処分等に際してその者の故意・過失の有無の問題として考慮されるべき事情であり、客観的・事後的に判断して人に危害を加えない方法での抵抗の抑止が可能であったならば、武器の使用による生命・身体への加害それ自体は違法と評価されるべきである。

第61条の5（制服及び証票）

① 　入国審査官及び入国警備官がその職務を執行する場合においては、法令に特別の規定がある場合のほか、制服を着用し、又はその身分を示す証票を携帯しなければならない。
② 　前項の証票は、職務の執行を受ける者の要求があるときは、その者にこれを呈示しなければならない。
③ 　第1項の制服及び証票の様式は、法務省令で定める。

本条の趣旨

　本条は、入国審査官・入国警備官の職務執行時の制服着用・証票携帯義務（1項）及び証票呈示義務（2項）を定めた規定である。

　法文上、制服の着用と証票の携帯は選択的な義務とされている。現場調査の際などに制服の着用が適当でない場合も想定されるので、職務執行中の制服着用が一義的に義務付けられてはいない点には一定の合理性が認められるが、制服を着用していれば証票を携帯していなくともよいとの点には疑問がある。少なくとも、地方入国管理局又は入国者収容所の官署外での職務執行時には証票を常時携帯するべきである。

　本条3項を受けて、「入国審査官及び入国警備官服制」（平成5年6月10日法務省令第26号）及び「入国審査官及び入国警備官の証票の様式に関する省令」（昭和

56年12月19日法務省令第63号)が定められている。

前者の服制においては、男子・女子それぞれ制帽、上衣、ズボン・スカート、合服、外とう、雨衣等について地質、製式等を詳細に定めている。また後者の省令においては、証票の体裁、記載内容等詳細に規定している。

第61条の6（収容場）
地方入国管理局に、収容令書の執行を受ける者を収容する収容場を設ける。

本条の趣旨

本条は、収容令書の執行を受ける者を収容する収容場を、地方入国管理局に設けることを定めたものである。退去強制事由に該当する外国人を収容する施設としては、法務省設置法13条に定める入国者収容所(法2条15号)とは区別される。

条文上は「収容令書の執行を受ける者を収容する」とあるが、実務上（少なくとも東京入国管理局では）収容令書による収容期限が切れた後に、退去強制令書による収容をする場合にも収容場が利用されている。

第61条の7（被収容者の処遇）
① 入国者収容所又は収容場（以下「入国者収容所等」という。）に収容されている者（以下「被収容者」という。）には、入国者収容所等の保安上支障がない範囲内においてできる限りの自由が与えられなければならない。
② 被収容者には、一定の寝具を貸与し、及び一定の糧食を給与するものとする。
③ 被収容者に対する給養は、適正でなければならず、入国者収容所等の設備は、衛生的でなければならない。
④ 入国者収容所長又は地方入国管理局長（以下「入国者収容所長等」という。）は、入国者収容所等の保安上又は衛生上必要があると認めるときは、被収容者の身体、所持品又は衣類を検査し、及びその所持品又は衣類を領置することができる。
⑤ 入国者収容所長等は、入国者収容所等の保安上必要があると認めるときは、被収容者の発受する通信を検査し、及びその発受を禁止し、又は制限することができる。
⑥ 前各項に規定するものを除く外、被収容者の処遇に関し必要な事項は、法務省令で定める。

1 本条の趣旨

本条は、被収容者の処遇に関する概括的な規定を定めたものであり、詳細は「被収容者処遇規則」（昭和56年11月10日法務省令第59号）によって定められている。

なお、2009年改正法においては、本条の用語の表記について整理が行われた（入国者収容所と地方入管収容場をまとめて「入国者収容所等」と表記するなど）。また、5項

の「検閲」の文言が「検査」に改められたが、実態に変化をもたらすものとは言えず、かえって検閲の実態を糊塗するおそれすらあると思われる。

2　6項：白紙委任

本条に定めるほか、被収容者処遇規則では次のような基本的人権の制限に関する規定が置かれている。このような重要な人権制限を、法務省令に委ねる本条6項は白紙委任であり、憲法違反の疑いが強い。

① 制止等の措置（被収容者処遇規則17条の2）
② 隔離（被収容者処遇規則18条）
③ 戒具の使用（被収容者処遇規則19条）
④ 運動（被収容者処遇規則28条）
⑤ 面会（被収容者処遇規則33条、34条）
⑥ 通信文の発受（被収容者処遇規則37条）

3　処遇実態

収容所等における処遇の実態は、極めて劣悪であるという報告が多数なされている（入管問題調査会編『密室の人権侵害—入国管理局収容施設の実態』〔現代人文社、1996年〕、同編『入管収容施設—スウェーデン、オーストリア、連合王国そして日本』〔現代人文社、2001年〕）。顕著な例を挙げれば、被収容者処遇規則28条は、「所長等は、被収容者に毎日戸外の適当な場所で運動する機会を与えなければならない」と定めているにもかかわらず、休日も含めて毎日の運動を実施できている収容施設は、本書執筆日現在、存在しない。

また、制圧という名の下で、被収容者に対して暴行が加えられるケースは複数報道されており、国家賠償請求訴訟も起こされた。2004年12月10日には、入国者収容所東日本入国管理センターにおいて、処遇改善を求めていた被収容者に対して暴行を加えたという事件が起こり、大きく報道された。処遇における不透明さが改善されない限り、事態の大幅な改善は望めないであろう。

4　裁判例

(1) 東京地判平13・6・26判タ1124号167頁

入国管理局職員による暴行の事実は否定したものの、①被収容者処遇規則18条1項による隔離収容の期間が不相当に長期間で、東京入国管理局長に委ねられた裁量権の範囲を超えており違法であったと言わざるを得ない、②金属手錠の使用（被収容者処遇規則19条）が不必要な期間にわたっており違法であると判断し、国に対して100万円の慰謝料の支払いを命じた（原告が控訴したが、2003〔平成15

年2月13日、東京高裁は控訴棄却の判決を言い渡し、双方上告等せずに確定した)。

(2)　東京地判平14・12・20LEX/DB登載

　1997年に当時の東京入国管理局第2庁舎にあった収容場に112日間収容されていたトルコ国籍のクルド難民が、難民申請者を収容することが違法であることなど多岐にわたる理由で国家賠償請求をした事件で、東京地裁は収容期間中一度も運動ができなかったことなどを理由として請求を一部認めた。被収容者処遇規則28条は、原則として毎日1回戸外運動の機会を与えなくてはならないと定めているのに、東京入国管理局第2庁舎にはそもそも戸外運動ができる施設が存在しないことから恒常的な規則違反が行われていたのであるが、これを違法と認めた画期的な判決である。

　ただし、その控訴審である東京高判平15・8・27 (LEX/DB登載) は、「ストレッチ体操等の軽い運動をすることについては特に制限しなかったこと、居室内への採光は十分可能である上、適宜居室窓を開けて外気を採り入れることができたこと、各居室には冷暖房が設けられて季節に応じた空調が確保されていたほか、各居室にはテレビが設置されており、午前9時 (点呼終了後) から午後9時まで視聴が可能であり、居室内の飲食、喫煙についても比較的自由が認められるなど代償措置として特別の配慮を行っていたこと、さらに、被収容者から体調の変化や体調不良等、健康保持に関する申出がある場合には、医師又は看護士の診察を受けさせ、あるいは外部病院へ連行することなど、被収容者の健康管理には配慮がなされていたところ、被控訴人は戸外運動の機会が付与されなかったということで病気に罹患したり体調不良となったなどの事実がうかがわれないこと」などの諸般の事実を考慮して、被収容者処遇規則28条に反する違法なものとまではいえないと判断し、一審判決を取り消した (2005〔平成17〕年1月27日、最高裁も上告受理申立は受理しないとの決定をした)。

(3)　大阪地判平15・1・21LLI/DB登載

　大阪府茨木市にある入国者収容所西日本入国管理センターに収容されていたウガンダ人男性に対して、入国警備官がセクシュアル・ハラスメントを行ったことや、暴行を加えたことなどを理由にして国家賠償請求をした事件について、「行過ぎた暴行」があったとして、国に対し20万円の支払いを命じた。

　上記判決は、大阪高裁でも維持され (大阪高判平15・12・11公刊物未登載)、判決は確定した。

第61条の7の2 (入国者収容所等視察委員会)

① 法務省令で定める入国管理官署に、入国者収容所等視察委員会 (以下「委員会」と

いう。)を置く。
②　委員会は、入国者収容所等の適正な運営に資するため、法務省令で定める担当区域内にある入国者収容所等を視察し、その運営に関し、入国者収容所長等に対して意見を述べるものとする。

1　本条の趣旨

　2009年改正法により新設された制度で、2010年7月1日に施行された。
(1)　自由権規約委員会の1998年勧告とその後の動向
　1998年11月19日、自由権規約委員会は、「さらにとりわけ、委員会は、調査及び救済のため警察及び出入国管理当局による不適正な処遇に対する申立てを行うことができる独立した当局が存在しないことに懸念を有する。委員会はそのような独立した機関又は当局が締約国により遅滞なく設置されることを勧告する」(10項)、「委員会は、収容の厳しい条件、手錠の使用及び隔離室での収容を含む、出入国管理手続中に収容されている者に対する暴力及びセクシュアル・ハラスメントに関する申立てについて懸念を有する。入国者収容所の被収容者は、6ヶ月間まで、また、いくつかの事例においては2年間もそこに収容される可能性がある。委員会は、締約国が収容所の状況について再調査し、必要な場合には、その状況を規約第7条及び第9条に合致させるための措置をとることを勧告する」(19項)との勧告を行った。
　これを受けて、刑事施設においては法改正に向けた作業が開始され、2008年5月24日に施行された「刑事施設及び受刑者の処遇等に関する法律」により、「刑事施設視察委員会」が設けられるに至った。
　他方、入管収容施設については、前記勧告を受けて、ひとまず2001年11月に、被収容者は、自己の処遇に関する入国警備官の措置に不服があるときは収容所長等宛てにその旨を申し出ることができ、収容所長等の判定に不服がある被収容者は法務大臣に対して異議の申出をすることができるという制度が設けられた(被収容者処遇規則41条の2ないし4)。しかし、あくまで法務省内部の調査にとどまるもので、「独立した機関又は当局」とはいえないし、2003年5月30日付朝日新聞の報道によれば、同年3月までに申し立てられた68件のうち、不服申出や異議が認められたケースは1件もないという状態が続いた。
(2)　拷問禁止委員会の勧告と本条の新設
　そこで、入管の収容施設について、2007年8月7日、拷問禁止委員会が、さらに以下のとおり懸念を表明した。
　「委員会は、締約国の国内法の特定の規定及び締約国の運用が条約第3条に適合していないこと、及び特に以下の諸事項について懸念する。

(中略)

c）上陸防止施設及び入管収容センターにおける収容の状況について、暴行、退去強制のための身体拘束装具の非合法的使用、虐待、性的嫌がらせ、適切な医療措置へのアクセスの欠如に関し、数々の申立てがあること。特に、委員会は、入管収容センターにおける不当な取扱いとして認められた事案が今日まで1件のみであることを懸念する。

d）入管収容センター及び上陸防止施設に独立した監視制度が存在しないこと、特に、入管職員による侵害があった場合に被収容者が不服を申し立てる独立機関が欠如していること。また、委員会は、第三者的立場にある難民審査参与員の任命基準が公表されていないことを懸念する。

(中略)

g）庇護申請の却下から退去強制までの間、庇護申請者が不当に長期間収容されていること、特に、期間の定めなく長期に収容されている事案があるとの報告」（14項）。

　その上で、同委員会は「締約国は、……入管収容施設における取扱いに関する不服申立てを二次的に審査する独立機関を、遅滞なく設置すべきである。締約国は、退去強制を待つまでの収容期間の長さに期限を設けるべきであり、特に脆弱な立場の人々についてはそうすべきである。また、退去強制令書発付後における収容の要件に関する情報を公開すべきである」との勧告を行った。

　このように、国連の委員会による重ねての批判を受けたことを踏まえ、入管収容施設においても刑事施設同様の視察委員会を設けることとなった。そのためか、両者の条文は類似している。しかし、入国者収容所等の収容は、退去強制手続を円滑に進めるためのものに過ぎず、刑務所等のような懲罰・矯正という目的はなく、被収容者の人権に対する制約も自ずと緩やかなものになる。したがって、条文の体裁や文言が同じものでも、入国者収容所等視察委員会に関しては、被収容者の人権がより広範に保障されるような解釈がされるべきである。

　その設置目的について、法案審議過程の第171回国会衆議院法務委員会（2009年4月28日）において、西川克行法務省入国管理局長（当時）は、「新たに設置される入国者収容所等視察委員会は、入国者収容所等の視察や被収容者との面接を行った上で、入国者収容所等の適正な運営に資する意見を入国者収容所長に対し述べることを目的として設置されるもの」と述べている。

2　1項「法務省令で定める入国管理官署」

　「出入国管理及び難民認定法施行規則の一部を改正する省令」（平成22年3月31日法務省令第9号）により、規則に59条の3及び別表6が追加された（その後、平

成22年9月9日法務省令第30号により別表第6下欄の各3号を改正)。

(入国者収容所等視察委員会の置かれる入国管理官署等)
第59条の3　入国者収容所等視察委員会(以下「委員会」という。)の名称、法第61条の7の2第1項に規定する入国管理官署並びに同条第2項及び第61条の7の6第1項に規定する担当区域内にある入国者収容所及び収容場(以下「入国者収容所等」という。)並びに出国待機施設は、別表第6のとおりとする。

別表第6

名称	入国管理官署	担当区域内にある入国者収容所等及び出国待機施設	
東日本地区入国者収容所等視察委員会	東京入国管理局	1	入国者収容所東日本入国管理センター
		2	札幌入国管理局、仙台入国管理局及び東京入国管理局の収容場
		3	別表第5第1号及び第2号に掲げる施設
西日本地区入国者収容所等視察委員会	大阪入国管理局	1	入国者収容所西日本入国管理センター及び入国者収容所大村入国管理センター
		2	名古屋入国管理局、大阪入国管理局、広島入国管理局、高松入国管理局及び福岡入国管理局の収容場
		3	別表第5第3号及び第4号に掲げる施設

　先の西川入国管理局長の答弁によれば、「現在の構想を申し上げますと、東西二か所に設置をしようというふうに思っております」(第171回国会参議院法務委員会〔2009年6月30日〕)とのことである。これに対しては、「委員会の設置というのが東西二カ所のみというふうに聞いておりますし、収容所の数あるいは規模を考えると、これでは多少心もとないのではないか、こう考えるわけであります」(第171回国会衆議院法務委員会〔2009年6月19日〕における加藤公一委員の発言)、「ただ、それにしても、収容施設、東日本収容所、西日本収容所、長崎、大阪、名古屋、東京、成田と、私たちが知っている主に数えられるだけでも6か所ある、今、二十二施設あるとおっしゃいましたけれども、これ、足りないんじゃないですか」(第171回国会参議院法務委員会〔2009年6月30日〕における今野東委員の発言)との疑問が呈されている。
　これに対して、西川入国管理局長は、「入国者収容所等視察委員会の対象となる施設、全国で二十二施設あるんですが、これは大きいところは定員が八百人から八人と非常に多岐にわたっております。それで、先生方にはいろんな施設を見ていただきまして、それで御助言をいただきたいということと、それと、あと行政の効率性というものもございますので、当面は二か所に設置して、一か所には大体

十人以内ぐらいの委員の先生方に行っていただきまして、巡回して見ていただいて、それで改善点について御助言をいただくと、現在はこのような構想でおります。またその運用状況を見て更に考えたいというふうに思っております」(同委員会)と答弁しており、実態を踏まえて増設も検討される余地がある。

　また、衆参両議院の法務委員会では、「入国者収容所等視察委員会については、専門性にも配慮しつつ幅広く各界各層から委員を選任するとともに、委員会が十全な活動を行えるよう、その活動に係る人的・物的体制を整備し、委員会に対する情報の提供を最大限行う等の特段の配慮を行うこと」との附帯決議がなされた(衆議院法務委員会につき2009年6月19日、参議院法務委員会につき2009年7月7日)。

3　2項「入国者収容所等」
　法61条の7に定める「入国者収容所又は収容場」である。

4　2項「入国者収容所等の適正な運営に資するため」
　委員会の目的を定めるものである。
　ここで「入国者収容所等の適正な運営」とあり、処遇に限定する文言が用いられていないこと、本委員会が前掲の自由権規約委員会、拷問禁止委員会の懸念・勧告の趣旨を踏まえて設置されたものであることからすると、委員会は収容施設内における処遇のみならず、仮放免、特別放免、送還の実施状況などの運用、さらには拷問禁止委員会が勧告した、「退去強制令書発付後における収容の要件に関する情報」の公開など、幅広い事項について意見を述べられるものと解すべきである。

5　2項「意見を述べるものとする」
　委員会は、入国者収容所等の運営に関し、入国者収容所長等に対して意見を述べるものとされている。この意見に対して、入国者収容所長等が拘束をされるかどうかについては、法文上、何ら定めがない。
　この点について、西川入国管理局長は、「当然、入国者収容所長はその意見を真摯に受け止めて、その内容を踏まえて改善を図る、そのために必要な措置を講ずるということになるわけでありますが、その担保といたしましては、委員は適任者を法務大臣が任命する、法務大臣は、毎年、委員会が入国者収容所長に対して述べた意見、これを受けて入国者収容所長等が講じた措置の内容を取りまとめてその概要を公表するということにされております。したがって、委員が収容所長等に申し述べた意見が無視されたり、そういうことはなくて、その意見は十分担保されるというふうに考えております」と述べている(第171回国会参議院法務委員会

〔2009年6月30日〕）。

　本委員会に先立って設置された刑事施設視察委員会について、徳島刑務所の視察委員会は、同所の医師を名指しして問題点を指摘し、解雇まで求めていたにもかかわらず、施設当局はこれを無視し、2007年11月には受刑者による集団暴動発生に至った例もある（桑山亜也・海渡雄一「拘禁施設内における拷問等防止の意義—日本における国内防止メカニズムの実現を探る」龍谷大学矯正・保護センター研究年報6号〔2009年〕87頁）。本委員会については、上記の西川入国管理局長の答弁どおりに運用されることが強く望まれる。

第61条の7の3（組織等）

① 委員会は、委員10人以内で組織する。
② 委員は、人格識見が高く、かつ、入国者収容所等の運営の改善向上に熱意を有する者のうちから、法務大臣が任命する。
③ 委員の任期は、1年とする。ただし、再任を妨げない。
④ 委員は、非常勤とする。
⑤ 前各項に定めるもののほか、委員会の組織及び運営に関し必要な事項は、法務省令で定める。

1　本条の趣旨
　本条も前条と同じ2009年改正法によって新設された条文であり、委員会の組織について定めるものである。

2　1項「委員10人以内」
　前条で引用した西川入国管理局長の答弁によれば、法文上委員会の定員は10人「以内」とあるが、法施行時における委員会は10人を想定していたようであり、実際にも東日本、西日本とも10人ずつが選任された。

3　2項「人格識見が高く、かつ、入国者収容所等の運営の改善向上に熱意を有する者」
　委員会の委員の適格について定めるものである。具体的にどのような者が当たるかについては、西川入国管理局長の答弁によれば「例えば学識経験者、それから法曹関係者、医療関係者、NGOの関係者、そのほか幅広い分野の有識者から任命することを考えておりますし、それから、選出に当たりましては、例えば弁護士会、医師会であるとか、NGO等の推薦を受け、あるいは少なくともこのような団体と御相談をさせていただくということを検討しております」（第171回国会参議院

法務委員会〔2009年6月30日〕)とのことである。
　これに対して、今野東議員は、「人格が高潔であつて、前条第1項の異議申立てに関し公正な判断をすることができ、かつ、法律又は国際情勢に関する学識経験を有する者」から選出されている難民審査参与員(法61条の2の10第2項)を引き合いに出し、「参与員制度の例を見ますと、どうも私たちから見ると偏っていて、NGOからの推薦の人がなかなか委員になれなかったりというようなことがあるようなんですけれども、是非医療関係者の方は入れていただきたい。それから、難民支援NGOあるいは弁護士、今法曹界からもとおっしゃったからその辺は考えていただいているんだろうと思いますけれども、その辺りで、公正に収容状況、運営状況を見詰めることができる人を、是非、私たちが見て何か偏っているなという、できるだけ問題が表に出ないような人選なんじゃないかと思われるような人選ではなく、公正な人選をしていただきたいと思います」と要望している(同委員会)。
　難民審査参与員の具体的な人選については、今野議員が指摘するとおりの問題点があり、日本弁護士連合会も「第三者性及び専門性が担保された公正な団体からの推薦を制度化することが必要であり、具体的には、UNHCR、当連合会等からの推薦を受けた参与員が、少なくとも全体の3分の2以上を占めるものとすべきである」と指摘している(日弁連意見書④)。
　本項が「人格識見が高く」というだけではなく、「入国者収容所等の運営の改善向上に熱意を有する者」としているのは、難民審査参与員に任命された者のうち、必ずしも熱意を有するとは認められない者がいたことの反省であろう。
　この点、先行して施行された刑事施設視察委員会では、実際上、各地方の弁護士会推薦の弁護士、医師会推薦の医師が必ず含まれており、刑事法関係の研究者が選任されている例も多いとのことである(前掲桑山・海渡87頁)。

4　4項「非常勤」

　委員は非常勤であることを定めたものである。その報酬については定められていないが、日本弁護士連合会は、難民審査参与員に対する報酬が極めて低く、待遇を見直すべきとしている(日弁連意見書④)。
　本委員会の委員も、20名で全国22カ所の収容施設の視察と、委員会の開催、意見表明という重責を担うことになる。非常勤とはいえ、相当の労力を割くことになることは想像に難くない。優れた人材を確保するためにも、その職責に見合った報酬を支払うべきである。

> **第61条の7の4**（委員会に対する情報の提供及び委員の視察等）
> ① 入国者収容所長等は、入国者収容所等の運営の状況について、法務省令で定めるところにより、定期的に、又は必要に応じて、委員会に対し、情報を提供するものとする。
> ② 委員会は、入国者収容所等の運営の状況を把握するため、委員による入国者収容所等の視察をすることができる。この場合において、委員会は、必要があると認めるときは、入国者収容所等に対し、委員による被収容者との面接の実施について協力を求めることができる。
> ③ 入国者収容所長等は、前項の視察及び面接について、必要な協力をしなければならない。
> ④ 第61条の7第5項の規定にかかわらず、被収容者が委員会に対して提出する書面については、検査し、又はその提出を禁止し、若しくは制限してはならない。

1 本条の趣旨

本条も前2条同様に2009年改正法で新設された条文であり、委員会の職務遂行に資するため、入国者収容所長等が情報提供をすべきこと、必要な協力をすべきこと等を定めるものである。

2 1項の趣旨

本項は、入国者収容所長等が委員会に対して、入国者収容所等の運営状況について定期的、若しくは必要に応じて情報提供をすべきことを定める。委員会の設置趣旨からすれば、入国者収容所長等は、委員会が情報提供を求めた場合には、できる限り広い範囲でこれに応じるべきである。

3 1項「法務省令で定めるところにより」

(1) 定期的な情報の提供

規則59条の5第1項によれば、定期的な情報の提供として、入国者収容所長等は、毎年度、その年度における最初の委員会の会議において、以下の事項について、入国者収容所等の運営の状況を把握するのに必要な情報を記載した書面を提出するものとされている。

① 入国者収容所等の概要（1号）
② 収容定員及び収容人員の推移（2号）
③ 入国者収容所等の管理の体制（3号）
④ 寝具の貸与及び糧食の給与の状況（4号）
⑤ 被収容者の自費による物品の購入並びに物品の授与及び送付の状況（5号）
⑥ 被収容者に対して講じた衛生上及び医療上の措置の状況（6号）
⑦ 規律及び秩序を維持するためにとった措置の状況（7号）

⑧　被収容者による面会及び通信の発受の状況（8号）
⑨　被収容者からの意見聴取及び申出の状況（9号）
⑩　被収容者からの処遇に関する入国警備官の措置に係る不服申出の状況（10号）
　この点、入国者収容所長等においては、自由権規約委員会や拷問禁止委員会の勧告の趣旨に照らし、特に次の各事項について、定期的に詳細な情報提供をすべきである。
①　被収容者に対する暴行、虐待、嫌がらせの有無及び内容
②　退去強制のための身体拘束装具（戒具等）の使用状況
③　医療措置の状況
④　被収容者の年齢、とりわけ未成年者の数
⑤　仮放免、特別放免の基準及び許可の状況（許可数、不許可数、平均審査期間等）
⑥　国費送還の基準及び数
⑦　各種手続を行う際の通訳・翻訳の実施状況

(2)　必要に応じた情報の提供
　規則59条の5第3項によれば、必要に応じた情報の提供として、入国者収容所所長等は、以下の場合に、委員会の会議において、その状況を把握するのに必要な情報を記載した書面を提出するものとされている。
①　入国者収容所等の運営の状況に相当程度の変更があった場合（1号）
②　委員会から入国者収容所等の運営の状況について説明を求められた場合（2号）
③　委員会の意見を受けて措置を講じた場合（3号）
④　前3号に掲げるもののほか、入国者収容所長等が入国者収容所等の運営の状況について情報の提供をすることが適当と認めた場合（4号）

4　2項・3項「協力」

　委員会は、入国者収容所等の運営状況を把握するため、委員による入国者収容所等の視察をすることができる。この場合、委員会は、必要があるときは委員による被収容者との面接の実施について協力を求めることができ、入国者収容所長等はこれに協力しなければならない。
　この点、前掲桑山・海渡87頁によれば、刑事視察視察委員会の委員と被拘禁者との面接は立会いなしに実施され、秘密は一応保たれているとのことである。入国者収容所等においても、同様の配慮が求められる。
　また、入国者収容所等の被収容者は、日本語に通じていない者も多数存在すると思われる。委員による被収容者との面接に当たっては、通訳人の手配は必須である。入国者収容所長等は、本条3項により、必要な場合には通訳人の手配を行

い、その費用負担もしなければならない。

5　4項の趣旨

　法61条の7第5項は、入国者収容所長等は、保安上必要があるときには被収容者の発受する通信を検査し、その発受を禁止し、又は制限することができると定めているが、本項ではこれらをしてはならないとした。本条2項と同趣旨である。

　この点、前掲桑山・海渡87頁によれば、刑事施設内に置かれている提案箱の鍵は視察委員会が保持し、被拘禁者が投函した手紙の検閲はされていないが、被拘禁者が投函するためには願箋によって提案用紙の交付を受けるという事前手続を要求されるため、投函した事実が当局に把握されるのを恐れ、被拘禁者が投函を控える傾向が生じているとのことである。入国者収容所等では、そのような事態にならないよう運用すべきである。

　また、入国者収容所等において被収容者から手紙を渡される場合には、多くは外国語で記載されることが予想される。そこで、翻訳が必要な場合には、本条3項を準用して入国者収容所長等は翻訳者を紹介し、費用を負担するなどの協力を行うべきである。

第61条の7の5（委員会の意見等の公表）

　法務大臣は、毎年、委員会が入国者収容所長等に対して述べた意見及びこれを受けて入国者収容所長等が講じた措置の内容を取りまとめ、その概要を公表するものとする。

本条の趣旨

　本条は、委員会が入国者収容所長等に対して述べた意見及びこれを受けて講じた措置の内容を法務大臣が毎年取りまとめ、その概要を公表することを義務付けたものである。

　しかし、本委員会の趣旨からすれば、少なくとも委員会が述べた意見を法務大臣が取りまとめるというのではなく、委員会自身の自主的な判断で公表するものとすべきであるし、入国者収容所長等の講じた措置の内容も「概要」だけではなく、原則としてすべてを公表すべきであろう。

　なお、本条により公表されるべき内容には定めはないが、先行している刑事施設視察委員会については、現時点では非常に概括的な公開しかされていない、とのことである（前掲桑山・海渡88頁）。他方、留置施設視察委員会の活動内容は、これを管轄する各県警のウェブサイトにかなり詳細な事項が公開されている。本条による概要の公表も、より詳しいものとされることが望まれる。

　委員会自体が意見書の内容を公表することは、セキュリティとプライバシーに配

慮すれば問題なく、刑事施設視察委員会でも徐々に記者会見を開催するなどして報告書の内容を公開しているとのことである（前掲桑山・海渡88頁）。

第61条の7の6（出国待機施設の視察等）
① 委員会は、第61条の7の2第2項に規定する事務を行うほか、出国待機施設の適正な運営に資するため、法務省令で定める担当区域内にある出国待機施設を視察し、その運営に関し、当該出国待機施設の所在地を管轄する地方入国管理局の長に対して意見を述べるものとする。
② 前2条の規定は、前項に規定する事務を行う場合に準用する。

1 本条の趣旨
視察委員会の権限が、出国待機施設にも及ぶことを定めるものである。

2 1項「出国待機施設」
出国待機施設とは、従前は上陸防止施設と呼ばれていた施設である。2009年改正法によって定義付けられた用語であり、「第13条の2第1項の規定によりとどまることができる場所として法務省令で定める施設」（法59条3項）を「出国待機施設」と呼ぶこととした。

同施設に留め置くことは、収容令書若しくは退去強制令書による収容（法39条1項、52条5項）とは異なるが（詳しくは法13条の2の解説2、法59条の解説6参照）、法の規定によって外国人を身体拘束下に置くという点で類似するものであるから、視察委員会による視察ができるものとしたものである。

第61条の8（関係行政機関の協力）
① 法務省の内部部局として置かれる局で政令で定めるもの、入国者収容所又は地方入国管理局の長は、警察庁、都道府県警察、海上保安庁、税関、公共職業安定所その他の関係行政機関に対し、出入国の管理及び難民の認定に関する事務の遂行に関して、必要な協力を求めることができる。
② 前項の規定による協力を求められた関係行政機関は、本来の任務の遂行を妨げない範囲において、できるだけその求めに応じなければならない。

1 本条の趣旨
本条は、法務省の内部部局として置かれる局で政令で定めるもの（令5条で、法務省入国管理局と定められた）の長、入国者収容所長、地方入国管理局局長が、関係行政機関に対して必要な協力を求めることができることを定めたのものである。

2 その他の関係行政機関

逐条解説では、「その他の関係行政機関」について、「その所掌事務において出入国の管理及び難民の認定の事務と関連を有する行政機関をいう」とされている（820頁）。

ところが、入国管理局は本条を濫用して、「その他の関係行政機関」には当たらない行政機関に対して、情報提供を求めていることが判明している。例えば、難民不認定取消請求訴訟の原告が公立中学校に通っているかどうか、その成績はどうかなどということの照会がなされたことがあるが、公立中学校は所掌事務において出入国の管理及び難民の認定の事務と関連を有するとはとても言えない。本条の適用範囲外であり、法律に根拠のないプライバシー侵害である。

第61条の8の2（住民票の記載等に係る通知）

> 市町村の長は、住民基本台帳法第30条の45に規定する外国人住民に係る住民票について、政令で定める事由により、その記載、消除又は記載の修正をしたときは、直ちにその旨を法務大臣に通知しなければならない。

1 本条の趣旨

2009年改正法は、法務大臣が外国人の在留管理に必要な情報を継続的に把握する制度を構築することを目的とし、日本に中長期間在留する外国人を対象者として、新たな在留管理制度を導入したが（2012年7月9日施行）、これに伴い、外登法が廃止される一方、2009年改正住基法により、外国人住民が住基法の適用対象に加えられることとなった（2012年7月9日施行）。

具体的には、①中長期在留者、②特別永住者、③一時庇護許可者又は仮滞在許可者、④出生による経過滞在者（国内で出生した外国人のうち法22条の2第1項の規定により在留することができるもの）又は国籍喪失による経過滞在者（日本国籍を失った者のうち同項の規定により在留することができるもの）については、外国人住民として住基法の適用対象とされ（住基法30条の45）、住民票が作成されることになった（同法5条、6条）。外国人住民に関する住民票においては、氏名、生年月日、性別、住所、国民健康保険の被保険者に関する事項等とともに、国籍、在留資格、在留期間等が記載されることとなる（同法30条の45）。

本条は、新たな在留管理制度と住民基本台帳制度における外国人住民の情報の正確性を確保するという観点から、市町村長と法務大臣との間の情報のやりとりのうち、市町村長から法務大臣への外国人住民に関する住民票の記載等に関する通知を定めたものである。

2　市町村長と法務大臣との間の情報のやりとり

　市区村長から法務大臣に対し、どのような場合に住民票の記載、消除又は記載の修正が通知されるかについては、令6条で定められた。

　他方、法務大臣から市区町村への情報の通知については、住基法において定められており、法務大臣は、外国人から氏名、生年月日、性別、国籍等の変更の届出があった場合や、在留資格の変更許可、在留期間の更新許可等によって在留資格や在留期間に変更があった場合において、遅滞なく、市区町村長に対し、これらの情報を通知するものとされている（住基法30条の50）。

　このような市町村長と法務大臣との間の情報のやりとりは、外国人住民の情報の正確性を確保するという観点によるものであるが、他方で、法務大臣が誤って在留資格の変更や在留資格の更新を不許可にした場合であったとしても、これらの情報が直ちに市区町村長に通知されることになり、その結果として外国人住民が本来は受けられるはずであった行政サービスを受けられなくなるといった問題が生じることも考えられる。

第61条の9（情報提供）

① 法務大臣は、出入国管理及び難民認定法に規定する出入国の管理及び難民の認定の職務に相当する職務を行う外国の当局（以下この条において「外国入国管理当局」という。）に対し、その職務（出入国管理及び難民認定法に規定する出入国の管理及び難民の認定の職務に相当するものに限る。次項において同じ。）の遂行に資すると認める情報を提供することができる。

② 前項の規定による情報の提供については、当該情報が当該外国入国管理当局の職務の遂行に資する目的以外の目的で使用されないよう適切な措置がとられなければならない。

③ 法務大臣は、外国入国管理当局からの要請があつたときは、前項の規定にかかわらず、次の各号のいずれかに該当する場合を除き、第1項の規定により提供した情報を当該要請に係る外国の刑事事件の捜査又は審判（以下この項において「捜査等」という。）に使用することについて同意をすることができる。

　1　当該要請に係る刑事事件の捜査等の対象とされている犯罪が政治犯罪であるとき、又は当該要請が政治犯罪について捜査等を行う目的で行われたものと認められるとき。

　2　当該要請に係る刑事事件の捜査等の対象とされている犯罪に係る行為が日本国内において行われたとした場合において、その行為が日本国の法令によれば罪に当たるものでないとき。

　3　日本国が行う同種の要請に応ずる旨の要請国の保証がないとき。

④ 法務大臣は、前項の同意をする場合においては、あらかじめ、同項第3号に該当し

ないことについて、外務大臣の確認を受けなければならない。

1 本条の趣旨

　本条は2005年改正法によって新設された。その立法目的は、「テロリストの入国防止」と説明されている（第162回国会衆議院法務委員会〔2005年6月8日〕における南野知惠子法務大臣〔当時〕の説明）。

　その目的自体が正当であることは否定し得ないが、本条が制定される前年である2004年6月下旬から7月にかけて、法務省はトルコ国籍のクルド難民について、トルコに赴いて本国関係者に実名を明かした上で調査をし、当該調査については、日本弁護士連合会によっても重大な人権侵害行為として警告がなされている（2005年12月26日付。法61条の2の14の解説⑤参照）。そこで、本条は、当該現地調査を行ったことを正当化するために設けたものではないかという批判も一部には存在した。

　そのため、2005年4月21日の参議院本会議では、法案可決に当たって、次のとおり附帯決議がされた。「外国入国管理当局に対する情報提供に当たっては、人身取引の被害者や難民認定申請者等を危険にさらしたり、その個人情報が濫用されることのないよう特に配慮すること」。

　また、2005年6月14日の衆議院でも、次のとおり附帯決議がされた。「外国入国管理当局に対する情報提供に当たっては、人身取引被害者及び関係者の安全確保を最優先に、提供情報の目的・範囲・方法等を定めた基準の作成や公表の可否について、検討すること」。

　本条の運用に当たっては、上記の附帯決議の趣旨を十分尊重しなくてはならないことは言うまでもない。

2 2項「適切な措置」

　本項は、提供された情報が目的外使用されないように「適切な措置」をとらなくてはならないと定めるものであるが、いったん外国の機関に対して提供した情報を目的外使用しないようにするための「適切な措置」というのは具体的にどのようなことを意味するのか、国会審議では何ら明らかにされなかった。そのような措置がとれるのか、甚だ疑問である。

3 3項「刑事事件の捜査又は審判……に使用することについて同意をすることができる」

　本項は、1項によって外国入国管理当局に提供された情報を、外国の刑事事件捜査等に使用することについて同意することができる旨定めるものである。ただし、同項1号から3号までの場合に該当するときは、同意することができない。

4　3項1号の趣旨

　本号は、捜査等の対象とされている犯罪が政治犯罪であるとき又は情報提供の要請が政治犯罪の捜査等を行う目的と認められる場合には、外国入国管理当局に提供した情報を捜査等に用いることは同意できないとするものである。

　政治犯罪に関連する場合を除外したのは、政治犯罪は当該国では反社会性が認められても、日本にとっては必ずしも反社会的とは認められない場合があるからである。上陸拒否事由に関する法5条1項4号但書や、同条を引用している仮滞在許可（法61条の2の4第1項4号）、逃亡犯罪人引渡法2条1号でも、政治犯罪については特別の配慮をしている。

5　3項1号「政治犯罪」

　ここでいう政治犯罪かどうかの区別は非常に曖昧である（法5条の解説⑯参照）。そして、実質的には「政治犯罪」であるのに、形式的な罪名から本号が適用されないと判断されると、実質的な政治犯処罰のために当該情報が利用される危険がある。政治犯罪人を例外的に取り扱う趣旨（法5条の解説⑯参照）からして、本号に該当するかどうかの判断に当たっては、単に罪名だけではなく、その実質をも慎重に検討しなくてはならない。

6　3項2号の趣旨

　対象とされている行為が日本国内で行われた場合に、日本では犯罪とされない行為に関しては、提供した情報を犯罪捜査等に用いることについて同意できないとするものである。本条3項1号の「政治犯罪」に関する場合を除外した趣旨を拡張したものである。

7　3項3号の趣旨

　相互主義を定めるものである。

8　4項「外務大臣の確認」

　法務大臣は、本条3項の同意をする場合に、あらかじめ同項3号に該当しないことについて外務大臣の確認を受けなければならないとするものである。3項3号に該当するか否かを判断するには、要請国の保証の有無を確認する必要があることから、あらかじめ外務大臣の確認を要求したものである。

第61条の9の2（送達）

① 第22条の4第3項又は第6項（第61条の2の8第2項においてこれらの規定を準用する場合を含む。）の規定による書類の送達は、郵便若しくは民間事業者による信書の送達に関する法律（平成14年法律第99号）第2条第6項に規定する一般信書便事業者若しくは同条第9項に規定する特定信書便事業者による同条第2項に規定する信書便（以下「信書便」という。）による送達又は交付送達により、その送達を受けるべき者の住居地に送達して行う。

② 通常の取扱いによる郵便又は信書便によつて前項に規定する書類を発送した場合には、その郵便物又は民間事業者による信書の送達に関する法律第2条第3項に規定する信書便物は、通常到達すべきであつた時に送達があつたものと推定する。

③ 法務大臣は、前項に規定する場合には、その書類の名称、その送達を受けるべき者の氏名、あて先及び発送の年月日を確認するに足りる記録を作成しなければならない。

④ 交付送達は、入国審査官又は入国警備官が、第1項の規定により送達すべき場所において、その送達を受けるべき者に書類を交付して行う。ただし、その者に異議がないときは、その他の場所において交付することができる。

⑤ 次の各号に掲げる場合には、交付送達は、前項の規定による交付に代え、当該各号に定める行為により行うことができる。
　1　送達すべき場所において書類の送達を受けるべき者に出会わない場合　同居の者であつて送達を受けるべき者に受領した書類を交付することが期待できるものに書類を交付すること。
　2　書類の送達を受けるべき者及び前号に規定する者が送達すべき場所にいない場合又はこれらの者が正当な理由がなく書類の受領を拒んだ場合　送達すべき場所に書類を差し置くこと。

⑥ 前各項の規定により送達すべき書類について、その送達を受けるべき者の住居地が明らかでない場合には、法務大臣は、その送達に代えて公示送達をすることができる。ただし、第61条の2の8第2項において準用する第22条の4第3項及び第6項の規定による書類の送達については、この限りでない。

⑦ 公示送達は、送達すべき書類の名称、その送達を受けるべき者の氏名及び法務大臣がその書類をいつでも送達を受けるべき者に交付する旨を法務省の掲示場に掲示して行う。

⑧ 前項の場合において、掲示を始めた日から起算して2週間を経過したときは、書類の送達があつたものとみなす。

1　本条の趣旨

2009年改正法により、在留資格取消し（法22条の4）の対象者から意見聴取をするに当たっては、あらかじめ意見聴取の期日及び場所並びに取消しの原因となる事実を記載した意見聴取通知書を当該外国人に送達し（法22条の4第3項）、在留資格取消通知書も同様に送達が必要とされた（同6項）（2012年7月9日施行）。

法改正前は、単に、意見聴取の期日、場所、取消しの原因となる事実について「当該外国人に通知しなければならない」とされていただけであった。

本条は、その送達方法について定めるものである。法22条の4を準用する難民認定取消しに伴う在留資格の取消し（法61条の2の8）についても、本条の適用がある。

2　1項の趣旨

本項は、郵便等による送達方法について定めるものである。

(1) 「郵便」

通常の郵便である。

(2) 「民間事業者による信書の送達に関する法律……第2条第6項に規定する一般信書便事業者若しくは同条第9項に規定する特定信書便事業者による同条第2項に規定する信書便」

民間事業者による信書の送達に関する法律2条6項に規定する一般信書便事業者や、同条9項に規定する特定信書便事業者による信書便を用いることができるとしたものである。

宅配業者などが当該事業者となっている場合には、郵便以外でもこれを利用できるものとした。

(3) 「住居地」

送達すべき場所は、「住居地」、すなわち「本邦における主たる住居の所在地」（法19条の4第1項2号）に限定される。民事訴訟法では、就業場所への送達も認められているが（民訴法103条2項）、本法ではあえてこれを除外していることから、類推適用も認めるべきではない。

3　2項「通常到達すべきであつた時に送達があつたものと推定する」

通常の取扱いによる郵便又は信書便によって通知を発送したときには、通常到達すべきであったときに送達があったものと推定するものである。

しかし、通常郵便の場合には、郵便受けに入れただけで、本人不在の場合であっても送達があったと推定されてしまい、対象者が知らないところで手続が進められてしまう危険もある。民事訴訟における送達では、このような取扱いは認められておらず（民訴法98条以下参照）、手続保障は不十分であると言わざるを得ない。送達不能の場合には、公示送達もできるのであるから（法61条の9の2第6項）、基本的には信書による送達を利用すべきであり、送達不能の場合には公示送達の手続を踏むべきである。

4　3項「記録を作成しなければならない」

　本項は、本条1項・2項による通知を発送した場合の記録方法について定めるものである。記録を作成するのは「法務大臣」であるが、法69条の2によって、地方入国管理局長に権限の委任ができる。通知をした場合には、書類の名称、送達を受けるべき者の氏名、宛先及び発送の年月日を確認するに足りる記録を作成しなければならない。

5　4項「交付送達」

　本項は、本条1項の規定により送達すべき場所において、入国審査官又は入国警備官が送達を受けるべき者に書類を交付する方法で送達をすることができることを定めるものである。

　裁判書類については、同様の送達（出会送達）が、中立的な機関である執行官によって行われるのに対し（民訴法105条、99条1項）、本項の送達は、入国審査官や入国警備官という、不利益処分を行う一方当事者たる法務省職員が行うことになる。その公正さが担保されているかという点については多いに疑問がある。少なくとも、後日のトラブル防止のため、送達の場面を電磁的記録により録画することを規則若しくは内規で義務付けるべきである。

6　5項「前項の規定による交付に代え」

　前項以外の場合でも交付送達ができることを定めるものである。

(1)　1号の趣旨

　送達すべき場所において書類の送達を受けるべき者に出会わない場合に、同居の者であって送達を受けるべき者に受領した書類を交付することが期待できるものに書類を交付することで、交付送達ができることを定めるものである。民訴法106条1項の補充送達に相当する制度である。

　なお、民訴法106条2項では、就業場所における法定代理人、使用人等への補充送達も認められているが、入管・難民法ではそのような規定をあえて置いていないことから、ここでも類推適用は認められない。

(2)　2号の趣旨

　書類の送達を受けるべき者及び前号に規定する者が送達場所にいない場合又はこれらの者が正当な理由がなく書類の受領を拒んだ場合に、送達すべき場所に書類を差し置くことによって送達ができることを定めるものである。民訴法106条3項の差置送達に相当する制度である。

(3)　本項の問題点

　本項の交付送達も入国警備官又は入国審査官が行うものであるから、その公

正さに疑問が残る点及びこれに対する対処をすべきことについては、前項同様である。

7　6項ないし8項：公示送達

　本条6項は、送達を受けるべき者の住居地が明らかでない場合には、公示送達ができるものとし、7項及び8項はその手続について定めるものである。ただし、難民認定を受けた者の在留資格の取消しにおける通知は、この限りではない（本条6項但書）。

　民事訴訟手続において公示送達をするためには、「当事者の住所、居所その他送達をすべき場所が知れない場合」（民訴法110条1項1号）という要件を充たす必要があり、実務上は、送達すべき書類の作成当事者が、現地調査をしたり、親族に所在確認をしたりするなどの、厳格な調査義務を負わされる。本条6項以下の手続による公示送達をする場合も、少なくとも同程度の厳密な所在調査をすべきであり、これを怠った場合には、公示送達は重大な手続違背として無効となる。

第61条の9の3（本人の出頭義務と代理人による届出等）

① 外国人が次の各号に掲げる行為をするときは、それぞれ当該各号に定める場所に自ら出頭して行わなければならない。

　1　第19条の7第1項、第19条の8第1項若しくは第19条の9第1項の規定による届出又は第19条の7第2項（第19条の8第2項及び第19条の9第2項において準用する場合を含む。）の規定により返還される在留カードの受領　住居地の市町村の事務所

　2　第19条の10第1項の規定による届出、第19条の11第1項若しくは第2項、第19条の12第1項若しくは第19条の13第1項若しくは第3項の規定による申請又は第19条の10第2項（第19条の11第3項、第19条の12第2項及び第19条の13第4項において準用する場合を含む。）の規定により交付される在留カードの受領　地方入国管理局

　3　第20条第2項、第21条第2項、第22条第1項（第22条の2第4項（第22条の3において準用する場合を含む。）において準用する場合を含む。）若しくは第22条の2第2項（第22条の3において準用する場合を含む。）の規定による申請又は第20条第4項第1号（第21条第4項及び第22条の2第3項（第22条の3において準用する場合を含む。）において準用する場合を含む。）、第22条第3項（第22条の2第4項（第22条の3において準用する場合を含む。）において準用する場合を含む。）、第50条第3項若しくは第61条の2の2第3項第1号の規定により交付される在留カードの受領　地方入国管理局

② 外国人が16歳に満たない場合又は疾病その他の事由により自ら前項第1号又は第2号に掲げる行為をすることができない場合には、当該行為は、次の各号に掲げる者

> (16歳に満たない者を除く。)であつて当該外国人と同居するものが、当該各号の順位により、当該外国人に代わつてしなければならない。
> 　1　配偶者
> 　2　子
> 　3　父又は母
> 　4　前3号に掲げる者以外の親族
> ③　第1項第1号及び第2号に掲げる行為については、前項に規定する場合のほか、同項各号に掲げる者(16歳に満たない者を除く。)であつて外国人と同居するものが当該外国人の依頼により当該外国人に代わつてする場合その他法務省令で定める場合には、第1項の規定にかかわらず、当該外国人が自ら出頭してこれを行うことを要しない。
> ④　第1項第3号に掲げる行為については、外国人の法定代理人が当該外国人に代わつてする場合その他法務省令で定める場合には、同項の規定にかかわらず、当該外国人が自ら出頭してこれを行うことを要しない。

1　本条の趣旨

　2009年改正法によって導入された新たな在留管理制度においては、外国人本人による届出や申請の対象となる事項が拡充されているところ、本条は、これらの届出や申請、在留カードの受領について、本人の出頭義務を定めるとともに、代理人による届出等を規定したものである(2012年7月9日施行)。

2　1項の趣旨

　本項は、新たな在留管理制度の導入を受け、外国人が届出や申請、在留カードを受領する場合は、これらの届出や申請、受領の内容に応じて規定された各号に定める場所に本人が自ら出頭して行わなければならないことを定めたものである。

(1)　1号：住居地に関する届出等

　1号は、新規上陸後の住居地の届出(法19条の7第1項)、在留資格変更等に伴う住居地の届出(法19条の8第1項)及び住居地の変更届出(法19条の9第1項)並びにこれらの届出に伴って返還される在留カードの受領については、住居地の市町村の事務所に出頭することを定めたものである。

(2)　2号：住居地以外の記載事項に関する届出、在留カードの有効期間の更新、紛失・汚損等による在留カードの再交付等

　2号は、住居地以外の記載事項に関する届出(法19条の10第1項)、在留カードの有効期間の申請(法19条の11第1項及び第2項)、紛失等による在留カードの再交付の申請(法19条の12第1項)及び汚損等による在留カードの再交付の申請(法19条の13第1項及び第3項)並びにこれらの申請に伴って交付される在留カードの受領については、地方入国管理局に出頭することを定めたものである。

⑶　3号：在留に関する許可の申請等

　3号は、在留資格の変更の申請（法20条2項）、在留期間の更新の申請（法21条2項）、永住許可の申請（法22条1項）及び在留資格の取得の申請（法22条の2第2項）並びにこれらの申請に関する許可や在留特別許可（法50条3項）、在留資格に係る許可（法61条の2の2第3項1号）によって交付される在留カードの受領については、地方入国管理局に出頭することを定めたものである。

3　2項の趣旨

　本項は、前項1号及び2号の行為については、外国人が16歳未満の場合や疾病等の事由で自ら出頭できない場合には、配偶者、子、父又は母、これらの者の以外の親族の順位により、外国人本人と同居する16歳以上の親族が、外国人本人に代わって届出等をしなければならないことを定めたものである。

　しかし、このような届出義務を有する親族が当該外国人の法定代理人である場合はともかく、それ以外の場合であっても、単に当該外国人と同居する親族であるという理由で外国人本人に代わって届出等をしなければならないとすることは、同居の定義が不明確であることと相俟って、届出義務を課す範囲が広範に過ぎるものと言わざるを得ない。

4　3項の趣旨

　本項は、本条1項1号及び2号の行為については、本条2項に定める場合のほか、外国人と同居する16歳以上の親族が外国人本人から依頼を受けて代わって届出等を行う場合その他法務省令（規則59条の6）で定める場合には、当該外国人が自ら出頭することを要しないことを定めたものである。

　具体的には、本条1項1号及び2号の行為については、以下の者が代理人として届出等を行うことができる。

⑴　住居地等に関する届出（本条1項1号の行為）
①　外国人から依頼を受けた当該外国人の16歳以上の親族であって同居する者（本項）
②　外国人又は本条2項の規定により外国人に代わってしなければならない者から依頼を受けた者（規則59条の6第1項）
③　外国人の法定代理人（同）
⑵　住居地以外の記載事項に関する届出、在留カードの有効期間の更新、紛失・汚損等による在留カードの再交付等（本条1項2号の行為）
①　外国人から依頼を受けた当該外国人の16歳以上の親族であって同居する者（本項）

② 外国人又は本条2項の規定により外国人に代わってしなければならない者から依頼を受けた受入機関の職員又は公益法人の職員で地方入国管理局長が適当と認めるもの（規則59条の6第2項1号イ）
③ 外国人又は本条2項の規定により外国人に代わってしなければならない者から依頼を受けた地方入国管理局長に届け出た弁護士又は行政書士（同ロ）
④ 外国人の法定代理人（同ハ）
⑤ 外国人が16歳未満又は疾病等で自ら届出等を行うことができない場合において、当該外国人の親族であって同居していない者又は親族でない同居者若しくはこれに準ずる者で地方入国管理局長が適当と認めるもの（規則59条の6第2項2号）

5 4項の趣旨

本項は、本条1項3号の行為についても、外国人の法定代理人が代わって申請等を行う場合その他法務省令（規則59条の6）で定める場合には、当該外国人が自ら出頭することを要しないことを定めたものである。

具体的には、本条1項3号の行為については、以下の者が代理人等として届出を行うことができる。

① 外国人の法定代理人（本項）
② 外国人又はその法定代理人から依頼を受けた受入機関の職員若しくは公益法人の職員又は地方入国管理局長に届け出た弁護士又は行政書士（規則59条の6第3項1号）
③ 外国人が16歳未満又は疾病等で自ら届出等を行うことができない場合において、当該外国人の親族又は同居者若しくはこれに準ずる者で地方入国管理局長が適当と認めるもの（同2号）

第61条の10（出入国管理基本計画）

① 法務大臣は、出入国の公正な管理を図るため、外国人の入国及び在留の管理に関する施策の基本となるべき計画（以下「出入国管理基本計画」という。）を定めるものとする。
② 出入国管理基本計画に定める事項は、次のとおりとする。
　1　本邦に入国し、在留する外国人の状況に関する事項
　2　外国人の入国及び在留の管理の指針となるべき事項
　3　前2号に掲げるもののほか、外国人の入国及び在留の管理に関する施策に関し必要な事項
③ 法務大臣は、出入国管理基本計画を定めるに当たつては、あらかじめ、関係行政機関の長と協議するものとする。

> ④ 法務大臣は、出入国管理基本計画を定めたときは、遅滞なく、その概要を公表するものとする。
> ⑤ 前2項の規定は、出入国管理基本計画の変更について準用する。

1 本条の趣旨
　本条は、法務大臣が定める出入国管理基本計画について定めたものであり、1989年改正法により新設された。

2 計画の拘束力
　出入国管理基本計画は、法務大臣が作成者という点で、形式的には立法ではないが、法務大臣に対して、①策定に際し、あらかじめ関係行政機関の長と協議すべき義務、②策定後も、遅滞なくその概要を公表すべき義務、さらに③自ら策定した出入国管理基本計画に基づいて、外国人の出入国を公正に管理するよう努める義務が法律上明定されている点で、明らかに省令や告示、通達等の一般的な行政内部基準とは異なる性質を有しており、それよりも上位の、むしろ立法に近い統制力を有するものと位置づけることができよう（総論「行政裁量論」参照）。

3 上位規範との関係
　他方で、出入国管理基本計画は、法律によって授権されて作成されたものであるから、その上位法である憲法や、自由権規約、社会権規約、難民条約、子どもの権利条約、人種差別撤廃条約、拷問等禁止条約などの条約に抵触する内容であってはならないことは当然である。

4 これまでの基本計画策定
　本条が新設されたことを受けて、これまでに第1次（1992年5月）、第2次（2000年3月）、第3次（2005年3月）、第4次（2010年3月）が策定されている。

第61条の11

> 　法務大臣は、出入国管理基本計画に基づいて、外国人の出入国を公正に管理するよう努めなければならない。

本条の趣旨
　本条は、前条で策定した出入国管理基本計画に従い、外国人の出入国を公正に管理するよう努めなければならないことを定めるものであるが、法1条の解説3でも記載したとおり、外国人を「管理」の対象としか見ていない姿勢は改められる

べきである。

> **第62条**（通報）
>
> ① 何人も、第24条各号の一に該当すると思料する外国人を知ったときは、その旨を通報することができる。
> ② 国又は地方公共団体の職員は、その職務を遂行するに当つて前項の外国人を知つたときは、その旨を通報しなければならない。
> ③ 矯正施設の長は、第1項の外国人が刑の執行を受けている場合において、刑期の満了、刑の執行の停止その他の事由（仮釈放を除く。）により釈放されるとき、又は少年法第24条第1項第3号若しくは売春防止法（昭和31年法律第118号）第17条の処分を受けて退院するときは、直ちにその旨を通報しなければならない。
> ④ 地方更生保護委員会は、第1項の外国人が刑の執行を受けている場合又は少年法第24条第1項第3号の処分を受けて少年院に在院している場合若しくは売春防止法第17条の処分を受けて婦人補導院に在院している場合において、当該外国人について仮釈放又は仮退院の許可決定をしたときは、直ちにその旨を通報しなければならない。
> ⑤ 前4項の通報は、書面又は口頭をもつて、所轄の入国審査官又は入国警備官に対してしなければならない。

1 本条の趣旨

本条は、退去強制事由のいずれかに該当すると思われる外国人の通報について規定したものである。

その一環として、2004年2月16日から、法務省はウェブサイト上で不法滞在者等の外国人情報を募集しているが、アムネスティ・インターナショナルなどが「人種差別を助長する」として反対の表明をしている。本条1項は、「何人も」、退去強制事由があると思料する外国人を知ったときは、その旨を通報することが「できる」とするものであるが、このような規定がなくても通報ができるのは当然であるし、むしろ規定の存在が人種差別を助長することになりかねない。

したがって、本条1項は削除すべきであるし、ウェブサイト上での情報提供募集もこれに伴い中止すべきである。

なお、ウェブサイト上の情報提供募集については、日本弁護士連合会が中止すべきとの意見を表明しており（日弁連意見書②）、また、2006年1月24日に出された国連人権委員会のドゥドゥ・ディエン（現代的形態の人種主義、人種差別、外国人嫌悪及び関連する不寛容に関する特別報告者）の報告において、入管のメール通報制度は、「人種を理由とする犯罪者推定と外国人嫌悪を直接煽動するものである」とされ、「遅滞なく廃止されなければならない」と勧告がされている。

2 通報義務の例外

　不法就労者が会社の所在地を管轄する労働基準監督署に対して労災保険支給申請をしても、少なくとも事実調査が終わるまでは入国管理局に通報されない扱いとなっている（1990年10月労働省通達）。

　また、平成15年11月17日付法務省入国管理局長による「出入国管理及び難民認定法第62条第2項に基づく通報義務の解釈について（通知）」（法務省管総第1671号）によれば、「通報義務を履行すると当該行政機関に課せられている行政目的が達成できないような例外的な場合には、当該行政機関において通報義務により守られるべき利益と各官署の職務の遂行という公益を比較衡量して、通報するかどうかを個別に判断することも可能である。なお、不法滞在の状態にある配偶者等の暴力の被害者が日本において正規に在留できる状態を回復するためには、入管当局に出頭の上、退去強制手続の中で、法務大臣から在留特別許可を受けるしか方策はないので、仮に支援センターにおいて、通報しない場合であっても、在留資格を回復させるため、入管当局への出頭を勧めることが望ましい」とされている。

3 3項「矯正施設」

　刑務所、少年刑務所、拘置所、少年院、少年鑑別所及び婦人補導院を指す。

第63条（刑事手続との関係）

① 退去強制対象者に該当する外国人について刑事訴訟に関する法令、刑の執行に関する法令又は少年院若しくは婦人補導院の在院者の処遇に関する法令の規定による手続が行われる場合には、その者を収容しないときでも、その者について第5章（第2節並びに第52条及び第53条を除く。）の規定に準じ退去強制の手続を行うことができる。この場合において、第29条第1項中「容疑者の出頭を求め」とあるのは「容疑者の出頭を求め、又は自ら出張して」と、第45条第1項中「前条の規定により容疑者の引渡しを受けたときは」とあるのは「違反調査の結果、容疑者が退去強制対象者に該当すると疑うに足りる理由があるときは」と読み替えるものとする。

② 前項の規定に基き、退去強制令書が発付された場合には、刑事訴訟に関する法令、刑の執行に関する法令又は少年院若しくは婦人補導院の在院者の処遇に関する法令の規定による手続が終了した後、その執行をするものとする。但し、刑の執行中においても、検事総長又は検事長の許可があるときは、その執行をすることができる。

③ 入国審査官は、第45条又は第55条の2第2項の審査に当たつて、容疑者が罪を犯したと信ずるに足りる相当の理由があるときは、検察官に告発するものとする。

1 本条の趣旨

　刑事訴訟手続においても、退去強制手続においても、当該外国人の身体拘束をした上で手続を進める場合がある。2つの手続で身体拘束が競合する場合の調整規定を置いたものであるが、後述するように、その内容は不十分である。

2 1項の趣旨

　本項は、退去強制対象者に該当する外国人について、刑事訴訟に関する法令、刑の執行、少年院若しくは婦人補導院の在院者の処遇に関する法令の規定による手続が行われる場合には、収容をしなくても退去強制の手続を行うことができる旨定めたものである。

3 1項「刑事訴訟に関する法令……の規定による手続が行われる場合」

　「手続」とは、実務上、刑訴法の規定により逮捕・勾留、勾引がされる場合、少年法17条による観護措置が行われる場合を指すものとして解釈・運用がなされている。そのため、いわゆる在宅事件として刑事手続が進行している場合は、本項の「場合」には含まれないものとされている。

　ただし、実務上は、刑事手続の進行中は、退去強制手続は進行を止めていることが多い。執行猶予付判決が予想される場合には、判決宣告期日に、法廷に入国警備官が収容令書を持参して傍聴に来ており、執行猶予付判決宣告後直ちに収容令書を執行して、入管の収容施設に収容をし、その後退去強制手続を進めている。これは、本条2項で、退去強制令書が発付されても、刑の執行等が終了した後でなければ退去強制令書の執行ができないことから、刑事手続若しくは少年手続の結果を踏まえて、退去強制手続を進行させれば足りる、という判断からと思われる。

4 1項「刑の執行に関する法令」

　具体的には、刑事収容施設及び被収容者等の処遇に関する法律に定める懲役、禁錮などの刑の執行により、身体拘束がされている場合をいう。実務上は、仮釈放が近づいた時期に、入管職員が拘束場所に赴いて退去強制手続を進め、刑務所等から解放されると同時に収容令書ないし退去強制令書を執行して、入管の収容施設に収容している場合が相当数みられる。

5 1項「少年院若しくは婦人補導院の在院者の処遇に関する法令の規定による手続が行われる場合」

　前者は、少年法によって少年院に送致された場合である。

後者の「婦人補導院」という用語は聞き慣れないものであるが、売春防止法の規定により補導処分に付された者を収容して、これを更生させるために必要な補導を行う施設である（婦人補導院法1条1項）。現在は、東京都八王子市に東京都婦人補導院が1カ所あるだけである。売春防止法17条による補導処分というのは、売春目的で勧誘をするなど、売春防止法5条各号の罪を犯して執行猶予付判決を受けた満20歳以上の女子に対し、更生させるために必要な補導を行うものである。政府統計（独立行政法人統計センターによるウェブサイト「政府統計の総合窓口」で公開）によれば、2002年から2010年までの9年間で入院はわずか1名であり、利用頻度は極めて少ない。

6 2項の趣旨

本項本文も、前項同様に、「手続が終了」とは、刑事手続等による逮捕・勾留等の手続が終了することを指すものとして、実務上の解釈・運用がなされている。すなわち、前項の規定により刑事手続等による身体拘束がされている間に退去強制手続を開始して退去強制令書が発付されていた場合には、刑事訴訟手続等が終了した後にその執行をするものと定めるものとされる。

本項と関連して、実務上大きな問題となっているのが、無罪判決後の再勾留である。刑事訴訟手続で勾留されていた被告人に対し、一審で無罪判決が言い渡されると、勾留状の効力が当然に失われる（刑訴法345条）。その被告人が外国人であり、退去強制事由（法24条）が発生している場合（いわゆるオーバーステイ状態にある場合など）には、退去強制手続が進められることになるが、検察官が一審判決を不服とする場合には、実質的には控訴審の審理の必要上若しくは刑の執行を確保するために、検察官が勾留請求を行い、裁判所がこれを認める場合がある（有名なものとして、最一小決平12・6・27刑集54巻5号461頁・判時1718号19頁・判タ1040号108頁及び最三小決平19・12・13刑集61巻9号843頁・判時1992号152頁・判タ1259号206頁）。本項は、刑事手続等が行われている間に退去強制令書が発付された場合の取扱いのみについて規定をしているが、無罪判決が出された後に退去強制手続を進めることができるかどうかについては何ら規定がないので、問題となっている。

上記2つの最高裁決定は、結論として、無罪判決後に控訴審が「罪を犯したことを疑うに足りる相当の理由」があるとした判断を是認しているが、最一小決平12・6・27の遠藤光男裁判官や藤井正雄裁判官による反対意見や、最三小決平19・12・13の田原睦夫裁判官及び近藤崇晴裁判官の補足意見では、控訴審の審理や刑の執行保全のために不都合が生じ得ることについて、退去強制手続と刑事手続の調整に関する規定の不備を被告人の不利益に転嫁してはならない旨

指摘している。

　最一小決平12・6・27で遠藤光男裁判官は、「例えば、一定の要件の下に、この種の不法残留者等に対しては退去強制処分の執行停止を認めることができる旨の規定を設けるなどしてこれに対応することが望まれよう」と指摘しているが、その後にいく度となく繰り返された入管・難民法改正においても、この点が改正課題として挙げられることは一度もなかった。

　自由権規約12条4項は「何人も、自国に戻る権利を恣意的に奪われない」としている。刑事訴訟法上の勾留は、罪証隠滅若しくは逃亡の防止を趣旨とするものであって、控訴審における審理の都合や刑の執行確保を目的とするものではないから、これらを実質的な目的とする無罪後の外国人への勾留は、勾留の目的外利用であって、自由権規約12条4項に抵触する。政府及び国会は、最高裁によって複数回にわたり立法の不備を指摘された点を重く受け止め、速やかに調整規定を設けるべきである。

　なお、本項但書は、刑の執行中においても、検事総長又は検事長の許可があるときは退去強制令書の執行を行うことができると定めているが、実務上は例がないものと思われる。

7　3項の趣旨

　本項は、入国審査官が違反審査（法45条）若しくは出国命令の審査（法55条の2第2項）の審査に当たって、容疑者が罪を犯したと信ずるに足りる相当の理由があるときは、検察官に告発するものとする、というものである。

第64条（身柄の引渡）

① 　検察官は、第70条の罪に係る被疑者を受け取つた場合において、公訴を提起しないと決定するときは、入国警備官による収容令書又は退去強制令書の呈示をまつて、当該被疑者を釈放して当該入国警備官に引き渡さなければならない。
② 　矯正施設の長は、第62条第3項又は第4項の場合において、当該外国人に対し収容令書又は退去強制令書の発付があつたときは、入国警備官による収容令書又は退去強制令書の呈示をまつて、釈放と同時にその者を当該入国警備官に引き渡さなければならない。

1　本条の趣旨

　本条は、退去強制事由に該当する外国人が、あらかじめ刑事手続に基づく身体拘束を受けている場合において、釈放と同時に入国警備官が収容をなし得るように身柄の引渡しの手続を定めたものである。1項では不起訴・起訴猶予処分によ

って釈放となる外国人を、2項では矯正施設から釈放となる外国人を、それぞれ対象と想定している。

2　1項「第70条の罪に係る被疑者を受け取つた場合」

　法70条は、不法入国・不法残留をはじめとする入管・難民法各条違反に対する罰則を定めるが、これらの事由は法24条各号に定める退去強制事由にも該当し、もとより通常は法39条に定める収容令書の発付要件も充たす事案となることから、身体拘束状態の円滑な移行を図るために──わかりやすく言えば、収容の労力を省き、逃亡を防止するために──本項が定められたものである。ただし、法70条1項9号(不正手段による難民認定取得)のみは、法24条の退去強制事由に該当せず、したがって、それ自体は法39条の収容令書の発付原因とならないから、「第70条」は、本来「第70条(但し、同条第1項第9号を除く。)」とされなければ正しくないと思われる。

　本項の「被疑者」の意義は明確ではないが、被疑者のうち刑事手続により身体拘束されているものを意味すると解されている(逐条解説843頁)。確かに本項は「検察官は……釈放して」と定めるので、「釈放」する以上は身体拘束されていることが当然の前提と解され、かつ検察官に「釈放」の権限があることが前提と解されることから、刑事手続により身体拘束されている外国人を意味するものと指すと解して差し支えないであろう。

3　1項「公訴を提起しないと決定するとき」

　不起訴・起訴猶予処分(刑訴法248条)を行うことを指す。この点に関連して、公訴取消し(同法257条)が含まれるかどうかが一応問題となるが、公訴取消しであっても、いったんは公訴を提起している以上、「公訴を提起しないと決定」とは解されないと言うべきである。また、いわゆる略式起訴(同法461条以下)も「公訴の提起」である以上は、本項の対象には含まれないと解するべきである。ただ、本条の立法趣旨の徹底を図る見地からは、これらの点は改正が必要な部分と言うべきであろう。

4　1項「収容令書又は退去強制令書の呈示をまつて、当該被疑者を釈放して当該入国警備官に引き渡さなければならない」

　本項の表現によると、収容令書又は退去強制令書の呈示があるまでの間、検察官が釈放を見合わせなければならないかのようにも読めるが、被疑者・被告人の身体拘束期間が厳格に法定されている趣旨及び本条解説2の本項の趣旨(単に入管側の収容の便宜を図る趣旨であること)に鑑みれば、検察官が、身体拘束期限

が到来した場合においては、たとえ入国警備官による収容令書等の呈示がなくとも釈放を行わなければならないことは当然である。また、身体拘束期限内に検察官が釈放を決めた場合（例えば、勾留満期に至る前の時点での起訴猶予処分等）に、入国管理官署に検察官が釈放予定を通知したのにもかかわらず収容令書又は退去強制令書が遅滞なく呈示されない場合には、やはり検察官がその「呈示をまつ」ことを理由に釈放を引き延ばすことはできないと言うべきである。

問題は「遅滞なく」と評価できる時間的限界であるが、検察庁と入国管理官署との地理的関係等の個別の事情で差が出ることは否定できないものの、通常数時間程度を限界とすべきであろう。

5　2項「矯正施設の長」

法62条3項と同じである。同条の解説3参照。

6　2項「第62条第3項又は第4項の場合において」

刑期満了その他による刑務所等からの釈放、少年院・婦人補導院等からの退院、これら施設からの仮釈放・仮退院を指す。そして、釈放等の対象者は「（法62条）第1項の外国人」であるから（法62条3項・4項）、結局、「第24条各号の一に該当すると思料する外国人」を意味することとなり、収容令書・退去強制令書の発付対象者となる可能性が高い類型ということになる。

7　2項「収容令書又は退去強制令書の呈示をまつて、釈放と同時にその者を当該入国警備官に引き渡さなければならない」

この場合も、1項の場合と同様、矯正施設の長が「所轄の入国審査官又は入国警備官」（法62条5項）に「通報」（法62条3項・4項）して速やかに「収容令書又は退去強制令書の呈示」がなされない場合には、釈放を見合わせることはできないと言うべきである。

なお、1項が「釈放して……引き渡さなければならない」とされているのに対し、2項が「釈放と同時にその者を……引き渡さなければならない」とされている点で表現に差違があるが、その趣旨は不明であり、現実には差はないと解される。

第65条（刑事訴訟法の特例）

① 司法警察員は、第70条の罪に係る被疑者を逮捕し、若しくは受け取り、又はこれらの罪に係る現行犯人を受け取つた場合には、収容令書が発付され、且つ、その者が他に罪を犯した嫌疑のないときに限り、刑事訴訟法（昭和23年法律第131号）第203条（同法第211条及び第216条の規定により準用する場合を含む。）の規定にかかわらず、書

> 類及び証拠物とともに、当該被疑者を入国警備官に引き渡すことができる。
> ② 前項の場合には、被疑者が身体を拘束された時から48時間以内に、当該被疑者を引き渡す手続をしなければならない。

1 本条の趣旨

本条は、法70条1項各号に定める処罰事由（構成要件）が、法24条の退去強制事由とほぼ同一であることに鑑み、これらを被疑事実として刑事手続が開始された後であっても、上記以外の罪を犯した嫌疑のない場合には、行政手続である退去強制手続のみで処理すれば足りる事案が多いとの観点から、刑訴法の例外を定めたものである。

法70条1項5号（いわゆるオーバーステイ）の事案においても、不法滞在が一定期間以上にわたる事案については、即決裁判手続を利用して起訴するという実務が近時行われているが、訴訟経済の観点からも、本条を有効に活用して、例えば単純オーバーステイについては原則として刑事事件とはせずに入国警備官に引き渡す取扱いに改めるべきである。

2 1項「司法警察員」

警察官は司法警察職員として職務を行うが（刑訴法189条1項）、この司法警察職員は各公安委員会が定める区分に従い、司法巡査と司法警察員とに分けられる。司法警察員（一般的には巡査部長以上）には令状請求権限、被疑者釈放・送致権限等が与えられている。本条の主体が司法警察員に限られているのは、その権限を考慮してのことである。

3 1項「被疑者を逮捕し、若しくは受け取り、又はこれらの罪に係る現行犯人を受け取つた場合」

「逮捕」には、通常逮捕・現行犯逮捕・緊急逮捕が含まれる。また、司法巡査が逮捕した場合には被疑者を直ちに司法警察員に引致することになり、司法警察員はこれを「受け取」ることになる（刑訴法202条、211条、216条）。

4 1項「収容令書が発付され、且つ、その者が他に罪を犯した嫌疑のないときに限り」

収容令書が発付されていなければ被疑者の引渡しが円滑に行われないことから、収容令書の発付を要件としたものである。また、「他に罪を犯した嫌疑のないときに限り」とは、法70条1項各号の罪以外の罪を犯した嫌疑がないときということであり、複数の嫌疑が存在しても、それがすべて法70条1項各号の罪であれば構わ

ない。

5　1項「入国警備官に引き渡すことができる」

引き渡すことができるとされているので、いかなる場合に引き渡すのかが問題となるが、実務は必ずしも一定の明確な基準によって区分されないままに運用されているのが実情である。

しかし、本条の趣旨と平等原則から考えれば、例えば2年間以内のいわゆる単純なオーバーステイ事例については、本条による取扱いを原則とする等の基準作成が必要である。

6　2項「48時間以内」

刑訴法203条の期間とのバランスで定められているものである。

第66条（報償金）

> 第62条第1項の規定による通報をした者がある場合において、その通報に基いて退去強制令書が発付されたときは、法務大臣は、法務省令で定めるところにより、その通報者に対し、5万円以下の金額を報償金として交付することができる。但し、通報が国又は地方公共団体の職員がその職務の遂行に伴い知り得た事実に基くものであるときは、この限りでない。

1　本条の趣旨

本条は、法62条1項に基づく通報を推奨して違反事件の覚知件数を増加させるべく、報償金を定めるものであるが、法62条の解説1に記載した批判が本条の規定に対しても当てはまる。

2008年現在、日本におけるいわゆる不法滞在者の人数は約17万人といわれているのに対して、入国警備官の人数は約1,500人という状況であり、入国警備官自らによる違反事件の発見に限界があることから、このような制度が導入されたものと解されるが、2012年1月現在は、不法滞在者数が約67,000人に激減する一方、入国警備官は1,570人まで増員されており、制度の合理性はますます薄れている。

2　「5万円以下の金額」

規則60条で、1件につき1,000円以上5万円以下とされている。

③ 「通報が国又は地方公共団体の職員がその職務の遂行に伴い知り得た事実に基くものであるときは、この限りでない」

「国又は地方公共団体の職員」に対しては、「職務を遂行するに当つて」「第24条各号の一に該当すると思料する外国人を知つたときは」「その旨を通報しなければならない」義務が課せられていることから（法62条1項・2項）、報償金の支払いの対象から除外したものである。

第67条（手数料）

外国人は、次に掲げる許可を受ける場合には、当該許可に係る記載、交付又は証印の時に、1万円を超えない範囲内において別に政令で定める額の手数料を納付しなければならない。
1　第20条第3項本文の規定による在留資格の変更の許可
2　第21条第3項の規定による在留期間の更新の許可
3　第22条第2項の規定による永住許可
4　第26条第1項の規定による再入国の許可（同条第5項の規定による有効期間の延長の許可を含む。）

---

① 本条の趣旨

　在留資格に関する許可（本条各号）を受ける際の手数料の納付義務を定め、その額の決定を政令に委任した規定である。本条と法67条の2、68条を受けて、令7条で具体的な手数料額が定められている。また、在外の日本国領事官等にその事務が委任された再入国許可の有効期間の延長（本条4号括弧書、法26条4項・5項）の手数料については、「領事官の徴収する手数料に関する政令」（以下、本章の解説において「領事官手数料政令」という）において、指定した金額の範囲内で外務省令で定める金額を現地通貨をもって納めることとされ、これを受けて外務省令「領事官の徴収する手数料の額を定める省令」（以下、本章の解説において「領事官手数料省令」という）において日本円換算の金額を定め、これを基準とした各国通貨ごとの手数料額を定めている。

　なお、法の規定する手数料は各許可・交付・記載を受ける際に納付が義務付けられており、申請時の手数料納付は不要である。

② 手数料額等

　法が納付義務を定める各手数料の金額及び法令上の根拠は以下のとおりである。
① 　在留資格変更許可（本条1号、法20条3項本文）：4,000円（令7条1号）

② 在留期間更新許可（本条2号、法21条3項）：4,000円（令7条2号）
③ 永住許可（本条3号、法22条2項）：8,000円（令7条3号）
④ 再入国許可（本条4号、法26条1項）
　1回限りの再入国許可（法26条1項第1文）：3,000円（令7条4号）
　数次再入国許可（法26条1項第2文）：6,000円（令7条5号）
⑤ 再入国許可の有効期間延長許可（本条4号括弧書、法26条5項）：邦貨換算額3,000円を基準として在外公館の所在国ごとにその国の通貨で定めた金額（領事官手数料省令別表第1。なお、領事官手数料政令1条1項16号では「1900円以上4100円以下」の範囲内で領事官手数料省令で定める額としている）

3 他の許可に係る手数料

法は、本条ないし法68条の3カ条以外に、許可等に際しての手数料納付義務を課していない。かかる法の趣旨及び手数料賦課は新たな義務を課することに鑑み、これら3カ条で手数料が課されていない許可等（例えば上陸許可、在留資格取得許可、仮放免許可、在留特別許可、その他）について、政令で手数料納付義務を課すことは許されないと解される。

4 納付方法

本条ないし法68条の手数料の納付は、再入国許可の有効期間延長許可及び難民旅行証明書の有効期間延長を除き、所定の納付書（別記第84号様式）に手数料額に相当する収入印紙を貼付し提出することによって行うこととされている（規則61条）。

第67条の2

　外国人は、第19条の2第1項の規定により就労資格証明書の交付を受け、又は第19条の13第1項後段の規定による申請に基づき同条第4項において準用する第19条の10第2項の規定により在留カードの交付を受けるときは、実費を勘案して別に政令で定める額の手数料を納付しなければならない。

1 本条の趣旨

本条は、法19条の2第1項による就労資格証明書の交付又は法19条の3第1項後段の規定によって毀損等の場合以外で交換を希望して在留カードの再交付を受けるに際して、手数料を納付すべきこと及び納付額を定めたものである。

2 手数料額

　令7条6号によれば、就労資格証明書交付の手数料は680円とされている。在留カードの再交付の手数料額についても、別に政令で定められることになる。

第68条

① 外国人は、第61条の2の12第1項の規定により難民旅行証明書の交付を受け、又は同条第7項の規定により難民旅行証明書に有効期間の延長の記載を受けるときは、手数料を納付しなければならない。
② 前項に規定する手数料の額は、難民条約附属書第3項の定めるところにより、別に政令で定める。

1 本条の趣旨

　本条は、難民旅行証明書の交付及び難民旅行証明書の有効期間の延長の記載を受ける際に手数料を納付すべきこと、その納付額について定めたものである。

2 手数料額

　手数料令によれば、それぞれの手数料額は次のとおりである。
① 難民旅行証明書の交付（本条1項前段、法61条の2の12第1項）：5,000円（令7条7号）
② 難民旅行証明書の有効期間延長（本条1項後段、法61条の2の12第7項）：邦貨換算額2,500円を基準として在外公館の所在国ごとにその国の通貨で定めた金額（領事官手数料省令別表第1。なお領事官手数料政令1条1項17号では「1600円以上3400円以下」の範囲内で領事官手数料省令で定める額としている）

第68条の2（事務の区分）

　第19条の7第1項及び第2項（第19条の8第2項及び第19条の9第2項において準用する場合を含む。）、第19条の8第1項並びに第19条の9第1項の規定により市町村が処理することとされている事務は、地方自治法第2条第9項第1号に規定する第1号法定受託事務とする。

1 本条の趣旨

　2009年改正法によって導入された新たな在留管理制度においては、中長期在留者は、法務大臣に対する住居地の新規及び変更の届出について、住居地の市町村で行うものとされているところ、本条は、市町村が処理することとされているこれらの届出の受理、在留カードへの記載、外国人本人への返還等の事務が、

法定受託事務であることを定めたものである（2012年7月9日施行）。

2 「市町村が処理することとされている事務」

本条によって市町村の法定受託事務とされている事務は、新規上陸後の住居地届出に関する受理等の事務（法19条の7第1項・2項）、在留資格変更等に伴う住居地届出に関する受理等の事務（法19条の8第1項・2項）、住居地の変更届出に関する受理等の事務（法19条の9第1項・2項）である。

なお、従前の外登法における外国人登録証明書と異なり、在留カードの発行は、法務大臣が直接行うものとされていることから、法定受託事務となるものではない。

第69条（政令等への委任）
第2章からこの章までの規定の実施のための手続その他その執行について必要な事項は、法務省令（市町村の長が行うべき事務については、政令）で定める。

本条の趣旨

本条は、法の規定の実施のための手続その他その執行について必要な事項を法務省令（市町村の長が行うべき事務については、政令）に委任する、と規定する。その文言からは、本条が法務省令又は政令への一般的委任規定であるかのようにも読め、また実際にそのように理解していると思われる見解もある（例えば逐条解説855頁）。しかしながら、逐条解説が例として挙げている基準省令、被収容者処遇規則、入国審査官及び入国警備官服制、入国審査官及び入国警備官の証票の様式に関する省令は、それぞれ法7条1項2号、61条の7第6項、61条の5第3項によって個別に法務省令に委任されているのであり、本条が委任の根拠となるものではない。規則の定める諸規定の中には、法の個々の規定による委任を受けて設けられたもの（例えば規則1条、3条、20条、21条、61条の2など多数）のほかに、個々の委任によらずに設けられたもの（例えば規則6条、25条の5、25条の7ないし13など）もある。後者の規定を法務省令で設けることの法的根拠は本条にあるものと言うことができるが、いずれも「実施のための手続」あるいはこれに準ずる技術的内容につき定めたものと認められる。

行政処分を受ける者の権利義務に関する事項は基本的に法律で定める必要があることから、本条に基づき一般的に法務省令又は政令への委任がなされたと解釈するべきではないし、文言上も、本条による委任の範囲はあくまで「実施のための手続」あるいはこれに準ずる技術的な内容に留まるものと解すべきであり、前述の基準省令や被収容者処遇規則のような処分対象者の権利義務を実質的に左右する内容の省令の制定を一般的に委任する規定と解すべきではない。

第69条の2（権限の委任）

　出入国管理及び難民認定法に規定する法務大臣の権限は、法務省令で定めるところにより、地方入国管理局長に委任することができる。ただし、第22条第2項（第22条の2第4項（第22条の3において準用する場合を含む。）において準用する場合を含む。）に規定する権限及び第22条の4第1項に規定する権限（永住者の在留資格に係るものに限る。）並びに第61条の2の7第1項及び第61条の2の11に規定する権限については、この限りでない。

本条の趣旨

(1)　「法務大臣の権限は、……地方入国管理局長に委任することができる」

　法は、法が規定する処分の多くについて、その処分権者を法務大臣と定めている。他方、実務上は法務大臣が自ら処分に係る実質的判断を行うことはなく、法務省入国管理局内の各部署において実質的判断がなされているが、さらに近時は申請案件の増大に伴い内部通達（専決通達等）により、内容的に問題ない案件については地方入国管理局限りにおいて処分に係る実質的判断を行っているのが実情であった。しかしながら、法が法務大臣に付与した権限を法律上の根拠なく官僚や一行政官署の長に委ねることが法律上許されるかという問題があり得る。2001年改正法で新設された本規定の趣旨については、「法が定める法務大臣の各種権限の行使に係る事務処理の合理化を図るため」（入管六法の本条解説）と説明されるが、実質的には上記のような運用実態に法律を合わせ、法律上の根拠を与えたものである。

　本規定に基づき、規則61条の2は以下の法務大臣の権限について地方入国管理局長に委任するものと規定する。

① 　法5条の2（上陸の拒否の特例）に規定する権限（規則61条の2第1号）
② 　法7条の2第1項（在留資格認定証明書交付・不交付処分）に規定する権限（同1号の2）
③ 　法9条7項（自動化ゲート利用のための登録）に関する権限（同1号の3）
④ 　法11条3項（上陸許可手続における異議の申出に対する裁決）に規定する権限（同2号）
⑤ 　法12条1項（上陸特別許可処分）に規定する権限（同3号）
⑥ 　法19条2項（資格外活動許可・不許可処分）及び3項（資格外活動許可の取消処分）に規定する権限（同4号）
⑦ 　法19条の2第1項（就労資格証明書の交付・不交付処分）に規定する権限（同5号）
⑧ 　法19条の13第2項（汚損等による在留カード再交付申請の命令）に規定する権

限(同5号の2)

⑨　法19条の15第1項から4項(在留カードの返納先)に規定する権限(同5号の3)

⑩　法19条の19第1項(中長期在留者に関する情報の継続的な把握のための事実の調査の指示)に規定する権限(同5号の4)

⑪　法20条3項(在留資格変更許可・不許可処分)並びに4項2号(旅券への在留資格・在留期限の記載に関する処分)、及4項3号(在留資格証明書の交付と在留資格・在留期限の記載に関する処分)。法21条4項〔在留期間の更新許可・不許可処分〕、22条の2第3項〔在留資格取得許可・不許可処分〕、法22条の3〔一時庇護上陸許可を受けた者に対する在留資格取得許可・不許可処分〕において準用する場合を含む)に規定する権限(同6号)

⑫　法20条の2第2項(「技能実習」への在留資格変更許可処分)に規定する権限(同6号の2)

⑬　法21条3項(在留期間更新許可・不許可処分)に規定する権限(同7号)

⑭　法22条の4第1項から3項まで及び5項から9項まで(在留資格取消処分及びその手続に関する処分)に規定する権限(「永住者」の在留資格に係るものを除く)(同8号)

⑮　法26条1項から4項まで(再入国許可・不許可処分、再入国許可書交付処分、有効期間を定める処分)及び7項(再入国許可取消処分)に規定する権限(同9号)

⑯　法49条3項(退去強制手続における異議の申出に対する裁決)に規定する権限(同10号)

⑰　法50条1項及び2項(在留特別許可処分)に規定する権限(同11号)

⑱　法59条の2第1項(入国審査官に対する事実調査の指示)に規定する権限(同12号)

⑲　法61条の2の2(難民に対する在留許可の処分)に規定する権限(同13号)

⑳　法61条の2の3(難民に対する「定住者」の在留資格変更許可処分)から法61条の2の5まで(仮滞在許可処分、仮滞在許可取消処分)に規定する権限(同14号)

㉑　法61条の2の8第1項(難民に対する在留資格の取消処分)に規定する権限(「永住者」の在留資格に係るものを除く)(同15号)

㉒　法61条の2の7第3項又は法61条の2の13の規定による難民認定証明書又は難民旅行証明書の返納を受ける権限(同16号)

㉓　法61条の2の12第1項、2項、5項及び6項(難民旅行証明書の交付に関する処分)に規定する権限(同17号)

ただし、上記①④⑤⑭⑯⑰⑲⑳㉑の権限については、法務大臣が自ら行うことを妨げない、とされている。

委任の内容について、いわゆる専決通達は「一定の基準を充足する案件につい

て地方入国管理局長限りで許可処分を行うこと」を認めるものであり、基準を充足しない案件及び形式的・外形的に基準を充足するにもかかわらず不許可処分が適当と判断される案件については本省に「進達」することとされていた。これに対し、本条による委任は委任の内容について制限を設けておらず、制度上は本条及び規則61条の2により地方入国管理局長は許可・不許可いずれの処分も行う権限を付与されたことになる。ただし現実には、本条及び規則61条の2を踏まえた上でさらに内部規定により本省に「進達」すべき案件を指定しているのが実情であり、規則61条の2による委任の範囲を内部通達によってさらに限定しているものであるが、本条が「法務省令で定めるところにより」と規定しているところからするならば、規則による権限の委任の範囲を法務省令に当たらない内部通達によってさらに拡大若しくは限定することには問題があるのではないかと思われる。

　法務大臣が裁量権を有する処分権限を地方入国管理局長に委任する場合、地方入国管理局長も委任に係る処分を行うに当たり一定の裁量権を有することは認められよう。ただし、委任により地方入国管理局長がどの程度の裁量権を有するかについては問題がある。

　行政解釈は、本条及び規則61条の2による権限の委任に当たり法及び規則は何らの制限を設けていないのであるから、委任を受けた地方入国管理局長が当該処分を行うに当たり有する裁量権の範囲は法務大臣が本来有するそれと同一の内容である、とする。また裁判例も、地方入国管理局長の処分に関する権限が法務大臣の権限に由来すること(例えば横浜地判平17・7・20判タ1219号212頁)、あるいは法務大臣から権限の委任を受けた地方入国管理局長の裁量権が法務大臣の裁量権と異なる制約に服すると解すべき根拠はないこと(例えば東京高判平18・1・18訟月52巻11号3486頁)等を理由に、地方入国管理局長の裁量権の範囲は法務大臣の裁量権と同様に広範なものであり両者の間に広狭の差異はない、とする。

　しかしながら、そもそも法務大臣の裁量権の範囲について法文上規定されているわけではなく、法の目的や当該処分の性質、法務大臣の地位に由来するその判断能力等の考慮の上に解釈上決定されるものであるから、法文上の制限規定がないということは地方入国管理局長の裁量権が制限されないことを理由付けるものではない。

　また、委任関係において受任者が当然に(原則として)委任者と全く同一の判断・処分権限を有するとの論理には根拠はなく、むしろ委任とはその性質上委任の範囲ないし限界が定められているものであるから、地方入国管理局長の処分権限が法務大臣に由来することをもって地方入国管理局長の裁量権の範囲が法務大臣と同じであるとするのも、また誤りである。殊に、上級行政庁から下級行政庁に対する処分権限の委任に当たり何らの制限も付されない完全な白紙委任がなされる

ことは、法が処分権者を法定した趣旨を否定するものである。

　法務大臣の広範な裁量権の理由として、判例は、「法務大臣は、在留期間の更新の許否を決するにあたつては、外国人に対する出入国の管理及び在留の規制の目的である国内の治安と善良の風俗の維持、保健・衛生の確保、労働市場の安定などの国益の保持の見地に立つて、申請者の申請事由の当否のみならず、当該外国人の在留中の一切の行状、国内の政治・経済・社会等の諸事情、国際情勢、外交関係、国際礼譲など諸般の事情をしんしやくし、時宜に応じた的確な判断をしなければならないのであるが、このような判断は、事柄の性質上、出入国管理行政の責任を負う法務大臣の裁量に任せるのでなければとうてい適切な結果を期待することができないものと考えられる」と判示する（最大判昭53・10・4民集32巻7号1223頁・判時903号3頁・判タ368号196頁。いわゆる「マクリーン事件判決」）。このように、法務大臣の広範な裁量権は、出入国管理行政の責任を負う法務大臣の地位に専属的なものとして理解されてきた（もとより出入国管理行政について適正な判断ができることも属人的な資質として認められている）。

　しかしながら、地方入国管理局長は行政組織上、上述の法務大臣とは全く異なる地位にあり、その負う責任の範囲も、その地位に伴い求められ、また有すると擬制される資質についても全く異なる。例を挙げれば、地方入国管理局のうち最大の組織である東京入国管理局の局長は法務省の局の1つである入国管理局の下に8つある地方入国管理局のうちの1つの長に過ぎず、全国47都道府県のうち1都9県を管轄するにとどまる。同局長の下には総務課、職員課、会計課、用度課の4つの課、審査管理部門、就労審査部門、永住審査部門、違反審査部門、審判部門などの17の部門、分室と支局、出張所があるのみである。

　地方入国管理局長は法務大臣と異なり閣議に出席することはなく、内閣の一員として国会に対して責任を負う地位にもない。したがって、地方入国管理局長は、その管轄する地域における外国人の在留状況や過去の処分に関する取扱いについて通暁はしていても、「国内の政治・経済・社会等の諸事情、国際情勢、外交関係、国際礼譲など諸般の事情をしんしやく」（マクリーン事件判決）する特別な能力もなければ、政治的配慮をする資格もない。そもそも地方入国管理局長は一行政官僚にとどまり、高度な政治的判断を行うことが組織上予定されているものではなく、かかる資質も担保されていないばかりか、むしろ政治的判断を行うことはその職務地位に照らし許されない。

　このように、地方入国管理局長には法が法務大臣に裁量権を付与する根拠となる地位や適正な判断を行う資質の担保を欠くのであるから、地方入国管理局長が委任により処分を行うに当たって有する裁量権の範囲が法務大臣の裁量権の範囲と全く同一であるとすることは、法が法務大臣に裁量権を付与した趣旨に

反し、また本条の目的を逸脱するものである。
⑵　本条但書の趣旨
　本条但書は、一定の処分について法務省令による地方入国管理局長への委任を禁止するものである。これらはいずれも高度な判断を求められることから、地方入国管理局長への委任を認めないとする趣旨とされている。
　委任が禁止される権限は、以下のとおりである。
① 　法22条第2項、22条の2第4項、22条の3に規定する永住許可に関する処分の権限
② 　「永住者」の在留資格に関する法22条の4第1項に規定する在留資格取消処分の権限
③ 　法61条の2の7第1項に規定する難民認定取消処分の権限
④ 　法61条の2の11に規定する難民の永住許可に関する処分の権限

第69条の3（経過措置）

　出入国管理及び難民認定法の規定に基づき命令を制定し、又は改廃する場合においては、その命令で、その制定又は改廃に伴い合理的に必要と判断される範囲内において、所要の経過措置（罰則に関する経過措置を含む。）を定めることができる。

本条の趣旨

　本条は、法の規定に基づき命令を制定・改廃する際に、罰則も含め、その制定・改廃に伴い合理的に必要と判断される範囲内の経過措置を、制定・改廃される当該命令自体で定めることを委任するものである。この規定の趣旨は文言上明確ではないが、これが設けられた1998年法改正の際の経緯は以下のとおりである。
　1998年施行の法改正の際に、政府は外交政策に基づき台湾政府が発行する「台湾護照」（台湾政府が旅券として発行するもの）を日本においても旅券として認めることができることとしたが、法2条5号（現行法のイ）は「日本国政府の承認した外国政府……の発行した旅券」と規定していることから、台湾護照を入管・難民法上旅券と認めるために、同号に「ロ　政令で定める地域の権限のある機関の発行したイに掲げる文書に相当する文書」との規定を新設し、併せて「出入国管理及び難民認定法第2条第5号ロの地域を定める政令」（平成10年5月22日政令第178号）を制定し、台湾を法2条5号ロの地域と定めた。ところが、この改正法及び政令の施行以前は台湾護照を所持していても（有効な旅券とみなされないので）不法入国罪及び不法入国を理由とする退去強制事由に該当したのが、この改正法及び政令の施行により、施行以前から台湾護照のみを所持して日本国内に在留する台湾籍外国人の不法入国罪及び退去強制事由が解消してしまう、という問題が生じ

ることとなった。この問題を解決するためには、「改正法及び政令の施行前に不法入国罪及び退去強制事由が成立していたものについては、改正法及び政令施行後もなお従前の扱いをする」旨の経過規定を置く必要があったが、政令の改正により必要となる経過規定を設けるためにわざわざ法改正をするのは本末転倒であるし、迅速機動的な対応のために政令に委任をした趣旨を没却することから、罰則の適用も含め経過措置を定めることを併せて政令に委任したものである。この委任を受けて、上記「出入国管理及び難民認定法第2条第5号ロの地域を定める政令」附則2号で「この政令の施行前に出入国管理及び難民認定法第24条各号のいずれかに該当した外国人に対する同条の適用については、なお従前の例による」、同3号で「この政令の施行前にした行為に対する罰則の適用については、なお従前の例による」とそれぞれ定めた。なお、その後同政令には、2004年10月に「ヨルダン川西岸地区及びガザ地区」が追加されるとともに、その改正時の附則にも上記の経過規定が定められた。

　本条については、その国会審議の際に「何か改廃するたびに、一定の合理的な範囲内という歯どめだけで、一方的にいろいろな経過措置といったようなもの、しかもこれはこの法律の性格上、罰則を伴うものだとかそういったものがあるわけでありまして、これをそのまま読みますと、そういったものが比較的法務省の判断で幾らでもつくれるのではないかというような印象を受けるわけであります。そこで、ここの書き方、他のこれまでの経過措置の書き方と同じように、もっと限定的に規定する方が適当なのではないかというふうに思うわけであります」との疑義が提示された（第142回国会衆議院法務委員会〔1998年4月24日〕における上田勇委員の発言）。結果として政府の提案どおりの文言での改正が成立したが、この質疑においても上記の疑義を払拭する答弁はなされていない。

第9章

罰則

　本章（法70条～78条）は、法違反に係る刑罰規定（法70条ないし76条の2）、過料（法77条及び77条の2）、集団密航等に係る犯罪行為に使用された船舶又は車両の没収（法78条）に関する規定を置いている。

第70条

① 次の各号のいずれかに該当する者は、3年以下の懲役若しくは禁錮若しくは300万円以下の罰金に処し、又はその懲役若しくは禁錮及び罰金を併科する。
1　第3条の規定に違反して本邦に入った者
2　入国審査官から上陸の許可等を受けないで本邦に上陸した者
3　第22条の4第1項（第1号又は第2号に係るものに限る。）の規定により在留資格を取り消された者で本邦に残留するもの
3の2　第22条の4第7項（第61条の2の8第2項において準用する場合を含む。）の規定により期間の指定を受けた者で、当該期間を経過して本邦に残留するもの
4　第19条第1項の規定に違反して収入を伴う事業を運営する活動又は報酬を受ける活動を専ら行っていると明らかに認められる者
5　在留期間の更新又は変更を受けないで在留期間（第20条第5項（第21条第4項において準用する場合を含む。）の規定により本邦に在留することができる期間を含む。）を経過して本邦に残留する者
6　仮上陸の許可を受けた者で、第13条第3項の規定に基づき付された条件に違反して、逃亡し、又は正当な理由がなくて呼出しに応じないもの
7　寄港地上陸の許可、通過上陸の許可、乗員上陸の許可、緊急上陸の許可、遭難による上陸の許可又は一時庇護のための上陸の許可を受けた者で、旅券又は当該許可書に記載された期間を経過して本邦に残留するもの
7の2　第16条第9項の規定により期間の指定を受けた者で当該期間内に帰船し又は出国しないもの
8　第22条の2第1項に規定する者で、同条第3項において準用する第20条第3項本文の規定又は第22条の2第4項において準用する第22条第2項の規定による許可を受けないで、第22条の2第1項に規定する期間を経過して本邦に残留するもの
8の2　第55条の3第1項の規定により出国命令を受けた者で、当該出国命令に係る出国期限を経過して本邦に残留するもの
8の3　第55条の6の規定により出国命令を取り消された者で本邦に残留するもの
8の4　第61条の2の4第1項の許可を受けた者で、仮滞在期間を経過して本邦に残留するもの

> 9　偽りその他不正の手段により難民の認定を受けた者
>
> ②　前項第1号又は第2号に掲げる者が、本邦に上陸した後引き続き不法に在留するときも、同項と同様とする。

1　本条の趣旨

　本条は、入国、上陸、在留その他の出入国管理に直結する法令違反行為に対して刑事罰を定めたものである。ただし、実務上、これらに該当する場合においてすべて刑事手続がとられているわけではない。ここに定めている事由のほとんどは退去強制事由（法24条）でもある。退去強制に処するだけではなく、これらすべてを刑事罰の対象とする必要があるのか、立法論として疑問がある。

2　1項の趣旨

　本項は、9号を除き、法24条の定める退去強制事由と同一の事由が罰則の対象となると定めるものである。

3　1項1号：不法入国した者

　法3条は、有効な旅券を所持しない者若しくは入国審査官から上陸許可の証印等を受けないで本邦に上陸する目的を有する者は、本邦に入ってはならないと定めている。これに違反して本邦に入った場合、すなわち日本の領土内に入国した場合（不法入国）を刑事罰の対象としたものである。密航者が日本の領海内で発見された場合などがこれに該当する。

4　1項2号：不法上陸した者

　本号の「上陸の許可等を受けない」とは、①法9条6項による上陸許可の証印、②法9条7項の規定による記録及び③その他の上陸許可のいずれをも受けていない場合（法3条1項2号）である。

　「本邦に上陸」とは、船舶に乗ってきた外国人の場合は、船舶から日本に1歩踏み入れた時点をいう。これに対して、航空機に乗ってきた外国人の場合には、一見、飛行機が着陸すれば「上陸」したと認められそうであるが、上陸審査場を通るまでは航空機の延長線上にあるものと取り扱われる。したがって、航空機が着陸した時点や、航空機からボーディングブリッジを渡って空港ターミナルビル内に入った時点では、本号の「上陸」には該当しない。上陸審査場その他これに隣接する空港の一定区域から1歩外に出た場合にはじめて「上陸」したものと認められる。そこで、例えば偽造パスポートで上陸しようとした者が上陸審査場に至る前に発覚した場合には、本号ではなく、前号の不法入国の罪が成立する。

5　1項3号及び3号の2：在留資格取消しをされた後に本邦に残留する者

　2004年改正法により在留資格取消制度（法22条の4）が新設された際に設けられた罰則規定である。

　1項3号は、偽りその他不正の手段により上陸不許可事由がないものとして上陸許可の証印等を受けたこと（法22条の4第1項1号）若しくは偽りその他の不正の手段により本邦で行おうとする活動を偽り上陸許可の証印等を受けたこと（法22条の4第1項2号）を理由に在留資格を取り消された者が本邦に残留している場合を構成要件としたものである。これらの場合には、在留資格が取り消されると直ちに適法に在留をする根拠を失う状態になる。

　他方、1項3号の2は、上記法22条の4第1項1号・2号以外の事由による在留資格の取消し及び難民認定を受けた者の在留資格の取消しの場合（法61条の2の8）に、出国に必要な期間を定められながら、その期間を経過しても残留した場合を構成要件としたものである。

　なお、在留資格を取り消された者が収容令書又は退去強制令書によって収容されている場合には、犯罪は成立しない。この場合には、国家によって本邦に置かれることを強制されているのであり、「残留する」という構成要件には該当しないと解されるからである。この点は、本号のみならず、本条において「残留」を構成要件とする罪すべてにおいていえる。

　また、収容令書若しくは退去強制令書が発付されたが、仮放免許可（法54条）を受けて在留を継続している場合にも、本号の罪は成立しない。本邦に在留することを国が認めているのであるから、この場合も「残留」しているとはいえないと解される。

6　1項4号「第19条第1項の規定に違反して収入を伴う事業を運営する活動又は報酬を受ける活動を専ら行つていると明らかに認められる者」

　本号は、資格外活動を専ら行っていると明らかに認められる者に対する刑罰規定である。この要件に該当する者は、退去強制事由にも該当する（法24条4号イ）。

　この要件の解釈には、問題が多い。詳しくは、法24条の解説13を参照されたい。

7　1項5号「在留期間の更新又は変更を受けないで在留期間（第20条第5項（第21条第4項において準用する場合を含む。）の規定により本邦に在留することができる期間を含む。）を経過して本邦に残留する者」

　本号は、正規の在留資格を有していた者が、期間更新も変更も受けないで在留期間を経過して残留した場合（いわゆるオーバーステイ）等を刑罰の対象としたも

のである。偽りの手段により在留資格を得ていたが、その期間を経過するような場合には、本号ではなく、本条1項2号及び2項の罪が成立することになる。

本号の括弧書部分は、2009年改正法により、法20条5項が新設されたことに伴い、加えられたものである。詳しくは、同条の解説⑭を参照。

⑧　1項6号：仮上陸許可を受けたが条件違反をした者

仮上陸許可（法13条）を受けた者が、仮上陸許可に付された条件に違反して逃亡し、又は正当な理由がなくて呼出しに応じない場合を刑事罰の対象としたものである。

⑨　1項7号：特例上陸許可を受けた期間を経過した者

本号は、寄港地上陸許可等の特例上陸許可（法14条ないし18条の2）を受けた者が、許可された上陸期間を超えて本邦に残留する行為を刑事罰の対象としたものである。

⑩　1項7号の2：数次乗員上陸許可を取り消された者

数次乗員上陸許可を受けたが、入国審査官が引き続き許可を与えておくことが適当でないと認める場合には、当該許可を取り消すことができ、その乗員が本邦にあるときは、当該乗員が帰船又は出国するために必要な期間を指定するものとされている（法16条9項）。この指定された期間を経過した後も本邦に残留した場合を刑事罰の対象としたものである。

⑪　1項8号：在留資格取得期間を経過した者

日本国籍を離脱した者又は出生その他の事由により、上陸手続を経ることなく本邦に在留することとなった外国人は、それぞれ日本国籍を離脱した日又は出生その他の当該事由が生じた日から60日に限り、在留資格を有することなく日本に在留することができる（法22条の2第1項）。これらの者は、30日以内に在留資格の申請をしなくてはならない（法22条の2第2項）。本号は、この在留資格取得手続をとらずに、60日間を経過した後も残留している者を刑事罰の対象としたものである。

⑫　1項8号の2：出国命令に係る出国期限を経過した者

出国命令（法55条の3第1項）は15日を超えない範囲内で出国期限を定めることになるが、その期限を超えて残留した場合を刑事罰の対象と定めたものである。

13　1項8号の3：出国命令を取り消されて本邦に残留する者

出国命令に付された住居及び行動範囲の制限などの条件に違反して出国命令を取り消された場合（法55条の6）、その後も残留すると本号により刑事罰の対象とされる。

14　1項8号の4：仮滞在期間経過後も本邦に残留する者

難民申請を行い、法61条の2の4第1項によって仮滞在許可を受けた者が、その仮滞在期間を経過した後も本邦に残留する場合を刑事罰の対象としたものである。

15　1項9号：偽りその他不正の手段により難民の認定を受けた者

本号は、偽りその他不正の手段により難民として認定される行為を刑事罰の対象としたものである。

「偽りその他不正の手段」との文言は、税法など他の法律でも用いられている表現であるところ、税法上は「隠ぺい仮装」行為と「偽りその他不正の手段」行為との関係が論点になっていることからも明らかなとおり、その定義は必ずしも一義的ではない。この点、最大判昭42・11・8（刑集21巻9号1197頁）は、「所得税、物品税の逋脱罪の構成要件である詐偽その他不正の行為とは、逋脱の意図をもつて、その手段として税の賦課徴収を不能もしくは著しく困難ならしめるようななんらかの偽計その他の工作を行なうことをいうものと解するのを相当とする」と判示している。これを本号に当てはめて考えるならば、難民調査官のインタビュー等で単に事実と異なる供述をしたにとどまるような場合は本号には該当しないと考えられ、また、不正に難民の認定を受けようとする意図なく、偽造書類をそうとは知らずに提出したような場合も本号に該当しないと考えられる。

16　刑の不均衡

本条1項各号違反の罪（次項も同じ）は、3年以下の懲役若しくは禁錮若しくは300万円以下の罰金とされ、懲役・禁錮刑と罰金刑は併科することができるものとされている。罰金の額は、2004年改正法により、それまでの「30万円以下」から10倍の「300万円以下」へと引き上げられた。その趣旨は、入管六法によれば、「当初から不法に入国・上陸して不法在留する者や、いわゆるリピーターなどの悪質な不法滞在者の多くが不法就労を行い、多額の収益を得ている実情にかんがみ、罰金刑を引き上げ、その併科による経済的制裁を強化することにより、これらの悪質な不法滞在行為の抑止効果を狙ったものである」とされている。

しかしながら、本条の罪を、いわば国境レベルでの侵入若しくは不退去罪のよ

うなものと捉えるならば、刑法130条の住居侵入・不退去罪の罰金刑が10万円以下で、併科規定もないことに比して、均衡を失すると考えられる。すなわち、後者は個人の住居に関する権利という個人の具体的な法益を直接に侵害する行為であり、かつその多くが財産犯の手段となっているのに対し、本条の罪は国家の出入国管理という抽象的な法益を侵害するものであり、これにより直接的な被害を被る者がいるわけではないことを考えると、罪刑の均衡を失していると言わざるを得ないであろう。

17　2項：不法に本邦に在留する罪

本項は不法入国若しくは不法上陸した者が本邦に上陸した後引き続き不法に在留した場合にも、1項と同じ刑事罰を科すとしたものである。これは、不法入国、不法上陸の罪の公訴時効が3年であること（刑訴法250条2項6号）、法70条1項各号の不法残留の罪とは構成要件が異なるので、不法入国・上陸後3年を経過した者に対しては刑事罰を科することができず、他の場合と比べ均衡を失していることから、1999年改正法により新設されたものである。

第70条の2

前条第1項第1号、第2号、第5号若しくは第7号又は同条第2項の罪を犯した者については、次の各号に該当することの証明があつたときは、その刑を免除する。ただし、当該罪に係る行為をした後遅滞なく入国審査官の面前において、次の各号に該当することの申出をした場合に限る。
1　難民であること。
2　その者の生命、身体又は身体の自由が難民条約第1条A(2)に規定する理由によつて害されるおそれのあつた領域から、直接本邦に入つたものであること。
3　前号のおそれがあることにより当該罪に係る行為をしたものであること。

1　本条の趣旨

本条は、法70条1項1号等に規定する罪に該当する行為をした場合であっても、その者が難民であり、かつ、他の要件を充たす場合には、刑を免除する旨を定めたものである。これは、難民条約31条1項が「締約国は、その生命又は自由が第1条の意味において脅威にさらされていた領域から直接来た難民であつて許可なく当該締約国の領域に入国し又は許可なく当該締約国の領域内にいるものに対し、不法に入国し又は不法にいることを理由として刑罰を科してはならない。ただし、当該難民が遅滞なく当局に出頭し、かつ、不法に入国し又は不法にいることの相当な理由を示すことを条件とする」と定めていることを受けて規定されたものである。

2　柱書：適用対象となる罪
　不法入国（法70条1項1号）、不法上陸（同2号）、不法滞在（同5号・7号）、不法在留（法70条2項）が、本条の適用対象となる罪である。

3　柱書「遅滞なく」
　柱書但書では、本条1号ないし3号に該当することを「当該罪に係る行為をした後遅滞なく」入国審査官の面前において申出をした場合に限るとしている。
　ここにいう「遅滞なく」とは、可及的速やかにという意味であるが、単なる時間的長短だけで決められる事項ではなく、不法入国等の罪を犯すに至った事情、不法入国等をした場所、交通事情、本人の健康状態や会話能力等の個別事情を総合的に判断して、合理的と認められる程度の期間をいうものと解すべきである（広島高判平14・9・20判時1814号161頁参照）。
　この点、逐条解説では「一定の期間を明示することは困難であるが、我が国の地理的条件、交通事情等から見て、本人の病気、あるいは現に身柄が拘束されている等の特段の事情がなければ、一週間程度もあれば入国審査官の面前に出頭することは十分に可能である」（879頁）としているが、あまりにも狭きに失しているし、外国から来た難民申請者が1週間程度で入管の中の入国審査官という特定の役職の者のところへ出頭することができるという立論は、一般に、難民申請者には官憲側に対する不信感、警戒心があるという心理的特質を理解していないものであり（法61条の2の解説12(2)(ii)参照）、非現実的である。

4　柱書「入国審査官の面前において」
　難民条約31条1項は「当局（the authorities）」と定めているのに対し、本条は「入国審査官」と限定している。条約より限定されており、問題である。
　この点、逐条解説では、「申し出る先が入国審査官とされたのは、我が国の出入国管理の第一線の行政官であり、外国人の事情に精通している入国審査官に集中的にこの事務を行わせるのが適当であると考えられたからである」（878頁）としている。
　しかし、前記のとおり、難民申請者がどこに行けば「入国審査官」という特定の役職の者に申告ができるのか知識を得ることはほとんど不可能に近い。難民認定申請書（規則別記第74号様式。規則55条1項）も宛先は法務大臣となっており、法務大臣が難民調査官と指定した入国審査官（法2条12号の2参照）に事実調査をさせるか否かも、法文上は任意的である（法61条の2の14第1項）。したがって、難民申請をした場合ですら、必ず「入国審査官」に本条各号の事実を申告する機会を与

えられることにはならないのである。

　よって、この「入国審査官」も例示と考えるほかない。そうでなければ、難民条約31条1項に違反する。入管六法も「警察官や海上保安官のもとに出頭した後に入国審査官の面前において右の申出をする場合も、この手続的要件を満たすものであるということができる」として、柔軟な解釈を許容している。

5　1号「難民であること」

　難民とは、難民条約1条の規定に定める難民のことをいう（法2条3号の2）。難民の定義等については多岐にわたる問題点が存在するが、この点は法61条の2の解説を参照のこと。

6　2号「その者の生命、身体又は身体の自由」

　本号は、1号の難民に、さらに、「その者の生命、身体又は身体の自由」が難民条約1条A(2)に規定する理由、すなわち人種、宗教、国籍、政治的意見又は特定の社会的集団に属することを理由として害されるおそれがあったことを要求するものである。

　しかし、難民条約31条1項は「締約国は、その生命又は自由」が1条の意味において脅威にさらされていた領域から直接来た難民を対象としており、本号のように生命、身体、身体の自由だけに限定していない。そして、難民とは、迫害を受けるおそれがあるという十分に理由のある恐怖を有するものであり、ここでいう迫害は、生命、身体に限らず、その他の重大な人権侵害がある場合も含むと解するのが、国際的な通説である（広義説。法61条の2の解説4参照）。そうすると、本号を硬直的に解釈して、生命、身体又は身体の自由以外の重大な人権侵害がされるおそれのある領域があった国から直接来た難民について、刑の免除をしないこととなると、難民条約31条1項に明白に抵触することとなる。

　よって、本号に列挙されている「生命、身体又は身体の自由」というのは、重大な人権の例示列挙とみるべきであり、難民に該当するものであれば、生命、身体又は身体の自由に対する脅威が認められなくても、本号の要件を充たすと解すべきである（そうでなければ、本号は難民条約31条1項違反となる）。

7　2号「直接本邦に入つたもの」

　法61条の2の2の解説4でも述べたとおり、この要件を厳格に解釈すると、隣国以外から来た難民はすべて該当しないこととなる。

　この点、UNHCRは、2004年5月の「日本国・出入国管理及び難民認定法の一部を改正する法律案に関する国連難民高等弁務官事務所（UNHCR）の見解」に

おいて、難民条約31条1項について、「第三国を短期間で経由した者又は第一庇護国で有効な保護を受けられない者を排除しないよう解釈されてきた」(13項)としている。そして、第159回国会参議院法務委員会 (2004年4月8日) において、増田暢也法務省入国管理局長 (当時) は、仮滞在要件としての直接性 (法61条の2の4第6号、法61条の2の2第1項2号) について、「基本的にはUNHCRと同じ解釈を取るであろうと考えております」と答弁している。

したがって、本号も同様に緩やかに解釈すべきである。この点、前掲広島高判平14・9・20は、「出身国から、あるいは庇護希望者の保護、安全や安定が保障されないかも知れない他国から、直接本邦に入った場合であって、庇護申請をせず、あるいは庇護を受けることなく短期間で中継国を通過した場合を含む」と判断して、当該事案において直接性の要件を充たすと判断している。

⑧ 3号「前号のおそれがあることにより当該罪に係る行為をしたものであること」

これは、不法上陸等の罪に該当する行為を行ったことの動機が、生命等への危害を避ける目的があったことにあること、つまり因果関係を要求するものである。これは、難民条約31条1項但書の「不法に入国し又は不法にいることの相当な理由を示すこと」を国内法化したものといえる。ただし、それが唯一の動機である必要はない。人の行為には、複数の動機が併存することはよくあることである。条約の文言からも、本号の文言からも、唯一の動機である必要があるという限定を付すことはできない。

⑨ 裁判例
(1) 大阪高判平5・7・1高刑46巻2号204頁

「遅滞なく」の要件について、「その申出は、通常、逮捕されるまでないし捜査段階においてされるべきであり、そうでなくても、刑事裁判手続における一審判決の言渡しまでになされることを予定している、といわなければならない。また、その申出に当たっては、具体的手続や法律上の意味や効果を知った上で述べるまでの必要はなく、少なくとも、入管難民認定法七〇条の二第一ないし第三号所定の事項につきその基礎となる具体的な事実関係を申し出れば足りるといえる。したがって、たとえ、司法手続により身柄を拘束されていても、捜査機関や弁護人にその旨を申述して、申出の手掛かりを作るなり、入国審査官に対する申出の取次ぎを依頼することも可能であり、こうした機会のあることも無視することができない。もっとも、相当の日時が経過していても、やむを得ない事情があるときは、この点も考慮して『遅滞なく』かどうかを判定すべきものと解するのが相当である」とし、一審判決後に申出をした被告人について、同要件を充足しないと判断した。

(2) 広島地判平14・6・20判時1814号167頁

「9月下旬に大阪のカトリック教会のKに相談するまでの約3か月間の期間のほとんどは、Hに依頼していた在留資格認定証明書交付申請の返事を待っていたものといえ、その心情が理解できないものではないことは、前記のとおりであり、その後11月7日まで難民認定申請をしなかったのは、Kらの勧めによるものであると認められるところ、被告人の難民としての立場や心情等にかんがみると、以上の程度の期間を要したとはいえ、被告人の難民認定申請は、法70条の2にいう『遅滞なく』なされたものというべきである」と判断した。

(3) 広島高判平14・9・20判時1814号161頁

上記(2)の控訴審判決。被告人の難民該当性及び「直接来た」という要件は認めたが、本件の事実関係のもとでは「遅滞なく」の要件は充たさないと判断した。

第71条

第25条第2項又は第60条第2項の規定に違反して出国し、又は出国することを企てた者は、1年以下の懲役若しくは禁錮若しくは30万円以下の罰金に処し、又はその懲役若しくは禁錮及び罰金を併科する。

本条の趣旨

本条は、外国人及び日本人が出国確認の手続をとらずに出国し、又は出国することを企てた行為を処罰するものである。

しかし、既遂犯である「出国し」た者と、「出国することを企てた者」すなわち予備罪を犯した者とが同じ法定刑というのは、罪刑法定主義の趣旨に反する。

この点、東京高判昭48・4・26（判タ297号367頁）は本条は憲法31条違反ではないとしているが、同判決に対する評釈では「予備罪の法定刑は、実行行為に着手した場合よりも、低いのが通常であり、本罪は、たしかに異例の立法と思われる。本判旨は、『立法論としての批判は兎も角』として、右のような立法が、憲法31条に違反しないとするのであるが、その実質上の理由づけはいまひとつ説得力が足りないように思われる」と指摘しており、違憲の疑いが強い。

第71条の2

次の各号のいずれかに該当する者は、1年以下の懲役又は20万円以下の罰金に処する。
1 第19条の7第1項、第19条の8第1項、第19条の9第1項、第19条の10第1項又は第19条の16の規定による届出に関し虚偽の届出をした者
2 第19条の11第1項、第19条の12第1項又は第19条の13第3項の規定に違反した者

1　本条の趣旨

　2009年改正法によって導入された新たな在留管理制度においては、在留カード、外国人本人による届出等といった情報の継続的把握のための措置が定められたところ、本条は、外国人本人による届出に関して虚偽の届出をした者、在留カードの有効期間の更新や再交付の申請の義務に違反した者を刑事罰の対象とするものである（2012年7月9日施行）。

2　1号の趣旨

　本号は、新規上陸後の住居地届出（法19条の7第1項）、在留資格変更等に伴う住居地届出（法19条の8第1項）、住居地の変更届出（法19条の9第1項）、住居地以外の記載事項の変更届出（法19条の10第1項）、所属機関等に関する届出（法19条の16）の規定による届出に関し虚偽の届出をした者について罰則を科したものである。

3　1号「届出に関し虚偽の届出をした者」

　本号においては、「届出に関し虚偽の届出をした者」を刑事罰の対象としており、届出の義務の対象となる外国人本人のみならず、法61条の9の3に規定する代理人として届出を行った者についても、虚偽の届出をした場合は罰則が科せられることになる。

4　2号の趣旨

　在留カードは新たな在留管理制度の根幹をなす制度とされているところ、本号は、在留カードの有効期間の更新（法19条の11第1項）、紛失等による在留カードの再交付（法19条の12第1項）、汚損等による在留カードの再交付（法19条の13第1項）の規定による更新や再交付の申請の義務に違反した者について、罰則を科したものである。

　しかし、永住者が在留カードの有効期間の更新の申請時期を失念していた場合や、中長期在留者が紛失等や汚損等による在留カードの再交付の14日以内という申請期間を誤って懈怠した場合にまで罰則を科すとすることは、責任主義に反するものと言わざるを得ないものであり、このような失念や過誤による申請の懈怠の場合は処罰の対象にならないと解すべきである。

　また、仮に申請時期や申請期間を認識していたとしても、申請を懈怠したことについて正当な事由がある場合まで罰則を科すものとすることは、あまりにも均衡を欠く結果になるものであって、このような場合についても、処罰の対象から除外されるものと言うべきである。

> **第71条の3**
>
> 次の各号のいずれかに該当する者は、20万円以下の罰金に処する。
> 1 第19条の7第1項又は第19条の8第1項の規定に違反して住居地を届け出なかつた者
> 2 第19条の9第1項の規定に違反して新住居地を届け出なかつた者
> 3 第19条の10第1項、第19条の15（第4項を除く。）又は第19条の16の規定に違反した者

1 本条の趣旨

本条は、2009年改正法において新たな在留管理制度が導入されたことを受け、外国人本人による届出を怠った者等を刑事罰の対象とするものである（2012年7月9日施行）。

2 1号の趣旨

本号は、新規上陸後の住居地届出（法19条の7第1項）及び在留資格変更等に伴う住居地届出（法19条の8第1項）の規定による届出を怠った者について罰則を科したものである。

しかし、失念や過誤によってこれらの届出を懈怠した場合にまで罰則を科すとすることは責任主義に反する結果となること、また、正当な事由がある場合に罰則を科すことがあまりに均衡を欠く結果となることは、法71条の2の解説 4 で述べたのと同様であり、このような場合は処罰の対象にならないと解すべきである。

この点に関し、日本人の場合における同様の制度である住基法に定める転入届については、転入した日から14日以内に転入届を届け出なかった場合であっても、過料が課されるに過ぎないのに対し（住基法53条2項、22条）、中長期在留者が14日以内という履行期限内に住居地の届出をしなかった場合に刑事罰を科すものとすることが、外国人に著しい不利益をもたらすおそれがあることからしても、本号は限定的に解釈されるべきである。

3 2号の趣旨

本号においては、住居地の変更届出（法19条の9第1項）の規定による届出を怠った者について罰則が科せられることになる。

しかし、失念や過誤によってこれらの届出を懈怠した場合や、届出を怠ったことに正当な事由がある場合に処罰の対象とならないと解すべきことについては、前号と同様である。

4　3号の趣旨

本号は、住居地以外の記載事項の変更届出（法19条の10第1項）、中長期在留者が死亡した場合以外の場合の在留カードの返納（法19条の15第1項ないし3項）、所属機関等に関する届出（法19条の16）の規定による届出又は返納を怠った者について罰則を科したものである。

しかし、これらの規定による届出や返納を失念や過誤によって懈怠した場合や、届出や返納を怠ったことに正当な事由がある場合に処罰の対象とならないと解すべきことについては、1号と同様である。

第72条

次の各号のいずれかに該当する者は、1年以下の懲役若しくは20万円以下の罰金に処し、又はこれを併科する。
1　収容令書又は退去強制令書によつて身柄を拘束されている者で逃走したもの
2　第52条第6項の規定により放免された者で、同項の規定に基づき付された条件に違反して、逃亡し、又は正当な理由がなくて呼出しに応じないもの
3　一時庇護のための上陸の許可を受けた者で、第18条の2第4項の規定に基づき付された条件に違反して逃亡したもの
3の2　第55条の3第1項の規定により出国命令を受けた者で、同条第3項の規定に基づき付された条件に違反して逃亡したもの
3の3　第61条の2の4第1項の許可を受けた者で、同条第3項の規定に基づき付された条件に違反して、逃亡し、又は正当な理由がなくて呼出しに応じないもの
4　第61条の2の7第3項又は第61条の2の13の規定に違反して難民認定証明書又は難民旅行証明書を返納しなかつた者
5　第61条の2の12第8項の規定により難民旅行証明書の返納を命ぜられた者で、同項の規定により付された期限内にこれを返納しなかつたもの

1　1号の趣旨

本号は、収容令書又は退去強制令書によって身体拘束されている者で逃走したものを刑事罰の対象とするものである。

退去強制令書を執行して、強制送還をするために収容施設から外に出て護送をしている最中に逃走した場合には、本号の罪は成立しない。東京地裁平成18年（ワ）第3979号国家賠償請求事件（公刊物未登載）における国の主張によれば、収容施設から出た時点で退去強制令書による収容は終了し、その後護送車に乗せている状態は収容されている状態ではないからである。

2　2号の趣旨

　法52条6項の規定により放免された者とは、「退去強制を受ける者を送還することができないことが明らかになった」者であるが、この規定により放免（特別放免）された例は実務上ほとんどなく、したがって、本号による処罰がされた例もないものと思われる。

3　3号の趣旨

　本号は、一時庇護上陸のための許可を受けた者で、許可を受けるに際して付された条件に違反して逃亡した者を刑事罰の対象とするものである。

4　3号の2の趣旨

　本号は、2004年改正法で出国命令制度が設けられたことに伴い新設された。出国命令には、定められた出国期限内の住居や行動制限などについて条件が付けられる場合があるが（法55条の3第3項）、これに反した場合に刑罰を科すものである。

5　3号の3の趣旨

　本号は、2004年改正法で仮滞在許可（法61条の2の4）が設けられたのに伴い新設されたものである。仮滞在許可にも住居及び行動範囲の制限、活動の制限、呼出しに対する出頭の義務その他必要と認める条件が付される場合があるが（同条3項）、それに違反した場合に刑罰を科すものである。

6　4号の趣旨

　法61条の2の7第3項又は61条の2の13の規定に違反して難民認定証明書又は難民旅行証明書の返納を命ぜられた者とは、難民認定の取消しを受け、若しくは難民認定を受けながら退去強制令書の発付を受けた結果、これらの規定により難民認定証明書（法61条の2第2項）又は難民旅行証明書（法61条の2の12）の返納を命ぜられた者である。

7　5号の趣旨

　法62条の2の12第8項の規定により難民旅行証明書の返納を命じられた者とは、難民旅行証明書を受けながら、法務大臣が、日本国の利益又は公安を害する行為を行うおそれがあると認めたときに、その者が本邦にいる間、期限を付して、その所持する難民旅行証明書の返納を命じられた者である。

第73条

　第70条第1項第4号に該当する場合を除き、第19条第1項の規定に違反して収入を伴う事業を運営する活動又は報酬を受ける活動を行つた者は、1年以下の懲役若しくは禁錮若しくは200万円以下の罰金に処し、又はその懲役若しくは禁錮及び罰金を併科する。

1　本条の趣旨

　本条は、その有する在留資格によって認められていない、収入を伴う事業を運営する活動又は報酬を受ける活動を、資格外活動許可を受けずに行った場合のうち、これらの活動を「専ら行つていると明らかに認められる」場合以外についての刑罰を規定したものである。

　「収入を伴う事業を運営する活動又は報酬を受ける活動」については法19条の解説3(2)～(4)を参照。また「専ら行つていると明らかに認められる」の解釈については法24条の解説13を参照。

2　「第70条第1項第4号に該当する場合を除き」

　許可なく収入・報酬を得る資格外活動を行った者のうち、その活動を「専ら行つていると明らかに認められる」者については法70条1項4号の刑罰規定により処罰する趣旨である。

　なお、本条が対象とする資格外就労は、直接には退去強制処分の対象とならない（法24条4号イ参照）。

3　「第19条第1項の規定に違反して収入を伴う事業を運営する活動又は報酬を受ける活動を行つた者」

　以下の者である。
① 法別表第1の1の表、2の表及び5の表の上欄の在留資格を有する者：法別表の下欄に掲げる活動に属しない収入を伴う事業を運営する活動又は報酬を受ける活動
② 法別表第1の3の表及び4の表の上欄の在留資格を有する者：収入を伴う事業を運営する活動又は報酬を受ける活動のすべて

　ただし、法19条1項1号では「業として行うものではない講演に対する謝金、日常生活に伴う臨時の報酬その他の法務省令で定めるもの」を受領することは禁止されておらず、「第19条第1項の規定に違反して」との本条の構成からも、これらの金員の受領は本条の刑罰規定の構成要件に該当しないものと解される。

　また、法別表第2の上欄の在留資格を有する者については資格外活動に関する制限はないから、本条の適用もない。

さらに、法19条1項は法別表第1の上欄の在留資格を有する者について規定することから、在留資格を有しない者の就労についても本条の適用はない。

④ 「1年以下の懲役若しくは禁錮若しくは200万円以下の罰金に処し、又は懲役若しくは禁錮及び罰金を併科する」

罰金刑の上限はかつては20万円であったが、経済的制裁を強化し抑止力を高めることを企図して、2004年改正法において200万円に引き上げられた。しかし、本条で定めるような極めて軽微な違法行為に対し200万円もの高額な罰金を科すことには、罪刑均衡という観点から大きな問題がある。この点は、法70条の解説⑯を参照。

⑤ 本条の処罰が与える影響

本条による処罰は1年以下の懲役が上限であるから、法24条4号リ（「1年を超える懲役」）には当たらず、その他の退去強制事由にも該当しない。したがって、本条により刑事訴追を受け有罪判決を受けた者であっても、その後の在留資格更新・変更許可申請において処罰の事実を不利益に扱われ不許可処分とされることが論理的にはあり得るものの、本条該当行為を理由に在留の継続を拒否することは、事案によっては実質的に法の趣旨を潜脱するものとされる場合もあり得る。殊に、本条該当行為後の在留期間更新・在留資格変更許可申請に対し不許可処分とし、かつ当該不許可処分時にすでに従前の在留期間が満了してしまっているのに出国準備のための猶予期間も与えず（通常は短期滞在若しくは特定活動により1カ月程度の出国準備期間を付与する）、直ちに法24条4号ロの超過滞在に該当するとして退去強制手続に付することは、明らかに法を潜脱するものであり許されないと解すべきであろう。

第73条の2

① 次の各号のいずれかに該当する者は、3年以下の懲役若しくは300万円以下の罰金に処し、又はこれを併科する。
　1　事業活動に関し、外国人に不法就労活動をさせた者
　2　外国人に不法就労活動をさせるためにこれを自己の支配下に置いた者
　3　業として、外国人に不法就労活動をさせる行為又は前号の行為に関しあっせんした者
② 前項各号に該当する行為をした者は、次の各号のいずれかに該当することを知らないことを理由として、同項の規定による処罰を免れることができない。ただし、過失のないときは、この限りでない。
　1　当該外国人の活動が当該外国人の在留資格に応じた活動に属しない収入を伴う

> 事業を運営する活動又は報酬を受ける活動であること。
> 2　当該外国人が当該外国人の活動を行うに当たり第19条第2項の許可を受けていないこと。
> 3　当該外国人が第70条第1項第1号から第3号の2まで、第5号、第7号、第7号の2又は第8号の2から第8号の4までに掲げる者であること。

1　本条の趣旨

　外国人による不法就労をあっせん助長する行為を独立の犯罪として規定し処罰の対象とするとともに、2009年改正法による新たな在留管理制度における在留カードの導入を受け、過失がないときを除いて、外国人が不法就労者であることを知らないことを理由として処罰を免れることができないとすることにより、不法就労の防止を徹底しようとしたものである（2012年7月9日施行）。

2　1項の趣旨

　本項は、外国人に不法就労活動をさせた事業主や、外国人の不法就労活動をあっせんした者等の不法就労者の就労によって経済的利益を上げている者を刑事罰の対象としたものである。

3　1項1号「事業活動に関し」

　行為者が自ら運営し又は従業者として従事している事業の目的遂行のために必要な活動に関し、という意味であるとされている（逐条解説891頁）。一般家庭で家事使用人として活動させても本条には該当しないが、その場合には、法70条1項の幇助となる可能性が高い、とされている（上記逐条解説）。

4　1項1号「不法就労活動をさせ」

　不法就労活動を「させ」たとは、その者の監督下において就労を行わせたことをいう。行為者が外国人をして就労させた場合と、外国人が申し出て行為者の下で就労した場合とを含むが、外国人が行為者の指揮監督に服さずにその自由な判断に基づいて就労をしている場合には、本条は適用されないと解される。「不法就労活動」の意義は、法24条3号の4イの条文を参照。

　本条のいう「不法就労活動」を、不法上陸等の在留資格がない者が行った場合でも、その活動自体が処罰の対象とされるわけではないことに注意されたい。

5　1項2号の趣旨

　「自己の支配下に置いた」とは、指示・従属の関係により、外国人の意思・行動

等を左右できる状態に置き、自己の影響下から離脱することを困難にさせた場合である。

現実に不法就労活動をさせた場合には、前号の罪が成立し、本号の罪は吸収される。

6　1項3号の趣旨

業として、外国人に不法就労をさせる行為又は不法就労活動をさせるためにこれを自己の支配下に置く行為についてあっせんした者を刑事罰の対象としたものである。

「業として」の解釈は、反復継続して、又は反復継続する意思を持ってという意味であり、刑法の業務上過失致死傷などと同様に解される。

7　2項の趣旨

新たな在留管理制度によって導入される在留カードは、適法な在留資格を有する中長期在留者に対してのみ交付され、かつ、在留カードには在留資格とともに就労制限の有無が記載されるところ、本項は、このような在留カードの導入を受け、事業主等が、外国人が不法就労者であること等を知らなかったとしても、過失がある場合には処罰を免れることはできないとしたものである。

しかし、従前の外国人登録証明書においても、外国人の在留資格の有無や種類が記載されていたものであり、在留カードが導入されたことのみをもって、過失がない場合を除いて、外国人が不法就労者であること等を知らなかった事業主等が処罰を免れないとすることの合理性は疑わしいものであり、不法就労助長罪が適用される範囲を無制限に拡大することにつながりかねないと言わざるを得ない。

少なくとも、本項については、過失の有無に関する立証責任を転換したものと解すべきではなく、事業主等が外国人が不法就労者であること等を知らなかったことに過失があることについて、検察官が立証責任を負うものと解すべきである。

8　2項1号の趣旨

本号は、外国人がその者の在留資格に応じた活動に属しない活動を行って収入を伴う事業を運営し又は報酬を受ける場合、例えば、在留資格「人文知識・国際業務」を有する外国人が、在留資格「投資・経営」に応じた活動を行って報酬を受ける場合である。

しかし、本号においては、事業主等が各在留資格に応じた活動の範囲を正確に認識していることが前提となっているが、在留カードが導入されたとしても、このような前提は社会的な実態と乖離しているものと言わざるを得ず、かかる場合

においても、過失がない場合を除いて事業主が処罰を免れ得ないとすることは、不合理な結果をもたらすおそれがあるものである。

9　2項2号の趣旨
　本号は、外国人が就労に当たって法19条2項の資格外活動許可を得る必要があるにもかかわらず、これを受けていない場合、例えば、在留資格「留学」を有する外国人が資格外活動許可を得ないで就労する場合であるが、在留カードが導入されたとしても、不合理な結果をもたらすおそれがあることは、前号の場合と同様である。

10　2項3号の趣旨
　本号は、外国人が不法入国者、不法上陸者、不法残留者等の場合であるが、在留カードが導入されたとしても、不合理な結果をもたらすおそれがあることは、本項1号及び前号の場合と同様である。

第73条の3
① 　行使の目的で、在留カードを偽造し、又は変造した者は、1年以上10年以下の懲役に処する。
② 　偽造又は変造の在留カードを行使した者も、前項と同様とする。
③ 　行使の目的で、偽造又は変造の在留カードを提供し、又は収受した者も、第1項と同様とする。
④ 　前3項の罪の未遂は、罰する。

1　本条から法73条の6までの一連の規定の趣旨
　本条から法73条の6までの一連の規定は、2009年改正法において新たな在留管理制度が導入されたことを受け、同制度の根幹とされる制度である在留カードの社会的信用を保護するため、在留カード等の偽変造等や他人名義の在留カードの行使等を処罰しようとするものである（2012年7月9日施行）。
　刑事罰の対象となる行為は、在留カードの偽変造及び行使（法73条の3）、所持（法73条の4）、器械又は原料の準備（法73条の5）、他人名義の在留カードの行使等（法73条の6）と多岐にわたるものであり、在留カードの不正利用に関する一連の行為を広く処罰することによって、在留カードの社会的信用の保護の徹底を図っている。
　本条は、これらの一連の行為のうち、在留カードの偽変造、偽変造された在留カードの行使、行使の目的による提供又は収受を刑事罰の対象とするものである。

2 1項「行使の目的」

本項では、主観的要件として「行使の目的」が定められているところ、ここにいう「行使の目的」とは、公文書偽造罪（刑法155条）におけるのと同義であり、偽変造された在留カードを真正なものとして使用する目的をいう。

したがって、真正な在留カードとして使用する目的がない場合は、「行使の目的」を欠くものとして刑事罰の対象とはならない。

3 1項「偽造」「変造」

「偽造」及び「変造」とは、公文書偽造罪（刑法155条）におけるのと同義であり、本項にいう「偽造」とは権限なく在留カードを作成することをいい、「変造」とは真正な在留カードに変更を加えることをいう。

4 2項「行使」

「行使」とは、公文書偽造罪（刑法155条）におけるのと同義であり、本項にいう「行使」とは偽変造された在留カードを真正なものとして使用することをいう。

5 3項「提供」「収受」

「提供」とは、情を知る相手方に譲り渡し、又は貸し渡すことをいい、「収受」とは、情を知って譲り受け、又は借り受けることをいう。

6 4項の趣旨

本条に定める在留カードの偽変造、偽変造された在留カードの行使、偽変造された在留カードの提供又は収受については、未遂を罰するものとされている。

第73条の4

行使の目的で、偽造又は変造の在留カードを所持した者は、5年以下の懲役又は50万円以下の罰金に処する。

---

1 本条の趣旨

法73条の3の解説1参照。本条は、在留カードの不正使用に関する一連の行為のうち、偽造又は変造された在留カードの所持を刑事罰の対象とするものである。

2 「所持」

「所持」とは、不正電磁的記録カード所持罪（刑法163条の3）におけるのと同義であり、事実上支配に置くことをいう。

第73条の5

第73条の3第1項の犯罪行為の用に供する目的で、器械又は原料を準備した者は、3年以下の懲役又は50万円以下の罰金に処する。

1 本項の趣旨

法73条の3の解説1参照。本条は、在留カードの不正使用に関する一連の行為のうち、在留カードの偽変造のための器械又は原料の準備を刑事罰の対象とするものである。

2 「準備」

「準備」とは、支払用電磁的記録カード不正作出器械原料準備罪（刑法163条の4第3項）におけるのと同義であり、在留カードの偽変造の準備のために器械又は原料を用意して、その作出を容易にすることをいう。

第73条の6

① 次の各号のいずれかに該当する者は、1年以下の懲役又は20万円以下の罰金に処する。
　1　他人名義の在留カードを行使した者
　2　行使の目的で、他人名義の在留カードを提供し、収受し、又は所持した者
　3　行使の目的で、自己名義の在留カードを提供した者
② 前項（所持に係る部分を除く。）の罪の未遂は、罰する。

1 本条の趣旨

法73条の3の解説1参照。本条は、在留カードの不正使用に関する一連の行為のうち、他人名義の在留カードの行使、他人名義の在留カードの提供、収受又は所持、自己名義の在留カードの提供を刑事罰の対象とするものである。

2 1項1号「他人名義の在留カード」

本号にいう「他人名義の在留カード」とは、在留カードを行使する者以外の名義の在留カードをいい、ここにいう「在留カード」には、有効期間を経過して失効したものも含まれる（山田ほか97頁）。

③ 1項2号「他人名義の在留カード」

本号にいう「他人名義の在留カード」とは、在留カードを提供、収受又は所持する者以外の名義の在留カードをいう。

④ 1項3号「自己名義の在留カード」

本号にいう「自己名義の在留カード」とは、在留カードを提供する者自身の名義の在留カードをいう。

⑤ 2項の趣旨

本条に定める行為のうち、他人名義の在留カードの行使、他人名義の在留カードの提供又は収受、自己名義の在留カードの提供については、未遂を罰するものとされている。

第74条

① 自己の支配又は管理の下にある集団密航者（入国審査官から上陸の許可等を受けないで、又は偽りその他不正の手段により入国審査官から上陸の許可等を受けて本邦に上陸する目的を有する集合した外国人をいう。以下同じ。）を本邦に入らせ、又は上陸させた者は、5年以下の懲役又は300万円以下の罰金に処する。
② 営利の目的で前項の罪を犯した者は、1年以上10年以下の懲役及び1000万円以下の罰金に処する。
③ 前2項の罪（本邦に上陸させる行為に係る部分に限る。）の未遂は、罰する。

① 本条から法74条の5までの一連の規定の趣旨

本条から法74条の5までは、いわゆる「蛇頭」対策として1997年改正法により設けられた規定である。ここでは「集団密航者」という概念を新たに設け、これらを「自己の支配又は管理の下」に置く者、すなわち、いわゆるブローカー等を厳重に処罰することにより、集団密航自体を防止しようと試みるものである。規定内容は、不法「入国」・不法「上陸」させる行為（本条）、「輸送」する行為（法74条の2）、入国・上陸・輸送のための「船舶等」の「準備」を行う行為（法74条の3）、集団密航者を「収受」する行為及び収受した集団密航者を「輸送」「蔵匿」「隠避」する行為（法74条の4）、収受及び収受した集団密航者の輸送・蔵匿・隠避に係る「予備」行為（法74条の5）、と極めて多岐にわたる。罪刑法定主義の観点から厳密な構成要件の定義が必要であるところ、これらの条文では定義が不明確な用語が多用されているという問題点がある。

② 1項「自己の支配又は管理の下にある」
　この定義は一義的に明らかとは言えないが、前記のとおり法73条の2第1項2号に「外国人に不法就労活動をさせるためにこれを自己の支配下に置いた者」という条項があり、「支配（下）」はこれと同義に解するしかないから、当該外国人の意思を左右できる状態の下に置くことにより、指示・従属の関係が認められることを指すと解される。これに対して「管理（下）」は、入管・難民法上の他の条文にはない新しい概念であるが、やはり「管理」という文言の解釈からして「指示・従属」の関係を要するというべきである。この点、逐条解説は「自己の……管理の下にある」の意義を、「支配の関係までには至らない管理の関係により集団密航者の意思・行動に影響を与えることができる状態」（896頁）と解しているが、抽象的で、なおかつ広きに失する解釈であり、罪刑法定主義の観点からも妥当ではない。

③ 1項「集団密航者」
　本条解説④〜⑥のとおりの定義がなされ、以降の条文でも同じ定義が引用されている。

④ 1項「上陸の許可等を受けないで」
　「上陸の許可等」とは、一般の上陸許可（法6条以下）、上陸特別許可（法12条）及び特例上陸許可（法14条以下）を指す。したがって、これら許可のいずれも受けないで、という意味である。例えば、いわゆる「蛇頭」の手配で（出入国港ではない）港から密かに上陸することが、典型的な例として該当する。なお、逐条解説では、偽造旅券に証印を受ける場合や、他人名義の真正旅券でその他人になりすまして証印を受ける場合も「上陸の許可等を受けないで」に含まれると解説している（897頁）。つまり、例えばブローカーが航空機で密航希望者を複数連れて日本の国際空港に到着し、上陸審査前の段階で摘発され、その密航希望者らが偽造旅券を所持していた場合なども、「上陸の許可等を受けないで」に含むと解するようである。しかし、このような場合は文理上「偽りその他不正な手段により……上陸の許可等を受けて」に該当すると解する方が自然であろう。そうすると、「上陸の許可等を受けないで」とは、まさに上陸審査手続を受けず、かつ、上陸許可の証印を受けないで、という意味に限定して解するべきであると思われる。
　なお、このように解したとしても、例えば難民（申請希望者）を集団で避難させるべく運搬してきたような事例にも、本条が適用される余地が残ることは問題である。この場合には、庇護を求める予定である以上、仮に旅券等を所持しない状態や偽造旅券を所持した状態で脱出してきた場合であっても、上陸特別許可又は一時

庇護上陸許可（法18条の2）を受ける「目的」があるものとみなして、少なくとも本条の適用がなされないように解釈されるべきである。

5　1項「偽りその他不正な手段により……上陸の許可等を受けて」

「上陸の許可等」は本条解説4と同旨。「偽りその他不正の手段により」は、法70条1項9号に同じ文言があり、同じ意味である（同条の解説15参照）。

6　1項「本邦に上陸する目的を有する集合した外国人」

「目的を有する」とは、前掲の違法・不正な上陸目的を有する、ということを指すこととなるが、判断が容易とは言えず、その認定には懸念が残る。「集合」に関しては、刑法208条の3の凶器準備集合罪の最高裁決定が「すでに、一定の場所に集まつている二人以上の者がその場で兇器を準備し、またはその準備のあることを知つたうえ、他人の生命、身体または財産に対し共同して害を加える目的を有するに至つた場合も、『集合』にあたる」と解していることを参照すれば（最一小決昭45・12・3刑集24巻13号1707頁）、2名以上の外国人が一定の場所において集まり、違法不正な上陸を行う目的を共有することが必要と解するべきである。

7　本条の法定刑

本条の法定刑は、非営利目的（1項）で「5年以下の懲役又は300万円以下の罰金」、営利目的（2項）で「1年以上10年以下の懲役及び1000万円以下の罰金」とされている。しかし、例えば、刑法224条の未成年者略取・誘拐罪（「未成年者を略取し、又は誘拐した者」）の法定刑が「3月以上7年以下の懲役」、刑法225条の営利目的略取・誘拐罪（「営利、わいせつ、結婚又は生命若しくは身体に対する加害の目的で、人を略取し、又は誘拐した者」）の法定刑が、「1年以上10年以下の懲役」とされていることと比較すると、いかにも均衡を欠き、重きに失すると思わざるを得ない。この点は法74条の5までに共通する問題点である。

第74条の2

① 自己の支配又は管理の下にある集団密航者を本邦に向けて輸送し、又は本邦内において上陸の場所に向けて輸送した者は、3年以下の懲役又は200万円以下の罰金に処する。

② 営利の目的で前項の罪を犯した者は、7年以下の懲役及び500万円以下の罰金に処する。

1 本条の趣旨

法74条の解説①参照。本条は、法74条以下の一連の処罰規定の一環で集団密航者の輸送を処罰する規定である。

2 1項「自己の支配又は管理の下にある」「集団密航者」

それぞれ、法74条の解説②③参照。

3 1項「本邦に向けて」「本邦内において」

「本邦」の範囲は、日本の領域（領土・領海・領空）の範囲内である。具体的には領土及びその上空と、領海及びその上空となる。領海の範囲は、「領海及び接続水域に関する法律」によって定まっている（法3条の解説⑤参照）。

4 本条の法定刑

本条の法定刑が刑法上の罪などと比較して均衡を欠いて重きに失すると思われることにつき、法74条の解説⑦参照。

第74条の3

> 第74条第1項若しくは第2項又は前条の罪を犯す目的で、その用に供する船舶等を準備した者は、2年以下の懲役又は100万円以下の罰金に処する。情を知つて、その用に供する船舶等を提供した者も、同様とする。

1 本条の趣旨

法74条の解説①参照。本条は、法74条以下の一連の処罰規定の一環で、集団密航者の輸送のための船舶等の準備行為や船舶等の提供行為を処罰する規定である。

2 「船舶等」

法2条3号に規定があるとおり、「船舶又は航空機」を指す。したがって、輸送用のトラック等を準備した場合は含まれないことになる。

3 本条の法定刑

本条の法定刑が刑法上の罪などと比較して均衡を欠いて重きに失すると思われることにつき、法74条の解説⑦参照。

> **第74条の4**
> ① 第74条第1項又は第2項の罪を犯した者からその上陸させた外国人の全部若しくは一部を収受し、又はその収受した外国人を輸送し、蔵匿し、若しくは隠避させた者は、5年以下の懲役又は300万円以下の罰金に処する。当該外国人の全部若しくは一部を、これを収受した者から収受し、又はその収受した外国人を輸送し、蔵匿し、若しくは隠避させた者も、同様とする。
> ② 営利の目的で前項の罪を犯した者は、1年以上10年以下の懲役及び1000万円以下の罰金に処する。
> ③ 前2項の罪の未遂は、罰する。

1 本条の趣旨

法74条の解説1参照。本条も、法74条以下の一連の処罰規定の一環で、集団密航者の収受、又は収受した集団密航者を輸送・蔵匿・隠避する行為を処罰する規定である。

2 「第74条第1項又は第2項の罪を犯した者」

非営利目的あるいは営利目的の、集団密航の幇助行為を行った者を指す。

3 「収受」

「収受」は、入管・難民法では他に用いられていない独自の用語であるが、賄賂関係について定めた諸法においては「収受」の用語が用いられている。ただし、人を対象とした「収受」はほかに例がみられないようである。逐条解説では、「第74条第1項又は第2項の罪を犯した者」の「支配」「管理」関係が引き継がれることが必要であると解しているが（906頁）、「収受」に一定の絞りをかける観点からは妥当であろう。ただし、逐条解説の「管理」の解釈が妥当ではないことは、法74条の解説2参照。

4 本条の法定刑

本条の法定刑が刑法上の罪などと比較して均衡を欠いて重きに失すると思われることにつき、法74条の解説7参照。

> **第74条の5**
> 前条第1項又は第2項の罪を犯す目的で、その予備をした者は、2年以下の懲役又は100万円以下の罰金に処する。

1　本条の趣旨

　法74条の解説1参照。本条は、法74条の4が禁じる行為（非営利又は営利目的で、集団密航者の収受、又は収受した集団密航者を輸送・蔵匿・隠避する行為）の予備罪を処罰する条文である。

2　本条の法定刑等

　本条は、「予備」行為を処罰するが、例えば刑法103条（犯人蔵匿・隠避罪）が予備どころか未遂すらも罰していないことと比較しても、法74条以下の処罰範囲はあまりにも均衡を欠いて広範に過ぎ、かつ、法定刑も重きに過ぎる（法74条の解説7参照）ということが明らかである。

> **第74条の6**
>
> 　営利の目的で第70条第1項第1号又は第2号に規定する行為（以下「不法入国等」という。）の実行を容易にした者は、3年以下の懲役若しくは300万円以下の罰金に処し、又はこれを併科する。

1　本条の趣旨

　本条は、法70条1項1号及び2号が罰する行為（不法入国・不法上陸）についての援助行為を処罰するものである。

2　本条の法定刑等

　本条は、入管六法では「援助する罪」として位置付けられているが、条文を読めば明らかなとおり、実体は「従犯（幇助犯）」である。従犯については、刑法62条1項が「正犯を援助した者は、従犯とする」とし、従犯の刑に関しては刑法63条が「従犯の刑は、正犯の刑を減軽する」と定めている。つまり、刑法上はたとえ営利目的であろうと、正犯の行為を幇助した者については減軽された刑が適用されるに過ぎない。この点、本条の正犯を対象とする法70条の法定刑は「3年以下の懲役若しくは禁錮若しくは300万円以下の罰金に処し、又はその懲役若しくは禁錮及び罰金を併科する」と定められており、禁錮刑の選択肢がある分だけ本条の法定刑より軽い。つまり、本条は従犯に対して正犯よりも重い法定刑を科している点でも、異常な条文と言わざるを得ない。これに加え、本条の法定刑が刑法上の他の犯罪などと比較して均衡を欠いて重きに失すると思われることにつき、法74条の解説7参照。

　なお、2005年改正法により、本条の罰金額は「200万円以下」から引き上げられた。

第74条の6の2

① 次の各号のいずれかに該当する者は、3年以下の懲役若しくは300万円以下の罰金に処し、又はこれを併科する。
1　他人の不法入国等の実行を容易にする目的で、偽りその他不正の手段により、日本国の権限のある機関から難民旅行証明書、渡航証明書、乗員手帳又は再入国許可書の交付を受けた者
2　他人の不法入国等の実行を容易にする目的で、次に掲げる文書を所持し、提供し、又は収受した者
　イ　旅券（旅券法第2条第1号及び第2号に規定する旅券並びに同法第19条の3第1項に規定する渡航書を除く。以下この項において同じ。）、乗員手帳又は再入国許可書として偽造された文書
　ロ　当該不法入国等を実行する者について効力を有しない旅券、乗員手帳又は再入国許可書
3　第70条第1項第1号又は第2号の罪を犯す目的で、偽りその他不正の手段により、日本国の権限のある機関から難民旅行証明書、渡航証明書、乗員手帳又は再入国許可書の交付を受けた者
4　第70条第1項第1号又は第2号の罪を犯す目的で、次に掲げる文書を所持し、又は収受した者
　イ　旅券、乗員手帳又は再入国許可書として偽造された文書
　ロ　自己について効力を有しない旅券、乗員手帳又は再入国許可書
② 営利の目的で前項第1号又は第2号の罪を犯した者は、5年以下の懲役及び500万円以下の罰金に処する。

1　本条の趣旨

本条は、2005年に「国際的な組織犯罪の防止に関する国際連合条約を補足する陸路、海路及び空路により移民を密入国させることの防止に関する議定書」を締結したことに伴い（同年6月8日国会承認）、同年の改正法において新設されたものである。

2　1項1号「他人の不法入国等の実行を容易にする目的で」

「不法入国等」とは、法70条1項1号（不法入国）及び2号（不法上陸）の場合をいう（法74条の6）。

3　1項1号・3号「偽りその他不正の手段により」

法70条の解説15参照。

④ 1項1号・2号イロ・3号・4号イロ「難民旅行証明書」「渡航証明書」「乗員手帳」「再入国許可書」

「難民旅行証明書」は法61条の2の12の解説①、「渡航証明書」は法2条の解説⑦、「乗員手帳」は法2条の解説⑧、「再入国許可書」は法26条の解説⑦を、それぞれ参照。

⑤ 1項2号イ「旅券法第2条第1号及び第2号に規定する旅券並びに同法第19条の3第1項に規定する渡航書を除く」

これらの文書が除外されているのは、旅券法において別途犯罪とされているからである（旅券法23条1項5号）。

⑥ 1項2号ロ「当該不法入国等を実行する者について効力を有しない旅券」等

法3条の解説⑥参照。

⑦ 本条の法定刑等

1項の実体が幇助犯であるにもかかわらず、正犯よりも重い法定刑とされている（選択刑に禁錮刑がない以上、本条の方が重い）点が不合理であることについて、法74条の6の解説②参照。

第74条の6の3

前条の罪（所持に係る部分を除く。）の未遂は、罰する。

本条の法定刑等

実質的には幇助犯に当たる「前条の罪」の法定刑について、法74条の6の2の解説⑦記載のとおり正犯よりも重い法定刑となる点ですでに疑問があるが、さらにはその未遂まで罰することは、正犯の未遂が罰せられていないこととの関係で極めて不合理と言わざるを得ない。

第74条の7

第73条の2第1項第2号及び第3号、第73条の3から第73条の6まで、第74条の2（本邦内における輸送に係る部分を除く。）、第74条の3並びに前3条の罪は、刑法第2条の例に従う。

1　本条の趣旨

　法73条の2、73条の3、74条の各解説1参照。本条は、外国人による不法就労の助長の規定の一部（法73条の2第1項2号・3号）、在留カードの偽変造等（法73条の3ないし6）、集団密航者に関する一連の規定の一部（法74条の2、74条の3、74条の6ないし6の3）についても国外犯を処罰することにより、処罰の徹底を図ろうとしている。

2　「刑法第2条の例に従う」

　「この法律は、日本国外において次に掲げる罪を犯したすべての者に適用する」との刑法2条の規定に従い、日本国民であるか否かを問わず国外犯も処罰するとの意味である。

第74条の8

① 退去強制を免れさせる目的で、第24条第1号又は第2号に該当する外国人を蔵匿し、又は隠避させた者は、3年以下の懲役又は300万円以下の罰金に処する。
② 営利の目的で前項の罪を犯した者は、5年以下の懲役及び500万円以下の罰金に処する。
③ 前2項の罪の未遂は、罰する。

1　「退去強制を免れさせる目的」

　本条は、「退去強制を免れさせる目的」で蔵匿若しくは隠避させた者を処罰するものであるから、在留特別許可を得させる目的で一時的に匿う場合などは、この目的を欠くと言えよう。

2　「第24条第1号又は第2号に該当する外国人」

　本条による処罰の対象は、不法入国（法24条1号）若しくは不法上陸（法24条2号）の外国人を蔵匿又は隠避させた者である。したがって、法24条が定める、1号・2号以外の退去強制事由に該当する者（例えば不法残留）の者を匿ったり、逃がしたりした場合でも、本条による処罰の対象とはならない。そのため、例えば、実際には不法上陸の外国人を、不法残留により入管に捕まりそうなので匿ってほしい、と言われてこれを信じて匿った場合には、故意を欠き、本条による処罰はできない。

第75条

第10条第5項（第48条第5項において準用する場合を含む。）の規定に違反して、正当

> な理由がなくて出頭せず、宣誓若しくは証言を拒み、又は虚偽の証言をした者は、20万円以下の罰金に処する。

本条の趣旨

　本条は、上陸審査手続（法10条5項）若しくは退去強制手続（法48条5項）における口頭審理の手続で、出頭を命じられた証人が正当な理由なく出頭しなかった場合、出頭しても宣誓や証言を拒んだ場合、証言を拒絶した場合に20万円以下の罰金刑を科するとしたものである。

　実務上、口頭審理において証人の出頭を命じること自体が極めて稀であるから、本条が発動されて刑事罰を受けた例はおそらく皆無であろう。

第75条の2

> 次の各号のいずれかに該当する者は、1年以下の懲役又は20万円以下の罰金に処する。
> 1　第23条第2項の規定に違反して在留カードを受領しなかつた者
> 2　第23条第3項の規定に違反して在留カードの提示を拒んだ者

1　本条の趣旨

　2009年改正法において新たな在留管理制度が導入されたことを受け、中長期在留者には、在留カードの受領義務（法23条2項）及び提示義務（同条3項）が課せられているところ、本条は、これらの義務に違反した者を処罰しようとするものである（2012年7月9日施行）。

2　1号の趣旨

　本号は、在留カードの受領義務に違反した者を刑事罰の対象にするものである。
　法23条の解説3記載のとおり、在留カード制度の目的は、不法滞在者の摘発や不法就労の防止等を容易にしようとすることにあるところ、このような目的の達成のためには中長期在留者が在留カードを受領する必要があることから、中長期在留者は在留カードを受領しなければならないとされたものである。
　しかし、在留カードの受領を1年以下の懲役又は20万円以下の罰金という刑事罰をもって義務付けることについては、あまりに均衡を失するものであり、外国人に著しい不利益をもたらすおそれがある。

3　2号の趣旨

　本号は、在留カードの提示義務に違反した者を刑事罰の対象にするものである。
　しかし、法23条の解説4記載のとおり、この在留カードの提示義務については、

提示要求を行う公務員の権限濫用を事前に抑制する機能を期待できず、また、同条3項にいう「職務の執行に当たり」の内容が著しく広く解されるおそれがあるものである。

したがって、このようなおそれのある提示義務を刑事罰をもって強制することが外国人に著しい不利益をもたらすおそれがあることは、前項の場合と同様である。

第75条の3

　第23条第2項の規定に違反して在留カードを携帯しなかつた者は、20万円以下の罰金に処する。

本条の趣旨

　2009年改正法による新たな在留管理制度の導入を受け、中長期在留者には在留カードの常時携帯義務（法23条2項）が課せられているが、本条は、この義務に違反した者を刑事罰の対象とするものである（2012年7月9日施行）。

　しかし、法23条の解説③記載のとおり、刑事罰をもって在留カードの常時携帯を義務付けることは、合理的な根拠なくして日本に中長期在留する外国人に過度の負担を負わせるものであり、また、このような外国人があたかも犯罪の温床となるものとして、監視の対象とすべきであるかのような偏見を生じさせる差別的取扱いとなるとの指摘がされているところである（日弁連意見書⑤参照）。

　また、自由権規約委員会も、外国人登録証明書の常時携帯義務についてではあるが、第3回政府報告書に対する総括所見以後、日本政府に対し、永住外国人が外国人登録証明書を常時携帯しないことに対して刑事罰を科すことは、同規約26条に適合しない差別的な制度であり、これを廃止すべきであると繰り返し勧告しているところである。

　この点に関し、2009年改正法の国会審議（第171回）では、衆議院法務委員会及び参議院法務委員会において、「永住者のうち特に我が国への定着性の高い者についての在留管理の在り方の検討に当たっては、その歴史的背景をも踏まえ、在留カードの常時携帯義務及びその義務違反に対する刑事罰の在り方……について広範な検討を行うこと」という内容の附帯決議がなされている。

第76条

　次の各号のいずれかに該当する者は、10万円以下の罰金に処する。
　1　第23条第1項の規定に違反した者
　2　第23条第3項の規定に違反して旅券、乗員手帳又は許可書の提示を拒んだ者

本条の趣旨

本条は、法23条1項の規定に違反して旅券等を携帯しなかった者、同条3項の規定に違反して旅券等の提示を拒んだ者について10万円以下の罰金に処するとしたものである。

法23条1項・3項の不当さについては、同条の解説参照。

本条の存在により、外国人については、極めて容易に別件逮捕を行うことが可能になる。処罰をする必然性に乏しいばかりか、違法捜査の温床となる規定であり、削除すべきである。

第76条の2（両罰規定）

法人の代表者又は法人若しくは人の代理人、使用人その他の従業者が、その法人又は人の業務に関して第73条の2若しくは第74条から第74条の6までの罪、第74条の6の2（第1項第3号及び第4号を除く。）の罪若しくはその未遂罪又は第74条の8の罪を犯したときは、行為者を罰するほか、その法人又は人に対しても、各本条の罰金刑を科する。

本条の趣旨

本条は、これらの条文に掲げられた罪を法人の代表者又は法人若しくは人の代理人、使用人その他の従業者が、その法人又は人の業務に関して行った場合には、その行為者を罰するだけではなく、当該法人や代理人を依頼した人、雇用主に対しても、各罰則に定められた罰金刑を科するとするものである。

第77条（過料）

次の各号のいずれかに該当する者は、50万円以下の過料に処する。
1　第56条の規定に違反して入国審査官の行う審査その他入国審査官の職務の執行を拒み、又は妨げた者
1の2　第56条の2の規定に違反して、外国人の旅券、乗員手帳又は再入国許可書の確認をしないで当該外国人を本邦に入らせた者
2　第57条第1項若しくは第2項の規定に違反して報告をせず、若しくは虚偽の報告をし、同条第3項の規定に違反して報告をせず、又は同条第4項若しくは第5項の規定に違反して報告をせず、若しくは虚偽の報告をした者
3　第58条の規定に違反して上陸することを防止しなかつた者
4　第59条の規定に違反して送還を怠つた者

本条の趣旨

本条は、法第6章「船舶等の長及び運送業者の責任」の規定に違反した運送業者等に対して過料を科すものである。法第6章冒頭の解説にも記したとおり、法

56条ないし59条の各規定による運送業者への責任賦課は、そもそも本来国家が自ら行うべきことを一方的に運送業者に責任転嫁している点で大いに疑問があるが、それをなおかつ過料まで科して履行確保しようとするのは明らかに不相当と言わなければならない。

本条の適用例は寡聞にして聞かない。現実には機能していない条文と思われる。

第77条の2

第61条の9の3第2項各号に掲げる者が、同項の規定に違反して、第19条の7第1項、第19条の8第1項、第19条の9第1項若しくは第19条の10第1項の規定による届出、第19条の7第2項（第19条の8第2項及び第19条の9第2項において準用する場合を含む。）の規定により返還され、若しくは第19条の10第2項（第19条の11第3項、第19条の12第2項及び第19条の13第4項において準用する場合を含む。）の規定により交付される在留カードの受領又は第19条の11第1項、第19条の12第1項若しくは第19条の13第3項の規定による申請をしなかつたときは、5万円以下の過料に処する。

本条の趣旨

法61条の9の3第2項は、外国人が16歳未満の場合や疾病等の事由で自ら出頭できない場合には、外国人本人と同居する16歳以上の親族が、外国人本人に代わって住居地に関する届出等をしなければならないと定めているところ、本条は、これらの届出等を怠った場合に過料に処せられることを定めたものである。

しかし、法61条の9の3の解説③で述べたとおり、単に当該外国人と同居する親族であるという理由で外国人本人に代わって届出義務を課すことは広範に過ぎること、同居の定義が不明確であることといった問題点からすれば、過料にする合理性は認め難いものと言わざるを得ない。

第78条（没収）

第70条第1項第1号、第74条、第74条の2又は第74条の4の犯罪行為の用に供した船舶等又は車両で、犯人の所有又は占有に係るものは、没収する。ただし、その船舶等又は車両が犯人以外の者の所有に係り、かつ、その者が次の各号のいずれかに該当する場合は、この限りでない。
1　第70条第1項第1号、第74条、第74条の2又は第74条の4の犯罪が行われることをあらかじめ知らないでその犯罪が行われた時から引き続きその船舶等又は車両を所有していると認められるとき。
2　前号に規定する犯罪が行われた後、その情を知らないでその船舶等又は車両を取得したと認められるとき。

1　本条の趣旨

本条は、不法入国の犯罪行為及び集団密航を助長する犯罪行為に使用された船舶又は車両の没収について定めた規定である。

2　柱書：対象となる犯罪

不法入国（法70条1項1号）、集団密航者を入国・上陸させた罪（法74条）、集団密航者の輸送罪（法74条の2）、集団密航者の収受等（法74条の4）の用に供した船舶又は車両が対象となる。

3　柱書「没収する」

刑法19条1項2号は、「犯罪行為の用に供し」た物を没収することができると定めている。つまり、没収するかどうかは任意である。本条は、これを「没収する」として必要的なものとした、刑法19条の特則である。

4　船舶又は車両が犯人以外の所有に係る場合

当該船舶又は車両が犯人以外の所有に係る場合には、
① 本条の対象となる犯罪が行われることをあらかじめ知らないでその犯罪が行われたときから引き続きその船舶又は車両を所有していると認められるとき（本条1号）
② 本条の対象となる犯罪が行われた後、情を知らないで当該船舶又は車両を取得したと認められるとき（本条2号）
のいずれかであれば、没収されない。

刑法19条2項では、「犯人以外の者に属しない物に限り」没収することができるとし、ただし、「犯人以外の者に属する物であっても、犯罪の後にその者が情を知って取得したものであるときは、これを没収することができる」と定めている。

つまり、一般の刑法では、第三者がもともと所有していた物が犯罪の用に供されたときには、たとえそれが犯罪の用に供することを知っていたとしても没収することはできないのに対し、本条の船舶又は車両であればそれが可能である点でも、本条は刑法19条の特則となっている。

法別表

1 在留資格制度について

　法別表第1は、在留資格の種類（上欄）及び各在留資格を得た場合に日本において行うことができる活動（下欄）のリストであり、法別表第2は、在留資格の種類（上欄）及びその基礎となる身分ないし地位（下欄）のリストである（本書の各在留資格解説部分においては、白抜き部分が法別表のそれぞれ上欄〔在留資格〕を示し、法別表第1の網かけ部分はそれぞれ下欄〔本邦において行うことができる活動〕を示し、法別表第2の網かけ部分はそれぞれ下欄〔本邦において有する身分又は地位〕を示す）。

　在留資格は27種類あり、以下のようになっている。

法別表第1

（法2条の2、5条、7条、7条の2、19条、19条の16、19条の17、20条の2、22条の3、22条の4、24条、61条の2の2、61条の2の8関係）

	在留資格
1	外交、公用、教授、芸術、宗教、報道
2	投資・経営、法律・会計業務、医療、研究、教育、技術、人文知識・国際業務、企業内転勤、興行、技能、技能実習
3	文化活動、短期滞在
4	留学、研修、家族滞在
5	特定活動

法別表第2

（法2条の2、7条、22条の3、22条の4、61条の2の2、61条の2の8関係）

在留資格
永住者、日本人の配偶者等、永住者の配偶者等、定住者

　法2条の2第1項は、「外国人は、……在留資格をもつて在留する」と定め、上陸申請時（法7条1項2号）、及び、在留期間更新・変更許可申請の際に、当該外国人が予定している日本における活動が下欄の活動に該当しなければならないとされる。これらの制度は、在留資格制度と呼ばれ、法の最も基本的な枠組みとさ

れている。

　なお、2009年改正法により、在留期間の満了の日までに在留資格変更・在留期間更新許可申請した場合において、申請に対する処分が在留期間の満了日までにされないときは、その在留期間の満了後も、当該処分がされる日又は従前の在留期間の満了の日から2月を経過する日のいずれか早い日まで、引き続き当該在留資格をもって本邦に在留することができることが条文上明確にされた（法20条の解説[14]、法21条の解説[8]参照）。従前は、上記申請中に在留期限が到来した場合であっても、当該在留期間内に申請が受理されて「Application／申請中」の証印を受けている限り、当該処分がなされるまでは不法滞在とされない扱いであった。

[2] 在留資格制度ないしリストの意義

　在留資格制度は、法の最も基本的な枠組みであり、法の解釈に当たって常に参照され、その趣旨に従って法を解釈しなければならないとされる。そこで、「在留資格制度の趣旨」「在留資格制度の枠内」と言及される場合、それらの文言が具体的にどのような意義を有するのかが問題となる。以下、在留資格制度や法別表のリストの意義について述べる。

(1)　日本における活動の範囲

　法別表下欄に規定された活動を予定していること（法別表第1）や身分・地位を有すること（法別表第2）を在留資格該当性と呼び、これが肯定されないときは、法に別段の定めのない限り、合法的に日本に在留することができない（法2条の2第1項）。在留が合法的でない場合、退去強制事由に該当し、退去強制手続が開始され得る（法27条以下）。

　法別表第1の下欄は、「本邦において行うことができる活動」と規定し、文言どおりに解釈すれば、これ以外の活動をしてはならないようにも読めるが、法の趣旨は、下欄において在留資格該当性を定めるのみで、それ以外の活動を禁止する趣旨ではない。すなわち、法が禁止するのは、法別表第1の1及び2の在留資格をもって在留する者が当該在留資格に応じた下欄に掲げる活動に属しない収入を伴う活動（例えば、「法律・会計業務」の在留資格を有する者がコックとして働く等）、及び、法別表第1の3及び4の在留資格を有する者が収入を伴う活動（以下、あわせて「資格外活動」という）を行う場合のみであって（法19条）、それ以外の活動は禁止されていないのである。例えば、「技能」の在留資格を有する者が日本語学校に通い、あるいは文化活動を行い、観光することは自由である。

　このように、法別表下欄は、在留資格該当性を定めるのみで、外国人の日本における活動を制限する規定ではない。在留資格該当性とは、下欄に該当する活動が日本における主たる活動であることを意味しており、従たる活動は排除されてい

(2) 在留資格付与の相当性

　法別表は、日本が受け入れる外国人の類型を定めたものである。

　法は、原則として、法別表のいずれにも該当しない外国人は受け入れないとの政策をとっている。また、その反面、法別表の定める類型の外国人は、日本で受け入れるべき外国人とされる。すなわち、在留資格該当性が肯定される外国人については、在留資格が付与されることが期待されるのである。

　在留資格付与の相当性は在留資格を付与するべきであるとの価値判断を意味するのであるから、法別表の定める類型の外国人は、その類型に該当することにより相当性が推定される（「在留資格該当性による類型的相当性の推定」ないし単に「相当性の推定」という）のが論理的帰結である。

　ところで、入国審査官による上陸審査の際には、在留資格該当性等を審査の上、これに該当する場合、法9条1項が「外国人が……上陸のための条件に適合していると認定したときは、……上陸許可の証印をしなければならない」として、上陸許可を羈束行為と定めていることから、相当性の審査が不要とされている。これは、上記のとおり、在留資格のリストは日本に受け入れるべき外国人の類型を定めたものであり、在留資格該当性は類型的相当性を示すからである。また、上陸審査は迅速な大量処理が要請されること、上陸前の外国人については相当性判断資料が十分でない可能性があることも考慮されているのであろう。法7条1項2号の規定により、法別表第1の2、4及び5の一部については、基準省令（「出入国管理及び難民認定法第7条第1項第2号の基準を定める省令」平成2年5月24日法務省令第16号等）が定められており、また、法別表第1の5の一部及び同第2のうち「定住者」については、定住者告示（「出入国管理及び難民認定法第7条第1項第2号の規定に基づき同法別表第2の定住者の項の下欄に掲げる地位を定める件」平成2年5月24日法務省告示第132号）が定められている。また、各在留資格に認められる在留期間については規則別表第2、在留資格認定証明書の取得・在留資格の変更の際の提出資料については同別表第3、在留期間の更新の際の提出資料については同別表第3の5に規定されている（巻末資料参照）。

　なお、上陸許可審査の際に在留資格付与の相当性の審査が全く行われないわけではない。すなわち、上陸拒否事由（法5条1項）該当性の有無が審査され、上陸拒否事由に該当する場合は、在留資格該当性が肯定される場合であっても、原則として、在留資格付与の相当性が類型的に否定され、上陸不許可となる。

　そして、在留期間更新や在留資格変更の審査の際にも、相当性の推定が働くと解釈されるべきである。確かに、在留資格変更を規定する法20条3項は、「当該外国人が提出した文書により在留資格の変更を適当と認めるに足りる相当の理

由があるときに限り、これを許可することができる」と定め、法の文言上は、在留資格付与の相当性の判断は、法務大臣の自由な裁量によると解釈できる余地があり、現に、そのように解釈する見解もある（逐条解説420頁等）。

　しかし、法務大臣の裁量自体、法に根拠を有するべきものであるので、法の趣旨、すなわち、在留資格制度の枠内で認められるに過ぎないのはあまりに当然である。しかも、各在留資格について当該外国人が提出するべき資料を規定している規則別表第3は、いずれの在留資格についても、在留資格該当性を判断する資料しか規定しておらず、在留資格付与の相当性に関する資料の提出は規定していない。

　そうすると、法は、当該外国人が提出した文書（規則別表第3により在留資格該当性の判断資料のみ）により、在留資格付与の相当性の判断を行うとしていると言わざるを得ない。この法の規定は、相当性の推定を肯定してはじめて理解できるものである。

　また、実務上も、在留期間更新や在留資格変更の各審査に当たって、在留資格付与の相当性は、原則として問題とされていない。法59条の2が規定する事実の調査は、例外的かつ補充的に行われるものであり、かつ、調査対象も、偽装結婚や偽装就労か否かなど、在留資格該当性に関する事項であって、上記の議論を左右するものではない。実務上、退去強制事由該当性（法24条）が肯定される事由（例えば、有罪判決を受けた等）のある場合等に限って、相当性に関連する資料の提出が審査官より指示されるのが現在の入管実務である。すなわち、入管実務は、相当性の推定を前提にしているのである。

⑶　法的地位安定化の機能

　法別表は、在留資格のリストを定め、どのような外国人を受け入れるかを明らかにしている。逐条解説は、在留資格制度につき、「入国・在留を認める外国人の範囲を明らかにするとともに、……在留外国人の法的地位の安定化を図ったものである」（97頁）とする。すなわち、在留資格制度には、法的地位の安定化の機能があるのである。この安定化の機能は、上記の相当性の推定を認めてはじめて実質的なものとなる。

⑷　在留資格該当性の有無の判断

　在留資格該当性の有無の判断は、事実の存否の判断であり、事実認定の問題である。

　したがって、在留資格該当性の判断については、法務大臣の裁量を観念することができない。すなわち、事実認定は正しいか誤りかのいずれかであって、裁量によって事実の存否を決することはできないのである。

3 在留資格制度の指導理念

　法1条は、入管・難民法の目的を「出入国の公正な管理」と定めている。そしてここでいう「公正な管理」とは、①出入国管理の適正、②外国人の手続的権利の保障、③外国人の法的地位の安定、④外国人の在留利益の保護を意味すると解するべきである。在留資格制度や各在留資格の資格該当性について解釈する場合は、これらの指導理念に従った解釈をしなければならない。

(1)　出入国管理の適正

　出入国管理が適正でなければならないことについては、争いはないものと思われる。そして、出入国管理が適正と言い得るためには、「行政の平等性・信頼性維持の原則」や「許可基準の合理性維持の原則」が守られている必要があると解する。まず、在留資格該当性や相当性の判断基準は、どの当事者についても同一のものでなければならない。同種事案について一方では在留許可処分を行い、他方では不許可処分を行うときは、行政の公平性を損ない、ひいては、行政に対する信頼を損ない、行政作用の目的そのものが阻害される危険がある。

　また、在留資格該当性や相当性の判断基準は、その内容が合理的でなければならない。行政処分の基準が感情的、恣意的であってはならないのは当然の理である。

　したがって、法、法別表、規則別表、基準省令や内部基準によって定められる判断基準は、入管の処分を羈束するものであるとともに、その内容は合理的でなければならない。判例の大勢は、法、規則、省令等から合理的な在留資格該当性・相当性の判断基準を演繹しようと努力している一方、一部の高裁判決には、在留資格該当性等の判断基準の探求を行わずに、単純に、入管の処分は法務大臣の広範な裁量に服するとだけ述べて検討を怠っているものもみられる。裁量論に逃げ込み、判断基準の探求を行わないものは、思考の停止と非難されてもやむを得ないであろう。

(2)　外国人の手続的権利の保障

　周知のとおり、入国管理局は、長年の間、人員不足が指摘されてきたところへ、近年、国際的人的交流が爆発的に増大したことから、すでに申請数は、入国管理局の処理能力をはるかに超えている。実際、申請内容の虚偽等を入管自らの調査で発見・判断することはおよそ不可能であって、入国管理局の「専門的立場」からの事実調査を前提に入管行政や法務大臣（入管）の裁量を論じることは、全くの幻想に過ぎない。理念は、ある程度現実から乖離することがあり得るとしても、法務大臣（入管）の裁量の根拠として語られる、入国管理局等専門家に任せるのでなければ妥当な結論が得られない旨の論は、あまりに現実離れしており、理念的根拠として述べるとしても、もはや不適切としか言いようがない。

なお、入管が在留資格該当性又は相当性のいずれかを否定する場合、入管担当官の「洞察力」や関係者からの「密告」に基づくものが見受けられるが、洞察力や密告は、虚偽や誤解を排除することができない。これらを排除するためには、不利益処分を受ける本人や本人と共通の利害関係に立つもの（配偶者等）に反論させるのが最も効率的であり、かつ、最も容易に真実に到達する方法である。したがって、在留資格該当性や相当性に疑問のある場合は、本人や利害共通者に反論をする機会を保障するべきである。

　さらに、入管の処分が司法判断の対象となる場合、行政裁量を優先させて、司法が消極的になる現実的必要性は全くない。上述のとおり、少なくとも入管実務においては、行政裁量を優先させる現実的根拠はないばかりでなく、長年の司法消極主義により、入管の判断の慎重さが涵養されてこなかった経過を踏まえる必要があるからである。すなわち、司法消極主義が、逆に行政のセーフティネットとして機能し、その結果として、不適切な行政処分に対する是正が行われてこなかったと言っても過言ではない。

(3)　外国人の法的地位の安定

　前述のとおり、在留資格は、日本での在留が認められるべき外国人を類型化したものであるから、在留資格該当性の判断には、すでに「日本在留が認められるべき」との類型的判断が内在している。したがって、在留資格に該当する場合には、個別的相当性が推定される。このような在留資格該当性の推定機能から、個別的相当性のないことの立証責任は法務大臣側にあると考えられる。在留資格制度は、外国人の法的地位の安定（在留資格該当性の基準を充たすときは日本在留を期待し得ること）をも目指した制度と解すべきであるが、それは、在留資格該当性の推定機能を認めてはじめて達成されるのである。

　また、ある外国人が、複数回在留期間の更新を受けている場合、更新許可のたびに日本在留の相当性が肯定されているのであるから、その後の更新許可申請に当たっても、回数を重ねるごとに推定機能が強化されていくものと解すべきである。そして、一定の回数更新されると「永住者」の資格該当性が認められるが、永住者の在留資格取得後は、当然、相当性の審査は受けない。これは、その一定の回数の更新により、相当性の推定が、将来の審査を要しないほどに高められたからである。推定の程度が高められた場合、相当性のないことについての法務大臣の立証責任はより厳格になると解すべきである。

(4)　外国人の在留利益の保護

　一定の外国人には、日本に在留する必要性が認められることがある。例えば、日本人の養子で6歳の外国人が日本人である養親に養育監護されている場合、当該養子の日本在留には必要性が認められる。定住者告示に従えば、日本人の

養子の場合、6歳未満でなければ「定住者」の在留資格に該当しないが、そのことを理由に当該外国人の日本在留の必要性を否定することはできない。すなわち、在留資格該当性の判断は、あらかじめ定立された基準への当てはめに過ぎず、個別の外国人の在留の必要性を判断（否定）するものではないからである。

しかし、このように在留の必要性が肯定される場合に、在留資格に該当しないが故に在留を認めないことが法の趣旨であると考えることはできない。入管実務上も、上記のような場合には、「定住者」の在留資格を付与して在留を認めているのである。そして、容易に想像されるように、千差万別の外国人について、在留の必要性が認められ得るのである。

そうすると、在留の必要性は、在留資格該当性と並列するべき概念であって、これが認められるときは、在留が認められると解するべきである。「定住者」や「特定活動」の在留資格は、他の在留資格と異なり、在留資格該当性について法務大臣が「特別な理由を考慮し……居住を認め」たり、「個々の外国人について……特に指定する活動」を行う者とされ、法がその具体的内容を定めない（「開かれた在留資格」）のは、まさに在留の必要性のある外国人について在留資格を付与しようとの趣旨にほかならない。

④　在留資格該当性の判断の実際（謙抑的判断の要請）

在留資格該当性は、人の諸活動の一断面を要件として捉えて規定されている。殊に、人の主たる活動、すなわち自己実現そのものである活動を規定の対象としていることに注意が払われるべきである。例えば、宗教活動、報道活動、芸術活動等を要件としていることがその典型である。

一行政機関たる入管がこれらの活動を定義し、その内容に立ち入ることは、外国人の基本的人権を侵害しかねない危険を常にはらんでいる。また、外国人の活動を規制することにより、間接的に当該外国人の雇用主ないし関係者である法人や日本人の活動内容にも重大な影響が生ずる。従来、入管・難民法上の規制は、特殊な領域と考えられていたためか、在留資格制度の合憲性について十分な議論が行われてこなかった。しかしながら、少なくとも法を合憲的に解釈運用すべきは当然のことであるので、在留資格該当性の要件解釈やその運用に当たっては、基本的人権を侵害しないような慎重な姿勢が必要である。

また、入管職員は、入管・難民法ないし入管手続については専門的知識を有し得るとしても、人の行う諸活動、例えば報道活動や芸術活動、あるいは、企業活動についての専門的知識は有していない。入管が在留資格該当性の有無を判断する際には、自らが専門的知識を具備していないことに謙虚でなければならない。しかし、実際の入管実務においては、専門的領域に関わる活動内容について、専

門的知識を理解しないままに独断的で誤った判断をする事例が見受けられる。入管の解釈運用は謙抑的であることが要請されているのである。

法別表第1の1

　法別表第1の1に掲げられた在留資格は、その活動が特に保護されるような類型である。すなわち、「外交」「公用」は、外国政府の活動自体であって、日本政府がその内容を審査することを得ないものであり、「教授」「芸術」「宗教」「報道」は、学問の自由、表現の自由、信教の自由、報道の自由などの基本的人権の行使そのものが資格該当性の実質的な対象となっている。これらの活動内容について、入管の実質的審査がなされるときは、外国政府の活動への干渉となり、あるいは、基本的人権の侵害となる。

　したがって、法別表第1の1に掲げられた各在留資格については、入管による実質的審査は行い得ず、形式的審査のみがなされ得るに過ぎない。

　これらの在留資格につき、法別表の下欄は、「本邦において行うことができる活動」と定めている。確かに、これらの在留資格が認められる根拠は、そこに定められた活動自体にあると解されるが、各活動内容について実質的審査権限が及ばない以上、法別表第1の1の在留資格該当性は、「各活動を行う地位にあること」と解すべきである。

　なお、法別表第1の1の在留資格は、基準省令の適用を受けない。

外交

日本国政府が接受する外国政府の外交使節団若しくは領事機関の構成員、条約若しくは国際慣行により外交使節と同様の特権及び免除を受ける者又はこれらの者と同一の世帯に属する家族の構成員としての活動

公用

日本国政府の承認した外国政府若しくは国際機関の公務に従事する者又はその者と同一の世帯に属する家族の構成員としての活動（この表の外交の項の下欄に掲げる活動を除く。）

　「外交」「公用」の在留資格該当性の要件は、外国政府又は国際機関から、外交活動ないし公用活動を行い得る地位を付与されたことである。ここで、外交活動ないし公用活動とは、外国政府または国際機関が、外交活動ないし公用活動と

認識している活動を意味する。すなわち、外国政府等の行う外交活動等を日本政府が定義することはできないのである。

「外交」「公用」の在留資格該当性についての提出資料は、口上書その他外国政府又は国際機関が発行した身分及び用務を証する文書である（規則別表第3、巻末資料参照）。入管の審査権限は、これらの提出書類の作成の真偽のみに及び、その内容の真偽には及ばない。したがって、真実は「就労目的」である外国人が真正に作成された上記資料を提出した場合、入管は、在留資格該当性を否定することはできない。

現実に、「外交」にて来日した外国人が、外交活動終了後、日本にそのまま在留する事例や政府代表として国際会議に出席（公用活動に従事）後、就労活動に従事する事例もあるが、これらの事例を「非正規在留」ないし「不法就労」とすることはできない（領事関係に関するウィーン条約47条参照）。日本国政府としては、ペルソナ・ノン・グラータ（好ましからざる人物。同条約23条）として、外交活動により当該外国人の自主的退去を促すほかはない。

「外交」の在留期間は、外交活動を行う期間とされ（規則別表第2）、具体的期限を設定することを得ない。したがって、この在留資格については、オーバーステイとなることはない。外国政府から、当該外交活動が終了した旨の正式な通知があったとしても、日本政府が当該外交活動を定義できない以上、それらの活動が終了したと認定することもできない（同条約53条3項参照）。

以上のほか、「外交」の在留資格については、退去強制手続等その他の入管・難民法の規定も適用されない（同条約46条、47条）。

なお、「公用」についても従前は「外交」と同様の取扱いであったが、2012年7月9日施行の改正規則3条、別表第2により、「5年、3年、1年、3月、30日又は15日」という期間が定められた。

また、「外交」「公用」の外国人は、国際礼譲の観点からも在留管理の対象になじまないと解されることを理由に、2012年7月9日施行の在留カード制度や外国人住民基本台帳制度の対象外とされている。

教授

本邦の大学若しくはこれに準ずる機関又は高等専門学校において研究、研究の指導又は教育をする活動

「教授」の在留資格についての提出資料は、活動の内容、期間、地位及び報酬を証する文書である（規則別表第3、巻末資料参照）。入管の審査権限は、それらの文書の作成の真偽と当該外国人が教授の地位にあるか否かについてのみ及び、

それを超えて活動内容についての実質的な内容に立ち入ることができない。なぜなら、学問の自由は、憲法で保障された基本的人権のひとつであり、権力により、その内容を審査することになじまないものであるからである。

教授の地位とは、本邦の大学若しくはこれに準ずる機関又は高等専門学校において研究、研究の指導又は教育をする活動に従事する地位をいう。そして、当該地位にあることが在留資格該当性の要件である。活動内容や報酬を証する文書が提出資料とされるが、無報酬であっても教授の地位にとどまることができること、活動内容については審査権限が及ばないことから、活動内容や報酬の多寡は在留資格該当性の要件ではない。そもそも収入を伴わない学術上の活動は「文化活動」に該当するが、教授の地位にある場合は、「教授」への該当性を認めるべきである。

教授としての活動内容を、相当性の審査の対象とすることもできない。なぜなら、これを認めれば、行政が学問内容をコントロールすることを認めることとなるからである。

芸術

収入を伴う音楽、美術、文学その他の芸術上の活動（2の表の興行の項の下欄に掲げる活動を除く。）

芸術活動は、国家統制になじまない性質のものである。ただし、芸術活動は、教授と異なり特定の組織に属しない状態が通常であり、「教授」のように特定の地位にあることを在留資格該当性の要件とすることを得ない。また、芸術上の創作活動は、外部からの認識が不可能ないし困難な場合が多く、客観的、外観的な要件を定立し難い。とはいえ、定義が困難であることをもって、芸術活動を否定することを得ない。さらに、芸術とは他者からの評価によってその本質的価値が定まるものではなく、自己の芸術的感覚ないし芸術的な価値観によって、自己が芸術家であるか否かが定義されるものである以上、芸術家であるか否かは本人が自己を芸術家と定義するか否かに委ねるほかはない。他方、自称芸術家すべてに「芸術」の在留資格を認めることもできない。そこで、生計を営む主たる手段が芸術活動に依存する地位にあることが在留資格該当性の要件であると解する。法別表の下欄が「収入を伴う音楽、美術、文学その他の芸術上の活動」と規定するのはこの意味である。

「芸術」の在留資格該当性の判断にも困難がつきまとう。芸術活動の性質から、収入が安定的でないことや低廉なことをもって該当性を否定することができないからである。そうすると、疑問なしとはしないが、結局は、社会的に芸術活動と認

識される活動の有無により資格該当性を判断するほかはないのではないか。規則別表第3が資格該当性についての提出資料として「芸術活動上の業績を明らかにする資料」と定めているのは、上記の趣旨であると解する（巻末資料参照）。

「芸術」の在留資格は、補充的な性質を有するとされる。すなわち、収入を伴わない芸術活動は「文化活動」に、大学等で行う芸術活動は「教授」に、興行の形態で行われる芸術活動は「興行」にそれぞれ該当すると解するのが行政解釈である（逐条解説119頁）。

宗教
外国の宗教団体により本邦に派遣された宗教家の行う布教その他の宗教上の活動

宗教も国家統制になじまない性質を有する。行政が宗教活動の内容を審査する場合、特定の宗教の奨励ないし弾圧になりかねない。したがって、入管は、宗教活動の内容について審査する権限を有しないと解しなければならない。他方、宗教的信条は、個々人に特有のものであることも容認しなければならない。しかし、自称宗教家のすべてに在留資格該当性を認めることもできない。そこで、布教その他の宗教活動に従事するべき宗教団体上の地位にあることが、在留資格該当性の要件であると解する。法別表の下欄は、「外国の宗教団体により本邦に派遣された宗教家」と規定しているが、「外国の」部分は、例示規定であると解する。なぜなら、日本の宗教団体が、外国人の宗教家を招聘することを禁止する理由は見出し難いからである。この点、入管実務上、同様な趣旨にて運用されている事例がある一方、宗教家が日本の宗教団体に就職して行う活動は宗教に該当しないとするのが行政解釈であり（逐条解説120頁）、混乱がみられる。

以上から、入管は、宗教団体上の地位にあるか否かのみを審査する権限を有し、当該宗教の信仰内容やその教義を審査することを得ない。ここで宗教団体とは、社会通念上、宗教団体と評価される団体をいい、法人格の有無や拝礼施設の有無は問題とするべきではない。法人格の取得や拝礼施設の建設が宗教の本質ではないからである。宗教団体上の地位とは、当該宗教団体において布教その他の宗教活動を行う地位にあることをいう。行政解釈においては、宗教活動を補助する活動は宗教活動ではないとされているが（逐条解説120頁）、上述の謙抑主義の要請から、そのような解釈には疑問がある。

信仰内容それ自体や宗教活動の内容それ自体を相当性判断の理由とすることはできないが、宗教活動が刑罰法規に抵触し、犯罪とされる場合には、その犯罪行為を相当性の有無の判断資料とすることは可能であろう。

報道

外国の報道機関との契約に基づいて行う取材その他の報道上の活動

　報道の本質は、権力のチェック機能にあり、反権力性を備えているのが通常である。報道内容や報道活動について、行政がコントロールすることは報道の自由への侵害となるので、許されない。このため、報道（ジャーナリスト）についても、芸術家と同様、定義が困難である。報道活動は、特定の地位にない場合であっても観念し得るからである。他方、自称ジャーナリストすべてに在留資格該当性を認めることも困難である。

　ところで、報道の社会的価値は、一般大衆に報道されることによって認められるのであるから、その者の活動が一般大衆への報道に向けられていることが客観的に明らかであることが必要である。よって、これを外部的に認識するため、報道機関との契約により報道し得る地位にあることを、在留資格該当性の要件とするべきである。法別表の下欄「外国の報道機関との契約に基づいて行う取材その他の報道上の活動」は、この意味に解する。上記のような契約上の地位にあれば、いわゆるフリーランスであってもよい。

　この点、行政解釈上、テレビの芸能番組の制作に関わる活動は、報道活動ではないとされる（逐条解説122頁）。しかしながら、何が報道で何が芸能かの判断は困難であり、報道の分野についての専門知識のない入管が決定することには大いに疑問がある。上述のとおり、入管が報道内容についての評価をすることは報道の自由への侵害でもあり、上記の行政解釈は誤りである。

　また、法文上、「外国の」とあるのは単なる例示であって、「日本の報道機関」との契約であっても資格該当性を認めるべきである。日本の報道機関との契約の場合、「報道」に当たらないとするのが行政解釈であるが（逐条解説122頁）、法の文言には適合するものの、実質的根拠がないものと言わざるを得ない。殊に、グローバル化が進展し、日本の報道機関であっても、日本内外の外国政府の機関や外国要人・関係者への取材やその取材結果の解釈に外国人ジャーナリストの知識や能力が必要不可欠とされる現代社会において、上記の行政解釈は時代錯誤というほかはない。

　結局、入管の審査権限は、当該外国人が上記の地位にあるか否かについてのみ及ぶ。報道内容や取材活動の適否、報道の頻度等には及ばない。報道の自由を侵害してはならないからであり、また、報道の頻度に及ばないのは、特定の社会問題について長期にわたる取材活動の末に報道を行うような活動形態を抑制するべきではないからである。

　さらに、相当性の判断に当たっても、報道内容や取材活動の適否について審査

権限は及ばない。ただし、取材活動が刑罰法規に違反する場合、犯罪が成立した事実を相当性の判断資料とすることはできよう。

法別表第1の2

　法別表第1の2は、いわゆる就労の在留資格グループである。
　これらの在留資格は、法別表第1の4に定める各在留資格とともに、日本の産業及び国民生活に与える影響その他の事情を勘案して法務省令で上陸基準を定めることができる（法7条1項2号）。この規定を受けて、「出入国管理及び難民認定法第7条第1項第2号の基準を定める省令」（基準省令）が定められている（巻末資料参照）。このグループについては、基準省令において経歴要件が定められているものがほとんどであるが、例えば一定年数以上の実務経験を要件とすることについては、グローバル化に対応しているとは言えず、基準の刷新が求められていると言えよう。
　このグループについては、いわゆる「単純労働は受け入れない」との政策が入管実務の現場における判断に影響を及ぼしている。例えば、4年制の大学で福祉を専攻した後に介護関連に就職した留学生が、「人文知識・国際業務」への変更申請を不許可とされた事案がある。この事案では、入管職員は、「介護職は、単純労働である」ことが理由であると説明した。その後、介護職が単純労働とはいえないこと、大学での専門知識と就職後の実務との関連を示す資料を作成して再申請し、許可されている。実務、殊に限界事例においては、「単純労働でないこと」（裏返すと、担当職務の専門性）が事実上の要件として課されていると言える。
　しかしながら、「単純労働でない」との要件は法令に定められておらず、「単純労働は受け入れない」は、政治的スローガンに過ぎない。「単純労働」は、その定義も明らかとは言えず、法解釈の基準とすべきではない。しかも、日本の労働慣行においては、専門業務しかしない労働者は極めて例外的であり、専門的業務だけでなく周辺業務をも行うことが多い。ところが、入管実務では、例えば、通訳（「人文知識・国際業務」）で就職している外国人職員が電話応対やコピーとり等を行う事例や、コックが客席で料理の説明をする事例について、「単純労働を行っている」として、在留期間更新が不許可になる場合がある。このような入管実務は、日本の労働慣行を無視するものであり、また、外国人労働者と日本人労働者との差別を助長しかねない。また、多くの日本企業においては、人材育成のため、意図的にさまざまな部門、業務を経験させることが広く行われているが、単純労働のドグマは、このような人材育成の障害ともなる。

以上から、各在留資格において定められた活動は、その活動が主たる活動であれば足り、それ以外の活動を禁止していると解釈するべきではない。上記の例で言えば、通訳が電話応対をしたり、コピーをとったりしても、当該通訳の主たる業務が通訳であれば、在留資格該当性は充たすと解釈するべきである。

投資・経営

本邦において貿易その他の事業の経営を開始し若しくは本邦におけるこれらの事業に投資してその経営を行い若しくは当該事業の管理に従事し又は本邦においてこれらの事業の経営を開始した外国人（外国法人を含む。以下この項において同じ。）若しくは本邦におけるこれらの事業に投資している外国人に代わってその経営を行い若しくは当該事業の管理に従事する活動（この表の法律・会計業務の項の下欄に掲げる資格を有しなければ法律上行うことができないこととされている事業の経営若しくは管理に従事する活動を除く。）

1　「投資」「経営」

　次のいずれかの場合に在留資格該当性が認められる。
① 日本で自ら事業を開始し、その経営を行うこと。
② 日本における事業に自ら投資して、その経営を行うこと。
③ 日本における事業を開始した外国人に代わって、その経営を行うこと。
④ 日本における事業に投資した外国人に代わって、その経営を行うこと。
⑤ ①～④の事業の管理に従事すること。

　ここで、「投資」とは、資本金を払い込んだことではなく、当該事業の開業のための実質的な投資を行うこと意味する。資本金を相当額と定めた会社にあっても、現実は、小規模会社の場合はいわゆる見せ金であることが多く、投資とは評価できない場合が相当数に上ることを想定せざるを得ないからである。

　また、「経営」とは、その事業における地位ないし地位の名称（肩書き。例えば、社長、部長等）自体が問題なのではなく、実際に経営・管理業務に従事することを意味する。

2　「事業」の安定性

　対象となる事業の安定性が、在留資格該当性の問題か相当性の問題であるかは難しい。しかし、2009年改正法の施行（2012年7月9日）以前は「投資・経営」の在留期間が1年ないし3年とされていたことからすると、臨時の事業や一定期間の存続が見込めないような事業の経営・管理は、この在留資格が元来予定しないものといえ、在留資格該当性の問題であると解する。ただし、自由競争の社会では、

およそどんな企業もその経営が安定しているとは言い難いのであるから、安定性の要件を過度に強調するのは妥当ではない。入管の内部基準では、売上高が一定額以上（年間3000万円以上といわれている）であることを安定性の基準としていると思われるが、売上が増減するのは自由競争市場では当然のことであるので、この基準の妥当性には疑問がある。

　基準省令によれば、当該事業において、経営・管理に従事する者以外に2人以上の常勤職員がいなければならず、内部基準によれば在留期間更新申請の際には1人以上の常勤職員がいなければならない。常勤職員がいれば少なくとも給与を支払うだけの安定性はあるのだから、常勤職員の要件以外に売上等の基準を設ける必要はないのではないかと考えられる。

　ところで、開業準備行為が禁止された就労活動に該当するかが問題となり得る。実際、入管の窓口で開業準備行為は就労活動であるとの説明を聞くことがある。しかし、この説明は、事業を開始した後でなければ「投資・経営」に該当しないことと矛盾する。法は、外国人が日本で事業を開始することを認めていることから、開業準備行為は法が許容していると解すべきである。無収入で生活できる者は限られていることから、開業準備行為に従事する外国人は、設立発起組合等から報酬を受け取ることができると解する。

　その他の上陸許可基準及び提出資料については、基準省令及び規則別表第3（巻末資料）を参照。

法律・会計業務

外国法事務弁護士、外国公認会計士その他法律上資格を有する者が行うこととされている法律又は会計に係る業務に従事する活動

　外国法事務弁護士、外国公認会計士、その他法律上資格を有する者が行うこととされている法律又は会計に係る業務に従事する活動が、在留資格該当性の要件である。

　いわゆる企業内弁護士は、この資格に該当しないとするのが行政解釈である（逐条解説130頁）。しかし、殊に会社法務の分野においては、企業内弁護士と法律事務所等に勤務する弁護士の仕事の内容に実質的差異はない。企業内弁護士等の資格該当性を否定するのは、弁護士等の仕事の内容を理解しないものであって、解釈として誤りである。

　弁護士等の業務内容を相当性の判断資料とすることはできない。弁護士等の業務は、国や行政と利害が対立する当事者の依頼を受けて行うこともあるので、入管による業務内容への干渉は、弁護士等の業務に対する不当な圧迫となり得る

からである。

上陸許可基準及び提出資料については、基準省令及び規則別表第3(巻末資料)を参照。

医療
医師、歯科医師その他法律上資格を有する者が行うこととされている医療に係る業務に従事する活動

医師、歯科医師その他法律上資格を有する者が行うこととされている医療に係る業務等に従事する活動が在留資格該当性の要件である。

医師の資格を有する外国人が日本の研究所で薬科学等の研究に専ら従事する場合は、医療ではなく研究に該当する。

上陸許可基準及び提出資料については、基準省令及び規則別表第3(巻末資料)を参照。

研究
本邦の公私の機関との契約に基づいて研究を行う業務に従事する活動(1の表の教授の項の下欄に掲げる活動を除く。)

日本の公私の機関との契約に基づいて研究を行う業務に従事する地位にあることが在留資格該当性の要件であると解する。「教授」と同様、研究者の研究は、学問の自由に関わるので、その研究内容につき入管の審査権限が及ぶとするのは妥当でない。したがって、研究者たる地位にあることが在留資格該当性の要件であると解すべきである。

基準省令は、大学を卒業した場合は、従事しようとする研究分野において修士の学位若しくは3年以上の研究の経験を、大学を卒業していない場合は、従事しようとする研究分野において10年以上の研究の経験を「研究」の資格該当性の要件と定める。日本が技術立国であろうとするなら、広く外国からも研究者を迎え入れるべきであり、上記の基準省令の要件は厳格に過ぎる。

日本の機関と外国の機関との契約に基づいて研究を行う業務に従事する場合は、「研究」の在留資格該当性を認めないのが行政解釈である(逐条解説135頁)。この解釈は、法の文言には適合するものの、実質的根拠は見出し難く、解釈としての妥当性を欠く。日本の機関との直接的な契約でなくとも、研究活動に従事する地位にある以上、在留資格該当性を認めるべきである。

研究の内容を相当性の判断資料とすることを得ないと解する。入管が、研究内

容を理解する専門的知識を備えていない上、行政による研究内容への干渉は、学問の自由への侵害となり得るからである。

その他の上陸許可基準及び提出資料については、基準省令及び規則別表第3（巻末資料）を参照。

教育

本邦の小学校、中学校、高等学校、中等教育学校、特別支援学校、専修学校又は各種学校若しくは設備及び編制に関してこれに準ずる教育機関において語学教育その他の教育をする活動

学校教育法に定める学校若しくは設備及び編制に関してこれに準じる教育機関において教育する活動を行う地位にあることが在留資格該当性の要件であると解する。入管は、教育内容を管轄する行政機関ではなく、教育についての専門的知識を備えていないことに加え、各学校ないし生徒及び生徒の父母が有する教育をする（受ける）権利の侵害となりかねないので、入管の審査権限は教育内容には及ばないと解すべきである。

基準省令は、いわゆる外国人学校での教育の場合を除き、当該科目の教育について5年以上の実務経験を要求している。外国人教師の導入によるグローバル化社会への対応を阻害する規定と言わざるを得ない。

また、教育内容を相当性の判断基準とすることを得ないことは、前記「研究」の解説と同様である。

その他の上陸許可基準及び提出資料については、基準省令及び規則別表第3（巻末資料）を参照。

技術

本邦の公私の機関との契約に基づいて行う理学、工学その他の自然科学の分野に属する技術又は知識を要する業務に従事する活動（1の表の教授の項の下欄に掲げる活動並びにこの表の投資・経営の項、医療の項から教育の項まで、企業内転勤の項及び興行の項の下欄に掲げる活動を除く。）

日本の公私の機関との契約に基づいて行う、自然科学の分野に属する技術または知識を要する業務に従事する活動が在留資格該当性の要件である。「教授」「投資・経営」「医療」「研究」「教育」「企業内転勤」又は「興行」に該当するものは除かれる。

基準省令は、従事しようとする業務について、これに必要な技術若しくは知識

に係る科目を専攻して大学を卒業し若しくはこれと同等以上の教育を受けたこと又は10年以上の実務経験により、当該技術若しくは知識を習得していること、という経験要件を定める。この経験要件も日本の技術及び経済の発展を阻害する時代錯誤的なものであり、早急に改廃すべきである。

　大学の卒業者が、大学で学んだ自然科学分野の専門知識を使う業務に従事する場合も、この在留資格に該当する。この場合、履修した科目と業務との関連性が問題とされる。実務上、基礎研究的な科目については、業務関連性が否定されることが多い。しかしながら、基礎的な科目の理解があってこそ、当該職務を遂行できるのであり、直接的な業務関連性のみを求めるのは誤りである。

　この在留資格は、留学生が就職する際に利用するものである。留学生の受入れは、それにより諸外国との関係を強化し、留学生の活躍によって、日本の国内産業の発展を促すことがその趣旨である。2008年7月には『『留学生30万人計画』骨子」が策定され、2009年1月には法務大臣の私的懇談会である出入国管理政策懇談会において「留学生及び就学生の受入れに関する提言」がとりまとめられている。ところが、日本でまじめに就学し、成績もよい留学生が、企業に採用されながら、職務関連性を厳しく適用されて、「技術」への在留資格変更申請が不許可になる例が散見される。このような結果は、留学生の受入れと矛盾するものである。職務関連性は、大きな視点から捉え、留学生の活躍を阻害しないように解釈するべきである。

　担当職務の専門性について、「技術」の在留資格は、技術系の職務に限ると解釈するのは誤りである。例えば、営業職においても、そのセールス対象を理解し、顧客に説明する必要があるのだから、自然科学の知識を必要とするのである。特定の職種、職位のみに専門性があるのではない。

　その他の上陸許可基準及び提出資料については、基準省令及び規則別表第3（巻末資料）を参照。

人文知識・国際業務

本邦の公私の機関との契約に基づいて行う法律学、経済学、社会学その他の人文科学の分野に属する知識を必要とする業務又は外国の文化に基盤を有する思考若しくは感受性を必要とする業務に従事する活動（1の表の教授の項、芸術の項及び報道の項の下欄に掲げる活動並びにこの表の投資・経営の項から教育の項まで、企業内転勤の項及び興行の項の下欄に掲げる活動を除く。）

　日本の公私の機関との契約に基づいて行う、人文科学の分野に属する知識を必要とする業務又は外国の文化に基盤を有する思考若しくは感受性を必要とす

る業務に従事する活動が在留資格該当性の要件である。「教授」「芸術」「報道」「投資・経営」「法律・会計業務」「医療」「研究」「教育」「企業内転勤」又は「興行」に該当するものは除かれる。

この在留資格についても、基準省令により、不合理と言うべき厳格な経歴要件が定められていることは、前記「研究」ないし「技術」と同様である。

実務上、大学での履修科目と就職後の業務の関連性が要求されているのは、前記「技術」と同様である。人文科学系列においては、基礎的な科目の業務関連性がさらに厳しく問われる傾向がある。しかし、前記「技術」で述べたとおり、業務関連性を狭く捉えることは、留学生受入れや有意な人材確保の要請に反する。

担当職種や職位のみにより専門性の有無を判断するのは、誤りである。営業職や販売担当者であっても、人文知識や外国の文化、感受性がなければ務まらない場合は少なくない。また、留学生の活躍を阻害しない解釈・運用が要請されるのも、前記「技術」と同様である。

その他の上陸許可基準及び提出資料については、基準省令及び規則別表第3（巻末資料）を参照。

企業内転勤

本邦に本店、支店その他の事業所のある公私の機関の外国にある事業所の職員が本邦にある事業所に期間を定めて転勤して当該事業所において行うこの表の技術の項又は人文知識・国際業務の項の下欄に掲げる活動

日本に本店、支店等の事業所のある公私の機関の外国にある事業所の職員が日本にある事業所に期間を定めて転勤して当該事業所において行う、「技術」「人文知識・国際業務」に該当する活動が在留資格該当性の要件である。

転勤には、同一会社内における移動のほか、親会社、子会社、関連会社の相互の移動も含まれるとするのが行政解釈である（逐条解説147頁）。

基準省令に定められている経歴要件は、転勤の直前に当該機関に1年以上継続して「技術」「人文知識・国際業務」に該当する活動に従事していることである。

その他の上陸許可基準及び提出資料については、基準省令及び規則別表第3（巻末資料）を参照。

興行

演劇、演芸、演奏、スポーツ等の興行に係る活動又はその他の芸能活動（この表の投資・経営の項の下欄に掲げる活動を除く。）

演劇、演芸、演奏、スポーツ等の興行に係る活動又はその他の芸能活動が在留資格該当性の要件である。ただし、「投資・経営」に当たる内容の活動については、同資格への該当性が優先適用される。

この在留資格は、ホステスやホテルの配膳人の呼寄せに悪用されるおそれのある在留資格であり、それを受けて舞台の大きさや当該施設の従業員の数に至るまでこと細かい基準が基準省令において定められている。ところが、詳細な基準が定められているにもかかわらず、依然としてホステス等の呼寄せに利用されているのが実態であるという指摘もあり、抜本的な改正が望まれる。

上陸許可基準及び提出資料については、基準省令及び規則別表第3に詳細に規定されているので、巻末資料を参照。

技能

本邦の公私の機関との契約に基づいて行う産業上の特殊な分野に属する熟練した技能を要する業務に従事する活動

本邦の公私の機関との契約に基づいて行う産業上の特殊な分野に属する熟練した技能を要する業務に従事する活動が在留資格該当性の要件である。例えば、外国料理の調理、外国特有の工芸製品の製作等、外国に特有の産業分野や外国の技能レベルが高い産業分野において、自己の経験の集積によって修得した技能が熟達の域にある者が、日本の公私の機関との契約に基づいて、当該業務に従事する活動をいう。熟練した技能を要する点で単純労働と区別され、自己の経験の集積による点で自然科学分野の専門知識・技術を基礎とする「技術」の在留資格と異なる。公私の機関には個人経営も含まれるが、公的機関以外との契約に基づく場合は、契約先機関の事業が適正に行われ、安定性及び継続性を有することを要する。また、契約には、雇用のほか、委任、委託、嘱託等が含まれるが、特定機関との継続的契約であることを要する。

基準省令は、申請人が、日本人が従事する場合に受ける報酬と同等額以上の報酬を受けることのほか、(職種により異なるが) 当該業務につき概ね10年以上の実務経験を有していることを要求する。しかし、熟達の域にある技能を身につけているかどうかは、必ずしも実務経験の期間の長短と対応するものではないことから、この経験要件は廃止ないし大幅に短縮されるべきである。

外国特有の技能を前提とする業務を行うことが、この在留資格の要件であるが、この判断は必ずしも容易ではない。特に、日本に普及した料理(中華料理、焼肉など韓国料理の一部、カレーなど)を提供するレストランや、居酒屋、ラーメン屋など外国料理に特化しているとはいえない飲食店においては、この資格を得るのが困難

である。しかし、例えば、提供するメニューの一部のみに外国料理を取り入れるなど、飲食産業は絶えず発展、変化しているのであって、雇用する飲食店の「看板」に捉われる判断は、飲食産業の発展を阻害するおそれがある。コックであれば、当該コックの主に調理する料理が外国料理といえるのかどうかで判断するべきである。

　この在留資格は、熟練した技能の存否、実務経験及び招聘機関の安定性・継続性が在留資格該当性及び上陸許可基準適合性の主な審査対象となる。上陸許可基準及び提出資料については、基準省令及び規則別表第3(巻末資料)を参照。

技能実習

1　次のイ又はロのいずれかに該当する活動
　イ　本邦の公私の機関の外国にある事業所の職員又は本邦の公私の機関と法務省令で定める事業上の関係を有する外国の公私の機関の外国にある事業所の職員がこれらの本邦の公私の機関との雇用契約に基づいて当該機関の本邦にある事業所の業務に従事して行う技能、技術若しくは知識(以下「技能等」という。)の修得をする活動(これらの職員がこれらの本邦の公私の機関の本邦にある事業所に受け入れられて行う当該活動に必要な知識の修得をする活動を含む。)
　ロ　法務省令で定める要件に適合する営利を目的としない団体により受け入れられて行う知識の修得及び当該団体の策定した計画に基づき、当該団体の責任及び監理の下に本邦の公私の機関との雇用契約に基づいて当該機関の業務に従事して行う技能等の修得をする活動
2　次のイ又はロのいずれかに該当する活動
　イ　前号イに掲げる活動に従事して技能等を修得した者が、当該技能等に習熟するため、法務大臣が指定する本邦の公私の機関との雇用契約に基づいて当該機関において当該技能等を要する業務に従事する活動
　ロ　前号ロに掲げる活動に従事して技能等を修得した者が、当該技能等に習熟するため、法務大臣が指定する本邦の公私の機関との雇用契約に基づいて当該機関において当該技能等を要する業務に従事する活動(法務省令で定める要件に適合する営利を目的としない団体の責任及び監理の下に当該業務に従事するものに限る。)

1　本在留資格の趣旨

　後記「研修」の項でも述べるとおり、2009年改正法により、研修生・技能実習生(「特定活動」)の保護を強化するため、就労活動が認められ、労働関係法令の適用を正面から受ける「技能実習」の在留資格が新たに設けられることとなった。その一方で、従前の「研修」は、公的な研修及び実務作業を含まない研修が該当することとなった。

　したがって、上記改正法施行日である2010年7月1日以降、従前の「研修」及び

「特定活動（技能実習）」に該当する活動の多くは、本在留資格により取り扱われることになる。

2 本在留資格の概要
「技能実習」は、
① 講習による知識修得活動及び雇用契約に基づく技能等修得活動（法別表第1の2技能実習1号）
　(a) 海外にある本邦の公私の機関の事業所の職員又は合弁企業等事業上の関係を有する企業の社員を受け入れて行う技能、技術、若しくは知識（以下「技能等」という）の修得をする活動（同1号イ、企業単独型）
　(b) 商工会等の営利を目的としない団体に受け入れられて行う知識の修得及び当該団体の策定した計画に基づき、その団体の監理の下で本邦の公私の機関と雇用契約を結んでその業務に従事しながら技能等の修得を行う活動（同1号ロ、団体監理型）
② ①の活動に従事し、技能等を修得した者が、当該技能等に習熟するため、雇用契約に基づき修得した技能等を要する業務に従事する活動（同2号）
に分類される。

3 本在留資格の構造
「技能実習」は、3年の活動期間において、入国1年目は上記①「技能実習1号」在留資格で技能等修得を図り、その後、一定の変更基準を充たすことにより、②「技能実習2号」在留資格への変更を受け、修得した技能等の習熟を図るという構造となっている（法20条の2）。
　すなわち、「技能実習1号」により入国後、
ア　技能検定試験基礎2級等に合格していること
イ　「技能実習1号」の活動と同一実習実施機関・同一技能について行われること
ウ　本邦での技能実習の活動期間が3年以内であること
エ　「技能実習1号」の活動期間が1年以内であること
など、後記省令が定める多くの要件を充たせば、「技能実習2号」の在留資格に変更を受けることにより、引き続き本邦に滞在することが可能となる（「出入国管理及び難民認定法第20条の2第2項の基準を定める省令」〔平成21年12月25日法務省令第51号〕参照）。
　また、法別表及び上記省令において、
・ 技能等修得活動が「雇用契約に基づ」くとされること
・ 技能等修得活動前に、原則として2カ月以上、日本語、生活一般、修得技能

に関する知識、技能実習生の法的保護に必要な情報等に関する講習（「知識修得活動」）を実施すること
・　技能等修得活動前に実習実施機関等が労働者災害補償保険に係る保険成立の届出等の措置を講ずること

が要求されていることから、入国後2カ月間の「知識修得活動」の期間を除いて、労働基準法、最低賃金法等の労働関係法令の適用を受けることとなる。

　なお、監理団体による監理が「研修」の在留資格による本邦在留期間のみで「特定活動（技能実習）」には及ばなかった従前と異なり、団体監理型（1号2号ロ）については、上記省令及び法務省が公表した「技能実習生の入国・在留管理に関する指針」（2009年12月）により、実習実施団体に関する要件の厳格化及び監理団体による実習実施機関に対する監理が強化され、かつ、本在留資格による在留期間すべてにおいて及ぶこととなった。従前の「研修」在留資格制度の問題点については、法別表第1の4「研修」の解説②を参照。

法別表第1の3

　法別表第1の3は、「文化活動」及び「短期滞在」の在留資格を規定する。国際交流の活発化に対応するために設けられた在留資格であり、就労を目的とするわけではないから、これらの在留資格で在留する外国人は、原則的に就労（資格外活動）が認められないとされる。
　なお、法別表第1の3の在留資格は、基準省令の適用を受けない。

文化活動

収入を伴わない学術上若しくは芸術上の活動又は我が国特有の文化若しくは技芸について専門的な研究を行い若しくは専門家の指導を受けてこれを修得する活動（4の表の留学の項から研修の項までの下欄に掲げる活動を除く。）

　収入を伴わない学術上若しくは芸術上の活動又は我が国特有の文化若しくは技芸について専門的な研究を行い若しくは専門家の指導を受けてこれを修得する活動が在留資格該当性の要件である。
　これを整理するならば、
① 　収入を伴わない学術上・芸術上の活動
② 　我が国特有の文化若しくは技芸について専門的な研究を行う活動
③ 　我が国特有の文化若しくは技芸について、専門家の指導を受けて修得する

活動
が「文化活動」に該当することになる。

「我が国特有の文化若しくは技芸」とは、入管の解釈によれば、例えば「生花、茶道、柔道、空手、日本建築、日本画、日本舞踊、邦楽など」、日本固有又は日本がその形成発展に貢献した文化、技芸をいうものとされる(入管六法の法別表解説)。しかし近年、マンガ、アニメ、ゲーム等、日本より発信され、世界的に認知されつつあるカルチャーの形成発展が注目されている。この在留資格が、国際文化交流の活発化に対応し、日本の文化に興味・関心を有する外国人を受け入れることを趣旨とすることに鑑みれば、これら日本発の新しい文化を吸収しようとする活動についても、この在留資格に該当すると解すべきである。

これらの活動対象について、入管の実質的審査がなされるときは、表現の自由、思想良心の自由などの基本的人権の侵害となる。

また、上記③「専門家の指導を受けて」という要件について、日本の教育機関で文化、技芸の修得を行う場合は、「留学」の在留資格になり、個人的な指導を受けない文化、技芸を修得する活動は、「短期滞在」の在留資格をもって在留すべきとするのが入管の解釈である(入管六法の法別表解説)。この解釈によると、「文化活動」は、教育機関ではない個人の専門家等の指導を受ける場合などに絞られることになってしまう。しかし、この在留資格が趣旨とする国際文化交流の活発化の観点からすれば、この要件については、専門家としての地位・資格等及び「指導」の内容を厳密に要求することなく、当該文化の中心人物と交流する機会が設けられていることをもって足りると解すべきである。

「収入を伴わない」とは、「その活動の結果として本邦で金銭等財産上の利益の授受を伴わないことを意味し、『収入を伴う』活動である芸術の在留資格をもって在留する者が行う活動と区別する趣旨である」(入管六法の法別表解説)とするのが入管の解釈である。しかし、国際文化交流の活発化に対応するというこの在留資格の趣旨に照らすと、収入を伴わないことは、必ずしも自明のものとして捉えられない。すなわち、この在留資格には、文化的な目的をもって本邦に在留しようとする者が広く該当すると解されるべきであり、そうすると、その中には収入に結び付く内容・性質を有する文化・技芸もあれば、本来的、本質的に収入に結び付かない文化・技芸も存在することになる。このように解すると、収入を伴うか否かは、結局、「研究」「芸術」と「文化活動」とを区別する意味しか有さず、本要件は、在留資格該当性の重複を認めないための、区別のための区別の意味しか持たないこととなる。したがって、本要件は、厳格に解釈すべきではなく、他の就労資格との対比において、専ら収入を伴う活動とはいえないという消極的意味に解するべきである。

なお、外国人の大学生等による日本企業等へのいわゆるインターンシップについては、収入を伴わない場合はこの在留資格に当たり、報酬を伴うときは「特定活動」となるとされる。

上陸審査及び在留資格の変更の際の提出資料については、規則別表第3(巻末資料)を参照。

> **短期滞在**
>
> 本邦に短期間滞在して行う観光、保養、スポーツ、親族の訪問、見学、講習又は会合への参加、業務連絡その他これらに類似する活動

1 本在留資格の趣旨

本邦に短期間滞在して行う観光、保養、スポーツ、親族の訪問、見学、講習又は会合への参加、業務連絡その他これらに類似する活動が、在留資格該当性の要件である。日本に生活や活動の基盤を移すことなく、一時的に日本に滞在して行う活動をいう。

ここで、この在留資格の在留資格該当性が活動目的によって左右されるかが問題となる。この在留資格が、上記のとおり、①我が国に生活や活動の基盤を移さず、②一時的に、③活動を行う者、に在留資格を与えるものであることからすると、他の在留資格を取得すべきことが明らかな場合（就労等）及び犯罪等不法な活動を行うことを目的とする場合を除き（不法な活動を目的とする在留は、そもそも認められない）、上記に限らず広く上記要件を充たす活動がこの在留資格に該当すると解される。また、入管の内部基準によれば、この在留資格に該当する活動を例示するとともに、「その他本邦において収入を伴う事業を運営し又は報酬を得る活動をすることのない短期間の滞在」が、包括的項目として記載されている。したがって、特に目的を定めない在留も認められるし、在留期間中滞在目的が別のものになった場合でも、特に追加の手続を要せず、在留期間中の在留は、上陸時に申告した滞在目的に拘束されないものと解される。この点、後述する査証免除協定における活動目的とは別の活動を行った場合が問題となり得るが、この在留資格が該当性要件とするのは上記①から③のみであること、活動目的が異なることは、在留資格取消し（法22条の4第1項1号）事由に該当しないことからすると、この点は、査証免除協定自体についての問題であり、この在留資格の該当性には影響を及ぼさないものと解される。

「短期滞在」の在留資格を取得するには、原則として当該外国人の居住地を管轄する日本の公館（領事館等）で申請して、査証（ビザ）の発給を受ける必要がある。当該外国人が査証相互免除取決国の者である場合には、査証を取得することな

く我が国に上陸することができる。

なお、「短期滞在」の在留資格については、在留資格認定証明書の交付は認められない（法7条の2第1項）。

上陸審査の際の提出資料については、規則別表第3（巻末資料）を参照。

2 本在留資格の機能

上記で述べたとおり、この在留資格は、上陸時に申告する滞在目的に拘束されないことから、本来の滞在目的とは異なる、以下の機能が認められる。

① 出国準備

帰国の意思があるのに、航空機等の手配ができず在留期限を経過してしまうような場合、出国準備期間としてこの在留資格が付与されることがある。なお、最近は、この在留資格ではなく、「特定活動」が付与されることが多くなっている。

② つなぎの「短期滞在」

在留資格の変更・更新申請を行ったが不許可になった場合、オーバーステイとなることを避けるために「短期滞在」の在留資格に変更することがある。しかし、裁判例には、「短期滞在」の在留資格への変更申請をしてこれが許可された場合、以前の在留資格の期間更新の不許可処分の取消しについて、訴えの利益がない（東京地判平2・12・18判時1382号17頁・判タ764号146頁。なお、外国人の理解が不十分なままなされた「短期滞在」変更許可申請を無効としたものとして、大阪地判平7・8・24判タ891号109頁参照）とするものが存在するので、注意が必要である。この場合、以前の在留資格の該当性を争うためには、「短期滞在」から、以前の在留資格への変更申請を再度行い、これについて不許可処分を得た上で、当該不許可処分の取消訴訟を提起せざるを得ないこととなるが、下記3の問題も絡むので難しいであろう。

3 在留資格の変更

「短期滞在」から他の在留資格への変更は、「やむを得ない特別の事情」が認められないと許可されない（法20条3項）。

「やむを得ない特別の事情」の典型例としては、この在留資格で本邦に上陸した外国人が滞在期間中に日本人と婚姻した場合、日本の大学受験のために来日した外国人が試験に合格して「留学」の在留資格に変更する場合等が挙げられる。しかし、就職活動のために来日して、その後就職が内定した場合は、希望する在留資格への変更が認められていない。日本で就労することに「やむを得ない特別の事情」が存在しないと解されることにその理由があろう。ただし、現在の入管実務では、「短期滞在」の在留期限内に在留資格認定証明書を取得した場合には、

在留資格の変更を許可する取扱いがされている。

　なお、留学生が大学等を卒業後に継続して就職活動を行う場合について、2009年4月1日から、申請人の在留状況に問題がなく、就職活動を継続するに当たって卒業した教育機関の推薦がある等の場合に、「特定活動」6カ月の在留資格が与えられ、さらに1回の在留期間の更新を認めることにより、1年間にわたり我が国に滞在して就職活動を行うことが可能となった。資格外活動についても、「留学」のときと同様の基準で認められる。従前、このような卒業生は「短期滞在」で就職活動を続けざるを得ない例が多かったことと比べると、一定の改善が図られたと言えよう。

4　在留期間の更新

　在留資格変更の場合と異なり、「短期滞在」の在留期間更新の場合は、「やむを得ない特別の事情」といった要件は存在しないが、この在留資格がもともと短期間での出国を内在的要請としていることから、在留期間の更新は認められにくい傾向にある。最近はさらにその傾向が強く、本在留資格の解説2で述べたいわゆる「つなぎの短期滞在」の更新は、なかなか認められない状況にある。

5　「短期滞在」と就労（短期滞在が長期化した場合の就労）

　法文上、この在留資格であっても、資格外活動許可（就労許可。法19条1項）を得ることができるはずであるが、入管実務の取扱上、原則として資格外活動が許可されることはない。ただし、本在留資格の解説3の取扱いがなされる以前は、「留学」の在留資格で在留していた者が、卒業後の就職活動のため「短期滞在」に変更した場合、週28時間を限度に「留学」在留資格と同じ条件で就労が許可されることがあった。「短期滞在」がもともと短期間での「出国」を内在的要請としていること、及び、この在留資格の多面性・多機能性に鑑みれば、上記事例の場合に限らず、例えば、帰国（出国）のための旅費の不足を補う必要がある場合や滞在先でのアクシデントに対処する必要がある場合等には就労許可がなされるべきである。

法別表第1の4

　法別表第1の4は、「留学」「研修」及び「家族滞在」の在留資格を規定する。国際教育・交流の活発化に対応するために設けられた在留資格であり、就労を目的とするわけではないから、これらの在留資格で在留する外国人は、原則的に就労が認められない。また、これらの在留資格は、我が国の入国管理政策の観点から

上陸を許可する外国人の範囲を調整する必要があるとの理由から、上陸許可基準への適合性が求められる。上陸許可基準及び提出資料は、基準省令及び規則別表第3(巻末資料)に規定されている。

なお、2009年改正法により、我が国における外国人留学生の地位の安定を図るため、「留学」と「就学」の在留資格が「留学」に一本化されることとなった。

> **留学**
> 本邦の大学、高等専門学校、高等学校(中等教育学校の後期課程を含む。)若しくは特別支援学校の高等部、専修学校若しくは各種学校又は設備及び編制に関してこれらに準ずる機関において教育を受ける活動

本邦の大学、高等専門学校、高等学校(中等教育学校の後期課程を含む)若しくは特別支援学校の高等部、専修学校若しくは各種学校又は設備及び編成に関してこれらに準ずる機関において教育を受ける活動が在留資格該当性の要件である。

この在留資格にいう大学には、学校教育法上の大学のほか、専攻科、短期大学、大学院、付属研究所等も含まれる。また、本邦の大学に準ずる機関とは、防衛大学校、防衛医科大学校等の大学校をいう。専修学校とは、学校教育法124条に規定する学校をいう。

高等学校の場合は、基準省令により、学生交換計画等によるものでない限り、年齢が20歳以下であり、1年以上の日本語の教育又は日本語による教育を受けていることが必要とされている。

また、専修学校又は各種学校の場合は、基準省令により、専ら日本語教育を受ける場合以外は、法務大臣が定める日本語教育機関で6カ月以上日本語教育を受けたこと等が必要とされている。

専ら日本語教育を受ける場合の日本語教育機関又は本邦の大学に入学するための教育を行う機関については、それぞれ「出入国管理及び難民認定法7条1項2号の基準を定める省令の留学の在留資格に係る基準の規定に基づき日本語教育機関等を定める件」(平成2年法務省告示第145号)の別表第1又は第2及び第3にリストとして掲げられている。教育を受ける活動とは、学生、生徒、大学については、聴講生又は研究生として在学し学習する活動をいう。

その他上陸許可基準及び提出資料については、巻末資料を参照。

> **研修**
> 本邦の公私の機関により受け入れられて行う技能等の修得をする活動(2の表の技能実

習の項の下欄第1号及びこの表の留学の項の下欄に掲げる活動を除く。）

1 本在留資格の趣旨

　2009年改正法により、公的な研修及び実務作業を含まない研修だけがこの在留資格に該当することとなり、従前の「研修」及び「特定活動（技能実習）」に該当する活動は、新設された「技能実習」において扱われることとなった。
　そこで、この在留資格は、
ア　国、地方公共団体の機関又は独立行政法人が自ら受入機関となる研修
イ　独立行政法人国際協力機構（JICA）等の事業として行われる研修
ウ　国際機関の事業として行われる研修
エ　我が国の国、地方公共団体等の資金により主として運営される研修
オ　外国の国若しくは地方公共団体等の職員を受け入れる研修
カ　外国の国又は地方公共団体に指名された者が、我が国の国の援助及び指導を受けて行われる研修で、同人が本国において技能等を広く普及する業務に従事している場合
のみ該当することになった。

2 本在留資格の問題点

　改正前の「研修」は、理念的には、民間の企業や諸団体が外国人を受け入れて、技術、技能、知識を修得させ、研修によって修得した技術等を母国に持ち帰り、母国の産業振興の担い手となる人材の育成に協力しようというものであり、開発途上国等の経済社会の発展に寄与する広義の国際貢献を目指し定められたものであった。しかし、実際には、この在留資格による研修を隠れ蓑として実質的に雇用労働を行い、パスポートの取上げ、強制的な低賃金時間外労働、権利主張する研修生に対する強制帰国や差別的取扱い、性暴力を含む暴力行為等、研修生に対する人権侵害事件が生じ、一部は訴訟にもなった。また、研修中の災害や事故により死亡ないし傷病を負った場合、労災保険ではなく、受入機関の加入する保険のみの対応しかなされず、補償として極めて不十分、不適切であった。その背景には、制度の趣旨と実態の乖離すなわち、この在留資格を利用し、労働法制の保護の枠外に低賃金の労働力を確保するという意図を有した事業者が相当数存在したことは疑いない事実である。
　この問題点に対応すべく、2009年改正法により、従来から「特定活動」として認められていた研修後の就労活動を本在留資格の一部と一体とした上で「技能実習」という新規の在留資格に再編し、技能実習生の労働者性が明記されるに至った。しかし、上記問題の基本構造やその背景の意図するところは未だ存続して

おり、法改正により上記問題点が解消されたとは到底言えない。受入機関による厳しい監視・監督が研修生（実習生）の権利救済へのアクセスを阻害してきたこと、研修（実習）とは名ばかりで実態は低賃金労働の確保目的である事業者が存在することなどの問題は今も存続しているのである。

　これからの時代における外国人労働者の受入自体をどう考えるのか、今後の日本社会の構成をどのように設計するのか、といった点についての議論なくして、実のある制度にすることはできないはずであり、「技能実習」の新設といったいわば小手先の法改正にとどまるのであれば、問題の本質的解決にはほど遠いと言わざるを得ない。なお、これらの問題点に関する議論として、第171回国会衆議院法務委員会第11号（2009年6月19日）参照。

家族滞在

1の表、2の表又は3の表の上欄の在留資格（外交、公用、技能実習及び短期滞在を除く。）をもって在留する者又はこの表の留学の在留資格をもって在留する者の扶養を受ける配偶者又は子として行う日常的な活動

　「教授」から「文化活動」までの在留資格をもって在留する者又は「留学」若しくは「研修」の在留資格をもって在留する者の扶養を受ける配偶者又は子として行う日常的な活動が在留資格該当性の要件である。

　入管の解釈によれば、「配偶者」とは、現に婚姻中の者をいい、相手方配偶者が死亡した者又はこれと離婚した者は含まず、婚姻は法的に有効な婚姻であることを要し、内縁の配偶者は含まれないとされる（入管六法の法別表解説）。しかし、諸外国においては同性婚や一夫多妻制を採用する国もあり、多様な婚姻形態があり得ることに鑑みると、入管のいう配偶者の解釈は狭きに失する。少なくとも当該外国人の本国における法的正当性を条件にして、この要件の該当性を認めるべきである。

　「扶養を受ける配偶者又は子」の「扶養を受ける」とは、扶養を受ける必要があり又は受けている状態を意味し、夫婦にあっては経済的に依存している状態、子にあっては監護、教育を受ける状態があることを要するとするのが入管の解釈である（入管六法の法別表解説）。しかし、例えば、「留学」の在留資格を有する者について、配偶者が経済的必要性をカバーすることがあり得ることを踏まえると、この要件は、経済的依存性を判断基準とするのではなく、例えば税法上の扶養家族の範囲のように、扶養を受け得る身分関係が基礎となっていること及び扶養関係が顕在化していることを必要とし、かつそれで足りると解すべきである。少なくとも扶養能力を要件とすべきではない。このように解すると、この在留資格は、身

分又は地位に基づく在留資格と類似し、家族関係ないし家族生活を広く確保するための在留資格であると捉えることができる。

上陸許可基準及び提出資料については、基準省令及び規則別表第3(巻末資料)を参照。

法別表第1の5

　法別表第1の5は、「特定活動」の在留資格を規定する。この在留資格は、法別表第1の1から4までに掲げる活動以外の活動、すなわち、これらのリストに当てはまらない外国人を受け入れるために設けられた在留資格である。すなわち、この在留資格の意義は、他の在留資格に当てはまらない外国人に対し、在留資格を与えて個別救済を図る必要性及び人道上の観点からこの資格を付与すべき者を法務大臣が積極的に認めるところにある。したがって、資格付与判断における法務大臣の裁量は、この個別救済機能を実効的たらしめるために与えられたと解すべきであるから、後述の告示に該当しない者にこの在留資格を付与するか否かの判断は、上記趣旨に従ってなされるべきである。

　また、この在留資格は、社会的見地から新たな在留を要する活動が認識された場合、これを在留資格として規定するに先立ち、付与されることがある。すなわち、この在留資格は、他資格創設代替機能を有するのである。そこで、当該外国人の本邦において予定する活動が他の在留資格に当てはまらない場合であっても、在留の必要性が認められる限り、この在留資格が積極的に付与されるべきである。

　このように、この在留資格は、「開かれた在留資格」として機能することを、より意識されなければならないものと言える。

特定活動

法務大臣が個々の外国人について次のイからニまでのいずれかに該当するものとして特に指定する活動

　イ　本邦の公私の機関（高度な専門的知識を必要とする特定の分野に関する研究の効率的推進又はこれに関連する産業の発展に資するものとして法務省令で定める要件に該当する事業活動を行う機関であつて、法務大臣が指定するものに限る。）との契約に基づいて当該機関の施設において当該特定の分野に関する研究、研究の指導若しくは教育をする活動（教育については、大学若しくはこれに準ずる機関又は高等専門学校においてするものに限る。）又は当該活動と併せて当該特定の分野に関する研究、研究の指導若しくは教育と関連する事業を自ら経営する活動

　ロ　本邦の公私の機関（情報処理（情報処理の促進に関する法律（昭和45年法律第

90号）第2条第1項に規定する情報処理をいう。以下同じ。）に関する産業の発展に資するものとして法務省令で定める要件に該当する事業活動を行う機関であつて、法務大臣が指定するものに限る。）との契約に基づいて当該機関の事業所（当該機関から労働者派遣事業の適正な運営の確保及び派遣労働者の就業条件の整備等に関する法律（昭和60年法律第88号）第2条第2号に規定する派遣労働者として他の機関に派遣される場合にあつては、当該他の機関の事業所）において自然科学又は人文科学の分野に属する技術又は知識を要する情報処理に係る業務に従事する活動

ハ　イ又はロに掲げる活動を行う外国人の扶養を受ける配偶者又は子として行う日常的な活動

ニ　イからハまでに掲げる活動以外の活動

1　本在留資格の趣旨

　法別表第1の5の冒頭の解説に記載したとおり、本在留資格は「開かれた在留資格」としての機能を果たすものである。そのため、イ及びロとして定型的な活動を定義し、ハとしてイ・ロの家族滞在としての活動を挙げた上で、ニとしてそれ以外の活動を法務大臣が広く対象として指定し得るように定められている。

2　下欄イ・ロの活動内容

　イ及びロの活動は、いずれも日本の公私の機関との契約に基づいて特定研究者等（イ）あるいは情報処理技術者等（ロ）として稼働することを対象としており、いわゆる高度人材に該当すると思われる特定のカテゴリーの外国人を円滑に受け入れることを目的として規定されたものである。

　これらの規定内容は、もともといわゆる構造改革特区が定められた際に、構造改革特別区域法の規制の特例措置の一環として定められた内容に由来している。すなわち、構造改革特別区域法が、構造改革特区内における①特定研究活動・特定研究事業活動、②特定情報処理活動、③これら分野にかかる「研究」「教授」の活動及び④これらの家族活動を行う外国人について、「特定活動」の在留資格の対象とした上で、在留期間も当時の最長を上回る「5年」の付与を可能とする等の特例措置を講じていたところ、その後、構造改革特区内にかかわらず全国一律に適用することとなり、入管・難民法の規定そのもの（法別表の「特定活動」の規定）にほぼそのまま取り入れられたという経過である。なお、これに伴って構造改革特別区域法の該当条文は削除されている。

　これら下欄イ及びロにかかる「特定活動」を上陸時に許可するに当たっては、他の在留資格とは一部異なる取扱いが規定されていることに注意を要する（法7条1項2号、2項後段）。

3 下欄イ・ロ「法務省令で定める要件に該当する事業活動を行う機関」

　下欄イの「公私の機関」に該当するための事業活動の要件は、「出入国管理及び難民認定法別表第1の5の表の下欄の事業活動の要件を定める省令」（平成18年10月24日法務省令第79号）1条各号の要件を全て満たすことが必要とされている。

　下欄ロについての同様の要件は、上記省令2条各号の要件をすべて満たすことが必要とされる。

4 下欄ハの活動内容

　下欄ハは、下欄イ及びロの活動に掲げる活動を行う特定研究者等や情報処理技術者等の家族滞在としての活動を定める。

　本来であれば、「家族滞在」を付与すればよさそうではあるが、逐条解説189頁によれば、扶養者が高度人材であることを考慮し、その受入れを促進する趣旨からあえて独立して「特定活動」を付与することにしたものである旨説明されている。ただ、特定活動の活動内容の指定次第では、家族滞在の活動の自由度や安定性と大差のない結果となってしまうのではないかと思われるところである。

5 下欄ニの活動内容

　下欄ニこそが、法別表第1の5の冒頭の解説に記載した「開かれた在留資格」としての本旨に見合う規定である。

　とはいえ、上陸時においては、入国審査官が上陸審査を行う関係上、開かれた内容の特定活動についての在留資格該当性を審査するわけにもいかない。そこで、下欄ニの内容は、実質的には以下のとおり分類されている。

　すなわち、①法務大臣があらかじめ定型的な活動として指定しておく活動（いわゆる特定活動告示に定める活動）と、②法務大臣が個別に判断して指定する活動（いわゆる告示外活動）である。

　さらに、2012年5月7日から、③高度人材の受入れを促進するためとして、現在の在留資格に関する要件を充たす者の中からポイント制によって高度人材を認定し、出入国管理上の優遇措置を講ずる制度（いわゆる高度人材に対するポイント制による優遇制度）が、本在留資格の一類型として導入されている。

(1) 特定活動告示に定める活動

　「出入国管理及び難民認定法第7条第1項第2号の規定に基づき同法別表第1の5の表の下欄（ニにかかる部分に限る。）に掲げる活動を定める件」（特定活動告示。平成2年5月24日法務省告示第131号）により、執筆日現在、その1～26号として24類型（13号・14号は削除）があらかじめ規定されている。

具体的には、①外交官や領事官等の家事使用人としての活動、②アマチュアスポーツ選手、その家族としての活動、③インターンシップ、サマージョブ、国際文化交流の活動、④EPA看護師、EPA介護福祉士、それらの家族としての活動、⑤日本で入院して医療を受ける活動、その付添人としての活動などが含まれている。
　この告示に該当する活動に係る「特定活動」資格については、上陸時に入国審査官あるいは特別審理官が付与可能である。

(2)　告示外活動
　特定活動告示に含まれない活動内容であっても、法務大臣が活動内容を指定すれば、特に制約なく特定活動の在留資格を許可することは可能である。
　この部分がまさに「開かれた在留資格」たる所以であって、特定活動の資格の中の中核部分とも言える。
　このような告示外活動としての「特定活動」が実際に許可されている例としては、
①　いわゆる出国準備の特定活動（在留期間更新あるいは在留資格変更申請後、処分がなされる前に、従前の在留期限が経過した場合、その後不許可処分がなされるとそのままであれば遡っていわゆるオーバーステイ状態となってしまうが、それは申請者に酷に過ぎる。そこで、実務上、このような場合には、不許可処分を正式に行うに先立って、許可できない旨の告知を申請者に対して行った上で出国準備の在留資格を付与する旨の方針を示し、申請者がこれに応じた場合には申請内容変更申出書〔規則別記30号の3様式〕を提出させ、出国準備期間としての「特定活動」の在留資格への変更を許可することとしている）
②　難民認定申請者の特定活動（難民認定申請中及び難民不認定処分に対する異議申立中の外国人に対して、実務上、その処分ないし決定がなされるまでの間、「特定活動」が付与される実務となっている）
③　難民不認定に伴う人道配慮としての特定活動（難民不認定処分を行うにあたり、中長期の在留資格のみは付与される実務があり、「人道配慮」による在留許可と通称されている。「難民認定事務取扱要領」によれば、人道配慮による在留〔特別〕許可を行うに当たって付与される在留資格は、類型別に「定住者」又は「特定活動」とされており、「特定活動」とされる場合の期間は1年間、活動指定内容は「国籍の属する国又は常居所を有していた国において生じた特別な事情により当分の間本邦に在留する者が本邦の公私の機関に雇用されて行う報酬を受ける活動」とすることなどが、定められている）
などが知られるが、これらは、特定活動告示には含まれていないものの、入管内部の要領においては定型化されており、その意味では純粋な告示外活動とはいえない。
　当然のことながら、個々の事案の性質に鑑みて、法務大臣が個別に活動内容を定めて特定活動を付与することも可能であり、本在留資格はそのような実務が広

623

く行われてこそその価値を発揮するものと言えよう。

なお、このような告示外活動に係る「特定活動」は、上陸審査時に入国審理官や特別審理官がその在留資格該当性を定型的に判断することはできないことから、入国審査官や特別審理官による上陸許可の対象外とされている。他方、上陸手続においても、上陸特別許可は、法務大臣によってなされるものであるから、告示外活動に係る「特定活動」を付与する内容による上陸特別許可も可能である。

(3) 高度人材に対するポイント制による優遇制度

以上に加え、「出入国管理及び難民認定法第7条第1項第2号の規定に基づき高度人材外国人等に係る同法別表第1の5の表の下欄(ニに係る部分に限る。)に掲げる活動を定める件」(高度人材告示。平成24年法務省告示第126号)により、2012年5月7日から、高度人材に対するポイント制による優遇制度が導入された。

この制度は、現行の外国人受入れの範囲内で、経済成長や新たな需要と雇用の創造に資することが期待される高度な能力や資質を有する外国人(高度人材)の受入れを促進するためとして、ポイントの合計が一定点数に達した者を「高度人材外国人」とし、出入国管理上の優遇措置を講ずるというものである。

具体的には、高度人材の活動内容を学術研究活動、高度専門・技術活動、経営・管理活動の3つに分類し、それぞれの活動の特性に応じて、「学歴」「職歴」「年収」「研究実績」などの項目ごとにポイントを設定して評価を実施し、70点以上を獲得した場合には、高度人材外国人として、以下の出入国管理上の優遇措置が付与される。

① 複合的な在留活動の許容
② 「5年」の在留期間の付与
③ 在留歴に係る永住許可要件の緩和(概ね5年で永住許可の対象とする)
④ 入国・在留手続の優先処理
⑤ 高度人材の配偶者の就労
⑥ 一定の条件の下での高度人材の親の帯同の許容

法別表第2

法別表第2は、「永住者」「日本人の配偶者等」「永住者の配偶者等」及び「定住者」の在留資格を規定する。法別表第2の上欄に掲げられたこれらの在留資格は、本邦において一定の身分又は地位を基礎として在留する外国人に付与される在留資格である。この点、後述するとおり、行政解釈は、当該外国人が係る身分又は地位のいずれかを有していることに加え、この身分又は地位を有する者が社会

通念上行うものとされている活動を行って本邦に在留するものであることが認められなければならないとする（逐条解説103頁）。

しかし、例えば、「日本人の配偶者等」の在留資格の前提となる婚姻関係は、憲法24条により各人それぞれの婚姻生活を営むことが保障されていることからすると、社会通念上の判断や、あくまでも当該夫婦間における関係を規定する民法752条に定める夫婦の同居・協力・扶助義務により、客観的に定まるものではない。したがって、当該婚姻関係に第三者の介入を許すことは、憲法24条に反すると言わざるを得ない。

また、法別表冒頭の解説3(3)で述べたとおり、ある在留資格につき、複数回在留期間の更新がなされている場合、更新許可のたびに在留の相当性が肯定されているのであるから、更新許可の回数を重ねるごとに相当性の推定の程度が高められ、相当性のないことについての法務大臣の立証の程度はより厳格となると解される。

永住者
法務大臣が永住を認める者

法務大臣が永住を認める者にこの在留資格が付与される。この在留資格は、活動内容に制限がなく、在留期間の制限もない。本邦における在留資格としては最も安定しているが、退去強制事由に該当するときは退去を強制されることがある。

この在留資格を取得するためには、法22条に定める要件を充足する必要がある。当該要件については、法22条の解説を参照。

この在留資格は、個別的に在留資格該当性が検討されることから、提出資料について規則別表第3の適用がない。

日本人の配偶者等
日本人の配偶者若しくは特別養子又は日本人の子として出生した者

1 **本在留資格の趣旨**

日本人の配偶者若しくは特別養子（民法817条の2）又は日本人の子として出生した者にこの在留資格が認められる。

2 **「日本人の配偶者」**

婚姻関係に対しては、憲法上の保護（憲法24条）はもちろん、自由権規約上の家族の保護及び家族の結合の保護（17条、23条）が与えられ、最大限尊重されるも

のであるから、この在留資格が日本人と婚姻した外国人に付与され、婚姻関係の保護がなされるのは当然である。

これに対し、入管は、法2条の2第2項の「……別表第2の上欄の在留資格をもつて在留する者は当該在留資格に応じそれぞれ本邦において同表の下欄に掲げる身分若しくは地位を有する者としての活動を行うことができる」との規定を根拠として、民法752条にいう夫婦の同居・協力・扶助を中核とする婚姻の実体の存在を要求することにより、婚姻が真摯かつ安定的な関係にあるかどうかを審査・判断する。

しかし、この在留資格は、法文上、日本人の配偶者であること、すなわち日本人と当該外国人との間の法律上の婚姻関係しか要求していない。また、「身分……を有する者としての活動」という文言自体から当該活動を観念ないし想定することが困難であるし、仮に上記のように身分に基づく活動を定義したとしても、夫婦により千差万別である婚姻の形態を入管が審査し判断することは、憲法及び自由権規約上保護される権利ないし自由の侵害となり得る。

したがって、婚姻の意思があり、届出がされていればこの在留資格が付与されるべきであり、婚姻の実体の有無を資格付与の要件とすることはできず、配偶者たる地位が法律上有効に成立していることをもって足りると解すべきである。

入管が警戒する偽装結婚事例を排除するには、婚姻無効をもたらすような重大な瑕疵が存在する場合に限定すべきである。また、手続上も、在留資格取消制度（法22条の4）を活用すれば足りる。

また、離婚事案（特に別居中に在留期間が満了する場合）に在留期間の更新が認められるかが問題となるが、婚姻関係が法律上存続していても、その婚姻関係が社会生活上の実質的基礎を失っている、すなわち婚姻関係が破綻している場合（最大判昭62・9・2民集41巻6号1423頁参照）には、この在留資格の在留資格該当性が認められないとする国側の主張がある。しかし、このように解すると、例えば日本人配偶者から遺棄された場合であってもこの在留資格の該当性を失うこととなり、明らかに不合理である。また、婚姻関係が破綻しているという場合の「破綻」とはどのような状態をいい、いかなる基準をもって認定するかについて、入管の恣意的判断がなされる可能性がある。その後、下級審裁判例において、上記大法廷判決を前提とした上で、婚姻関係が完全に破綻しその実体を失い形骸化しているとは言えず、法務大臣の判断が裁量権を逸脱・濫用した違法なものであるとする判断が出されたこともあり（大阪高判平10・12・25民集56巻8号1892頁・判時1742号76頁・判夕1059号108頁）、入管実務においては、単に別居中であることのみをもってはこの在留資格を失わない取扱いとされている。なお、上記大阪高判平10・12・25の上告審である最一小判平14・10・17（民集56巻8号1823頁・判時1806号

25頁・判タ1109号113頁）は、原審判決を取り消し、当該事案において「日本人の配偶者等」の在留資格該当性を認めなかったが、最高裁は、この事案につき、単に別居していることだけを捉えて、在留資格該当性を否定したのではない。当該事案において、原告が、約4年8カ月間別居生活を続け、その間、婚姻関係修復に向けた実質的、実効的な交渉等はなく、独立して生計を営んでいたことなどの事実関係を考慮して在留資格該当性を否定したものであるから、別居の事実のみをもって在留資格該当性を否定したわけではないことに注意が払われねばならない。

　この在留資格を有する者が離婚した場合に、引き続き本邦に在留することを希望するときは、「定住者」の在留資格への変更申請を行うこととなる。この点については、後記「定住者」の解説を参照。

　提出資料については、規則別表第3（巻末資料）を参照。

③ 「特別養子又は日本人の子」

　日本人の特別養子となった者（民法817条の2）及び日本人の子として出生した者にも、この「日本人の配偶者等」の在留資格該当性が認められる。

(1) 日本人の特別養子

　民法817条の2の規定により日本人の特別養子となった者が対象である。

　特別養子が認められるには、養親が結婚をしていて夫婦ともに養子縁組をすること（民法817条の3）、養子が6歳未満であること（民法817条の5）、養子の実両親の同意が必要であること（民法817条の6）、父母による養子となる者の監護が著しく困難又は不適当であることその他特別の事情がある場合において、養子縁組をすることが子の利益のため特に必要があると認められること（民法817条の7）が要件とされ、手続的にも家裁の審判を経る必要がある（民法817条の2）。

　これらの要件を充さないために特別養子が認められない場合には、「日本人の配偶者等」の在留資格該当性は認めらない。単なる養子縁組をした場合には、後述する「定住者」の在留資格該当性を検討するほかない。

(2) 日本人の子として出生した者

　その子が日本人母から出生したときには、父親の国籍を問わず、当然に国籍法2条1号により日本国籍を取得できる。また、母親が外国人である場合でも、国籍法2条1号・2号若しくは同3条1項によって子が日本国籍を取得できる。

　したがって、「日本人の子として出生した者」の典型例は、日本人の子として出生したが、これら国籍法の規定によっては日本国籍を取得できない者である。また、一度は日本国籍を有していたが日本国籍を失った者（国籍法11条、14条）が、外国籍市民として日本に上陸・在留を希望する場合にも、この在留資格に該当すると

して上陸申請（法6条）若しくは在留資格の取得申請（法22条の2）をすることになろう。

永住者の配偶者等
永住者等の配偶者又は永住者等の子として本邦で出生しその後引き続き本邦に在留している者

「永住者」若しくは特別永住者の配偶者又は永住者等の子として本邦で出生しその後引き続き本邦に在留している者にこの在留資格が認められる。

配偶者についての解釈及び論点については、前記「日本人の配偶者等」の解説を参照。

この在留資格について、本邦で出生したことを要件とすることについては疑問が大きい。本邦とのつながりを地縁をもって判断することは、この在留資格が身分資格であることと整合しないと言える。したがって、当該要件については、本邦と地縁を有している者との血縁、と改めるべきである。

提出資料については、規則別表第3（巻末資料）を参照のこと。

定住者
法務大臣が特別な理由を考慮し一定の在留期間を指定して居住を認める者

1 本在留資格の趣旨
法務大臣が特別な理由を考慮し一定の在留期間を指定して居住を認める者にこの在留資格が認められる。

この在留資格を付与するかどうかについては、個別の事案ごとに、法務大臣がその必要性を審査して判断するものとされる。なお、その際の提出資料については、規則別表第3（巻末資料）参照。

2 定住者告示
個別の事案ごとの必要性を判断するに当たって、基準なくして審査することは、審査が煩雑化、長期化するおそれや法的安定性を害するおそれがあり、合理的とは言えない。そこで法務省は、上陸時にこの在留資格を付与する必要性を判断するための一定の基準を定めている（「出入国管理及び難民認定法第7条第1項第2号の規定に基づき同法別表第2の定住者の項の下欄に掲げる地位を定める件」〔定住者告示〕平成2年5月24日法務省告示第132号）。これに基づき指定した地位に基づく活動を行うため、本邦に一般の上陸の申請を行う外国人に対しては、入国審査官は、法

務大臣の個別の指定なく「定住者」の在留資格をもって上陸を許可することができる。

なお、定住者告示に定められているのは上陸時における「定住者」の対象となる者の範囲についてであり(実務上も、上陸時には、定住者告示に該当する者のみこの在留資格を付与する扱いをとる)、他の在留資格で入国後にこの在留資格に変更しようとする場合には、定住者告示に定める基準に該当する者だけに限られるわけではない。しかし、入管は、定住者告示に定める基準に該当しない者の在留資格変更を認めない傾向にある。

定住者告示は、概要以下のような地位にある者を定める。
① ミャンマー難民のうち一定範囲の者(1号)
② いわゆる日系2世(3号)
③ いわゆる日系3世(4号)
④ 日本人の子として出生し、「日本人の配偶者等」の在留資格で在留する者の配偶者(5号)
⑤ 「定住者」(在留期間1年以上)の在留資格を持つ者の配偶者(5号)
⑥ 日本人又は一定の外国人(「永住者」、期間1年以上の「定住者」、特別永住者、これらの者の配偶者)の扶養を受ける未成年で未婚の子(6号)
⑦ 日本人又は一定の外国人(「永住者」、期間1年以上の「定住者」、特別永住者)の6歳未満の養子(7号)
⑧ いわゆる中国残留邦人等と一定のその親族(8号)

なお、2006年の改正により、日系2世、3世に関する規定を中心に、「素行が善良である」との要件が求められることとなった。しかし、素行の善良性の要件は抽象的であり、入管の恣意的判断を助長するおそれがあるから、同要件の解釈は合憲的になされる必要がある。

また、定住者告示に適合しない場合でも、在留資格該当性を肯定すべき特別の事情があれば、上陸特別許可、在留資格変更許可、在留特別許可に当たって、この在留資格が付与されることがある。その特別な事情とは、少なくとも、定住者告示に類型化して列挙された外国人と同視し得るようなものをいうとされる。

3 難民認定

難民認定を受けた在留資格未取得外国人について、一定の要件(消極的要件)を充たす場合、「定住者」の在留資格が付与される(法61条の2の2第1項)。

また、難民認定がなされなかった者及び難民認定がされたものの上記一定の要件を充たさない者については、事情により在留特別許可をすることができる(同条2項)。この場合に付与される在留資格は、「定住者」又は「特定活動」である。

これらの在留資格の付与の振分けについては、明確な基準があるわけではないが、入管の内部資料によると、概ね10年以上の本邦在留歴がある場合は「定住者」、それ以下の場合は「特定活動」を付与する扱いとされている。前述のとおり、「特定活動」は活動に基づく包括的在留資格、「定住者」は身分に基づく包括的在留資格であるとされるところ、当該外国人にとって、本邦在留の必要性についての差異はないことからすると、上記の在留年数による振分けは、10年という期間の経過によって、「定住者」として在留が認められるべき地縁的属性を獲得することによるものと考えられる。10年という期間設定に合理性を見出せるかどうかは別として、このことは、活動を基礎とする在留資格（法別表第1）と身分ないし地位を基礎とする在留資格（法別表第2）の違いは相対的なものであり、活動資格の継続により、本邦在留が認められるべき地位を獲得する場合があることを、入管が承認している一例とみることもできよう。

④　開かれた在留資格

　定住者告示に該当する者以外に、どのような事案においてこの在留資格が付与されるかは、前述のとおり、この在留資格が個別の事案ごとに法務大臣がその必要性を審査して判断するものとされる以上、基準を見出すことは難しい。しかし、このことは、事案によりこの在留資格の付与を受け、我が国に在留する必要性がある者を広く救済できる可能性を有するとも言える。法務大臣にこの在留資格を与えるか否かについて裁量を委ねた趣旨も、個別救済の必要性及び人道上の観点からこの在留資格を付与すべき者を法務大臣が積極的に認めるところにある。

　したがって、人道的な見地から在留資格を与えるべき場合はもちろんのこと、他に適合する在留資格を見出せない場合や、日本人の実子に「日本人の配偶者等」の在留資格が付与されることとの対比において、日本人の子の親である外国人に適合する在留資格がなく定住者告示にも該当しない場合等に、広くこの在留資格が与えられるべきである。例えば、いわゆる外国人の連れ子や、定住者告示以外の養子についても、この在留資格が付与されるべきである。実際にも、2000年以後、在留資格のない外国人夫婦及びその子に対して、一家全員に「定住者」としての在留特別許可が認められる例が多く出ている。具体例は、法務省入国管理局のウェブサイト（http://www.moj.go.jp/NYUKAN/nyukan25.html）を参照されたい。

　なお、いわゆる連れ親の場合、70歳を超える高齢又は扶助を要する病気に罹患している場合に、この在留資格が付与される扱いとされる。

5 定住通達

1996年7月30日通達（いわゆる730通達。定住通達ともいう）は、日本人の実子を扶養する外国人親に対し、この在留資格を付与することを規定する。この通達は、日本人の実子としての身分関係を有する未成年者が、我が国で安定した生活を営むことができるようにするため、その扶養者たる外国人親の在留資格についても、なお一層の配慮が必要であるとの観点に基づくとされる。

かかる趣旨によれば、上記要件に直接該当しない場合、例えば、他の在留資格を有さないオーバーステイの外国人親の場合等についても、当該未成年者の生活安定の要請が存在する限り、広くこの在留資格が付与されるべきである。また、当該判断基準は、永住者の実子を扶養する外国人親に対しても準用されるのが合理的である（後記7の裁判例参照）。

（定住通達）

平成8年7月30日
法務省入国管理局

日本人の実子を扶養する外国人親の取扱について

1. 現行取扱い及び本通達発出の背景
　日本人の実子を扶養する外国人親については、法務大臣が諸般の事情を考慮して「定住者」と認めることが相当と判断したときには、ケースバイケースで当該外国人親の在留を認めてきたところ、最近、この種の事案が増加し、統一的な取扱いを定める必要性が生じていた。

2. 趣旨及び目的
　日本人の実子としての身分を有する未成年者が、我が国で安定した生活を営むことができるようにするため、その扶養者たる外国人親の在留についても、なお一層の配慮が必要であるとの観点から、入国在留審査の取扱いを定めたものである。

3. 今後の取扱い
(1) 日本人の実子を扶養する外国人親の在留資格について
　未成年かつ未婚の実子を扶養するため本邦在留を希望する外国人親については、その親子関係、当該外国人が当該実子の親権者であること、現に当該実子を養育、監護していることが確認できれば、「定住者」(1年)への在留資格の変更を許可する。
　なお、日本人の実子とは、嫡出、非嫡出を問わず、子の出生時点においてその父または母が日本国籍を有しているものをいう。実子の日本国籍の有無は問わないが、日本人父から認知されていることが必要である。
(2) 在留資格変更後の在留期間更新の取扱い
　実子が未だ養育、監護者を必要とする時期において、在留期間の更新申請時に実

子の養育、監護の事実が認められない場合は、原則として同更新を許可しない。
　　(3) 提出書類
　　　ア　身分関係を証明する資料
　　　イ　親権を行うものであることを証する書類
　　　ウ　日本人実子の養育状況に関する書類
　　　エ　扶養者の職業および収入に関する書類
　　　オ　本邦に居住する身元保証人の身元保証書

6 離婚定住

　日本人と婚姻して「日本人の配偶者等」の在留資格を有していた者が、その後離婚した場合、一定期間以上婚姻の継続が認められるときは、離婚後に「定住者」への変更が認められる。この場合の在留の必要性要件については、当該外国人の定住の確実性及び蓋然性を考慮して判断される。

　そして、在留の必要性が認められるために必要な婚姻の期間は、個別具体的な判断によるが、実務的には、少なくとも3年以上の同居等婚姻実体を伴う婚姻の継続が必要であると考えられる。なお、死別の場合は、婚姻継続期間1年でこの在留資格を付与する内部基準であると考えられる。

7 裁判例：東京地判平14・4・26公刊物未登載

　日本人の子の親権者であるが、監護権は当面の間日本人の夫に委ねるという条項で調停離婚をした外国人女性について、定住通達の趣旨が日本人の実子が安定した生活を営めるようにすることにあるとした上で、本件では未成年かつ未婚の日本人の実子の親権を有する外国人親が、実子との間に真摯な愛情に基づく実質的に密度の高い交流を有し、その交流が当該実子の健全な成育にとって必要不可欠である点で、通達が定める事由と同視すべきで「定住者」の在留資格該当性が認められるべきであるとし、法務大臣の在留資格変更不許可処分を取り消した。

別表によらない在留：特別永住

1 経緯

　「日本国との平和条約に基づき日本の国籍を離脱した者等の出入国管理に関する特例法」（入管特例法。平成3年5月10日法律第71号）に定める特別永住者は、入管・難民法上の在留資格には当たらないが、一定の地位をもって本邦に在留することができる法的資格である点において、入管・難民法上の在留資格とその本質は変

わらない。

　入管特例法に定める特別永住者は、法2条の2第1項に規定する「他の法律に特別の規定がある場合」に該当し、在留資格を有することなく本邦で永住することができる。

　日本国との平和条約の発効により日本の国籍を離脱した者で、1945年9月2日以前から引き続き日本に在留している者（平和条約国籍離脱者）及び1945年9月3日から1952年4月28日までにその子として日本で出生し引き続き日本に在留している者の法的地位については、日本国との平和条約の発効の日に施行された「ポツダム宣言の受諾に伴い発する命令に関する件に基く外務省関係諸命令の措置に関する法律」2条6項により、「別に法律で定めるところによりその者の在留資格及び在留期間が決定されるまでの間、引き続き在留資格を有することなく本邦に在留することができる」こととされた。その後、これら平和条約国籍離脱者及びその子孫の法的地位に関し、1965年に在日韓国人の1世及び2世を対象とする「日本国に居住する大韓民国国民の法的地位及び待遇に関する日本国と大韓民国との間の協定」（昭和40年条約第28号）に基づく協定永住許可制度が、1981年に在日朝鮮人及び在日台湾人も含めたすべての者を対象とする特例永住許可制度がそれぞれ設けられた。

　しかし、これらの制度はいずれも、そのときどきの時代背景と国際政治情勢の下でとられた暫定的措置であり、平和条約国籍離脱者及びその子孫を包括的に対象とし、同一の法的地位と処遇を与えるものではなかった。すなわち、協定永住許可制度は、大韓民国との間の国交の回復を契機として日本国に居住する大韓民国国民に限って協定に基づく永住を許可するものであり、かつ、在日韓国人の3世以下の法的地位については今後の協議対象としていた。特例永住許可制度は、平和条約国籍離脱者及びその子孫のうち協定永住許可の対象とならなかった者等に対し、日本に引き続き在留していることを条件として、法務大臣が入管法上の永住許可を与え、その法的地位の安定を図ることを目的とするものであった。

　入管特例法は、その後の内外の諸情勢の変化及び日韓法的地位協定に基づく日本国政府と大韓民国政府との協議結果を踏まえ、日本国との平和条約の発効により日本の国籍を離脱した者及びその子孫の全体に対して「特別永住者」の資格を付与するとともに、特別永住者の退去強制、再入国の許可の有効期間等出入国管理に関する特例を定めたものである。この法律の制定により、平和条約国籍離脱者及びその子孫の法的地位が特別永住者に一元化されるとともに、在留外国人の法的地位としては在留に関する限り安定した地位が保障されることとなった。

入管特例法は、1991年4月26日に成立し、5月10日に公布され、同年11月1日から施行された。

2　入管特例法の概要
(1)　対象者
　入管特例法の対象者は、平和条約国籍離脱者及び平和条約国籍離脱者の子孫である（入管特例法2条）。

　「平和条約国籍離脱者」とは、終戦（1945年9月2日。天皇によるポツダム宣言の受諾を日本国民に知らせる玉音放送がラジオで流されたのは8月15日であるが、東京湾上の戦艦ミズーリ艦上で降伏文書の調印式が行われ正式に戦争が終了したのは9月2日）前から引き続き本邦に在留する者又は終戦後日本国との平和条約発効日（1952年4月28日）までにその子として本邦で出生し引き続き本邦に在留する者で、日本国との平和条約の発効により日本国籍を離脱した者をいう。「日本国との平和条約の発効により日本国籍を離脱した者」とは、日本国との平和条約の発効当時における朝鮮人（韓国人を含む）及び台湾人である。これらの者は、日本国との平和条約2条(a)及び(b)の規定に基づき朝鮮及び台湾が日本国との平和条約の発効の日から日本国の領土から分離することになったことに伴い、日本政府が発した通達（「平和条約の発効に伴う朝鮮人、台湾人等に関する国籍及び戸籍事務の処理」〔昭和27年4月19日民事甲第438号法務府民事局長通達〕）により、自己の意思に関わりなく日本国籍を離脱する（剥奪される）こととなったものである。

　なお、終戦後自己の意思で本邦での居住を終了させて本国に帰った者又は終戦後に来日した者は、日本国との平和条約の発効により日本国籍を離脱した者であるとしても、終戦前から引き続き本邦に在留する者ではないから、この法律の対象にはならない。「平和条約国籍離脱者の子孫」とは、平和条約国籍離脱者の直系卑属として本邦で出生しその後引き続き本邦に在留する者で、平和条約国籍離脱者からその者までのいずれの世代においても、本邦で出生し（終戦前から引き続き本邦に在留する平和条約国籍離脱者のみ、その出生地は問わない）、その出生後少なくとも次の世代の者の出生のときまで引き続き本邦に在留していた者であった者をいう。平和条約国籍離脱者からその者までの血統的つながりと各世代の本邦における在留の継続性とが確保されている者のみが該当する。

　「平和条約国籍離脱者」及び「平和条約国籍離脱者の子孫」の国籍は問われないから、これらの者は国籍の変動に関係なくこの法律の対象となる。

　「引き続き本邦に在留する者」には、すでに退去強制令書の発付を受けた者は含まれないが、法50条の規定により法務大臣等の在留特別許可を受けた者は、かつて不法残留状態があり、適法に在留していなかった期間があっても、これに

含まれる。

(2) 特別永住者の種類

特別永住者として、法定特別永住者と特別永住許可を受けた者が定められている（入管特例法3条ないし5条）。

法定特別永住者は、すでに永住の許可又はこれに準ずる法的地位を有する者であることに鑑み、あらためて特別永住許可の申請を要することなく、入管特例法の規定に基づき特別永住者の資格が付与されるものである（入管特例法3条）。平和条約国籍離脱者又は平和条約国籍離脱者の子孫で、この法律の施行の際に、この法律の規定による改正前の「ポツダム宣言の受諾に伴い発する命令に関する件に基く外務省関係諸命令の措置に関する法律」2条6項の規定により在留する者（以下「法126・2-6該当者」という）、この法律の規定による廃止前の「日本国に居住する大韓民国国民の法的地位及び待遇に関する日本国と大韓民国との間の協定の実施に伴う出入国管理特別法」（昭和40年法律第146号）に基づく永住の許可を受けている者（以下「協定永住者」という）、この法律の規定による改正前の入管法（以下「旧入管法」という）に定める永住者の在留資格をもって在留する者及び旧入管法に定める平和条約関連国籍離脱者の子の在留資格をもって在留する者がこれに該当する。

平和条約国籍離脱者の子孫で出生その他の事由により本邦に在留することとなる者及び平和条約国籍離脱者又は平和条約国籍離脱者の子孫で法別表第2の上欄の在留資格（「永住者」を除く）をもって在留する者は、法務大臣の許可を受けて、特別永住者として本邦で永住することができる（入管特例法4条、5条）。

特別永住許可は覊束的な許可とされている。法務大臣は、適法な申請を行った申請人が平和条約国籍離脱者又は平和条約国籍離脱者の子孫であることが立証される場合には、特別永住許可をしなければならない。

「その他の事由」としては、日本人と平和条約国籍離脱者又は平和条約離脱者の子孫との間に出生した子が二重国籍者となった場合において、国籍法14条の国籍の選択の規定に基づき外国の国籍を選択し、日本の国籍を喪失したとき等が考えられる。

「平和条約国籍離脱者又は平和条約国籍離脱者の子孫で入管法別表第2の上欄の在留資格（永住者の在留資格を除く。）をもって在留するもの」（入管特例法5条1項）としては、次の2つの範疇のいずれかに該当する者が考えられる。入管・難民法上の在留資格は、「日本人の配偶者等」「永住者の配偶者等」又は「定住者」の在留資格のいずれかである。

① 法126・2-6該当者、協定永住者等として在留していた者で、刑罰法令違反等により退去強制手続を受け、法務大臣の在留特別許可により「定住者」等の

在留資格をもって在留する者及びその子孫
② 法126・2-6該当者の孫以下の世代の者で入管・難民法上の永住許可を受けていない者

3 入管特例法上の特例

出入国管理に関する特例永住者は次のような入管特例法上の特例が適用される。

(1) 上陸のための審査の特例（入管特例法20条）

再入国の許可を受けて上陸する特別永住者は、法7条1項1号に掲げる上陸のための条件（有効な旅券を所持していること）に適合すれば、上陸拒否事由の該当の有無にかかわらず、入国審査官から上陸許可の証印を受けることができる。

(2) 退去強制の特例（入管特例法22条）

特別永住者については、退去強制事由が大幅に縮減され、我が国の重大な国家的利益を侵害した次に該当する場合に限り、退去強制の対象となる。

① 内乱に関する罪・外患に関する罪により禁錮以上の刑に処せられた者（執行猶予の言渡しを受けた場合及び付和随行者等の暴動関与者に係る内乱罪の場合を除く）
② 国交に関する罪により禁錮以上の刑に処せられた者
③ 外国の元首等に対する犯罪行為により禁錮以上の刑に処せられた者で、法務大臣において、その犯罪行為により日本国の外交上の重大な利益が害されたと認定したもの
④ 無期又は7年を超える懲役又は禁錮に処せられた者で、法務大臣において、その犯罪行為により日本国の重大な利益が害されたと認定したもの

(3) 再入国の許可の有効期間の特例等（入管特例法23条）

入管・難民法による再入国の許可の有効期間は、当初の有効期間が5年以内、海外での延長が1年以内の最大限6年となっているところ、特別永住者については、当初の期間が6年、海外で1年延長できることとされ、再入国の許可による出国期間が最大限7年まで認められる。また、みなし再入国許可の有効期間についても、入管・難民法上は1年となっているところ、特別永住者については、2年まで認められている。

関係法令

出入国管理及び難民認定法施行令
(平成10年5月22日政令第178号)

(法第2条第5号ロの政令で定める地域)
第1条 出入国管理及び難民認定法(以下「法」という。)第2条第5号ロの政令で定める地域は、台湾並びにヨルダン川西岸地区及びガザ地区とする。

(法第19条の7第1項等の届出の経由に係る市町村の事務)
第2条 市町村(東京都の特別区の存する区域及び地方自治法(昭和22年法律第67号)第252条の19第1項の指定都市にあっては、区。以下同じ。)の長は、法第19条の7第1項の規定による届出(同条第3項の規定により同条第1項の規定による届出とみなされる届出を含む。以下同じ。)、法第19条の8第1項の規定による届出(同条第3項の規定により同条第1項の規定による届出とみなされる届出を含む。以下同じ。)又は法第19条の9第1項の規定による届出(同条第3項の規定により同条第1項の規定による届出とみなされる届出を含む。以下同じ。)があったときは、当該届出に係る次に掲げる事項を、法務大臣が市町村の長に使用させる電子計算機(入出力装置を含む。)から電気通信回線を通じて法務大臣の使用に係る電子計算機に送信する方法その他の法務省令で定める方法により、法務大臣に伝達するものとする。
1 届出をした中長期在留者の氏名、生年月日、性別、国籍の属する国又は法第2条第5号ロに規定する地域及び住居地
2 届出をした中長期在留者が提出した在留カードの番号
3 届出の年月日
4 届出が法第19条の7第1項の規定による届出、法第19条の8第1項の規定による届出又は法第19条の9第1項の規定による届出のいずれであるかの別。ただし、次のイからハまでに掲げる場合には、これに代え、当該イからハまでに定める事項
 イ 法第19条の7第3項の規定により同条第1項の規定による届出とみなされる届出があった場合 当該届出が住民基本台帳法(昭和42年法律第81号)第30条の46の規定によるものであること。
 ロ 法第19条の8第3項の規定により同条第1項の規定による届出とみなされる届出があった場合 当該届出が住民基本台帳法第30条の46又は第30条の47のいずれの規定によるものであるかの別
 ハ 法第19条の9第3項の規定により同条第1項の規定による届出とみなされる届出があった場合 当該届出が住民基本台帳法第22条、第23条又は第30条の46のいずれの規定によるものであるかの別
5 法第19条の7第1項の規定による届出又は法第19条の8第1項の規定による届出(同条第3項の規定により同条第1項の規定による届出とみなされる住民基本台帳法第30条の47の規定による届出を除く。)があった場合における住居地を定めた年月日(法第19条の8第1項に規定する既に住居地を定めている者に係る当該住居地を定めた年月日を除く。)
6 法第19条の9第1項の規定による届出があった場合における新住居地(変更後の住居地をいう。)に移転した年月日及び当該届出の直前に定めていた住居地(同条第3項の規定により同条第1項の規定による届出とみなされる住民基本台帳法第30条の46の規定による届出があった場合における当該届出の直前に定めていた住居地を除く。)

(住居地届出日の在留カードへの記載)
第3条 市町村の長は、法第19条の7第2項(法第19条の8第2項及び法第19条の9第2項において準用する場合を含む。)の規定により在留カードに住居地の記載をする場合には、併せて、当該在留カードを提出してした届出の年月日を記載するものとする。

(法第61条の3の2第5項の政令で定める入国警備官の階級)
第4条 法第61条の3の2第5項の政令で定める入国警備官の階級は、警備監、警備長、警備士長、警備士、警備士補、警守長及び警守とする。

(法第61条の8第1項の政令で定める法務省の内部部局)
第5条 法第61条の8第1項の政令で定める法務省の内部部局として置かれる局は、入国管理局とする。

(法第61条の8の2の政令で定める事由等)
第6条① 法第61条の8の2の政令で定める事由は、住民基本台帳法施行令(昭和42年政令

第292号）第11条、第12条第1項及び第3項並びに第30条の32の規定により読み替えて適用される同令第12条第2項に定める事由（住民基本台帳法第30条の50の規定による通知があったことを除き、記載の修正の事由にあっては、次項第1号から第4号までに掲げる事項についての記載の修正に係るものに限る。）とする。

② 市町村の長は、法第61条の8の2の規定により、住民基本台帳法第30条の45に規定する外国人住民（以下「外国人住民」という。）に係る住民票について、その記載、消除又は記載の修正（以下「記載等」という。）をしたことを法務大臣に通知するときは、当該外国人住民に係る第1号から第4号までに掲げる事項及び当該記載等に係る第5号から第8号までに掲げる事項を通知するものとする。

1 外国人住民の氏名、生年月日、性別、国籍の属する国又は法第2条第5号ロに規定する地域及び住所
2 外国人住民が中長期在留者、特別永住者（日本国との平和条約に基づき日本の国籍を離脱した者等の出入国管理に関する特例法（平成3年法律第71号。以下「特例法」という。）に定める特別永住者をいう。以下同じ。）、一時庇護許可者（法第18条の2第1項の許可を受けた者をいう。）、仮滞在許可者（法第61条の2の4第1項の許可を受けた者をいう。）又は経過滞在者（国内において出生した日本の国籍を有しない者又は日本の国籍を失った者であって、法第22条の2第1項の規定により在留することができるものをいう。）のいずれであるかの別
3 外国人住民が中長期在留者である場合における当該中長期在留者の在留カードの番号
4 外国人住民が特別永住者である場合における当該特別永住者の特例法第7条第1項に規定する特別永住者証明書の番号
5 記載、消除又は記載の修正の別
6 第1号から第4号までに掲げる事項のいずれかに係る記載の修正をした場合における当該記載の修正がこれらの事項のいずれに係るものであるかの別及び住所についての記載の修正をした場合における修正前に記載されていた住所
7 住民基本台帳法施行令第11条の規定により、住民基本台帳法第22条から第24条まで、第30条の46又は第30条の47のいずれかの規定による届出に基づく住民票の記載等をした場合における当該記載等がこれらの規定のいずれによる届出に基づくものであるかの別及び当該届出の年月日並びに同法第24条の規定による届出に基づき消除をした場合における転出の予定年月日
8 住民基本台帳法施行令第12条第1項若しくは第3項又は第30条の32の規定により読み替えて適用される同令第12条第2項の規定により記載等をした場合における当該記載等がこれらの規定によるものであること及び当該記載等をした年月日。ただし、次のイからニまでに掲げる場合には、当該記載等をした年月日に代え、当該イからニまでに定める年月日

イ 出生（出生によって日本の国籍を取得したときを除く。）若しくは日本の国籍の喪失があったため記載をした場合又は死亡若しくは日本の国籍の取得があったため消除をした場合　当該事由の発生年月日
ロ 民法（明治29年法律第89号）第30条第1項の規定による失踪の宣告の裁判の確定があったため消除をした場合　同項に規定する期間が経過した年月日
ハ 民法第30条第2項の規定による失踪の宣告の裁判の確定があったため消除をした場合　同項に規定する危難が去った年月日
ニ 失踪の宣告の取消しの裁判の確定があったため記載をした場合　戸籍法（昭和22年法律第224号）第94条において準用する同法第63条第1項の規定による届出の年月日

③ 前項の規定による通知は、法務大臣が市町村の長に使用させる電子計算機（入出力装置を含む。）から電気通信回線を通じて法務大臣の使用に係る電子計算機に送信する方法その他の総務省令・法務省令で定める方法により行うものとする。

（手数料の額）
第7条 法第67条から第68条までの規定により納付しなければならない手数料の額は、次の各号に掲げる許可又は交付の区分に応じ、それぞれ当該各号に定める額とする。

1 在留資格の変更の許可　4000円

2 在留期間の更新の許可　4000円
3 永住許可　8000円
4 再入国（数次再入国を除く。）の許可　3000円
5 数次再入国の許可　6000円
6 就労資格証明書の交付　680円
7 難民旅行証明書の交付　5000円
(事務の区分)
第8条　第3条の規定により市町村が処理することとされている事務は、地方自治法第2条第9項第1号に規定する第1号法定受託事務とする。

出入国管理及び難民認定法施行規則
(昭和56年10月28日法務省令第54号)

(出入国港)
第1条　出入国管理及び難民認定法(以下「法」という。)第2条第8号に規定する出入国港は、次の各号に掲げるとおりとする。
1　別表第1に掲げる港又は飛行場
2　前号に規定する港又は飛行場以外の港又は飛行場であつて、地方入国管理局長が、特定の船舶又は航空機(以下「船舶等」という。)の乗員及び乗客の出入国のため、臨時に、期間を定めて指定するもの

第2条　削除
(在留期間)
第3条　法第2条の2第3項に規定する在留期間は、別表第2の上欄に掲げる在留資格に応じ、それぞれ同表の下欄に掲げるとおりとする。
(補助者)
第4条　法第5条第1項第2号に規定する精神上の障害により事理を弁識する能力を欠く常況にある者又はその能力が著しく不十分な者(以下「要随伴者」という。)の本邦におけるその活動又は行動(以下「活動等」という。)を補助する者として法務省令で定めるものは、次に掲げる者とする。
1　精神保健及び精神障害者福祉に関する法律(昭和25年法律第123号)第20条第1項の規定により保護者となる者又はこれに準ずる者で要随伴者の活動等を補助する意思及び能力を有するもの
2　前号に掲げる者のほか、要随伴者の活動等を補助することについて合理的な理由がある者で要随伴者の活動等を補助する意思及び能力を有するもの(要随伴者が本邦に短期間滞在して、観光、保養又は会合への参加その他これらに類似する活動を行うものとして法第6条第2項の申請をした場合に限る。)

第4条の2①　法第5条の2に規定する法務省令で定める場合は、次に掲げる場合とする。
1　外国人について、次に掲げる場合であつて、当該外国人が在留資格をもつて在留しているとき。
　イ　法第12条第1項の規定により上陸を特別に許可した場合
　ロ　法第20条第3項の規定により在留資格の変更の許可をした場合
　ハ　法第21条第3項の規定により在留期間の更新の許可をした場合
　ニ　法第22条第2項の規定により永住許可をした場合
　ホ　法第22条の2第3項(法第22条の3において準用する場合を含む。)において準用する法第20条第3項の規定により在留資格の取得の許可をした場合
　ヘ　法第22条の2第4項(法第22条の3において準用する場合を含む。)において準用する法第22条第2項の規定により永住者の在留資格の取得の許可をした場合
　ト　法第26条第1項の規定により再入国の許可を与えた場合
　チ　法第50条第1項の規定により在留を特別に許可した場合
　リ　法第61条の2の2第2項の規定により在留を特別に許可した場合
　ヌ　法第61条の2の12第1項の規定により難民旅行証明書を交付した場合
　ル　イからヌまでに準ずる場合として法務大臣(法第69条の2の規定により、法第5条の2に規定する権限の委任を受けた地方入国管理局長を含む。次号において同じ。)が認める場合
2　外国人に法第7条の2第1項の規定により証明書を交付した場合又は外国人が旅券に日本国領事官等の査証(法務大臣との協議を経たものに限る。)を受けた場合であつて、法第5条第1項第4号、第5号、第7号、

第9号又は第9号の2に該当する特定の事由（以下「特定事由」という。）に該当することとなつてから相当の期間が経過していることその他の特別の理由があると法務大臣が認めるとき。
② 法第5条の2の規定により外国人について特定事由のみによつては上陸を拒否しないこととしたときは、当該外国人に別記第1号様式による通知書を交付するものとする。

（上陸の申請）
第5条① 法第6条第2項の規定により上陸の申請をしようとする外国人は、別記第6号様式（法第26条第1項の規定により再入国の許可を受けている者（法第26条の2第1項の規定により再入国の許可を受けたものとみなされる者を含む。第7条第1項及び第27条第1項において同じ。）又は法第61条の2の12第1項の規定により交付を受けた難民旅行証明書を所持している者にあつては別記第6号の2様式）による書面1通を入国審査官に提出しなければならない。
② 前項の申請に当たつては、旅券を提示しなければならない。
③ 第1項の場合において、外国人が16歳に満たない者であるとき又は疾病その他の事由により自ら上陸の申請をすることができないときは、その者に同行する父又は母、配偶者、子、親族、監護者その他の同行者がその者に代わつて申請を行うことができる。
④ 前項の場合において、申請を代わつて行う同行者がいないときは、当該外国人の乗つてきた船舶等の長又はその船舶等を運航する運送業者が、第1項の書面に所定事項を記載し、その者に代わつて申請するものとする。
⑤ 法第6条第3項に規定する法務省令で定める電子計算機は、出入国の公正な管理を図るための個人の識別のために用いられる電子計算機であつて、法務大臣が指定する入国管理官署に設置するものとする。
⑥ 法第6条第3項に規定する法務省令で定める個人識別情報は、指紋及び写真とする。
⑦ 法第6条第3項の規定により指紋を提供しようとする外国人（次項に規定する外国人を除く。）は、両手のひとさし指の指紋の画像情報を入国審査官が指定する電子計算機に受信させる方法により提供しなければならない。ただし、指が欠損していることその他の事由により

これらの指の指紋を提供することが不能である場合には、それぞれ次に掲げる順序に従い、その不能でないいずれかの指の指紋を提供するものとする。
1 中指
2 薬指
3 小指
4 おや指

⑧ 法第6条第3項の規定により指紋を提供しようとする外国人（法第9条第7項の規定による登録を受けた外国人であつて、同条第4項の規定による記録を受けようとするものに限る。）は、第7条の2第3項の規定により提供した両手の指の指紋の画像情報を入国審査官が指定する電子計算機に受信させる方法により提供しなければならない。
⑨ 法第6条第3項の規定により写真を提供しようとする外国人は、顔の画像情報を入国審査官が指定する電子計算機に受信させる方法により提供しなければならない。
⑩ 法第6条第3項第5号に規定する法務省令で定める者は、次に掲げるとおりとする。
1 亜東関係協会の本邦の事務所の職員又は当該職員と同一の世帯に属する家族の構成員としての活動を行おうとする者
2 駐日パレスチナ総代表部の職員又は当該職員と同一の世帯に属する家族の構成員としての活動を行おうとする者
3 外交上の配慮を要する者として外務大臣が身元保証を行うもの
4 学校教育法施行規則（昭和22年文部省令第11号）第83条（同規則第108条第2項において準用する場合を含む。）、第128条若しくは第174条に規定する教育課程（高等学校、特別支援学校若しくは高等専門学校の専攻科若しくは別科又は専修学校の高等課程にあつては、これに相当するもの）として実施される本邦外の地域に赴く旅行に参加する本邦の高等学校、中等教育学校の後期課程、特別支援学校の高等部、高等専門学校又は専修学校の高等課程（以下この号において「学校」という。）の生徒又は学生であつて、次の各号に掲げる学校の区分に応じそれぞれ当該各号に定める者から法務大臣に対して当該学校の長が身元保証を行う旨の通知をしたもの
イ 国立大学法人法（平成15年法律第112

号）第2条第1項に規定する国立大学法人の設置する学校　当該国立大学法人の学長
　　ロ　独立行政法人国立高等専門学校機構法（平成15年法律第113号）第3条に規定する国立高等専門学校　独立行政法人国立高等専門学校機構の理事長
　　ハ　都道府県の設置する学校　都道府県の教育委員会
　　ニ　市町村（特別区を含む。第59条の6第4項及び第5項を除き、以下同じ。）の設置する学校　市町村の教育委員会
　　ホ　地方独立行政法人法（平成15年法律第118号）第68条第1項に規定する公立大学法人の設置する高等専門学校　当該公立大学法人の理事長
　　ヘ　私立学校法（昭和24年法律第270号）第3条に規定する学校法人の設置する高等専門学校　文部科学大臣
　　ト　その他の学校　都道府県知事
第6条　本邦に上陸しようとする外国人で法第7条の2第1項に規定する証明書（以下「在留資格認定証明書」という。）を提出しないものは、法第7条第2項の規定により同条第1項第2号に定める上陸のための条件に適合していることを自ら立証しようとする場合には、当該外国人が本邦において行おうとする活動が該当する別表第3の中欄に掲げる活動に応じ、それぞれ同表の下欄に掲げる資料及びその他参考となるべき資料各1通を提出しなければならない。

（在留資格認定証明書）
第6条の2①　法第7条の2第1項の規定により在留資格認定証明書の交付を申請しようとする者は、別記第6号の3様式による申請書1通を地方入国管理局に出頭して提出しなければならない。
　②　前項の申請に当たつては、写真（申請の日前3月以内に撮影されたもので別表第3の2に定める要件を満たしたものとし、かつ、裏面に氏名を記入したものとする。第19条の9第1項、第19条の10第1項、第19条の11第1項、第19条の12第1項及び第2項、第20条第2項、第21条第2項、第21条の2第3項（第21条の3第3項において準用する場合を含む。）、第22条第1項、第24条第2項、第25条第1項並びに第55条第1項において同じ。）1葉並びに当該外国人が本邦において行おうとする別表第3の中欄に掲げる活動に応じ、それぞれ同表の下欄に掲げる資料及びその他参考となるべき資料各1通を提出しなければならない。
　③　法第7条の2第2項に規定する代理人は、当該外国人が本邦において行おうとする別表第4の上欄に掲げる活動に応じ、それぞれ同表の下欄に掲げる者とする。
　④　第1項の規定にかかわらず、地方入国管理局長において相当と認める場合には、本邦にある外国人又は法第7条の2第2項に規定する代理人（以下「外国人等」という。）は、地方入国管理局に出頭することを要しない。この場合においては、次の各号に掲げる者（第1号及び第2号については、当該外国人等から依頼を受けた者）が、当該外国人等に代わつて第1項に定める申請書並びに第2項に定める写真及び資料の提出を行うものとする。
　　1　外国人の円滑な受入れを図ることを目的とする公益社団法人又は公益財団法人の職員（以下「公益法人の職員」という。）で、地方入国管理局長が適当と認めるもの
　　2　弁護士又は行政書士で所属する弁護士会又は行政書士会を経由してその所在地を管轄する地方入国管理局長に届け出たもの
　　3　当該外国人の法定代理人
　⑤　第1項の申請があつた場合には、地方入国管理局長は、当該申請を行つた者が、当該外国人が法第7条第1項第2号に掲げる上陸のための条件に適合していることを立証した場合に限り、在留資格認定証明書を交付するものとする。ただし、当該外国人が法第7条第1項第1号、第3号又は第4号に掲げる条件に適合しないことが明らかであるときは交付しないことができる。
　⑥　在留資格認定証明書の様式は、別記第6号の4様式による。ただし、地方入国管理局長において相当と認める場合には、別記第6号の5様式及び別記第6号の6様式によることができる。

（上陸許可の証印）
第7条①　法第9条第1項に規定する上陸許可の証印の様式は、別記第7号様式又は別記第7号の2様式（法第26条第1項の規定により再入国の許可を受けている者又は法第61条の2の12第1項の規定により交付を受けた難民旅行証明書を所持している者にあつては別記第7号の3様式）による。

②　入国審査官は、法第9条第3項の規定により在留資格の決定をする場合において、特定活動の在留資格を決定するときは、法務大臣が個々の外国人について特に指定する活動を記載した別記第7号の4様式による指定書を交付するものとする。
③　法第9条第4項に規定する法務省令で定める事項は、次に掲げるとおりとする。
　1　氏名
　2　国籍の属する国又は法第2条第5号ロに規定する地域（以下「国籍・地域」という。）
　3　生年月日
　4　性別
　5　上陸年月日
　6　上陸する出入国港
④　法第9条第4項に規定する法務省令で定める電子計算機は、出入国の公正な管理を図るために用いられる電子計算機であつて、法務大臣が指定する入国管理官署に設置するものとする。
⑤　第5条第8項及び第9項の規定は、法第6条第3項各号に掲げる者が法第9条第4項第2号の規定により指紋及び写真を提供する場合について準用する。

（記録を希望する外国人のための登録）
第7条の2①　その上陸しようとする出入国港において法第9条第4項の規定による記録を受けることを希望する外国人が、同条第7項の規定による登録（以下「希望者登録」という。）を受けようとする場合には、法務大臣が指定する入国管理官署（以下「指定登録官署」という。）に出頭し、次に掲げる書類を提示しなければならない。
　1　旅券（再入国許可書を含む。第5項において同じ。）
　2　中長期在留者にあつては、在留カード
　3　日本国との平和条約に基づき日本の国籍を離脱した者等の出入国管理に関する特例法（平成3年法律第71号。以下「特例法」という。）に定める特別永住者にあつては、特例法第7条第1項に規定する特別永住者証明書（以下単に「特別永住者証明書」という。）
②　指定登録官署の所在地を管轄する地方入国管理局の長（以下「所管局長」という。）は、前項の外国人が本邦に再び上陸する意図をもつて出国しようとするものであつて、法第9条第7項各号（特別永住者にあつては、第3号を除く。）のいずれにも該当すると認定した場合に限り、希望者登録をすることができる。
③　法第9条第7項第2号の規定により指紋を提供しようとする外国人は、両手のひとさし指の指紋の画像情報を所管局長が指定する電子計算機に受信させる方法により提供しなければならない。ただし、指が欠損していることその他の事由によりこれらの指の指紋を提供することが不可能である場合には、それぞれ次に掲げる順序に従い、いずれかの指の指紋を提供しなければならない。
　1　中指
　2　薬指
　3　小指
　4　おや指
④　法第9条第7項第2号の規定により写真を提供しようとする外国人は、顔の画像情報を所管局長が指定する電子計算機に受信させる方法により提供しなければならない。
⑤　所管局長は、希望者登録を受けた外国人が、次の各号のいずれかに該当するときは、その希望者登録を抹消し、当該外国人が前条第5項、前2項及び第27条第5項の規定により提供した指紋及び写真の画像情報を消去しなければならない。
　1　希望者登録を受けた当時法第9条第7項各号（特別永住者にあつては、第3号を除く。）のいずれかに該当していなかつたことが判明したとき。
　2　希望者登録を受けた後に法第9条第7項第1号又は第3号（特別永住者にあつては、第1号）に該当しなくなつたとき。
　3　第1項の規定により提示した旅券がその効力を失い、又は当該旅券に記載された有効期間が満了したとき。
　4　第1項の規定により提示した旅券に記載された再入国の許可の有効期間及び同項の規定により提示した在留カード又は特別永住者証明書の有効期間が満了したとき。
　5　書面により、希望者登録の抹消を求めたとき。
　6　死亡したことその他の事由により所管局長が引き続き希望者登録をすることが適当でないと認めるとき。

（証人の出頭要求及び宣誓）
第8条①　法第10条第5項（法第48条第5項において準用する場合を含む。）の規定による証

人の出頭の要求は、別記第8号様式による通知書によつて行うものとする。
② 法第10条第5項(法第48条第5項において準用する場合を含む。)の規定による宣誓は、宣誓書によつて行うものとする。
③ 前項の宣誓書には、良心に従つて真実を述べ、何事も隠さないこと及び何事も付け加えないことを誓う旨を記載するものとする。
(特別審理官に対する指紋及び写真の提供)
第8条の2 第5条第7項及び第9項の規定は、法第10条第7項ただし書の規定により特別審理官に対し指紋及び写真を提供する場合について準用する。
(認定通知書等)
第9条 ① 法第10条第7項又は第10項の規定による外国人に対する通知は、別記第9号様式による認定通知書によつて行うものとする。
② 法第10条第11項に規定する異議を申し出ない旨を記載する文書の様式は、別記第10号様式による。
(退去命令書等)
第10条 ① 法第10条第7項若しくは第11項又は第11条第6項の規定による退去の命令は、別記第11号様式による退去命令書によつて行うものとする。
② 法第10条第7項若しくは第11項又は第11条第6項の規定による船舶等の長又は船舶等を運航する運送業者に対する通知は、別記第12号様式による退去命令通知書によつて行うものとする。
(異議の申出)
第11条 法第11条第1項の規定による異議の申出は、別記第13号様式による異議申出書1通を提出して行わなければならない。
(仮上陸の許可)
第12条 ① 法第13条第2項に規定する仮上陸許可書の様式は、別記第14号様式による。
② 法第13条第3項の規定による住居及び行動範囲の制限、呼出しに対する出頭の義務その他の条件は、次の各号によるものとする。
　1 住居は、その者が到着した出入国港の所在する市町村の区域内(東京都の特別区の存するところはその区域内とする。以下同じ。)で指定する。ただし、主任審査官が特別の事由があると認めたときは、この限りでない。
　2 行動の範囲は、主任審査官が特別の事由があると認めて別に定めた場合を除き、指定

された住居の属する市町村の区域内とする。
　3 出頭の要求は、出頭すべき日時及び場所を指定して行う。
　4 前各号のほか、主任審査官が付するその他の条件は、上陸の手続に必要な行動以外の行動の禁止その他特に必要と認める事項とする。
② 法第13条第3項の規定による保証金の額は、主任審査官が、その者の所持金、仮上陸中必要と認められる経費その他の情状を考慮して、200万円以下の範囲内で定めるものとする。ただし、未成年者に対する保証金の額は、100万円を超えないものとする。
④ 主任審査官は、保証金を納付させたときは、歳入歳出外現金出納官吏に別記第15号様式による保管金受領証書を交付させるものとする。
⑤ 主任審査官は、仮上陸を許可された者が、逃亡した場合又は正当な理由がなくて呼出しに応じない場合を除き、仮上陸に付されたその他の条件に違反したときは、情状により、保証金額の半額以下の範囲内で、保証金を没取することができる。
⑥ 主任審査官は、法第13条第5項の規定により保証金を没取したときは、別記第16号様式による保証金没取通知書を交付するものとする。
⑦ 法第13条第6項に規定する収容令書の様式は、別記第16号の2様式による。
(退去命令を受けた者がとどまることができる場所)
第12条の2 法第13条の2第2項に規定する退去命令を受けた者及び船舶等の長又は船舶等を運航する運送業者に対する通知は、それぞれ別記第11号様式による退去命令書及び別記第12号様式による退去命令通知書によつて行うものとする。
(寄港地上陸の許可)
第13条 ① 法第14条第1項の規定による寄港地上陸の許可の申請は、別記第17号様式による申請書及び寄港地上陸を希望する外国人が記載した別記第6号様式による書面各1通を入国審査官に提出して行わなければならない。
② 法第14条第1項に規定する寄港地上陸を希望する外国人は、本邦から出国後旅行目的地までの旅行に必要な切符又はこれに代わる保証書及び本邦から出国後旅行目的地へ入国することができる有効な旅券を所持していなければならない。
③ 第5条第7項及び第9項の規定は、法第14

条第2項の規定により指紋及び写真を提供させる場合について準用する。
④ 法第14条第3項に規定する寄港地上陸の許可の証印の様式は、別記第18号様式又は別記第18号の2様式による。
⑤ 法第14条第4項の規定による上陸時間、行動の範囲その他の制限は、次の各号によるものとする。
　1　上陸時間は、72時間の範囲内で定める。
　2　行動の範囲は、入国審査官が特別の事由があると認めて別に定めた場合を除き、その者が到着した出入国港の所在する市町村の区域内とする。
　3　前各号のほか、入国審査官が付するその他の制限は、報酬を受ける活動の禁止その他特に必要と認める事項とする。

（通過上陸の許可）
第14条①　法第15条第1項又は第2項の規定による通過上陸の許可の申請は、別記第17号様式による申請書及び通過上陸を希望する外国人が記載した別記第6号様式による書面各1通を入国審査官に提出して行わなければならない。
② 前条第2項の規定は、法第15条第1項又は第2項に規定する通過上陸を希望する外国人について準用する。
③ 第5条第7項及び第9項の規定は、法第15条第3項の規定により指紋及び写真を提供させる場合について準用する。
④ 法第15条第4項に規定する通過上陸の許可の証印の様式は、別記第19号様式又は別記第19号の2様式による。
⑤ 法第15条第1項の規定による通過上陸の許可に係る同条第5項の規定による上陸期間、通過経路その他の制限は、次の各号によるものとする。
　1　上陸期間は、15日を超えない範囲内で定める。
　2　通過経路は、入国審査官が特別の事由があると認めて別に定めた場合を除き、船舶に乗つている外国人が帰船しようとする船舶のある出入国港までの順路によつて定める。
　3　前各号のほか、入国審査官が付するその他の制限は、報酬を受ける活動の禁止その他特に必要と認める事項とする。
⑥ 法第15条第2項の規定による通過上陸の許可に係る同条第5項の規定による上陸期間、通過経路その他の制限は、次の各号によるものとする。
　1　上陸期間は、3日を超えない範囲内で定める。
　2　通過経路は、入国審査官が特別の事由があると認めて別に定めた場合を除き、船舶等に乗つている外国人が出国のため乗ろうとする船舶等のある出入国港までの順路によつて定める。
　3　前各号のほか、入国審査官が付するその他の制限は、報酬を受ける活動の禁止その他特に必要と認める事項とする。

（乗員上陸の許可）
第15条①　法第16条第1項の規定による乗員上陸の許可の申請は、別記第20号様式による申請書2通を入国審査官に提出して行わなければならない。
② 法第16条第1項の規定による許可に係る同条第4項に規定する乗員上陸許可書の様式は、別記第21号様式による。
③ 法第16条第5項の規定による上陸期間、行動の範囲その他の制限は、次の各号によるものとする。
　1　上陸期間は、次の区分により、入国審査官が定める。
　　イ　1の出入国港の近傍に上陸を許可する場合　7日以内
　　ロ　2以上の出入国港の近傍に上陸を許可する場合　15日以内
　　ハ　乗つている船舶等の寄港した出入国港にある他の船舶等への乗換えのため上陸を許可する場合　7日以内
　　ニ　他の出入国港にある他の船舶等への乗換えのため上陸を許可する場合　15日以内
　2　行動の範囲は、入国審査官が特別の事由があると認めて別に定めた場合を除き、その者が到着した出入国港の所在する市町村の区域内とする。ただし、他の出入国港にある他の船舶等への乗換えのため上陸を許可する場合の通過経路は、乗り換えようとする船舶等のある出入国港までの順路によつて定める。
　3　前各号のほか、入国審査官が付するその他の制限は、報酬を受ける活動の禁止その他特に必要と認める事項とする。

（数次乗員上陸許可）

第15条の2　①　法第16条第2項の規定による乗員上陸の許可（以下「数次乗員上陸許可」という。）の申請は、別記第22号の2様式による申請書2通及び写真1葉を入国審査官に提出して行わなければならない。
②　数次乗員上陸許可に係る法第16条第4項に規定する乗員上陸許可書の様式は、別記第22号の3様式による。
③　入国審査官は、法第16条第8項又は第9項の規定により数次乗員上陸許可を取り消した場合には、その旨を別記第22号の4様式により当該乗員に、別記第22号の5様式により当該許可の申請をした船舶等の長又は運送業者に、それぞれ通知するものとする。
④　前項の場合において、入国審査官は、取り消された数次乗員上陸許可に係る乗員上陸許可書を返納させるものとする。
（乗員による指紋及び写真の提供）
第15条の3　第5条第7項及び第9項の規定は、法第16条第3項の規定又は同条第7項の規定により指紋及び写真を提供させる場合について準用する。
（緊急上陸の許可）
第16条　①　法第17条第1項の規定による緊急上陸の許可の申請は、別記第23号様式による申請書2通を入国審査官に提出して行わなければならない。
②　第5条第7項及び第9項の規定は、法第17条第2項の規定により指紋及び写真を提供させる場合について準用する。
③　法第17条第3項に規定する緊急上陸許可書の様式は、別記第24号様式による。
（遭難による上陸の許可）
第17条　①　法第18条第1項の規定による遭難による上陸の許可の申請は、別記第25号様式による申請書2通を入国審査官に提出して行わなければならない。
②　第5条第7項及び第9項の規定は、法第18条第3項の規定により指紋及び写真を提供させる場合について準用する。
③　法第18条第4項に規定する遭難による上陸許可書の様式は、別記第26号様式による。
④　法第18条第5項の規定による上陸期間、行動の範囲その他の制限は、次の各号によるものとする。
　1　上陸期間は、30日を超えない範囲内で定める。
　2　行動の範囲は、入国審査官が特別の事由があると認めて別に定めた場合を除き、救護された外国人が救護を受ける場所の属する市町村の区域内とする。
　3　前各号のほか、入国審査官が付するその他の制限は、報酬を受ける活動の禁止その他特に必要と認める事項とする。
（一時庇護のための上陸の許可）
第18条　①　法第18条の2第1項の規定により一時庇護のための上陸の許可を申請しようとする外国人は、別記第6号様式及び別記第26号の2様式による書面1通を入国審査官に提出しなければならない。
②　第5条第3項及び第4項の規定は、前項の申請について準用する。
③　第5条第7項及び第9項の規定は、法第18条の2第2項の規定により指紋及び写真を提供させる場合について準用する。
④　法第18条の2第3項に規定する一時庇護許可書の様式は、別記第27号様式による。
⑤　法第18条の2第4項の規定による上陸期間、住居及び行動範囲の制限その他の条件は、次の各号によるものとする。
　1　上陸期間は、6月を超えない範囲内で定める。
　2　住居は、入国審査官が一時庇護のための上陸中の住居として適当と認める施設等を指定する。
　3　行動の範囲は、入国審査官が特別の事由があると認めて別に定めた場合を除き、指定された住居の属する市町村の区域内とする。
　4　前各号のほか、入国審査官が付するその他の条件は、報酬を受ける活動の禁止その他特に必要と認める事項とする。
（資格外活動の許可）
第19条　①　法第19条第2項の許可（以下「資格外活動許可」という。）を申請しようとする外国人は、別記第28号様式による申請書1通並びに当該申請に係る活動の内容を明らかにする書類及びその他参考となるべき資料各1通を地方入国管理局に出頭して提出しなければならない。
②　前項の申請に当たつては、次の各号に掲げる書類を提示しなければならない。この場合において、旅券又は在留資格証明書を提示することができない者にあつては、その理由を記載した書類1通を提出しなければならない。

1　中長期在留者にあつては、旅券及び在留カード
　　2　中長期在留者以外の者にあつては、旅券又は在留資格証明書
③　第1項の規定にかかわらず、地方入国管理局長において相当と認める場合には、外国人は、地方入国管理局に出頭することを要しない。この場合においては、次の各号に掲げる者であつて当該外国人から依頼を受けたものが、本邦にある当該外国人に代わつて第1項に定める申請書等の提出及び前項に定める手続を行うものとする。
　　1　第1項に規定する外国人が経営している機関、雇用されている機関若しくは研修若しくは教育を受けている機関若しくは当該外国人が行う技能、技術又は知識（以下「技能等」という。）を修得する活動の監理を行う団体の職員（以下「受入れ機関等の職員」という。）又は公益法人の職員で、地方入国管理局長が適当と認めるもの
　　2　弁護士又は行政書士で所属する弁護士会又は行政書士会を経由してその所在地を管轄する地方入国管理局長に届け出たもの
　　3　当該外国人の法定代理人
④　資格外活動許可は、別記第29号様式による資格外活動許可書を交付すること又は旅券若しくは在留資格証明書に別記第29号の2様式による証印をすることによつて行うものとする。この場合において、資格外活動許可が中長期在留者に対するものであるときは、在留カードに法第19条の4第1項第7号及び第19条の6第9項第1号に掲げる事項の記載（第19条の6第10項の規定による法第19条の4第1項第7号に掲げる事項及び新たに許可した活動の要旨の記録を含む。第6項において同じ。）をするものとする。
⑤　法第19条第2項の規定により条件を付して新たに許可する活動の内容は、次の各号のいずれかによるものとする。
　　1　1週について28時間以内（留学の在留資格をもつて在留する者については、在籍する教育機関が学則で定める長期休業期間にあるときは、1日について8時間以内）の収入を伴う事業を運営する活動又は報酬を受ける活動（風俗営業若しくは店舗型性風俗特殊営業が営まれている営業所において行うもの又は無店舗型性風俗特殊営業、映像送信型性風俗特殊営業、店舗型電話異性紹介営業若しくは無店舗型電話異性紹介営業に従事するものを除き、留学の在留資格をもつて在留する者については教育機関に在籍している間に行うものに限る。）
　　2　前号に掲げるもののほか、地方入国管理局長が、資格外活動の許可に係る活動を行う本邦の公私の機関の名称及び所在地、業務内容その他の事項を定めて個々に指定する活動
⑥　法第19条第3項の規定により資格外活動許可を取り消したときは、その旨を別記第29号の3様式による資格外活動許可取消通知書によりその者に通知するとともに、その者が所持する資格外活動許可書を返納させ、又はその者が所持する旅券若しくは在留資格証明書に記載された資格外活動の許可の証印をまつ消するものとする。この場合において、資格外活動許可の取消しが中長期在留者に対するものであるときは、第4項の規定により在留カードにした記載を抹消するものとする。

第19条の2　①　法第6条第1項の申請をした外国人が、法第9条第3項（法第10条第9項及び第11条第5項の規定において準用する場合を含む。）の規定により留学の在留資格を決定された後に引き続き資格外活動許可の申請を行うとき（3月の在留期間を決定された後に行うときを除く。）は、前条第1項の規定にかかわらず、別記第29号の4様式による申請書1通を提出して行うものとする。
②　前項の申請を受けた地方入国管理局長は、必要があると認めるときは、当該外国人に対し申請に係る参考となるべき資料の提出を求めることができる。
③　第1項の申請については、前条第3項の規定は適用しない。
④　第1項の申請に対し、法第19条第2項の規定により条件を付して新たに許可する活動の内容は、前条第5項第1号によるものとする。

（臨時の報酬等）

第19条の3　法第19条第1項第1号に規定する業として行うものではない講演に対する謝金、日常生活に伴う臨時の報酬その他の報酬は、次の各号に定めるとおりとする。
　　1　業として行うものではない次に掲げる活動に対する謝金、賞金その他の報酬
　　　イ　講演、講義、討論その他これらに類す

　　　　ロ　助言、鑑定その他これらに類似する活動
　　　　ハ　小説、論文、絵画、写真、プログラムその他の著作物の制作
　　　　ニ　催物への参加、映画又は放送番組への出演その他これらに類似する活動
　　2　親族、友人又は知人の依頼を受けてその者の日常の家事に従事すること（業として従事するものを除く。）に対する謝金その他の報酬
　　3　留学の在留資格をもつて在留する者で大学又は高等専門学校（第4学年、第5学年及び専攻科に限る。）において教育を受けるものが当該大学又は高等専門学校との契約に基づいて行う教育又は研究を補助する活動に対する報酬
（就労資格証明書）
第19条の4①　法第19条の2第1項の規定による証明書（以下「就労資格証明書」という。）の交付を申請しようとする外国人は、別記第29号の5様式による申請書1通を地方入国管理局に出頭して提出しなければならない。
②　前項の申請に当たつては、次の各号に掲げる書類を提示しなければならない。この場合において、第19条第4項の規定による資格外活動許可書の交付を受けている者にあつては、当該資格外活動許可書を提示しなければならない。
　1　中長期在留者にあつては、旅券及び在留カード
　2　特別永住者にあつては、特別永住者証明書
　3　中長期在留者及び特別永住者以外の者にあつては、旅券又は在留資格証明書
③　第19条第3項の規定は、第1項の申請について準用する。この場合において、同条第3項中「第1項」とあるのは「第19条の4第1項」と、「前項」とあるのは「第19条の4第2項」と読み替えるものとする。
④　就労資格証明書の様式は、別記第29号の6様式による。
（中長期在留者に当たらない者）
第19条の5　法第19条の3第4号に規定する法務省令で定める者は、次に掲げるとおりとする。
　1　特定活動の在留資格を決定された者であつて、亜東関係協会の本邦の事務所の職員又は当該職員と同一の世帯に属する家族の構成員としての活動を特に指定されたもの
　2　特定活動の在留資格を決定された者であつて、駐日パレスチナ総代表部の職員又は当該職員と同一の世帯に属する家族の構成員としての活動を特に指定されたもの
（在留カードの記載事項等）
第19条の6①　法第19条の4第1項第1号に規定する氏名は、ローマ字により表記するものとする。
②　法第19条の4第1項第1号に規定する国籍・地域は、日本の国籍以外の2以上の国籍を有する中長期在留者については、次の各号に掲げる区分に応じ、それぞれ当該各号に定める国籍・地域を記載するものとする。
　1　法第3章第1節又は第2節の規定による上陸許可の証印又は許可を受けて中長期在留者となつた者　法第9条第1項、第10条第8項又は第11条第4項の規定により上陸許可の証印をされた旅券を発行した国の国籍又は機関の属する法第2条第5号ロに規定する地域
　2　法第19条の10第2項（法第19条の11第3項、第19条の12第2項及び第19条の13第4項の規定において準用する場合を含む。）の規定により新たな在留カードの交付を受ける中長期在留者（次号に掲げる者を除く。）　当該交付により効力を失うこととなる在留カードに記載された国籍・地域
　3　国籍・地域に変更を生じたとして法第19条の10第1項の届出に基づき同条第2項の規定により新たな在留カードの交付を受ける中長期在留者　変更後の国籍・地域
　4　法第20条第4項第1号（法第21条第4項及び第22条の2第3項（法第22条の3において準用する場合を含む。）において準用する場合を含む。）又は第22条第3項（法第22条の2第4項（法第22条の3において準用する場合を含む。）において準用する場合を含む。）の規定により在留カードの交付を受ける者（新たに中長期在留者となつた者に限る。）　当該交付に係る申請において、第20条第4項（第21条第4項、第21条の3第3項及び第22条第3項において準用する場合を含む。以下この号において同じ。）又は第24条第4項（第25条第3項において準用する場合を含む。）の規定により提示した旅券

を発行した国の国籍又は機関の属する法第2条第5号ロに規定する地域（第20条第4項の規定により在留資格証明書を提示した者にあつては、当該在留資格証明書に記載された国籍・地域）

5　中長期在留者であつて、前号に掲げる規定により新たな在留カードの交付を受けるもの　当該交付により効力を失うこととなる在留カードに記載された国籍・地域

6　法第50条第1項の規定による許可を受けて新たに中長期在留者となつたことにより同条第3項の規定により在留カードの交付を受ける者　当該許可に係る裁決・決定書に記載された国籍・地域

7　法第61条の2の2第1項の規定により定住者の在留資格の取得を許可されて中長期在留者となつたことにより同条第3項第1号の規定により在留カードの交付を受ける者　難民認定証明書に記載された国籍・地域

8　法第61条の2の2第2項の規定による許可を受けて中長期在留者となつたことにより同条第3項第1号の規定により在留カードの交付を受ける者　当該許可に係る決定書に記載された国籍・地域

③　法第19条の4第1項第1号の地域として出入国管理及び難民認定法施行令（平成10年政令第178号）第1条に規定するヨルダン川西岸地区及びガザ地区を記載するときは、パレスチナと表記するものとする。

④　法第19条の4第1項第6号に規定する就労制限があるときは、その制限の内容を記載するものとする。

⑤　法第19条の4第2項に規定する在留カードの番号は、ローマ字4文字及び8けたの数字を組み合わせて定めるものとする。

⑥　法第19条の4第3項の規定により中長期在留者の写真を表示する在留カードは、有効期間の満了の日を中長期在留者の16歳の誕生日の翌日以降の日として交付するものとする。この場合において、当該写真は、別表第3の2に定める要件を満たしたものとし、第19条の9第1項、第19条の10第1項、第19条の11第1項、第19条の12第1項若しくは第2項、第20条第2項、第21条第2項、第21条の2第3項（第21条の3第3項において準用する場合を含む。）、第22条第1項、第24条第2項、第25条第1項若しくは第55条第1項の規定により提出された写真（第8項において「申請等において提出された写真」という。）、法第19条の4第3項後段の規定により利用することができる写真又は中長期在留者が在留カードへの表示を希望する写真のいずれかを表示するものとする。

⑦　法第19条の4第3項に規定する法務省令で定める法令の規定は、第6条の2第2項とする。

⑧　法務大臣は、申請等において提出された写真以外の写真を利用して、在留カードに中長期在留者の写真を表示しようとするときは、入国審査官に当該中長期在留者の写真を撮影させることができる。この場合において、当該中長期在留者の写真を撮影したときは、第6項後段の規定にかかわらず、当該写真を在留カードに表示するものとする。

⑨　法第19条の4第4項に規定する在留カードの様式は、別記第29号の7様式によるものとし、同項に規定する在留カードに表示すべきものは、次に掲げる事項とする。

1　資格外活動許可をしたときは、新たに許可した活動の要旨

2　法第19条の7第2項（法第19条の8第2項及び法第19条の9第2項において準用する場合を含む。）の規定に基づき住居地（法第19条の9第2項において法第19条の7第2項を準用する場合にあつては、新住居地）を記載するときは、当該記載に係る届出の年月日

3　法第20条第2項又は第21条第2項の規定による申請があつたときは、その旨

⑩　法第19条の4第5項の規定による記録は、同条第1項各号に掲げる事項、同条第3項に規定する写真及び資格外活動許可をしたときにおける新たに許可した活動の要旨を在留カードに組み込んだ半導体集積回路に記録して行うものとする。この場合において、同条第1項第2号に規定する住居地の記録は、在留カードを交付するときに限り行うものとする。

第19条の7　①　法務大臣は、氏名に漢字を使用する中長期在留者（法第20条第3項本文（法第22条の2第3項（法第22条の3において準用する場合を含む。）において準用する場合を含む。）、第21条第3項若しくは第22条第2項（法第22条の2第4項（法第22条の3において準用する場合を含む。）において準用する場合を含む。）の規定による許可又は難民の認定を受けて第61条の2の2第1項の規定による許

可を受け新たに中長期在留者になることを希望する者を含む。以下この条において同じ。）から申出があつたときは、前条第1項の規定にかかわらず、ローマ字により表記した氏名に併せて、当該漢字又は当該漢字及び仮名（平仮名又は片仮名をいい、当該中長期在留者の氏名の一部に漢字を使用しない場合における当該部分を表記したものに限る。以下この条において同じ。）を使用した氏名を表記することができる。

② 前項の申出をしようとする中長期在留者は、氏名に漢字を使用することを証する資料1通を提出しなければならない。

③ 第1項の申出は、法第19条の10第1項の規定による届出又は法第19条の11第1項若しくは第2項、第19条の12第1項、第19条の13第1項若しくは第3項、第20条第2項、第21条第2項、第22条第1項、第22条の2第2項（法第22条の3において準用する場合を含む。）若しくは第61条の2第1項の規定による申請と併せて行わなければならない。

④ 法務大臣は、氏名に漢字を使用する中長期在留者について、ローマ字により氏名を表記することにより当該中長期在留者が著しい不利益を被るおそれがあることその他の特別の事情があると認めるときは、前条第1項の規定にかかわらず、ローマ字に代えて、当該漢字又は当該漢字及び仮名を使用した氏名を表記することができる。

⑤ 第1項及び前項の場合における当該表記に用いる漢字の範囲、用法その他の漢字を使用した氏名の表記に関し、必要な事項は、法務大臣が告示をもつて定める。

⑥ 第1項及び第4項の規定により表記された漢字又は漢字及び仮名を使用した氏名は、法第19条の10第1項の規定による届出による場合を除き、変更（当該漢字又は漢字及び仮名を使用した氏名を表記しないこととすることを含む。）することができない。ただし、法務大臣が相当と認める場合は、この限りでない。

（新規上陸後の住居地届出等）

第19条の8 法第19条の7第1項の規定による届出（同条第3項の規定により同条第1項の規定による届出とみなされる届出を除く。）、法第19条の8第1項の規定による届出（同条第3項の規定により同条第1項の規定による届出とみなされる届出を除く。）又は法第19条の9第1項の規定による届出（同条第3項の規定により同条第1項の規定による届出とみなされる届出を除く。）は、別記第29号の8様式による届出書1通を提出して行わなければならない。

（住居地以外の記載事項の変更届出）

第19条の9 ① 法第19条の10第1項の規定による届出は、別記第29号の9様式による届出書1通、写真1葉及び法第19条の4第1項第1号に掲げる事項に変更を生じたことを証する資料一通を提出して行わなければならない。

② 前項の届出に当たつては、旅券及び在留カードを提示しなければならない。この場合において、旅券を提示することができない中長期在留者にあつては、その理由を記載した書面1通を提出しなければならない。

③ 16歳に満たない中長期在留者について第1項の届出をする場合は、写真の提出を要しない。

（在留カードの有効期間の更新）

第19条の10 ① 法第19条の11第1項又は第2項の規定による申請は、別記第29号の10様式による申請書1通及び写真1葉を提出して行わなければならない。

② 前条第2項の規定は、前項の申請の場合に準用する。

（紛失等による在留カードの再交付）

第19条の11 ① 法第19条の12第1項の規定による申請は、別記第29号の11様式による申請書1通、写真1葉及び在留カードの所持を失つたことを証する資料1通を提出して行わなければならない。

② 前項の申請に当たつては、次に掲げる書類を提示しなければならない。この場合において、旅券を提示することができない中長期在留者にあつては、その理由を記載した書類1通を提出しなければならない。

1　旅券
2　法第19条第4項の規定による資格外活動許可書の交付を受けている者にあつては、当該資格外活動許可書

③ 第19条の9第3項の規定は、第1項の申請の場合に準用する。

（汚損等による在留カードの再交付）

第19条の12 ① 法第19条の13第1項前段又は第3項の規定による申請は、別記第29号の12様式による申請書1通及び写真1葉を提出して行わなければならない。

② 法第19条の13第1項後段の規定による申請は、別記第29号の13様式による申請書1通及び写真1葉を提出して行わなければならない。
③ 第19条の9第2項及び第3項の規定は、前2項の申請の場合に準用する。この場合において、同条第2項中「前項」とあり、同条第3項中「第1項」とあるのは、「第19条の12第1項又は第2項」と読み替えるものとする。

(在留カードの再交付申請命令)
第19条の13 法第19条の13第2項の規定による命令は、別記第29号の14様式による在留カード再交付申請命令書を中長期在留者に交付して行うものとする。

(在留カードの失効に関する情報の公表)
第19条の14 法務大臣は、効力を失つた在留カードの番号の情報をインターネットの利用その他の方法により提供することができる。

(所属機関等に関する届出)
第19条の15 ① 法第19条の16に規定する法務省令で定める事項は、届出に係る中長期在留者の氏名、生年月日、性別、国籍・地域、住居地及び在留カードの番号並びに別表第3の3の上欄に掲げる事由に応じそれぞれ同表の下欄に掲げる事項とする。
② 前項の届出をしようとする中長期在留者は、法第19条の16各号に掲げる事由が生じた旨及び前項に規定する事項を記載した書面を地方入国管理局に提出しなければならない。

(所属機関による届出)
第19条の16 ① 法第19条の17に規定する法務省令で定める機関は、教授、投資・経営、法律・会計業務、医療、研究、教育、技術、人文知識・国際業務、企業内転勤、興行、技能又は留学の在留資格をもつて在留する中長期在留者が受け入れられている機関(当該中長期在留者の受入れに関し、雇用対策法(昭和41年法律第132号)第28条第1項の規定による届出をする事業主を除く。)とする。
② 前項に規定する機関が法第19条の17の届出をするときは、別表第3の4の表の上欄に掲げる受入れの状況に至つた日から14日以内に、当該受入れの状況に応じそれぞれ同表の下欄に掲げる事項を記載した書面を地方入国管理局に提出するものとする。

(調書の作成)
第19条の17 ① 入国審査官又は入国警備官は、法第19条の19第2項の規定により関係人に対し出頭を求めて質問をしたときは、当該関係人の供述を録取した調書を作成することができる。
② 入国審査官又は入国警備官は、前項の調書を作成したときは、当該関係人に閲覧させ、又は読み聞かせて、録取した内容に誤りがないことを確認させた上、署名をさせ、かつ、自らこれに署名しなければならない。この場合において、当該関係人が署名することができないとき、又は署名を拒んだときは、その旨を調書に付記しなければならない。

(在留資格の変更)
第20条 ① 法第20条第2項の規定により在留資格の変更を申請しようとする外国人は、別記第30号様式による申請書1通を提出しなければならない。
② 前項の申請に当たつては、写真1葉、申請に係る別表第3の上欄に掲げる在留資格に応じ、それぞれ同表の下欄に掲げる資料及びその他参考となるべき資料各1通を提出しなければならない。
③ 前項の場合において、第1項の申請が次に掲げる者に係るものであるときは、写真の提出を要しない。ただし、地方入国管理局長が提出を要するとした場合は、この限りでない。
1 16歳に満たない者
2 3月以下の在留期間の決定を受けることを希望する者
3 短期滞在の在留資格への変更を希望する者
4 外交又は公用の在留資格への変更を希望する者
5 特定活動の在留資格への変更を希望する者で法務大臣が個々の外国人について特に指定する活動として次のいずれかの活動の指定を希望するもの
  イ 亜東関係協会の本邦の事務所の職員又は当該職員と同一の世帯に属する家族の構成員としての活動
  ロ 駐日パレスチナ総代表部の職員又は当該職員と同一の世帯に属する家族の構成員としての活動
④ 第1項の申請に当たつては、次の各号に掲げる書類を提示しなければならない。この場合において、旅券又は在留資格証明書を提示することができない者にあつては、その理由を記載した書類1通を提出しなければならない。
1 中長期在留者にあつては、旅券及び在留

カード
　2　中長期在留者以外の者にあつては、旅券又は在留資格証明書
　3　第19条第4項の規定による資格外活動許可書の交付を受けている者にあつては、当該資格外活動許可書
⑤　中長期在留者から第1項の申請があつたときは、当該中長期在留者が所持する在留カードに、法第20条第2項の規定による申請があつた旨の記載をするものとする。
⑥　法第20条第4項第2号及び第3号に規定する旅券又は在留資格証明書への新たな在留資格及び在留期間の記載は、別記第31号様式又は別記第31号の2様式による証印によつて行うものとする。
⑦　法第20条第3項の規定により在留資格の変更の許可をする場合において、技能実習の在留資格（法別表第1の2の表の技能実習の項の下欄第2号イ又はロに係るものに限る。）への変更を許可するときは、法務大臣が指定する本邦の公私の機関を記載した別記第31号の3様式による指定書を交付し、特定活動の在留資格への変更を許可するときは、法務大臣が個々の外国人について特に指定する活動を記載した別記第7号の4様式による指定書を交付するものとする。
⑧　法第20条第4項に規定する在留資格証明書の様式は、別記第32号様式による。
⑨　中長期在留者がした第1項の申請に対し許可をしない処分をしたとき及び当該申請の取下げがあつたときは、第5項の規定により在留カードにした記載を抹消するものとする。

（在留期間の更新）
第21条①　法第21条第2項の規定により在留期間の更新を申請しようとする外国人は、在留期間の満了する日までに、別記第30号の2様式による申請書1通を提出しなければならない。
②　前項の申請に当たつては、写真1葉並びに申請に係る別表第3の5の上欄に掲げる在留資格に応じ、それぞれ同表の下欄に掲げる資料及びその他参考となるべき資料各1通を提出しなければならない。
③　前項の場合において、第1項の申請が次に掲げる者に係るものであるときは、写真の提出を要しない。ただし、地方入国管理局長が提出を要するとした場合は、この限りでない。
　1　16歳に満たない者

　2　中長期在留者でない者
　3　3月以下の在留期間の決定を受けることを希望する者
④　前条第4項、第5項及び第9項の規定は、第1項の申請について準用する。この場合において、前条第9項中「第5項」とあるのは「第21条第4項において準用する第20条第5項」と読み替えるものとする。
⑤　法第21条第4項において準用する法第20条第4項第2号及び第3号に規定する旅券又は在留資格証明書への新たな在留期間の記載は、別記第33号様式又は別記第33号の2様式による証印によつて行うものとする。
⑥　法第21条第4項において準用する法第20条第4項に規定する在留資格証明書の様式は、別記第32号様式による。

（申請内容の変更の申出）
第21条の2①　第20条第1項の申請をした外国人が、当該申請を在留期間の更新の申請に変更することを申し出ようとするときは、別記第30号の3様式による申出書1通を地方入国管理局に出頭して提出しなければならない。
②　前項の申出があつた場合には、当該申出に係る第20条第1項の申請があつた日に前条第1項の申請があつたものとみなす。
③　第1項の申出を受けた地方入国管理局長は、必要があると認めるときは、当該外国人に対し、写真1葉並びに申出に係る別表第3の5の上欄に掲げる在留資格に応じ、それぞれ同表の下欄に掲げる資料及びその他参考となるべき資料各1通の提出を求めることができる。
④　第19条第3項及び第20条第4項の規定は、第1項の申出について準用する。この場合において、第19条第3項中「第1項」とあるのは「第21条の2第1項」と、「及び前項に定める手続」とあるのは「、第21条の2第3項に定める資料の提出及び第21条の2第4項において準用する第20条第4項に定める手続」と読み替えるものとする。
⑤　第1項の規定にかかわらず、外国人が疾病その他の事由により自ら出頭することができない場合には、当該外国人は、地方入国管理局に出頭することを要しない。この場合においては、当該外国人の親族又は同居者若しくはこれに準ずる者で地方入国管理局長が適当と認めるものが、本邦にある当該外国人に代わつて第1項に定める申出書及び第3項に定める資料

の提出並びに第4項において準用する第20条第4項に定める手続を行うことができる。
⑥　中長期在留者が第1項の申出をしたときは、第20条第5項の規定により在留カードにした記載を抹消し、当該在留カードに法第21条第2項の規定による申請があつた旨の記載をするものとする。

第21条の3①　第21条第1項の申請をした外国人が、当該申請を在留資格の変更の申請に変更することを申し出ようとするときは、別記第30号の3様式による申出書1通を地方入国管理局に出頭して提出しなければならない。
②　前項の申出があつた場合には、当該申出に係る第21条第1項の申請があつた日に第20条第1項の申請があつたものとみなす。
③　第19条第3項、第20条第4項並びに前条第3項及び第5項の規定は、第1項の申出について準用する。この場合において、第19条第3項中「第1項」とあるのは「第21条の3第1項」と、「及び前項に定める手続」とあるのは「並びに第21条の3第3項において準用する第20条第4項に定める手続及び第21条の2第3項に定める資料の提出」と、前条第3項中「別表第3の5」とあるのは「別表第3」と、前条第5項中「第1項」とあるのは「第21条の3第1項」と、「及び第3項に定める資料の提出並びに第4項において準用する第20条第4項に定める手続」とあるのは「並びに第21条の3第3項において準用する第21条の2第3項に定める資料の提出及び第20条第4項に定める手続」と読み替えるものとする。
④　中長期在留者が第1項の申出をしたときは、第21条第4項が準用する第20条第5項の規定により在留カードにした記載を抹消し、当該在留カードに法第20条第2項の規定による申請があつた旨の記載をするものとする。

（永住許可）
第22条①　法第22条第1項の規定により永住許可を申請しようとする外国人は、別記第34号様式による申請書1通、写真1葉並びに次の各号に掲げる書類及びその他参考となるべき資料各1通を提出しなければならない。ただし、法第22条第2項ただし書に規定する者にあつては第1号及び第2号に掲げる書類を、法第61条の2第1項の規定により難民の認定を受けている者にあつては第2号に掲げる書類を提出することを要しない。

1　素行が善良であることを証する書類
2　独立の生計を営むに足りる資産又は技能があることを証する書類
3　本邦に居住する身元保証人の身元保証書
②　前項の場合において、前項の申請が16歳に満たない者に係るものであるときは、写真の提出を要しない。ただし、地方入国管理局長が提出を要するとした場合は、この限りでない。
③　第20条第4項の規定は、第1項の申請について準用する。

第23条　削除
（在留資格の取得）
第24条①　法第22条の2第2項（法第22条の3において準用する場合を含む。）の規定により在留資格の取得を申請しようとする外国人は、別記第36号様式による申請書1通を提出しなければならない。
②　前項の申請に当たつては、写真1葉及び次の各号に該当する者の区分により、それぞれ当該各号に定める書類1通を提出しなければならない。
1　日本の国籍を離脱した者　国籍を証する書類
2　出生した者　出生したことを証する書類
3　前2号に掲げる者以外の者で在留資格の取得を必要とするもの　その事由を証する書類
③　前項の場合において、第1項の申請が次に掲げる者に係るものであるときは、写真の提出を要しない。ただし、地方入国管理局長が提出を要するとした場合は、この限りでない。
1　16歳に満たない者
2　3月以下の在留期間の決定を受けることを希望する者
3　短期滞在の在留資格の取得を希望する者
4　外交又は公用の在留資格の取得を希望する者
5　特定活動の在留資格の取得を希望する者で法務大臣が個々の外国人について特に指定する活動として次のいずれかの活動の指定を希望するもの
　イ　亜東関係協会の本邦の事務所の職員又は当該職員と同一の世帯に属する家族の構成員としての活動
　ロ　駐日パレスチナ総代表部の職員又は当該職員と同一の世帯に属する家族の構成員としての活動

④　第1項の申請に当たつては、旅券を提示しなければならない。この場合において、これを提示することができない者にあつては、その理由を記載した書類1通を提出しなければならない。
⑤　第20条第2項及び第7項の規定は、第1項の申請について準用する。この場合において、第20条第7項中「在留資格の変更」及び「在留資格への変更」とあるのは、「在留資格の取得」と読み替えるものとする。
⑥　法第22条の2第3項（法第22条の3において準用する場合を含む。）において準用する法第20条第4項第2号及び第3号に規定する旅券又は在留資格証明書への新たな在留資格及び在留期間の記載は、別記第37号様式又は別記第37号の2様式による証印によつて行うものとする。
⑦　法第22条の2第3項（法第22条の3において準用する場合を含む。）において準用する法第20条第4項に規定する在留資格証明書の様式は、別記第32号様式による。

（永住者の在留資格の取得）
第25条①　法第22条の2第2項（法第22条の3において準用する場合を含む。）の規定により在留資格の取得を申請しようとする外国人のうち同条第4項に規定する永住者の在留資格の取得の申請をしようとするものは、別記第34号様式による申請書1通、写真1葉、第22条第1項及び前条第2項に掲げる書類並びにその他参考となるべき資料各1通を提出しなければならない。この場合においては、第22条第1項ただし書の規定を準用する。
②　前項の場合において、前項の申請が16歳に満たない者に係るものであるときは、写真の提出を要しない。ただし、地方入国管理局長が提出を要するとした場合は、この限りでない。
③　前条第4項の規定は、第1項の申請について準用する。

（意見聴取担当入国審査官の指定）
第25条の2　法第22条の4第2項の規定により意見の聴取をさせる入国審査官（以下「意見聴取担当入国審査官」という。）は、意見の聴取について必要な知識経験を有すると認められる入国審査官のうちから、法務大臣（法第69条の2の規定により法第22条の4に規定する在留資格の取消しに関する権限の委任を受けた地方入国管理局長を含む。以下この条から第25条の14までにおいて同じ。）が指定する。

（意見聴取通知書の送達）
第25条の3①　法第22条の4第3項に規定する意見聴取通知書の様式は、別記第37号の3様式による。
②　法務大臣は、法第22条の4第3項の規定による意見聴取通知書の送達又は通知を行うときは、意見の聴取を行う期日までに相当な期間をおくものとする。ただし、当該外国人が上陸許可の証印又は許可（在留資格の決定を伴うものに限る。以下この項において同じ。）を受けた後、当該外国人が関税法（昭和29年法律第61号）第67条に規定する貨物の輸入に係る検査（当該上陸許可の証印又は許可を受けた後に引き続き行われるものに限る。）を受けるための場所にとどまる間に、当該外国人について法第22条の4第1項第1号に該当すると疑うに足りる具体的な事実が判明した場合であつて当該送達又は通知をその場で行うときは、この限りでない。

（代理人の選解任の手続）
第25条の4①　法第22条の4第3項の規定による意見聴取通知書の送達又は通知を受けた者（以下「被聴取者」という。）は、意見の聴取に代理人を出頭させようとするときは、別記第37号の4様式による代理人資格証明書1通を地方入国管理局に提出しなければならない。
②　代理人がその資格を失つたときは、当該代理人を選任した被聴取者は、速やかに、別記第37号の五様式による代理人資格喪失届出書1通を地方入国管理局に提出しなければならない。

（利害関係人）
第25条の5①　意見聴取担当入国審査官は、必要があると認めるときは、被聴取者以外の者であつて当該在留資格の取消しの処分につき利害関係を有するものと認められる者（以下この条において「利害関係人」という。）に対し、当該意見の聴取に関する手続に参加することを求め、又は当該意見の聴取に関する手続に参加することを許可することができる。
②　前項の規定による許可の申出は、利害関係人又はその代理人において別記第37号の6様式による申出書1通を地方入国管理局に提出して行うものとする。
③　意見聴取担当入国審査官は、第1項の規定により利害関係人の参加を許可するときは、その旨を別記第37号の7様式による利害関係人

参加許可通知書によつて当該申出人に通知しなければならない。
④　前条の規定は、第1項の規定により参加を許可された利害関係人（以下「参加人」という。）について準用する。この場合において、同条第1項中「法第22条の4第3項の規定による意見聴取通知書の送達又は通知を受けた者（以下「被聴取者」という。）」とあり、及び同条第2項中「被聴取者」とあるのは、「参加人」と読み替えるものとする。

（意見の聴取の期日又は場所の変更）

第25条の6①　被聴取者又はその代理人は、やむを得ない理由があるときは、法務大臣に対し、意見の聴取の期日又は場所の変更を申し出ることができる。
②　前項の申出は、別記第37号の8様式による申出書1通を地方入国管理局に提出して行うものとする。
③　法務大臣は、第1項の申出又は職権により、意見の聴取の期日又は場所を変更することができる。
④　法務大臣は、前項の規定により意見の聴取の期日又は場所を変更するときは、その旨を記載した別記第37号の9様式による意見聴取期日等変更通知書を被聴取者又はその代理人及び参加人又はその代理人（以下「被聴取者等」という。）に送達しなければならない。ただし、急速を要するときは、当該通知書に記載すべき事項を入国審査官又は入国警備官に口頭で通知させてこれを行うことができる。

（手続の併合）

第25条の7①　意見聴取担当入国審査官は、必要があると認めるときは、関連のある事案を併合して意見の聴取を行うことができる。
②　意見聴取担当入国審査官は、前項の規定により、在留資格の取消しに係る事案を併合するときは、その旨を記載した別記第37号の10様式による意見聴取手続併合通知書を被聴取者又はその代理人に送達しなければならない。ただし、急速を要するときは、当該通知書に記載すべき事項を入国審査官又は入国警備官に口頭で通知させてこれを行うことができる。

（意見の聴取への出頭）

第25条の8①　意見の聴取を受けようとする被聴取者は、法第22条の4第3項の規定による意見聴取通知書の送達又は通知によつて指定された意見の聴取の期日に、当該送達又は通知によつて指定された場所に出頭しなければならない。
②　前項の規定にかかわらず、法務大臣は、被聴取者から被聴取者に代わつて代理人を意見の聴取に出頭させたい旨の申出があつた場合又は当該代理人から被聴取者に代わつて意見の聴取に出頭したい旨の申出があつた場合で、当該申出に相当の理由があると認めるときは、これを許可することができる。
③　前項の申出は、別記第37号の11様式による申出書1通を地方入国管理局に提出することによつて行うものとする。
④　法務大臣は、第2項の規定による許可をするときは、その旨を別記第37号の12様式による代理出頭許可通知書によつて当該申出人に通知しなければならない。

（意見の聴取の方式）

第25条の9①　意見聴取担当入国審査官は、最初の意見の聴取の期日の冒頭において、被聴取者の在留資格の取消しの原因となる事実を意見の聴取の期日に出頭した者に対し説明しなければならない。
②　被聴取者等は、意見の聴取の期日に出頭して、意見を述べ、及び証拠を提出し、並びに意見聴取担当入国審査官に対し質問を発することができる。

（続行期日の指定）

第25条の10①　意見聴取担当入国審査官は、意見の聴取の期日における意見の聴取の結果、なお意見の聴取を続行する必要があると認めるときは、更に新たな期日を定めることができる。
②　前項の場合においては、被聴取者等に対し、あらかじめ、次回の意見の聴取の期日及び場所を別記第37号の13様式による意見聴取続行通知書によつて通知しなければならない。
③　前項の通知は、意見の聴取の期日に出頭した被聴取者等に対して、これを口頭で告知することをもつて代えることができる。

（意見の聴取調書及び報告書の記載事項）

第25条の11①　意見の聴取を行つた意見聴取担当入国審査官は、意見の聴取の各期日ごとに、次に掲げる事項を記載した意見の聴取調書を作成し、これに署名押印しなければならない。
1　意見の聴取の件名
2　意見の聴取の期日及び場所
3　意見聴取担当入国審査官の氏名

4　意見の聴取の期日に出頭した被聴取者等の国籍・地域、氏名、性別、年齢及び職業
　　5　被聴取者等の陳述の要旨
　　6　証拠書類又は証拠物が提出されたときは、その標目
　　7　その他参考となるべき事項
②　意見の聴取を行つた意見聴取担当入国審査官は、意見の聴取の終結後、次に掲げる事項を記載した報告書を速やかに作成し、これに署名押印しなければならない。
　　1　在留資格の取消しについての意見聴取担当入国審査官の意見
　　2　在留資格の取消しの原因となる事実に対する被聴取者等の主張
　　3　前号の主張に対する意見聴取担当入国審査官の判断
③　意見聴取担当入国審査官は、意見の聴取の終結後速やかに、第1項の調書及び前項の報告書を法務大臣に提出しなければならない。

（文書等の閲覧）
第25条の12①　被聴取者等は、法第22条の4第3項の規定による意見聴取通知書の送達又は通知があつた時から意見の聴取が終結するまでの間、法務大臣に対し、当該事案についてした調査の結果に係る調書その他の当該在留資格の取消しの原因となる事実を証する資料の閲覧を求めることができる。この場合において、法務大臣は、第三者の利益を害するおそれがあるときその他正当な理由があるときでなければ、その閲覧を拒むことができない。
②　前項の規定は、被聴取者等が意見の聴取の期日における意見の聴取の進行に応じて必要となつた資料の閲覧を更に求めることを妨げない。
③　第1項の規定による閲覧の求めについては、別記第37号の14様式による申請書1通を地方入国管理局に提出して行うものとする。ただし、前項の場合の閲覧については、口頭で求めれば足りる。
④　法務大臣は、閲覧を許可するときは、その場で閲覧させる場合を除き、速やかに、別記第37号の15様式による資料閲覧許可通知書によつて当該被聴取者等に通知しなければならない。この場合において、法務大臣は、意見の聴取における被聴取者等の意見陳述の準備を妨げることのないよう配慮するものとする。
⑤　法務大臣は、第2項の規定による求めがあつた場合に、当該意見の聴取の期日において閲覧させることができないとき（第1項後段の規定により閲覧を拒む場合を除く。）は、閲覧の日時及び場所を、別記第37号の15様式による資料閲覧許可通知書によつて当該被聴取者等に通知しなければならない。この場合において、意見聴取担当入国審査官は、第25条の10第1項の規定に基づき、当該閲覧の日時以降の日時を新たな意見の聴取の期日として定めるものとする。

（在留資格の取消し）
第25条の13①　法第22条の4第6項に規定する在留資格取消通知書の様式は、別記第37号の16様式（法第22条の4第1項第3号から第10号までに係るものにあつては別記第37号の17様式）による。
②　法第22条の4第8項の規定による住居及び行動範囲の制限その他必要と認める条件は、次の各号によるものとする。
　　1　住居は、出国するための準備を行うための住居として法務大臣が適当と認める施設等を指定する。
　　2　行動の範囲は、特別の事由があると法務大臣が認めて別に定めた場合を除き、指定された住居の属する都道府県の区域内及びその者が出国しようとする出入国港までの順路によつて定める通過経路とする。
　　3　前2号のほか、法務大臣が付するその他の条件は、収入を伴う事業を運営する活動又は報酬を受ける活動の禁止その他特に必要と認める事項とする。

（在留資格を取り消さないことの通知）
第25条の14　法務大臣は、法第22条の4第3項の規定により取消しの原因となる事実を記載した意見聴取通知書を外国人に送達した場合又は同項ただし書の規定により当該通知書に記載すべき事項を入国審査官又は入国警備官に口頭で通知させた場合において、当該事実について当該外国人の在留資格を取り消さないこととしたときは、当該外国人に対し、その旨を通知するものとする。

（旅券等の提示要求ができる職員）
第26条　法第23条第3項に規定する国又は地方公共団体の職員は、次のとおりとする。
　　1　税関職員
　　2　公安調査官
　　3　麻薬取締官

4　住民基本台帳に関する事務（住民基本台帳法（昭和42年法律第81号）第30条の45に規定する外国人住民に係る住民票に係るものに限る。）に従事する市町村の職員
5　職業安定法（昭和22年法律第141号）第8条に規定する公共職業安定所の職員

（出国の確認）

第27条①　法第25条第1項の規定により出国の確認を受けようとする外国人は、別記第37号の18様式（法第26条第1項の規定による再入国の許可を受けている者又は法第61条の2の12第1項の規定により交付を受けた難民旅行証明書を所持している者にあつては別記第37号の19様式）による書面1通を入国審査官に提出しなければならない。

②　前項の手続を行うに当たつて、法第22条の4第7項の規定により期間の指定を受けた者は、当該指定に係る在留資格取消通知書を提示しなければならない。

③　第1項の手続を行うに当たつて、法第55条の3第1項の規定により出国命令を受けた者は、当該出国命令に係る出国命令書を提出しなければならない。

④　法第25条第1項に規定する出国の確認は、旅券（再入国許可書を含む。）に別記第38号様式による出国の証印をすることによつて行うものとする。ただし、緊急上陸許可書、遭難による上陸許可書又は一時庇護許可書の交付を受けている者については、当該許可書の回収によつて行うものとする。

⑤　入国審査官は、第1項の外国人が次の各号のいずれにも該当するときは、氏名、国籍・地域、生年月日、性別、出国年月日及び出国する出入国港を出国の証印に代わる記録のために用いられるファイルであつて第7条第4項に規定する電子計算機に備えられたものに記録することができる。この場合においては、前項の規定にかかわらず、同項の証印をすることを要しない。
1　希望者登録を受けた者であること。
2　出国の確認に際して、電磁的方式によつて指紋を提供していること。

⑥　第5条第8項の規定は、前項第2号の規定により指紋を提供する場合について準用する。

（出国確認の留保）

第28条　法第25条の2第1項の規定により出国確認の留保をしたときは、その旨を別記第39号様式による出国確認留保通知書によりその者に通知しなければならない。

（再入国の許可）

第29条①　法第26条第1項の規定により再入国の許可を申請しようとする外国人は、別記第40号様式による申請書1通を地方入国管理局に出頭して提出しなければならない。

②　前項の申請に当たつては、次の各号に掲げる書類を提示しなければならない。この場合において、旅券を提示することができない者にあつては、旅券を取得することができない理由を記載した書類1通を提出しなければならない。
1　旅券
2　在留資格証明書の交付を受けた者にあつては、在留資格証明書
3　中長期在留者にあつては、在留カード
4　特別永住者にあつては、特別永住者証明書
5　一時庇護のための上陸の許可を受けた者にあつては、一時庇護許可書

③　第19条第3項の規定は、第1項の申請について準用する。この場合において、同条第3項中「第1項」とあるのは「第29条第1項」と、「前項」とあるのは「第29条第2項」と読み替えるものとする。

④　第21条の2第5項の規定は第1項の申請について準用する。この場合において、第21条の2第5項中「第1項の規定」とあるのは「第29条第1項の規定」と、「第1項に定める申出書及び第3項に定める資料の提出並びに第4項において準用する第20条第4項に定める手続」とあるのは「第29条第1項に定める申請書の提出及び同条第3項に定める手続」と読み替えるものとする。

⑤　第1項の規定にかかわらず、地方入国管理局長において相当と認める場合には、外国人は、地方入国管理局に出頭することを要しない。この場合においては、当該外国人から依頼を受けた旅行業者で地方入国管理局長が適当と認めるものが、第1項に定める申請書の提出及び第2項に定める手続を行うものとする。

⑥　法第26条第2項に規定する再入国の許可の証印の様式は、別記第41号様式又は別記第41号の2様式による。

⑦　法第26条第2項に規定する再入国許可書の様式は、別記第42号様式による。

⑧　法第26条第5項の規定による再入国許可の

有効期間延長許可の申請書の様式は、別記第43号様式による。
⑨　法第26条第7項の規定により再入国の許可を取り消したときは、その旨を別記第44号様式による再入国許可取消通知書によりその者に通知するとともに、その者が所持する旅券に記載された再入国の許可の証印をまつ消し、又はその者が所持する再入国許可書を返納させるものとする。

（みなし再入国許可の意図の表明）

第29条の2　①　法第26条の2第1項に規定する再び入国する意図の表明は、入国審査官に同項の規定により再び入国する意図を有する旨の記載をした別記第37号の19様式による書面を提出することによつて行うものとする。
②　中長期在留者が前項の意図の表明を行う場合は、前項の書面を提出するほか、在留カードを提示するものとする。

（再入国の許可を要する者）

第29条の3　①　法第26条の2第1項に規定する出入国の公正な管理のため再入国の許可を要する者は、次に掲げる者とする。
１　法第22条の4第3項の規定による意見聴取通知書の送達又は同項ただし書の規定による通知を受けた者（意見聴取通知書又は通知に係る在留資格の取消しの原因となる事実について第25条の14の規定による通知を受けた者を除く。）
２　法第25条の2第1項各号のいずれかに該当する者であるとして入国審査官が通知を受けている者
３　法第39条の規定による収容令書の発付を受けている者
４　特定活動の在留資格をもつて在留している者であつて、法務大臣が個々の外国人について特に指定する活動として法第61条の2第1項の申請又は法第61条の2の9第1項に規定する異議申立てを行つている者に係る活動を指定されているもの
５　日本国の利益又は公安を害する行為を行うおそれがあることその他の出入国の公正な管理のため再入国の許可を要すると認めるに足りる相当の理由があるとして法務大臣が認定する者

②　法務大臣は、前項第5号の規定による認定をしたときは、外国人に対し、その旨を通知するものとする。ただし、外国人の所在が不明であるときその他の通知をすることができないときは、この限りでない。
③　前項の通知は、別記第44号の2様式による通知書によつて行うものとする。ただし、急速を要する場合には、法務大臣が第1項第5号の規定による認定をした旨を入国審査官に口頭で通知させてこれを行うことができる。

（出頭の要求）

第30条　法第29条第1項の規定による容疑者の出頭の要求は、別記第45号様式による呼出状によつて行うものとする。

（臨検、捜索及び押収）

第31条　①　法第31条の規定による臨検、捜索又は押収の許可状の請求は、別記第46号様式による許可状請求書によつて行うものとする。
②　法第31条の規定により臨検、捜索又は押収をするときは、法第34条の規定による立会人に臨検、捜索又は押収に係る許可状を示さなければならない。

（臨検等の間の出入禁止）

第32条　①　法第36条の規定により出入を禁止する場合には、出入を禁止する場所に施錠し、出入を禁止する旨を表示し、又は看守者を置くものとする。
②　法第36条の規定による出入禁止に従わない者に対しては、出入を禁止した場所からの退出を命じ又はその者に看守者を付するものとする。

（押収物件目録及び還付請書）

第33条　①　法第37条第1項に規定する目録の様式は、別記第47号様式による。
②　法第37条第2項の規定により押収物を還付したときは、その者から別記第48号様式による押収物件還付請書を提出させるものとする。

（臨検等の調書）

第34条　法第38条第1項に規定する臨検、捜索又は押収に関する調書の様式は、別記第49号様式（甲、乙、丙）による。

（収容令書）

第35条　法第40条に規定する収容令書の様式は、別記第50号様式による。

（留置嘱託書）

第36条　法第41条第3項の規定により主任審査官が警察官に容疑者の留置を嘱託するときは、別記第51号様式による留置嘱託書によつて行うものとする。

（認定書等）

第37条　①　法第47条第1項から第3項まで及び

法第55条の2第3項に規定する入国審査官の認定は、別記第52号様式による認定書によつて行うものとする。
② 法第47条第3項の規定による容疑者に対する通知は、別記第53号様式による認定通知書によつて行うものとする。
③ 法第47条第5項に規定する口頭審理の請求をしない旨を記載する文書の様式は、別記第54号様式による。

(放免証明書)
第38条 法第47条第1項、第48条第6項又は第49条第4項の規定により放免をするときは、別記第55号様式による放免証明書を交付するものとする。

(口頭審理期日通知書)
第39条 法第48条第3項の規定による容疑者に対する通知は、別記第56号様式による口頭審理期日通知書によつて行うものとする。

(口頭審理に関する調書)
第40条① 法第48条第4項に規定する口頭審理に関する調書には、次に掲げる事項及び口頭審理の手続を記載しなければならない。
  1 容疑者の国籍・地域、氏名、性別、年齢及び職業
  2 口頭審理を行つた場所及び年月日
  3 特別審理官、容疑者の代理人及び立会人の氏名
  4 口頭審理を行つた理由
  5 容疑者又はその代理人の申立及びそれらの者の提出した証拠
  6 容疑者に対する質問及びその供述
  7 証人の出頭があつたときは、その者に対する尋問及びその供述並びに容疑者又はその代理人にその者を尋問する機会を与えたこと。
  8 取調べをした書類及び証拠物
  9 判定及びその理由を告げたこと。
  10 異議を申し出ることができる旨を告げたこと及び異議の申出の有無
② 前項の口頭審理に関する調書には、特別審理官が署名押印しなければならない。

(判定書等)
第41条① 法第48条第6項から第8項までに規定する特別審理官の判定は、別記第57号様式による判定書によつて行うものとする。
② 法第48条第8項の規定による容疑者に対する通知は、別記第58号様式による判定通知書によつて行うものとする。
③ 法第48条第9項に規定する異議を申し出ない旨を記載する文書の様式は、別記第59号様式による。

(異議の申出)
第42条 法第49条第1項の規定による異議の申出は、別記第60号様式による異議申出書1通及び次の各号の一に該当する不服の理由を示す資料各1通を提出して行わなければならない。
  1 審査手続に法令の違反があつてその違反が判定に影響を及ぼすことが明らかであることを理由として申し出るときは、審査、口頭審理及び証拠に現われている事実で明らかに判定に影響を及ぼすべき法令の違反があることを信ずるに足りるもの
  2 法令の適用に誤りがあつてその誤りが判定に影響を及ぼすことが明らかであることを理由として申し出るときは、その誤り及び誤りが明らかに判定に影響を及ぼすと信ずるに足りるもの
  3 事実の誤認があつてその誤認が判定に影響を及ぼすことが明らかであることを理由として申し出るときは、審査、口頭審理及び証拠に現われている事実で明らかに判定に影響を及ぼすべき誤認があることを信ずるに足りるもの
  4 退去強制が著しく不当であることを理由として申し出るときは、審査、口頭審理及び証拠に現われている事実で退去強制が著しく不当であることを信ずるに足りるもの

(裁決・決定書等)
第43条① 法第49条第3項に規定する裁決及び法第50条第1項に規定する許可に関する決定は、別記第61号様式による裁決・決定書によつて行うものとする。
② 法第49条第6項に規定する主任審査官による容疑者への通知は、別記第61号の2様式による裁決通知書によつて行うものとする。

(在留特別許可)
第44条① 法第50条第1項の規定により在留を特別に許可する場合には、同条第3項の規定により入国審査官に在留カードを交付させる場合及び第3項第1号の規定により上陸の種類及び上陸期間を定める場合を除き、当該許可に係る外国人が旅券を所持しているときは旅券に別記第62号様式又は別記第62号の2様式による証印をし、旅券を所持していないと

きは同証印をした別記第32号様式による在留資格証明書を交付し、又は既に交付を受けている在留資格証明書に同様式による証印をするものとする。

② 法第50条第1項の規定により在留を特別に許可する場合において、技能実習の在留資格（法別表第1の2の表の技能実習の項の下欄第2号イ又はロに係るものに限る。）を決定したときは、法務大臣が指定する本邦の公私の機関を記載した別記第31号の3様式による指定書を交付し、特定活動の在留資格を決定するときは、法務大臣が個々の外国人について特に指定する活動を記載した別記第7号の4様式による指定書を交付するものとする。

③ 法第50条第2項の規定により付することができる必要と認める条件は、次の各号によるものとする。

　1　法第24条第2号（法第9条第6項の規定に違反して本邦に上陸した者を除く。）、第6号又は第6号の2に該当した者については、法第3章第4節に規定する上陸の種類及び第13条から第18条までの規定に基づく上陸期間

　2　活動の制限その他特に必要と認める事項

（退去強制令書）

第45条　法第51条に規定する退去強制令書の様式は、別記第63号様式による。

（退去強制令書の執行依頼）

第46条①　主任審査官は、法第52条第2項の規定により警察官又は海上保安官に退去強制令書の執行を依頼したときは、その結果の通知を受けなければならない。

②　主任審査官は、前項の警察官又は海上保安官が、退去強制令書による送還を終わつたとき又はその執行が不能となつたときは、その旨を記載した当該退去強制令書の返還を受けなければならない。

（送還通知書）

第47条　法第52条第3項ただし書の規定により退去強制を受ける者を運送業者に引き渡すときは、法第59条の規定によりその者を送還する義務がある旨を別記第64号様式による送還通知書により当該運送業者に通知しなければならない。

（送還先指定書）

第47条の2　法第52条第4項後段の規定により送還先を定めるときは、別記第64号の2様式による送還先指定書を交付するものとする。

（特別放免）

第48条①　法第52条第6項の規定により放免をするときは、別記第65号様式による特別放免許可書を交付するものとする。

②　法第52条第6項の規定による住居及び行動範囲の制限、呼出しに対する出頭の義務その他の条件は、次の各号によるものとする。

　1　住居は、入国者収容所長又は主任審査官（以下「所長等」という。）が指定する。

　2　行動の範囲は、所長等が特別の事由があると認めて別に定めた場合を除き、指定された住居の属する都道府県の区域内とする。

　3　出頭の要求は、出頭すべき日時及び場所を指定して行う。

　4　前各号のほか、所長等が付するその他の条件は、職業又は報酬を受ける活動に従事することの禁止その他に必要と認める事項とする。

（仮放免）

第49条①　法第54条第1項の規定により仮放免を請求しようとする者は、別記第66号様式による仮放免許可申請書1通を提出しなければならない。

②　法第54条第2項の規定により仮放免をするときは、別記第67号様式による仮放免許可書を交付するものとする。

③　前条第2項の規定は、法第54条第2項の規定により仮放免の条件を付する場合について準用する。この場合において、前条第2項中「法第52条第6項」とあるのは「法第54条第2項」と読み替えるものとする。

④　法第54条第2項の規定により呼出しに対する出頭の義務を付されて仮放免された者に対する出頭の要求は、別記第68号様式による呼出状によつて行うものとする。

⑤　法第54条第2項の規定による保証金の額は、300万円以下の範囲内で仮放免される者の出頭を保証するに足りる相当の金額でなければならない。ただし、未成年者に対する保証金の額は、150万円を超えないものとする。

⑥　所長等は、保証金を納付させたときは、歳入歳出外現金出納官吏に別記第15号様式による保管金受領証書を交付させるものとする。

⑦　法第54条第3項に規定する保証書の様式は、別記第69号様式による。

（仮放免取消書等）

第50条① 法第55条第2項に規定する仮放免取消書の様式は、別記第70号様式による。
② 法第55条第3項の規定により保証金を没取したときは、別記第71号様式による保証金没取通知書を交付するものとする。
（出頭確認）
第50条の2① 本邦から出国する意思を有する外国人で、法第55条の3第1項の規定による出国命令を受けようとするものは、行政機関の休日に関する法律（昭和63年法律第91号）第1条第1項に規定する行政機関の休日を除く執務時間中に、入国管理官署に出頭しなければならない。
② 当該外国人が出頭した入国管理官署の職員は、当該外国人に対し、別記第71号の2様式による出頭確認書を交付するものとする。
（出国命令の条件）
第50条の3 法第55条の3第3項による住居及び行動範囲の制限その他必要と認める条件は、次の各号によるものとする。
　1 住居は、容疑者が出国命令書により出国するまで居住を予定している住居を指定する。ただし、主任審査官が特別の事由があると認めたときは、この限りでない。
　2 行動の範囲は、主任審査官が特別の事由があると認めて別に定めた場合を除き、指定された住居の属する都道府県の区域内及びその者が出国しようとする出入国港までの順路によつて定める通過経路とする。
　3 呼出しに対する出頭の義務を課す場合における当該出頭の要求は、出頭すべき日時及び場所を指定して行う。
　4 前3号のほか、主任審査官が付するその他の条件は、収入を伴う事業を運営する活動又は報酬を受ける活動など出国の手続に必要な活動以外の活動に従事することの禁止その他特に必要と認める事項とする。
（出国命令書）
第50条の4 法第55条の4に規定する出国命令書の様式は、別記第71号の3様式による。
（出国期限の延長）
第50条の5① 法第55条の5の規定による出国期限の延長を受けようとする外国人は、出国期限が満了する日までに、出国命令書の交付を受けた入国管理官署に出頭して、別記第71号の4様式による申出書を提出しなければならない。ただし、やむを得ない事情により当該入国管理官署に出頭することができない場合には、他の入国管理官署（主任審査官が置かれている入国管理官署に限る。）に出頭し、当該申出書を提出することをもつてこれに代えることができる。
② 主任審査官は、法第55条の5の規定により出国期限を延長する場合には、出国命令書に新たな出国期限を記載するものとする。
（出国命令の取消し）
第50条の6 法第55条の6の規定により出国命令を取り消したときは、その旨を別記第71号の5様式による出国命令取消通知書により当該外国人に通知するとともに、その者が所持する出国命令書を返納させるものとする。
（船舶等の長等の協力義務）
第51条 本邦に入る船舶等の長又はその船舶等を運航する運送業者は、法第56条の規定により、次の各号に定めることについて入国審査官の行う審査その他の職務の遂行に協力しなければならない。
　1 船舶にあつては到着する24時間前までに、航空機にあつては到着する90分前までに、適当な方法で、到着を予定している出入国港の入国審査官に対し、当該船舶等の到着時刻、外国人の乗客及び乗員の数、停泊予定時間その他必要と認められる事項を通報すること。
　2 船舶にあつては到着の時から24時間以内に、航空機にあつては到着後直ちに、到着した出入国港の入国審査官に対し、当該船舶等の到着時刻その他必要と認められる事項を届け出ること。
　3 船舶等が出入国港から出発しようとするときは、あらかじめその出入国港の入国審査官に対し、当該船舶等の出発時刻その他必要と認められる事項を届け出ること。
　4 入国審査官が行う臨船その他の職務の遂行に当たり必要と認められる便宜を供与すること。
　5 入国審査官から上陸許可の証印若しくは法第9条第4項の規定による記録又は上陸の許可を受けていない者が上陸することを防止するため十分な注意及び監督を行うこと。
　6 前各号のほか、入国審査官の行う審査その他の職務の遂行について入国審査官から特に協力すべき事項について指示があつた

ときは、これに従うこと。
（報告の義務）
第52条① 法第57条第1項の規定による報告は、船舶にあつては到着する2時間前までに、航空機にあつては到着する90分前までに行わなければならない。ただし、次の各号に掲げる場合には、当該各号に定める時までに行えば足りる。
1 船舶であつて、北緯45度30分、東経140度、北緯47度及東経144度の線により囲まれた本邦外の地域を出発して北海道（北緯45度から北である地域に限る。）にある出入国港に到着する場合　到着前
2 船舶であつて、北緯34度、東経127度30分、北緯36度及東経130度の線により囲まれた本邦外の地域を出発して長崎県対馬市又は壱岐市にある出入国港に到着する場合　到着前
3 船舶であつて、北緯23度、東経121度、北緯26度及東経123度の線により囲まれた本邦外の地域を出発して沖縄県石垣市、宮古島市、宮古郡多良間村、八重山郡竹富町又は八重山郡与那国町にある出入国港に到着する場合　到着前
4 航空機であつて、本邦外の地域を出発して出入国港に到着するまでの航行時間が1時間以上2時間未満である場合　到着する30分前
5 航空機であつて、本邦外の地域を出発して出入国港に到着するまでの航行時間が1時間未満である場合　到着前
6 出入国港を出発して、本邦外の地域を経由することなく出入国港に到着する場合　到着前
② 前項に規定する報告は、やむを得ない事情がある場合を除き、書面によるものとする。
③ 法第57条第1項に規定する法務省令で定める事項は、次に掲げるとおりとする。
1 船舶にあつては次に掲げる事項
イ 船舶の名称、所属する国名、到着日及び到着する出入国港名
ロ 乗員の氏名、国籍・地域、生年月日、乗員手帳又は旅券の番号及び職名（出入国港から出発した船舶が、予定された計画に従つて、出発した日の翌日から起算して14日以内に同一の出入国港に到着する場合において、これらの事項に変更がないときは、その旨）
ハ 乗客の氏名、国籍・地域、生年月日、旅券の番号、出発地及び最終目的地
2 航空機にあつては次に掲げる事項
イ 航空機の登録記号又は便名、所属する国名、到着日及び到着する出入国港名
ロ 乗員の氏名、国籍・地域、生年月日、性別及び乗員手帳又は旅券の番号
ハ 乗客の氏名、国籍・地域、生年月日、性別、旅券の番号、出発地及び最終目的地
④ 本邦から出発する船舶等に対する前項の規定の適用については、同項第1号イ及び第2号イ中「到着日」とあるのは「出発日」と、「到着する」とあるのは「出発する」と、同項第1号ロ中「職名（出入国港から出発した船舶が、予定された計画に従つて、出発した日の翌日から起算して14日以内に同一の出入国港に到着する場合において、これらの事項に変更がないときは、その旨）」とあるのは「職名」とする。
⑤ 法第57条第4項に規定する法務省令で定める事項は、次に掲げるとおりとする。
1 数次乗員上陸許可を受けている乗員の氏名、国籍・地域、生年月日、乗員手帳又は旅券の番号、職名並びに当該許可の番号及び許可年月日
2 船舶の名称又は航空機の登録記号若しくは便名
3 船舶等の所属する国名
（施設の指定等）
第52条の2① 法第59条第3項に規定する施設は別表第5のとおりとする。
② 法第59条第3項の規定により船舶等の長又は運送業者の責任と費用の負担を免除するときは、その旨を第10条第2項の規定による退去命令通知書に記載することによつて船舶等の長又は運送業者に通知するものとする。
（調書の作成）
第52条の3① 入国審査官は、法第59条の2第2項の規定により外国人その他の関係人（以下この条において「外国人等」という。）に対し出頭を求めて質問をしたときは、当該外国人等の供述を録取した調書を作成することができる。
② 入国審査官は、前項の調書を作成したときは、当該外国人等に閲覧させ、又は読み聞かせて、録取した内容に誤りがないことを確認させた上、署名をさせ、かつ、自らこれに署名し

（日本人の出国）
第53条① 法第60条第1項に規定する出国の確認は、旅券に別記第38号様式による出国の証印をすることによつて行うものとする。
② 入国審査官は、前項の出国の確認を受けようとする者が次の各号のいずれにも該当するときは、氏名、生年月日、性別、出国年月日及び出国する出入国港を出国の証印に代わる記録のために用いられるファイルであつて第7条第4項に規定する電子計算機に備えられたものに記録することができる。この場合においては、前項の規定にかかわらず、同項の証印をすることを要しない。
　1 第54条の2第1項の規定による登録を受けた者であること。
　2 出国の確認に際して、電磁的方式によつて指紋を提供していること。
③ 第5条第8項の規定は、前項第2号の規定により指紋を提供する場合について準用する。

（日本人の帰国）
第54条① 法第61条に規定する帰国の確認は、旅券に別記第72号様式による帰国の証印をすることによつて行うものとする。ただし、旅券を所持していない者については、別記第73号様式による帰国証明書の交付によつて行うものとする。
② 入国審査官は、前項の帰国の確認を受けようとする者が次の各号のいずれにも該当するときは、氏名、生年月日、性別、上陸年月日及び上陸する出入国港を帰国の証印に代わる記録のために用いられるファイルであつて第7条第4項に規定する電子計算機に備えられたものに記録することができる。この場合においては、前項の規定にかかわらず、同項の証印をすることを要しない。
　1 次条第1項の規定による登録を受けた者であること。
　2 帰国の確認に際して、電磁的方式によつて指紋を提供していること。
③ 第5条第8項の規定は、前項第2号の規定により指紋を提供する場合について準用する。

（記録を希望する日本人のための登録）
第54条の2① その出国し又は上陸しようとする出入国港において第53条第2項又は前条第2項の規定による記録を受けることを希望する者が、所管局長の登録（以下「日本人希望者登録」という。）を受けようとする場合には、指定登録官署に出頭し、旅券を提示しなければならない。
② 所管局長は、前項の者が、次の各号のいずれにも該当すると認定した場合に限り、日本人希望者登録をすることができる。
　1 有効な旅券を所持していること。
　2 電磁的方式によつて指紋を提供していること。
③ 第7条の2第3項の規定は、前項第2号の規定により指紋を提供する場合について準用する。
④ 所管局長は、日本人希望者登録を受けた者が、次の各号のいずれかに該当するときは、その日本人希望者登録を抹消し、その者が第53条第3項、前条第3項及び前項の規定により提供した指紋の画像情報を消去しなければならない。
　1 日本人希望者登録を受けた当時第2項各号のいずれにも該当していなかつたことが判明したとき。
　2 第1項の規定により提示した旅券がその効力を失つたとき。
　3 書面により、日本人希望者登録の抹消を求めたとき。
　4 死亡したことその他の事由により所管局長が引き続き日本人希望者登録をすることが適当でないと認めるとき。

（難民の認定）
第55条① 法第61条の2第1項の規定により難民の認定を申請しようとする外国人は、別記第74号様式による申請書及び難民に該当することを証する資料各1通並びに写真2葉（法第61条の2の2第1項に規定する在留資格未取得外国人については、3葉）を地方入国管理局に出頭して提出しなければならない。ただし、無筆、身体の故障その他申請書を作成することができない特別の事情がある者にあつては、申請書の提出に代えて申請書に記載すべき事項を陳述することができる。
② 前項の申請に当たつては、次の各号に掲げる書類を提示しなければならない。この場合において、旅券又は在留資格証明書を提示することができない者にあつては、その理由を記載した書類1通を提出しなければならない。
　1 中長期在留者にあつては、旅券及び在留

カード
2 特別永住者にあつては、旅券及び特別永住者証明書
3 中長期在留者及び特別永住者以外の者にあつては、旅券又は在留資格証明書
4 法第3章第3節及び第4節に定める上陸の許可書の交付を受けている者にあつては、当該許可書
③ 第1項の場合において、外国人が16歳に満たない者であるとき又は疾病その他の事由により自ら出頭することができないときは、当該外国人の父若しくは母、配偶者、子又は親族がその者に代わつて申請を行うことができる。
④ 法務大臣は、法第61条の2第1項の規定により難民の認定の申請を行つた外国人に関し、難民の地位に関する条約第1条F(b)に掲げる行為の有無について国家公安委員会に照会するものとする。
⑤ 法第61条の2第2項に規定する難民認定証明書の様式は、別記第75号様式による。
⑥ 法第61条の2第2項の規定による難民の認定をしない旨の通知は、別記第76号様式による通知書によつて行うものとする。

(在留資格に係る許可)
第56条 ① 法第61条の2の2第1項の規定により定住者の在留資格の取得を許可する場合(同条第3項第2号に規定する場合に限る。)には、別記第37号様式又は別記第37号の2様式による証印をした別記第32号様式による在留資格証明書を交付するものとする。
② 法第61条の2の2第2項に規定する許可に関する決定は、別記第76号の2様式による決定書によつて行うものとする。
③ 法第61条の2の2第2項の規定により在留を特別に許可する場合(同条第3項第2号に規定する場合に限る。)には、別記第62号様式又は別記第62号の2様式による証印をした別記第32号様式による在留資格証明書を交付するものとする。
④ 第44条第2項の規定は、法第61条の2の2第2項の規定により在留を特別に許可する場合に準用する。
⑤ 法第61条の2の2第4項の規定による許可の取消しは、別記第76号の3様式による取消通知書によつて行うものとする。

(仮滞在の許可)
第56条の2 ① 法第61条の2の4第2項に規定する仮滞在許可書の様式は、別記第76号の4様式による。
② 法第61条の2の4第2項(同条第4項において準用する場合を含む。)に規定する仮滞在期間は、6月を超えない範囲内で定めるものとする。
③ 法第61条の2の4第3項による住居及び行動範囲の制限、活動の制限、呼出しに対する出頭の義務その他必要と認める条件は、次の各号によるものとする。
1 住居は、法務大臣が指定する。
2 行動の範囲は、法務大臣が特別の事由があると認めて別に定めた場合を除き、指定された住居の属する都道府県の区域内とする。
3 活動の制限は、収入を伴う事業を運営する活動又は報酬を受ける活動の禁止とする。
4 出頭の要求は、出頭すべき日時及び場所を指定して行う。
5 前各号のほか、法務大臣が付するその他の条件は、法務大臣が特に必要と認める事項とする。
④ 法第61条の2の4第3項の規定により出頭の義務を課された者に対する出頭の要求は、別記第76号の5様式による呼出状によつて行うものとする。
⑤ 法第61条の2の4第3項の規定により指紋を押なつさせる場合の指紋原紙は、別記第22号様式による。
⑥ 法第61条の2の4第4項の規定により仮滞在期間の更新を申請しようとする外国人は、仮滞在期間の満了する日までに、別記第76号の6様式による申請書1通を地方入国管理局に出頭して提出しなければならない。
⑦ 前項の申請に当たつては、仮滞在許可書を提示しなければならない。
⑧ 第55条第3項の規定は、第6項の申請について準用する。この場合において、同条第3項中「第1項」とあるのは「第6項」と読み替えるものとする。

(仮滞在の許可の取消し)
第56条の3 法第61条の2の5の規定による仮滞在の許可の取消しは、別記第76号の7様式による仮滞在許可取消通知書によつて行うものとする。

(難民の認定の取消し)
第57条 法第61条の2の7第2項の規定による難民の認定の取消しは、別記第77号様式によ

る難民認定取消通知書によつて行うものとする。
(難民の認定を受けた者の在留資格の取消し)
第57条の2 第25条の2から第25条の14までの規定は、法第61条の2の8第1項の規定による在留資格の取消しについて準用する。この場合において、第25条の2中「入国審査官」とあるのは「難民調査官」と、同条、第25条の5、第25条の7及び第25条の9から第25条の12までの規定中「意見聴取担当入国審査官」とあるのは「意見聴取担当難民調査官」と、第25条の13第1項中「別記第37号の16様式(法第22条の4第1項第3号から第10号までに係るものにあつては別記第37号の17様式)」とあるのは「別記第37号の17様式」と読み替えるものとする。
(異議申立て)
第58条 法第61条の2の9第1項の規定による異議申立ては、別記第78号様式による異議申立書を地方入国管理局に提出して行わなければならない。
(異議申立てに関連する不適格事由)
第58条の2 次の各号のいずれかに該当する者は、当該異議申立てに係る手続に難民審査参与員として関与することができない。
　1　異議申立人、異議申立人の親族又は親族であつた者
　2　異議申立人の法定代理人、後見監督人、保佐人、保佐監督人、補助人又は補助監督人
　3　異議申立人の同居人又は被用者
　4　当該異議申立てについて異議申立人の代理人又は補佐人になつた者
　5　当該異議申立てについて参加人、参考人又は鑑定人になつた者
　6　前各号に掲げる者のほか、異議申立人と利害関係を有する者
(意見聴取の方法)
第58条の3 法務大臣は、法第61条の2の9第3項の規定により難民審査参与員の意見を聴取するときは、あらかじめ、難民審査参与員の参集を求め、当該異議申立てに係る法第61条の2の9第1項各号のいずれかの処分の理由を明らかにした書面並びに当該処分の基礎とした書類及び資料の写しを示すものとする。
(説明要求等)
第58条の4 難民審査参与員は、法第61条の2の9第3項の規定による意見を提出するため必

要があると認めるときは、法務大臣に対し、当該異議申立てに係る説明又は資料の提出を求めることができる。
(口頭意見陳述の機会の要求等)
第58条の5 ①　法第61条の2の9第5項の規定による求めは、書面をもつて又は口頭で行うものとする。
②　法務大臣は、前項の求めがあつたときは、速やかに、異議申立人又は参加人に意見の陳述を行う意思の有無を確認するものとする。
③　法務大臣は、法第61条の2の9第6項に規定する手続を行おうとするときは、あらかじめ、別記第79号様式による口頭意見陳述実施通知書によつてその日時及び場所を難民審査参与員に通知しなければならない。
(口頭意見陳述調書の記載)
第58条の6 ①　法務大臣は、異議申立人又は参加人の意見を聴き若しくは審尋を行つたとき又は難民審査参与員が法第61条の2の9第6項の手続を行つたときは、次に掲げる事項を記載した調書を作成するものとする。
　1　異議申立ての表示
　2　意見陳述を聴き、審尋した難民調査官等の氏名
　3　出頭した異議申立人、代理人、補佐人、参加人及び通訳人の氏名
　4　意見陳述の日時及び場所
　5　意見陳述又は審尋の要旨
　6　その他の必要な事項
②　法務大臣は、前項の規定にかかわらず、適当と認めるときは、異議申立人又は参加人の意見陳述及び審尋を録音テープ又はビデオテープ(これらに準ずる方法により一定の事項を記録することができる物を含む。)に記録し、これをもつて調書の記載に代えることができる。
③　法務大臣は、前項の場合において、異議申立ての決定書の謄本が交付されるまでに、異議申立人、参加人又は難民審査参与員の申出があつたときは、意見陳述及び審尋の要旨を記載した書面を作成しなければならない。
(意見の提出の方法)
第58条の7 ①　法第61条2の9第3項の規定による意見の提出は、各難民審査参与員において、当該異議申立てに対する意見及びその理由を記載し、署名した書面を提出して行うものとする。
②　前項の意見の提出は、難民審査参与員にお

いて、必要と認める場合には、同項の規定にかかわらず、難民審査参与員が相互に協議を行つて得られた一の意見及びその理由を記載し、連署した1通の書面によつてすることができる。
（異議申立てに対する決定）
第58条の8①　法務大臣は、法第61条の2の9第1項の規定による異議申立てに対する決定を別記第79号の2様式による決定書によつて行い、当該決定書の謄本を異議申立人に交付するものとする。
②　法務大臣は、法第61条の2の9第1項の規定による異議申立てに理由があると認めるときは、別記第75号様式による難民認定証明書をその者に交付するものとする。
（難民審査参与員の構成）
第58条の9①　法務大臣は、3人の難民審査参与員によつて構成する複数の班を設け、意見を聴くべき班の順序を定めるものとする。この場合において、法務大臣は、異なる専門分野の難民審査参与員によつて班が構成されるよう配慮するものとする。
②　法務大臣は、前項の規定により設けた班を構成する難民審査参与員の一部又は全部が疾病その他の事情により当該班が担当する異議申立てについて関与することができなくなつたときは、当該班又は当該難民審査参与員に代えて他の班又は他の難民審査参与員から意見を提出させるものとする。
（難民調査官による審尋等）
第58条の10　法務大臣は、難民調査官に、法第61条の2の9第1項の規定による異議申立てに関する異議申立人若しくは参加人の意見の陳述を聞かせ、参考人の陳述を聞かせ、検証をさせ、又は異議申立人若しくは参加人の審尋をさせることができる。
（難民旅行証明書）
第59条①　法第61条の2の12第1項の規定により難民旅行証明書の交付を申請しようとする外国人は、別記第80号様式による申請書1通及び写真2葉を地方入国管理局に出頭して提出しなければならない。
②　前項の申請に当たつては、第55条第2項に掲げる書類及び難民認定証明書を提示しなければならない。この場合においては、第55条第2項後段の規定を準用する。
③　法第61条の2の12第1項に規定する難民旅行証明書の様式は、別記第81号様式による。

④　法第61条の2の12第6項の規定による難民旅行証明書の有効期間延長許可の申請書の様式は、別記第82号様式による。
⑤　法第61条の2の12第8項の規定による難民旅行証明書の返納の命令は、別記第83号様式による難民旅行証明書返納命令書によつて行うものとする。
⑥　第55条第3項の規定は、第1項の申請について準用する。
（調書の作成）
第59条の2①　難民調査官は、法第61条の2の14第2項の規定により関係人の出頭を求めて質問をしたときは、当該関係人の供述を録取した調書を作成するものとする。
②　難民調査官は、前項の調書を作成したときは、関係人に閲覧させ、又は読み聞かせて、録取した内容に誤りがないことを確認させた上、署名をさせ、かつ、自らこれに署名しなければならない。この場合において、当該関係人が署名することができないとき、又は署名を拒んだときは、その旨を調書に付記しなければならない。
（入国者収容所等視察委員会の置かれる入国管理官署等）
第59条の3　入国者収容所等視察委員会（以下「委員会」という。）の名称、法第61条の7の2第1項に規定する入国管理官署並びに同条第2項及び第61条の7の6第1項に規定する担当区域内にある入国者収容所及び収容場（以下「入国者収容所等」という。）並びに出国待機施設は、別表第6のとおりとする。
（委員会の組織及び運営）
第59条の4①　委員会に委員長を置き、委員の互選によつてこれを定める。
②　委員長は、委員会の会務を総理する。
③　委員長に事故があるときは、あらかじめ委員長の指名する委員がその職務を代理する。
④　委員会の会議は、委員長が招集する。
⑤　委員会は、委員の過半数の出席がなければ、会議を開き、議決をすることができない。
⑥　前項に定めるもののほか、委員会の議事に関し必要な事項は、委員会が定める。
⑦　委員会の庶務は、その置かれる入国管理官署の総務課において処理する。
（委員会に対する情報の提供）
第59条の5①　法第61条の7の4第1項の規定による定期的な情報の提供は、入国者収容所

長又は地方入国管理局長（以下「入国者収容所長等」という。）が、毎年度、その年度における最初の委員会の会議において、入国者収容所等に関する次に掲げる事項について、入国者収容所等の運営の状況を把握するのに必要な情報を記載した書面を提出することにより行うものとする。
1 入国者収容所等の概要
2 収容定員及び収容人員の推移
3 入国者収容所等の管理の体制
4 法第61条の7第2項の規定による貸与及び給与の状況
5 被収容者の自費による物品の購入並びに物品の授与及び送付の状況
6 被収容者に対して講じた衛生上及び医療上の措置の状況
7 規律及び秩序を維持するために執つた措置の状況
8 被収容者による面会及び通信の発受の状況
9 被収容者からの意見聴取及び申出の状況
10 被収容者からの処遇に関する入国警備官の措置に係る不服申出の状況
② 法第61条の7の6第2項において準用する法第61条の7の4第1項の規定による定期的な情報の提供は、出国待機施設の所在地を管轄する地方入国管理局の長が、毎年度、その年度における最初の委員会の会議において、出国待機施設の概要、当該施設の入所定員及び使用者数の推移並びに当該施設の使用者からの施設に関する意見の提出状況その他の当該施設の運営に関し特記すべき事項について、出国待機施設の運営の状況を把握するのに必要な情報を記載した書面を提出することにより行うものとする。
③ 法第61条の7の4第1項（法第61条の7の6第2項において準用する場合を含む。）の規定による必要に応じた情報の提供は、入国者収容所長等が、次に掲げる場合に、委員会の会議において、その状況を把握するのに必要な情報を記載した書面を提出することにより行うものとする。
1 入国者収容所等又は出国待機施設の運営の状況に相当程度の変更があつた場合
2 委員会から入国者収容所等又は出国待機施設の運営の状況について説明を求められた場合

3 委員会の意見を受けて措置を講じた場合
4 前3号に掲げるもののほか、入国者収容所長等が入国者収容所等又は出国待機施設の運営の状況について情報の提供をすることが適当と認めた場合

（出頭を要しない場合等）
第59条の6 ① 法第61条の9の3第3項に規定する法務省令で定める場合（同条第1項第1号に掲げる行為に係る場合に限る。）は、外国人若しくは同条第2項の規定により外国人に代わつてしなければならない者から依頼を受けた者（当該外国人の16歳以上の親族であつて当該外国人と同居するものを除く。）又は外国人の法定代理人が当該外国人に代わつて同条第1号に掲げる行為をする場合（外国人の法定代理人が同条第2項の規定により当該外国人に代わつてする場合を除く。）とする。
② 法第61条の9の3第3項に規定する法務省令で定める場合（同条第1項第2号に掲げる行為に係る場合に限る。）は、次の各号に掲げる場合とする。
1 次のイからハまでに掲げる者が、外国人に代わつて別表第7の1の表の上欄に掲げる行為の区分に応じそれぞれ同表の下欄に掲げる行為をする場合（イ及びロに掲げる者にあつては、当該外国人又は法第61条の9の3第2項の規定により当該外国人に代わつてしなければならない者の依頼によりする場合に限り、ハに掲げる者にあつては、同項の規定により当該外国人に代わつてする場合を除く。）であつて、地方入国管理局長において相当と認めるとき。
イ 受入れ機関等の職員又は公益法人の職員で、地方入国管理局長が適当と認めるもの
ロ 弁護士又は行政書士で所属する弁護士会又は行政書士会を経由してその所在地を管轄する地方入国管理局長に届け出たもの
ハ 当該外国人の法定代理人
2 前号に規定する場合のほか、外国人が16歳に満たない場合又は疾病その他の事由により自ら別表第7の1の表の上欄に掲げる行為をすることができない場合において、当該外国人の親族（当該外国人と同居する16歳以上の者を除く。）又は同居者（当該外国人の親族を除く。）若しくはこれに準ずる者で地

方入国管理局長が適当と認めるものが、当該外国人に代わつて当該行為の区分に応じそれぞれ同表の下欄に掲げる行為をするとき。
③　法第61条の9の3第4項に規定する法務省令で定める場合は、次の各号に掲げる場合とする。
　1　前項第1号イ又はロに掲げる者が、本邦にある外国人又はその法定代理人の依頼により当該外国人に代わつて別表第7の2の表の上欄に掲げる行為の区分に応じそれぞれ同表の下欄に掲げる行為をする場合であつて、地方入国管理局長において相当と認めるとき。
　2　前号に規定する場合のほか、外国人が16歳に満たない場合又は疾病その他の事由により自ら別表第7の2の表の上欄に掲げる行為をすることができない場合において、当該外国人の親族又は同居者若しくはこれに準ずる者で地方入国管理局長が適当と認めるものが、本邦にある当該外国人に代わつて当該行為の区分に応じそれぞれ同表の下欄に掲げる行為をするとき（当該外国人の法定代理人が当該外国人に代わつてする場合を除く。）。
④　法第61条の9の3第1項第1号に規定する行為を、同条第2項の規定により外国人に代わつてしようとする者は、市町村（東京都の特別区の存する区域及び地方自治法（昭和22年法律第67号）第252条の19第1項の指定都市にあつては、区。次項において同じ。）の長に対し、法第61条の9の3第2項の規定により外国人に代わつてしなければならない者であることを明らかにする資料の提示又は説明をしなければならない。
⑤　法第61条の9の3第3項の規定により外国人が自ら出頭して同条第1項第1号に規定する行為を行うことを要しない場合において、当該外国人に代わつて当該行為をしようとする者は、市町村の長に対し、当該場合に当たることを明らかにする資料の提示又は説明をしなければならない。

（報償金）
第60条　法第66条の規定による報償金の額は、1件につき1000円以上5万円以下とする。

（手数料納付書）
第61条　法第67条から第68条までの規定による手数料の納付は、別記第84号様式による手数料納付書に、当該手数料の額に相当する収入印紙を貼つて提出することによつて行うものとする。ただし、再入国許可の有効期間の延長の許可の記載又は難民旅行証明書の有効期間の延長の許可の記載を受ける者が手数料を納付する場合は、この限りでない。

（権限の委任）
第61条の2　法第69条の2の規定により、次に掲げる法務大臣の権限は、地方入国管理局長に委任する。ただし、第1号、第2号、第3号、第8号、第10号、第11号、第13号、第14号及び第15号に掲げる権限については、法務大臣が自ら行うことを妨げない。
　1　法第5条の2に規定する権限
　1の2　法第7条の2第1項に規定する権限
　1の3　法第9条第7項に規定する権限
　2　法第11条第3項に規定する権限
　3　法第12条第1項に規定する権限
　4　法第19条第2項及び第3項に規定する権限
　5　法第19条の2第1項に規定する権限
　5の2　法第19条の13第2項に規定する権限
　5の3　法第19条の15第1項から第4項までに規定する在留カードの返納を受ける権限
　5の4　法第19条の19第1項に規定する権限
　6　法第20条第3項並びに第4項第2号及び第3号（法第21条第4項及び第22条の2第3項（法第22条の3において準用する場合を含む。）において準用する場合を含む。）に規定する権限
　6の2　法第20条の2第2項に規定する権限
　7　法第21条第3項に規定する権限
　8　法第22条の4第1項から第3項まで及び第5項から第9項までに規定する権限（永住者の在留資格に係るものを除く。）
　9　法第26条第1項から第4項まで及び第7項に規定する権限
　10　法第49条第3項に規定する権限
　11　法第50条第1項及び第2項に規定する権限
　12　法第59条の2第1項に規定する権限
　13　法第61条の2の2に規定する権限
　14　法第61条の2の3から法第61条の2の5までに規定する権限
　15　法第61条の2の8第1項に規定する権限（永住者の在留資格に係るものを除く。）
　16　法第61条の2の7第3項又は法第61条の

2の13の規定による難民認定証明書又は難民旅行証明書の返納を受ける権限

17　法第61条の2の12第1項、第2項、第5項及び第6項に規定する権限

(電子情報処理組織による申請)

第61条の3①　電子情報処理組織(行政手続等における情報通信の技術の利用に関する法律(平成14年法律第151号。以下「情報通信技術利用法」という。)第3条第1項に規定する電子情報処理組織をいう。以下同じ。)を使用して行うことができる法及びこの規則に基づく申請等(情報通信技術利用法第2条第6号に規定する申請等をいう。以下同じ。)は他の法令に定めのあるもののほか、次の各号に掲げるものとする。

1　法第57条第1項、第2項又は第4項の規定による報告

2　法第57条第5項の規定による乗員上陸の許可を受けた者に係る報告

3　第15条第1項又は第15条の2第1項の規定による乗員上陸の許可の申請書の提出

4　第51条第1号の規定による通報

5　第51条第2号又は第3号の規定による届出

②　電子情報処理組織を使用して前項の申請等を行おうとする者は、氏名及び住所(法人にあつては、その名称並びに申請の事務を取り扱おうとする事務所の所在地及び責任者の氏名)その他参考となるべき事項をあらかじめ法務省に届け出なければならない。

③　電子情報処理組織を使用して第1項の申請等を行う者は、法及びこの規則の規定により申請書その他の書類に記載すべきこととされている事項又は入国審査官に通報若しくは報告をすべきこととされている事項を入力して、申請等を行わなければならない。

(雑則)

第62条　法又はこの省令の規定により法務大臣、地方入国管理局長又は入国審査官に提出するものとされる資料が外国語により作成されているときは、その資料に訳文を添付しなければならない。

第63条①　法務大臣は、法第7条第1項の規定による上陸のための審査に関し、出入国管理及び難民認定法第7条第1項第2号の基準を定める省令(平成2年法務省令第16号。以下「基準省令」という。)の表の法別表第1の4の表の留学の項の下欄に掲げる活動の項の下欄の規定により告示をもつて外国人に対する日本語教育を行う教育機関(以下「日本語教育機関」という。)を定める場合には、日本語教育機関の設備及び編制についての審査及び証明(以下「審査・証明」という。)を行うことができる法人による証明を参考とすることができる。

②　前項の法人は次に掲げる要件に適合するものでなければならない。

1　営利を目的とする法人でないこと。

2　審査・証明事業を適確かつ円滑に実施するために必要な経理的基礎を有すること。

3　当該日本語教育機関による日本語教育の実施について利害関係を有しないこと。

4　過去3年間に外国人に対する日本語教育を事業として行い又は留学の在留資格をもつて在留する外国人の受入れを行つたことがないこと。

5　審査・証明事業以外の業務を行つているときは、その業務を行うことによつて審査・証明事業の運営が不公正になるおそれがないこと。

6　役員の構成が審査・証明事業の公正な運営に支障を及ぼすおそれがないものであること。

7　審査・証明を行うための5人以上の委員により構成される委員会を有すること及び当該委員の半数以上が日本語教育機関の設備及び編制について専門的知識又は識見を有する者であること。

8　当該委員が当該日本語教育機関による日本語教育の実施について利害関係を有しないこと及び外国人に対する日本語教育を事業として行つている団体に所属していないこと。

9　当該委員会の事務に従事する常勤の職員がいること。

10　公平かつ適正な審査・証明を行うことができる手続及び審査の基準を定めていること。

第64条①　法務大臣が出入国管理及び難民認定法別表第1の2の表の技能実習の項の下欄に規定する事業上の関係を有する外国の公私の機関を定める省令(平成21年法務省令第52号)第2号の規定により告示をもつて定める機関(以下「外国機関」という。)は、次の各号のいずれにも該当するものとする。

1　実習実施機関(本邦にある事業所におい

て技能実習を実施する法人(親会社(会社法(平成17年法律第86号)第2条第4号に規定する親会社をいう。)若しくは子会社(同条第3号に規定する子会社をいう。)の関係にある複数の法人又は同一の親会社をもつ複数の法人が共同で実施する場合はこれら複数の法人)又は個人をいう。以下同じ。)と外国機関が業務上の提携を行つていることその他実習実施機関が外国機関から技能実習生を受け入れる合理的な理由があること。

2 外国機関が実習実施機関に技能実習生を派遣することについて、技能実習により修得される技能等の移転が外国機関の事業上有益であることその他合理的な理由があること。

② 法務大臣は、前項の告示に当たつて、外国人の技能実習に係る専門的評価(以下「技能実習評価」という。)を行うことができる法人による評価を参考とすることができる。

③ 前項の法人は次に掲げる要件に適合するものでなければならない。

1 営利を目的とする法人でないこと。

2 技能実習評価事業を適確かつ円滑に実施するために必要な経理的基礎を有すること。

3 外国機関から派遣される者が従事しようとする技能実習について利害関係を有しないこと。

4 過去3年間に外国人に対する研修若しくは技能実習を事業として行い又は研修若しくは技能実習の在留資格をもつて在留する外国人の受入れを行つたことがないこと。

5 技能実習評価事業以外の業務を行つているときは、その業務を行うことによつて技能実習評価事業の運営が不公正になるおそれがないこと。

6 役員の構成が技能実習評価事業の公正な運営に支障を及ぼすおそれがないものであること。

7 役員に過去5年間に外国人の研修又は技能実習に係る不正行為を行つたことがある者がいないこと。

8 役員に過去5年間に外国人の研修又は技能実習に係る不正行為を行つたことがある団体に所属していた者がいないこと。

9 技能実習評価を行うための5人以上の委員により構成される委員会を有すること及び当該委員の半数以上が外国人の技能実習について専門的知識又は識見を有する者であること。

10 当該委員が、外国機関から派遣される者が従事しようとする技能実習について利害関係を有しないこと及び外国人に対する研修若しくは技能実習を事業として行う団体又は研修若しくは技能実習の在留資格をもつて在留する外国人の受入れを行う団体に所属していないこと。

11 当該委員会の事務に従事する常勤の職員が5人以上いること。

12 公平かつ適正な技能実習評価を行うことができる手続を定めていること。

13 当該委員会の委員及び常勤職員に外国人の研修又は技能実習に係る不正行為を行つたことがある者がいないこと。

14 当該委員会の委員及び常勤職員に過去3年間に外国人の研修又は技能実習に係る不正行為を行つたことがある団体に所属していた者がいないこと。

第65条① 法務大臣が出入国管理及び難民認定法別表第1の2の表の技能実習の項の下欄に規定する団体の要件を定める省令(平成21年法務省令第53号)第1条第1号トの規定により告示をもつて定める監理団体は、次の各号のいずれにも該当するものとする。

1 当該監理団体の継続的な事業として技能実習が実施されることにより、技能実習により修得される技能等の本邦から外国への移転が図られること。

2 当該監理団体が技能実習事業を実施する合理的理由があり、かつ、継続的な事業として行う実施体制を有すること。

3 当該監理団体が技能実習を監理する団体として必要な体制を有すること。

② 前条第2項及び第3項の規定は、前項の告示に係る技能実習について準用する。この場合において、同条第3項第3号及び第10号中「外国機関から派遣される者が従事しようとする技能実習」とあるのは、「当該団体が監理を行おうとする技能実習」と読み替えるものとする。

第66条① 法務大臣が法第7条第1項の規定による上陸のための審査に関し、基準省令の表の法別表第1の2の表の技能実習の項の下欄第1号イに掲げる活動の項の下欄第11号ただし書の規定又は法別表第1の2の表の技能実習の項の下欄第1号ロに掲げる活動の項の下

欄第29号の規定により告示をもつて定める技能実習は、次の各号のいずれにも該当するものとする。
1　当該技能実習が継続的な事業として実施されることにより、当該技能実習により修得される技能等の本邦から外国への移転が図られること。
2　基準省令の表の法別表第1の2の表の技能実習の項の下欄第1号イに掲げる活動の項の下欄第11号ただし書の規定により告示をもつて定める技能実習については、実習実施機関が当該技能実習事業を実施する合理的理由があり、かつ、継続的な事業として行う実施体制を有すること。
3　実習実施機関が当該技能実習の実施機関として必要な設備及び体制を有すること。
②　第64条第2項及び第3項の規定は、前項の告示に係る技能実習について準用する。この場合において、同条第3項第3号及び第10号中「外国機関から派遣される者が従事しようとする技能実習」とあるのは、「当該告示に係る技能実習」と読み替えるものとする。

別表第1（第1条関係）

都道府県	港名
北海道	紋別
	網走
	花咲
	釧路
	苫小牧
	室蘭
	函館
	小樽
	留萌
	稚内
	石狩湾新
青森	青森
	八戸
岩手	宮古
	釜石
	大船渡
宮城	気仙沼
	石巻
	仙台塩釜
秋田	秋田船川
	能代
山形	酒田
福島	小名浜
	相馬
茨城	日立
	常陸那珂
	鹿島
千葉	木更津
	千葉
東京	東京
	二見

都道府県	港名
神奈川	川崎
	横浜
	横須賀
	三崎
新潟	直江津
	新潟
	両津
富山	伏木富山
石川	七尾
	金沢
福井	内浦
	敦賀
静岡	田子の浦
	清水
	焼津
	御前崎
愛知	三河
	衣浦
	名古屋
三重	四日市
	尾鷲
京都	宮津
	舞鶴
大阪	大阪
	阪南
兵庫	尼崎西宮芦屋
	神戸
	東播磨
	姫路
	相生
和歌山	田辺
	由良
	和歌山下津

都道府県	港名
	新宮
鳥取／島根	境
島根	浜田
岡山	宇野
	水島
広島	福山
	常石
	尾道糸崎
	土生
	呉
	鹿川
	広島
山口	岩国
	平生
	徳山下松
	三田尻中関
	宇部
	萩
山口／福岡	関門
徳島	徳島小松島
	橘
香川	高松
	直島
	坂出
	丸亀
	詫間
愛媛	三島川之江
	新居浜
	今治
	菊間
	松山

		宇和島	鹿児島	鹿児島		東京	東京国際(羽田)
	高知	須崎		川内		新潟	新潟
		高知		枕崎		富山	富山
	福岡	苅田		志布志		石川	小松
		博多		喜入		静岡	静岡
		三池		名瀬		愛知	中部国際
	佐賀	唐津	沖縄	運天		大阪	関西国際
	佐賀／長崎	伊万里		金武中城		鳥取	美保(米子)
	長崎	長崎		那覇		岡山	岡山
		佐世保		平良		広島	広島
		厳原		石垣		香川	高松
	熊本	水俣	都道府県	空港名		愛媛	松山
		八代	北海道	新千歳		福岡	福岡
		三角		函館			北九州
	大分	大分		旭川		長崎	長崎
		佐賀関	青森	青森		熊本	熊本
		津久見	宮城	仙台		大分	大分
		佐伯	秋田	秋田		宮崎	宮崎
	宮崎	細島	福島	福島		鹿児島	鹿児島
		油津	茨城	百里(茨城)		沖縄	那覇
			千葉	成田国際			

別表第2(第3条関係)

在留資格	在留期間
外交	法別表第1の1の表の外交の項の下欄に掲げる活動(「外交活動」と称する。)を行う期間
公用	5年、3年、1年、3月、30日又は15日
教授	5年、3年、1年又は3月
芸術	5年、3年、1年又は3月
宗教	5年、3年、1年又は3月
報道	5年、3年、1年又は3月
投資・経営	5年、3年、1年又は3月
法律・会計	5年、3年、1年又は3月
医療 業務	5年、3年、1年又は3月
研究	5年、3年、1年又は3月
教育	5年、3年、1年又は3月
技術	5年、3年、1年又は3月
人文知識・国際業務	5年、3年、1年又は3月
企業内転勤	5年、3年、1年又は3月
興行	3年、1年、6月、3月又は15日
技能	5年、3年、1年又は3月

技能実習	1　法別表第1の2の表の技能実習の項の下欄第1号イ又はロに掲げる活動を行う者にあつては、1年又は6月 2　法別表第1の2の表の技能実習の項の下欄第2号イ又はロに掲げる活動を行う者にあつては、1年を超えない範囲内で法務大臣が個々の外国人について指定する期間
文化活動	3年、1年、6月又は3月
短期滞在	90日若しくは30日又は15日以内の日を単位とする期間
留学	4年3月、4年、3年3月、3年、2年3月、2年、1年3月、1年、6月又は3月
研修	1年、6月又は3月
家族滞在	5年、4年3月、4年、3年3月、3年、2年3月、2年、1年3月、1年、6月又は3月
特定活動	1　法別表第1の5の表の下欄（イ及びロに係る部分に限る。）に掲げる活動を指定される者にあつては、5年 2　法別表第1の5の表の下欄（ハに係る部分に限る。）に掲げる活動を指定される者にあつては、5年、4年、3年、2年、1年又は3月 3　法第7条第1項第2号の告示で定める活動を指定される者（次号に掲げる者を除く。）にあつては、5年、3年、1年、6月又は3月 4　経済上の連携に関する日本国とインドネシア共和国との間の協定若しくは経済上の連携に関する日本国とフィリピン共和国との間の協定に基づき保健助産師看護師法（昭和23年法律第203号）第5条に規定する看護師としての業務に従事する活動若しくはこれらの協定に基づき社会福祉士及び介護福祉士法（昭和62年法律第30号）第2条第2項に規定する介護福祉士として同項に規定する介護等の業務に従事する活動を指定される者にあつては、3年、1年又は6月 5　1から4までに掲げる活動以外の活動を指定される者にあつては、5年を超えない範囲内で法務大臣が個々の外国人について指定する期間
永住者	無期限
日本人の配偶者等	5年、3年、1年又は6月
永住者の配偶者等	5年、3年、1年又は6月
定住者	1　法第7条第1項第2号の告示で定める地位を認められる者にあつては、5年、3年、1年又は6月 2　1に掲げる地位以外の地位を認められる者にあつては、5年を超えない範囲内で法務大臣が個々の外国人について指定する期間

別表第3（第6条、第6条の2、第20条、第21条の3、第24条関係）

在留資格	活動	資料
外交	法別表第1の1の表の外交の項の下欄に掲げる活動	口上書その他外国政府又は国際機関が発行した身分及び用務を証する文書
公用	法別表第1の1の表の公用の項の下欄に掲げる活動	口上書その他外国政府又は国際機関が発行した身分及び用務を証する文書
教授	法別表第1の1の表の教授の項の下欄に掲げる活動	活動の内容、期間、地位及び報酬を証する文書
芸術	法別表第1の1の表の芸術の項の下欄に掲げる活動	1　活動の内容、期間及び地位を証する文書 2　芸術活動上の業績を明らかにする資料
宗教	法別表第1の1の表の宗教の項の下欄に掲げる活動	1　派遣機関からの派遣期間、地位及び報酬を証する文書 2　派遣期間及び受入機関の概要を明らかにする資料

			3 　宗教家としての地位及び職歴を証する文書
	報道	法別表第1の1の表の報道の項の下欄に掲げる活動	活動の内容、期間、地位及び報酬を証する文書
	投資・経営	法別表第1の2の表の投資・経営の項の下欄に掲げる活動	1 　貿易その他の事業の経営を開始し、又はこれらの事業に投資してその経営を行おうとする場合 　イ　事業計画書、会社又は法人の登記事項証明書及び損益計算書の写し 　ロ　当該外国人を除く常勤の職員の総数を明らかにする資料、並びに、その数が2人である場合には、当該2人の職員に係る賃金支払に関する文書及び住民票、在留カード又は特別永住者証明書の写し 　ハ　事業所の概要を明らかにする資料 　ニ　当該外国人の投資額を明らかにする資料 2 　貿易その他の事業の経営を開始し、又はこれらの事業に投資している外国人に代わってその経営を行おうとする場合 　イ　事業計画書、会社又は法人の登記事項証明書及び損益計算書の写し 　ロ　当該外国人を除く常勤の職員の総数を明らかにする資料、並びに、その数が2人である場合には、当該2人の職員に係る賃金支払に関する文書及び住民票又は在留カード若しくは特別永住者証明書の写し 　ハ　事業所の概要を明らかにする資料 　ニ　活動の内容、期間、地位及び報酬を証する文書 3 　本邦において開始され、若しくは投資された貿易その他の事業の管理に従事し、又は貿易その他の事業の経営を開始し、若しくはこれらの事業に投資している外国人に代わってその管理に従事しようとする場合 　イ　事業計画書、会社又は法人の登記事項証明書及び損益計算書の写し 　ロ　当該外国人を除く常勤の職員の総数を明らかにする資料、並びに、その数が2人である場合には、当該2人の職員に係る賃金支払に関する文書及び住民票又は在留カード若しくは特別永住者証明書の写し 　ハ　事業所の概要を明らかにする資料 　ニ　職歴を証する文書及び大学院において経営又は管理を専攻した期間に係る証明書 　ホ　活動の内容、期間、地位及び報酬を証する文書
	法律・会計業務	法別表第1の2の表の法律・会計業務の項の下欄に掲げる活動	1 　法別表第1の2の表の法律・会計業務の項の下欄に定める資格を有することを証する文書 2 　活動の内容、期間、地位及び報酬を証する文書
	医療	法別表第1の2の表の医療の項の下欄に掲げる活動	1 　招へい機関の概要を明らかにする資料 2 　法別表第1の2の表の医療の項の下欄に定める資格を有することを証する文書 3 　活動の内容、期間、地位及び報酬を証する文書
	研究	法別表第1の2の表の研究の項の下欄に掲げる活動	1 　本邦の公私の機関との契約に基づいて研究を行う業務に従事しようとする場合 　イ　招へい機関の概要を明らかにする資料 　ロ　卒業証明書及び職歴その他経歴を証する文書 　ハ　活動の内容、期間、地位及び報酬を証する資料 2 　本邦に本店、支店その他の事業所のある公私の機関の外国にある事業所の職員が本邦にある事業所に期間

		を定めて転勤して当該事業所において研究を行う業務に従事しようとする場合 イ　外国の事業所と本邦の事業所の関係を示す文書 ロ　本邦の事業所の登記事項証明書、損益計算書の写し及び事業内容を明らかにする資料 ハ　外国の事業所（転勤の直前1年以内に申請人が研究の在留資格をもつて本邦に在留していた期間がある場合には、当該期間に業務に従事していた本邦の事業所を含む。）における職務内容及び勤務期間を証する文書 ニ　外国の事業所の登記事項証明書及びその概要を明らかにする資料 ホ　活動の内容、期間、地位及び報酬を証する文書 ヘ　卒業証明書及び経歴を証する文書
教育	法別表第1の2の表の教育の項の下欄に掲げる活動	1　招へい機関の概要を明らかにする資料 2　学歴を証する文書又は教育活動に係る免許の写し 3　職歴を証する文書 4　活動の内容、期間、地位及び報酬を証する文書
技術	法別表第1の2の表の技術の項の下欄に掲げる活動	1　招へい機関の登記事項証明書及び損益計算書の写し 2　招へい機関の事業内容を明らかにする資料 3　卒業証明書又は活動に係る科目を専攻した期間に係る証明書及び職歴を証する文書 4　活動の内容、期間、地位及び報酬を証する文書
人文知識・国際業務	法別表第1の2の表の人文知識・国際業務の項の下欄に掲げる活動	1　招へい機関の登記事項証明書及び損益計算書の写し 2　招へい機関の事業内容を明らかにする資料 3　卒業証明書又は活動に係る科目を専攻した期間に係る証明書及び職歴を証する文書 4　活動の内容、期間、地位及び報酬を証する文書
企業内転勤	法別表第1の2の表の企業内転勤の項の下欄に掲げる活動	1　外国の事業所と本邦の事業所の関係を示す文書 2　本邦の事業所の登記事項証明書、損益計算書の写し及び事業内容を明らかにする資料 3　外国の事業所（転勤の直前1年以内に申請人が企業内転勤の在留資格をもつて本邦に在留していた期間がある場合には、当該期間に業務に従事していた本邦の事業所を含む。）における職務内容及び勤務期間を証する文書 4　外国の事業所の登記事項証明書及びその概要を明らかにする資料 5　活動の内容、期間、地位及び報酬を証する文書 6　卒業証明書及び経歴を証する文書
興行	法別表第1の2の表の興行の項の下欄に掲げる活動	1　演劇、演芸、歌謡、舞踊又は演奏（以下「演劇等」という。）の興行に係る活動を行おうとする場合（次号に該当する場合を除く。） イ　経歴書及び活動に係る経歴を証する文書 ロ　基準省令の表の法別表第1の2の表の興行の項の下欄に掲げる活動の項（以下「基準省令の興行の項」という。）の下欄第1号ロに規定する機関（以下「興行契約機関」という。）の登記事項証明書、損益計算書の写しその他の契約機関の概要を明らかにする資料 ハ　興行を行う施設の概要を明らかにする資料 ニ　興行に係る契約書の写し ホ　活動の内容、期間、地位及び報酬を証する文書

			ヘ　基準省令の興行の項の下欄第1号ロに規定する興行契約に基づいて演劇等の興行に係る活動を行おうとするときは、次に掲げる資料 (1)　興行契約機関の経営者及び常勤の職員の名簿 (2)　興行契約機関の経営者及び常勤の職員が基準省令の興行の項の下欄第1号ロ(3)(i)から(v)までのいずれにも該当しないことを契約機関が申し立てる書面 (3)　興行契約機関が過去3年間に締結した興行契約に基づいて興行の在留資格をもつて在留する外国人に対して支払義務を負う報酬の全額を支払つていることを証する文書 ト　基準省令の興行の項の下欄第1号ハに規定する施設を運営する機関（以下「運営機関」という。）の次に掲げる資料 (1)　登記事項証明書、損益計算書の写しその他の運営機関の概要を明らかにする資料 (2)　運営機関の経営者及び当該施設に係る業務に従事する常勤の職員の名簿 (3)　運営機関の経営者及び当該施設に係る業務に従事する常勤の職員が基準省令の興行の項の下欄第1号ハ(6)(i)から(v)までのいずれにも該当しないことを運営機関が申し立てる書面 2　基準省令の興行の項の下欄第2号イからホまでのいずれかに該当する場合　前号イ及びハからホまでに掲げるもののほか、招へい機関の登記事項証明書、損益計算書の写しその他の招へい機関の概要を明らかにする資料 3　演劇等の興行に係る活動以外の興行に係る活動を行おうとする場合 イ　経歴書及び活動に係る経歴を証する文書 ロ　招へい機関の登記事項証明書、損益計算書の写し及び従業員名簿 ハ　興行を行う施設の概要を明らかにする資料 ニ　招へい機関が興行を請け負つているときは請負契約書の写し ホ　活動の内容、期間、地位及び報酬を証する文書 4　興行に係る活動以外の芸能活動を行おうとする場合 イ　芸能活動上の業績を証する資料 ロ　活動の内容、期間及び報酬を証する文書
	技能	法別表第1の2の表の技能の項の下欄に掲げる活動	1　招へい機関の登記事項証明書及び損益計算書の写し 2　招へい機関の事業内容を明らかにする資料 3　経歴書並びに活動に係る経歴及び資格を証する公的機関が発行した文書 4　活動の内容、期間、地位及び報酬を証する文書
	技能実習	法別表第1の2の表の技能実習の項の下欄に掲げる活動	1　法別表第1の2の表の技能実習の項の下欄第1号イに掲げる活動を行おうとする場合 イ　技能実習の内容、必要性、実施場所、期間及び到達目標（技能実習の成果を確認する時期及び方法を含む。）を明らかにする技能実習計画書 ロ　本邦入国後に行う講習の期間中の待遇を明らかにする文書 ハ　帰国後本邦において修得した技能等を要する業務に従事することを証する文書

ニ　基準省令の表の法別表第1の2の表の技能実習の項の下欄第1号イに掲げる活動の項（以下「基準省令の技能実習第1号イの項」という。）の下欄第5号に規定する送出し機関の概要を明らかにする資料
ホ　基準省令の技能実習第1号イの項の下欄第5号に規定する実習実施機関の登記事項証明書、損益計算書の写し、常勤の職員の数を明らかにする文書及び技能実習生名簿
ヘ　外国の所属機関と本邦の実習実施機関の関係を示す文書
ト　外国の所属機関における職務内容及び勤務期間を証する文書
チ　送出し機関及び実習実施機関と当該外国人の間に締結された技能実習実施に係る契約書の写し
リ　実習実施機関における労働条件を当該外国人が理解したことを証する文書
ヌ　基準省令の技能実習第1号イの項の下欄第9号に規定する技能実習指導員の当該技能実習において修得しようとする技能等に係る経歴を証する文書
ル　本邦外において講習又は外部講習を受けた場合は、当該講習又は外部講習の内容、実施機関、実施場所及び期間を証する文書
2　法別表第1の2の表の技能実習の項の下欄第1号ロに掲げる活動を行おうとする場合　前号イからホまで及びチからルまでに掲げるもののほか、次に掲げる資料
イ　職歴を証する文書
ロ　国籍・地域若しくは住所を有する国の国若しくは地方公共団体の機関又はこれらに準ずる機関から推薦を受けていることを証する文書
ハ　基準省令の表の法別表第1の2の表の技能実習の項の下欄第1号ロに掲げる活動の項（以下「基準省令の技能実習第1号ロの項」という。）の下欄第6号に規定する監理団体の登記事項証明書、定款、技能実習生受入れに係る規約、損益計算書の写し、常勤の職員の数を明らかにする文書及び技能実習生名簿
ニ　監理団体と送出し機関との間に締結された技能実習実施に係る契約書の写し
ホ　監理団体が出入国管理及び難民認定法別表第1の2の表の技能実習の項の下欄に規定する団体の要件を定める省令（平成21年法務省令第53号）第1条第1号イからヘまでのいずれかに該当する場合は、当該監理団体が技能実習の運営に関し我が国の国若しくは地方公共団体又は独立行政法人（独立行政法人通則法（平成11年法律第103号）第2条第1項に規定する独立行政法人をいう。）からの資金その他の援助及び指導を受けていることを明らかにする文書
ヘ　監理団体が監理に要する費用を徴収する場合は、当該費用の負担者、金額及び使途を明らかにする文書
ト　基準省令の技能実習第1号ロの項の下欄第6号ニに規定するあつせん機関がある場合は、その概要を明らかにする資料及び常勤職員名簿
3　法別表第1の2の表の技能実習の項の下欄第2号イに掲げる活動を行おうとする場合　第1号イ、ハ及びチから

			ヌまでに掲げるもののほか、次に掲げる資料 イ　基礎2級の技能検定（職業能力開発促進法（昭和44年法律第64号）第44条第2項に規定する技能検定をいう。）その他これに準ずる検定又は試験に合格していることを証する文書の写し ロ　技能実習の進ちょく状況を明らかにする文書 ハ　年間の収入及び納税額に関する証明書 ニ　実習実施機関が受け入れている技能実習生名簿 4　法別表第1の2の表の技能実習の項の下欄第2号ロに掲げる活動を行おうとする場合　第1号イ、ハ及びチからヌまでに掲げる資料、前号イからニまでに掲げる資料並びに監理団体が受け入れている技能実習生名簿
文化活動	法別表第1の3の表の文化活動の項の下欄に掲げる活動	1　学術上若しくは芸術上の活動を行い、又は我が国特有の文化若しくは技芸について専門的な研究を行おうとする場合 イ　活動の内容及び期間並びに当該活動を行おうとする機関の概要を明らかにする資料 ロ　学歴、職歴及び活動に係る経歴を証する文書 ハ　在留中の一切の経費の支弁能力を証する文書 2　専門家の指導を受けて我が国特有の文化又は技芸を修得しようとする場合　前号に掲げるもののほか、当該専門家の経歴及び業績を明らかにする資料	
短期滞在	法別表第1の3の表の短期滞在の項の下欄に掲げる活動	1　本邦から出国するための航空機等の切符又はこれに代わる運送業者の発行する保証書 2　本邦以外の国に入国することができる当該外国人の有効な旅券 3　在留中の一切の経費の支弁能力を明らかにする資料	
留学	法別表第1の4の表の留学の項の下欄に掲げる活動	1　教育を受けようとする機関の入学許可書の写し 2　在留中の一切の経費の支弁能力を証する文書、当該外国人以外の者が経費を支弁する場合には、その者の支弁能力を証する文書及びその者が支弁するに至つた経緯を明らかにする文書 3　申請人が研究生又は聴講生として教育を受けようとする場合には、当該機関からの研究内容又は科目及び時間数を証する文書 4　申請人が基準省令の表の法別表第1の4の表の留学の項の下欄に掲げる活動の項（以下「基準省令の留学の項」という。）の下欄第1号ハに該当する活動を行う場合は、卒業証明書及び経歴を明らかにする文書	
研修	法別表第1の4の表の研修の項の下欄に掲げる活動	1　研修の内容、必要性、実施場所、期間及び待遇を明らかにする研修計画書 2　帰国後本邦において修得した技術、技能及び知識を要する業務に従事することを証する文書 3　職歴を証する文書 4　基準省令の表の法別表第1の4の表の研修の項（以下「基準省令の研修の項」という。）の下欄第4号に規定する研修指導員の当該研修において修得しようとする技能等に係る職歴を証する文書 5　送出し機関の概要を明らかにする資料 6　基準省令の研修の項の下欄第4号に規定する受入れ機関の登記事項証明書及び損益計算書の写し	
家族滞在	法別表第1の4の表の家族	1　扶養者との身分関係を証する文書	

		滞在の項の下欄に掲げる活動	2　扶養者の在留カード又は旅券の写し 3　扶養者の職業及び収入を証する文書
特定活動	法別表第1の5の表の特定活動の項の下欄に掲げる活動		1　法別表第1の5の表の下欄（イに係る部分に限る。）に掲げる活動を行おうとする場合 　イ　当該外国人と契約を結んだ本邦の機関の概要を明らかにする資料 　ロ　当該外国人と契約を結んだ本邦の機関の事業内容を明らかにする資料、及び研究、研究の指導又は教育と関連する事業を自ら経営する活動を行おうとする場合には、当該事業の内容を明らかにする資料 　ハ　卒業証明書及び職歴その他の経歴を証する文書 　ニ　活動の内容、期間、地位及び報酬を証する文書 2　法別表第1の5の表の下欄（ロに係る部分に限る。）に掲げる活動を行おうとする場合 　イ　当該外国人と契約を結んだ本邦の機関の概要を明らかにする資料、及び当該機関が労働者派遣事業の適正な運営の確保及び派遣労働者の就業条件の整備等に関する法律（昭和60年法律第88号。以下「労働者派遣法」という。）第23条第1項に規定する派遣元事業主である場合には、同法第31条に規定する派遣先の概要を明らかにする資料 　ロ　当該外国人と契約を結んだ本邦の機関の事業内容を明らかにする資料、及び当該機関が労働者派遣法第23条第1項に規定する派遣元事業主である場合には、同法第31条に規定する派遣先の事業内容を明らかにする資料 　ハ　卒業証明書及び職歴その他の経歴を証する文書 　ニ　活動の内容、期間、地位及び報酬を証する文書 3　法別表第1の5の表の下欄（ハに係る部分に限る。）に掲げる活動を行おうとする場合 　イ　扶養者との身分関係を証する文書 　ロ　扶養者の在留カード又は旅券の写し 　ハ　扶養者の職業及び収入に関する証明書 4　法別表第1の5の表の下欄（ニに係る部分に限る。）に掲げる活動であつて収入を伴う事業を運営する活動又は報酬を受ける活動を行おうとする場合　活動の内容、期間、地位及び報酬を証する文書 5　その他の場合 　イ　在留中の活動を明らかにする文書 　ロ　在留中の一切の経費を支弁することができることを証する文書
日本人の配偶者等	法別表第2の日本人の配偶者等の項の下欄に掲げる身分を有する者としての活動		1　日本人の配偶者である場合 　イ　当該日本人との婚姻を証する文書及び住民票の写し 　ロ　当該外国人又はその配偶者の職業及び収入に関する証明書 　ハ　本邦に居住する当該日本人の身元保証書 2　日本人の特別養子又は子である場合 　イ　当該日本人の戸籍謄本及び当該外国人の出生証明書その他の親子関係を証する文書 　ロ　当該外国人又は父若しくは母の職業及び収入に関する証明書 　ハ　本邦に居住する当該日本人又はその他本邦に居住する身元保証人の身元保証書

永住者の配偶者等	法別表第2の永住者の配偶者等の項の下欄に掲げる身分又は地位を有する者としての活動	1 永住者の在留資格をもつて在留する者若しくは特別永住者(以下「永住者等」と総称する。)の配偶者である場合 イ 当該永住者等との身分関係を証する文書 ロ 当該永住者等の在留カード若しくは特別永住者証明書又は旅券の写し ハ 当該外国人又はその配偶者の職業及び収入を証する文書 ニ 本邦に居住する当該永住者等の身元保証書 2 永住者等の子である場合 イ 出生証明書その他の親子関係を証する文書 ロ 当該永住者等の在留カード若しくは特別永住者証明書又は旅券の写し ハ 当該外国人又は父若しくは母の職業及び収入に関する証明書 ニ 本邦に居住する当該永住者等又はその他本邦に居住する身元保証人の身元保証書
定住者	法別表第2の定住者の項の下欄に掲げる地位を有する者としての活動	1 戸籍謄本、婚姻証明書、出生証明書その他の当該外国人の身分関係を証する文書 2 在留中の一切の経費を支弁することができることを証する文書、当該外国人以外の者が経費を支弁する場合には、その収入を証する文書 3 本邦に居住する身元保証人の身元保証書

別表第3の2(第6条の2、第19条の6関係)

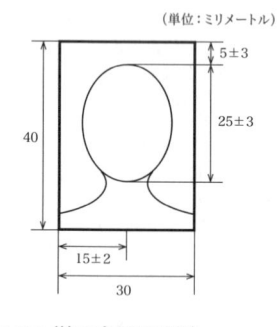

(単位:ミリメートル)

1 本人のみが撮影されたもの
2 縁を除いた部分の寸法が上記図画面の各寸法を満たしたもの(顔の寸法は頭頂(髪を含む。)から顎の先まで。)
3 無帽で正面を向いたもの
4 背景(影を含む。)がないもの
5 鮮明であるもの

別表第3の3(第19条の15関係)

1

事由	事項
法第19条の16第1号に掲げる在留資格をもつて本邦に在留する者が、当該在留資格に応じてそれぞれ法別表第1の下欄に掲げる活動を行う本邦の公私の機関(以下この表において「活動機関」という。)の名称の変更	1 活動機関の名称が変更した年月日 2 活動機関の変更前の名称及び所在地 3 活動機関の変更後の名称
活動機関の所在地の変更	1 活動機関の所在地が変更した年月日 2 活動機関の名称及び変更前の所在地 3 活動機関の変更後の所在地
活動機関の消滅	1 活動機関が消滅した年月日 2 消滅した活動機関の名称及び消滅時の所在地

活動機関からの離脱	1 活動機関から離脱した年月日 2 離脱した活動機関の名称及び所在地
活動機関からの移籍	1 新たな活動機関に移籍した年月日 2 移籍する前の活動機関の名称及び所在地 3 新たな活動機関の名称及び所在地 4 新たな活動機関における活動の内容（留学の在留資格をもって本邦に在留する中長期在留者を除く。）

2

事由	事項
法第19条の16第2号に掲げる在留資格をもって本邦に在留する者の契約の相手方である本邦の公私の機関（以下この表において「契約機関」という。）の名称の変更	1 契約機関の名称が変更した年月日 2 契約機関の変更前の名称及び所在地 3 契約機関の変更後の名称
契約機関の所在地の変更	1 契約機関の所在地が変更した年月日 2 契約機関の名称及び変更前の所在地 3 契約機関の変更後の所在地
契約機関の消滅	1 契約機関が消滅した年月日 2 消滅した契約機関の名称及び消滅時の所在地
契約機関との契約の終了	1 契約機関との契約が終了した年月日 2 契約が終了した契約機関の名称及び所在地
新たな契約の締結	1 新たな契約機関との契約を締結した年月日 2 従前の契約機関の名称及び所在地 3 新たな契約機関の名称及び所在地 4 新たな契約機関における活動の内容

3

事由	事項
法第19条の16第3号に掲げる在留資格をもって本邦に在留する者に係るその配偶者との離婚	配偶者と離婚した年月日
法第19条の16第3号に掲げる在留資格をもって本邦に在留する者に係るその配偶者との死別	配偶者と死別した年月日

別表第3の4（第19条の16関係）

1

教授、投資・経営、法律・会計業務、医療、研究、教育、技術、人文知識・国際業務、企業内転勤、興行又は技能の在留資格をもって在留する中長期在留者の受入れの状況	事項
受入れの開始	1 中長期在留者の氏名、生年月日、性別、国籍・地域、住居地及び在留カードの番号（以下この表及び2の表において「氏名等」という。） 2 中長期在留者の受入れを開始した年月日 3 中長期在留者が行う活動の内容
受入れの終了	1 中長期在留者の氏名等 2 中長期在留者の受入れを終了した年月日

2

留学の在留資格をもつて在留する中長期在留者の受入れの状況	事項
受入れの開始	1　中長期在留者の氏名等 2　中長期在留者の受入れを開始した年月日
5月1日における受入れ	中長期在留者の氏名等
11月1日における受入れ	中長期在留者の氏名等
受入れの終了	1　中長期在留者の氏名等 2　中長期在留者の受入れを終了した年月日 3　卒業、退学、除籍その他の中長期在留者の受入れの終了に係る事由

別表第3の5（第21条、第21条の2関係）

在留資格	活動	資料
公用	法別表第1の1の表の公用の項の下欄に掲げる活動	口上書その他外国政府又は国際機関が発行した身分及び用務を証する文書
教授	法別表第1の1の表の教授の項の下欄に掲げる活動	1　活動の内容、期間及び地位を証する文書 2　年間の収入及び納税額に関する証明書
芸術	法別表第1の1の表の芸術の項の下欄に掲げる活動	1　活動の内容、期間及び地位を証する文書 2　年間の収入及び納税額に関する証明書
宗教	法別表第1の1の表の宗教の項の下欄に掲げる活動	1　派遣機関からの派遣の継続を証する文書 2　年間の収入及び納税額に関する証明書
報道	法別表第1の1の表の報道の項の下欄に掲げる活動	1　外国の報道機関からの派遣又は契約の継続を証する文書 2　年間の収入及び納税額に関する証明書
投資・経営	法別表第1の2の表の投資・経営の項の下欄に掲げる活動	1　投資又は経営若しくは管理に係る事業の損益計算書 2　当該外国人を除く常勤の職員の総数を明らかにする資料、並びに、その数が2人である場合には、当該2人の職員に係る賃金支払に関する文書及び住民票、在留カード又は特別永住者証明書の写し 3　活動の内容、期間及び地位を証する文書 4　年間の収入及び納税額に関する証明書
法律・会計	法別表第1の2の表の業務法律・会計業務の項の下欄に掲げる活動	1　活動の内容、期間及び地位を証する文書 2　年間の収入及び納税額に関する証明書
医療	法別表第1の2の表の医療の項の下欄に掲げる活動	1　活動の内容、期間及び地位を証する文書 2　年間の収入及び納税額に関する証明書
研究	法別表第1の2の表の研究の項の下欄に掲げる活動	1　活動の内容、期間及び地位を証する文書 2　年間の収入及び納税額に関する証明書
教育	法別表第1の2の表の教育の項の下欄に掲げる活動	1　活動の内容、期間及び地位を証する文書 2　年間の収入及び納税額に関する証明書
技術	法別表第1の2の表の技術の項の下欄に掲げる活動	1　活動の内容、期間及び地位を証する文書 2　年間の収入及び納税額に関する証明書

人文知識・国際業務	法別表第1の2の表の人文知識・国際業務の項の下欄に掲げる活動	1　活動の内容、期間及び地位を証する文書 2　年間の収入及び納税額に関する証明書
企業内転勤	法別表第1の2の表の企業内転勤の項の下欄に掲げる活動	1　活動の内容、期間及び地位を証する文書 2　年間の収入及び納税額に関する証明書
興行	法別表第1の2の表の興行の項の下欄に掲げる活動	1　活動の内容及び期間を証する文書 2　興行に係る契約書の写し 3　収入及び納税額に関する証明書
技能	法別表第1の2の表の技能の項の下欄に掲げる活動	1　活動の内容、期間及び地位を証する文書 2　年間の収入及び納税額に関する証明書
技能実習	法別表第1の2の表の技能実習の項の下欄に掲げる活動	1　法別表第1の2の表の技能実習の項の下欄第1号イ又は第2号イに掲げる活動を行おうとする場合 　イ　技能実習の内容、実施場所、期間、進ちよく状況及び到達目標（技能実習の成果を確認する時期及び方法を含む。）を明らかにする技能実習計画書 　ロ　実習実施機関と当該外国人の間に締結された技能実習実施に係る契約書の写し 　ハ　実習実施機関における労働条件を当該外国人が理解したことを証する文書 　ニ　年間の収入及び納税額に関する証明書 　ホ　実習実施機関が受け入れている技能実習生名簿 2　法別表第1の2の表の技能実習の項の下欄第1号ロ又は第2号ロに掲げる活動を行おうとする場合　前号に掲げる資料及び監理団体が受入れている技能実習生名簿
文化活動	法別表第1の3の表の文化活動の項の下欄に掲げる活動	1　活動の内容及び期間並びに活動を行おうとする機関の概要を明らかにする資料 2　在留中の一切の経費の支弁能力を証する文書
留学	法別表第1の4の表の留学の項の下欄に掲げる活動	1　教育を受けている機関からの在学証明書及び成績証明書（申請人が基準省令の留学の項の下欄第1号ハに該当する活動を行う場合にあつては、出席状況を記載した成績証明書） 2　在留中の一切の経費の支弁能力を証する文書、当該外国人以外の者が経費を支弁する場合には、その者の支弁能力を証する文書
研修	法別表第1の4の表の研修の項の下欄に掲げる活動	研修の内容、実施場所、期間、進ちよく状況及び待遇を証する文書
家族滞在	法別表第1の4の表の家族滞在の項の下欄に掲げる活動	1　扶養者との身分関係を証する文書 2　扶養者の在留カード又は旅券の写し 3　扶養者の職業及び収入に関する証明書
特定活動	法別表第1の5の表の特定活動の項の下欄に掲げる活動	1　法別表第1の5の表の下欄（イに係る部分に限る。）に掲げる活動を行おうとする場合 　イ　活動の内容、期間及び地位を証する文書 　ロ　年間の収入及び納税額に関する証明書 　ハ　研究、研究の指導又は教育と関連する事業を自ら経営する活動を行つている場合には、当該事業に係る事業所の損益計算書の写し 2　法別表第1の5の表の下欄（ロに係る部分に限る。）に掲げる活動を行おうとする場合

		イ 活動の内容、期間及び地位を証する文書 ロ 年間の収入及び納税額に関する証明書 3 法別表第1の5の表の下欄(ハに係る部分に限る。)に掲げる活動を行おうとする場合 イ 扶養者との身分関係を証する文書 ロ 扶養者の在留カード又は旅券の写し ハ 扶養者の職業及び収入に関する証明書 4 法別表第1の5の表の下欄(ニに係る部分に限る。)に掲げる活動を行おうとする場合　年間の収入及び納税額に関する証明書又は在留中の一切の経費を支弁することができることを証する文書
日本人の配偶者等	法別表第2の日本人の配偶者等の項の下欄に掲げる身分を有する者としての活動	1 日本人の配偶者である場合には、当該日本人の戸籍謄本及び住民票の写し 2 当該外国人、その配偶者又は父若しくは母の職業及び収入に関する証明書 3 日本人の配偶者である場合には、本邦に居住する当該日本人の身元保証書、日本人の特別養子又は子である場合には、本邦に居住する当該日本人又はその他本邦に居住する身元保証人の身元保証書
永住者の配偶者等	法別表第2の永住者の配偶者等の項の下欄に掲げる身分又は地位を有する者としての活動	1 永住者等の配偶者である場合には、当該永住者等との身分関係を証する文書 2 当該永住者等の在留カード若しくは特別永住者証明書又は旅券の写し 3 当該外国人、その配偶者又は父若しくは母の職業及び収入に関する証明書 4 永住者等の配偶者である場合には、本邦に居住する当該永住者等の身元保証書、永住者等の子である場合には、本邦に居住する当該永住者等又はその他本邦に居住する身元保証人の身元保証書
定住者	法別表第2の定住者の項の下欄に掲げる地位を有する者としての活動	1 戸籍謄本、婚姻証明書、出生証明書その他の当該外国人の身分関係を証する文書 2 収入及び納税額に関する証明書、収入のない場合には、扶養者の職業及び収入に関する証明書 3 本邦に居住する身元保証人の身元保証書

別表第4(第6条の2関係)

本邦に上陸しようとする者(以下「本人」という。)が本邦において行おうとする活動	代理人
法別表第1の1の表の外交の項の下欄に掲げる活動(外交)	1 本人又は本人と同一の世帯に属することとなる家族の構成員が構成員となる外交使節団、領事機関等の職員 2 本人と同一の世帯に属することとなる家族の構成員
法別表第1の1の表の公用の項の下欄に掲げる活動(公用)	1 本人又は本人と同一の世帯に属することとなる家族の構成員が公務に従事する外国政府又は国際機関の本邦駐在機関の職員 2 本人と同一の世帯に属することとなる家族の構成員
法別表第1の1の表の教授の項の下欄に掲げる活動(教授)	本人が所属して教育を行うこととなる本邦の機関の職員
法別表第1の1の表の芸術の項の下欄に掲げる活動(芸術)	本人と契約を結んだ本邦の機関又は本人が所属して芸術上の活動を行うこととなる本邦の機関の職員

法別表第1の1の表の宗教の項の下欄に掲げる活動(宗教)	本人を派遣する外国の宗教団体の支部その他の本邦にある関係宗教団体の職員
法別表第1の1の表の報道の項の下欄に掲げる活動(報道)	本人と契約を結んだ外国の報道機関の本邦駐在機関又は本人が所属して報道上の活動を行うこととなる本邦の機関の職員
法別表第1の2の表の投資・経営の項の下欄に掲げる活動(投資・経営)	本人が経営を行い又は管理に従事する事業の本邦事業所の職員
法別表第1の2の表の法律・会計業務の項の下欄に掲げる活動(法律・会計業務)	本人が契約を結んだ本邦の機関の職員又は本人が所属して法律・会計業務を行うこととなる機関の職員
法別表第1の2の表の医療の項の下欄に掲げる活動(医療)	本人が契約を結んだ本邦の医療機関又は本人が所属して医療業務を行うこととなる本邦の医療機関の職員
法別表第1の2の表の研究の項の下欄に掲げる活動(研究)	1　本人と契約を結んだ本邦の機関の職員 2　本人が転勤する本邦の事業所の職員
法別表第1の2の表の教育の項の下欄に掲げる活動(教育)	本人が所属して教育を行うこととなる本邦の機関の職員
法別表第1の2の表の技術の項の下欄に掲げる活動(技術)	本人と契約を結んだ本邦の機関の職員
法別表第1の2の表の人文知識・国際業務の項の下欄に掲げる活動(人文知識・国際業務)	本人と契約を結んだ本邦の機関の職員
法別表第1の2の表の企業内転勤の項の下欄に掲げる活動(企業内転勤)	本人が転勤する本邦の事業所の職員
法別表第1の2の表の興行の項の下欄に掲げる活動(興行)	興行契約機関(興行契約機関がないときは、本人を招へいする本邦の機関)又は本人が所属して芸能活動を行うこととなる本邦の機関の職員
法別表第1の2の表の技能の項の下欄に掲げる活動(技能)	本人と契約を結んだ本邦の機関の職員
法別表第1の2の表の技能実習の項の下欄に掲げる活動(技能実習)	1　法別表第1の2の表の技能実習の項の下欄第1号イに掲げる活動を行おうとする場合　実習実施機関の職員 2　法別表第1の2の表の技能実習の項の下欄第1号ロに掲げる活動を行おうとする場合　監理団体の職員
法別表第1の3の表の文化活動の項の下欄に掲げる活動(文化活動)	1　本人が所属して学術上又は芸術上の活動を行うこととなる本邦の機関の職員 2　本人を指導する専門家 3　本邦に居住する本人の親族
法別表第1の4の表の留学の項の下欄に掲げる活動(留学)	1　本人が教育を受ける本邦の機関の職員 2　本人が基準省令の留学の項の下欄第1号イ又はロに該当する活動を行う場合は、次に掲げる者 　機関その他の本人の学費又は滞在費を支弁する機関の職員 　ア　本人に対して奨学金を支給する機関その他の本人の学費又は滞在費を支弁する機関の職員 　イ　本人の学費又は滞在費を支弁する者 　ウ　本邦に居住する本人の親族 3　本人が基準省令の留学の項の下欄第1号ハに該当する活動を行う場合は、次に掲げる者

		ア　本人が交換学生である場合における学生交換計画を策定した機関の職員 イ　本人が高等学校(中等教育学校の後期課程を含む。)において教育を受けようとする場合にあつては本邦に居住する本人の親族
法別表第1の4の表の研修の項の下欄に掲げる活動(研修)	受入れ機関の職員	
法別表第1の4の表の家族滞在の項の下欄に掲げる活動(家族滞在)	1　本邦において本人を扶養することとなる者又は本邦に居住する本人の親族 2　本人を扶養する者の在留資格認定証明書の交付の申請の代理人となつている者	
法別表第1の5の表の特定活動の項の下欄に掲げる活動(特定活動)	1　法別表第1の5の表の下欄(イに係る部分に限る。)に掲げる活動を行おうとする場合　本人と契約を結んだ本邦の機関の職員又は本人が経営する事業に係る本邦事業所の職員 2　法別表第1の5の表の下欄(ロに係る部分に限る。)に掲げる活動を行おうとする場合　本人と契約を結んだ本邦の機関の職員 3　法別表第1の5の表の下欄(ハに係る部分に限る。)に掲げる活動を行おうとする場合　本邦において本人を扶養することとなる者若しくは本邦に居住する本人の親族又は本人を扶養する者の在留資格認定証明書の交付の申請の代理人となつている者 4　法別表第1の5の表の下欄(ニに係る部分に限る。)に掲げる活動を行おうとする場合　本人が所属して法務大臣が指定した活動を行うこととなる機関の職員、本人を雇用する者又は法務大臣が指定する活動に則して法務大臣が告示をもつて定める者	
法別表第2の日本人の配偶者等の項の下欄に掲げる身分を有する者としての活動(日本人の配偶者等)	本邦に居住する本人の親族	
法別表第2の永住者の配偶者等の項の下欄に掲げる身分又は地位を有する者としての活動(永住者の配偶者等)	本邦に居住する本人の親族	
法別表第2の定住者の項の下欄に掲げる地位を有する者としての活動(定住者)	本邦に居住する本人の親族	

別表第5 (第52条の2関係)

番号	施設
1	成田国際空港の近傍にある宿泊施設で法務大臣が指定するもの
2	東京国際(羽田)空港の近傍にある宿泊施設で法務大臣が指定するもの
3	中部国際空港の近傍にある宿泊施設で法務大臣が指定するもの
4	関西国際空港の近傍にある宿泊施設で法務大臣が指定するもの

別表第6（第59条の3関係）

名称	入国管理官署	担当区域内にある入国者収容所等及び出国待機施設
東日本地区入国者収容所等視察委員会	東京入国管理局	1　入国者収容所東日本入国管理センター 2　札幌入国管理局、仙台入国管理局及び東京入国管理局の収容場 3　別表第5第1号及び第2号に掲げる施設
西日本地区入国者収容所等視察委員会	大阪入国管理局	1　入国者収容所西日本入国管理センター及び入国者収容所大村入国管理センター 2　名古屋入国管理局、大阪入国管理局、広島入国管理局、高松入国管理局及び福岡入国管理局の収容場 3　別表第5第3号及び第4号に掲げる施設

別表第7（第59条の6関係）

1

外国人が自ら出頭して行うこととされている行為	当該外国人に代わつてする行為
法第19条の10第1項の規定による届出	第19条の9第1項に定める届出書等の提出及び同条第2項に定める旅券等の提示等に係る手続
法第19条の11第1項又は第2項の規定による申請	第19条の10第1項に定める申請書等の提出及び同条第2項において準用する第19条の9第2項に定める旅券等の提示等に係る手続
法第19条の12第1項の規定による申請	第19条の11第1項に定める申請書等の提出及び同条第2項に定める旅券等の提示等に係る手続
法第19条の13第1項又は第3項の規定による申請	第19条の12第1項又は第2項に定める申請書等の提出及び同条第3項において準用する第19条の9第2項に定める旅券等の提示等に係る手続
法第19条の10第2項の規定（法第19条の11第3項、第19条の12第2項及び第19条の13第4項において準用する場合を含む。）により交付される在留カードの受領	この項の上欄の規定により交付される在留カードの受領に係る手続

2

外国人が自ら出頭して行うこととされている行為	当該外国人に代わつてする行為
法第20条第2項の規定による在留資格の変更の申請	第20条第1項及び第2項に定める申請書等の提出並びに同条第4項に定める旅券等の提示等に係る手続
法第21条第2項の規定による在留期間の更新の申請	第21条第1項及び第2項に定める申請書等の提出並びに同条第4項において準用する第20条第4項に定める旅券等の提示等に係る手続
法第22条第1項の規定による永住許可の申請	第22条第1項に定める申請書等の提出及び同条第3項において準用する第20条第4項に定める旅券等の提示等に係る手続
法第22条の2第2項（法第22条の3において準用する場合を含む。）の規定による在留資格の取得の申請	第24条第1項及び第2項に定める申請書等の提出並びに同条第4項に定める旅券等の提示等に係る手続

法第22条の2第2項（法第22条の3において準用する場合を含む。）の規定による在留資格の取得の申請（永住者の在留資格の取得の申請に限る。）	第25条第1項に定める申請書等の提出及び同条第3項において準用する第24条第4項に定める旅券の提示等に係る手続
法第20条第4項第1号（法第21条第4項及び第22条の2第3項（法第22条の3において準用する場合を含む。）において準用する場合を含む。）、第22条第3項（法第22条の2第4項（法第22条の3において準用する場合を含む。）において準用する場合を含む。）、第50条第3項又は第61条の2の2第3項第1号の規定により交付される在留カードの受領	この項の上欄の規定により交付される在留カードの受領に係る手続

被収容者処遇規則

(昭和56年11月10日法務省令第59号)

第1章 総則

(目的)

第1条 この規則は、出入国管理及び難民認定法(昭和26年政令第319号)により入国者収容所又は収容場(以下「収容所等」という。)に収容されている者(以下「被収容者」という。)の人権を尊重しつつ、適正な処遇を行うことを目的とする。

(生活様式の尊重)

第2条 入国者収容所長及び地方入国管理局長(以下「所長等」という。)は、収容所等の保安上支障がない範囲内において、被収容者がその属する国の風俗習慣によって行う生活様式を尊重しなければならない。

(意見聴取等)

第2条の2 所長等は、被収容者からの処遇に関する意見の聴取、収容所等の巡視その他の措置を講じて、被収容者の処遇の適正を期するものとする。

(収容所等の構造及び設備)

第3条① 収容所等の構造及び設備は、被収容者の健康及び収容所等の秩序を維持するため、通風、採光、区画及び使用面積等に配慮するとともに、被収容者の逃走、奪取、暴行、自殺その他の事故(以下「保安上の事故」という。)を防止するため、堅固で看守に便利なようにしなければならない。

② 収容所等には、地震、風水害、火災その他の災害(以下「非常災害」という。)に備え、非常口を設け、かつ、警報ベル、消火器、避難器具等を備えておかなければならない。

(帳簿の備付)

第4条 収容所等には、次に掲げる帳簿を備え、所定事項を記録しておかなければならない。

1 別記第1号様式による被収容者名簿
2 別記第2号様式による看守勤務日誌
3 別記第3号様式による被収容者診療簿
4 別記第4号様式による被収容者面会簿
5 別記第5号様式による被収容者郵便物発受信簿
6 別記第6号様式による被収容者給検食簿
7 別記第7号様式による被収容者物品貸与簿
8 別記第8号様式による被収容者物品給与簿

第2章 収容

(収容区分)

第5条 男子と女子とは、分離して収容しなければならない。ただし、所長等が被収容者の保護又は看護のため必要があると認めるときは、この限りでない。

(適法な収容)

第6条 所長等は、新たに収容される者を収容所等に収容するときは、その収容が適法であることを確認しなければならない。

(遵守事項)

第7条① 収容所等の安全と秩序を維持するため及び収容所等における生活を円滑に行わせるため必要な被収容者の遵守すべき事項(以下「遵守事項」という。)は、次のとおりとする。

1 逃走し、又は逃走することを企てないこと。
2 自損行為をし、又はこれを企てないこと。
3 他人に対し危害を加え、又は危害を加える

ことを企てないこと。
　4　他人に対する迷惑行為をしないこと。
　5　収容所等の設備、器具その他の物を損壊をしないこと。
　6　許可を得ないで、外部の者との物品の接受をしないこと。
　7　凶器、発火物その他の危険物を所持、使用しないこと。
　8　職員の職務執行を妨害しないこと。
　9　整理整とん及び清潔の保持に努めること。
②　所長等は、前項のほか、収容所等の実情に応じ、法務大臣の認可を受けて遵守事項を定めることができる。
③　所長等は、新たに収容される者を収容所等に収容するときは、遵守事項をあらかじめその者に告知しなければならない。
④　入国警備官は、被収容者に対し、遵守事項を遵守させるため必要な指導を行うことができる。

（健康診断）
第8条　所長等は、新たに収容される者について、必要があると認めるときは、医師の健康診断を受けさせ、り病していることが判明したときは、病状により適当な措置を講じなければならない。

（検疫所及び税関への通報）
第9条　所長等は、新たに収容される者について、検疫又は税関検査を受けさせる必要があると認めるときは、検疫所若しくは保健所又は税関に通報しなければならない。

（身体、所持品及び衣類の検査）
第10条　所長等は、収容所等の保安上又は衛生上必要があると認めるときは、入国警備官に被収容者の身体、所持品及び衣類の検査を行わせることができる。

（物品の領置）
第11条①　所長等は、収容所等の保安上又は衛生上必要があると認め、被収容者の物品を領置するときは、当該被収容者に別記第9号様式（甲・乙）による預り証を交付しなければならない。
②　前項の規定により領置した物品で滅失若しくは破損のおそれがあるもの又は保管に不便なものは、被収容者の承諾を得て廃棄し又は換価してその代金を領置することができる。
③　第1項の規定により領置した物品について、被収容者からその全部又は一部の返還申出が

あつたときは、その申出を適当と認めたときに限り、これを許可することができる。

（指紋及び写真）
第12条　所長等は、新たに収容される者を収容所等に収容するときは、16歳未満の者を除き、入国警備官に指紋を採取させ、身長及び体重を測定させ、かつ、写真を撮影させなければならない。

（傷跡等の記録）
第13条　入国警備官は、新たに収容される者の身体に傷跡その他の異状を発見したときは、その状況及び原因等を被収容者名簿に記録しなければならない。

第3章　看守

（事故の防止等）
第14条①　入国警備官は、収容所等内外の巡視、見張り及び動しようを行い、被収容者の動静及び施設の異状の有無に注意を払い、もつて保安上の事故の防止に努めなければならない。
②　入国警備官は、収容所等の施設又は被収容者について異状を発見したときは、応急の措置を講じるとともに、直ちに所長等に報告しなければならない。

（逃走に対する措置）
第15条　入国警備官は、被収容者が逃走したことを発見したときは、逃走した被収容者を速やかに収容するために必要な措置を講じるとともに、直ちに所長等に報告しなければならない。

第4章　保安

（保安計画）
第16条　所長等は、保安上の事故又は非常災害の発生に備え、あらかじめ緊急連絡方法、避難計画その他所要の対策を講じ、随時訓練を実施しなければならない。

（避難及び一時解放）
第17条①　所長等は、非常災害に際し、収容所等内において避難の手段がないと認めるときは、被収容者を収容所等以外の適当な場所に護送しなければならない。
②　所長等は、前項の場合において、護送するいとまがないときは、被収容者を一時解放することができる。
③　所長等は、前項の規定により被収容者を一時解放するときは、被収容者に対し、出頭すべ

き日時及び場所を指定し、かつ、出頭を確保するために必要な措置を講じなければならない。
（制止等の措置）
第17条の2 入国警備官は、被収容者が遵守事項に違反する行為をし、又は違反する行為をしようとする場合には、その行為の中止を命じ、合理的に必要と判断される限度で、その行為を制止し、その他その行為を抑止するための措置をとることができる。
（隔離）
第18条 所長等は、被収容者が次の各号の一に該当する行為をし、又はこれを企て、通謀し、あおり、そそのかし若しくは援助した場合は、期限を定め、その者を他の被収容者から隔離することができる。この場合において、所長等は、当該期限にかかわらず、隔離の必要がなくなつたときは、直ちにその隔離を中止しなければならない。
1　逃走、暴行、器物損壊その他刑罰法令に触れる行為をすること。
2　職員の職務執行に反抗し、又はこれを妨害すること。
3　自殺又は自損すること。
②　前項に規定する場合において、所長等の命令を受けるいとまがないときは、入国警備官は、自ら当該被収容者を他の被収容者から隔離することができる。
③　入国警備官は、前項の規定による隔離を行つたときは、速やかに所長等に報告しなければならない。
（戒具の使用）
第19条① 所長等は、被収容者が次の各号の一に該当する行為をするおそれがあり、かつ、他にこれを防止する方法がないと認められる場合は、必要最小限度の範囲で、入国警備官に、当該被収容者に対して戒具を使用させることができる。ただし、所長等の命令を受けるいとまがないときは、入国警備官は、自ら戒具を使用することができる。
1　逃走すること。
2　自己又は他人に危害を加えること。
3　収容所等の設備、器具その他の物を損壊すること。
②　入国警備官は、前項ただし書の規定により戒具を使用したときは、速やかに所長等に報告しなければならない。
（戒具の種類）
第20条① 戒具は、次の四種類とする。
1　第1種手錠
2　第2種手錠
3　第1種捕じよう
4　第2種捕じよう
②　戒具の制式は、別表のとおりとする。

第5章　給養及び衛生

（適正な給養等）
第21条 所長等は、被収容者の給養の適正と衛生の保持に努めなければならない。
（寝具の貸与）
第22条 被収容者に貸与する寝具は、次の品目とし、その数量及び貸与期間は、所長等が定める。
1　毛布又はふとん
2　まくら
3　まくらカバー
4　敷布
（衣類及び日用品の給与）
第23条① 所長等は、被収容者が物品の無償貸付及び譲与等に関する法律（昭和22年法律第229号）第3条第5号に該当する場合において、必要があると認めるときは、一定の衣類及び日用品を給与するものとする。
②　前項の規定により給与する衣類及び日用品の品目、数量及び使用期間は、所長等が定める。
（物品の使用）
第24条① 被収容者に使用させる物品は、次に掲げるものとし、その品目、数量及び使用期間は、所長等が定める。
1　食卓
2　いす
3　食器
4　理容用具
5　運動用具
6　娯楽用具
7　図書
8　掃除用具
9　洗面用具
10　喫煙用具
②　所長等は、必要があると認めたときは、物品の種類を増加することができる。
③　前項により、物品の種類を増加したときは、理由を付してその旨を法務大臣に報告しなければならない。

④　所長等は、前項の理容用具、運動用具及び娯楽用具については、被収容者の申出により、収容所等の保安上又は衛生上支障がないと認める範囲内において、使用させるものとする。

（糧食の種類）
第25条①　被収容者に給与する糧食は、主食、副食及び飲料とする。
②　前項の主食は、被収容者の食習慣を勘案し、米、麦、パン及びめん類等とする。

（糧食のエネルギー）
第26条①　被収容者に給与する糧食の1人1日当たりのエネルギーは、2200キロカロリー以上3000キロカロリー以下とする。
②　被収容者に給与する副食の栄養基準量は、法務大臣が別に定める。
③　所長等は、医師の意見により、病者、老齢者、妊産婦、授乳婦、乳児その他保健上特に必要があると認める被収容者の糧食のエネルギー及び副食の栄養基準量を適宜増減することができる。

（検食）
第27条　所長等は、被収容者に糧食を給与するときは、これを検食しなければならない。

（運動）
第28条　所長等は、被収容者に毎日戸外の適当な場所で運動する機会を与えなければならない。ただし、荒天のとき又は収容所等の保安上若しくは衛生上支障があると認めるときは、この限りでない。

（衛生）
第29条　所長等は、被収容者の衛生に留意し、適宜入浴させるほか、清掃及び消毒を励行し、食器及び寝具等についても充分清潔を保持するように努めなければならない。

（傷病者の措置）
第30条①　所長等は、被収容者が病し、又は負傷したときは、医師の診療を受けさせ、病状により適当な措置を講じなければならない。
②　収容所等には、急病人の発生その他に備え、必要な薬品を常備しておかなければならない。

（伝染病等に対する予防措置）
第31条①　所長等は、伝染病又は伝染性の病気が流行し、又は流行するおそれがあるときは、必要な予防措置を講じなければならない。
②　所長等は、前項の場合において、必要があると認めるときは、飲食物の授与、購入若しくは携帯等を禁じ、又は制限することができる。

（伝染病患者等に対する措置）
第32条　所長等は、被収容者が伝染病又は伝染性の病気にかかつたとき、又はその疑いがあるときは、直ちにその者を隔離するとともに、保健所に通報し、消毒を施す等適当な応急措置を講じなければならない。

第6章　面会、物品の授与及び通信

（領事官等との面会）
第33条①　所長等は、被収容者に対し、次に掲げる者から面会の申出があつたときは、これを許可するものとする。
　1　被収容者の国籍又は市民権の属する国の領事官
　2　被収容者の訴訟代理人又は弁護人である弁護士（依頼によりこれらの者になろうとする弁護士を含む。）
②　所長等は、前項の規定により面会を許可するときは、時間及び場所その他面会について必要な事項を指定することができる。

（領事官等以外の者との面会）
第34条①　所長等は、被収容者に対し、前条に掲げる者以外の者から面会の申出があつた場合には、その氏名、被収容者との関係及び面会の理由等を聴取し、収容所等の保安上又は衛生上支障がないと認めるときは、面会を許可するものとする。
②　前条第2項の規定は、前項の面会について準用する。
③　所長等は、第1項の規定により面会を許可するときは、入国警備官を立ち会わさなければならない。ただし、所長等が、その必要がないと認めるときは、この限りでない。
④　入国警備官は、被収容者又は面会者が保安上支障があると認める行為をしたときは、直ちにこれを制止し、制止に従わないときは、面会を中止させることができる。
⑤　入国警備官は、前項の規定により面会を中止させたときは、速やかに所長等に報告しなければならない。

（物品の購入）
第35条　所長等は、被収容者から衣類、日用品、飲食物その他の物品の自費による購入の申出があつたときは、収容所等の保安上又は衛生上支障がないと認める範囲内において、これを許可するものとする。

（物品の授与及び送付）

第36条① 所長等は、被収容者に対し物品の授与の申出があつた場合又は送付があつた場合において、その物品を検査し、収容所等の保安上又は衛生上支障がないと認めるときは、その授与を許可し、又はこれを交付しなければならない。
② 所長等は、前項の規定による検査の結果、収容所等の保安上又は衛生上支障があると認める物品があるときは、これを返還し、又は領置しなければならない。
③ 第11条第1項の規定は、前項の領置について準用する。

（通信文の発受）
第37条① 所長等は、被収容者の発信する通信文を検閲した場合において、当該通信文の内容に収容所等の保安上支障があると認める部分があるときは、当該被収容者にその旨を告げてその部分を訂正させ、又はまつ消させた後発信させるものとし、その指示に従わないときは、これを領置するものとする。
② 所長等は、被収容者の受信する通信文を検閲した場合において、当該通信文の内容に収容所等の保安上支障があると認める部分があるときは、その部分を削除し、又はまつ消して当該被収容者に交付するものとする。この場合において、交付することが適当でないと認めるときは、これを領置するものとする。
③ 第11条第1項の規定は、前2項の規定により領置した通信文について準用する。

第7章　出所

（出所者の確認）
第38条　所長等は、被収容者を仮放免、放免、移送又は送還により収容所等から出所させるときは、人違いでないことを確認しなければならない。

（領置した物品の返還）
第39条　所長等は、被収容者を出所させるときは、領置中の物品を当該被収容者に返還しなければならない。ただし、他の収容所等に移送するため出所させるときは、移送先の入国者収容所又は地方入国管理局に保管替をすることができる。

第8章　雑則

（外出）
第40条① 所長等は、被収容者から外出の申出があつた場合には、やむを得ない事由があると認めるときに限り、これを許可することができる。
② 所長等は、前項の許可により被収容者を外出させるときは、入国警備官に看守させなければならない。

（女子の被収容者に関する特則）
第40条の2① 所長等は、女子の被収容者の身体及び衣類の検査並びに入浴の立会は、女子の入国警備官に行わせなければならない。ただし、女子の入国警備官が不在の場合は、入国警備官以外の女子の職員を指名して、その者に行わせることができる。
② 所長等は、前項本文に定める場合のほか、女子の被収容者の処遇については、女子の入国警備官に行わせるように努めなければならない。

（被収容者の申出に対する措置）
第41条① 入国警備官は、被収容者から処遇に関する申出（次条第1項の規定によるものを除く。）、その他法令に定める請求又は申出があつたときは、直ちに所長等に報告しなければならない。
② 所長等は、前項の報告のあつた事項について、速やかに処理し、その結果を当該被収容者に知らせるものとする。

（不服の申出）
第41条の2① 被収容者は、自己の処遇に関する入国警備官の措置に不服があるときは、当該措置があつた日から7日以内に、不服の理由を記載した書面により所長等にその旨を申し出ることができる。
② 所長等は、前項の規定による申出があつたときは、速やかに必要な調査を行い、その申出があつた日から14日以内に、その申出に理由があるかどうかを判定して、その結果を書面により前項の規定による申出をした者（以下「不服申出人」という。）に通知しなければならない。ただし、不服申出人がその通知を受ける前に出所している場合には、第1項の申出があつた日から14日以内に、その者が出所前に所長等に届け出た出所後の住所、居所その他の場所に通知を発することができる。
③ 前項の規定による通知に係る書面には、不服申出人が収容中である場合に限り次条第1項の規定による異議の申出をすることができる旨を記載しなければならない。

（異議の申出）

第41条の3 ① 前条第2項の規定による判定に不服がある被収容者は、同項の規定による通知を受けた日から3日以内に、不服の理由を記載した書面を所長等に提出して、法務大臣に対し異議を申し出ることができる。
② 所長等は、前項の規定による申出があつたときは、速やかにその申出に係る書面及び前条第2項の調査に関する書類を法務大臣に送付するものとする。
③ 法務大臣は、第1項の規定による申出があつたときは、速やかにその申出に理由があるかどうかを裁決して、書面により所長等を経由して第1項の規定による申出をした者(以下「異議申出人」という。)に通知するものとする。ただし、異議申出人がその通知を受ける前に出所している場合には、その者が出所前に所長等に届け出た出所後の住所、居所その他の場所に通知を発することができる。
(所長等の処置)
第41条の4 所長等は、第41条の2第1項の不服の申出が理由があると判定したとき、又は法務大臣が前条第1項の異議の申出が理由があると裁決したときは、その申出をした被収容者の処遇等に関し必要な措置をとるものとする。
(死亡)
第42条 ① 所長等は、被収容者が死亡したときは、直ちに医師の検案を求める等適切な措置を講じ、死亡の原因その他必要な事項を明らかにしておかなければならない。
② 所長等は、被収容者が死亡したときは、死亡の日時、病名、死因等を速やかに親族又は同居者等に通知し、これに遺体及び遺留品を引き渡さなければならない。この場合において、親族又は同居者等から依頼があつたときその他相当と認めるときは、遺留品を廃棄することができる。
③ 所長等は、遺体を引き取る者がないときは、市町村長に対し、墓地、埋葬等に関する法律(昭和23年法律第48号)第9条の規定による埋葬又は火葬を依頼しなければならない。
(法務大臣への報告)
第43条 所長等は、保安上の事故又は非常災害が発生したときは、当該事件の内容及びこれに対してとつた措置を直ちに法務大臣に報告しなければならない。
(収容所等以外の場所に収容されている者に関する準用)
第44条 この規則は、収容令書又は退去強制令書により収容所等以外の場所に収容されている者の処遇について準用する。
(委任事項)
第45条 所長等は、法務大臣の認可を受けて、被収容者の処遇に関する細則を定めることができる。

別表(第20条関係)

種類	制式
第1種手錠	鎖で連結された金属製の2つの輪のそれぞれが開閉でき、かつ、歯止めで止まり、鍵のかかるものとする。 形状は、別図のとおり。
第2種手錠	金属又はこれと同等以上の強度を有する材質の台形状の連結板の左右に、手首を固定するため施錠装置で伸縮できる輪を結合したもので、かつ、全体を皮革及び化学繊維で被覆し、連結板の長さは、上辺は15ミリメートルないし160ミリメートル、下辺は80ミリメートルないし210ミリメートルで、腕輪の幅は、約80ミリメートルのものとする。 形状は、別図のとおり。
第1種捕じよう	おおむね直径3ミリメートル以上15ミリメートル以下で長さ6メートル以下の麻又は化学繊維製の縄とする。
第2種捕じよう	第1種捕じように同じ。ただし、縄の中芯に金属製ワイヤーを通し、縄の一端に長さ10センチメートル以下の開閉式金具を設けたものとする。

別図

第1種手錠　　　　　　　　　第2種手錠

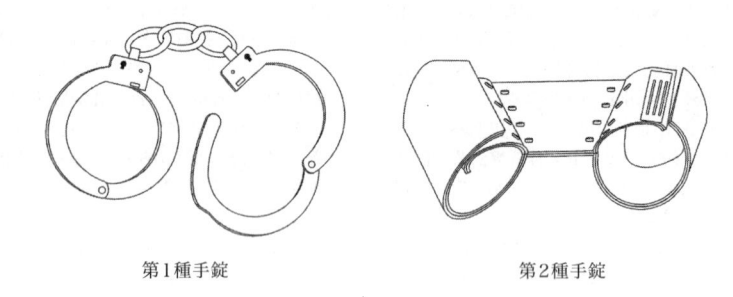

別記第1号～第9号様式　省略

出入国管理及び難民認定法第7条第1項第2号の基準を定める省令（基準省令）

（平成2年5月24日法務省令第16号）

　出入国管理及び難民認定法（以下「法」という。）第7条第1項第2号の基準は、法第6条第2項の申請を行った者（以下「申請人」という。）が本邦において行おうとする次の表の上欄に掲げる活動に応じ、それぞれ同表の下欄に掲げるとおりとする。

活動	基準
法別表第1の2の表の投資・経営の項の下欄に掲げる活動	1　申請人が本邦において貿易その他の事業の経営を開始しようとする場合は、次のいずれにも該当していること。 　イ　当該事業を営むための事業所として使用する施設が本邦に確保されていること。 　ロ　当該事業がその経営又は管理に従事する者以外に2人以上の本邦に居住する者（法別表第1の上欄の在留資格をもって在留する者を除く。）で常勤の職員が従事して営まれる規模のものであること。 2　申請人が本邦における貿易その他の事業に投資してその経営を行い若しくは当該事業の管理に従事し又は本邦においてこれらの事業の経営を開始した外国人（外国法人を含む。以下この項において同じ。）若しくは本邦における貿易その他の事業に投資している外国人に代わってその経営を行い若しくは当該事業の管理に従事しようとする場合は、次のいずれにも該当していること。 　イ　当該事業を営むための事業所が本邦に存在すること。 　ロ　当該事業がその経営又は管理に従事する者以外に2人以上の本邦に居住する者（法別表第1の上欄の在留資格をもって在留する者を除く。）で常勤の職員が従事して営まれる規模のものであること。 3　申請人が本邦における貿易その他の事業の管理に従事しようとする場合は、事業の経営又は管理について3年以上の経験（大学院において経営又は管理に係る科目を専攻した期間を含む。）を有し、かつ、日本人が従事する場合に受ける報酬と同等額以上の報酬を受けること。
法別表第1の2の表の法律・会計業務の項の下欄に掲げる活動	申請人が弁護士、司法書士、土地家屋調査士、外国法事務弁護士、公認会計士、外国公認会計士、税理士、社会保険労務士、弁理士、海事代理士又は行政書士としての業務に従事すること。

法別表第1の2の表の医療の項の下欄に掲げる活動	1　申請人が医師、歯科医師、薬剤師、保健師、助産師、看護師、准看護師、歯科衛生士、診療放射線技師、理学療法士、作業療法士、視能訓練士、臨床工学技士又は義肢装具士としての業務に日本人が従事する場合に受ける報酬と同等額以上の報酬を受けて従事すること。 2　申請人が准看護師としての業務に従事しようとする場合は、本邦において准看護師の免許を受けた後4年以内の期間中に研修として業務を行うこと。 3　申請人が薬剤師、歯科衛生士、診療放射線技師、理学療法士、作業療法士、視能訓練士、臨床工学技士又は義肢装具士としての業務に従事しようとする場合は、本邦の医療機関又は薬局に招へいされること。
法別表第1の2の表の研究の項の下欄に掲げる活動	申請人が次のいずれにも該当していること。ただし、我が国の国若しくは地方公共団体の機関、我が国の法律により直接に設立された法人若しくは我が国の特別の法律により特別の設立行為をもって設立された法人、我が国の特別の法律により設立され、かつ、その設立に関し行政官庁の認可を要する法人若しくは独立行政法人（独立行政法人通則法（平成11年法律第103号）第2条第1項に規定する独立行政法人をいう。以下同じ。）又は国、地方公共団体若しくは独立行政法人から交付された資金により運営されている法人で法務大臣が告示をもって定めるものとの契約に基づいて研究を行う業務に従事しようとする場合は、この限りでない。 1　大学（短期大学を除く。）を卒業し若しくはこれと同等以上の教育を受け若しくは本邦の専修学校の専門課程を修了（当該修了に関し法務大臣が告示をもって定める要件に該当する場合に限る。）した後従事しようとする研究分野において修士の学位若しくは3年以上の研究の経験（大学院において研究した期間を含む。）を有し、又は従事しようとする研究分野において10年以上の研究の経験（大学において研究した期間を含む。）を有すること。ただし、本邦に本店、支店その他の事業所のある公私の機関の外国にある事業所の職員が本邦にある事業所に期間を定めて転勤して当該事業所において研究を行う業務に従事しようとする場合であって、申請に係る転勤の直前に外国にある本店、支店その他の事業所において法別表第1の2の表の研究の項の下欄に掲げる業務に従事している場合で、その期間（研究の在留資格をもって当該本邦にある事業所において業務に従事していた期間がある場合には、当該期間を合算した期間）が継続して1年以上あるときは、この限りでない。 2　日本人が従事する場合に受ける報酬と同等額以上の報酬を受けること。
法別表第1の2の表の教育の項の下欄に掲げる活動	1　申請人が各種学校若しくは設備及び編制に関してこれに準ずる教育機関において教育をする活動に従事する場合又はこれら以外の教育機関において教員以外の職について教育をする活動に従事する場合は、次のいずれにも該当していること。ただし、申請人が各種学校又は設備及び編制に関してこれに準ずる教育機関であって、法別表第1の1の表の外交若しくは公用の在留資格又は4の表の家族滞在の在留資格をもって在留する子女に対して、初等教育又は中等教育を外国語により施すことを目的として設立された教育機関において教育をする活動に従事する場合は、イに該当すること。 イ　次のいずれかに該当していること。 　(1)　大学を卒業し、又はこれと同等以上の教育を受けたこと。 　(2)　行おうとする教育に必要な技術又は知識に係る科目を専攻して本邦の専修学校の専門課程を修了（当該修了に関し法務大臣が告示をもって定める要件に該当する場合に限る。）したこと。 　(3)　行おうとする教育に係る免許を有していること。 ロ　外国語の教育をしようとする場合は当該外国語により12年以上の教育を受けていること、それ以外の科目の教育をしようとする場合は教育機関において当該科目の教育について5年以上従事した実務経験を有していること。 2　日本人が従事する場合に受ける報酬と同等額以上の報酬を受けること。
法別表第1の2の表の技術の項の下欄に掲げる活動	申請人が次のいずれにも該当していること。ただし、申請人が情報処理に関する技術又は知識を要する業務に従事しようとする場合で、法務大臣が告示をもって定める情報処理技術に関する試験に合格し又は法務大臣が告示をもって定める情報処理技術に関する資格を有しているときは、1に該当することを要しない。 1　従事しようとする業務について、次のいずれかに該当し、これに必要な技術又は知

		識を修得していること。 イ　当該技術若しくは知識に係る科目を専攻して大学を卒業し、又はこれと同等以上の教育を受けたこと。 ロ　当該技術又は知識に係る科目を専攻して本邦の専修学校の専門課程を修了（当該修了に関し法務大臣が告示をもって定める要件に該当する場合に限る。）したこと。 ハ　10年以上の実務経験（大学、高等専門学校、高等学校、中等教育学校の後期課程又は専修学校の専門課程において当該技術又は知識に係る科目を専攻した期間を含む。）を有すること。 2　日本人が従事する場合に受ける報酬と同等額以上の報酬を受けること。
	法別表第1の2の表の人文知識・国際業務の項の下欄に掲げる活動	申請人が次のいずれにも該当していること。ただし、申請人が、外国弁護士による法律事務の取扱いに関する特別措置法（昭和61年法律第66号）第58条の2に規定する国際仲裁事件の手続についての代理に係る業務に従事しようとする場合は、この限りでない。 1　申請人が人文科学の分野に属する知識を必要とする業務に従事しようとする場合は、従事しようとする業務について、次のいずれかに該当し、これに必要な知識を修得していること。 イ　当該知識に係る科目を専攻して大学を卒業し、又はこれと同等以上の教育を受けたこと。 ロ　当該知識に係る科目を専攻して本邦の専修学校の専門課程を修了（当該修了に関し法務大臣が告示をもって定める要件に該当する場合に限る。）したこと。 ハ　10年以上の実務経験（大学、高等専門学校、高等学校、中等教育学校の後期課程又は専修学校の専門課程において当該知識に係る科目を専攻した期間を含む。）を有すること。 2　申請人が外国の文化に基盤を有する思考又は感受性を必要とする業務に従事しようとする場合は、次のいずれにも該当していること。 イ　翻訳、通訳、語学の指導、広報、宣伝又は海外取引業務、服飾若しくは室内装飾に係るデザイン、商品開発その他これらに類似する業務に従事すること。 ロ　従事しようとする業務に関連する業務について3年以上の実務経験を有すること。ただし、大学を卒業した者が翻訳、通訳又は語学の指導に係る業務に従事する場合は、この限りでない。 3　申請人が日本人が従事する場合に受ける報酬と同等額以上の報酬を受けること。
	法別表第1の2の表の企業内転勤の項の下欄に掲げる活動	申請人が次のいずれにも該当していること。 1　申請に係る転勤の直前に外国にある本店、支店その他の事業所において法別表第1の2の表の技術の項又は人文知識・国際業務の項の下欄に掲げる業務に従事している場合で、その期間（企業内転勤の在留資格をもって外国に当該事業所のある公私の機関の本邦にある事業所において業務に従事していた期間がある場合には、当該期間を合算した期間）が継続して1年以上あること。 2　日本人が従事する場合に受ける報酬と同等額以上の報酬を受けること。
	法別表第1の2の表の興行の項の下欄に掲げる活動	1　申請人が演劇、演芸、歌謡、舞踊又は演奏（以下「演劇等」という。）の興行に係る活動に従事しようとする場合は、2に規定する場合を除き、次のいずれにも該当していること。 イ　申請人が従事しようとする活動について次のいずれかに該当していること。ただし、当該興行を行うことにより得られる報酬の額（団体で行う興行の場合にあっては当該団体が受ける総額）が1日につき500万円以上である場合は、この限りでない。 　(1)　削除 　(2)　外国の教育機関において当該活動に係る科目を2年以上の期間専攻したこと。 　(3)　2年以上の外国における経験を有すること。 ロ　申請人が次のいずれにも該当する本邦の機関との契約（当該機関が申請人に対して月額20万円以上の報酬を支払う義務を負うことが明示されているものに限る。以下この号において「興行契約」という。）に基づいて演劇等の興行に係る活動に従事しようとするものであること。ただし、主として外国の民族料理を提供する飲食店（風俗営業等の規制及び業務の適正化等に関する法律（昭和23年法律第122号。以下「風営法」という。）第2条第1項第1号又は第2号に規定する営業を営む施設を除く。）を運営する機関との契約に基づいて月額20万円以上の報酬を受けて当該飲食

店において当該外国の民族音楽に関する歌謡、舞踊又は演奏に係る活動に従事しようとするときは、この限りでない。
  (1) 外国人の興行に係る業務について通算して3年以上の経験を有する経営者又は管理者がいること。
  (2) 5名以上の職員を常勤で雇用していること。
  (3) 当該機関の経営者又は常勤の職員が次のいずれにも該当しないこと。
    (i) 人身取引等を行い、唆し、又はこれを助けた者
    (ii) 過去5年間に法第24条第3号の4イからハまでに掲げるいずれかの行為を行い、唆し、又はこれを助けた者
    (iii) 過去5年間に当該機関の事業活動に関し、外国人に不正に法第3章第1節若しくは第2節の規定による証明書の交付、上陸許可の証印（法第9条第4項の規定による記録を含む。以下同じ。）若しくは許可、同章第4節の規定による上陸の許可、又は法第4章第1節若しくは法第5章第3節の規定による許可を受けさせる目的で、文書若しくは図画を偽造し、若しくは変造し、虚偽の文書若しくは図画を作成し、若しくは偽造若しくは変造された文書若しくは図画若しくは虚偽の文書若しくは図画を行使し、所持し、若しくは提供し、又はこれらの行為を唆し、若しくは助けた者
    (iv) 法第74条から第74条の8までの罪又は売春防止法（昭和31年法律第118号）第6条から第13条までの罪により刑に処せられ、その執行を終わり、又は執行を受けることがなくなった日から5年を経過しない者
    (v) 暴力団員による不当な行為の防止等に関する法律（平成3年法律第77号）第2条第6号に規定する暴力団員（以下「暴力団員」という。）又は暴力団員でなくなった日から5年を経過しない者
  (4) 過去3年間に締結した興行契約に基づいて興行の在留資格をもって在留する外国人に対して支払義務を負う報酬の全額を支払っていること。
ハ 申請に係る演劇等が行われる施設が次に掲げるいずれの要件にも適合すること。ただし、興行に係る活動に従事する興行の在留資格をもって在留する者が当該施設において申請人以外にいない場合は、(6)に適合すること。
  (1) 不特定かつ多数の客を対象として外国人の興行を行う施設であること。
  (2) 風営法第2条第1項第1号又は第2号に規定する営業を営む施設である場合は、次に掲げるいずれの要件にも適合していること。
    (i) 専ら客の接待（風営法第2条第3項に規定する接待をいう。以下同じ。）に従事する従業員が5名以上いること。
    (ii) 興行に係る活動に従事する興行の在留資格をもって在留する者が客の接待に従事するおそれがないと認められること。
  (3) 13平方メートル以上の舞台があること。
  (4) 9平方メートル（出演者が5名を超える場合は、9平方メートルに5名を超える人数の1名につき1.6平方メートルを加えた面積）以上の出演者用の控室があること。
  (5) 当該施設の従業員の数が5名以上であること。
  (6) 当該施設を運営する機関の経営者又は当該施設に係る業務に従事する常勤の職員が次のいずれにも該当しないこと。
    (i) 人身取引等を行い、唆し、又はこれを助けた者
    (ii) 過去5年間に法第24条第3号の4イからハまでに掲げるいずれかの行為を行い、唆し、又はこれを助けた者
    (iii) 過去5年間に当該機関の事業活動に関し、外国人に不正に法第3章第1節若しくは第2節の規定による証明書の交付、上陸許可の証印若しくは許可、同章第4節の規定による上陸の許可又は法第4章第1節若しくは法第5章第3節の規定による許可を受けさせる目的で、文書若しくは図画を偽造し、若しくは変造し、虚偽の文書若しくは図画を作成し、若しくは偽造若しくは変造された文書若しくは図画若しくは虚偽の文書若しくは図画を行使し、所持し、若しくは提供し、又はこれらの行為を唆し、若しくは助けた者
    (iv) 法第74条から第74条の8までの罪又は売春防止法第6条から第13条までの罪により刑に処せられ、その執行を終わり、又は執行を受けることがなくなった日から5年を経過しない者

	(v) 暴力団員又は暴力団員でなくなった日から5年を経過しない者 2　申請人が演劇等の興行に係る活動に従事しようとする場合は、次のいずれかに該当していること。 　イ　我が国の国若しくは地方公共団体の機関、我が国の法律により直接に設立された法人若しくは我が国の特別の法律により特別の設立行為をもって設立された法人が主催する演劇等の興行又は学校教育法（昭和22年法律第26号）に規定する学校、専修学校若しくは各種学校において行われる演劇等の興行に係る活動に従事しようとするとき。 　ロ　我が国と外国との文化交流に資する目的で国、地方公共団体又は独立行政法人の資金援助を受けて設立された本邦の公私の機関が主催する演劇等の興行に係る活動に従事しようとするとき。 　ハ　外国の情景又は文化を主題として観光客を招致するために外国人による演劇、演芸、歌謡、舞踊又は演奏の興行を常時行っている敷地面積10万平方メートル以上の施設において当該興行に係る活動に従事しようとするとき。 　ニ　客席において飲食物を有償で提供せず、かつ、客の接待をしない施設（営利を目的としない本邦の公私の機関が運営するもの又は客席の定員が100人以上であるものに限る。）において演劇等の興行に係る活動に従事しようとするとき。 　ホ　当該興行により得られる報酬の額（団体で行う興行の場合にあっては当該団体が受ける総額）が1日につき50万円以上であり、かつ、15日を超えない期間本邦に在留して演劇等の興行に係る活動に従事しようとするとき。 3　申請人が演劇等の興行に係る活動以外の興行に係る活動に従事しようとする場合は、日本人が従事する場合に受ける報酬と同等額以上の報酬を受けて従事すること。 4　申請人が興行に係る活動以外の芸能活動に従事しようとする場合は、申請人が次のいずれかに該当する活動に従事し、かつ、日本人が従事する場合に受ける報酬と同等額以上の報酬を受けること。 　イ　商品又は事業の宣伝に係る活動 　ロ　放送番組（有線放送番組を含む。）又は映画の製作に係る活動 　ハ　商業用写真の撮影に係る活動 　ニ　商業用のレコード、ビデオテープその他の記録媒体に録音又は録画を行う活動
法別表第1の2の表の技能の項の下欄に掲げる活動	申請人が次のいずれかに該当し、かつ、日本人が従事する場合に受ける報酬と同等額以上の報酬を受けること。 1　料理の調理又は食品の製造に係る技能で外国において考案され我が国において特殊なものを要する業務に従事する者で、次のいずれかに該当するもの（第9号に掲げる者を除く。） 　イ　当該技能について10年以上の実務経験（外国の教育機関において当該料理の調理又は食品の製造に係る科目を専攻した期間を含む。）を有する者 　ロ　経済上の連携に関する日本国とタイ王国との間の協定附属書7第1部A第5節1(c)の規定の適用を受ける者 2　外国に特有の建築又は土木に係る技能について10年（当該技能を要する業務に10年以上の実務経験を有する外国人の指揮監督を受けて従事する者の場合にあっては、5年）以上の実務経験（外国の教育機関において当該建築又は土木に係る科目を専攻した期間を含む。）を有する者で、当該技能を要する業務に従事するもの 3　外国に特有の製品の製造又は修理に係る技能について10年以上の実務経験（外国の教育機関において当該製品の製造又は修理に係る科目を専攻した期間を含む。）を有する者で、当該技能を要する業務に従事するもの 4　宝石、貴金属又は毛皮の加工に係る技能について10年以上の実務経験（外国の教育機関において当該加工に係る科目を専攻した期間を含む。）を有する者で、当該技能を要する業務に従事するもの 5　動物の調教に係る技能について10年以上の実務経験（外国の教育機関において動物の調教に係る科目を専攻した期間を含む。）を有する者で、当該技能を要する業務に従事するもの 6　石油探査のための海底掘削、地熱開発のための掘削又は海底鉱物探査のための海底地質調査に係る技能について10年以上の実務経験（外国の教育機関において石油探査のための海底掘削、地熱開発のための掘削又は海底鉱物探査のための海底地質

調査に係る科目を専攻した期間を含む。）を有する者で、当該技能を要する業務に従事するもの
7　航空機の操縦に係る技能について1000時間以上の飛行経歴を有する者で、航空法（昭和27年法律第231号）第2条第18項に規定する航空運送事業の用に供する航空機に乗り組んで操縦者としての業務に従事するもの
8　スポーツの指導に係る技能について3年以上の実務経験（外国の教育機関において当該スポーツの指導に係る科目を専攻した期間及び報酬を受けて当該スポーツに従事していた期間を含む。）を有する者で、当該技能を要する業務に従事するもの又はスポーツの選手としてオリンピック大会、世界選手権大会その他の国際的な競技会に出場したことがある者で、当該スポーツの指導に係る技能を要する業務に従事するもの
9　ぶどう酒の品質の鑑定、評価及び保持並びにぶどう酒の提供（以下「ワイン鑑定等」という。）に係る技能について5年以上の実務経験（外国の教育機関においてワイン鑑定等に係る科目を専攻した期間を含む。）を有する次のいずれかに該当する者で、当該技能を要する業務に従事するもの
　　イ　ワイン鑑定等に係る技能に関する国際的な規模で開催される競技会（以下「国際ソムリエコンクール」という。）において優秀な成績を収めたことがある者
　　ロ　国際ソムリエコンクール（出場者が1国につき1名に制限されているものに限る。）に出場したことがある者
　　ハ　ワイン鑑定等に係る技能に関して国（外国を含む。）若しくは地方公共団体（外国の地方公共団体を含む。）又はこれらに準ずる公私の機関が認定する資格で法務大臣が告示をもって定めるものを有する者

| 法別表第1の2の表の技能実習の項の下欄第1号イに掲げる活動 | 1　申請人が本邦の公私の機関の外国にある事業所又は出入国管理及び難民認定法別表第1の2の表の技能実習の項の下欄に規定する事業上の関係を有する外国の公私の機関の外国にある事業所を定める省令（平成21年法務省令第52号）で定める外国の公私の機関の外国にある事業所の常勤の職員であり、かつ、当該事業所から転勤し、又は出向する者であること。
2　申請人が修得しようとする技能、技術又は知識（以下「技能等」という。）が同一の作業の反復のみによって修得できるものではないこと。
3　申請人が18歳以上であり、かつ、国籍又は住所を有する国に帰国後本邦において修得した技能等を要する業務に従事することが予定されていること。
4　申請人が住所を有する地域において修得することが不可能又は困難である技能等を修得しようとすること。
5　申請人又はその配偶者、直系若しくは同居の親族その他申請人と社会生活において密接な関係を有する者が、本邦において申請人が従事する技能実習（本邦外において実習実施機関（本邦にある事業所において技能実習を実施する法人（親会社（会社法（平成17年法律第86号）第2条第4号に規定する親会社をいう。）若しくは子会社（同条第3号に規定する子会社をいう。）の関係にある複数の法人又は同一の親会社をもつ複数の法人が共同で実施する場合はこれら複数の法人）又は個人をいう。以下同じ。）が実施する講習を含む。次号において同じ。）に関連して、次に掲げるいずれの機関からも保証金を徴収されていないことその他名目のいかんを問わず、金銭その他の財産を管理されておらず、かつ、当該技能実習が終了するまで管理されないことが見込まれることのほか、当該機関との間で、労働契約の不履行に係る違約金を定める契約その他の不当に金銭その他の財産の移転を予定する契約が締結されておらず、かつ、当該技能実習が終了するまで締結されないことが見込まれること。
　　イ　申請人が国籍又は住所を有する国の所属機関その他申請人が本邦において行おうとする活動の準備に関与する外国の機関（以下「送出し機関」という。）
　　ロ　実習実施機関
6　実習実施機関と送出し機関の間で、本邦において申請人が従事する技能実習に関連して、労働契約の不履行に係る違約金を定める契約その他の不当に金銭その他の財産の移転を予定する契約が締結されておらず、かつ、当該技能実習が終了するまで締結されないことが見込まれること。
7　実習実施機関が次に掲げる要件に適合する講習を座学（見学を含む。）により実施すること。
　　イ　講習の科目が次に掲げるものであること。 |

(1) 日本語
(2) 本邦での生活一般に関する知識
(3) 出入国管理及び難民認定法、労働基準法（昭和22年法律第49号）、外国人の技能実習に係る不正行為が行われていることを知ったときの対応方法その他技能実習生の法的保護に必要な情報（専門的な知識を有する者が講義を行うものに限る。）
(4) (1)から(3)までに掲げるもののほか、本邦での円滑な技能等の修得に資する知識
ロ　実習実施機関が本邦において実施する講習の総時間数が、申請人が本邦において上欄の活動に従事する予定の時間全体の6分の1以上であること。ただし、申請人が次のいずれかに該当する講習又は外部講習を受けた場合は、12分の1以上であること。なお、講習時間の算定に当たっては、1日の講習の実施時間が8時間を超える場合にあっては、8時間とする。
(1) 過去6月以内に実習実施機関が本邦外において実施したイの(1)、(2)又は(4)の科目に係る講習で、1月以上の期間を有し、かつ、160時間以上の課程を有するもの
(2) 過去6月以内に外国の公的機関若しくは教育機関又は第1号に規定する本邦若しくは外国の公私の機関が申請人の本邦において従事しようとする技能実習に資する目的で本邦外において実施したイの(1)、(2)又は(4)の科目に係る外部講習（座学（見学を含む。）によるものに限る。）で、1月以上の期間を有し、かつ、160時間以上の課程を有するもの（実習実施機関においてその内容が講習と同等以上であることを確認したものに限る。）
ハ　本邦における講習が、申請人が本邦において上欄の活動に従事する期間内に行われること。ただし、イの(3)の科目に係る講習については、申請人が実習実施機関において講習以外の技能等の修得活動を実施する前に行われること。
8　申請人に対する報酬が日本人が従事する場合の報酬と同等額以上であること。
9　申請人が従事しようとする技能実習が実習実施機関の常勤の職員で修得しようとする技能等について5年以上の経験を有するもの（以下「技能実習指導員」という。）の指導の下に行われること。
10　実習実施機関に申請人の生活の指導を担当する職員（以下「生活指導員」という。）が置かれていること。
11　申請人を含めた実習実施機関に受け入れられている技能実習生（法別表第1の2の表の技能実習の項の下欄第1号に掲げる活動に従事する者に限る。）の人数が当該機関の常勤の職員（外国にある事業所に所属する常勤の職員及び技能実習生を除く。以下この号において同じ。）の総数の20分の1以内であること。ただし、法務大臣が告示をもって定める技能実習にあっては、申請人を含めた実習実施機関に受け入れられている技能実習生（法別表第1の2の表の技能実習の項の下欄第1号に掲げる活動に従事する者に限る。）の人数が当該機関の常勤の職員の総数を超えるものでなく、かつ、次の表の上欄に掲げる当該総数に応じそれぞれ同表の下欄に掲げる人数（1人未満の端数があるときは、これを切り捨てた人数とする。）の範囲内であること。

実習実施機関の常勤の職員の総数	技能実習生の人数
301人以上	常勤の職員の総数の20分の1
201人以上300人以下	15人
101人以上200人以下	10人
51人以上100人以下	6人
50人以下	3人

12　実習実施機関が、技能実習生が上欄の活動を継続することが不可能となる事由が生じた場合は、直ちに、地方入国管理局に当該事実及び対応策を報告することとされていること。
13　実習実施機関が講習を実施する施設を確保していること。
14　実習実施機関が技能実習生用の宿泊施設を確保していること。

15 実習実施機関が、申請人が雇用契約に基づいて技能等の修得活動を開始する前に、その事業に関する労働者災害補償保険法(昭和22年法律第50号)による労働者災害補償保険に係る保険関係の成立の届出その他これに類する措置を講じていること。
16 実習実施機関が技能実習生の帰国旅費の確保その他の帰国担保措置を講じていること。
17 実習実施機関が技能実習(実習実施機関が本邦外において実施する講習を含む。)の実施状況に係る文書を作成し、技能実習を実施する事業所に備え付け、当該技能実習の終了の日から1年以上保存することとされていること。
18 実習実施機関又はその経営者、管理者、技能実習指導員若しくは生活指導員が外国人の技能実習に係る不正行為(技能実習の適正な実施を妨げるものに限る。法別表第1の2の表の技能実習の項の下欄第1号ロに掲げる活動の項の下欄第8号イ(3)を除き、以下同じ。)で次の表の上欄に掲げるものを行ったことがある場合は、当該不正行為が行われたと認められた日後同表下欄に掲げる期間を経過し、かつ、再発防止に必要な改善措置が講じられていること。

外国人の技能実習に係る不正行為	期間
イ 実習実施機関において、受け入れ又は雇用した技能実習生に対して暴行し、脅迫し又は監禁する行為	5年間
ロ 実習実施機関において、受け入れ又は雇用した技能実習生の旅券又は外国人登録証明書を取り上げる行為	5年間
ハ 実習実施機関において、受け入れ又は雇用した技能実習生に支給する手当又は報酬の一部又は全部を支払わない行為	5年間
ニ イからハまでに掲げるもののほか、実習実施機関において、受け入れ又は雇用した技能実習生の人権を著しく侵害する行為	5年間
ホ 実習実施機関において、外国人に不正に法第3章第1節若しくは第2節の規定による証明書の交付、上陸許可の証印若しくは許可、同章第4節の規定による上陸の許可若しくは法第4章第1節若しくは法第5章第3節の規定による許可を受けさせ、又はこの表に掲げる外国人の技能実習に係る不正行為に関する事実を隠ぺいする目的で、偽造若しくは変造された文書若しくは図画若しくは虚偽の文書若しくは図画を行使し、又は提供する行為	5年間
ヘ 実習実施機関において、第5号に規定する保証金の徴収若しくは財産の管理又は同号若しくは第6号に規定する契約の締結をする行為(ハ及びニに該当する行為を除く。)	3年間
ト 実習実施機関において、受け入れた技能実習生を雇用契約に基づかない講習の期間中に業務に従事させる行為	3年間
チ 実習実施機関において、受け入れ又は雇用した技能実習生の技能実習に係る手当若しくは報酬又は実施時間について技能実習生との間で法第6条第2項、第7条の2第1項、第20条第2項又は第21条第2項の申請内容と異なる内容の取決めを行う行為(ホに該当する行為を除く。)	3年間
リ 実習実施機関において、法第6条第2項、第7条の2第1項、第20条第2項又は第21条第2項の申請の際提出した技能実習計画と著しく異なる内容の技能実習を実施し、又は当該計画に基づく技能実習を実施しないこと(ホに該当する行為を除く。)	3年間
ヌ 実習実施機関において、法第6条第2項、第7条の2第1項、第20条第2項又は第21条第2項の申請内容と異なる他の機関に技能実習を実施させる行為又は当該他の機関において、技能実習を実施する行為(ホに該当する行為を除く。)	3年間

ル	実習実施機関において、技能実習の継続が不可能となる事由が生じた場合の地方入国管理局への報告を怠る行為	3年間
ヲ	実習実施機関において、受け入れ又は雇用した技能実習生（研修生を含む。以下このヲにおいて同じ。）の行方不明者について、その前1年以内に、次の表の上欄に掲げる受入れ総数（当該期間に受け入れられ又は雇用されていた技能実習生の総数をいう。以下このヲにおいて同じ。）に応じ、同表の下欄に掲げる人数（1人未満の端数があるときは、これを切り上げた人数とする。）以上の行方不明者を発生させたこと（実習実施機関の責めに帰すべき理由がない場合を除く。）	3年間

受入れ総数	人数
50人以上	受入れ総数の5分の1
20人以上49人以下	10人
19人以下	受入れ総数の2分の1

ワ	実習実施機関において、外国人に法第24条第3号の4イからハまでに掲げるいずれかの行為を行い、唆し、又はこれを助けること	3年間
カ	実習実施機関において、技能実習に関し労働基準法又は労働安全衛生法（昭和47年法律第57号）その他これらに類する法令の規定に違反する行為（イ、ハ及びニに該当する行為を除く。）	3年間
ヨ	この表（タを除く。以下このヨにおいて同じ。）に掲げる外国人の技能実習に係る不正行為に準ずる行為、法別表第1の2の表の技能実習の項の下欄第1号ロに掲げる活動の項の下欄第16号の表の上欄に掲げる外国人の技能実習に係る不正行為（以下「技能実習第1号ロの表に掲げる不正行為」という。）に準ずる行為（同表ソ及びツに係るものを除く。）又は法別表第1の4の表の研修の項の下欄に掲げる活動の項の下欄第10号の表の上欄に掲げる外国人の研修に係る不正行為（研修の適正な実施を妨げるものに限る。以下「研修の表に掲げる不正行為」という。）に準ずる行為（同表ヨに係るものを除く。）を行い、地方入国管理局から改善措置を講ずるよう指導を受けた後3年以内に、この表に掲げるいずれかの不正行為に準ずる行為を行うこと	3年間
タ	実習実施機関において、技能実習（実習実施機関が本邦外において実施する講習を含む。）の実施状況に係る文書の作成、備付け又は保存を怠る行為	1年間

19 実習実施機関又はその経営者、管理者、技能実習指導員若しくは生活指導員が技能実習第1号ロの表に掲げる不正行為又は研修の表に掲げる不正行為を行ったことがある場合は、当該不正行為が行われたと認められた日後それぞれの表の下欄に掲げる期間を経過し、かつ、再発防止に必要な改善措置が講じられていること。
20 実習実施機関又はその経営者、管理者、技能実習指導員若しくは生活指導員が第18号の表の上欄に掲げる外国人の技能実習に係る不正行為（以下「技能実習第1号イの表に掲げる不正行為」という。）に準ずる行為、技能実習第1号ロの表に掲げる不正行為に準ずる行為又は研修の表に掲げる不正行為に準ずる行為を行い、当該行為に対し地方入国管理局から改善措置を講ずるよう指導を受けた場合は、再発防止に必要な改善措置が講じられていること。
21 実習実施機関又はその経営者、管理者、技能実習指導員若しくは生活指導員が次に掲げる規定により刑に処せられたことがある場合は、その執行を終わり、又は執行を受けることがなくなった日から5年を経過していること。
　イ　法第73条の2から第74条の8までの規定
　ロ　労働基準法第117条（船員職業安定法（昭和23年法律第130号）第89条第1項又は労働者派遣事業の適正な運営の確保及び派遣労働者の就業条件の整備等に

関する法律 (昭和60年法律第88号) 第44条第1項の規定により適用される場合を含む。) 並びに労働基準法第118条第1項 (同法第6条の規定に係る部分に限る。)、第119条 (同法第16条、第17条、第18条第1項及び第37条の規定に係る部分に限る。) 及び第120条 (同法第18条第7項及び第23条から第27条までの規定に係る部分に限る。) の規定並びに当該規定に係る同法第121条の規定

ハ　船員法 (昭和22年法律第100号) 第130条 (同法第33条、第34条第1項、第35条、第45条及び第66条 (同法第88条の2の2第3項及び第88条の3第4項において準用する場合を含む。) の規定に係る部分に限る。)、第131条第1号 (同法第53条、第54条、第56条及び第58条第1項の規定に係る部分に限る。) 及び第2号の規定並びに当該規定に係る同法第135条第1項の規定 (これらの規定が船員職業安定法第92条第1項又は船員の雇用の促進に関する特別措置法 (昭和52年法律第96号) 第14条第1項の規定により適用される場合を含む。)

ニ　最低賃金法 (昭和34年法律第137号) 第40条の規定及び同条の規定に係る同法第42条の規定

22　実習実施機関の経営者又は管理者が過去5年間に他の機関の経営者、役員又は管理者として外国人の技能実習又は研修の運営又は監理に従事していたことがあり、その従事期間中、当該他の機関が技能実習第1号イの表に掲げる不正行為、技能実習第1号ロの表に掲げる不正行為又は研修の表に掲げる不正行為を行っていた場合に、当該不正行為が行われたと認められた日後それぞれの表の下欄に掲げる期間を経過していること。

23　送出し機関又はその経営者若しくは管理者が過去5年間に当該機関の事業活動に関し、外国人に不正に法第3章第1節若しくは第2節の規定による証明書の交付、上陸許可の証印若しくは許可、同章第4節の規定による上陸の許可若しくは法第4章第1節若しくは法第5章第3節の規定による許可を受けさせ、又は技能実習第1号イの表に掲げる不正行為、技能実習第1号ロの表に掲げる不正行為若しくは研修の表に掲げる不正行為に関する事実を隠ぺいする目的で、偽造若しくは変造された文書若しくは図画若しくは虚偽の文書若しくは図画を行使し、又は提供する行為を行ったことがないこと。

| 法別表第1の2の表の技能実習の項の下欄第1号ロに掲げる活動 | 1　申請人が修得しようとする技能等が同一の作業の反復のみによって修得できるものではないこと。
2　申請人が18歳以上であり、かつ、国籍又は住所を有する国に帰国後本邦において修得した技能等を要する業務に従事することが予定されていること。
3　申請人が住所を有する地域において修得することが不可能又は困難である技能等を修得しようとすること。
4　申請人が本邦において修得しようとする技能等を要する業務と同種の業務に外国において従事した経験を有すること又は申請人が当該技能実習に従事することを必要とする特別な事情があること。
5　申請人が国籍又は住所を有する国の国若しくは地方公共団体の機関又はこれらに準ずる機関の推薦を受けて技能等を修得しようとする者であること。
6　申請人又はその配偶者、直系若しくは同居の親族その他申請人と社会生活において密接な関係を有する者が、本邦において申請人が従事する技能実習 (本邦外において監理団体 (技能実習生の技能等を修得する活動の監理を行う営利を目的としない団体をいう。以下同じ。) が実施する講習を含む。次号において同じ。) に関連して、次に掲げるいずれの機関からも保証金を徴収されていないことその他名目のいかんを問わず、金銭その他の財産を管理されておらず、かつ、当該技能実習が終了するまで管理されないことが見込まれることのほか、当該機関との間で、労働契約の不履行に係る違約金を定める契約その他の不当に金銭その他の財産の移転を予定する契約が締結されておらず、かつ、当該技能実習が終了するまで締結されないことが見込まれること。
　　イ　送出し機関
　　ロ　監理団体
　　ハ　実習実施機関
　　ニ　技能実習の実施についてあっせんを行う機関 (監理団体を除く。以下この欄において「あっせん機関」という。)
7　前号イからニまでに掲げる機関相互の間で、本邦において申請人が従事する技能実 |

習に関連して、労働契約の不履行に係る違約金を定める契約その他の不当に金銭その他の財産の移転を予定する契約が締結されておらず、かつ、当該技能実習が終了するまで締結されないことが見込まれること。
8 監理団体が次に掲げる要件に適合する講習を座学(見学を含む。)により実施すること。
　イ 講習の科目が次に掲げるものであること。
　　(1) 日本語
　　(2) 本邦での生活一般に関する知識
　　(3) 出入国管理及び難民認定法、労働基準法、外国人の技能実習に係る不正行為が行われていることを知ったときの対応方法その他技能実習生の法的保護に必要な情報(専門的な知識を有する者(監理団体又は実習実施機関に所属する者を除く。)が講義を行うものに限る。)
　　(4) (1)から(3)までに掲げるもののほか、本邦での円滑な技能等の修得に資する知識
　ロ 監理団体が本邦において実施する講習の総時間数が、申請人が本邦において上欄の活動に従事する予定の時間全体の6分の1以上であること。ただし、申請人が次のいずれかに該当する講習又は外部講習を受けた場合は、12分の1以上であること。なお、講習時間の算定に当たっては、1日の講習の実施時間が8時間を超える場合にあっては、8時間とする。
　　(1) 過去6月以内に監理団体が本邦外において実施したイの(1)、(2)又は(4)の科目に係る講習で、1月以上の期間を有し、かつ、160時間以上の課程を有するもの
　　(2) 過去6月以内に外国の公的機関又は教育機関が申請人の本邦において従事しようとする技能実習に資する目的で本邦外において実施したイの(1)、(2)又は(4)の科目に係る外部講習(座学(見学を含む。)によるものに限る。)で、1月以上の期間を有し、かつ、160時間以上の課程を有するもの(監理団体においてその内容が講習と同等以上であることを確認したものに限る。)
　ハ 本邦における講習が、申請人が実習実施機関において技能等の修得活動を実施する前に行われること。
9 監理団体が、技能実習生が上欄の活動を終了して帰国した場合又は上欄の活動を継続することが不可能となる事由が生じた場合は、直ちに、地方入国管理局に当該事実及び対応策(上欄の活動を継続することが不可能となる事由が生じた場合に限る。)を報告することとされていること。
10 監理団体が講習を実施する施設を確保していること。
11 監理団体又は実習実施機関が技能実習生用の宿泊施設を確保していること。
12 監理団体又は実習実施機関が、申請人が技能等の修得活動を開始する前に、実習実施機関の事業に関する労働者災害補償保険法による労働者災害補償保険に係る保険関係の成立の届出その他これに類する措置を講じていること。
13 監理団体が技能実習生の帰国旅費の確保その他の帰国担保措置を講じていること。
14 監理団体が講習の実施状況に係る文書を作成し、その主たる事業所に備え付け、当該講習を含む技能実習の終了の日から1年以上保存することとされていること。
15 監理団体が技能実習に係るあっせんに関して収益を得ないこととされていること。
16 監理団体又はその役員、管理者若しくは技能実習の監理に従事する常勤の職員が外国人の技能実習に係る不正行為で次の表の上欄に掲げるものを行ったことがある場合は、当該不正行為が行われたと認められた日後同表下欄に掲げる期間を経過し、かつ、再発防止に必要な改善措置が講じられていること。

外国人の技能実習に係る不正行為	期間
イ 監理団体、実習実施機関又はあっせん機関において、受け入れ、雇用し、又はあっせんした技能実習生に対して暴行し、脅迫し又は監禁する行為	5年間
ロ 監理団体、実習実施機関又はあっせん機関において、受け入れ、雇用し、又はあっせんした技能実習生の旅券又は外国人登録証明書を取り上げる行為	5年間
ハ 監理団体又は実習実施機関において、受け入れ又は雇用した技能実習生に支給する手当又は報酬の一部又は全部を支払わない行為	5年間

ニ	イからハまでに掲げるもののほか、監理団体、実習実施機関又はあっせん機関において、受け入れ、雇用し、又はあっせんした技能実習生の人権を著しく侵害する行為	5年間
ホ	監理団体、実習実施機関又はあっせん機関において、外国人に不正に法第3章第1節若しくは第2節の規定による証明書の交付、上陸許可の証印若しくは許可、同章第4節の規定による上陸の許可若しくは法第4章第1節若しくは法第5章第3節の規定による許可を受けさせ、又はこの表に掲げる外国人の技能実習に係る不正行為に関する事実を隠ぺいする目的で、偽造若しくは変造された文書若しくは図画若しくは虚偽の文書若しくは図画を行使し、又は提供する行為	5年間
ヘ	監理団体、実習実施機関又はあっせん機関において、第6号に規定する保証金の徴収若しくは財産の管理又は同号若しくは第7号に規定する契約の締結をする行為(ハ及びニに該当する行為を除く。)	3年間
ト	監理団体、実習実施機関又はあっせん機関において、受け入れ又はあっせんした技能実習生を第8号に規定する講習の期間中に業務に従事させる行為	3年間
チ	監理団体、実習実施機関又はあっせん機関において、受け入れ、雇用し、又はあっせんした技能実習生の技能実習に係る手当若しくは報酬又は実施時間について技能実習生との間で法第6条第2項、第7条の2第1項、第20条第2項又は第21条第2項の申請内容と異なる内容の取決めを行う行為(ホに該当する行為を除く。)	3年間
リ	監理団体又は実習実施機関において、法第6条第2項、第7条の2第1項、第20条第2項又は第21条第2項の申請の際提出した技能実習計画と著しく異なる内容の技能実習を実施し、又は当該計画に基づく技能実習を実施しないこと(ホに該当する行為を除く。)	3年間
ヌ	監理団体、実習実施機関又はあっせん機関において、法第6条第2項、第7条の2第1項、第20条第2項又は第21条第2項の申請内容と異なる他の機関に技能実習を実施させる行為又は当該他の機関において、技能実習を実施する行為(ホに該当する行為を除く。)	3年間
ル	監理団体において、技能実習の継続が不可能となる事由が生じた場合の地方入国管理局への報告を怠る行為	3年間
ヲ	監理団体において、法別表第1の2の表の技能実習の項の下欄に規定する団体の要件を定める省令(平成21年法務省令第53号。以下「団体要件省令」という。)第1条第3号、第4号、第6号及び第8号(文書の作成及び保管に係る部分を除く。)に規定する措置を講じないこと	3年間
ワ	監理団体又は実習実施機関において、受け入れ又は雇用した技能実習生(研修生を含む。以下このワにおいて同じ。)の行方不明者について、その前1年以内に、次の表の上欄に掲げる受入れ総数(当該期間に受け入れられ又は雇用されていた技能実習生の総数をいう。以下このワにおいて同じ。)に応じ、同表の下欄に掲げる人数(1人未満の端数があるときは、これを切り上げた人数とする。)以上の行方不明者を発生させたこと(監理団体又は実習実施機関の責めに帰すべき理由がない場合を除く。)	3年間

受入れ総数	人数
50人以上	受入れ総数の5分の1
20人以上49人以下	10人
19人以下	受入れ総数の2分の1

カ 監理団体、実習実施機関又はあっせん機関において、外国人に法第24条第3号の4イからハまでに掲げるいずれかの行為を行い、唆し、又はこれを助けること		3年間
ヨ 監理団体又は実習実施機関において、技能実習に関し労働基準法又は労働安全衛生法 その他これらに類する法令の規定に違反する行為（イ、ハ及びニに該当する行為を除く。）		3年間
タ 営利を目的とするあっせん機関において、技能実習に関してあっせんを行う行為又は監理団体若しくは営利を目的としないあっせん機関において、技能実習に関して収益を得てあっせんを行う行為		3年間
レ この表（ソ及びツを除く。以下このレにおいて同じ。）に掲げる外国人の技能実習に係る不正行為に準ずる行為、技能実習第1号イの表に掲げる不正行為に準ずる行為（同表タに係るものを除く。）又は研修の表に掲げる不正行為に準ずる行為（同表ヨに係るものを除く。）を行い、地方入国管理局から改善措置を講ずるよう指導を受けた後3年以内に、この表に掲げるいずれかの不正行為に準ずる行為を行うこと		3年間
ソ 監理団体又は実習実施機関において、技能実習（監理団体が本邦外において実施する講習を含む。）の実施状況に係る文書の作成、備付け又は保存を怠る行為		1年間
ツ 監理団体において、技能実習生が技能実習の活動を終了して帰国した場合の地方入国管理局への報告を怠る行為		1年間

17 監理団体又はその役員、管理者若しくは技能実習の監理に従事する常勤の職員が技能実習第1号イの表に掲げる不正行為又は研修の表に掲げる不正行為を行ったことがある場合は、当該不正行為が行われたと認められた日後それぞれの表の下欄に掲げる期間を経過し、かつ、再発防止に必要な改善措置が講じられていること。

18 監理団体又はその役員、管理者若しくは技能実習の監理に従事する常勤の職員が技能実習第1号ロの表に掲げる不正行為に準ずる行為、技能実習第1号イの表に掲げる不正行為に準ずる行為又は研修の表に掲げる不正行為に準ずる行為を行い、当該行為に対し地方入国管理局から改善措置を講ずるよう指導を受けた場合は、再発防止に必要な改善措置が講じられていること。

19 監理団体又はその役員、管理者若しくは技能実習の監理に従事する常勤の職員が法別表第1の2の表の技能実習の項の下欄第1号イに掲げる活動の項（以下「技能実習第1号イの項」という。）の下欄第21号イからニまでに掲げる規定により刑に処せられたことがある場合は、その執行を終わり、又は執行を受けることがなくなった日から5年を経過していること。

20 監理団体の役員又は管理者が過去5年間に他の機関の経営者、役員又は管理者として外国人の技能実習又は研修の運営又は監理に従事していたことがあり、その従事期間中、当該他の機関が技能実習第1号ロの表に掲げる不正行為、技能実習第1号イの表に掲げる不正行為又は研修の表に掲げる不正行為を行っていた場合は、当該不正行為が行われたと認められた日後それぞれの表の下欄に掲げる期間を経過していること。

21 申請人に対する報酬が日本人が従事する場合の報酬と同等額以上であること。

22 申請人が従事しようとする技能実習が技能実習指導員の指導の下に行われること。

23 実習実施機関に生活指導員が置かれていること。

24 監理団体が団体要件省令第1条第1号ハ（社団であり、かつ、実習実施機関が当該団体の社員で中小企業基本法（昭和38年法律第154号）第2条第1項第1号から第4号までのいずれかに掲げる中小企業者である場合を除く。）又はヘ（開発途上国に対する農業技術協力を目的とするものを除く。）のいずれかに該当する場合は、申請人を含めた実習実施機関に受け入れられている技能実習生（法別表第1の2の表の技能実習の項の下欄第1号に掲げる活動に従事する者に限る。）の人数が当該機関の常勤の職員（外国にある事業所に所属する常勤の職員及び技能実習生を除く。以下次号、第26号、第28号及び第29号において同じ。）の総数の20分の1以内であること。

25 監理団体が団体要件省令第1条第1号イ、ロ又はハ(社団であり、かつ、実習実施機関が当該団体の社員で中小企業基本法第2条第1項第1号から第4号までのいずれかに掲げる中小企業者である場合に限る。)のいずれかに該当する場合は、申請人を含めた実習実施機関に受け入れられている技能実習生(法別表第1の2の表の技能実習の項の下欄第1号に掲げる活動に従事する者に限る。)の人数が当該機関の常勤の職員の総数を超えるものでなく、かつ、技能実習第1号イの項の下欄第11号の表の上欄に掲げる当該総数に応じそれぞれ同表の下欄に掲げる人数(1人未満の端数があるときは、これを切り捨てた人数とする。以下同じ。)の範囲内であること。
26 監理団体が団体要件省令第1条第1号ニ又はヘ(開発途上国に対する農業技術協力を目的とするものに限る。)に該当する場合は、次に掲げる要件に適合すること。
　イ　実習実施機関が法人である場合は、申請人を含めた実習実施機関に受け入れられている技能実習生(法別表第1の2の表の技能実習の項の下欄第1号に掲げる活動に従事する者に限る。)の人数が当該機関の常勤の職員の総数を超えるものでなく、かつ、技能実習第1号イの項の下欄第11号の表の上欄に掲げる当該総数に応じそれぞれ同表の下欄に掲げる人数の範囲内であること。
　ロ　実習実施機関が法人でない場合は、申請人を含めた実習実施機関に受け入れられている技能実習生(法別表第1の2の表の技能実習の項の下欄第1号に掲げる活動に従事する者に限る。)の人数が2人以内であること。
27 監理団体が団体要件省令第1条第1号ホに該当する場合であって、技能実習の内容が船上において漁業を営むものであるときは、次に掲げる要件に適合すること。
　イ　申請人を含めた漁船に乗り組む技能実習生(法別表第1の2の表の技能実習の項の下欄第1号に掲げる活動に従事する者に限る。)の人数が各漁船につき2人以内であること。
　ロ　申請人を含めた漁船に乗り組む技能実習生の人数が各漁船につき実習実施機関の乗組員(技能実習生を除く。)の人数を超えるものでないこと。
　ハ　技能実習指導員が毎日1回以上、各漁船における技能実習の実施状況を確認し、無線その他の通信手段を用いて監理団体に対して報告することとされていること。
　ニ　申請人が毎月(技能実習が船上において実施されない月を除く。)1回以上、技能実習の実施状況に係る文書を監理団体に提出することとされていること。
　ホ　監理団体がハの報告及びニの文書により、技能実習が適正に実施されていることを確認し、その結果を3月につき少なくとも1回当該監理団体の所在地を管轄する地方入国管理局に報告することとされていること。
　ヘ　監理団体がハの報告について記録を作成し、ニの文書とともにその主たる事業所に備え付け、当該技能実習の終了の日から1年以上保存することとされていること。
28 監理団体が団体要件省令第1条第1号ホに該当する場合であって、技能実習の内容が船上において漁業を営むものでないときは、次に掲げる要件に適合すること。
　イ　実習実施機関が法人である場合は、申請人を含めた実習実施機関に受け入れられている技能実習生(法別表第1の2の表の技能実習の項の下欄第1号に掲げる活動に従事する者に限る。)の人数が当該機関の常勤の職員の総数を超えるものでなく、かつ、技能実習第1号イの項の下欄第11号の表の上欄に掲げる当該総数に応じそれぞれ同表の下欄に掲げる人数の範囲内であること。
　ロ　実習実施機関が法人でない場合は、申請人を含めた実習実施機関に受け入れられている技能実習生(法別表第1の2の表の技能実習の項の下欄第1号に掲げる活動に従事する者に限る。)の人数が2人以内であること。
29 監理団体が団体要件省令第1条第1号トに該当する場合であって、当該団体の監理の下に法務大臣が告示をもって定める技能実習を行うときは、次に掲げる要件に適合すること。
　イ　実習実施機関が農業を営む機関(法人を除く。)又は漁業を営む機関でない場合は、申請人を含めた実習実施機関に受け入れられている技能実習生(法別表第1の2の表の技能実習の項の下欄第1号に掲げる活動に従事する者に限る。)の人数が当該機関の常勤の職員の総数を超えるものでなく、かつ、技能実習第1号イの項の下欄第11号の表の上欄に掲げる当該総数に応じそれぞれ同表の下欄に掲げる人数の範囲内であること。
　ロ　実習実施機関が農業を営む機関(法人を除く。)である場合は、申請人を含めた実

習実施機関に受け入れられている技能実習生（法別表第1の2の表の技能実習の項の下欄第1号に掲げる活動に従事する者に限る。）の人数が2人以内であること。
ハ　実習実施機関が漁業を営む機関である場合であって、技能実習の内容が船上において漁業を営むものであるときは、第27号の要件に適合すること。
ニ　実習実施機関が漁業を営む機関である場合であって、技能実習の内容が船上において漁業を営むものでないときは、前号の要件に適合すること。
30　実習実施機関が技能実習の実施状況に係る文書を作成し、技能実習を実施する事業所に備え付け、当該技能実習の終了の日から1年以上保存することとされていること。
31　実習実施機関又はその経営者、管理者、技能実習指導員若しくは生活指導員が技能実習第1号ロの表に掲げる不正行為、技能実習第1号イの表に掲げる不正行為又は研修の表に掲げる不正行為を行ったことがある場合は、当該不正行為が行われたと認められた日後それぞれの表の下欄に掲げる期間を経過し、かつ、再発防止に必要な改善措置が講じられていること。
32　実習実施機関又はその経営者、管理者、技能実習指導員若しくは生活指導員が技能実習第1号ロの表に掲げる不正行為に準ずる行為、技能実習第1号イの表に掲げる不正行為に準ずる行為又は研修の表に掲げる不正行為に準ずる行為を行い、当該行為に対し地方入国管理局から改善措置を講ずるよう指導を受けた場合は、再発防止に必要な改善措置が講じられていること。
33　実習実施機関又はその経営者、管理者、技能実習指導員若しくは生活指導員が技能実習第1号イの項の下欄第21号イからニまでに掲げる規定により刑に処せられたことがある場合は、その執行を終わり、又は執行を受けることがなくなった日から5年を経過していること。
34　実習実施機関の経営者又は管理者が過去5年間に他の機関の経営者、役員又は管理者として外国人の技能実習又は研修の運営又は監理に従事していたことがあり、その従事期間中、当該他の機関が技能実習第1号ロの表に掲げる不正行為、技能実習第1号イの表に掲げる不正行為又は研修の表に掲げる不正行為を行っていた場合は、当該不正行為が行われたと認められた日後それぞれの表の下欄に掲げる期間を経過していること。
35　あっせん機関がある場合は、当該機関が営利を目的とするものでなく、かつ、技能実習に係るあっせんに関して収益を得ないこととされていること。
36　あっせん機関又はその経営者、管理者若しくは常勤の職員が技能実習第1号ロの表に掲げる不正行為、技能実習第1号イの表に掲げる不正行為又は研修の表に掲げる不正行為を行ったことがある場合は、当該不正行為が行われたと認められた日後それぞれの表の下欄に掲げる期間を経過し、かつ、再発防止に必要な改善措置が講じられていること。
37　あっせん機関又はその経営者、管理者若しくは常勤の職員が技能実習第1号ロの表に掲げる不正行為に準ずる行為、技能実習第1号イの表に掲げる不正行為に準ずる行為又は研修の表に掲げる不正行為に準ずる行為を行い、当該行為に対し地方入国管理局から改善措置を講ずるよう指導を受けた場合は、再発防止に必要な改善措置が講じられていること。
38　あっせん機関又はその経営者、管理者若しくは常勤の職員が技能実習第1号イの項の下欄第21号イからニまでに掲げる規定により刑に処せられたことがある場合は、その執行を終わり、又は執行を受けることがなくなった日から5年を経過していること。
39　あっせん機関の経営者又は管理者が過去5年間に他の機関の経営者、役員又は管理者として外国人の技能実習又は研修の運営又は監理に従事していたことがあり、その従事期間中、当該他の機関が技能実習第1号ロの表に掲げる不正行為、技能実習第1号イの表に掲げる不正行為又は研修の表に掲げる不正行為を行っていた場合は、当該不正行為が行われたと認められた日後それぞれの表の下欄に掲げる期間を経過していること。
40　送出し機関又はその経営者若しくは管理者が過去5年間に当該機関の事業活動に関し、外国人に不正に法第3章第1節若しくは第2節の規定による証明書の交付、上陸許可の証印若しくは許可、同章第4節の規定による上陸の許可若しくは法第4章第1節若しくは法第5章第3節の規定による許可を受けさせ、又は技能実習第1号ロの

	表に掲げる不正行為、技能実習第1号イの表に掲げる不正行為若しくは研修の表に掲げる不正行為に関する事実を隠ぺいする目的で、偽造若しくは変造された文書若しくは図画若しくは虚偽の文書若しくは図画を行使し、又は提供する行為を行ったことがないこと。
法別表第1の4の表の留学の項の下欄に掲げる活動	1　申請人が次のいずれかに該当していること。 　イ　申請人が本邦の大学若しくはこれに準ずる機関、専修学校の専門課程、外国において12年の学校教育を修了した者に対して本邦の大学に入学するための教育を行う機関又は高等専門学校に入学して教育を受けること（専ら夜間通学して又は通信により教育を受ける場合を除く。）。 　ロ　申請人が本邦の大学に入学して、当該大学の夜間において授業を行う大学院の研究科（当該大学が当該研究科において教育を受ける外国人の出席状況及び法第19条第1項の規定の遵守状況を十分に管理する体制を整備している場合に限る。）において専ら夜間通学して教育を受けること。 　ハ　申請人が本邦の高等学校（定時制を除き、中等教育学校の後期課程を含む。以下この項において同じ。）若しくは特別支援学校の高等部、専修学校の高等課程若しくは一般課程又は各種学校若しくは設備及び編制に関してこれに準ずる教育機関に入学して教育を受けること（専ら夜間通学して又は通信により教育を受ける場合を除く。）。 2　申請人がその本邦に在留する期間中の生活に要する費用を支弁する十分な資産、奨学金その他の手段を有すること。ただし、申請人以外の者が申請人の生活費用を支弁する場合は、この限りでない。 3　申請人が専ら聴講による教育を受ける研究生又は聴講生として教育を受ける場合は、第1号イ又はロに該当し、当該教育を受ける教育機関が行う入学選考に基づいて入学の許可を受け、かつ、当該教育機関において1週間につき10時間以上聴講をすること。 4　申請人が高等学校において教育を受けようとする場合は、年齢が20歳以下であり、かつ、教育機関において1年以上の日本語の教育又は日本語による教育を受けていること。ただし、我が国の国若しくは地方公共団体の機関、独立行政法人、国立大学法人、学校法人、公益社団法人又は公益財団法人の策定した学生交換計画その他これに準ずる国際交流計画に基づき生徒として受け入れられて教育を受けようとする場合は、この限りでない。 5　申請人が専修学校又は各種学校において教育を受けようとする場合（専ら日本語の教育を受けようとする場合を除く。）は、次のいずれにも該当していること。ただし、申請人が外国から相当数の外国人を入学させて初等教育又は中等教育を外国語により施すことを目的として設立された教育機関において教育を受ける活動に従事する場合は、イに該当することを要しない。 　イ　申請人が外国人に対する日本語教育を行う教育機関（以下「日本語教育機関」という。）で法務大臣が告示をもって定めるものにおいて6か月以上の日本語の教育を受けた者、専修学校若しくは各種学校において教育を受けるに足りる日本語能力を試験により証明された者又は学校教育法（昭和22年法律第26号）第1条に規定する学校（幼稚園を除く。）において1年以上の教育を受けた者であること。 　ロ　申請人が教育を受けようとする教育機関に外国人学生の生活の指導を担当する常勤の職員が置かれていること。 6　申請人が専修学校、各種学校又は設備及び編制に関して各種学校に準ずる教育機関において専ら日本語の教育を受けようとする場合は、当該教育機関が法務大臣が告示をもって定める日本語教育機関であること。 7　申請人が外国において12年の学校教育を修了した者に対して本邦の大学に入学するための教育を行う機関において教育を受けようとする場合は、当該機関が法務大臣が告示をもって定めるものであること。 8　申請人が設備及び編制に関して各種学校に準ずる教育機関において教育を受けようとする場合（専ら日本語の教育を受けようとする場合を除く。）は、当該教育機関が法務大臣が告示をもって定めるものであること。
法別表第1の4の表の	1　申請人が修得しようとする技能等が同一の作業の反復のみによって修得できるものではないこと。

| 研修の項の下欄に掲げる活動 | 2　申請人が18歳以上であり、かつ、国籍又は住所を有する国に帰国後本邦において修得した技能等を要する業務に従事することが予定されていること。
3　申請人が住所を有する地域において修得することが不可能又は困難である技能等を修得しようとすること。
4　申請人が受けようとする研修が研修生を受け入れる本邦の公私の機関（以下「受入れ機関」という。）の常勤の職員で修得しようとする技能等について5年以上の経験を有するもの（以下「研修指導員」という。）の指導の下に行われること。
5　申請人が本邦において受けようとする研修の中に実務研修（商品の生産若しくは販売をする業務又は対価を得て役務の提供を行う業務に従事することにより技能等を修得する研修（商品の生産をする業務に係るものにあっては、生産機器の操作に係る実習（商品を生産する場所とあらかじめ区分された場所又は商品を生産する時間とあらかじめ区分された時間において行われるものを除く。）を含む。）をいう。以下同じ。）が含まれている場合は、次のいずれかに該当していること。
　イ　申請人が、我が国の国若しくは地方公共団体の機関又は独立行政法人が自ら実施する研修を受ける場合
　ロ　申請人が独立行政法人国際観光振興機構の事業として行われる研修を受ける場合
　ハ　申請人が独立行政法人国際協力機構の事業として行われる研修を受ける場合
　ニ　申請人が独立行政法人石油天然ガス・金属鉱物資源機構石油開発技術センターの事業として行われる研修を受ける場合
　ホ　申請人が国際機関の事業として行われる研修を受ける場合
　ヘ　イからニに掲げるもののほか、申請人が我が国の国、地方公共団体又は我が国の法律により直接に設立された法人若しくは我が国の特別の法律により特別の設立行為をもって設立された法人若しくは独立行政法人の資金により主として運営される事業として行われる研修を受ける場合で受入れ機関が次のいずれにも該当するとき。
　　(1)　研修生用の宿泊施設を確保していること（申請人が受けようとする研修の実施についてあっせんを行う機関（以下この欄において「あっせん機関」という。）が宿泊施設を確保していることを含む。）。
　　(2)　研修生用の研修施設を確保していること。
　　(3)　生活指導員を置いていること。
　　(4)　申請人が研修中に死亡し、負傷し、又は疾病に罹患した場合における保険（労働者災害補償保険を除く。）への加入その他の保障措置を講じていること（あっせん機関が当該保障措置を講じていることを含む。）。
　　(5)　研修施設について労働安全衛生法の規定する安全衛生上必要な措置に準じた措置を講じていること。
　ト　申請人が外国の国若しくは地方公共団体又はこれらに準ずる機関の常勤の職員である場合で受入れ機関がヘの(1)から(5)までのいずれにも該当するとき。
　チ　申請人が外国の国又は地方公共団体の指名に基づき、我が国の国の援助及び指導を受けて行う研修を受ける場合で次のいずれにも該当するとき。
　　(1)　申請人が外国の住所を有する地域において技能等を広く普及する業務に従事していること。
　　(2)　受入れ機関がヘの(1)から(5)までのいずれにも該当すること。
6　受入れ機関が、研修生が上欄の活動を継続することが不可能となる事由が生じた場合は、直ちに、地方入国管理局に当該事実及び対応策を報告することとされていること。
7　受入れ機関又はあっせん機関が研修生の帰国旅費の確保その他の帰国担保措置を講じていること。
8　受入れ機関が研修の実施状況に係る文書を作成し、研修を実施する事業所に備え付け、当該研修の終了の日から1年以上保存することとされていること。
9　申請人が本邦において受けようとする研修の中に実務研修が含まれている場合は、当該実務研修を受ける時間（二以上の受入れ機関が申請人に対して実務研修を実施する場合にあっては、これらの機関が実施する実務研修を受ける時間を合計した時間）が、本邦において研修を受ける時間全体の3分の2以下であること。ただし、申請人が、 |

次のいずれかに該当し、かつ、実務研修の時間が本邦において研修を受ける時間全体の4分の3以下であるとき又は次のいずれにも該当し、かつ、実務研修の時間が本邦において研修を受ける時間全体の5分の4以下であるときは、この限りでない。
  イ 申請人が、本邦において当該申請に係る実務研修を4月以上行うことが予定されている場合
  ロ 申請人が、過去6月以内に外国の公的機関又は教育機関が申請人の本邦において受けようとする研修に資する目的で本邦外において実施した当該研修と直接に関係のある研修（実務研修を除く。）で、1月以上の期間を有し、かつ、160時間以上の課程を有するもの（受入れ機関においてその内容が本邦における研修と同等以上であることを確認したものに限る。）を受けた場合
10 受入れ機関又はその経営者、管理者、研修指導員若しくは生活指導員が外国人の研修に係る不正行為で次の表の上欄に掲げるものを行ったことがある場合は、当該不正行為が行われたと認められた日後同表下欄に掲げる期間を経過し、かつ、再発防止に必要な改善措置が講じられていること。

外国人の研修に係る不正行為	期間
イ 受入れ機関又はあっせん機関において、受け入れ又はあっせんした研修生に対して暴行し、脅迫し又は監禁する行為	5年間
ロ 受入れ機関又はあっせん機関において、受け入れ又はあっせんした研修生の旅券又は外国人登録証明書を取り上げる行為	5年間
ハ 受入れ機関において、受け入れた研修生に支給する手当の一部又は全部を支払わない行為	5年間
ニ イからハまでに掲げるもののほか、受入れ機関又はあっせん機関において、受け入れ又はあっせんした研修生の人権を著しく侵害する行為	5年間
ホ 受入れ機関又はあっせん機関において、外国人に不正に法第3章第1節若しくは第2節の規定による証明書の交付、上陸許可の証印若しくは許可、同章第4節の規定による上陸の許可若しくは法第4章第1節若しくは法第5章第3節の規定による許可を受けさせ、又はこの表に掲げる外国人の研修に係る不正行為に関する事実を隠ぺいする目的で、偽造若しくは変造された文書若しくは図画若しくは虚偽の文書若しくは図画を行使し、又は提供する行為	5年間
ヘ 受入れ機関又はあっせん機関において、受け入れ又はあっせんした研修生の研修に係る手当又は実施時間について研修生との間で法第6条第2項、第7条の2第1項、第20条第2項又は第21条第2項の申請内容と異なる内容の取決めを行う行為（ホに該当する行為を除く。）	3年間
ト 受入れ機関において、法第6条第2項、第7条の2第1項、第20条第2項又は第21条第2項の申請の際提出した研修計画と著しく異なる内容の研修を実施し、又は当該計画に基づく研修を実施しないこと（ホに該当する行為を除く。）	3年間
チ 受入れ機関又はあっせん機関において、法第6条第2項、第7条の2第1項、第20条第2項又は第21条第2項の申請内容と異なる他の機関に研修を実施させる行為又は当該他の機関において、研修を実施する行為（ホに該当する行為を除く。）	3年間
リ 受入れ機関において、研修計画に定める研修時間を超えて実務研修を実施する行為	3年間
ヌ 受入れ機関において、研修の継続が不可能となる事由が生じた場合の地方入国管理局への報告を怠る行為	3年間
ル 受入れ機関において、受け入れた研修生（技能実習生を含む。以下この	3年間

ルにおいて同じ。)の行方不明者について、その前1年以内に、次の表の上欄に掲げる受入れ総数(当該期間に受け入れられ又は雇用されていた研修生の総数をいう。以下このルにおいて同じ。)に応じ、同表の下欄に掲げる人数(1人未満の端数があるときは、これを切り上げた人数とする。)以上の行方不明者を発生させたこと(受入れ機関の責めに帰すべき理由がない場合を除く。)

受入れ総数	人数
50人以上	受入れ総数の5分の1
20人以上49人以下	10人
19人以下	受入れ総数の2分の1

ヲ	受入れ機関又はあっせん機関において、外国人に法第24条第3号の4イからハまでに掲げるいずれかの行為を行い、唆し、又はこれを助けること	3年間
ワ	営利を目的とするあっせん機関において、研修に関してあっせんを行う行為又は営利を目的としないあっせん機関において、研修に関して収益を得てあっせんを行う行為	3年間
カ	この表(ヨを除く。以下このカにおいて同じ。)に掲げる外国人の研修に係る不正行為に準ずる行為、技能実習第1号イの表に掲げる不正行為に準ずる行為(同表タに係るものを除く。)又は技能実習第1号ロの表に掲げる不正行為に準ずる行為(同表ソ及びツに係るものを除く。)を行い、地方入国管理局から改善措置を講ずるよう指導を受けた後3年以内に、この表に掲げるいずれかの不正行為に準ずる行為を行うこと	3年間
ヨ	受入れ機関において、研修の実施状況に係る文書の作成、備付け又は保存を怠る行為	1年間

11 受入れ機関又はその経営者、管理者、研修指導員若しくは生活指導員が技能実習第1号イの表に掲げる不正行為又は技能実習第1号ロの表に掲げる不正行為を行ったことがある場合は、当該不正行為が行われたと認められた日後それぞれの表の下欄に掲げる期間を経過し、かつ、再発防止に必要な改善措置が講じられていること。
12 受入れ機関又はその経営者、管理者、研修指導員若しくは生活指導員が研修の表に掲げる不正行為に準ずる行為、技能実習第1号イの表に掲げる不正行為に準ずる行為又は技能実習第1号ロの表に掲げる不正行為に準ずる行為を行い、当該行為に対し地方入国管理局から改善措置を講ずるよう指導を受けた場合は、再発防止に必要な改善措置が講じられていること。
13 受入れ機関又はその経営者、管理者、研修指導員若しくは生活指導員が技能実習第1号イの項の下欄第21号からニまでに掲げる規定により刑に処せられたことがある場合は、その執行を終わり、又は執行を受けることがなくなった日から5年を経過していること。
14 受入れ機関の経営者又は管理者が過去5年間に他の機関の経営者、役員又は管理者として外国人の研修又は技能実習の運営又は監理に従事していたことがあり、その従事期間中、当該他の機関が研修の表に掲げる不正行為、技能実習第1号イの表に掲げる不正行為又は技能実習第1号ロの表に掲げる不正行為を行っていた場合は、当該不正行為が行われたと認められた日後それぞれの表の下欄に掲げる期間を経過していること。
15 あっせん機関がある場合は、当該機関が営利を目的とするものでなく、かつ、研修に係るあっせんに関して収益を得ないこととされていること。
16 申請人が受けようとする研修の実施について我が国の国若しくは地方公共団体の機関又は独立行政法人以外の機関があっせんを行う場合であって、あっせん機関又はその経営者、管理者若しくは常勤の職員が研修の表に掲げる不正行為、技能実習第1号イの表に掲げる不正行為又は技能実習第1号ロの表に掲げる不正行為を行っ

	たことがあるときは、当該不正行為が行われたと認められた日後それぞれの表の下欄に掲げる期間を経過し、かつ、再発防止に必要な改善措置が講じられていること。 17　申請人が受けようとする研修の実施について我が国の国若しくは地方公共団体の機関又は独立行政法人以外の機関があっせんを行う場合であって、あっせん機関又はその経営者、管理者若しくは常勤の職員が研修の表に掲げる不正行為に準ずる行為、技能実習第1号イの表に掲げる不正行為に準ずる行為又は技能実習第1号ロの表に掲げる不正行為に準ずる行為を行い、当該行為に対し地方入国管理局から改善措置を講ずるよう指導を受けたときは、再発防止に必要な改善措置が講じられていること。 18　申請人が受けようとする研修の実施について我が国の国若しくは地方公共団体の機関又は独立行政法人以外の機関があっせんを行う場合であって、あっせん機関又はその経営者、管理者若しくは常勤の職員が技能実習第1号イの項の下欄第21号イからニまでに掲げる規定により刑に処せられたことがあるときは、その執行を終わり、又は執行を受けることがなくなった日から5年を経過していること。 19　申請人が受けようとする研修の実施について我が国の国若しくは地方公共団体の機関又は独立行政法人以外の機関があっせんを行う場合であって、あっせん機関の経営者又は管理者が過去5年間に他の機関の経営者、役員又は管理者として外国人の研修又は技能実習の運営又は監理に従事していたことがあり、その従事期間中、当該他の機関が研修の表に掲げる不正行為、技能実習第1号イの表に掲げる不正行為又は技能実習第1号ロの表に掲げる不正行為を行っていたときは、当該不正行為が行われたと認められた日後それぞれの表の下欄に掲げる期間を経過していること。 20　送出し機関又はその経営者若しくは管理者が過去5年間に当該機関の事業活動に関し、外国人に不正に法第3章第1節若しくは第2節の規定による証明書の交付、上陸許可の証印若しくは許可、同章第四節の規定による上陸の許可若しくは法第4章第1節若しくは法第5章第3節の規定による許可を受けさせ、又は研修の表に掲げる不正行為、技能実習第1号イの表に掲げる不正行為若しくは技能実習第1号ロの表に掲げる不正行為に関する事実を隠ぺいする目的で、偽造若しくは変造された文書若しくは図画若しくは虚偽の文書若しくは図画を行使し、又は提供する行為を行ったことがないこと。
法別表第1の4の表の家族滞在の項の下欄に掲げる活動	申請人が法別表第1の1の表若しくは2の表の上欄の在留資格、文化活動の在留資格又は留学の在留資格（この表の法別表第1の4の表の留学の項の下欄に掲げる活動の項第1号イ又はロに該当するものに限る。）をもって在留する者の扶養を受けて在留すること。
法別表第1の5の表の特定活動の項の下欄（ロに係る部分に限る。）に掲げる活動	申請人が次のいずれにも該当していること。ただし、申請人が法務大臣が告示をもって定める情報処理技術に関する試験に合格し又は法務大臣が告示をもって定める情報処理技術に関する資格を有している場合は、1に該当することを要しない。 1　従事しようとする業務について、次のいずれかに該当し、これに必要な技術又は知識を修得していること。 　イ　当該技術若しくは知識に係る科目を専攻して大学を卒業し、又はこれと同等以上の教育を受けたこと。 　ロ　当該技術又は知識に係る科目を専攻して本邦の専修学校の専門課程を修了（当該修了に関し法務大臣が告示をもって定める要件に該当する場合に限る。）したこと。 　ハ　10年以上の実務経験（大学、高等専門学校、高等学校、中等教育学校の後期課程又は専修学校の専門課程において当該技術又は知識に係る科目を専攻した期間を含む。）を有すること。 2　日本人が従事する場合に受ける報酬と同等額以上の報酬を受けること。

出入国管理及び難民認定法第7条第1項第2号の規定に基づき同法別表第2の定住者の項の下欄に掲げる地位を定める件（定住者告示）

(平成2年5月24日法務省告示第132号)

出入国管理及び難民認定法（昭和26年政令第319号。以下「法」という。）第7条第1項第2号の規定に基づき、同法別表第2の定住者の項の下欄に掲げる地位であらかじめ定めるものは、次のとおりとする。

1　タイ国内において一時的に庇護されているミャンマー難民であって、次のいずれにも該当するもの
　イ　国際連合難民高等弁務官事務所が国際的な保護の必要な者と認め、我が国に対してその保護を推薦するもの
　ロ　日本社会への適応能力がある者であって、生活を営むに足りる職に就くことが見込まれるもの及びその配偶者又は子

2　削除

3　日本人の子として出生した者の実子（第1号又は第8号に該当する者を除く。）であって素行が善良であるものに係るもの

4　日本人の子として出生した者でかつて日本国民として本邦に本籍を有したことがあるものの実子の実子（第1号、第3号又は第8号に該当する者を除く。）であって素行が善良であるものに係るもの

5　次のいずれかに該当する者（第1号から前号まで又は第8号に該当する者を除く。）に係るもの
　イ　日本人の配偶者等の在留資格をもって在留する者で日本人の子として出生したものの配偶者
　ロ　1年以上の在留期間を指定されている定住者の在留資格をもって在留する者（第3号又は前号に掲げる地位を有する者として上陸の許可、在留資格の変更の許可又は在留資格の取得の許可を受けた者及びこの号に該当する者として上陸の許可を受けた者で当該在留期間中に離婚をしたものを除く。）の配偶者
　ハ　第3号又は前号に掲げる地位を有する者として上陸の許可、在留資格の変更の許可又は在留資格の取得の許可を受けた者で1年以上の在留期間を指定されている定住者の在留資格をもって在留するもの（この号に該当する者として上陸の許可を受けた者で当該在留期間中に離婚をしたものを除く。）の配偶者であって素行が善良であるもの

6　次のいずれかに該当する者（第1号から第4号まで又は第8号に該当する者を除く。）に係るもの
　イ　日本人、永住者の在留資格をもって在留する者又は日本国との平和条約に基づき日本の国籍を離脱した者等の出入国管理に関する特例法（平成3年法律第71号）に定める特別永住者（以下「特別永住者」という。）の扶養を受けて生活するこれらの者の未成年で未婚の実子
　ロ　1年以上の在留期間を指定されている定住者の在留資格をもって在留する者（第3号、第4号又は前号ハに掲げる地位を有する者として上陸の許可、在留資格の変更の許可又は在留資格の取得の許可を受けた者を除く。）の扶養を受けて生活する当該者の未成年で未婚の実子
　ハ　第3号、第4号又は前号ハに掲げる地位を有する者として上陸の許可、在留資格の変更の許可又は在留資格の取得の許可を受けた者で1年以上の在留期間を指定されている定住者の在留資格をもって在留するものの扶養を受けて生活するこれらの者の未成年で未婚の実子であって素行が善良であるもの
　ニ　日本人、永住者の在留資格をもって在留する者、特別永住者又は1年以上の在留期間を指定されている定住者の在留資格をもって在留する者の配偶者で日本人の配偶者等又は永住者の配偶者等の在留資格をもって在留するものの扶養を受けて生活するこれらの者の未成年で未婚の実子

7　次のいずれかに該当する者の扶養を受けて生活するこれらの者の6歳未満の養子（第1号から第4号まで、前号又は次号に該当する者を除く。）に係るもの
　イ　日本人
　ロ　永住者の在留資格をもって在留する者
　ハ　1年以上の在留期間を指定されている定住者の在留資格をもって在留する者
　ニ　特別永住者

8　次のいずれかに該当する者に係るもの

イ　中国の地域における昭和20年8月9日以後の混乱等の状況の下で本邦に引き揚げることなく同年9月2日以前から引き続き中国の地域に居住している者であって同日において日本国民として本邦に本籍を有していたもの
　ロ　前記イを両親として昭和20年9月3日以後中国の地域で出生し、引き続き中国の地域に居住している者
　ハ　中国残留邦人等の円滑な帰国の促進及び永住帰国後の自立の支援に関する法律施行規則（平成6年厚生省令第63号）第1条第1号若しくは第2号又は第2条第1号若しくは第2号に該当する者
　ニ　中国残留邦人等の円滑な帰国の促進及び永住帰国後の自立の支援に関する法律（平成6年法律第30号）第2条第1項に規定する中国残留邦人等であって同条第3項に規定する永住帰国により本邦に在留する者（以下「永住帰国中国残留邦人等」という。）と本邦で生活を共にするために本邦に入国する当該永住帰国中国残留邦人等の親族であって次のいずれかに該当するもの
　　(i)　配偶者
　　(ii)　20歳未満の実子（配偶者のないものに限る。）
　　(iii)　日常生活又は社会生活に相当程度の障害がある実子（配偶者のないものに限る。）であって当該永住帰国中国残留邦人等又はその配偶者の扶養を受けているもの
　　(iv)　実子であって当該永住帰国中国残留邦人等（55歳以上であるもの又は日常生活若しくは社会生活に相当程度の障害があるものに限る。）の永住帰国後の早期の自立の促進及び生活の安定のために必要な扶養を行うため本邦で生活を共にすることが最も適当である者として当該永住帰国中国残留邦人等から申出のあったもの
　　(v)　前記(iv)に規定する者の配偶者
　ホ　6歳に達する前から引き続き前記イからハまでのいずれかに該当する者と同居し（通学その他の理由により一時的にこれらの者と別居する場合を含む。以下同じ。）、かつ、これらの者の扶養を受けている、又は6歳に達する前から婚姻若しくは就職するまでの間引き続きこれらの者と同居し、かつ、これらの者の扶養を受けていたこれらの者の養子又は配偶者の婚姻前の子

日本国との平和条約に基づき日本の国籍を離脱した者等の出入国管理に関する特例法（入管特例法）

（平成3年5月10日法律第71号）

（目的）
第1条　この法律は、次条に規定する平和条約国籍離脱者及び平和条約国籍離脱者の子孫について、出入国管理及び難民認定法（昭和26年政令第319号。以下「入管法」という。）の特例を定めることを目的とする。

（定義）
第2条①　この法律において「平和条約国籍離脱者」とは、日本国との平和条約の規定に基づき同条約の最初の効力発生の日（以下「平和条約発効日」という。）において日本の国籍を離脱した者で、次の各号の一に該当するものをいう。
　1　昭和20年9月2日以前から引き続き本邦に在留する者
　2　昭和20年9月3日から平和条約発効日までの間に本邦で出生し、その後引き続き本邦に在留する者であって、その実親である父又は母が、昭和20年9月2日以前から当該出生の時（当該出生前に死亡したときは、当該死亡の時）まで引き続き本邦に在留し、かつ、次のイ又はロに該当する者であったもの
　イ　日本国との平和条約の規定の基づき平和条約発効日において日本の国籍を離脱した者
　ロ　平和条約発効日までに死亡し又は当該出生の時後平和条約発効日までに日本の国籍を喪失した者であって、当該死亡又は喪失がなかったとしたならば日本国との平和条約の規定に基づき平和条約発効日において日本の国籍を離脱したこととなるもの
②　この法律において「平和条約国籍離脱者の子孫」とは、平和条約国籍離脱者の直系卑属として本邦で出生しその後引き続き本邦に在

留する者で、次の各号の一に該当するものをいう。
1 平和条約国籍離脱者の子
2 前号に掲げる者のほか、当該在留する者から当該平和条約国籍離脱者の孫にさかのぼるすべての世代の者(当該在留する者が当該平和条約国籍離脱者の孫であるときは、当該孫。以下この号において同じ。)について、その父又は母が、平和条約国籍離脱者の直系卑属として本邦で出生し、その後当該世代の者の出生の時(当該出生前に死亡したときは、当該死亡の時)まで引き続き本邦に在留していた者であったもの
(法定特別永住者)
第3条 平和条約国籍離脱者又は平和条約国籍離脱者の子孫でこの法律の施行の際次の各号の一に該当しているものは、この法律に定める特別永住者として、本邦で永住することができる。
1 次のいずれかに該当する者
イ 附則第10条の規定による改正前のポツダム宣言の受諾に伴い発する命令に関する件に基く外務省関係諸命令の措置に関する法律(昭和27年法律第126号)(以下「旧昭和27年法律第126号」という。)第2条第6項の規定により在留する者
ロ 附則第6条の規定による廃止前の日本国に居住する大韓民国国民の法的地位及び待遇に関する日本国と大韓民国との間の協定の実施に伴う出入国管理特別法(昭和40年法律第146号)(以下「旧日韓特別法」という。)に基づく永住の許可を受けている者
ハ 附則第7条の規定による改正前の入管法(以下「旧入管法」という。)別表第2の上欄の永住者の在留資格をもって在留する者
2 旧入管法別表第2の上欄の平和条約関連国籍離脱者の子の在留資格をもって在留する者
(特別永住許可)
第4条① 平和条約国籍離脱者の子孫で出生その他の事由により入管法第3章に規定する上陸の手続を経ることなく本邦に在留することとなるものは、法務大臣の許可を受けて、この法律に定める特別永住者として、本邦に永住することができる。

② 法務大臣は、前項に規定する者が、当該出生その他の事由が生じた日から60日以内に同項の許可の申請をしたときは、これを許可するものとする。
③ 第1項の許可の申請は、法務省令で定めるところにより、居住地の市町村(東京都の特別区の存する区域及び地方自治法(昭和22年法律第67号)第252条の19第1項の指定都市にあっては、区。以下同じ。)の長に、特別永住許可申請書その他の書類を提出して行わなければならない。
④ 市町村の長は、前項の書類の提出があったときは、第1項の許可を受けようとする者が申請に係る居住地に居住しているかどうか、及び提出された書類の成立が真正であるかどうかを審査した上、これらの書類を、法務大臣に送付しなければならない。
第5条① 平和条約国籍離脱者又は平和条約国籍離脱者の子孫で入管法別表第2の上欄の在留資格(永住者の在留資格を除く。)をもって在留するものは、法務大臣の許可を受けて、この法律に定める特別永住者として、本邦で永住することができる。
② 法務大臣は、前項に規定する者が同項の許可の申請をしたときは、これを許可するものとする。この場合において、当該許可を受けた者に係る在留資格及び在留期間の決定は、その効力を失う。
③ 第1項の許可の申請は、法務省令で定めるところにより、法務大臣に特別永住許可申請書その他の書類を提出して行わなければならない。
(特別永住許可書の交付)
第6条① 法務大臣は、第4条第1項の許可をする場合には、特別永住者として本邦で永住することを許可する旨を記載した書面(以下「特別永住許可書」という。)を、居住地の市町村の長を経由して、交付するものとする。
② 法務大臣は、前条第1項の許可をする場合には、入国審査官に、特別永住許可書を交付させるものとする。
(特別永住者証明書の交付)
第7条① 法務大臣は、特別永住者に対し、特別永住者証明書を交付するものとする。
②法務大臣は、第4条第1項の許可をしたときは、居住地の市町村の長を経由して、当該特別永住者に対し、特別永住者証明書を交付する。

③ 法務大臣は、第5条第1項の許可をしたときは、入国審査官に、当該特別永住者に対し、特別永住者証明書を交付させる。

(特別永住者証明書の記載事項等)
第8条① 特別永住者証明書の記載事項は、次に掲げる事項とする。ただし、その交付を受ける特別永住者に住居地（本邦における主たる住居の所在地をいう。以下同じ。）がないときは、第2号に掲げる事項を記載することを要しない。
 1 氏名、生年月日、性別及び国籍の属する国又は入管法第2条第5号ロに規定する地域
 2 住居地
 3 特別永住者証明書の番号、交付年月日及び有効期間の満了の日
② 前項第3号の特別永住者証明書の番号は、法務省令で定めるところにより、特別永住者証明書の交付（再交付を含む。）ごとに異なる番号を定めるものとする。
③ 特別永住者証明書には、法務省令で定めるところにより、特別永住者の写真を表示するものとする。この場合において、法務大臣は、法務省令で定める法令の規定により当該特別永住者から提供された写真を利用することができる。
④ 前3項に規定するもののほか、特別永住者証明書の様式、特別永住者証明書に表示すべきものその他特別永住者証明書について必要な事項は、法務省令で定める。
⑤ 法務大臣は、法務省令で定めるところにより、第1項各号に掲げる事項及び前2項の規定により表示されるものについて、その全部又は一部を、特別永住者証明書に電磁的方式（電子的方式、磁気的方式その他人の知覚によっては認識することができない方式をいう。）により記録することができる。

(特別永住者証明書の有効期間)
第9条 特別永住者証明書の有効期間は、その交付を受ける特別永住者に係る次の各号に掲げる区分に応じ、当該各号に定める日が経過するまでの期間とする。
 1 特別永住者証明書の交付の日に16歳に満たない者（第12条第3項において準用する第11条第2項の規定により特別永住者証明書の交付を受ける者を除く。）16歳の誕生日（当該特別永住者の誕生日が2月29日であるときは、当該特別永住者のうるう年以外の年における誕生日は2月28日であるものとみなす。以下同じ。）
 2 前号に掲げる者以外の者 第11条第1項の規定による届出又は第13条第1項若しくは第14条第1項若しくは第3項の規定による申請に係る特別永住者証明書にあっては当該届出又は申請の日後の7回目の誕生日、第12条第1項又は第2項の規定による申請に係る特別永住者証明書にあっては当該申請をした者がその時に所持していた特別永住者証明書の有効期間の満了の日後の7回目の誕生日

(住居地の届出)
第10条① 住居地の記載のない特別永住者証明書の交付を受けた特別永住者は、住居地を定めた日から14日以内に、法務省令で定める手続により、住居地の市町村の長に対し、当該特別永住者証明書を提出した上、当該市町村の長を経由して、法務大臣に対し、その住居地を届け出なければならない。
② 特別永住者は、住居地を変更したときは、新住居地（変更後の住居地をいう。以下同じ。）に移転した日から14日以内に、法務省令で定める手続により、新住居地の市町村の長に対し、特別永住者証明書を提出した上、当該市町村の長を経由して、法務大臣に対し、その新住居地を届け出なければならない。
③ 市町村の長は、前2項の規定による特別永住者証明書の提出があった場合には、当該特別永住者証明書にその住居地又は新住居地の記載（第8条第5項の規定による記録を含む。）をし、これを当該特別永住者に返還するものとする。
④ 第1項に規定する特別永住者が、特別永住者証明書を提出して住民基本台帳法（昭和42年法律第81号）第30条の46の規定による届出をしたときは、当該届出は同項の規定による届出とみなす。
⑤ 特別永住者（第1項に規定する特別永住者を除く。）が、特別永住者証明書を提出して住民基本台帳法第22条、第23条又は第30条の46の規定による届出をしたときは、当該届出は第2項の規定による届出とみなす。

(住居地以外の記載事項の変更届出)
第11条① 特別永住者は、第8条第1項第1号に掲げる事項に変更を生じたときは、その変更を生じた日から14日以内に、法務省令で定め

る手続により、居住地の市町村の長を経由して、法務大臣に対し、変更の届出をしなければならない。
② 法務大臣は、前項の届出があった場合には、居住地の市町村の長を経由して、当該特別永住者に対し、新たな特別永住者証明書を交付するものとする。
③ 市町村の長は、前項の規定により特別永住者証明書を交付する場合には、当該特別永住者証明書にその交付年月日を記載するものとする。

（特別永住者証明書の有効期間の更新）
第12条① 特別永住者証明書の交付を受けた特別永住者は、当該特別永住者証明書の有効期間の満了の日の2月前（有効期間の満了の日が当該特別永住者の16歳の誕生日とされているときは、6月前）から有効期間が満了する日までの間（次項において「更新期間」という。）に、法務省令で定める手続により、居住地の市町村の長を経由して、法務大臣に対し、特別永住者証明書の有効期間の更新を申請しなければならない。
② やむを得ない理由のため更新期間内に前項の規定による申請をすることが困難であると予想される者は、法務省令で定める手続により、更新期間前においても、居住地の市町村の長を経由して、法務大臣に対し、特別永住者証明書の有効期間の更新を申請することができる。
③ 前条第2項及び第3項の規定は、前2項の規定による申請があった場合に準用する。

（紛失等による特別永住者証明書の再交付）
第13条① 特別永住者証明書の交付を受けた特別永住者は、紛失、盗難、滅失その他の事由により特別永住者証明書の所持を失ったときは、その事実を知った日（本邦から出国している間に当該事実を知った場合にあっては、その後最初に入国した日）から14日以内に、法務省令で定める手続により、居住地の市町村の長を経由して、法務大臣に対し、特別永住者証明書の再交付を申請しなければならない。
② 第11条第2項及び第3項の規定は、前項の規定による申請があった場合に準用する。

（汚損等による特別永住者証明書の再交付）
第14条 特別永住者証明書の交付を受けた特別永住者は、当該特別永住者証明書が著しく毀損し、若しくは汚損し、又は第8条第5項の規定による記録が毀損したとき（以下この項において「毀損等の場合」という。）は、法務省令で定める手続により、居住地の市町村の長を経由して、法務大臣に対し、特別永住者証明書の再交付を申請することができる。特別永住者証明書の交付を受けた特別永住者が、毀損等の場合以外の場合であって特別永住者証明書の交換を希望するとき（正当な理由がないと認められるときを除く。）も、同様とする。
② 法務大臣は、著しく毀損し、若しくは汚損し、又は第8条第5項の規定による記録が毀損した特別永住者証明書を所持する特別永住者に対し、特別永住者証明書の再交付を申請することを命ずることができる。
③ 前項の規定による命令を受けた特別永住者は、当該命令を受けた日から14日以内に、法務省令で定める手続により、居住地の市町村の長を経由して、法務大臣に対し、特別永住者証明書の再交付を申請しなければならない。
④ 第11条第2項及び第3項の規定は、第1項又は前項の規定による申請があった場合に準用する。
⑤ 特別永住者は、第1項後段の規定による申請に基づき前項において準用する第11条第2項の規定により特別永住者証明書の交付を受けるときは、実費を勘案して政令で定める額の手数料を納付しなければならない。

（特別永住者証明書の失効）
第15条 特別永住者証明書は、次の各号のいずれかに該当する場合には、その効力を失う。
1 特別永住者証明書の交付を受けた特別永住者が特別永住者でなくなったとき。
2 特別永住者証明書の有効期間が満了したとき。
3 特別永住者証明書の交付を受けた特別永住者（入管法第26条第1項の規定により再入国の許可を受けている者（第23条第2項において準用する入管法第26条の2第1項の規定により再入国の許可を受けたものとみなされる者を含む。以下同じ。）を除く。）が、入管法第25条第1項の規定により、出国する出入国港において、入国審査官から出国の確認を受けたとき。
4 特別永住者証明書の交付を受けた特別永住者であって、入管法第26条第1項の規定により再入国の許可を受けている者が出国し、再入国の許可の有効期間内に再入国

をしなかったとき。
5　特別永住者証明書の交付を受けた特別永住者が新たな特別永住者証明書の交付を受けたとき。
6　特別永住者証明書の交付を受けた特別永住者が死亡したとき。

（特別永住者証明書の返納）
第16条① 特別永住者証明書の交付を受けた特別永住者は、その所持する特別永住者証明書が前条第1号、第2号又は第4号に該当して効力を失ったときは、その事由が生じた日から14日以内に、法務大臣に対し、当該特別永住者証明書を返納しなければならない。
② 特別永住者証明書の交付を受けた特別永住者は、その所持する特別永住者証明書が前条第3号に該当して効力を失ったときは、直ちに、法務大臣に対し、当該特別永住者証明書を返納しなければならない。
③ 特別永住者証明書の交付を受けた特別永住者は、その所持する特別永住者証明書が前条第5号に該当して効力を失ったときは、直ちに、居住地の市町村の長を経由して、法務大臣に対し、当該特別永住者証明書を返納しなければならない。
④ 特別永住者証明書の交付を受けた特別永住者は、特別永住者証明書の所持を失った場合において、前条（第6号を除く。）の規定により当該特別永住者証明書が効力を失った後、当該特別永住者証明書を発見するに至ったときは、その発見の日から14日以内に、法務大臣に対し、当該特別永住者証明書を返納しなければならない。
⑤ 特別永住者証明書が前条第6号の規定により効力を失ったときは、死亡した特別永住者の親族又は同居者は、その死亡の日（死亡後に特別永住者証明書を発見するに至ったときは、その発見の日）から14日以内に、法務大臣に対し、当該特別永住者証明書を返納しなければならない。

（特別永住者証明書の受領及び提示等）
第17条① 特別永住者は、法務大臣が交付し、又は市町村の長が返還する特別永住者証明書を受領しなければならない。
② 特別永住者は、入国審査官、入国警備官、警察官、海上保安官その他法務省令で定める国又は地方公共団体の職員が、その職務の執行に当たり、特別永住者証明書の提示を求め

たときは、これを提示しなければならない。
③ 前項に規定する職員は、特別永住者証明書の提示を求める場合には、その身分を示す証票を携帯し、請求があるときは、これを提示しなければならない。
④ 特別永住者については、入管法第23条第1項本文の規定（これに係る罰則を含む。）は、適用しない。

（本人の出頭義務と代理人による申請等）
第18条① 第4条第1項の許可の申請又は第6条第1項の規定により交付される特別永住許可書の受領は居住地の市町村の事務所に、第5条第1項の許可の申請又は第6条第2項の規定により交付される特別永住許可書の受領は地方入国管理局に、それぞれ自ら出頭して行わなければならない。
② 前項に規定する申請又は特別永住許可書の受領をしようとする者が16歳に満たない場合には、当該申請又は特別永住許可書の受領は、その者の親権を行う者又は未成年後見人が、その者に代わってしなければならない。
③ 第1項に規定する申請又は特別永住許可書の受領をしようとする者が疾病その他の事由により自ら当該申請又は特別永住許可書の受領をすることができない場合には、これらの行為は、その者の親族又は同居者が、その者に代わってすることができる。
④ 前2項の規定により特別永住許可書を代わって受領する者は、その際に、第7条第2項又は第3項の規定により交付される特別永住者証明書を受領しなければならない。

（本人の出頭義務と代理人による届出等）
第19条① 第10条第1項若しくは第2項若しくは第11条第1項の規定による届出、第10条第3項の規定により返還され、若しくは第11条第2項（第12条第3項、第13条第2項及び第14条第4項において準用する場合を含む。）の規定により交付される特別永住者証明書の受領又は第12条第1項若しくは第2項、第13条第1項若しくは第14条第1項若しくは第3項の規定による申請（以下この条及び第34条において「届出等」という。）は、居住地（第10条第1項若しくは第2項の規定による届出又は同条第3項の規定により返還される特別永住者証明書の受領にあっては、住居地）の市町村の事務所に自ら出頭して行わなければならない。
② 特別永住者が16歳に満たない場合又は疾

病その他の事由により自ら届出等をすることができない場合には、当該届出等は、次の各号に掲げる者（16歳に満たない者を除く。）であって当該特別永住者と同居するものが、当該各号の順位により、当該特別永住者に代わってしなければならない。
1　配偶者
2　子
3　父又は母
4　前3号に掲げる者以外の親族
③　届出等については、前項に規定する場合のほか、同項各号に掲げる者（16歳に満たない者を除く。）であって特別永住者と同居するものが当該特別永住者の依頼により当該特別永住者に代わってする場合その他法務省令で定める場合には、第1項の規定にかかわらず、当該特別永住者が自ら出頭してこれを行うことを要しない。
（上陸のための審査の特例）
第20条　特別永住者であって、入管法第26条第1項の規定により再入国の許可を受けている者に関しては、入管法第7条第1項中「第1号及び第4号」とあるのは、「第1号」とする。
（在留できる期間等の特例）
第21条　第4条第1項に規定する者に関しては、入管法第22条の2第1項中「60日」とあるのは「60日（その末日が地方自治法第4条の2第1項の地方公共団体の休日に当たるときは、地方公共団体の休日の翌日までの期間）」と、入管法第70条第1項第8号中「第22条の2第4項において準用する第22条第2項の規定による」とあるのは「日本国との平和条約に基づき日本の国籍を離脱した者等の出入国管理に関する特例法第4条第1項の」とする。
（退去強制の特例）
第22条①　特別永住者については、入管法第24条の規定による退去強制は、その者が次の各号のいずれかに該当する場合に限って、することができる。
　1　刑法（明治40年法律第45号）第2編第2章又は第3章に規定する罪により禁錮以上の刑に処せられた者。ただし、執行猶予の言渡しを受けた者及び同法第77条第1項第3号の罪により刑に処せられた者を除く。
　2　刑法第2編第4章に規定する罪により禁錮以上の刑に処せられた者。
　3　外国の元首、外交使節又はその公館に対する犯罪行為により禁錮以上の刑に処せられた者で、法務大臣においてその犯罪行為により日本国の外交上の重大な利益が害されたと認定したもの
　4　無期又は7年を越える懲役又は禁錮に処せられた者で、法務大臣においてその犯罪行為により日本国の重大な利益が害されたと認定したもの
②　法務大臣は、前項第3号の認定をしようとするときは、あらかじめ外務大臣と協議しなければならない。
③　特別永住者に関しては、入管法第27条、第31条第3項、第39号第1項、第43条第1項、第45条第1項、第47条第1項及び第2項、第62条第1項並びに第63条第1項中「第24条各号」とあるのは、「日本国との平和条約に基づき日本の国籍を離脱した者等の出入国管理に関する特例法第22条第1項各号」とする。
（再入国の許可の有効期間の特例等）
第23条①　特別永住者に関しては、入管法第26条第3項中「5年」とあるのは「6年」と、同条第5項中「6年」とあるのは「7年」とする。
②　入管法第26条の2の規定は、有効な旅券及び特別永住者証明書を所持して出国する特別永住者について準用する。この場合において、同条第2項中「1年（在留期間の満了の日が出国の日から1年を経過する日前に到来する場合には、在留期間の満了までの期間）」とあるのは、「2年」と読み替えるものとする。
③　法務大臣は、特別永住者に対する入管法第26条及び前項において準用する入管法第26条の2の規定の適用に当たっては、特別永住者の本邦における生活の安定に資するとのこの法律の趣旨を尊重するものとする。
（事務の区分）
第24条　第4条第3項及び第4項、第6条第1項、第7条第2項、第10条第1項から第3項まで、第11条第1項、同条第2項及び第3項（これらの規定を第12条第3項、第13条第2項及び第14条第4項において準用する場合を含む。）、第12条第1項及び第2項、第13条第1項、第14条第1項及び第3項並びに第16条第3項の規定により市町村が処理することとされている事務は、地方自治法第2条第9項第1号に規定する第1号法定受託事務とする。
（政令等への委任）
第25条　この法律の実施のための手続その他そ

の執行について必要な事項は、法務省令（市町村の長が行うべき事務については、政令）で定める。

（罰則）

第26条　行使の目的で、特別永住者証明書を偽造し、又は変造した者は、1年以上10年以下の懲役に処する。

② 偽造又は変造の特別永住者証明書を行使した者も、前項と同様とする。

③ 行使の目的で、偽造又は変造の特別永住者証明書を提供し、又は収受した者も、第1項と同様とする。

④ 前3項の罪の未遂は、罰する。

第27条　行使の目的で、偽造又は変造の特別永住者証明書を所持した者は、5年以下の懲役又は50万円以下の罰金に処する。

第28条　第26条第1項の犯罪行為の用に供する目的で、器械又は原料を準備した者は、3年以下の懲役又は50万円以下の罰金に処する。

第29条① 次の各号のいずれかに該当する者は、1年以下の懲役又は20万円以下の罰金に処する。

　1　他人名義の特別永住者証明書を行使した者

　2　行使の目的で、他人名義の特別永住者証明書を提供し、収受し、又は所持した者

　3　行使の目的で、自己名義の特別永住者証明書を提供した者

② 前項（所持に係る部分を除く。）の罪の未遂は、罰する。

第30条　第26条から前条までの罪は、刑法第2条の例に従う。

第31条　次の各号のいずれかに該当する者は、1年以下の懲役又は20万円以下の罰金に処する。

　1　第10条第1項若しくは第2項又は第11条第1項の規定による届出に関し虚偽の届出をした者

　2　第12条第1項、第13条第1項又は第14条第3項の規定に違反した者

　3　第17条第1項の規定に違反して特別永住者証明書を受領しなかった者

　4　第17条第2項の規定に違反して特別永住者証明書の提示を拒んだ者

第32条　次の各号のいずれかに該当する者は、20万円以下の罰金に処する。

　1　第10条第1項の規定に違反して住居地を届け出なかった者

　2　第10条第2項の規定に違反して新住居地を届け出なかった者

　3　第11条第1項又は第16条（第5項を除く。）の規定に違反した者

（過料）

第33条　第18条第4項の規定に違反した者は、5万円以下の過料に処する。

第34条　第19条第2項各号に掲げる者が、同項の規定に違反して、届出等（第12条第2項又は第14条第1項の規定による申請を除く。）をしなかったときは、5万円以下の過料に処する。

日本国との平和条約に基づき日本の国籍を離脱した者等の出入国管理に関する特例法施行令

（平成23年12月26日政令第420号）

（特別永住者証明書の交付に係る市町村の事務）

第1条　市町村（東京都の特別区の存する区域及び地方自治法（昭和22年法律第67号）第252条の19第1項の指定都市にあっては、区。以下同じ。）の長は、日本国との平和条約に基づき日本の国籍を離脱した者等の出入国管理に関する特例法（以下「法」という。）第7条第2項の規定により特別永住者証明書を交付する場合には、当該特別永住者証明書にその交付年月日を記載するものとする。

第2条① 市町村の長は、法第7条第2項又は第11条第2項（法第12条第3項、第13条第2項及び第14条第4項の規定において準用する場合を含む。）の規定により特別永住者証明書を交付したときは、その旨、交付年月日及び当該特別永住者証明書の番号を法務大臣に通知するものとする。

② 前項の規定による通知は、法務大臣が市町村の長に使用させる電子計算機（入出力装置を含む。）から電気通信回線を通じて法務大臣の使用に係る電子計算機に送信する方法その他の法務省令で定める方法により行うものとする。

（法第10条第1項等の届出の経由に係る市町村の事務）

第3条　市町村の長は、法第10条第1項の規定による届出（同条第4項の規定により同条第1項の規定による届出とみなされる届出を含む。以下同じ。）又は同条第2項の規定による届出（同条第5項の規定により同条第2項の規定による届出とみなされる届出を含む。以下同じ。）があったときは、当該届出に係る次に掲げる事項を、法務大臣が市町村の長に使用させる電子計算機（入出力装置を含む。）から電気通信回線を通じて法務大臣の使用に係る電子計算機に送信する方法その他の法務省令で定める方法により、法務大臣に伝達するものとする。
1　届出をした特別永住者の氏名、生年月日、性別、国籍の属する国又は出入国管理及び難民認定法（昭和26年政令第319号）第2条第5号ロに規定する地域及び住居地
2　届出をした特別永住者が提出した特別永住者証明書の番号
3　届出の年月日
4　届出が法第10条第1項の規定による届出又は同条第2項の規定による届出であること。ただし、次のイ又はロに掲げる場合には、これに代え、当該イ又はロに定める事項
　イ　法第10条第4項の規定により同条第1項の規定による届出とみなされる届出があった場合　当該届出が住民基本台帳法（昭和42年法律第81号）第30条の46の規定によるものであること。
　ロ　法第10条第5項の規定により同条第2項の規定による届出とみなされる届出があった場合　当該届出が住民基本台帳法第22条、第23条又は第30条の46のいずれの規定によるものであるかの別
5　法第10条第1項の規定による届出があった場合における住居地を定めた年月日
6　法第10条第2項の規定による届出があった場合における新住居地（変更後の住居地をいう。）に移転した年月日及び当該届出の直前に定めていた住居地（同条第5項の規定により同条第2項の規定による届出とみなされる住民基本台帳法第30条の46の規定による届出があった場合における当該届出の直前に定めていた住居地を除く。）

（住居地届出日の特別永住者証明書への記載）
第4条　市町村の長は、法第10条第3項の規定により特別永住者証明書に住居地又は新住居地の記載をする場合には、併せて、当該特別永住者証明書を提出してした届出の年月日を記載するものとする。

（法第11条第1項の届出等の経由に係る市町村の事務）
第5条　市町村の長は、法第11条第1項の規定による届出又は法第12条第1項若しくは第2項、第13条第1項若しくは第14条第1項若しくは第3項の規定による申請があったときは、法務省令で定めるところにより、当該届出又は申請に当たって特別永住者から提示された書類の写しを作成し、当該写しを法務大臣に送付するものとする。

（特別永住者証明書の汚損等を知った場合の市町村の事務）
第6条　市町村の長は、特別永住者が、著しく毀損し、若しくは汚損し、又は法第8条第5項の規定による記録が毀損した特別永住者証明書を所持することを知ったとき（当該特別永住者が法第14条第1項の規定による申請をするときを除く。）は、速やかに、その旨及び当該特別永住者に係る次に掲げる事項を法務大臣に書面で通知するとともに、当該特別永住者証明書の状態に関する資料を法務大臣に送付するものとする。
1　氏名、生年月日、性別、国籍の属する国又は出入国管理及び難民認定法第2条第5号ロに規定する地域及び住居地
2　特別永住者証明書の番号

（事務の区分）
第7条　第1条、第2条及び前3条の規定により市町村が処理することとされている事務は、地方自治法第2条第9項第1号に規定する第1号法定受託事務とする。

日本国との平和条約に基づき日本の国籍を離脱した者等の出入国管理に関する特例法施行規則

（平成23年12月26日法務省令第44号）

（法第4条の許可の申請）
第1条①　日本国との平和条約に基づき日本の国籍を離脱した者等の出入国管理に関する特例法（平成3年法律第71号。以下「法」という。）第4条第3項に規定する申請は、次に掲げる書

類を提出して行わなければならない。
1　別記第1号様式による特別永住許可申請書1通
2　写真（申請の日前3月以内に撮影されたもので別表第1に定める要件を満たしたものとし、かつ、裏面に氏名を記入したものとする。次条第1項、第7条第1項、第8条第1項、第9条第1項並びに第10条第1項及び第2項において同じ。）1葉
3　本邦で出生したことを証する書類
4　出生以外の事由により本邦に在留することとなった者にあっては、当該事由を証する書類
5　平和条約国籍離脱者の子孫であることを証する書類
②　16歳に満たない者について前項の申請をする場合は、写真の提出を要しない。

（法第5条の許可の申請）
第2条①　法第5条第3項に規定する申請は、次に掲げる書類を提出して行わなければならない。
1　別記第2号様式による特別永住許可申請書1通
2　写真1葉
3　平和条約国籍離脱者又は平和条約国籍離脱者の子孫であることを証する書類
②　前項の申請に当たっては、在留カード（出入国管理及び難民認定法（昭和26年政令第319号。以下「入管法」という。）第19条の3に規定する在留カードをいう。以下同じ。）を提示しなければならない。
③　前条第2項の規定は、第1項の申請の場合に準用する。

（特別永住許可書）
第3条　法第6条に規定する特別永住許可書の様式は、別記第3号様式による。

（特別永住者証明書の記載事項等）
第4条①　法第8条第1項第1号に規定する氏名は、ローマ字により表記するものとする。
②　法第8条第1項第1号に規定する国籍の属する国又は入管法第2条第5号ロに規定する地域（以下この項において「国籍・地域」という。）は、日本の国籍以外の2以上の国籍を有する特別永住者については、次の各号に掲げる区分に応じ、それぞれ当該各号に定める国籍・地域を記載するものとする。
1　法第4条第1項又は第5条第1項の許可を受けたことにより、それぞれ法第7条第2項又は第3項の規定により特別永住者証明書の交付を受ける特別永住者　当該許可に係る法第6条第1項又は第2項の規定により交付される特別永住許可書に記載された国籍・地域
2　法第11条第2項（法12条第3項、第13条第2項及び第14条第4項において準用する場合を含む。）の規定により新たな特別永住者証明書の交付を受ける特別永住者（次号に掲げる者を除く。）　当該交付により効力を失うこととなる特別永住者証明書に記載された国籍・地域
3　国籍・地域に変更を生じたとして法第11条第1項の届出に基づき同条第2項の規定により新たな特別永住者証明書の交付を受ける特別永住者　変更後の国籍・地域
③　法第8条第1項第1号の地域として出入国管理及び難民認定法施行令（平成10年政令第178号）第1条に規定するヨルダン川西岸地区及びガザ地区を記載するときは、パレスチナと表記するものとする。
④　法第8条第2項に規定する特別永住者証明書の番号は、ローマ字4文字及び8けたの数字を組み合わせて定めるものとする。
⑤　法第8条第3項の規定により特別永住者の写真を表示する特別永住者証明書は、有効期間の満了の日を特別永住者の16歳の誕生日の翌日以降の日として交付するものとする。この場合において、当該写真は、別表第1に定める要件を満たしたものとし、第1条第1項、第2条第1項、第7条第1項、第8条第1項、第9条第1項又は第10条第1項若しくは第2項の規定により提出された写真を表示するものとする。
⑥　法第8条第4項に規定する特別永住者証明書の様式は、別記第4号様式によるものとし、同項に規定する特別永住者証明書に表示すべきものは、法第10条第3項の規定に基づき住居地又は新住居地（変更後の住居地をいう。）を記載するときの当該記載に係る届出の年月日とする。
⑦　法第8条第5項の規定による記録は、同条第1項各号に掲げる事項及び同条第3項に規定する写真を特別永住者証明書に組み込んだ半導体集積回路に記録して行うものとする。この場合において、同条第1項第2号に規定する住居地の記録は、特別永住者証明書を交付する

ときに限り行うものとする。

第5条 ① 法務大臣は、氏名に漢字を使用する特別永住者（法第4条第3項又は第5条第3項の申請をした平和条約国籍離脱者又は平和条約国籍離脱者の子孫を含む。以下この条において同じ。）から申出があったときは、前条第1項の規定にかかわらず、ローマ字により表記した氏名に併せて、当該漢字又は当該漢字及び仮名（平仮名又は片仮名をいい、当該特別永住者の氏名の一部に漢字を使用しない場合における当該部分を表記したものに限る。以下この条において同じ。）を使用した氏名を表記することができる。

② 前項の申出をしようとする特別永住者は、氏名に漢字を使用することを証する資料1通を提出しなければならない。

③ 第1項の申出は、法第4条第3項、第5条第3項、第12条第1項若しくは第2項、第13条第1項若しくは第14条第1項若しくは第3項の規定による申請又は法第11条第1項の規定による届出と併せて行わなければならない。

④ 法務大臣は、氏名に漢字を使用する特別永住者について、ローマ字により氏名を表記することにより当該特別永住者が著しい不利益を被るおそれがあることその他の特別の事情があると認めるときは、前条第1項の規定にかかわらず、ローマ字に代えて、当該漢字又は当該漢字及び仮名を使用した氏名を表記することができる。

⑤ 第1項及び前項の場合における当該表記に用いる漢字の範囲、用法その他の漢字を使用した氏名の表記に関し、必要な事項は、法務大臣が告示をもって定める。

⑥ 第1項及び第4項の規定により表記された漢字又は漢字及び仮名を使用した氏名は、法第11条第1項の規定による届出による場合を除き、変更（当該漢字又は漢字及び仮名を使用した氏名を表記しないこととすることを含む。）することができない。ただし、法務大臣が相当と認める場合は、この限りでない。

（住居地の届出）

第6条 法第10条第1項の規定による届出（同条第4項の規定により同条第1項の規定による届出とみなされる届出を除く。）又は同条第2項の規定による届出（同条第5項の規定により同条第2項の規定による届出とみなされる届出を除く。）は、別記第5号様式による届出書1通を提出して行わなければならない。

（住居地以外の記載事項の変更届出）

第7条 ① 法第11条第1項の規定による届出は、別記第6号様式による届出書1通、写真1葉及び法第8条第1項第1号に掲げる事項に変更を生じたことを証する資料1通を提出して行わなければならない。

② 前項の届出に当たっては、旅券（入管法第2条第5号に定める旅券をいう。以下同じ。）及び特別永住者証明書を提示しなければならない。この場合において、旅券を提示することができない特別永住者にあっては、その理由を記載した書類1通を提出しなければならない。

③ 第1条第2項の規定は、第1項の届出の場合に準用する。

（特別永住者証明書の有効期間の更新）

第8条 ① 法第12条第1項又は第2項の規定による申請は、別記第7号様式による申請書1通及び写真1葉を提出して行わなければならない。

② 前条第2項の規定は、前項の申請の場合に準用する。

（紛失等による特別永住者証明書の再交付）

第9条 ① 法第13条第1項の規定による申請は、別記第8号様式による申請書1通、写真1葉及び特別永住者証明書の所持を失ったことを証する資料1通を提出して行わなければならない。

② 前項の申請に当たっては、旅券を提示しなければならない。この場合において、これを提示することができない特別永住者にあっては、その理由を記載した書類1通を提出しなければならない。

③ 第1条第2項の規定は、第1項の申請の場合に準用する。この場合において、同項中「前項」とあるのは、「第9条第1項」と読み替えるものとする。

（汚損等による特別永住者証明書の再交付）

第10条 ① 法第14条第1項前段又は第3項の規定による申請は、別記第9号様式による申請書1通及び写真1葉を提出して行わなければならない。

② 法第14条第1項後段の規定による申請は、別記第10号様式による申請書1通及び写真1葉を提出して行わなければならない。

③ 第1条第2項及び第7条第2項の規定は、前2項の申請の場合に準用する。この場合において、これらの規定中「前項」とあるのは、「第10条第1項又は第2項」と読み替えるものとする。

（特別永住者証明書の再交付申請命令）
第11条　法第14条第2項の規定による命令は、別記第11号様式による特別永住者証明書再交付申請命令書を特別永住者に交付して行うものとする。
（手数料納付書）
第12条　法第14条第5項の規定による手数料の納付は、別記第12号様式による手数料納付書に、当該手数料の額に相当する収入印紙を貼って提出することによって行うものとする。
（令第5条に規定する写しを作成する等する書類）
第13条　日本国との平和条約に基づき日本の国籍を離脱した者等の出入国管理に関する特例法施行令（平成23年政令第420号）第5条の規定により市町村の長が写しを作成し、当該写しを法務大臣に送付する書類は、第7条第2項（第8条第2項及び第10条第3項において準用する場合を含む。）又は第9条第2項の規定により提示された旅券とする。
（特別永住者証明書の失効に関する情報の公表）
第14条　法務大臣は、効力を失った特別永住者証明書の番号の情報をインターネットの利用その他の方法により提供することができる。
（特別永住者証明書の提示要求ができる職員）
第15条　法第17条第2項に規定する国又は地方公共団体の職員は、次のとおりとする。
1　税関職員
2　公安調査官
3　麻薬取締官
4　住民基本台帳に関する事務（住民基本台帳法（昭和42年法律第81号）第30条の45に規定する外国人住民に係る住民票に係るものに限る。）に従事する市町村（特別区を含む。）の職員
5　職業安定法（昭和22年法律第141号）第8条に規定する公共職業安定所の職員
（親権者等の証明書類等）
第16条①　法第18条第1項に規定する行為を、同条第2項の規定により特別永住者に代わってしようとする者は、市町村（東京都の特別区の存する区域及び地方自治法（昭和22年法律第67号）第252条の19第1項の指定都市にあっては、区。以下同じ。）の長に対し、同項の適用を受ける者であることを明らかにする資料の提示又は説明をしなければならない。
②　法第18条第1項に規定する行為を、同条第3項の規定により特別永住者に代わってしようとする者は、市町村の長に対し、当該特別永住者が疾病その他の事由により自らこれらの行為をすることができないこと及び当該特別永住者の親族又は同居者であることを明らかにする資料の提示又は説明をしなければならない。
（出頭を要しない場合等）
第17条①　法第19条第3項に規定する法務省令で定める場合（法第10条第1項及び第2項の規定による届出並びに同条第3項の規定により返還される特別永住者証明書の受領に係る場合に限る。）は、特別永住者若しくは同条第2項の規定により特別永住者に代わってしなければならない者から依頼を受けた者（当該特別永住者の16歳以上の親族であって当該特別永住者と同居するものを除く。）又は特別永住者の法定代理人が当該特別永住者に代わって法第19条第1項に規定する行為（法第10条第1項及び第2項の規定による届出並びに同条第3項の規定により返還される特別永住者証明書の受領に限る。）をする場合（特別永住者の法定代理人が法第19条第2項の規定により当該特別永住者に代わってする場合を除く。）とする。
②　法第19条第3項に規定する法務省令で定める場合（法第10条第1項及び第2項の規定による届出並びに同条第3項の規定により返還される特別永住者証明書の受領に係る場合を除く。）は、次の各号に掲げる場合とする。
1　次のイ又はロに掲げる者が、特別永住者に代わって別表第2の上欄に掲げる行為の区分に応じそれぞれ同表の下欄に掲げる行為をする場合（イに掲げる者にあっては、当該特別永住者又は法第19条第2項の規定により当該特別永住者に代わってしなければならない者の依頼によりする場合に限り、ロに掲げる者にあっては、同項の規定により当該特別永住者に代わってする場合を除く。）
イ　弁護士又は行政書士で所属する弁護士会又は行政書士会を経由してその所在地を管轄する地方入国管理局長に届け出たもの
ロ　当該特別永住者の法定代理人
2　前号に規定する場合のほか、特別永住者が16歳に満たない場合又は疾病その他の事由により自ら別表第2の上欄に掲げる行為をすることができない場合において、当該特別永住者の親族（当該特別永住者と同居す

日本国との平和条約に基づき日本の国籍を離脱した者等の出入国管理に関する特例法施行規則

る16歳以上の者を除く。) 又は同居者 (当該特別永住者の親族を除く。) 若しくはこれに準ずる者で法務大臣が適当と認めるものが、当該特別永住者に代わって当該行為の区分に応じそれぞれ同表の下欄に掲げる行為をするとき。

③ 法第19条第1項に規定する行為を、同条第2項の規定により特別永住者に代わってしようとする者は、市町村の長に対し、同項の規定により特別永住者に代わってしなければならない者であることを明らかにする資料の提示又は説明をしなければならない。

④ 法第19条第3項の規定により、特別永住者が自ら出頭して同条第1項に規定する行為を行うことを要しない場合において、当該行為を当該特別永住者に代わってしようとする者又は別表第2の表の上欄に掲げる行為の区分に応じそれぞれ同表の下欄に掲げる行為をしようとする者は、市町村の長に対し、当該場合に当たることを明らかにする資料の提示又は説明をしなければならない。

(みなし再入国許可の意図の表明)

第18条 法第23条第2項において準用する入管法第26条の2第1項に規定する再び入国する意図の表明は、入国審査官に同項の規定により再び入国する意図を有する旨の記載をした出入国管理及び難民認定法施行規則 (昭和56年法務省令第54号) 別記第37号の19様式による書面の提出及び特別永住者証明書の提示によって行うものとする。

(再入国の許可を要する者)

第19条 ① 法第23条第2項において準用する入管法第26条の2第1項に規定する出入国の公正な管理のため再入国の許可を要する者は、次に掲げる者とする。

1 入管法第25条の2第1項各号のいずれかに該当する者であるとして入国審査官が通知を受けている者

2 入管法第39条の規定による収容令書の発付を受けている者

3 日本国の利益又は公安を害する行為を行うおそれがあることその他の出入国の公正な管理のため再入国の許可を要すると認めるに足りる相当の理由があるとして法務大臣が認定する者

② 法務大臣は、前項第3号の規定による認定をしたときは、特別永住者に対し、その旨を通知するものとする。ただし、特別永住者の所在が不明であるときその他の通知をすることができないときは、この限りでない。

③ 前項の通知は、別記第13号様式による通知書によって行うものとする。ただし、急速を要する場合には、法務大臣が第1項第3号の規定による認定をした旨を入国審査官に口頭で通知させてこれを行うことができる。

(雑則)

第20条 法又はこの省令の規定により法務大臣に提出するものとされる資料が外国語により作成されているときは、その資料に訳文を添付しなければならない。

別表第1 (第1条、第4条関係)

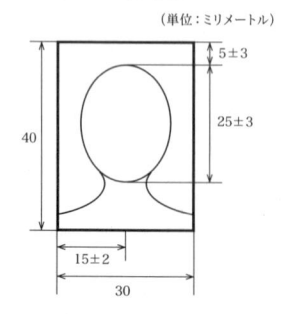

(単位:ミリメートル)

[図：顔写真の寸法図。全体の高さ40、幅30、上部余白5±3、顔の高さ25±3、顔の幅15±2]

1 本人のみが撮影されたもの
2 縁を除いた部分の寸法が上記図画面の各寸法を満たしたもの (顔の寸法は頭頂 (髪を含む。) から顎の先まで。)
3 無帽で正面を向いたもの
4 背景 (影を含む。) がないもの
5 鮮明であるもの

別表第2 (第17条関係)

| 特別永住者が自ら出頭して行うこととされている行為 | 当該特別永住者に代わってする行為 |

法第11条第1項の規定による届出	第7条第1項に定める届出書等の提出及び同条第2項に定める旅券等の提示等に係る手続
法第12条第1項又は第2項の規定による申請	第8条第1項に定める申請書等の提出及び同条第2項において準用する第7条第2項に定める旅券等の提示等に係る手続
法第13条第1項の規定による申請	第9条第1項に定める申請書等の提出及び同条第2項に定める旅券の提示等に係る手続
法第14条第1項又は第3項の規定による申請	第10条第1項又は第2項に定める申請書等の提出及び同条第3項において準用する第7条第2項に定める旅券等の提示等に係る手続
法第11条第2項（法第12条第3項、第13条第2項及び第14条第4項において準用する場合を含む。）の規定により交付される特別永住者証明書の受領	この項の上欄の規定により交付される特別永住者証明書の受領に係る手続

難民の地位に関する条約（難民条約）

(昭和56年10月15日条約第21号)

締約国は、

国際連合憲章及び1948年12月10日に国際連合総会により承認された世界人権宣言が、人間は基本的な権利及び自由を差別を受けることなく享有するとの原則を確認していることを考慮し、

国際連合が、種々の機会に難民に対する深い関心を表明し並びに難民に対して基本的な権利及び自由のできる限り広範な行使を保証することに努力してきたことを考慮し、

難民の地位に関する従前の国際協定を修正し及び統合すること並びにこれらの文書の適用範囲及びこれらの文書に定める保護を新たな協定において拡大することが望ましいと考え、

難民に対する庇護の付与が特定の国にとって不当に重い負担となる可能性のあること並びに国際的な広がり及び国際的な性格を有すると国際連合が認める問題についての満足すべき解決は国際協力なしには得ることができないことを考慮し、

すべての国が、難民問題の社会的及び人道的性格を認識して、この問題が国家間の緊張の原因となることを防止するため国家なすべての措置をとることを希望し、

国際連合難民高等弁務官が難民の保護について定める国際条約の適用を監督する任務を有していることに留意し、また、各国と国際連合難民高等弁務官との協力により、難民問題を処理するためにとられる措置の効果的な調整が可能となることを認めて、

次のとおり協定した。

第1章　一般規定

第1条　「難民」の定義

A　この条約の適用上、「難民」とは、次の者をいう。

(1)　1926年5月12日の取極、1928年6月30日の取極、1933年10月28日の条約、1938年2月10日の条約、1939年9月14日の議定書又は国際避難民機関憲章により難民と認められている者

国際避難民機関がその活動期間中いずれかの者について難民としての要件を満たしていないと決定したことは、当該者が(2)の条件を満たす場合に当該者に対し難民の地位を与えることを妨げるものではない。

(2)　1951年1月1日前に生じた事件の結果として、かつ、人種、宗教、国籍若しくは特定の社会的集団の構成員であること又は政治的意見を理由に迫害を受けるおそれがあるという十分に理由のある恐怖を有するために、国籍国の外にいる者であって、その国籍国の保護を受けることができないもの又はそのような恐怖を有するためにその国籍国の保護を受けることを望まないもの及びこれらの事件の結果として常居所を有していた国の外にいる無国籍者であって、当該常居所を有していた国に帰ることができないもの又

はそのような恐怖を有するために当該常居所を有していた国に帰ることを望まないもの

二以上の国籍を有する者の場合には、「国籍国」とは、その者がその国籍を有する国のいずれをもいい、迫害を受けるおそれがあるという十分に理由のある恐怖を有するという正当な理由なくいずれか一の国籍国の保護を受けなかったとしても、国籍国の保拠がないとは認められない。

B(1) この条約の適用上、Aの「1951年1月1日前に生じた事件」とは、次の事件のいずれかをいう。
　(a) 1951年1月1日前に欧州において生じた事件
　(b) 1951年1月1日前に欧州又は他の地域において生じた事件
　　各締約国は、署名、批准又は加入の際に、この条約に基づく自国の義務を履行するに当たって(a)又は(b)のいずれの規定を適用するかを選択する宣言を行う。
(2) (a)の規定を適用することを選択した国は、いつでも、(b)の規定を適用することを選択する旨を国際連合事務総長に通告することにより、自国の義務を拡大することができる。

C Aの規定に該当する者についてのこの条約の適用は、当該者が次の場合のいずれかに該当する場合には、終止する。
(1) 任意に国籍国の保護を再び受けている場合
(2) 国籍を喪失していたが、任意にこれを回復した場合
(3) 新たな国籍を取得し、かつ、新たな国籍国の保護を受けている場合
(4) 迫害を受けるおそれがあるという恐怖を有するため、定住していた国を離れ又は定住していた国の外にとどまっていたが、当該定住していた国に再び任意に定住するに至った場合
(5) 難民であると認められる根拠となつた事由が消滅したため、国籍国の保護を受けることを拒むことができなくなった場合。
　　ただし、この(5)の規定は、A(1)の規定に該当する難民であつて、国籍国の保護を受けることを拒む理由として過去における迫害に起因するやむを得ない事情を援用することができるものについては、適用しない。
(6) 国籍を有していない場合において、難民であると認められる根拠となつた事由が消滅したため、常居所を有していた国に帰ることができるとき。
　　ただし、この(6)の規定は、A(1)の規定に該当する難民であつて、常居所を有していた国に帰ることを拒む理由として過去における迫害に起因するやむを得ない事情を援用することができるものについては、適用しない。

D この条約は、国際連合難民高等弁務官以外の国際連合の機関の保護又は援助を現に受けている者については、適用しない。
　これらの保護又は援助を現に受けている者の地位に関する問題が国際連合総会の採択する関連決議に従って最終的に解決されることなくこれらの保護又は援助の付与が終止したときは、これらの者は、その終止により、この条約により与えられる利益を受ける。

E この条約は、居住国の権限のある機関によりその国の国籍を国を保持することに伴う権利及び義務と同等の権利を有し及び同等の義務を負うと認められる者については、適用しない。

F この条約は、次のいずれかに該当すると考えられる相当な理由がある者については、適用しない。
　(a) 平和に対する犯罪、戦争犯罪及び人道に対する犯罪に関して規定する国際文書の定めるこれらの犯罪を行つたこと。
　(b) 難民として避難国に入国することが許可される前に避難国の外で重大な犯罪(政治犯罪を除く。)を行つたこと。
　(c) 国際連合の目的及び原則に反する行為を行つたこと。

第2条　一般的義務

すべての難民は、滞在する国に対し、特に、その国の法令を遵守する義務及び公の秩序を維持するための措置に従う義務を負う。

第3条　無差別

締約国は、難民に対し、人種、宗教又は出身国による差別なしにこの条約を適用する。

第4条　宗教

締約国は、その領域内の難民に対し、宗教を実践する自由及び子の宗教的教育についての自由に関し、自国民に与える待遇と少なくとも同等の好意的待遇を与える。

第5条　この条約に係わりなく与えられる権利

この条約のいかなる規定も、締約国がこの条約に係わりなく難民に与える権利及び利益を害

するものと解してはならない。

第6条　「同一の事情の下で」の意味

この条約の適用上、「同一の事情の下で」とは、その性格上難民が満たすことのできない要件を除くほか、ある者が難民でないと仮定した場合に当該者が特定の権利を享受するために満たさなければならない要件（滞在又は居住の期間及び条件に関する要件を含む。）が満たされていることを条件として、ということを意味する。

第7条　相互主義の適用の免除

1　締約国は、難民に対し、この条約が一層有利な規定を設けている場合を除くほか、一般に外国人に対して与える待遇と同一の待遇を与える。

2　すべての難民は、いずれかの締約国の領域内に3年間居住した後は、当該締約国の領域内において立法上の相互主義を適用されることはない。

3　締約国は、自国についてこの条約の効力が生ずる日に相互の保証なしに難民に既に認めている権利及び利益が存在する場合には、当該権利及び利益を引き続き与える。

4　締約国は、2及び3の規定により認められる権利及び利益以外の権利及び利益を相互の保証なしに難民に与えることの可能性並びに2に規定する居住の条件を満たしていない難民並びに3に規定する権利及び利益が認められていない難民に対しても相互主義を適用しないことの可能性を好意的に考慮する。

5　2及び3の規定は、第13条、第18条、第19条、第21条及び第22条に規定する権利及び利益並びにこの条約に規定していない権利及び利益のいずれについても、適用する。

第8条　例外的措置の適用の免除

締約国は、特定の外国の国民の身体、財産又は利益に対してとることのある例外的措置については、形式上当該外国の国民である難民に対し、その国籍のみを理由としてこの措置を適用してはならない。前段に定める一般原則を適用することが法制上できない締約国は、適当な場合には、当該難民について当該例外的措置の適用を免除する。

第9条　暫定措置

この条約のいかなる規定も、締約国が、戦時に又は他の重大かつ例外的な状況において、特定の個人について国の安全のために不可欠であると認める措置を暫定的にとることを妨げるものではない。もつとも、当該特定の個人について真に難民であるか難民でないか又は当該特定の個人について当該不可欠であると認める措置を引き続き適用することが国の安全のために必要であるか必要でないかを当該締約国が決定するまでの間に限る。

第10条　居住の継続

1　第2次世界大戦中に退去を強制されていずれかの締約国の領域に移動させられ、かつ、当該領域内に居住している難民は、この滞在を強制された期間合法的に当該領域内に居住していたものとみなす。

2　難民が第2次世界大戦中にいずれかの締約国の領域からの退去を強制され、かつ、居住のため当該領域にこの条約の効力発生の日前に帰つた場合には、この強制された退去の前後の居住期間は、継続的な居住が必要とされるいかなる場合においても継続した一の期間とみなす。

第11条　難民である船員

締約国は、自国を旗国とする船舶の常備の乗組員として勤務している難民については、自国の領域における定住について好意的考慮を払うものとし、特に他の国における定住を容易にすることを目的として、旅行証明書を発給し又は自国の領域に一時的に入国を許可することについて好意的考慮を払う。

第3章　法的地位

第12条　属人法

1　難民については、その属人法は住所を有する国の法律とし、住所を有しないときは、居所を有する国の法律とするものとする。

2　難民が既に取得した権利であつて属人法に基づくもの特に婚姻に伴う権利は、難民が締約国の法律に定められる手続に従うことが必要な場合にはこれに従うことを条件として、当該締約国により尊重される。ただし、この権利は、当該難民が難民でないとした場合においても、当該締約国の法律により認められるものでなければならない。

第13条　動産及び不動産

締約国は、難民に対し、動産及び不動産の所有権並びに動産及び不動産についてのその他の権利の取得並びに動産及び不動産に関する賃貸借その他の契約に関し、できる限り有利な待遇を与えるものとし、いかなる場合にも、同一の事

情の下で一般に外国人に対して与える待遇よりも不利でない待遇を与える。

第14条 著作権及び工業所有権

難民は、発明、意匠、商標、商号等の工業所有権の保護並びに文学的、美術的及び学術的著作物についての権利の保護に関しては、常居所を有する国において、その国の国民に与えられる保護と同一の保護を与えられるものとし、他のいずれの締約国の領域においても、当該難民が常居所を有する国の国民に対して当該締約国の領域において与えられる保護と同一の保護を与えられる。

第15条 結社の権利

締約国は、合法的にその領域内に滞在する難民に対し、非政治的かつ非営利的な団体及び労働組合に係る事項に関し、同一の事情の下で外国の国民に与える待遇のうち最も有利な待遇を与える。

第16条 裁判を受ける権利

1 難民は、すべての締約国の領域において、自由に裁判を受ける権利を有する。

2 難民は、常居所を有する締約国において、裁判を受ける権利に関連する事項（法律扶助及び訴訟費用の担保の免除を含む。）につき、当該締約国の国民に与えられる待遇と同一の待遇を与えられる。

3 難民は、常居所を有する締約国以外の締約国において、2に規定する事項につき、当該常居所を有する締約国の国民に与えられる待遇と同一の待遇を与えられる。

第3章 職業

第17条 賃金が支払われる職業

1 締約国は、合法的にその領域内に滞在する難民に対し、賃金が支払われる職業に従事する権利に関し、同一の事情の下で外国の国民に与える待遇のうち最も有利な待遇を与える。

2 いかなる場合にも、締約国が国内労働市場の保護のため外国人又は外国人の雇用に関してとる制限的措置は、当該締約国についてこの条約の効力が生ずる日に既にそれらの措置の適用を免除されている難民又は次の条件のいずれかを満たす難民については、適用しない。

(a) 当該締約国に3年以上居住していること。

(b) 当該難民が居住している当該締約国の国籍を有する配偶者があること。難民は、その配偶者を遺棄した場合には、この(b)の規定による利益を受けることができない。

(c) 当該難民が居住している当該締約国の国籍を有する子があること。

3 締約国は、賃金が支払われる職業に関し、すべての難民、特に、労働者募集計画又は移住者受入計画によって当該締約国の領域に入国した難民の権利を自国民の権利と同一のものとすることについて好意的考慮を払う。

第18条 自営業

締約国は、合法的にその領域内にいる難民に対し、独立して農業、工業、手工業及び商業に従事する権利並びに商業上及び産業上の会社を設立する権利に関し、できる限り有利な待遇を与えるものとし、いかなる場合にも、同一の事情の下で一般に外国人に対して与える待遇よりも不利でない待遇を与える。

第19条 自由業

1 締約国は、合法的にその領域内に滞在する難民であって、当該締約国の権限のある機関が承認した資格証書を有し、かつ、自由業に従事することを希望するものに対し、できる限り有利な待遇を与えるものとし、いかなる場合にも、同一の事情の下で一般に外国人に対して与える待遇よりも不利でない待遇を与える。

2 締約国は、自国が国際関係について責任を有する領域（本土地域を除く。）内に1に規定する難民が定住することを確保するため、自国の憲法及び法律に従って最善の努力を払う。

第4章 福祉

第20条 配給

難民は、供給が不足する物資の分配を規制する配給制度であつて住民全体に適用されるものが存在する場合には、当該配給制度の適用につき、国民に与えられる待遇と同一の待遇を与えられる。

第21条 住居

締約国は、住居に係る事項が法令の規制を受け又は公の機関の管理の下にある場合には、合法的にその領域内に滞在する難民に対し、住居に関し、できる限り有利な待遇を与えるものとし、いかなる場合にも、同一の事情の下で一般に外国人に対して与える待遇よりも不利でない待遇を与える。

第22条 公の教育

1 締約国は、難民に対し、初等教育に関し、自国民に与える待遇と同一の待遇を与える。

2　締約国は、難民に対し、初等教育以外の教育、特に、修学の機会、学業に関する証明書、資格証書及び学位であつて外国において与えられたものの承認、授業料その他の納付金の減免並びに奨学金の給付に関し、できる限り有利な待遇を与えるものとし、いかなる場合にも、同一の事情の下で一般に外国人に対して与える待遇よりも不利でない待遇を与える。

第23条　公的扶助

締約国は、合法的にその領域内に滞在する難民に対し、公的扶助及び公的援助に関し、自国民に与える待遇と同一の待遇を与える。

第24条　労働法制及び社会保障

1　締約国は、合法的にその領域内に滞在する難民に対し、次の事項に関し、自国民に与える待遇と同一の待遇を与える。
 (a) 報酬（家族手当がその一部を成すときは、これを含む。）、労働時間、時間外労働、有給休暇、家内労働についての制限、雇用についての最低年齢、見習及び訓練、女子及び年少者の労働並びに団体交渉の利益の享受に係る事項であつて、法令の規律を受けるもの又は行政機関の管理の下にあるもの
 (b) 社会保障（業務災害、職業病、母性、疾病、廃疾、老齢、死亡、失業、家族的責任その他国内法令により社会保障制度の対象とされている給付事由に関する法規）。ただし、次の措置をとることを妨げるものではない。
  (i) 当該難民が取得した権利又は取得の過程にあつた権利の維持に関し適当な措置をとること。
  (ii) 当該難民が居住している当該締約国の国内法令において、公の資金から全額支給される給付の全部又は一部に関し及び通常の年金の受給のために必要な拠出についての条件を満たしていない者に支給される手当に関し、特別の措置を定めること。
2　業務災害又は職業病に起因する難民の死亡について補償を受ける権利は、この権利を取得する者が締約国の領域外に居住していることにより影響を受けない。
3　締約国は、取得された又は取得の過程にあつた社会保障についての権利の維持に関し他の締約国との間で既に締結した協定又は将来締結することのある協定の署名国の国民に適用される条件を難民が満たしている限り、当該協定による利益と同一の利益を当該難民に与える。
4　締約国は、取得された又は取得の過程にあつた社会保障についての権利の維持に関する協定であつて非締約国との間で現在効力を有し又は将来効力を有することのあるものによる利益と同一の利益をできる限り難民に与えることについて好意的考慮を払うものとする。

第5章　行政上の措置

第25条　行政上の援助

1　難民がその権利の行使につき通常外国の機関の援助を必要とする場合において当該外国の機関の援助を求めることができないときは、当該難民が居住している締約国は、自国の機関又は国際機関により同様の援助が当該難民に与えられるように取り計らう。
2　1にいう自国の機関又は国際機関は、難民に対し、外国人が通常本国の機関から又は本国の機関を通じて交付を受ける文書又は証明書と同様の文書又は証明書を交付するものとし、また、その監督の下にこれらの文書又は証明書が交付されるようにする。
3　2の規定により交付される文書又は証明書は、外国人が本国の機関から又は本国の機関を通じて交付を受ける公文書に代わるものとし、反証のない限り信用が与えられるものとする。
4　生活に困窮する者に対する例外的な取扱いがある場合には、これに従うことを条件として、この条に規定する事務については手数料を徴収することができるが、その手数料は、妥当な、かつ、同種の事務について国民から徴収する手数料に相応するものでなければならない。
5　この条の規定は、第27条及び第28条の規定の適用を妨げるものではない。

第26条　移動の自由

締約国は、合法的にその領域内にいる難民に対し、当該難民が同一の事情の下で一般に外国人に対して適用される規制に従うことを条件として、居住地を選択する権利及び当該締約国の領域内を自由に移動する権利を与える。

第27条　身分証明書

締約国は、その領域内にいる難民であつて有効な旅行証明書を所持していないものに対し、身分証明書を発給する。

第28条　旅行証明書

1　締約国は、合法的にその領域内に滞在する難民に対し、国の安全又は公の秩序のためのやむを得ない理由がある場合を除くほか、その領域外への旅行のための旅行証明書を発給するものとし、この旅行証明書に関しては、附属書の規定が適用される。締約国は、その領域内にいる他の難民に対してもこの旅行証明書を発給することができるものとし、特に、その領域内にいる難民であつて合法的に居住している国から旅行証明書の発給を受けることができないものに対して旅行証明書を発給することについて好意的考慮を払う。

2　従前の国際協定の締約国が当該国際協定の定めるところにより難民に対して発給した旅行証明書は、この条約の締約国により有効なものとして認められ、かつ、この条の規定により発給されたものとして取り扱われる。

第29条　公租公課

1　締約国は、難民に対し、同様の状態にある自国民に課している若しくは課することのある租税その他の公課（名称のいかんを問わない。）以外の公課を課してはならず、また、租税その他の公課（名称のいかんを問わない。）につき同様の状態にある自国民に課する額よりも高額のものを課してはならない。

2　1の規定は、行政機関が外国人に対して発給する文書（身分証明書を含む。）の発給についての手数料に関する法令を難民について適用することを妨げるものではない。

第30条　資産の移転

1　締約国は、自国の法令に従い、難民がその領域内に持ち込んだ資産を定住のために入国を許可された他の国に移転することを許可する。

2　締約国は、難民が入国を許可された他の国において定住するために必要となる資産（所在地のいかんを問わない。）につき当該難民から当該資産の移転の許可の申請があつた場合には、この申請に対し好意的考慮を払う。

第31条　避難国に不法にいる難民

1　締約国は、その生命又は自由が第1条の意味において脅威にさらされていた領域から直接来た難民であつて許可なく当該締約国の領域に入国し又は許可なく当該締約国の領域内にいるものに対し、不法に入国し又は不法にいることを理由として刑罰を科してはならない。ただし、当該難民が遅滞なく当局に出頭し、かつ、不法に入国し又は不法にいることの相当な理由を示すことを条件とする。

2　締約国は、1の規定に該当する難民の移動に対し、必要な制限以外の制限を課してはならず、また、この制限は、当該難民の当該締約国における滞在が合法的なものとなるまでの間又は当該難民が他の国への入国許可を得るまでの間に限つて課することができる。締約国は、1の規定に該当する難民に対し、他の国への入国許可を得るために妥当と認められる期間の猶予及びこのために必要なすべての便益を与える。

第32条　追放

1　締約国は、国の安全又は公の秩序を理由とする場合を除くほか、合法的にその領域内にいる難民を追放してはならない。

2　1の規定による難民の追放は、法律の定める手続に従つて行われた決定によつてのみ行う。国の安全のためのやむを得ない理由がある場合を除くほか、1に規定する難民は、追放される理由がないことを明らかにする証拠の提出並びに権限のある機関又はその機関が特に指名する者に対する不服の申立て及びこのための代理人の出頭を認められる。

3　締約国は、1の規定によつ追放されることとなる難民に対し、他の国への入国許可を求めるのに妥当と認められる期間の猶予を与える。締約国は、この期間中必要と認める国内措置をとることができる。

第33条　追放及び送還の禁止

1　締約国は、難民を、いかなる方法によつても、人種、宗教、国籍若しくは特定の社会的集団の構成員であること又は政治的意見のためにその生命又は自由が脅威にさらされるおそれのある領域の国境へ追放し又は送還してはならない。

2　締約国にいる難民であつて、当該締約国の安全にとつて危険であると認めるに足る相当な理由があるもの又は特に重大な犯罪について有罪の判決が確定し当該締約国の社会にとつて危険な存在となつたものは、1の規定による利益の享受を要求することができない。

第34条　帰化

締約国は、難民の当該締約国の社会への適応及び帰化をできる限り容易なものとする。締約国は、特に、帰化の手続が迅速に行われるようにするため並びにこの手続に係る手数料及び費用をできる限り軽減するため、あらゆる努力を払う。

第6章　実施規定及び経過規定

第35条　締約国の機関と国際連合との協力

1　締約国は、国際連合難民高等弁務官事務所又はこれを承継する国際連合の他の機関の任務の遂行に際し、これらの機関と協力することを約束するものとし、特に、これらの機関のこの条約の適用を監督する責務の遂行に際し、これらの機関に便宜を与える。

2　締約国は、国際連合難民高等弁務官事務所又はこれを承継する国際連合の他の機関が国際連合の権限のある機関に報告することのできるよう、要請に応じ、次の事項に関する情報及び統計を適当な様式で提供することを約束する。
(a)　難民の状態
(b)　この条約の実施状況
(c)　難民に関する現行法令及び難民に関して将来施行される法令

第36条　国内法令に関する情報

締約国は、国際連合事務総長に対し、この条約の適用を確保するために制定する法令を送付する。

第37条　従前の条約との関係

この条約は、締約国の間において、1922年7月5日、1924年5月31日、1926年5月12日、1928年6月30日及び1935年7月30日の取極、1933年10月28日及び1938年2月10日の条約、1939年9月14日の議定書並びに1946年10月15日の協定に代わるものとする。ただし、第28条2の規定の適用を妨げない。

第7章　最終条項

第38条　紛争の解決

この条約の解釈又は適用に関する締約国間の紛争であつて他の方法によつて解決することができないものは、いずれかの紛争当事国の要請により、国際司法裁判所に付託する。

第39条　署名、批准及び加入

1　この条約は、1951年7月28日にジュネーヴにおいて署名のために開放するものとし、その後国際連合事務総長に寄託する。この条約は、同日から同年8月31日までは国際連合の欧州事務所において、同年9月17日から1952年12月31日までは国際連合本部において、署名のために開放しておく。

2　この条約は、国際連合のすべての加盟国並びにこれらの加盟国以外の国であつて難民及び無国籍者の地位に関する全権委員会議に出席するよう招請されたもの並びに国際連合総会によりこの条約に署名するよう招請されるものによる署名のために開放しておく。この条約は、批准されなければならない。批准書は、国際連合事務総長に寄託する。

3　この条約は、1951年7月28日から2に規定する国による加入のために開放しておく。加入は、加入書を国際連合事務総長に寄託することによつて行う。

第40条　適用地域条項

1　いずれの国も、署名、批准又は加入の際に、自国が国際関係について責任を有する領域の全部又は一部についてこの条約を適用することを宣言することができる。宣言は、その国についてこの条約の効力が生ずる時に効力を生ずる。

2　いずれ国も、署名、批准又は加入の後1の宣言を行う場合には、国際連合事務総長にその宣言を通告するものとし、当該宣言は、国際連合事務総長が当該宣言の通告を受領した日の後90日目の日又はその国についてこの条約の効力が生ずる日のいずれか遅い日に効力を生ずる。

3　関係国は、署名、批准又は加入の際にこの条約を適用することをしなかつた領域についてこの条約を適用するため、憲法上必要があるときはこれらの領域の政府の同意を得ることを条件として必要な措置をとることの可能性について検討する。

第41条　連邦条項

締約国が連邦制又は非単一制の国である場合には、次の規定を適用する。

(a)　この条約の規定であつてその実施が連邦の立法機関の立法権の範囲内にあるものについては、連邦の政府の義務は、連邦制をとつていない締約国の義務と同一とする。

(b)　この条約の規定であつてその実施が邦、州又は県の立法権の範囲内にあり、かつ、連邦の憲法制度上邦、州又は県が立法措置をとることを義務付けられていないものについては、連邦の政府は、邦、州又は県の適当な機関に対し、できる限り速やかに、好意的な意見を付してその規定を通報する。

(c)　この条約の締約国である連邦制の国は、国際連合事務総長を通じて他の締約国から

要請があつたときは、この条約の規定の実施に関する連邦及びその構成単位の法令及び慣行についての説明を提示し、かつ、立法その他の措置によりこの条約の規定の実施が行われている程度を示す。

第42条　留保

1　いずれの国も、署名、批准又は加入の際に、第1条、第3条、第4条、第16条1、第33条及び第36条から第46条までの規定を除くほか、この条約の規定について留保を付することができる。

2　1の規定に基づいて留保を付した国は、国際連合事務総長にあてた通告により、いつでも当該留保を撤回することができる。

第43条　効力発生

1　この条約は、6番目の批准書又は加入書が寄託された日の後90日目の日に効力を生ずる。

2　この条約は、6番目の批准書又は加入書が寄託された後に批准し又は加入する国については、その批准書又は加入書が寄託された日の後90日目の日に効力を生ずる。

第44条　廃棄

1　いずれの締約国も、国際連合事務総長にあてた通告により、いつでもこの条約を廃棄することができる。

2　廃棄は、国際連合事務総長が1の通告を受領した日の後1年で当該通告を行つた締約国について効力を生ずる。

3　第40条の規定に基づいて宣言又は通告を行つた国は、その後いつでも、国際連合事務総長にあてた通告により、同条の規定に基づく宣言又は通告により指定した領域についてこの条約の適用を終止する旨の宣言を行うことができる。当該宣言は、国際連合事務総長がこれを受領した日の後1年で効力を生じる。

第45条　改正

1　いずれの締約国も、国際連合事務総長にあてた通告により、いつでもこの条約の改正を要請することができる。

2　国際連合総会は、1の要請についてとるべき措置があるときは、その措置を勧告する。

第46条　国際連合事務総長による通報

国際連合事務総長は、国際連合のすべての加盟国及びこれらの加盟国以外の国で第39条に規定するものに対し、次の事項を通報する。

(a)　第1条Bの規定による宣言及び通告
(b)　第39条の規定による署名、批准及び加入
(c)　第40条の規定による宣言及び通告
(d)　第42条の規定による留保及びその撤回
(e)　第43条の規定に基づきこの条約の効力が生ずる日
(f)　第44条の規定による廃棄及び通告
(g)　前条の規定による改正の要請

以上の証拠として、下名は、各自の政府から正当に委任を受けてこの条約に署名した。

1951年7月28日にジュネーヴで、ひとしく正文である英語及びフランス語により本書1通を作成した。本書は、国際連合に寄託するものとし、その認証謄本は、国際連合のすべての加盟国及びこれらの加盟国以外の国で第39条に規定するものに送付する。

附属書

第1項1　第28条に規定する旅行証明書の様式は、付録に定める様式と同様のものとする。

2　1の旅行証明書は、少なくとも二の言語で作成するものとし、そのうちの一の言語は、英語又はフランス語とする。

第2項　旅行証明書の発給国の規則に別段の定めがある場合を除くほか、子は、両親のいずれか一方の旅行証明書に又は例外的な事情のある場合には成人である他の難民の旅行証明書に併記することができる。

第3項　旅行証明書の発給について徴収する手数料の額は、国民に対する旅券の発給についての手数料の最低額を超えてはならない。

第4項　特別の場合又は例外的な場合を除くほか、旅行証明書は、できる限り多数の国について有効なものとして発給する。

第5項　旅行証明書の有効期間は、その発給機関の裁量により1年又は2年とする。

第6項1　旅行証明書の有効期間の更新又は延長は、当該旅行証明書の名義人が合法的に他の国の領域内に居住するに至つておらず、かつ、当該旅行証明書の発給機関のある国の領域内に合法的に居住している限り、当該発給機関の権限に属する。新たな旅行証明書の発給は、前段の条件と同一の条件が満たされる限り、従前の旅行証明書の発給機関の権限に属する。

2　外交機関又は領事機関で特にその権限を与えられているものは、自国の政府が発給した旅行証明書の有効期間を6箇月を超えない範囲

で延長する権限を有する。
3 締約国は、既にその領域内に合法的に居住していない難民であつて合法的に居住している国から旅行証明書を取得することができないものに対し、旅行証明書の有効期間の更新若しくは延長又は新たな旅行証明書の発給について好意的考慮を払う。

第7項 締約国は、第28条の規定により発給された旅行証明書を有効なものとして認める。

第8項 難民が赴くことを希望する国の権限のある機関は、当該難民の入国を認める用意があり、かつ、当該難民の入国に査証が必要であるときは、当該難民の旅行証明書に査証を与える。

第9項1 締約国は、最終の目的地である領域の査証を取得している難民に対し、通過査証を発給することを約束する。
2 1の通過査証の発給は、一般に外国人に対して査証の発給を拒むことのできる正当な事由によつて拒むことができる。

第10項 出国査証、入国査証または通過査証の発給についての手数料の額は、外国の旅券に査証を与える場合の手数料の最低額を超えてはならない。

第11項 いずれかの締約国から旅行証明書の発給を受けていた難民が他の締約国の領域内に合法的に居住するに至つたときは、新たな旅行証明書を発給する責任は、第28条の規定により当該他の締約国の領域の権限のある機関が負うものとし、当該難民は、当該機関に旅行証明書の発給を申請することができる。

第12項 新たな旅行証明書の発給機関は、従前の旅行証明書を回収するものとし、当該従前の旅行証明書にこれを発給国に返送しなければならない旨の記載があるときは、当該従前の旅行証明書を当該発給国に返送する。そのような記載がないときは、当該発給機関は、回収した旅行証明書を無効なものとする。

第13項1 締約国は、第28条の規定により発給した旅行証明書の名義人に対し、その旅行証明書の有効期間内のいずれの時点においても当該締約国の領域に戻ることを許可することを約束する。
2 締約国は、1の規定に従うことを条件として、旅行証明書の名義人に対し、出入国について定める手続に従うことを要求することができる。
3 締約国は、例外的な場合又は難民の滞在が一定の期間に限つて許可されている場合には、難民が当該締約国の領域に戻ることのできる期間を旅行証明書の発給の際に3箇月を下らない期間に限定することができる。

第14項 前項の規定のみを例外として、この附属書の規定は、締約国の領域に係る入国、通過、滞在、定住及び出国の条件を規律する法令に何ら影響を及ぼすものではない。

第15項 旅行証明書の発給があつたこと及び旅行証明書に記入されていることは、その名義人の地位(特に国籍)を決定し又はこれに影響を及ぼすものではない。

第16項 旅行証明書の発給は、その名義人に対し、当該旅行証明書の発給国の外交機関又は領事機関による保護を受ける権利をいかなる意味においても与えるものではなく、また、これらの機関に対し、保護の権利を与えるものでもない。

難民の地位に関する議定書

この議定書の締約国は、

1951年7月28日にジュネーヴで作成された難民の地位に関する条約(以下「条約」という。)が、1951年1月1日前に生じた事件の結果として難民となつた者にのみ適用されることを考慮し、

条約が採択された後新たな事態により難民が生じたこと及びこれらの難民が条約の適用を受けることができないことを考慮し、

1951年1月1日前という制限を考慮に入れない場合に条約の定義に該当することとなるすべての難民に等しい地位を与えることが望ましいと考えて、

次のとおり協定した。

第1条 一般規定

1 この議定書の締約国は、2に定義する難民に対し、条約第2条から第34条までの規定を適用することを約束する。

2 この議定書の適用上、「難民」とは、3の規定の適用があることを条件として、条約第1条を同条A(2)の「1951年1月1日前に生じた事件の結果として、かつ、」及び「これらの事件の結果として」という文言が除かれているものとみな

した場合に同条の定義に該当するすべての者をいう。
3 この議定書は、この議定書の締約国によりいかなる地理的な制限もなしに適用される。ただし、既に条約の締約国となつている国であつて条約第1条B(1)(a)の規定を適用する旨の宣言を行つているものについては、この宣言は、同条B(2)の規定に基づいてその国の義務が拡大されていない限り、この議定書についても適用される。

第2条　締約国の機関と国際連合との協力
1 この議定書の締約国は、国際連合難民高等弁務官事務所又はこれを承継する国際連合の他の機関の任務の遂行に際し、これらの機関と協力することを約束するものとし、特に、これらの機関のこの議定書の適用を監督する責務の遂行に際し、これらの機関に便宜を与える。
2 この議定書の締約国は、国際連合難民高等弁務官事務所又はこれを承継する国際連合の他の機関が国際連合の権限のある機関に報告することのできるよう、要請に応じ、次の事項に関する情報及び統計を適当な様式で提供することを約束する。
  (a) 難民の状態
  (b) この議定書の実施状況
  (c) 難民に関する現行法令及び難民に関して将来施行される法令

第3条　国内法令に関する情報
この議定書の締約国は、国際連合事務総長に対し、この議定書の適用を確保するために制定する法令を送付する。

第4条　紛争の解決
この議定書の解釈又は適用に関するこの議定書の締約国間の紛争であつて他の方法によつて解決することができないものは、いずれかの紛争当事国の要請により、国際司法裁判所に付託する。

第5条　加入
この議定書は、条約のすべての締約国並びにこれらの締約国以外の国であつて国際連合又はいずれかの専門機関の加盟国であるもの及び国際連合総会によりこの議定書に加入するよう招請されるものによる加入のために開放しておく。加入は、加入書を国際連合事務総長に寄託することによつて行う。

第6条　連邦条項
この議定書の締約国が連邦制又は非単一制の国である場合には、次の規定を適用する。
  (a) 第1条1の規定により適用される条約の規定であつてこれらの規定の実施が連邦の立法機関の立法権の範囲内にあるものについては、連邦の政府の義務は、連邦制をとつていないこの議定書の締約国の義務と同一とする。
  (b) 第1条1の規定により適用される条約の規定であつてこれらの規定の実施が邦、州又は県の立法権の範囲内にあり、かつ、連邦の憲法制度上邦、州又は県が立法措置をとることを義務付けられていないものについては、連邦の政府は、邦、州又は県の適当な機関に対し、できる限り速やかに、好意的な意見を付してその規定を通報する。
  (c) この議定書の締約国である連邦制の国は、国際連合事務総長を通じてこの議定書の他の締約国から要請があつたときは、第1条1の規定により適用される条約の規定の実施に関する連邦及びその構成単位の法令及び慣行についての説明を提示し、かつ、立法その他の措置によりこれらの規定の実施が行われている程度を示す。

第7条　留保及び宣言
1 いずれの国も、この議定書への加入の際に、第4条の規定について及び第1条の規定による条約のいずれかの規定の適用（条約の第1条、第3条、第4条、第16条1及び第33条の規定の適用を除く。）について留保を付することができる。ただし、条約の締約国がこの条の規定に基づいて付する留保については、その効果は、条約の適用を受ける難民には及ばない。
2 条約第42条の規定に基づいて条約の締約国が条約の規定に付した留保は、撤回されない限り、この議定書に基づく義務についても有効なものとする。
3 1の規定に基づいて留保を付した国は、国際連合事務総長にあてた通告により、いつでも当該留保を撤回することができる。
4 条約の締約国であつてこの議定書に加入するものが条約第40条1又は2の規定により行つた宣言は、この議定書についても適用があるものとみなす。ただし、当該条約の締約国がこの議定書に加入する際に国際連合事務総長に対して別段の通告をした場合は、この限りでない。同条2及び3並びに条約第44条3の規定は、この議定書について準用する。

第8条　効力発生
1　この議定書は、6番目の加入書が寄託された日に効力を生ずる。
2　この議定書は、6番目の加入書が寄託された後に加入する国については、その加入書が寄託された日に効力を生ずる。

第9条　廃棄
1　この議定書のいずれの締約国も、国際連合事務総長にあてた通告により、いつでもこの議定書を廃棄することができる。
2　廃棄は、国際連合事務総長が1の通告を受領した日の後1年で当該通告を行つたこの議定書の締約国について効力を生ずる。

第10条　国際連合事務総長による通報
　国際連合事務総長は、第5条に規定する国に対し、この議定書の効力発生の日並びにこの議定書に関する加入、留保、留保の撤回、廃棄、宣言及び通告を通報する。

第11条　国際連合事務局への寄託
　中国語、英語、フランス語、ロシア語及びスペイン語をひとしく正文とするこの議定書の本書は、国際連合総会議長及び国際連合事務総長が署名した上、国際連合事務局に寄託する。国際連合事務総長は、その認証謄本を国際連合のすべての加盟国及びこれらの加盟国以外の国で第5条に規定するものに送付する。

入管・難民法条文索引

※ 条文番号(特記なき限り、2012年7月9日施行改正後の出入国管理及び難民認定法)は、該当項目の記載が当該条文又は解説に含まれることを示します。

あ

あへん　5条1項5号・6号
あへん法　5条1項6号、24条4号チ

い

異議
　——(の)申出〈上陸手続〉　11条
　——(の)申出〈退去強制手続〉　49条
　——(の)申立て〈難民認定手続〉　61条の2の9
一時庇護(のための上陸)　18条の2
　——許可者による在留資格取得　22条の3
　——許可書　18条の2第3項
　——許可書(の)携帯義務　23条1項5号・5項
　——許可書(の)提示義務　23条3項
違反審査　45条〜47条
　——(後の)認定　47条
　——(における)調書　45条
　——(における)容疑者の立証責任　46条
違反調査　2条14号、27条〜38条
　——(における)公務所等照会　28条2項
　——(における)出頭要求〈証人〉　30条1項
　——(における)出頭要求〈容疑者〉　29条1項
　——(における)調書〈証人〉　30条2項・3項
　——(における)調書〈容疑者〉　29条2項〜4項
　——(における)取調べ〈証人〉　30条1項
　——(における)取調べ〈容疑者〉　29条1項
　——(における)報告要求　28条2項
　——(に際しての)臨検、捜索、押収　31条〜38条
医療　2条の2、別表第1の2

う

運送業者　2条9号
　——(の)協力義務　56条
　——(の)緊急上陸中の費用支弁義務　17条4項
　——(の)送還義務　59条
　——(の)旅券等の確認義務　56条の2

え

永住許可　22条、61条の2の11
　——(に関する)ガイドライン　別表第2「永住者」
　——(の)手数料　67条3号
　——(の)特則〈難民〉　61条の2の11
永住者　2条の2、22条、別表第2
永住者の配偶者等　2条の2、別表第2

お

オーバーステイ　24条4号ロ
押収　31条〜38条
　——許可状　31条4項・5項
　——調書　38条
　——手続　37条
　——(における)時刻の制限　35条
　——(における)証票の携帯・提示　33条
　——(における)立会い　34条
　——(における)出入り禁止　36条
　——(における)必要な処分　32条
　——物(押収品)(の)還付　37条2項
　——物(押収品)目録　37条1項

か

外交　2条の2、別表第1の1
外国公認会計士　2条の2、別表第1の2「法律・会計業務」
外国人　2条2号
外国法事務弁護士　2条の2、別表第1の2「法律・会計業務」
覚せい剤　5条1項5号・6号
覚せい剤取締法　5条1項5号、24条4号チ
家族滞在　2条の2、別表第1の4
仮上陸　13条
　——許可者の収容　13条6項・7項
　——許可書　13条2項
　——許可書(の)携帯義務　23条1項1号・5項
　——許可書(の)提示義務　23条3項
　——(の)付加条件　13条3項

――(の)保証金　13条3項・4項
仮滞在　61条の2の4
　　――許可書　61条の2の4第2項
　　――許可書(の)携帯義務　23条1項6号・5項
　　――許可書(の)提示義務　23条3項
　　――(の)期間　61条の2の4第2項
　　――(の)期間更新　61条の2の4第4項
　　――(の)終了　61条の2の4第5項
　　――(の)取消し　61条の2の5
　　――(の)付加条件　61条の2の4第3項
仮放免　54条
　　――許可書　13条2項
　　――許可書(の)携帯義務　23条1項1号・5項
　　――許可書(の)提示義務　23条3項
　　――(の)請求(申請)　54条1項・2項
　　――(の)取消し　55条
　　――(の)取消書　55条2項・4項・5項
　　――(の)付加条件　54条2項
　　――(の)保証金　54条2項
　　――(の)保証金の没取　55条3項
　　――(の保証金に代わる)保証書　54条3項
職権――　54条2項
過料　77条、77条の2
関係行政機関の協力　61条の8
関係人〈事実の調査〉　19条の19第2項、59条の2第2項、61条の2の14第2項
　　――(の)出頭要求〈難民調査官〉　61条の2の14第2項
　　――(の)出頭要求〈入国審査官〉　19条の19第2項、59条の2第2項
　　――(への)質問、文書提示要求〈難民調査官〉　61条の2の14第2項
　　――(への)質問、文書提示要求〈入国審査官〉　19条の19第2項、59条の2第2項
感染症　5条1項1号

き

企業内転勤　2条の2、別表第1の2
寄港地上陸　14条
　　――(許可の)証印　14条3項
　　――(に伴う)個人識別情報の提供　14条2項
　　――(の)付加条件　14条4項
帰国〈日本人〉　61条
　　――(の)確認　61条

技術　2条の2、別表第1の2
技能　2条の2、別表第1の2
技能実習　2条の2、別表第1の2
　　――の在留資格への変更の特則　20条の2
教育　2条の2、別表第1の2
教授　2条の2、別表第1の1
供述調書→調書
矯正施設の長
　　――(から入国警備官への)身柄の引渡し　64条2項
　　――(の)通報義務　62条3項
強制失踪条約(強制失踪からすべての者の保護に関する国際条約)　53条3項3号
強制(の)処分〈違反調査〉　28条
緊急上陸　17条
　　――許可書　17条3項
　　――許可書(の)携帯義務　23条1項3号・5項
　　――許可書(の)提示義務　23条3項
　　――(に伴う)個人識別情報の提供　17条2項

け

経過措置〈命令の制定・改廃に伴う〉　69条の3
刑事訴訟法の特例〈容疑者の引渡しに関する〉　65条
刑事手続との関係〈退去強制手続と〉　63条
芸術　2条の2、別表第1の1
携帯義務
　　〈在留カードの〉　23条2項
　　〈証票の〉　23条4項、33条、61条の5第2項
　　〈旅券等の〉　23条1項
研究　2条の2、別表第1の2
権限の委任〈法務大臣から地方入国管理局長への〉　69条の2
検察官
　　――(から入国警備官への)身柄の引渡し　64条
　　――(への入国審査官の)告発　63条3項
研修　2条の2、別表第1の4

こ

興行　2条の2、別表第1の2
公使　2条4号
公衆等脅迫目的の犯罪行為(テロ行為)　24条3号の2、24条の2

口頭意見陳述〈難民認定手続〉 61条の2の9第5項・6項、(行服法25条1項)
口頭審理
〈上陸手続〉 10条
〈退去強制手続〉 48条
──請求〈退去強制手続〉 47条4項・5項、48条1項・2項
──請求権(の)放棄〈退去強制手続〉 47条5項
──(に関する)記録〈上陸手続〉 10条2項、11条2項
──(に関する)調書〈退去強制手続〉 48条4項
公務所又は公私の団体への照会
〈特別審理官〉 10条6項(48条5項でも準用)
〈難民調査官〉 61条の2の14第3項
〈入国警備官〉 28条2項
〈入国審査官〉 19条の19第3項、59条の2第3項
拷問等禁止条約(拷問及び他の残虐な、非人道的な又は品位を傷つける取扱い又は刑罰に関する条約) 53条3項2号
公用 2条の2、別表第1の1
国際競技会等 5条1項5号の2、24条4号の3
国際的な協力の下に規制薬物に係る不正行為を助長する行為等の防止を図るための麻薬及び向精神薬取締法等の特例等に関する法律(麻薬特例法) 24条4号チ
国籍 2条2号
──又は市民権の属する国 5条2項、53条1項
個人識別情報 6条3項
──(の)提供〈一時庇護上陸時〉 18条の2第2項
──(の)提供〈寄港地上陸時〉 14条2項
──(の)提供〈緊急上陸時〉 17条2項
──(の)提供〈乗員上陸時〉 16条3項・7項
──(の)提供〈上陸時〉 6条3項、7条4項、9条4項2号、7項2号、10条7項・8項
──(の)提供〈遭難上陸時〉 18条3項
──(の)提供〈通過上陸時〉 15条3項

さ

裁決
〈上陸手続における〉 11条3項
〈退去強制手続における〉 49条3項、50条4項
──書 49条3項
──通知書 49条3項〜6項
──(の)特例〈上陸手続における〉 12条
──(の)特例〈退去強制手続における〉 50条
再審情願 50条
再入国(許可)
〈通常〉 26条、26条の2
〈難民旅行証明書所持者〉 61条の2の12第4項・5項
──許可書 26条2項
──(の)証印 26条2項
──(の)手数料 67条4号
数次──許可 26条1項
数次──許可の取消し 26条7項
みなし──許可 26条の2
在留カード 19条の4〜19条の15
──(の)記載事項 19条の4
──(の)携帯義務 23条1項・2項
──(の)交付 19条の3、19条の6、20条4項、21条4項、22条3項、22条の2第3項・4項、50条3項
──(の)再交付 19条の12、19条の13
──(の)失効 19条の14
──(の)受領 61条の9の3
──(の)提示義務 23条3項
──(の)返納 19条の15
──(の)有効期間 19条の5
──(の)有効期間の更新 19条の11
──(への)住居地の記載 19条の7第2項(19条の8第2項、19条の9第2項でも準用)
在留期間 2条の2第3項、7条1項3号
──(の)更新 21条
──(の)更新の手数料 67条2号
満了後〈申請中〉の在留 20条5項(21条4項でも準用)
在留資格 2条の2、別表第1の1〜第2
──該当性 7条1項2号、20条〜22条の3
──(に係る)許可〈難民認定申請者〉 61条の2の2
──(による)活動範囲の制限 19条
──(の)取得 22条の2、22条の3
──(の)取消し 22条の4、22条の5、61条の2の8
──(の)変更 20条、20条の2

——(の)変更の手数料　67条1号
在留資格証明書　20条4項
在留資格認定証明書　7条の2
在留資格未取得外国人　61条の2の2、61条の
　　2の4、61条の2の5
在留特別許可　50条、61条の2の2第2項
　　——ガイドライン　50条
　　難民認定申請者に関する——の特則　61条
　　　の2の2第2項、61条の2の6第4項
査証　6条1項、7条1項1号、22条の4第1項
　　4号、59条3項
　　(相互)——免除　6条1項、7条1項1号

し

資格外活動　19条1項、24条4号イ
　　——許可　19条2項
　　——許可の取消　19条3項
時刻の制限〈捜索・押収〉　35条
事実の調査
　　〈難民調査官〉　61条の2の14
　　〈入国審査官＝中長期在留者情報把握〉　19
　　　条の19
　　〈入国審査官＝入国・在留・退去強制等〉
　　　59条の2
自動化ゲート　25条、60条、61条
自費出国〈退去強制〉　52条4項
司法警察員から入国警備官への被疑者の引渡し
　　65条
市民権の属する国　5条2項、53条1項
事務の区分〈住居地の届出等〉　68条の2
就学　2条の2、**別表第1の4**「留学」
宗教　2条の2、**別表第1の1**
住居地
　　——以外の記載事項の変更届出　19条の10
　　——の届出　19条の7、19条の8、22条の4
　　　第1項8号〜10号
　　——の変更届出　19条の9、22条の4第1項
　　　9号
集団密航(者)　74条1項
　　——助長罪等　74条〜74条の5
住民票の記載等に係る通知　61条の8の2
収容
　　〈仮上陸許可者に対する〉　13条6項・7項
　　〈仮放免取消後〉　55条5項
　　〈収容令書による〉　39条〜42条
　　〈退去強制令書による〉　52条5項

　　——前置主義(全件収容主義)　39条、63条
　　　1項
　　——(時の)処遇　61条の7
　　——(の)期間〈収容令書〉　41条1項
　　——(の)期間〈退去強制令書〉　52条5項
　　——(の)期間の延長〈収容令書〉　41条1項
　　　但書
　　——(の)手続〈収容令書〉　42条
　　——(の)手続〈退去強制令書〉　52条3項・5
　　　項
　　——(の)場所〈収容令書〉　41条2項・3項、
　　　61条の6
　　——(の)場所〈退去強制令書〉　52条5項
　　要急——〈収容令書〉　43条
　　要急——〈仮放免取消後〉　55条5項
収容場　2条16号、41条2項、61条の6、61条
　　の7、61条の7の2
収容令書
　　〈仮上陸〉　13条6項
　　〈退去強制手続〉　39条〜43条
　　——(の)緊急執行　42条2項
　　——(の)執行　42条
　　——(の)執行時の武器使用　61条の4第2項
　　　2号
　　——(の)発付　39条2項、40条、43条2項
　　——(の)発付をまたない収容(要急収容)　43
　　　条
　　——(の)方式　40条
就労資格証明書　19条の2
　　——(の交付の)手数料　67条の2
出国
　　〈外国人〉　25条
　　〈日本人〉　60条
　　——確認の留保　25条の2
　　——手続　25条、60条
　　——(の)確認〈外国人〉　25条
　　——(の)確認〈日本人〉　60条
出国待機施設　59条3項、61条の7の6
出国命令　24条の3、55条の2〜55条の6
　　——書　55条の3第2項、55条の4
　　——(に係る)出国期限　55条の4第1項
　　——(に係る)出国期限の延長　55条の5
　　——(に付する)条件　55条の3第3項
　　——(の)対象者　24条の3
　　——(の)取消し　55条の6
出入国管理基本計画　61条の10、61条の11
出入国港　2条8号、6条2項、9条4項・7項、

13条の2第1項、14条1項、15条1項・2項、16条2項、19条の14、25条1項、57条、60条1項、61条
主任審査官　2条11号、11条、13条、13条の2、39条〜41条、43条、47条〜49条、51条、52条、54条〜55条の6、59条
乗員　2条3号、3条2項、6条1項、16条、19条4項、57条
乗員上陸　16条
——許可書　16条4項
——許可書(の)携帯義務　23条1項2号・5項
——許可書(の)提示義務　23条3項
——(に伴う)個人識別情報の提供　16条3項・7項
——(の)付加条件　16条5項
数次——許可　16条2項
数次——許可の取消し　16条8項・9項
乗員手帳　2条6号、3条1項1号、23条、56条の2、57条、74条の6の2、76条2号、77条1項の2、
——(の)携帯義務　23条1項2号
——(の)提示義務　23条3項
証人
〈違反調査〉　30条
〈上陸手続の口頭審理〉　10条3項・5項
〈退去強制手続の口頭審理〉　48条5項が準用する10条3項・5項
——の出頭要求〈違反調査〉　30条1項
——の出頭要求〈上陸手続の口頭審理〉　10条5項
——の出頭要求〈退去強制手続の口頭審理〉　48条5項が準用する10条5項
——の証言〈上陸手続の口頭審理〉　10条5項
——の証言〈退去強制手続の口頭審理〉　48条5項が準用する10条5項
——の尋問〈上陸手続の口頭審理〉　10条3項
——の尋問〈退去強制手続の口頭審理〉　48条5項が準用する10条3項
——の取調べ〈違反調査〉　30条1項
証票〈入国警備官、入国審査官〉　61条の5
——(の)携帯　23条4項、33条、61条の5第1項
——(の)提示　23条4項、33条、61条の5第2項

情報提供〈外国の入管当局に対する〉　61条の9上陸
〈外国人〉　5条〜18条の2
〈日本人〉(帰国)　61条
——許可　9条、10条8項、11条4項
——許可の証印　3条1項2号、9条3項(10条9項、11条5項が準用)
——許可の証印〈寄港地上陸〉　14条3項
——許可の証印〈通過上陸〉　15条4項
——条件　7条1項
——審査　7条〜9条
——申請　6条
——(手続における)立証責任　7条2項
——(に伴う)在留カード交付　19条の6
——(の)拒否　5条
——(の)拒否事由　5条1項、7条1項4号
——(の)拒否の特例　5条の2
——(の)特例　14条〜18条の2
——防止の義務　58条
上陸特別許可　12条
上陸防止施設→出国待機施設
省令への委任　69条
所属機関〈在留〉　19条の16〜19条の18
——等に関する届出　19条の16
——による届出　19条の17
審尋〈難民認定手続〉　61条の2の9第6項、(行服法30条)
人身取引等　2条7号、5条1項7号、7号の2、12条1項2号、24条4号イ・ハ、50条1項4号
人文知識・国際業務　2条の2、別表第1の2

す

水難救護法　18条1項
数次許可
〈乗員上陸〉　16条2項
〈再入国〉　26条1項
——の取消し〈乗員上陸〉　16条8項・9項
——の取消し〈再入国〉　26条7項

せ

政治犯罪　5条1項4号、61条の9第3項1号
精神障害　5条1項2号
制服〈入国警備官・入国審査官〉　61条の5
政令への委任　69条

船員手帳　2条6号
船舶等の長　10条7項・11項、11条6項、13条
　の2～15条、17条、18条、56条～59条
　――(の)協力義務　56条
　――(の)緊急上陸中の費用支弁義務　17条
　　4項
　――(の)上陸防止義務　58条
　――(の)送還義務　59条
　――(の)報告義務　57条
　――(の)旅券等の確認義務　56条の2
船舶等への乗込　8条

そ

送還先　53条
相互主義　5条2項
捜索　31条、34条
　――許可状　31条4項・5項
　――調書　38条
　――(における)時刻の制限　35条
　――(における)証票の携帯・提示　33条
　――(における)立会い　34条
　――(における)出入り禁止　36条
　――(における)必要な処分　32条
送達　61条の9の2
　公示――　61条の9の2第6項～8項
　交付――　61条の9の2第4項・5項
遭難(による)上陸　18条
　――許可書　18条4項
　――許可書(の)携帯義務　23条1項4号・5
　　項
　――許可書(の)提示義務　23条3項
素行の善良性　22条2項1号

た

退去強制　24条、27条～55条
　――事由　24条
　――事由該当容疑者の通報　62条
　――手続　27条～55条
　――手続と刑事手続との関係　63条
　――手続と難民認定手続との関係　61条の2
　　の6
　――手続の停止〈難民認定手続中〉　61条の
　　2の6第2項・3項
　――(を受ける者の)送還先　53条
退去強制令書　47条～49条

　――(による)収容　52条5項
　――(の)執行　52条
　――(の)執行時の武器使用　61条の4第2項
　　2号
　――(の)発付　47条5項、48条9項、49条6
　　項、63条1項
　――(の)発付に伴う難民認定証明書等の返納
　　61条の2の13
　――(の)方式　51条
退去命令　10条7項、11条6項
　――違反　24条5号の2
　――を受けた者がとどまることができる場所
　　13条の2、59条の3
大使　2条4号
大麻　5条1項5号・6号
大麻取締法　5条1項6号、24条4号チ
代理人　7条の2第2項、10条3項(48条5項で
　準用)、22条の4第4項、54条、61条の9の
　3、76条の2
　――による届出等　61条の9の3
立会(い)(人)
　〈上陸手続の口頭審理〉　10条4項
　〈捜索、押収〉　34条
　〈退去強制手続の口頭審理〉　48条5項が準
　　用する10条4項
　――の署名(拒否)〈捜索調書、押収調書〉
　　38条2項
短期滞在　2条の2、別表第1の3、7条の2第
　1項、19条の3、20条3項、24条4号の3
　――から他の在留資格への変更の制限　20
　　条3項但書
　在留資格認定証明書の交付対象からの――
　　の除外　7条の2第1項

ち

地方入国管理局　61条の3、61条の3の2、61
　条の6～61条の7の8、61条の9の3
地方入国管理局長　61条の7～61条の7の8、
　69条の2
　――(への法務大臣の)権限の委任　69条の
　　2
中長期在留者　19条の3～19条の19、20条4
　項、22条の4第1項、23条2項、24条4号の
　4、26条の2第1項、50条3項、61条の2の
　2第3項
　――(の)情報の継続的な把握　19条の18

743

調書
　〈違反審査〉　45条2項、48条2項
　〈違反調査〉　29条2項〜4項、30条2項・3項、44条
　〈退去強制手続の口頭審理〉　48条4項、49条2項
　〈臨検、捜索、押収〉　38条

つ

通過上陸　15条
　――許可の証印　15条4項
　――(に伴う)個人識別情報の提供　15条3項
　――(の)付加条件　15条5項
通報　62条
　〈矯正施設の長〉　62条3項
　〈公務員〉　62条2項
　〈地方更生保護委員会〉　62条4項
　〈何人も〉　62条1項
　――者に対する報償金　66条

て

提示義務
　〈在留カード、旅券等の〉　23条3項
　〈証票の〉　23条4項、33条、61条の5第2項
提示要求〈事実の調査に対する文書の〉　19条の19第2項、59条の2第2項、61条の2の14第2項
定住者　2条の2、**別表第2**、61条の2の2第1項、61条の2の3
出入禁止〈取調べ、臨検、捜索、押収中の〉　36条
手数料　67条〜68条
　〈永住〉　67条3号
　〈再入国〉　67条4号
　〈在留期間更新〉　67条2号
　〈在留資格変更〉　67条1号
　〈就労資格証明書〉　67条の2
　〈難民旅行証明書〉　68条
テロ行為(公衆等脅迫目的の犯罪行為)　24条3号の2、24条の2
　〈暴力主義的破壊活動〉　5条1項11号、24条4号オ
電磁的方式　6条4項、9条4項・7項、10条7項・8項、14条2項、15条3項、16条3項・7項、17条2項、18条3項、18条の2第2項、19条の4第5項

と

投資・経営　2条の2、**別表第1の2**
逃亡犯罪人引渡法　25条の2第1項3号
特定活動　2条の2、**別表第1の5**、19条の16第3号、20条1項
特別永住者　6条3項1号、(**入管特例法**)、19条の16第3号、22条2項、24条3号の5
　――証明書　24条3号の5
特別審理官　2条12号、7条4項、9条5項、10条、13条の2、48条
　――の認定〈上陸手続における〉　10条7項〜11項
　――の判定〈退去強制手続における〉　48条
特別放免　52条6項
独立の生計　22条2項2号、61条の2の11
特例上陸　14条〜18条の2
渡航証明書　2条5号、74条の6の2
トランジット→通過上陸、寄港地上陸

な

難民　2条3号の2(難民条約1条、難民議定書1条)、61条の2〜61条の2の14
　――認定証明書　61条の2
　――認定手続　61条の2〜61条の2の14
　――認定手続と退去強制手続の関係　61条の2の6
　――認定(の)取消し　61条の2の7
　――認定(の)取消しに対する異議申立て　61条の2の9
　――認定(を受けた)者の在留資格(に係る)許可・変更許可　61条の2の2第1項・3項、61条の2の3
　――認定(を受けた)者の在留資格(の)取消し　61条の2の8
　――(の)永住許可の特則　61条の2の11
　――(の)刑の免除　70条の2
難民審査参与員　61条の2の10
　――(による)口頭意見陳述の機会付与要求　61条の2の9第5項
　――(による)口頭意見陳述への立会い　61条の2の9第6項
　――(による)審尋　61条の2の9第6項
　――(の)意見　61条の2の9第3項

難民調査官　2条12号の2、61条の2の8、61条の2の14
難民(の地位に関する)条約　2条3号の2、18条の2第1号、53条3項1号
難民不認定(難民の認定をしない)処分　61条の2の2第2項、61条の2の9第1項1号
難民不認定(難民の認定をしない)処分に対する異議(の)申立て　61条の2の9
　——(における)口頭意見陳述　61条の2の9第5項、(行服法25条1項)
　——(における)審尋　61条の2の9第6項、(行服法30条)
　——(における)難民審査参与員の意見　61条の2の9第3項・4項
　——(に対する)決定　61条の2の9第3項・4項
難民旅行証明書　2条5号イ、61条の2の12
　——(の)手数料　68条
　——(の)返納　61条の2の12第8項・9項、61条の2の13
　——(の有効期間の)延長　61条の2の12第6項・7項

に

日本国領事官等　2条4号・5号、6条1項、26条6項、59条3項、61条の2の12第7項
日本人(日本の国籍を有する者)　2条2号、5条2項、22条2項、60条、61条
　——(の)帰国　61条
　——(の)出国　60条
日本人の配偶者等　2条の2、別表第2、19条の16第3号、22条の4第1項7号
入国　1条、3条
　——拒否事由　3条
　〈日本人〉(帰国)　61条
入国警備官　2条13号・14号、13条6項、19条の19、22条の4第3項、23条3項、27条～39条、42条～44条、52条、55条、55条の2、61条の3の2、61条の4、61条の5、61条の9の2第4項、62条5項、64条、65条
　——(の)制服、証票　61条の5
　——(の)調査(違反調査)　27条～38条
　——(の)武器の携帯、使用　61条の4
入国者収容所　2条15号、40条2項、52条5項、61条の7、61条の7の2
　——長　52条6項、61条の7第4項・5項、61条の7の2第2項
入国者収容所等視察委員(会)　61条の7の2～61条の7の6
　——(に対する)関係機関の協力　61条の7の8
　——(による)視察　61条の7の2、61条の7の4、61条の7の6
　——(に対する)情報提供等　61条の7の4
　——(の)意見　61条の7の5
　——(の)組織等　61条の7の2
入国審査官　2条10号～12号の2、3条1項2号、6条～10条、14条～18条の2、19条の6、19条の10、19条の14、19条の19、20条4項、22条3項、22条の4、23条3項、24条2号、25条～26条の2、44条～48条、50条3項、55条の2、56条、57条、59条の2～61条、61条の2の2第3項、61条の2の4第2項、61条の3、61条の4、61条の5、61条の9の2第4項、62条5項、63条3項、70条1項2号、70条の2、74条1項、77条1号
　——(の)検察官への告発　63条
　——(の)審査〈上陸手続〉(上陸審査)　7条～9条
　——(の)審査〈退去強制手続〉(違反審査)　45条～47条
　——(の)制服、証票　61条の5
　——(の)認定　47条
　——(の)武器の携帯、使用　61条の4
認定
　〈違反審査(退去強制手続)〉　47条
　〈上陸手続〉　9条1項、10条7項・8項
　〈難民〉　61条の2
　——通知書〈違反審査〉　47条3項

の

ノン・ルフールマンの原則　53条、61条の2(難民条約33条)

は

灰色の利益　61条の2
売春　5条1項7号、24条4号ヌ
迫害　61条の2(難民条約1条)
罰則　70条～78条
判定〈退去強制手続〉　48条6項～8項

ひ

引渡(し)〈身柄の〉
　〈矯正施設の長から入国警備官への〉　64条2項
　〈検察官から入国警備官への〉　64条1項
　〈司法警察員から入国警備官への〉　65条
　〈上陸手続における入国審査官から特別審理官への〉　7条4項
　〈退去強制手続における入国警備官から入国審査官への〉　44条
被収容者処遇規則　61条の7
必要な処分〈捜索・押収における〉　32条
貧困者　5条1項3号

ふ

フーリガン　5条1項5号の2、24条4号の3
不法
　——残留　24条4号ロ
　——就労活動(資格外活動)　24条4号イ
　——就労活動の助長等　24条3号の4
　——上陸　5条〜18条の2、24条2号、70条1項2号、74条の6〜74条の6の3
　——上陸の助長等　24条4号ル、74条の6〜74条の6の3
　——入国　3条、24条1号、70条1項1号、74条の6〜74条の6の3
　——入国の助長等　24条4号ル、74条の6〜74条の6の3
文化活動　2条の2、別表第1の3

ほ

報償金　66条
法定受託事務〈住居地の届出等〉　68条の2
報道　2条の2、別表第1の1
法務大臣
　——(の)権限の委任　69条の2
　——(の)裁決〈上陸手続〉　11条
　——(の)裁決〈退去強制手続〉　49条
　——(の)裁決の特例〈上陸手続〉　12条
　——(の)裁決の特例〈退去強制手続〉　50条
放免
　〈違反審査後〉　47条1項
　〈出国命令後〉　47条2項、48条7項
　〈退去強制手続における口頭審理後〉　48条6項
　〈退去強制手続における裁決後〉　49条4項
　〈退去強制令書による収容後(=特別放免)〉　52条6項
　仮——　54条
　特別——　52条6項
法律・会計業務　2条の2、別表第1の2
暴力行為等の処罰に関する法律　5条1項9号の2、24条4号の2、24条の3第3号、61条の2の第1項4号、61条の2の4第1項7号
暴力主義的破壊活動　5条1項11号、24条4号オ
放浪者　5条1項3号
保証金
　〈仮上陸〉　13条3項〜5項
　〈仮放免〉　54条2項・3項、55条3項
　——(の)没取〈仮上陸〉　13条5項
　——(の)没取〈仮放免〉　55条3項
保証書〈仮放免〉　54条3項
没取
　〈仮上陸保証金〉　13条5項
　〈仮放免保証金〉　55条3項
没収　78条
本人の出頭義務　61条の9の3

ま

麻薬　5条1項5号・6号、24条4号チ
麻薬及び向精神薬等取締法　5条1項6号、24条4号チ
麻薬特例法(国際的な協力の下に規制薬物に係る不正行為を助長する行為等の防止を図るための麻薬及び向精神薬取締法等の特例等に関する法律)　24条4号チ

み

身柄
　——の拘束→収容
　——の引渡し〈矯正施設の長から入国警備官への〉　64条2項
　——の引渡し〈検察官から入国警備官への〉　64条1項
　——の引渡し〈司法警察員から入国警備官への〉　65条
　——の引渡し〈上陸手続における入国審査官から特別審理官への〉　7条4項

――の引渡し〈退去強制手続における入国警
　　　備官から入国審査官への〉　44条
みなし再入国許可　26条の2
みなし乗員　3条2項、19条4項

よ

容疑者
　　――(の)出頭要求〈違反調査〉　29条1項
　　――(の)取調べ〈違反審査〉　45条1項
　　――(の)取調べ〈違反調査〉　29条1項
　　――(の)引渡し〈退去強制手続における入国
　　　警備官から入国審査官への〉　44条
　　――(の)立証責任〈違反審査〉　46条
要急収容
　　〈仮放免取消後〉　55条5項
　　〈収容令書〉(要急事件)　43条

り

立証責任
　　〈違反審査における〉　46条
　　〈上陸手続における〉　7条2項
留学　2条の2、**別表第1の4**
領事官　2条4号
両罰規定　76条の2
旅券　2条5号
　　――(の)携帯義務　23条1項・5項
　　――(の)提示義務　23条3項・4項
臨検　31条、33条、36条
　　――許可状　31条4項・5項
　　――調書　38条
　　――(における)証票の携帯・提示　33条
　　――(における)出入禁止　36条

付録CD収録裁判例一覧

最二小判昭28・10・30行裁例集4巻10号2316頁 ·· 61条の2の9
最大判昭30・12・14刑集9巻13号2760頁 ··· 43条
最三小決昭32・7・9刑集11巻7号1813頁 ··· 25条
最大判昭32・12・25刑集11巻14号3377頁 ·· 25条
最大判昭37・11・28刑集16巻11号1633頁 ·· 60条
最大判昭42・11・8刑集21巻9号1197頁 ·· 70条
最三小決昭43・7・16刑集22巻7号844頁 ··· 2条
鹿児島地決昭43・8・22判時540号30頁 ·· 61条
最三小決昭44・3・18刑集23巻3号153頁 ·· 31条
東京地決昭44・9・20判時569号25頁・判タ240号194頁 ···································· 39条
名古屋地判昭45・7・28訟月16巻12号1453頁 ·· 50条
東京高決昭45・11・25判時612号11頁、判タ255号140頁 ·································· 10条
最一小決昭45・12・3刑集24巻13号1707頁 ··· 74条
東京地判昭46・3・29判時624号18頁・判タ260号186頁 ··································· 50条
東京高判昭47・4・15判時675号100頁・判タ279号359頁 ································· 39条
最大判昭47・11・22刑集26巻9号554頁 ··· 29条
東京地判昭48・3・27民集32巻7号1276頁・判時702号46頁・判タ295号315頁 ······· 総論
東京高判昭48・4・26判タ297号367頁 ·· 71条
札幌地判昭49・3・18判時734号12頁・判タ306号167頁 ··································· 50条
東京地判昭49・7・15判時776号61頁・判タ318号180頁 ··································· 39条
東京高判昭50・9・25民集32巻7号1294頁・判時792号11頁 ······························ 総論
東京高判昭50・11・26判時814号109頁 ··· 48条
東京高決昭50・12・24東高刑時報26巻12号228頁 ··· 55条
最三小決昭51・3・16刑集30巻2号187頁・判時809号29頁・判タ335号330頁 ······· 28条
神戸地決昭51・8・6訟月22巻9号2205頁 ·· 54条
東京地判昭52・10・18行裁例集28巻10号1102頁 ·· 53条
神戸地判昭52・11・11判時902号52頁、判タ365号337頁 ································· 54条
最大判昭53・10・4民集32巻7号1223頁・判時903号3頁・判タ368号196頁 ··· 総論、21条、69条の2
大阪高判昭53・11・30判タ378号130頁 ·· 50条
東京地判昭54・2・19訟月25巻6号1626頁 ··· 53条
東京高判昭55・5・14判時981号134頁・判タ426号196頁 ································· 60条
大阪地判昭59・7・19判時1135号40頁・判タ531号255頁 ································· 50条
東京地判昭61・9・4判時1202号31頁・判タ618号50頁 ···································· 50条
最大判昭62・9・2民集41巻6号1423頁 ······················· 別表第2「日本人の配偶者等」
東京地判平2・12・18判時1382号17頁・判タ764号146頁 ··········· 別表第1の3「短期滞在」
最三小判平3・7・9民集45巻6号1049頁・判時1399号27頁・判タ769号84頁 ········· 52条
福岡地判平4・3・26判時1436号22頁・判タ787号137頁 ································ 45条、48条
大阪高判平5・7・1高刑46巻2号204頁 ·· 70条の2
東京地判平6・4・28判時1501号90頁・判タ860号131頁 ···························· 2条の2、20条
大阪地判平7・8・24判タ891号109頁 ································· 20条、別表第1の3「短期滞在」
東京地判平7・10・11判時1555号51頁・判タ896号62頁 ··································· 20条
大阪高判平7・10・27判タ892号172頁 ··· 24条、50条
最三小判平8・7・2判時1578号51頁・判タ920号126頁 ······································ 20条

東京地判平9・9・19判時1650号66頁・判タ995号116頁	20条
高松高判平9・11・25判時1653号117頁・判タ977号65頁	61条の2
大阪高判平10・12・25民集56巻8号1892頁・判時1742号76頁・判タ1059号108頁 別表第2「日本人の配偶者等」
東京地判平10・12・25判タ1006号146頁	7条の2
広島高判平11・4・28高刑速平成11年136頁	61条の2
東京地判平11・11・12判時1727号94頁	50条
最一小決平12・6・27刑集54巻5号461頁・判時1718号19頁、判タ1040号108頁	63条
東京地判平13・3・15判時1784号67頁	50条
東京地判平13・6・26判タ1124号167頁	61条の7
東京地決平13・11・6訟月48巻9号2298頁	61条の2の2、61条の2の6
東京地決平13・12・3裁判所ウェブサイト登載	52条
東京地決平13・12・27判時1771号76頁	52条
東京地決平14・3・1判時1774号25頁	52条
東京地判平14・4・26公刊物未登載	別表第2「定住者」
東京地決平14・6・20公刊物未登載	52条
広島地判平14・6・20判時1814号167頁	61条の2、61条の2の2、70条の2
広島高判平14・9・20判時1814号161頁	61条の2、61条の2の2、70条の2
最一小判平14・10・17民集56巻8号1823頁・判時1806号25頁・判タ1109号113頁 2条の2、別表第2「日本人の配偶者等」
東京地判平14・12・20LEX/DB登載	28条、54条、61条の7
大阪地判平15・1・21LLI/DB登載	61条の7
東京高判平15・2・18判時1833号41頁・判タ1156号135頁	61条の2、61条の2の2
名古屋地判平15・3・7裁判所ウェブサイト登載	61条の2
大阪地判平15・3・27判タ1133号127号	61条の2
東京地判平15・4・9判時1819号24頁・判タ1175号152頁	61条の2
東京地決平15・6・11判時1831号96頁	52条
東京地決平15・8・8公刊物未登載	52条
東京高判平15・8・27LEX/DB登載	61条の7
東京地決平15・9・17公刊物未登載	52条
東京地判平15・9・19判時1836号46頁	24条、50条、53条
名古屋地判平15・9・25判タ1148号139頁	61条の2
東京地決平15・10・17公刊物未登載	52条
東京地判平15・10・17裁判所ウェブサイト登載	50条
名古屋地決平15・10・24公刊物未登載	52条
大阪地決平15・12・1公刊物未登載	52条
大阪高判平15・12・11公刊物未登載	61条の7
大阪地決平15・12・24公刊物未登載	52条
東京高決平15・12・26公刊物未登載	52条
東京高判平16・1・14判時1863号34頁・判タ1175号145頁	61条の2
最一小判平16・1・15民集58巻1号226頁・判時1850号16頁・判タ1145号120頁他	19条の4
大阪高決平16・2・2公刊物未登載	52条
名古屋高決平16・2・2公刊物未登載	52条
東京地判平16・2・19裁判所ウェブサイト登載	61条の2
大阪高決平16・2・20公刊物未登載	52条
東京地判平16・2・26裁判所ウェブサイト登載	61条の2
名古屋地判平16・3・18判タ1248号137頁	61条の2

裁判例	条文
東京高決平16・3・19LEX/DB登載	52条
東京高判平16・3・30公刊物未登載	50条
大阪地判平16・4・7(1)公刊物未登載	50条
大阪地判平16・4・7(2)公刊物未登載	54条
東京地決平16・4・14公刊物未登載	52条
名古屋地判平16・4・15裁判所ウェブサイト登載	61条の2
東京地判平16・5・27判時1875号24頁	61条の2
東京地判平16・5・28(1)判タ1189号195頁	61条の2
東京地判平16・5・28(2)公刊物未登載	61条の2
大阪地判平16・6・24公刊物未登載	61条の2
東京地判平16・9・17判時1892号17頁・判タ1209号113頁	50条
東京地判平16・10・14判時1901号77頁・判タ1188号271頁	59条
大阪地判平16・10・19裁判所ウェブサイト登載	24条
東京地判平16・11・5判タ1216号82頁	50条
東京高判平17・1・20公刊物未登載	28条
東京地判平17・1・21判時1915号3頁	47条、48条
福岡高判平17・3・7判タ1234号73頁	50条
東京地判平17・3・25判タ1210号98頁	61条の2
広島地決平17・3・29公刊物未登載	52条
広島地判平17・3・29公刊物未登載	61条の2
大阪地判平17・4・7公刊物未登載	61条の2
大阪高判平17・5・19裁判所ウェブサイト登載	24条
東京高判平17・5・31公刊物未登載	61条の2
大阪高判平17・6・15判時1928号29頁	61条の2
横浜地判平17・7・20判タ1219号212頁	50条、69条の2
東京地判平17・8・31公刊物未登載	61条の2
東京地判平17・9・27LLI/DB登載	61条の2
東京地判平17・11・11公刊物未登載	61条の2
大阪高決平17・11・16公刊物未登載	52条
大阪地判平17・11・18裁判所ウェブサイト登載	50条
東京高判平17・12・1裁判所ウェブサイト登載	61条の2
東京高決平17・12・13裁判所ウェブサイト登載	52条
東京高判平18・1・18訟月52巻11号3486頁	69条の2
東京高判平18・3・7公刊物未登載	61条の2
名古屋地判平18・3・23判タ1259号212頁	61条の2
東京地判平18・3・28判時1952号79頁・判タ1236号126頁	50条
東京高判平18・4・12公刊物未登載	61条の2
東京高判平18・6・12公刊物未登載	61条の2
東京地判平18・6・13判時1957号26頁・判タ1262号107頁	61条の2
大阪高判平18・6・27公刊物未登載	61条の2
名古屋地判平18・6・29判タ1244号94頁	50条
東京地判平18・6・30判タ1241号57頁	50条
東京地判平18・7・19判タ1301号130頁	50条
最一小判平18・10・5判時1952号69頁・判タ1227号140頁	49条
広島地決平18・10・17公刊物未登載	52条
広島地決平18・10・27公刊物未登載	52条
広島高決平18・12・8公刊物未登載	52条

東京地判平19・2・2判タ1268号139頁……………………………………………61条の2
福岡高判平19・2・22公刊物未登載……………………………………………………50条
東京高判平19・2・27裁判所ウェブサイト登載………………………………………50条
名古屋高判平19・3・19公刊物未登載…………………………………………………50条
東京地判平19・3・28LLI/DB登載…………………………………………………61条の2
大阪地決平19・3・30判タ1256号58頁…………………………………………………52条
東京地判平19・4・27LLI/DB登載…………………………………………………61条の2
東京地判平19・6・14LLI/DB登載………………………………………………………50条
東京地判平19・8・28判時1984号18頁…………………………………………………50条
東京高判平19・11・21公刊物未登載……………………………………………49条、50条
最三小決平19・12・13刑集61巻9号843頁・判時1992号152頁・判タ1259号206頁……63条
東京地判平20・2・29判時2013号61頁…………………………………………………50条
大阪高判平20・5・28判時2024号3頁…………………………………………………50条
最大判平20・6・4民集62巻6号1367頁・判時2002号3頁・判タ1267号92頁………60条
最大判平20・9・10民集62巻8号2029頁・判時2020号21頁・判タ1280号60頁………24条
東京地判平21・3・6裁判所ウェブサイト登載…………………………………………50条
東京地判平21・3・27裁判所ウェブサイト登載………………………………………50条

付録CD収録裁判例一覧

執筆者(50音順。*は編者)

生田康介(いくた・こうすけ)東京弁護士会

大貫憲介(おおぬき・けんすけ)第二東京弁護士会

大橋 毅(おおはし・たけし)東京弁護士会

鬼束忠則(おにつか・ただのり)第二東京弁護士会

北村聡子(きたむら・さとこ)東京弁護士会

*児玉晃一(こだま・こういち)東京弁護士会

近藤博徳(こんどう・ひろのり)東京弁護士会

秦 雅子(しんの・まさこ)第二東京弁護士会

鈴木雅子(すずき・まさこ)東京弁護士会

*関 聡介(せき・そうすけ)東京弁護士会、成蹊大学法科大学院

田島 浩(たじま・ひろし)東京弁護士会

田中純一郎(たなか・じゅんいちろう)東京弁護士会

*難波 満(なんば・みつる)東京弁護士会

山口元一(やまぐち・げんいち)第二東京弁護士会

渡部典子(わたなべ・のりこ)東京弁護士会

コンメンタール 出入国管理及び難民認定法2012

2012年7月30日第1版第1刷発行

編 者	児玉晃一・関聡介・難波満
発行人	成澤壽信
編集人	西村吉世江
発行所	株式会社 現代人文社
	東京都新宿区四谷2-10八ッ橋ビル7階(〒160-0004)
	Tel.03-5379-0307 / Fax.03-5379-5388
	henshu@genjin.jp(編集部) / hanbai@genjin.jp(販売部)
	http://www.genjin.jp/
発売所	株式会社 大学図書
印刷所	株式会社 平河工業社
装 丁	加藤英一郎

検印省略Printed in JAPAN
ISBN978-4-87798-524-0 C3032

本書の一部あるいは全部を無断で複写・転載・転訳載などをすること、または磁気媒体等に入力することは、法律で認められた場合を除き、著作者および出版者の権利の侵害となりますので、これらの行為を行う場合には、あらかじめ小社または著者宛に承諾を求めてください。